AF546443

»Dieses Buch kann alles, was ein gutes Schauspiel-Buch können muss. Es zieht die Fertigkeit nicht der Spontaneität vor. Es führt in den handwerklichen Teil des Schauspiels ein und behandelt ihn ausführlich. Dabei verliert es niemals die Tatsache aus den Augen, dass alle großen Schauspieler diese Dinge – Gefühl, Intimität, Chaos, Körperverletzungen, Revolution – in sich selbst und im Publikum zu erschaffen lernen. Kaufen Sie dieses Buch!«
– Helen Hunt, Schauspielerin

»Mit Larry zu arbeiten ist aufregend, herausfordernd, inspirierend, mitunter frustrierend, ohne Ende interessant und immer belebend. Er nähert sich seiner Arbeit mit dem Eifer eines Kindes und der Klugheit eines Weisen.«
– Tobey Maguire, Schauspieler

»Larry ist fröhlich. Larry ist traurig. Larry ist verärgert, aber Larry ist immer Larry. Er ist nicht ausgedacht. Er durchschaut eine Fälschung sofort. Schon in den ersten Sitzungen wurden meine Blockaden niedergerissen und all mein rohes seelisches Werkzeug war gerettet. Er war brillant. Und das war erst der Anfang.«
– Jim Carrey, Schauspieler

»Larrys unbeirrbare Hingabe zu seinem Handwerk, sein enzyklopädisches Wissen über die Künste und seine aufrichtige Begeisterung für das Schauspiel machen sein Training aufregend, inspirierend und wirklich verwandelnd für einen Schauspieler. Ich würde nicht nur Anfängern seine Technik und das Training ans Herz legen, sondern auch den alten Hasen.«
– Leonardo DiCaprio, Schauspieler

»Ich habe 14 Jahre lang mit Larry Moss gearbeitet. Ich dachte immer, ich würde alles kennen, was er zu bieten hat. Ich habe mich geirrt. Ich habe Seite für Seite umgeblättert und Zeile für Zeile in diesem brillanten Buch markiert.«
– Jason Alexander, Schauspieler

»Mit Schauspielern zu arbeiten, die mit Larry Moss trainiert hatten, war für mich als Regisseur immer ein Glücksfall. Deshalb spreche ich ihm das höchste Hollywood-Kompliment aus: Er kann dein Talent ›botoxen‹.«
– James L. Brooks, Regisseur

»Larry inspiriert mich immer wieder dazu, unerschrocken nach der Wahrheit der Figur, die ich verkörpere, zu suchen – sowie nach meiner eigenen als Mensch. Ich bewundere diesen zutiefst begnadeten, umwerfenden Lehrer.«
– Hilary Swank, Schauspielerin

»Larry unterrichtete mich und ich wurde für meine Rolle als John Coffey in THE GREEN MILE *für einen Oscar nominiert. Ich hatte es wohl schon in mir, aber Larry war der Schlüssel, der meinem Talent die Tür nach außen öffnete.«*
– Michael Duncan Clarke, Schauspieler

Larry Moss

Schauspielen

Larry Moss

Schauspielen

Entdecke dein wahres Potenzial

Aus dem Amerikanischen
von Sandra Maren Schneider

Henschel

www.henschel-verlag.de
www.seemann-henschel.de

Bibliografische Information der Deutschen Nationalbibliothek:
Die Deutsche Nationalbibliothek verzeichnet diese Publikation
in der Deutschen Nationalbibliografie; detaillierte bibliografische Daten
sind im Internet über http://dnb.d-nb.de abrufbar.

ISBN 978-3-89487-748-4

Titel der englischsprachigen Originalausgabe: The Intent to Live.
Achieving Your True Potential as an Actor
Originalverlag: Bantam Dell, a division of Random House, Inc.

Umschlaggestaltung: Ingo Scheffler, Berlin
Titelbild: © Bob Jesser; abgebildet ist Larry Moss während einer Probe
mit den Schauspielerinnen Jessica Pennington (li.) und Catie LeOrisa
Satz und Gestaltung: Das Herstellungsbüro, Hamburg
Druck und Bindung: GGP Media GmbH, Pößneck
Printed in Germany

Widmung

Ich möchte dieses Buch meinen großartigen Lehrern widmen: Stella Adler, die mich die absolute Notwendigkeit der Textanalyse gelehrt hat; Sanford Meisner, der mich gezwungen hat, die Bedeutung des Im-Augenblick-Seins zu verstehen; Warren Robertson, der emotionale Türen öffnete und mir meine erste Gelegenheit zum Unterrichten gab; Charles Nelson Reilly, der mir beigebracht hat, welch pure Freude es ist, einem Publikum ganz ohne Hemmungen gegenüberzustehen; David Craig, der Gesang im Theater zu einer wahren Kunstform erhoben hat; Tim Phillips, der mir die Augen dafür öffnete, dass ich präziser sein kann, als ich es jemals für möglich gehalten hätte; Sam Schacht, der mich an den Kern der Sinnesarbeit herangeführt hat; Kenneth MacMillan, der mich gelehrt hat, welchen Einfluss die intelligente Unterstützung des Lehrers auf das Selbstvertrauen eines Schauspielers haben kann; Jim Tuttle, der, als ich jung und unerfahren war, meine Begeisterung für die Schauspielerei entfachte; Patsy Rodenburg, die Shakespeare förmlich vom Blatt hüpfen ließ, indem sie mir zeigte, wie eindringlich seine Ideen werden, wenn sie mit Klarheit und der richtigen Art konzentrierter körperlicher Energie gespielt werden; und meinem jetzigen Gesangslehrer, Bruce Eckstut, der mir die richtige Technik gelehrt und mir damit ermöglicht hat, zum ersten Mal frei und mit vollem Umfang zu singen.

Inhalt

Einführung:
Wie ich den Traum entdeckte

In dem Sommer, als ich 11 Jahre alt war, radelte ich jeden Samstag in der Gluthitze zur ersten Nachmittagsvorstellung des El Portal Theatre im Norden Hollywoods. Ich konnte es kaum erwarten, ins Kino zu kommen, weil ich wusste, dass es dort kühl sein würde, und um mir wie immer Popcorn zu kaufen und mich auf halbem Weg zur Leinwand in den Mittelgang zu setzen. Ich ging stets allein. Ich empfand das nicht als schlimm; ich liebte es – es war ein Abenteuer. Ich wusste nie, was ich zu sehen bekommen würde, und es spielte auch keine Rolle. Ich war in meiner Welt: dem Film.

Eines Samstags fand nach Wochenschau und Filmwerbung auf der Leinwand eine wahre Explosion statt – Elia Kazans JENSEITS VON EDEN, die Geschichte eines einsamen Ausgestoßenen, der sich verzweifelt nach der Liebe seines Vaters sehnte, welcher jedoch den Bruder bevorzugte, während die Mutter verschwunden war. Ich konnte das Leben dieses Jungen verfolgen: suchend, verzweifelt, gebrochenen Herzens, erbärmlich, getrieben, durcheinander. Ich sah mir da keinen Film mehr an, ich befand mich in meinem Leben. *Dieser Junge war ich.* Er schrie, wurde wütend, war romantisch, schwach, unsicher, rachsüchtig und, im Grunde, mutig. Als der Film zu Ende war, zitterte ich am ganzen Körper. Durch die Klimaanlage war es kalt im Saal, aber das war nicht der Grund dafür, dass ich zitterte.

Als ich das Kino in diesem Schockzustand verließ, wurde ich draußen von 38 Grad Hitze erfasst und kippte fast aus den Latschen. Ich hatte gerade *mein* Leben auf der Leinwand gesehen, und doch war es nicht mein Leben, sondern jenes von John Steinbeck und Elia Kazan, von James Dean und Julie Harris und Jo Van Fleet – großartigen Künstlern. Ich weinte tagelang. Ich wachte mitten in der Nacht auf, jede Nacht. Mein Herz war so erfüllt, ich war voller Ideen und Hoffnung. Nach diesem glühend heißen Tag im Norden Hollywoods war mein Leben nicht mehr dasselbe. Ich hatte einen Traum – den Traum, Schauspieler zu werden.

Als ich 15 war, gab es diese Explosion für mich erneut, nur dass sie diesmal in einem Theater stattfand. Ich las eine Kritik in der Zeitung, die von der erhebenden Darbietung einer New Yorker Schauspielerin berichtete, welche man nicht versäumen sollte. Der Kritiker schien von dem, was er gesehen hatte, so beeindruckt zu sein, dass ich mich angespornt fühlte, in einen Bus zu steigen und die lange Reise in die Innenstadt anzutreten, um mir BERGGASSE 19 mit Kim Stanley anzusehen. Das Stück handelt vom Vater der Psychoanalyse, Sigmund Freud, und seiner Entdeckung der Ursache der »Hysterischen Lähmung«. Am Ende des 2. Aktes sagt Freud einer jungen Frau, dass der Grund, warum sie nicht laufen könne, die Nacht sei, in der ihr Vater gestorben war – sie war müde gewesen und deshalb nicht nach oben gegangen, um ihm seine Medizin zu bringen, die er dringend benötigte –, und dass tief in ihrem Innern der Wunsch bestanden hätte, er möge sterben, damit sie frei wäre. Aus der ersten Reihe sah ich, wie Kim Stanleys Wangen sich tiefrot färbten. Dann schossen plötzlich Tränen aus ihren Augen, so schnell und in solchen Sturzbächen, dass ich mich an der Sitzkante festkrallte. Gerade in dem Moment, als Miss Stanley mit aller Kraft »Nein, das ist eine Lüge!« schrie, begann der Vorhang zu fallen. Und auch, als er den Bühnenboden schon berührte, schrie sie in der Dunkelheit weiter.

30 Sekunden später wurde das Licht im Zuschauerraum hochgefahren, und dann ging es drunter und drüber. Die Menschen fingen an, durcheinander zu reden und aneinander festzuhalten, denn sie waren gerade Zeugen einer grandiosen Schauspieldarbietung geworden, die überhaupt keine Theatervorstellung, sondern das Lebenstrauma einer realen Person gewesen zu sein schien, das wir nicht hätten sehen sollen. Und dennoch hatten wir es gesehen. Wieder einmal verließ ich das Theater komplett betäubt. Ich war von der Geschichte der Figur und von Kim Stanleys fantastischer Darstellung tief bewegt und ungemein neugierig darauf, wie man als Mensch fähig sein könne, auf Abruf solch intensive Emotionen zu produzieren, wie es Miss Stanley Abend für Abend tat.

Ich wollte unbedingt wissen, wie sie das erreicht hatte. Deshalb sah ich mir jede Theatervorstellung an, die Los Angeles in diesen Tagen zu bieten hatte. Und weil zu jener Zeit glücklicherweise die großen Schauspieler, nachdem sie ihre Hits am Broadway gespielt hatten, mit ihren Stücken für mindestens ein Jahr durch das Land reisten, gab es ziemlich viele davon. Meine Erkenntnisse aus der Beobachtung dieser großen Schauspieler begeisterten mich weiterhin, aber sie verwirrten mich auch, weil es für mich so unverständlich schien, wie sie dazu in der Lage waren, auf Abruf solche kraftvollen Gefühle, schönen Stimmen, faszinierenden körperlichen Verhaltensweisen und Spontaneität in ihre Darstellung einfließen zu lassen.

Als ich 19 Jahre alt war und gerade begonnen hatte, das Leben als Schauspielstudent zu entdecken, besuchte ich ein Kunstmuseum in Washington D.C. Es war das erste Mal, dass ich alleine in ein Museum ging, um Gemälde zu betrachten, und als ich mir die Sammlung der Impressionisten anschaute, stoppte ich plötzlich vor einem van Gogh – dem ersten, den ich jemals mit eigenen Augen gesehen hatte – und erstarrte. Das Gemälde zeigte ein Bauernhaus, das von einem wackeligen Zaun umgeben war. Was mich verblüffte und mir die Augen öffnete, war, dass jeder Pfosten in einem leicht unterschiedlichen Braunton gemalt war, vom hellsten Beige – fast Weiß – über Hellbraun, Mittelbraun bis hin zu einem Dunkelbraun, das fast schwarz war. Ich konnte nicht weitergehen. Der Zaun schien lebendig zu sein; voller Energie und von (wie ich später begriff) den *Entscheidungen* des Künstlers erfüllt: van Goghs Vorstellung von Licht und Schatten; van Goghs Interpretation durch Farbe, Struktur und Form. Van Goghs »einfacher« Zaun sprach zu mir von Wandlung und Feinsinnigkeit und Mut. Ich wusste intuitiv, dass das, was ich sah, der Schauspielerei sehr verwandt war, aber es vergingen Jahre, bevor ich genau verstand, auf welche Weise.

Zu diesem Zeitpunkt meines Lebens waren Musik, Tanz, Film, Theater und Literatur zu meinem Seelenheil, meinem Lebenselixier, meiner *raison d'être* geworden. Ich war äußerst empfindsam, ganz voller Sehnsucht, aber wusste nicht, wie ich all das, all diese Dramatik in mir, ausdrücken konnte. Ich hatte gerade begonnen, Gesang, Tanz, Schauspiel, Drehbuchanalyse und meine eigene innere Welt zu studieren. Ich war vom Lernen besessen; wenn es einen Weg gab, meine Fragen über die Schauspielerei zu beantworten, dann musste ich ihn finden. Nach einigem Tumult in meinem Leben, vielen Fehlern und nachdem ich es oft vermieden hatte, Verantwortung zu übernehmen, lernte ich schließlich, dass es auf meine brennenden Fragen – sowohl zur Schauspielerei als auch zum Leben – tatsächlich Antworten gab.

Ich möchte, dass dir dieses Buch auf deiner Reise als Schauspieler hilft. Ich habe darin die wesentlichen Techniken und Werkzeuge zusammengestellt, die ich gelernt und in meinen 32 Jahren als Schauspiellehrer und Coach gelehrt habe, und die für viele meiner später sehr erfolgreichen Studenten hilfreich waren. Egal, ob du ein Anfänger oder ein erfahrener Schauspieler bist: Ich möchte dir konkrete, wichtige Denkanstöße geben, die du heute – in diesem Augenblick – in deine Arbeit einbringen kannst, ganz so, als säßest du in meinem Unterricht und als würde ich direkt mit dir arbeiten. Einige der Ansätze sind einfach, andere komplizierter. Lies dir das Buch ganz in Ruhe durch und mache es dir zum Anspruch, alle Aufgabenstellungen zu bearbeiten. Lies die Theaterstücke und schau dir die Filme an, die ich als Beispiele benutze. Mache die Übungen – und zwar so sorgfältig wie irgend möglich. Ich verspreche dir, es wird sich schließlich auszahlen.

Eines der wichtigsten Dinge, die ich über die Schauspielerei gelernt habe, ist, dass du dein Leben und deine Kunst nicht voneinander trennen kannst. Aus diesem Grund werde ich dich auch daran teilhaben lassen, was mich meine Lebenserfahrung über das Stecken hoher Ziele und über den Glauben an sich selbst gelehrt hat, und darüber, dass du nichts und niemandem – nicht einmal dir selbst – erlauben solltest, deinem Traum im Weg zu stehen, was, wie du im 2. Kapitel sehen wirst, dein Überziel ist.

Dieses Buch trägt im Amerikanischen den Titel: »The Intent to Live«, zu Deutsch: »Die Absicht zu leben«. Das erschien mir richtiger als »The Intent to Act«, also »die Absicht zu schauspielern«, weil große Schauspieler wie James Dean und Kim Stanley nicht zu spielen scheinen; sie scheinen ihre Rollen vielmehr zu *leben.* Wenn du vergisst, dass du in einem Publikum sitzt, um dir die Vorführung eines »So-als-ob« anzuschauen, und du dich stattdessen auf die Leinwand oder die Bühne katapultiert und in das Leben der Figuren hineingesogen fühlst, weißt du, dass du dich in Gegenwart der besten Schauspieler befindest. Ich möchte an dich weitergeben, was ich darüber gelernt habe, eine Rolle zu *leben.* Ein großer Teil davon hat mit Interpretation zu tun; was, wie ich jetzt verstehe, das war, was van Goghs Zaun mir vermittelt hat. Für einen Künstler ist ein Lattenzaun nicht einfach nur ein Lattenzaun. Denn ein Künstler würde sagen: »Ich werde diese bestimmten Farben benutzen, um diesen Zaun, so wie *ich* ihn sehe, zum Leben zu erwecken – vollständig, mit Gefühl und Charakter.« Das ist es, was wir Schauspieler tun, wenn wir *einen Text zum Leben erwecken.*

Es gibt noch einen weiteren, persönlicheren Grund für den Titel meines Buches. Als ich ein junger Schauspieler war, hegte ich mir selbst und meinem Leben gegenüber viele negative Gefühle. Doch ich beschloss, mich davon nicht zugrunde richten zu lassen, sondern den Schmerz, der zeitweise so unermesslich schien, zu verstehen und zu lindern. Mit anderen Worten: Ich entschied mich dafür, *zu leben.* Meine Schauspielausbildung war eines der Dinge, die mir zu diesem Entschluss verholfen haben.

Dabei hat man mich nicht gerade von Anfang an dazu ermutigt, Schauspieler zu werden. Mein erster Musiktheaterlehrer verkündete vor meiner gesamten Klasse, ich besäße »die schlechteste Gesangsstimme«, die er jemals gehört habe. Es ist wohl überflüssig zu erwähnen, dass sich das furchtbar und erniedrigend anfühlte. Und, wie du später lesen wirst, behauptete mein erster Schauspiellehrer Sanford Meisner, dass ich keinerlei Talent dazu besäße, mit Glaubwürdigkeit zu spielen oder zu reagieren. Aber meine Sehnsucht war größer als das Gefühl der Erniedrigung, ich ließ mich nicht davon abhalten, zu studieren und meine Stimme täglich zwei bis vier Stunden zu trainieren. Als ich 20 Jahre alt war, zeigte sich mein noch ungeschliffenes Talent, das sich bis zu diesem Zeitpunkt aufgrund meiner Angst und aus Unkenntnis der Technik unter der Oberfläche versteckt gehalten hatte, unfähig gewesen war, sich zu offenbaren. Ich begann schließlich sogar, als Schauspieler Karriere zu machen, und verwirklichte meinen Traum, am Broadway zu arbeiten. Ich war in vielerlei Hinsicht immer noch ungeformt, aber ich hatte genug Technik verinnerlicht, um als professioneller Schauspieler angesehen und engagiert zu werden. Dennoch hörte ich nicht auf, mich weiterzubilden.

Manchmal fühlen wir, dass wir etwas zu geben haben, das niemand sehen kann, einfach weil wir nicht das Handwerkszeug oder das Selbstvertrauen besitzen, es zu enthüllen. Manchmal besitzen wir ein rohes, ungeformtes Talent, das hin und wieder zum Vorschein kommt, uns dann vielleicht sogar brillieren lässt; aber wir sind nicht in der Lage, diese Begabung willentlich zum Leuchten zu bringen, um damit dauerhaft das beste Resultat zu erzielen. Das liegt schlicht und einfach an einem Mangel an schauspiel*technischer* Ausbildung – unabhängig davon, ob es sich tatsächlich so anfühlt oder nicht, ob wir Angst haben, eingeschüchtert oder emotional blockiert sind. Ich habe all das selbst erfahren, deshalb verstehe ich diesen Prozess; einen Prozess, der auch für mich noch immer nicht vollendet ist. Ich hoffe, dieses Buch inspiriert dich dazu, das Schauspielhandwerk zu erlernen und darauf zu vertrauen, dass du, wenn du durchhältst, zu der Art Schauspieler werden kannst, der auf der Bühne und der Leinwand *lebt*.

Wenn du das tust, kannst du Menschen auf eine Art und Weise berühren, die du niemals für möglich gehalten hättest, von der du noch nicht einmal wusstest, dass es sie gibt. Bei einer Mitternachtsvorführung von Steven Spielbergs Film E.T. – DER AUSSERIRDISCHE beobachtete ich einmal einen sehr grimmigen Teenager, wie er sich allein direkt vor mich hinsetzte und, in seinem Sitz versinkend, mit totaler Verachtung auf die Leinwand schaute. Er verbreitete derart negative Schwingungen, dass ich mich wegsetzen wollte; aber zu diesem Zeitpunkt war das Kino voll besetzt. Zu Anfang des Filmes rutschte er geräuschvoll in seinem Sitz hin und her, wurde dann jedoch zusehends ruhiger. Ich sah, wie aus seiner Verachtung Erheiterung wurde, die dann in Überraschung, in Ehrfurcht und schließlich in ungeniertes Weinen überging. Sobald der Film zu Ende war, rannte er, beschämt über seine Gefühle, aus dem Kino. Er wollte nicht, dass jemand sah, wie verletzlich er wirklich war. Genauso verletzlich, wie ich mit 11 Jahren gewesen war, als ich mir James Dean angeschaut hatte. Das ist es, was unsere Arbeit bewirken kann: Wir erinnern die Menschen daran, dass Dinge sich ändern, dass Wunden heilen können, dass man anderen vergeben kann und dass verschlossene Herzen sich vielleicht wieder öffnen.

Lektionen

1. Die gegebenen Umstände: Von Grund auf entwickeln

Ende der 80er Jahre war ich einmal zu einem Abendessen eingeladen, das ausdrücklich aus dem Grund veranstaltet wurde, mich der legendären Schauspiellehrerin Stella Adler vorzustellen. Es war eine kleine, erlesene Zusammenkunft von acht Leuten, die alle herausgeputzt waren, jedoch niemand so wie Stella, die in einem bodenlangen roten Abendkleid mit dem berühmten, von Juwelen geschmückten »Stella-Adler-Ausschnitt« erschien. Ich hatte damals schon seit drei Jahren ihre Textanalyse-Kurse belegt. Aber weil an ihren Vorlesungen 75 oder mehr Leute teilnahmen und immer nur Miss Adler sprach, wusste ich, dass sie sich wahrscheinlich nicht an mich erinnern würde.

Abgesehen von der Größenordnung unterschied sich diese Dinnerparty nicht von ihren Vorlesungen, und wieder einmal sagte ich kein Wort. Als Stella einen Vortrag über George Bernard Shaw und Henrik Ibsen hielt, hingen alle Gäste – von denen viele genauso berühmt waren wie sie selbst – an ihren Lippen. Als wir mit unserem Hauptgericht fertig waren, drehte sie sich plötzlich zu mir – ich saß direkt neben ihr – und fragte gebieterisch: »Was machen Sie, junger Mann?« »Na ja«, sagte ich, »ich bin Schauspiellehrer, Stella.« Ihre Augen funkelten für einen Moment und dann sagte sie herausfordernd: »Und was lehren Sie?« Und ich sagte, fast schüchtern: »Ich war drei Jahre in Ihrem Textanalyse-Kurs und ich hoffe, einige der Traditionen und die Techniken, die ich von Ihnen gelernt habe, weitergeben zu können.« Impulsiv und bestürzt packte Stella meine Hand, blickte mir direkt in die Augen und platzte leidenschaftlich heraus: »Lass es nicht sterben! Ich flehe dich an, bitte gib dieses Gedankengut weiter!« Dann senkte sie ihren Kopf und begann zu weinen. Daraufhin stiegen auch allen anderen am Tisch, mich eingeschlossen, die Tränen in die Augen. Da saßen wir also, acht Theaterleute, mit unseren Köpfen in dem hängend, was von unseren halben Hähnchen übriggeblieben war, und redeten schluchzend und schniefend über unsere Liebe zur Schauspielkunst, wie viel sie jedem Einzelnen von uns bedeutete und was wir uns wünschten, das sie den nächsten Generationen bedeuten möge. – Dieses Buch ist Teil meines Versprechens an Stella Adler.

Ich werde dir die Schauspielerei von Grund auf beibringen, und das

Fundament bildet die Textanalyse. In gewisser Hinsicht kann man die Technik der Textanalyse mit der Vorgehensweise eines Detektivs vergleichen, der einen Fall aufzuklären hat. Genauso wie dieser lernt, das Leben der Menschen, die in seinen Fall verstrickt sind, zu untersuchen und zu verstehen (ihre Hintergründe, ihre Beziehungen, ihre Gewohnheiten und Verhaltensweisen, ihre Motive), wirst du die Technik, die ich dir beibringe, benutzen lernen, um das Leben deiner Figur und der anderen Figuren in einem Skript zu untersuchen und zu verstehen und sie als echte Menschen mit einem echten Leben zu betrachten. Auf diese Weise wirst du die gesamte Dynamik eines Theaterstückes oder Films entdecken. Du wirst dazu in der Lage sein, genau zu bestimmen, was deine Figur, was die anderen Figuren und was die Geschichte antreibt.

Falls sich das für dich nach einer intellektuellen Denkaufgabe anhört, so kann ich dir versichern, dass *nichts* in diesem Buch als bloße Denkaufgabe gemeint ist. Alles, was ich dir übers Schauspiel beibringe, hat nur diesen einen Zweck: dich emotional und verhaltenstechnisch in Schwung zu bringen, sodass du in der Lage bist, eine lebendige, mitreißende und unvergessliche Darstellung zu geben. Wenn ich also davon rede, dass du deinen Kopf benutzen sollst, geht es letztendlich darum, deine Gefühle und deine Fantasie *sprudeln* zu lassen. Du weißt doch, wie kohlensäurehaltiges Wasser aussieht: Es ist voller aufsteigender Luftbläschen, die gegeneinanderstoßen, zerplatzen, lebendig sind. Das ist bei allem, was ich dich lehre, der springende Punkt – du sollst nicht schauspielern, sondern du sollst die Rolle leben.

Gegebene Umstände ist der Begriff, der in der Schauspielkunst für all das verwendet wird, was der Autor dir im Text über deine Figur und die Situation, in der sie sich befindet, verrät. Gegebene Umstände sind *Fakten*; es handelt sich um Informationen, die nicht zur Diskussion stehen. Mit anderen Worten: Die im Text gegebenen Umstände sind unumstößlich. Sie sind die Grundlage, auf der du deine kreativen Entscheidungen fällst, die *einzige* Stelle, an der du beginnen kannst. Später werden wir über deine Interpretation einer Rolle sprechen, aber die Fakten sind Fakten und du kannst es dir nicht erlauben, über sie hinwegzugehen.

Ich weiß, das klingt nach einer Selbstverständlichkeit, aber ich habe schon Schauspieler gesehen, die vergessen haben, dass die Figur, die sie spielen, laut Text eine Erkältung hat oder aus einem Schneesturm heraus auf die Szene kommt oder gerade herausgefunden hat, dass ihre Mutter eine schlimme Krankheit hat – die Art von gegebenen Umständen also, die die Szene vom Moment deines Auftritts an mitgestalten sollten.

Soweit Handlungen einer Figur gegenüber anderen Figuren sowie Reaktionen der Figur auf andere Figuren im Text festgelegt sind, gehören auch diese zu den gegebenen Umständen. *Alles, was dir der Text darüber erzählt, wer deine Figur ist oder was deine Figur gemacht hat, bevor die Geschichte begonnen hat, ist Teil der gegebenen Umstände deiner Figur.*

Deshalb ist es so wichtig, den Text zu lesen. Lies ihn immer wieder, so lange, bis dir wirklich alles ganz klar ist und nichts mehr nur vage erscheint. Ich habe einige Schauspieler sagen hören: »Also, ich habe nicht das ganze Drehbuch gelesen, sondern nur die Szenen, in denen ich vorkomme.« Ich finde das unverantwortlich und arrogant, weil die gegebenen Umstände für die Arbeit so wesentlich sind, dass du keine vollkommene Darbietung geben kannst, wenn du diese nicht einbeziehst.

Ich werde dir einige Beispiele gegebener Umstände schildern, um diesen Gedanken zu verdeutlichen. Beginnen wir mit den gegebenen Umständen eines der bedeutendsten Theaterstücke in der Geschichte: HAMLET. Zu Beginn des Stückes sagt uns Shakespeare, dass Hamlets Vater tot ist und Hamlet selbst nach Hause, nach Dänemark, zurückgekehrt ist, um zu trauern und um seiner Mutter Gertrude beizustehen, die rasch und schockierenderweise den Bruder seines toten Vaters, Claudius, geheiratet hat. In der letzten Szene des 1. Aktes teilt der Geist seines Vaters Hamlet mit, dass Claudius ihn ermordet habe, und fordert ihn auf, seinen Tod zu rächen. Durch den Geist erfährt Hamlet, dass seine Mutter einvernehmlich mit seinem bösen Onkel angebandelt hat; aber ob sie auch über den Mord Bescheid wusste oder ob sie nach dem Tode ihres Ehemannes lediglich ihrer sündigen Wollust mit Claudius nachgegeben hat, bleibt offen für Interpretationen. Diese Ungewissheit bereitet Hamlet noch mehr Qualen. Der Geist aber trägt Hamlet auf, dass er zwar Rache an Claudius üben, das Urteil über Gertrude jedoch dem Himmel sowie ihrem eigenen schlechten Gewissen überlassen solle. Wenn du nun Hamlet spielst, musst du folgende Fakten als gesetzt akzeptieren: Dein Vater ist tot, weshalb du auch heimgekommen bist; du wirst von einem Geist aufgesucht; auch die Informationen, die dir der Geist übermittelt, stehen nicht infrage. Hamlets Vater ist weder nur *eventuell* tot, noch ist Hamlet nach Dänemark zurückgekehrt, um seine Freundin Ophelia zu heiraten oder die hastige Vermählung seiner Mutter mit seinem Onkel zu feiern. Der Tod seines Vaters, Hamlets Trauer, das Erscheinen des Geistes und dessen Forderung nach Rache an Claudius sowie der unziemliche Mangel an Trauer vonseiten Gertrudes sind Unbedingtheiten; dies sind die gegebenen Umstände.

Alles zusammengenommen sind die gegebenen Umstände – die Fakten, die dir der Autor vorgibt – das *Fundament* der Darstellung; was du dem Fundament hinzufügst, ist deine eigene *Interpretation*. Entscheidest du dich dafür, Hamlet als eine wütende und aggressive Figur oder als schweigsame, gepeinigte, von Selbsthass erfüllte Figur zu spielen – oder beides? Shakespeares Text erlaubt dir diese oder ganz andere Interpretationen. Das ist die Arbeit des Schauspielers: *zu interpretieren.* Die grundlegenden Fakten eines Textes aber sind nicht veränderbar, und wenn du sie ignorierst, wird deine Darstellung zu bröckeln beginnen und das Theaterstück oder der Film wird keinen Sinn ergeben.

Vor ein paar Jahren präsentierten zwei meiner Schauspielschüler eine der Schlussszenen aus Anton Tschechows Stück DIE MÖWE. Darin fleht der junge Schriftsteller Treplew die Schauspielerin Nina, die er seit Langem unerwidert liebt, an, ihn Teil ihres Lebens werden zu lassen. Sie weist ihn auf grausame Weise zurück, indem sie ihre brennende Liebe zu einem anderen Mann äußert, dem erfolgreicheren Schriftsteller Trigorin, den Treplew beneidet. An dieser Stelle begann der Schauspieler, der den gepeinigten Treplew spielte, die Schauspielerin der Nina zu schlagen und sie durch den Raum zu schleudern. Die erschrockene junge Schauspielerin fing an, durch ihren Schlussmonolog zu rasen, damit sie mit ihrem Leben davonkäme; danach verbrannte Treplew, wie von Tschechow verlangt, jedes Stück seiner Schreibarbeit, hielt sich eine Pistole an den Kopf und beendete sein Leben.

In meiner Kritik fragte ich den Schauspieler, wo im Text er Anhaltspunkte dafür gefunden habe, Nina gegenüber körperlich aggressiv zu werden, kurz bevor er sich das Hirn wegpustet. Die verblüffende Antwort des Schauspielers: »Ich bin es leid, Treplew immer als Opfer gespielt zu sehen. Ich wollte dem Stück frischen Wind geben.«

Ich wies den Schauspieler darauf hin, dass er, indem er sich den gegebenen Umständen der Figur verweigerte, das Stück zerstören würde. An dieser Stelle im Stück würde Tschechow nämlich Treplew niemals einen Satz geben, der Wut über den Verlust seiner großen Liebe ausdrückt. Die Flut von Gefühlen in Treplew bleibt vielmehr unterdrückt. Darüber hinaus ist Ninas Rolle so geschrieben, dass sie unempfänglich für die Intensität von Treplews Schmerz ist. Würde Treplew ihr gegenüber seine Wut körperlich ausdrücken, würde sie entsprechend darauf reagieren; doch es gibt keine Repliken, die dies nahelegen. Alles, was Treplew in dieser Szene preisgibt, ist verletzliche Liebe, Verlangen und Hilflosigkeit. Wäre es so einfach für ihn, Nina gegenüber handgreiflich zu werden und damit seinen Zorn unmittelbar zu äußern, würde er vielleicht nicht alles, was er geschrieben hat, zerreißen und sich die Pistole gegen die Schläfe halten müssen.

So, wie Tschechow die Rolle geschrieben hat, *ist* Treplew ein Opfer. Er ist ein Opfer des selbstverliebten Desinteresses seiner Mutter ihm gegenüber, das ihm das Gefühl gibt, wertlos zu sein. Das ist ein gegebener Umstand. Es ist der Grund, warum er sich Nina aussucht, die insofern ein Ebenbild seiner Mutter ist, als dass auch sie ihn nicht wirklich sehen und wertschätzen kann. Es ist das unerträgliche Gefühl, für diejenigen unsichtbar zu sein, deren Liebe er unbedingt braucht, das Treplew zur Selbstzerstörung treibt. Der junge Schauspieler in meiner Klasse machte einen Versuch, in seinen Entscheidungen kreativ zu sein, und vielleicht war es ihm ein inneres Bedürfnis, diese Wut auszudrücken; aber für die Szene war es schädlich und völlig unangemessen. Sein Wunsch, kreativ zu sein und sich auszudrücken, hatte ihn blind für die Anforderungen des Stückes gemacht.

Man muss hinzufügen, dass Tschechow Treplew sehr wohl eine Chance gibt, Nina gegenüber aggressiv zu werden, als sie ihn nämlich zu Beginn des Stücks das erste Mal zurückweist; aber je älter Treplew wird, desto mehr zieht er sich in sich selbst zurück, verdrängt seine Probleme und wird depressiv. Um Treplew erfolgreich spielen zu können, musst du die gegebenen Umstände verstehen, die Tschechows tiefgreifendem Verständnis der menschlichen Psychologie entstammen. Er wusste, dass die Ursache für Treplews Selbstmordgefährdung sein nach innen gerichteter Zorn war. Als Schauspieler, der Treplew spielt, musst du unbedingt sein Verhalten, seine Beziehung zu Nina und seine *Perspektive* auf das Leben verstehen – all das geht aus dem Text sehr genau hervor.

Tschechow macht von Anfang des Stückes an klar, dass Treplew die Welt für einen frustrierenden, trügerischen, lieblosen Ort hält und dass seine einzige Hoffnung auf Glück darin besteht, als Theaterautor respektiert und von Nina als Mann geliebt zu werden – Träume, die ihm auf schmerzliche Weise versagt bleiben. Schau dir an, wie viele Fakten über Treplews gegebene Umstände bereits in der 1. Szene aufgeführt werden; er erzählt seinem Onkel Sorin:

> »Du siehst, meine Mutter liebt mich nicht. Natürlich: Sie will leben, lieben, helle Blusen tragen, aber ich bin dreiundzwanzig und erinnere sie ständig daran, dass sie nicht mehr jung ist. Wenn ich nicht da bin, ist sie zweiunddreißig, mit mir dreiundvierzig, und dafür haßt sie mich.«[1]

Schon alleine in dieser Replik etabliert Tschechow den Kontext, der Treplews Weltsicht prägt: Er ist ein ungeliebter Sohn, der spürt, dass seine Mutter sich wünscht, er würde nicht existieren. Und Treplew fährt fort, seine Demütigungen und Niederlagen ausführlich zu beschreiben:

---

1 Deutsch von Heiner Müller, Suhrkamp Verlag, S. 298

> »Manchmal spricht in mir einfach der Egoismus des gewöhnlichen Sterblichen. Dann tut es mir leid, dass ich eine Mutter habe, die eine berühmte Schauspielerin ist, und ich glaube, wäre sie eine gewöhnliche Frau, wäre ich glücklicher. Onkel, kann es eine erbärmlichere und dümmere Situation geben: Manchmal sitzen bei ihr zu Gast lauter Berühmtheiten, Künstler, Schriftsteller, und zwischen ihnen nur einer, ich, ein Nichts ...«[2]

Seine Mutter, die offensichtlich wohlhabend ist, hat sich geweigert, ihn zu unterstützen. »Im dritten Jahr habe ich die Universität verlassen«, sagt Treplew, »aus, wie man sagt, nichtredaktionellen Gründen. Keine Talente, Geld, nicht einen Groschen, [...]«.[3] Er fühlt sich gesellschaftlich minderwertig: »[...] dem Ausweis nach ein Kleinbürger aus Kiew. Mein Vater war ein Kleinbürger von Kiew, wenn auch ein berühmter Schauspieler.«[4] Treplews Vater – der, wie wir erfahren, tot ist – überwand seine kleinbürgerliche Herkunft durch sein Schauspieltalent, aber Treplew behauptet, er selbst besitze »keine Begabung«. Später sagt er:

> »[...] und wenn dann in ihrem [seiner Mutter] Gastzimmer all diese Künstler und Schriftsteller ihre gnädige Aufmerksamkeit auf mich richten, scheint mir, sie messen mit ihren Blicken meine Nichtigkeit – ich errate ihre Gedanken und leide unter der Demütigung.«[5]

In nur wenigen Zeilen teilt uns Tschechow fast alles mit, was wir über Treplews Perspektive wissen müssen.

John Malkovich soll gesagt haben, sobald er den Blick seiner Figur auf die Welt verstanden habe, gebe ihm das entscheidende Anhaltspunkte dafür, wie er seine Szenen zu spielen habe. Manchmal, wie bei Treplew, ist die Perspektive einer Figur eindeutig durch den Text vorgegeben; manchmal musst du sie aus den Fakten, die dir der Text zur Verfügung stellt, zusammensammeln. Du musst den Text sehr sorgfältig untersuchen: Auf der Basis dessen, was er über die Geschichte deiner Figur aussagt, wie die Figur von anderen behandelt wird, wie sie auf diese Behandlung reagiert und je nachdem, was die Figur tatsächlich tut – nicht nur, was sie *sagt*, sondern was sie *tut* –, kannst du dann formulieren, dass die Figur die Welt auf

---

2 Ebd., S. 299

3 Ebd.

4 Ebd., S. 299 f.

5 Ebd., S. 300

eine bestimmte Weise wahrnimmt. Somit ist die Perspektive deiner Figur ein Teil der gegebenen Umstände und untrennbar mit diesen verbunden.

In James L. Brooks' Film BESSER GEHT'S NICHT ist es ein gegebener Umstand, dass Melvin Udall (Jack Nicholson) eine Zwangsneurose hat und seine gesamte Wahrnehmung entsprechend »gefiltert« ist. Das ist nicht meine Psychoanalyse der Figur Melvin, sondern ein Fakt, der im Skript lebhaft und oft irrsinnig komisch beschrieben wird. Das erste Mal, dass wir Melvin sehen, läuft er ängstlich die Straße zu seinem Lieblingsrestaurant entlang und versucht verzweifelt, niemanden zu berühren oder berührt zu werden (und ruft den Passanten zu: »Nicht anfassen! Nicht anfassen!«). Er versucht auch zu vermeiden, auf die Fugen zwischen den Gehwegplatten zu treten. Im Restaurant wartet er dann ungeduldig auf exakt den Tisch und exakt die Kellnerin – Carol Connelly (Helen Hunt) –, die er immer hat. Er pöbelt die Leute an, die an »seinem« Tisch sitzen und redet so lange auf sie ein, dass sie große Nasen hätten und jüdisch seien, bis sie brüskiert die Flucht ergreifen. Die gegebenen Umstände der Szene sind also, dass er ein zwangsneurotischer Mann mittleren Alters ist, der in das Restaurant kommt, wo er *seinen* speziellen Tisch und *seine* spezielle Kellnerin verlangt; doch jemand anderes sitzt an *seinem* Tisch, und um sich sicher zu fühlen und vor Angst nicht hysterisch zu werden, muss er dafür sorgen, dass sich die Situation in Einklang mit seinen Zwängen entwickelt. Aufgrund seiner Erkrankung sieht er sich, sobald er frustriert oder verängstigt ist, gezwungen, seine Mitmenschen wegen allem Möglichen zu beschimpfen.

In Carols Fall sind die gegebenen Umstände, dass sie eine alleinerziehende Mutter ist, die als Kellnerin arbeitet und ihr Leben ganz ihrem schwer asthmatischen Sohn widmet. Das hat absolute Priorität; nichts anderes im Leben ist für sie von solcher Bedeutung. Sie hat Melvin schon viele Male zuvor bedient, sie kennt ihn. In der beschriebenen Eröffnungsszene ermahnt Carol Melvin, sich zu benehmen, und beschützt ihn zugleich vor dem finster dreinblickenden Restaurantmanager, der ihn hinauswerfen möchte. Carols Perspektive ist im Skript nicht so ausführlich dargelegt wie Melvins, aber du kannst sie dennoch dem Text entnehmen. Trotz ihres schwer kranken Sohnes und trotz ihrer geringen finanziellen Möglichkeiten, für ihn zu sorgen, geht aus der Art, wie Carol mit den anderen Kellnern und Kellnerinnen und auch mit Melvin umgeht, hervor, dass sie warmherzig ist und außerdem viel Humor und eine Engelsgeduld hat. Teil der gegebenen Umstände ihrer Figur ist es also, dass sie ein positiv denkender Mensch ist; sie trägt ihre Probleme nicht zur Schau; sie ist eine Überlebenskünstlerin und macht das Beste aus der Situation, in der sie sich befindet.

Während Helen Hunt sich auf die Rolle vorbereitete, habe ich mit ihr gearbeitet, und sie traf einige brillante interpretatorische Entscheidungen für ihre Figur Carol, über die ich im 8. Kapitel (»Schauspielerische Entscheidungen«, S. 107ff.) noch sprechen werde. Aber ich wiederhole: Alle guten interpretatorischen Entscheidungen fußen auf den gegebenen Umständen – also auf den Fakten, die dir der Autor im Skript zur Verfügung stellt.

Hier folgt eine Übung, die ich Schauspielern gerne gebe, wenn sie sich auf eine Rolle vorbereiten. Nachdem sie das Material im Textbuch durchgearbeitet haben, bitte ich sie, die Sichtweise ihrer Figur auf die Welt in folgender Weise wiederzugeben: »Mein Name ist (Name der Figur) und die Welt ist (sechs beschreibende Wörter oder Sätze).« Wenn du z. B. Melvin in BESSER GEHT'S NICHT spielen würdest, könntest du sagen: »Mein Name ist Melvin Udall und die Welt ist ein Furcht einflößendes, bösartiges, ungerechtes und hoffnungsloses Minenfeld, in dem ich die anderen erwischen muss, bevor sie mich erwischen, und ich muss über alles in meinem Leben die Kontrolle behalten, damit die Welt nicht in ein Chaos zerfällt, in dem mich all die Krankheitserreger drankriegen.« Mit dieser Sichtweise betritt Melvin die Geschichte. Du musst jedes Skript mit dieser Art von Genauigkeit angehen, in Bezug darauf, wer du bist, warum du so bist, wie du bist, und mit deiner ganzen einzigartigen Lebenserfahrung.

In Roxie Harts erster großer Szene in dem Musicalfilm CHICAGO hat Roxie (Renée Zellweger) Sex mit ihrem Liebhaber in dem Schlafzimmer, das sie normalerweise mit ihrem Ehemann teilt. Warum? Weil sie eine berühmte Sängerin werden will und weil ihr Liebhaber ihr vorgaukelt, dass er ihr einen Job im Showbusiness besorgen könnte. Sie geht nicht nur mit ihm ins Bett, weil sie sich sexuell zu ihm hingezogen fühlt; der gegebene Umstand ist: Sie will, dass er etwas für ihre ersehnte Karriere im Showbusiness tut.

Sie hofft, dass sie Sex gegen eine Karriere eintauschen kann, und als ihr Liebhaber sie abblitzen lässt, erschießt sie ihn. Wenn du Roxie spielst und davon ausgehst, dass du nur mit ihm ins Bett gehst, weil du ihn scharf findest, wird die Szene nicht funktionieren – dann würde es für dich keinen Sinn machen, ihn zu töten. Du tötest ihn, weil du herausfindest, dass er gelogen hat: Er wird nichts für deine Karriere tun, da er die Beziehungen, die er zu besitzen vorgegeben hat, gar nicht hat; darüber hinaus erniedrigt er dich und verletzt dich körperlich, als du ihn mit seiner Lüge konfrontierst. Aus diesem Grund verspürst du als Roxie deine größte Angst: dass du unsichtbar bist und dass du dich billig verkauft hast, ohne irgendeinen Vorteil daraus ziehen zu können. Deshalb ergreifst du die Pistole deines Ehemanns und erschießt deinen Liebhaber.

Demzufolge ist der gegebene Umstand zu Beginn der Szene, dass dein Liebhaber noch am Leben ist; am Ende der Szene ist der gegebene Umstand, dass du deinen Liebhaber erschossen hast, dass du verhaftet wirst, weil dein Ehemann einen dummen Fehler begeht und dich belastet; du wanderst direkt ins Gefängnis und wirst wahrscheinlich als Mörderin hingerichtet werden. Wie du siehst, ändern sich die gegebenen Umstände für deine Figur ständig und du musst dich haargenau an die sich wandelnden Fakten erinnern.

Roxie weiß nicht, dass sie ihren Liebhaber umbringen wird, bis er sagt, dass er sie nur flachlegen wollte und nicht beabsichtige, ihr zu helfen, zumal er gar keine Showbusiness-Beziehungen habe. Als sie ihn jedoch weiter bedrängt, ihr zu einem sogenannten Aufstieg zu verhelfen, schlägt er sie und stößt sie zu Boden. Was Renée Zellwegers Darstellung so lebendig macht, ist, dass sie ihre Enttäuschung und ihre Erniedrigung nicht *vorwegnimmt* oder dass sie überhaupt mörderische Impulse verspürt – was sie angeht, ist ihr Leben zu Beginn der Szene in Ordnung; sie befindet sich auf dem direkten Weg an die Spitze. Die gegenläufigen Tatsachen findet sie erst nach und nach heraus, während die Szene weiterläuft.

Wenn du ein Skript analysierst, notiere die gegebenen Umstände Szene für Szene in einer Liste. Frage dich selbst:

- Wo spielt die Szene?
- Wer ist an der Szene beteiligt?
- Was weiß ich als Figur über die anderen Figuren in der Szene?
- Wie ist meine emotionale Beziehung zu ihnen?
- Was sagen die anderen Figuren über mich?
- Sind diese Aussagen – davon ausgehend, was der Text mir sagt – wahr?
- Was von alldem, das ich als Figur über mich selbst weiß (mein Hintergrund, mein Verhalten), ist für die Szene relevant, wenn ich sie betrete?
- Was *macht* meine Figur tatsächlich während der Szene?
- Was *machen* die anderen Figuren mit mir? Wie behandeln sie mich?

Sobald du das ganze Skript durchgegangen bist und jedes bisschen Information, das es dir über deine Figur gibt, aufgeschrieben hast, wirst du eine Liste der gegebenen Umstände deiner Figur haben, und du wirst erkennen, wie sich diese im Verlauf der Geschichte verändern.

Das sind alles *Hausaufgaben* – ein Wort, das du noch oft von mir in diesem Buch hören wirst. Wenn du die Szene dann tatsächlich spielst, vergisst du alles, was du weißt, abgesehen von dem konkreten Bedürfnis und der Perspektive deiner Figur zu Beginn der Szene. Wir erledigen alle diese Hausaufgaben, um unserer Darstellung eine innere Struktur und Detailgenauigkeit zu verleihen, aber wenn wir dann wirklich spielen, müssen wir alles vergessen – wir müssen ahnungslos sein –, bis unsere Figur mit neuen Ereignissen konfrontiert wird. *Bring nichts in die Szene mit hinein, das deine Figur noch nicht weiß!* Wenn du von einem Augenblick zum nächsten arbeitest, sollten dich diese Ereignisse überraschen und dir die Chance geben, darauf in deiner Darstellung spontan zu reagieren. Das macht deine Figur lebendig.

Ich möchte an dieser Stelle erwähnen, dass ich das Wort *Figur* zwar im Sinne der *Figur* in einem Stück benutze, dass ich damit aber ein menschliches Wesen, eine Person meine. Distanziere dich nicht von deiner Rolle, indem du über sie als Figur nachdenkst, sofern dir dieser Begriff nicht ein menschliches Wesen aus Fleisch und Blut vermittelt.

Bei der Textanalyse wirst du feststellen, dass das, was deine Figur sagt, nicht immer mit dem, was sie tut, übereinstimmt. Dies musst du als Teil der gegebenen Umstände zur Kenntnis nehmen. Beispielsweise kann eine Figur – die du als *Person* ansiehst – in einer Szene sagen: »Ich liebe dich nicht und werde es niemals tun!« Und in der nächsten Szene küsst sie den Mann, von dem sie gerade behauptet hat, dass sie ihn nicht liebe, leidenschaftlich. Kennst du Norman Jewisons Film MONDSÜCHTIG mit dem wundervollen Drehbuch von John Patrick Shanley? Als Ronny Cammareri (Nicolas Cage) zu Loretta Castorini (Cher) sagt, dass er sich in sie verliebt hat, knallt sie ihm eine und befiehlt ihm, damit aufzuhören. Nichtsdestotrotz fällt sie sehr kurze Zeit später in seine Arme. Wenn du Loretta spielst und dir die Figur über ihre Worte zu erschließen versuchst, wirst du nicht erkennen, was sie *wirklich* fühlt. Was sie wirklich fühlt, zeigt sich in dem, was sie tut: Sie küsst ihn. Figuren sagen, wie auch die Menschen in deinem eigenen Leben, viele Dinge, aber wir verstehen sie vorrangig durch ihr Verhalten; deshalb habe ich vorhin gesagt, dass du die Perspektive einer Figur hauptsächlich durch das definieren musst, was sie *tut*, nicht unbedingt durch das, was sie *sagt*.

Noch einmal: Wie du deine Figur im Konkreten zum Leben erweckst – die körperliche und stimmlichen Entscheidungen, die du triffst, die Bandbreite und Tiefe deiner Emotionen, deine Rhythmen und Tempi, die Entscheidungen darüber, wie du die Worte des Autors wiedergeben wirst, die Farben und Schattierungen deiner Darstellung –, ist Teil deiner Interpretation; doch *die gegebenen Umstände sind immer dieselben, ganz egal, wer die Rolle spielt.*

Als ich 19 Jahre alt war, saß ich im Publikum der allerersten Voraufführung von Edward Albees Stück WER HAT ANGST VOR VIRGINIA WOOLF? mit der begnadeten Schauspielerin und Schauspiellehrerin Uta Hagen sowie Arthur Hill in den Hauptrollen. Das Stück beginnt, als George und

Martha, ein seit 20 Jahren verheiratetes Paar, sehr spät, um 2 Uhr nachts, von einer Party bei Marthas Vater nach Hause kommen. Dieser ist Dekan des Colleges, an dem George als Geschichtsprofessor unterrichtet. George denkt, dass sie nach Hause kommen, um schlafen zu gehen, aber Martha weiß, dass sie Gäste eingeladen hat: ein junges Pärchen – Nick und Honey –, das sie auf der Party kennengelernt hat. Das ist der gegebene Umstand der 1. Szene. Es ist aber nicht der einzige gegebene Umstand.

Martha ist enttäuscht von George und sauer auf ihn, weil er auf der Party ungesellig war. (Sie sagt: »Ich saß da auf Papas Party und habe dich beobachtet ... und du warst nichts.«[6]) Ihr Standpunkt hinsichtlich ihres Ehemannes: Sie ist enttäuscht von ihm und deshalb aggressiv. (»Gott oh Gott ... Du lieber Himmel ...« sagt sie, als sie das Haus betreten, »was für ein tristes Loch!«[7]) Georges Standpunkt ist, dass er schlafen gehen möchte, da sie beide angetrunken sind und er auf der Party keinen Spaß hatte (ein weiterer gegebener Umstand). Als er herausfindet, was Martha getan hat, ist George genervt und nimmt es ihr übel. Er beginnt zu jammern, sich zu beschweren, sarkastisch zu sticheln und zum Schluss weist er Marthas sexuelle Annäherungsversuche zurück. Das ist der Beginn der Schlacht, die die beiden in dieser Nacht miteinander austragen werden.

George macht es Spaß, Martha zu ärgern, weil er genauso sauer auf sie ist wie sie auf ihn. Das heißt nicht, dass sie nicht aus einem Bedürfnis heraus und durch ihre eigene Auffassung von Liebe stark miteinander verbunden wären. Wie uns diese Szene offenbart, ist eines der großen Probleme in ihrer Ehe, dass Martha »Daddys Girl« ist; und irgendwo in ihrem Inneren will sie, dass George sie von dem emotionalen Inzest mit ihrem Vater befreit, der sie ein verkrüppeltes Kind hat bleiben lassen. Sie ist wütend darüber, dass George nicht durchsetzungsfähig genug ist, um im College ihres Vaters Karriere zu machen und sie dadurch zu erretten. Sie wollte in George einen Mann haben, der es zu etwas bringt, und jahrelang hat sie ihn für sein Versagen und seine Schwäche bestraft. Das ist ebenfalls Teil der gegebenen Umstände des Theaterstücks und stellt die Basis für die Perspektiven und die Beziehung der Figuren zueinander in der 1. Szene dar.

Und: Martha hat eine laute Stimme. Woher ich das weiß? Das verrät mir das Skript. An einer Stelle, zu Beginn des Stücks, sagt George zu Martha: »Soll ich den ganzen Abend herumrennen und jeden anschreien, wie du?«[8] Offensichtlich äußert sich Martha hin und wieder in einer der-

6 Deutsch von Alissa und Martin Walser, S. Fischer Verlag, S. 70

7 Ebd., S. 4

8 Ebd., S. 6

artigen Lautstärke, dass George das »Schreien« nennen kann. Das Stück berichtet mir auch, warum Martha so laut ist: um sich vor den messerscharfen Kommentaren zu schützen, die George von sich gibt, um sie zu verletzen und in ihrem gemeinsamen primitiven Spiel zu übertrumpfen.

Wenn du George oder Martha spielst, musst du das alles von dem Moment an wissen, in dem du durch die Türe kommst. Ihr müsst als zankendes Pärchen überzeugen, das seit 20 Jahren zusammen ist. Und du musst – durch das Analysieren der gegebenen Umstände nicht nur der 1. Szene, sondern des gesamten Stückes – die Themen verstehen, die der Zankerei zugrunde liegen. Dazu gehört auch die Geschichte ihres erfundenen Sohnes: »das Kind«.

Als ich 40 Jahre nach jener Voraufführung der Broadwayinszenierung eine ausgezeichnete szenische Lesung des Stücks besuchte, wieder mit Uta Hagen als Martha und dem hervorragenden Jonathan Pryce als George, habe ich eine interessante Lektion gelernt. Während der Eröffnungsszene waren Martha und George füreinander so selbstverständlich, dass sie sich kaum noch anschauten, aber sie zeigten auch eine lustige, merkwürdige Zuneigung für den anderen. Ihre Martha und sein George waren gewiss wütend, aber in dieser Szene schienen sie sich die meiste Zeit gegenseitig zu unterhalten, bis George Marthas sexuelle Avancen zurückwies; ab diesem Punkt wurde sie zutiefst verletzend. Sie erweckten den 20 Jahre alten Konflikt dieses Pärchens – den gegebenen Umstand – zum Leben, aber sie taten es auf *ihre* Weise. In der originalen Broadwayinszenierung, die ich gesehen hatte, hatte Uta Hagen die Rolle mit denselben gegebenen Umständen auf völlig andere Weise interpretiert. Sie war zu Beginn als Martha bei Weitem hasserfüllter und rücksichtsloser gewesen. In dieser Inszenierung hatte Arthur Hill die 1. Szene leidend, müde und reserviert gespielt, während nun Jonathan Pryce das Spiel, Martha zu provozieren, fast von Anfang an trieb. Beide Interpretationen waren für die gegebenen Umstände absolut geeignet.

Zu Beginn des Klassikers DAS GEHEIMNIS VON MALAMPUR aus dem Jahr 1940 erschießt Leslie Crosbie (gespielt von Bette Davis) kaltblütig einen Mann – so, wie es nur eine verschmähte Frau in einem 40er-Jahre-Melodram von Warner Brothers tun kann. Dies ist der gegebene Umstand, der die ganze Geschichte ins Rollen bringt. Die Zuschauer werden sofort mit dieser Situation konfrontiert. Einige Augenblicke später sehen wir, wie Leslie ihren Ehemann anlügt und ihm erzählt, dass der Mann, den sie getötet hat, ein Eindringling gewesen sei, der versucht habe, sie zu vergewaltigen. Diese gegebenen Umstände sind denen in CHICAGO ähnlich, aber CHICAGO ist ein komischer und satirischer Film, während DAS GEHEIMNIS VON MALAMPUR ein emotionaler und zutiefst dramatischer Film ist.

Auf William Somerset Maughams Kurzgeschichte Der Brief basierend, ist der ganze Film ebenso zeitlos, wie es die Darstellung von Bette Davis ist. Sieht man den Ausdruck in ihrem Gesicht, als sie ihren Liebhaber erschießt, ist einfach klar, dass es sich um eine zurückgewiesene Frau handelt. Ihre Darstellung ist deshalb so großartig, weil man in ihren Augen lesen kann – wenn sie erst ihren Ehemann anlügt und dann jeden anderen um sich herum, die Geschworenen eingeschlossen –, dass der wirkliche Grund ihrer Tat, die Zurückweisung, in ihr brodelt, während sie versucht, ihr Leben zu retten. Noch ein anderer gegebener Umstand ist ihr an den Augen abzulesen: ihr Bewusstsein darüber, dass sie den einzigen Mann, den sie jemals lieben wird, umgebracht hat. Sie bringt einen dazu, die Liebe für den Mann, den sie getötet hat, zu spüren, auch wenn man nie eine Szene ihrer tatsächlichen Affäre zu sehen bekommt. Es ist die tiefe Hingabe der Schauspielerin, alle gegebenen Umstände hervorzurufen, die die Darstellung noch über 60 Jahre, nachdem sie gefilmt wurde, zum Leben erweckt.

Stella Adler hat den berühmten Satz gesagt: »Es reicht nicht aus, Talent zu besitzen. Du musst eine Begabung für dein Talent besitzen.« Eine der Begabungen, die du benötigst, ist die Fähigkeit, ein Stück oder Drehbuch aufzuschlüsseln und alle Fakten zu ermitteln, die der Autor dir zur Verfügung stellt. Diese helfen dir, deine Figur zu verstehen und zu begreifen, worum es in jeder Szene und im ganzen Stück geht. Diese gegebenen Umstände können dich, während du von ihnen liest, emotional werden lassen, und das ist wichtig, weil sich dadurch zeigt, dass du eine Verbindung zu dem Material herstellst. Aber genauso entscheidend wie deine emotionale Reaktion ist es, dir über die tatsächlichen Fakten der Geschichte vollständig im Klaren zu sein. Denn nur durch das Identifizieren und Investieren in diese Fakten kannst du deine Wahrhaftigkeit – deine Interpretation – in deine Darstellung einbringen. Verwurzele deine Darstellung in der Erde (d. h. den gegebenen Umständen) und du kannst beginnen zu fliegen.

2. Überziel und Ziel: Was willst du erreichen?

Wenn in meinen Kursen eine Szene beendet ist, frage ich jeden Schauspieler, wie er über seine Arbeit an dieser Szene denkt. Dann möchte ich wissen: Was wolltest du als Figur erreichen? Was hat deine Figur versucht, von der anderen Person zu bekommen? Zuneigung, Verständnis, Geld, Macht, Sex, Informationen, Vergebung? Mit anderen Worten, was *wolltest* du? Was hast du in der Szene als das vom Autor festgelegte *Ziel* der Figur bestimmt?

Ich benutze das Wort *Ziel* (engl. *objective*), weil ich es mag; es klingt melodisch in meinen Ohren. Andere Synonyme, die du benutzen kannst und die im Schauspielgeschäft verwendet werden, sind *Bedürfnis*, *Handeln*, *Begehren* ... Nenne es, wie du willst: Es geht immer um menschliche Bedürfnisse. Das Ziel ist das, was deine Figur in einer bestimmten Szene erreichen will, um ihre Bedürfnisse zu stillen.

Natürlich entstehen die Bedürfnisse deiner Figur nicht erst mit Beginn der Szene. Betrittst du ein Stück oder einen Film als Figur, dann immer aus einem früheren Leben kommend, und in diesem früheren Leben ist etwas – tief Emotionales – vorgefallen, das in deiner Figur einen Wunsch oder einen Traum wachsen ließ, der als *Überziel* bezeichnet wird. Das Ziel jeder einzelnen Szene ist mit dem allumfassenden Überziel verbunden, mit der Leidenschaft, die dich antreibt. Das Überziel ist der Motor, der dich die Geschichte des Stückes oder Films in Bewegung hält; es ist der Traum, der dich durch die Geschichte voranträgt, denn – ob in Theaterstücken und Filmen oder im Leben – ohne Träume handeln wir nicht.

Der russische Schauspieler, Schauspiellehrer und Regisseur Konstantin Stanislawski, der als Vater des sogenannten *Method*-Acting bezeichnet wird, hat gesagt, dass das Überziel – der Traum, der einer tiefen Sehnsucht der Figur entspringt – das Rückgrat der schauspielerischen Darstellung bildet und dass die Ziele in jeder einzelnen Szene die mit dem Rückgrat verbundenen Rippen sind. Eines der aufregenden Dinge beim Lesen eines Skriptes ist es, darin das auszumachen, was Stanislawski das »System der Bedürfnisse« nennt. Dieses »System der Bedürfnisse« jeder Figur bezeichnet die Sehnsüchte – bzw. Ziele – der Figur in jeder Szene. Es ist essenziell für jedes Stück oder jeden Film, in dem du spielst, denn ohne

Ziele und ohne Hindernisse, die diesen Zielen im Weg stehen, hättest du nichts zu tun.

Wenn ich z.B. Richard Nixon spiele und es Nixons Traum ist, der meistverehrte Präsident der Weltgeschichte zu werden, dann ist jede Szene in der Geschichte meines Lebens eine Rippe am Rückgrat dieses Überzieles: mein Erfolg, bei den Anhörungen vor dem Ausschuss für unamerikanische Umtriebe[9] wahrgenommen zu werden; dass ich Vizepräsident unter Dwight Eisenhower geworden bin; mein Sieg über Hubert Humphrey; mein erfolgreiches Raumfahrtprogramm, mit dem die ersten Astronauten auf dem Mond gelandet sind; mein Treffen mit dem russischen Staatschef Leonid Breschnew; meine erfolgreiche China-Reise; mein haushoher Sieg über George McGovern, der zu meiner zweiten Amtszeit führte; die Watergate-Affäre; die Androhung eines Amtsenthebungsverfahrens. Alle Szenen, auch die, die meinen Untergang zeigen, sind mit dem Rückgrat, also dem Traum, der meistverehrte Präsident der Weltgeschichte zu sein, verbunden, weil dieser mich emotional antreibt – egal, ob ich versuche aufzusteigen oder die Abwärtsspirale zu überleben. Jede Szene wird ein genaues, konkretes Ziel haben, das ich verfolge, um meinen Traum – mein Überziel – zu verwirklichen.

Als Nixon das Rennen um den Gouverneursposten in Kalifornien verlor, sagte er in den Medien den heute berühmten Satz: »Sie werden keine Gelegenheit mehr haben, auf Dick Nixon herumzutrampeln.« Da stand ein Mann, der in seiner Kindheit zutiefst verletzt worden war, ein von Erniedrigung und Unterdrückung gezeichneter Mann. Um mit diesen unerträglichen Gefühlen fertig zu werden, kreierte Nixon den Traum, der meistverehrte Präsident der Weltgeschichte zu werden. Seine Niederlagen – bei der Präsidentschaftswahl 1960 (gegen John F. Kennedy) und bei der kalifornischen Gouverneurswahl von 1962 – bewirkten nur, dass er umso stärker an seinem Traum festhielt.

Jedem Überziel liegt eine *Rechtfertigung* zugrunde, ein emotionaler Anlass für seine Entstehung. Nixons Traum war durch die Erniedrigung in seiner Kindheit geboren worden, und Erniedrigung war es, die ihn zeit seines Lebens antrieb. Jahrelang schien er aufgrund der Unerreichbarkeit seines Traumes ständig in Angstschweiß zu baden.

Um die Verbindung zwischen Überziel und emotionaler Rechtfertigung klarer zu machen, empfehle ich, dir den Film DIE GÖTTIN aus dem Jahre 1958 anzuschauen. Das Drehbuch wurde von Paddy Chayefsky geschrieben und in der Hauptrolle ist die großartige Kim Stanley zu sehen. Chayefsky erzählt hier fantasievoll seine Sicht auf das Leben von Marilyn

9 Engl. House Un-American Activities Committee (HUAC)

Monroe. Am Anfang des Films erlaubt Emily Ann Faulkner (Kim Stanley) jungen Männern, Mitschülern aus ihrer Highschool, mit ihr zu schlafen. Denn ihre Mutter ruft aus: »Ich will sie nicht. Ich habe sie nie gewollt«, und das führt dazu, dass Emily nach jeder Art von Liebe süchtig wird. Emilys Schmerz wird noch vertieft, als sie herausfindet, dass der Junge, von dem sie glaubt, dass er sie wirklich und um ihrer selbst willen mag, gelogen hat. Während er beginnt, sie voller Begehren auszuziehen, fängt sie leise an zu weinen und sagt: »Ich gehe nach Hollywood und werde ein Filmstar.«

Das Überziel ist emotional so mächtig für deine Figur, dass es dich dazu bringen wird, jedes Hindernis auf deinem Weg auszulöschen. Zuerst versucht Emily, diese Barrieren zu überwinden, um ein Star zu werden. Dann versucht sie, die tiefe Depression auszulöschen, die sie auch dann noch plagt, als sie Berühmtheit erlangt hat. Ich verwende das Wort *auslöschen*, was »etwas zerstören« bedeutet, weil ein Überziel etwas extrem Leidenschaftliches ist; es rührt immer von tiefem Schmerz, tiefer Freude oder tiefer Angst her. Emilys Überziel ist nicht, ein Filmstar zu werden, sondern es besteht darin, *das Gefühl zu haben, innig geliebt und gemocht zu werden* – was sie nie wirklich erreicht.

Wo findest du das Überziel, das deine Figur antreibt? Du findest es im Text – dort, wo du auch die Ziele jeder Szene findest. Das ist der Weg, den der Autor für dich vorgesehen hat. Diese Überziele, diese Träume und diese Wünsche *treiben* die Geschichte *voran* und als Schauspieler ist es deine Aufgabe, diese spezielle Geschichte zu erzählen. Wenn du die treibenden Bedürfnisse, Wünsche, Ziele – all diese Worte meinen dasselbe – deiner Figur missverstehst, wird das Stück oder der Film es nicht schaffen, das Publikum wirklich zu erreichen, kraftvoll und lebendig zu sein.

Obwohl es in Arthur Millers brillanter Tragödie TOD EINES HANDLUNGSREISENDEN viele Szenen gibt, in denen Biff, der ältere Sohn von Willy Loman (dem im Stücktitel genannten Handlungsreisenden), seinen Vater attackiert, wäre es ein großer Fehler, Biff in diesen Szenen nur mit Wut zu spielen. Ein grundlegender gegebener Umstand des Stückes ist, dass Willy seinen Selbstmord vorbereitet, damit seine Familie seine Lebensversicherung erhält und er die Welt mit einem Gefühl von Macht und Würde verlassen kann. Sein Tod wird die Familie mit der einzigen Sache zurücklassen, die in seiner Vorstellung wahre Bedeutung besitzt: Geld. Das ist natürlich verrückt, aber in dieser Verrücktheit ist eine Art Liebe enthalten. Willy möchte, dass Biff erfolgreich ist, was für Willy gleichbedeutend ist mit Geld und Macht, dem amerikanischen Traum, also genau den Dingen, die ihm selbst vorenthalten geblieben sind. Weil Willy erkennt, dass Biff sich auf Abwegen befindet und kein Interesse an Erfolg und Reichtum hat, kritisiert, quält und erniedrigt er ihn. Biff schlägt auf dieselbe Art und Weise zurück, aber beide tun diese Dinge aus einem verzerrten Bedürfnis nach Liebe heraus.

Biff attackiert mit Wut, ja, aber er bittet auch, bettelt, gesteht seine eigenen Fehler ein, warnt seinen Vater, stellt Ultimaten, umarmt seinen Vater, schubst ihn, verlangt von Willy, der Wahrheit über seine eigenen Fehler und über seine falschen Träume vom Erlangen von Bedeutung ins Gesicht zu sehen – alles aus einem Bedürfnis nach Liebe heraus, alles, weil Biff *seine Familie retten und sich selbst finden will.* Das ist das Überziel, das Biff durch das ganze Stück hindurch antreibt. Alles, was er macht, tut er, weil er auf die Liebe seines Vaters angewiesen ist, und nicht, weil er ihn hasst. Biff mag zeitweise Hass gegenüber Willy hegen, weil er dessen Taten verurteilt und über seine Entscheidungen aufgebracht ist; aber Biff möchte Willy retten, *damit er seine Familie und sich selbst heilen kann.* Wenn du selbst ein wütender Sohn bist, könnte es sein, dass du Biffs großes Bedürfnis nach Liebe übersiehst – lass das nicht zu!

Vergiss nicht: Um zu spielen, bedienst du dich deiner selbst, aber du bist nicht die Figur; die Figur entsteht durch dich. Ihr Schauspieler, seid jetzt nicht alle beleidigt und klappt das Buch mit dem Gedanken zu: »Aber mein Schauspiellehrer hat gesagt, es gibt keine Figur, es gibt nur mich – angepasst an die Situation.« Wenn du nicht die Figur, so wie sie geschrieben ist, von deinem eigenen Leben trennst, werden dir die Qualitäten fehlen, die notwendig sind, um die Persönlichkeit dieser Figur zu erfassen. Ja, du benutzt dich selbst auf intensivste Weise – *deine* Gefühle, *deine* Fantasie, *deine* Interpretation, *deine* Körperlichkeit, alles Themen, die ich später in diesem Buch besprechen werde –, aber ich sage es noch einmal: Die Figur steht für sich selbst und es ist deine Aufgabe, sie zum Leben zu erwecken.

In TOD EINES HANDLUNGSREISENDEN gibt es Rückblenden, die zeigen, wie Biff und sein Bruder Happy ihren Vater vergöttern. Wenn du jung bist und ähnliche Gefühle für einen Elternteil hast, und dieser Elternteil dann Schwächen offenbart und dir gegenüber ausfallend oder gewalttätig wird, kann es sein, dass du vergisst, dass du ihn jemals vergöttert hast, weil sich dein Schmerz in Rachsucht und Depression verwandelt. Das Verlangen nach Liebe treibt dich, sofern du es nicht stillst, für den Rest deines Lebens an. Beachte, dass ich hier über Biffs *Bedürfnis* nach Willys Liebe – im Gegensatz zu *seiner* Liebe für Willy – spreche, weil ich glaube, dass zwischen dem Vater und den Söhnen in der Loman-Familie niemand wahre Liebe, sondern einzig und allein das brennende Verlangen danach erfahren hat.

Wenn ein wirklich mächtiges Überziel nicht erreicht wird, dann kommst du niemals an deinem Bestimmungsort an. Bis der Vorhang fällt oder auf dem Bildschirm »Ende« zu sehen ist, verbleibst du in einem Zustand des Wollens. Biff realisiert in den letzten Momenten in TOD EINES HANDLUNGSREISENDEN, dass er für sich selbst einen Lebensweg finden muss, mit dem er sich von den übertriebenen, leeren Träumen seines Vaters von Macht und Ruhm abgrenzen kann. Aber zu diesem Zeitpunkt ist Willy schon tot und die Familie zerstört. Obwohl Biff also beginnt, sich selbst zu finden, hat er und hätte er es niemals vermocht, seine Familie zu retten und die Liebe seines Vaters zu erringen. Willy wusste nicht, wie er Biff lieben sollte. Wie hätte er auch dazu fähig sein sollen, wenn er nicht einmal sich selbst wertschätzen konnte?

Als Gast der Talkshow UNGESCHMINKT mit James Lipton erzählte Sydney Pollack einmal, dass er versuche, jeden Film, bei dem er Regie führt, in einem Satz zusammenzufassen. In Pollacks JENSEITS VON AFRIKA ist dieser eine Satz das Überziel von Meryl Streeps Figur, Karen Blixen. Ich werde den Satz in den Worten formulieren, die du benutzen würdest, wenn du die Figur spielen würdest: *Afrika zu zähmen und den Mann, den ich liebe, zu zähmen*. Wenn du dir den Film anschaust, wirst du feststellen, dass Pollack Luftaufnahmen verwendet, um die riesige Fläche zu veranschaulichen, über die sich Afrika erstreckt. Kein Mensch kann dieses Land jemals besitzen oder seine grundlegenden Eigenschaften ändern, genauso wenig wie Karen das wilde Herz des Mannes zähmen kann, den sie liebt. Am Ende des Films sagt Karen bei der Beerdigung ihres Liebhabers Denys Finch Hatton (Robert Redford): »Er war niemals mein, er war niemals unser«, und die Kamera springt auf das Grab von Finch Hatton, das von Löwen bewacht wird. Dabei handelt es sich um wilde Tiere, und auch er selbst ist im Tod noch wild. Als der Film endet, pulsiert Afrika. Karen Blixens Verlangen, das Land und den Mann zu besitzen, treibt sie den ganzen Film lang an, aber ihr Traum wird niemals Wirklichkeit.

Was wir *wollen*, wonach wir uns *sehnen*, was wir unbedingt *haben müssen*: Jede Szene besitzt mindestens zwei gegensätzliche Ziele – das Ziel deiner Rolle und das Ziel einer anderen Rolle. Dies verursacht Konflikte und überhöht die Realität der Szene. Alfred Hitchcock nennt das »ein Leben, aus dem man die langweiligen Momente herausgeschnitten hat«. Diese widersprüchlichen Wünsche sind auch Teil der Hindernisse (ein Thema, das wir im nächsten Kapitel abhandeln werden), die eine Figur davon abhalten, ihr Ziel zu erreichen.

Eines der Ziele meines Buches ist es, technische Hilfsmittel zu erklären; ein anderes, deine Fantasie und deine kreativen Instinkte anzuregen, indem ich die technischen Hilfsmittel unmittelbar anwendbar mache. Für viele meiner Beispiele verwende ich bekannte Dramen, Klassiker, weil sie meine Liebe zum Theater geprägt haben. Wenn du sie nicht schon gelesen hast, dann solltest du das unbedingt tun – nicht nur für deine persönliche Entwicklung, sondern auch, um das Optimum aus diesem Buch herauszuholen. Meine Kreativität wurde aus dem Tiefgang und der Kraft dieser Theaterstücke heraus geboren; sie sind großartig und werden immer großartig sein, weil sie auf außergewöhnliche Weise von den Schwierigkeiten des menschlichen Daseins handeln. Das ist der Grund, warum diese Theaterstücke immer noch überall auf der Welt aufgeführt werden.

Ich liebe es, über Tennessee Williams' Stück ENDSTATION SEHNSUCHT zu sprechen, weil es sich dabei um eines der wenigen großen, modernen Meisterstücke handelt. In ENDSTATION SEHNSUCHT besucht Blanche DuBois, eine alternde Südstaaten-Schönheit aus gutem Hause und mit vielen Geheimnissen, ihre jüngere Schwester Stella, die mit ihrem neuen, zur Arbeiterklasse gehörenden Ehemann Stanley in New Orleans in einer heruntergekommenen Ecke des French Quarter wohnt. Die vierte Hauptfigur ist Stanleys Freund Mitch, der zu einem potenziellen Ehemann für Blanche wird. Das Überziel jeder einzelnen Figur treibt diese das ganze Stück hindurch an:

- Blanche DuBois: *Schutz und Geborgenheit zu finden.* In jeder Szene, in der Blanche auftritt, versucht sie, durch ihre vornehme Art, durch Humor, Verführung, Anschuldigungen und indem sie Schmerzhaftes aus der Vergangenheit enthüllt, Schutz und Geborgenheit zu finden.
- Stanley Kowalski: *Herr meines Hauses zu bleiben.* Um Hausherr zu bleiben, dominiert Stanley Stella (und jede andere Frau) durch seine Sexualität, durch Schikane und seine Klein-Jungen-Hilflosigkeit. Seine Kumpels buttert er durch rohe körperliche Kraft unter. Alles, was Stanley tut (tyrannisieren, unterhalten, verführen, Unruhe stiften, zerstören und betteln – diese aktiven Verben stehen für seine *aktiven Absichten* in jeder Szene), dient seinem Überziel.
- Stella Kowalski: *meinen Mann und meine Schwester einander näherzubringen, um eine neue Familie zu formen.* In fast jeder Szene versucht sie, Zuneigung, Verständnis und Geduld in Stanley gegenüber Blanche und in Blanche gegenüber Stanley zu wecken.
- Mitch: *meine Einsamkeit zu beenden.* Mitch ist überhöflich, zärtlich, entgegenkommend, fast ehrfurchtsvoll gegenüber

> Blanche, weil sie zerbrechlich erscheint, so wie eine inzwischen verstorbene Frau, die er sehr geliebt hat. Er sieht in Blanche eine potenzielle Lebenspartnerin – die er dringend benötigt, weil seine Mutter, mit der er aktuell zusammenlebt, im Sterben liegt.

In einem schmerzhaften Augenblick, nachdem Blanche ihre Mitverantwortung am Tod ihres homosexuellen Ehemanns vor einigen Jahren offenlegt, sagt Mitch: »Du brauchst jemanden. Und ich brauche auch jemanden. Glaubst du, es ist möglich – du und ich, Blanche?«[10]

Darauf folgen Williams' Regieanweisungen: »Sie starrt ihn einen Augenblick lang mit verlorenem Blick an. Dann schmiegt sie sich leise weinend in seine Umarmung. Schluchzend macht sie den Versuch zu sprechen, bringt aber kein Wort heraus. Er küsst sie auf die Stirn, auf die Augen und schließlich auf den Mund. Die Varsovienne verklingt. Sie atmet tief ein und aus und schluchzt erleichtert dazu.«[11] Und Blanche sagt: »Manchmal – ist Gott da – ganz schnell!«[12] Für Blanche *ist* Gott »Schutz und Geborgenheit«. Doch das ist der einzige Moment in ENDSTATION SEHNSUCHT, in dem sich die Überziele zweier Figuren kreuzen – und von diesem Moment an werden sie auseinandergerissen.

Wie ich schon sagte, kannst du das Überziel der Rolle erkennen, indem du den Text sorgfältig liest. Szene für Szene sagt Blanche im Wesentlichen (und ihre Handlungen und ihr Verhalten unterstreichen das): »Ich bin leer, meine Jugend schwindet, ich habe diese Möglichkeiten nicht mehr, ich habe die ›Tricks‹ nicht mehr drauf.« Das ist der Grund, warum sie einen sicheren, schutzgebenden Ort für sich finden muss; sie kann nirgendwo anders mehr hingehen; die Straßenbahn hat die Endstation erreicht. Und Stanley erklärt (und demonstriert auch durch seine Handlungen): »In diesem Haus bin ich der König, vergiss das nicht!« – eine Anweisung, die Blanche ignoriert. Und Stella versucht, Szene um Szene, die Wogen zu glätten. Sie verhätschelt und bedient Blanche; sie bettelt Stanley an: »Sei nett zu ihr, Stan. Sag ihr, wie wunderbar sie aussieht.« Stella verhält sich gegenüber Stanley, als ob er ein sexuelles Rauschgift sei, von dem sie nicht genug bekommen könne. Sie erzählt Blanche: »Ich werde fast wahnsinnig, wenn er auch nur eine Nacht weg ist!« Sie fleht die beiden an, sich gegenseitig wertzuschätzen, weil sie den Gedanken, einer der beiden könne verletzt werden, nicht ertragen kann.

---

10 Deutsch von Helmar Harald Fischer, Jussenhoven & Fischer Verlag, Bühnenmanuskript, S. 115

11 Ebd.

12 Ebd.

Es reicht nicht aus, das Überziel nur intellektuell auszumachen; du musst es *rechtfertigen*, den emotionalen Antrieb dahinter erkennen. Du brauchst deine eigene, *konkrete Interpretation* des Überziels deiner Figur, sodass diese dich jedes Mal, wenn du daran denkst, emotional werden lässt und dich zur Handlung antreibt. Die Worte, die du verwendest, um dein Überziel zu beschreiben, mögen anders sein als die Worte, die ein anderer Schauspieler verwendet. Für die eine Schauspielerin, die Blanche spielt, kann die Aussage »einen sicheren Ort finden« emotional überwältigend sein; für eine andere Schauspielerin könnte der Ausdruck »Schutz finden« oder »eine schöne Ecke für mich finden« die Art von Sprache sein, durch die sie entflammt. Ich glaube, wenn du eine Rolle spielst, dann sollte die Rechtfertigung deines Überziels für dich so emotional, so leidenschaftlich und lebendig sein, dass sie dich, wenn du an sie denkst, zum Weinen bringt, wütend macht oder in Freude ausbrechen und vor Dankbarkeit auf die Knie fallen lässt. Während der Darstellung kann allein die Erinnerung an dein gerechtfertigtes Überziel ausreichen, um dich für das gesamte Stück emotional zu aktivieren.

Ein Weg, deine emotionale Rechtfertigung zu entdecken, ist, dich selbst zu fragen: »Was passiert, wenn ich es nicht schaffe, meinen Traum wahr werden zu lassen?«, und dir vorzustellen, was aus deinem Leben würde, wenn du es nicht schaffst. Die gegebenen Umstände in ENDSTATION SEHNSUCHT sind, dass Blanche, bevor sie bei Stella und Stanley ankommt, alles verloren hat, was für sie von Bedeutung war. Sie hat ihren Mann, den Großteil ihrer Familie, ihre Plantage Belle Rêve (der Name bedeutet ironischerweise »schöner Traum«) und auch ihr Einkommen verloren, weil sie als Lehrerin gefeuert worden ist. Sie hat nur noch einen einzigen verzweifelten Wunsch: einen sicheren Ort zu finden. Du kannst sehen, dass die hohe Emotionalität ihrer Rechtfertigung alles auffrisst. Am Ende des Stückes kann Blanche in der Realität keinen schützenden Ort finden und so lässt sie die Realität komplett hinter sich. Als sie abgeholt wird, um in die Irrenanstalt gebracht zu werden, wandert sie sinnbildlich zurück in ihre Vergangenheit im herrschaftlichen alten Süden und verkündet ihren berühmten Satz: »Wer Sie auch sein mögen – auf die Freundlichkeit von Fremden habe ich mich immer verlassen.«[13]

Die emotionale Rechtfertigung für das Überziel kann nicht allgemein bleiben, sie muss konkret sein. Wenn du Richard Nixon spielst, reicht es nicht, zu sagen, dass du der meistverehrte Präsident in der Weltgeschichte sein willst, weil du die Erniedrigungen in deinem früheren Leben wettmachen willst. Die Leidenschaft hinter dem Traum muss durch deine

13 Ebd., S. 176

Vorstellung eines konkreten, unerträglich erniedrigenden Ereignisses oder einer Folge solcher Ereignisse geschaffen werden.

In Nixons gut dokumentierten Leben gab es bekanntlich viele solcher Ereignisse. Eines fand bei den Anhörungen des Ausschusses für unamerikanische Umtriebe (HUAC) statt, als Nixon den Anwalt und Regierungsbeamten Alger Hiss kommunistischer Aktivitäten beschuldigte. Während einer Diskussion zwischen den beiden schnauzte Hiss Nixon an: »Ich bin mit dem Gesetz vertraut. Ich habe die juristische Fakultät von Harvard besucht. Ich glaube, Sie waren in Whittier.«[14] Der HUAC-Mitarbeiter Robert Stripling sagte, dass Nixons Gesicht »rot, blau und dann wieder rot« wurde. »Man konnte praktisch sehen, wie seine Nackenhaare seinen Mantel anhoben.« Eine konkrete Erniedrigung wie diese könntest du benutzen, um dein Überziel emotional zu rechtfertigen. Wenn das für dich jedoch nicht funktioniert, müsstest du ein anderes Ereignis verwenden oder auch etwas erfinden, dass dich »rot, blau und dann wieder rot« werden lässt.

Manchmal wird die emotionale Rechtfertigung durch die gegebenen Umstände des Skriptes vorgegeben und manchmal gibt es nur Hinweise darauf. Wir wollen ein weiteres Stück von Tennessee Williams betrachten: DIE KATZE AUF DEM HEISSEN BLECHDACH. In dem Stück geht es um eine Ehe in den Südstaaten. Brick ignoriert seine Frau Maggie und trauert stattdessen um seinen besten Freund Skipper, der vielleicht sein Geliebter war. Der Text verrät dir ebenfalls, dass Brick und Maggie sehr verschiedenen wirtschaftlichen Verhältnissen entstammen: Er ist mit Geld aufgewachsen, als gequälter Prinz sozusagen, während Maggie trotz der Kontakte ihrer Familie zur »besseren Gesellschaft« der Unterschicht entstammt, in billigen Mietswohnungen großgeworden ist und sich als soziale Aufsteigerin noch immer von ihrer früheren Armut verfolgt fühlt. Maggies Überziel ist es, so viel Geld zu haben, dass *sie für den Rest ihres Lebens nie wieder Angst vor Armut haben muss*. Warum fühlt sie so?

Der Text verrät also, wie gesagt, dass Maggies Familie arm war. Sie erklärt Brick außerdem: »Man kann jung sein ohne Geld, aber man kann nicht alt sein ohne. Wenn man alt ist, *muss* man Geld haben, sonst ist es zu schrecklich. Man muss entweder das eine sein oder das andere, entweder jung oder vermögend. Alt und ohne Geld sein, das geht nicht.«[15] Aber

14 Aus finanziellen Gründen besuchte Nixon statt einer der großen renommierten Universitäten der USA das quäkerische College der Kleinstadt Whittier, wo er auch aufgewachsen war.

15 Deutsch von Jörn van Dyck, Jussenhoven & Fischer Verlag, Bühnenmanuskript, S. 115

es ist deine Aufgabe, die konkrete, emotionale Rechtfertigung zu finden, von der Maggies Traum angetrieben wird; du musst *exakt* wissen, was für dich »zu schrecklich« ist. Vielleicht erinnert sich Maggie daran, wie ihre Mutter ihre Hand umklammerte, als sie sterbend im Armenhaus lag, ohne die nötige medikamentöse Versorgung zu bekommen, weil sie sich diese nicht leisten konnte. Maggie beschreibt das im Stück nicht, aber das wäre etwas, das zu Maggies Figur passen und das dir du als Schauspielerin mithilfe deiner *Fantasie* aufbauen könntest. Die Erfahrung, deine Mutter im Todeskampf auf einer öffentlichen Krankenstation zu beobachten, ist eine starke und schmerzvolle Erfahrung, die rechtfertigt, alles zu tun, damit du selbst nicht so endest.

Es wäre ein Fehler, Maggies Überziel statt in der finanziellen Sicherheit darin zu vermuten, dass sie in erster Linie von ihrem Ehemann Brick geliebt werden will. Denn wäre dies der Fall, was hätte sie davon, ihn zu verärgern und wütend zu machen, was sie ja mit ziemlicher Absicht tut? Sobald du jedoch erkennst, dass Maggie wirtschaftliche Sicherheit sucht und du die persönliche Rechtfertigung für dieses Bedürfnis gefunden hast, dann verstehst du, dass sie Brick, auf welchem Weg auch immer, Feuer unterm Hintern machen will. Sie muss dafür sorgen, ihn mit seinem sterbenden Vater zu versöhnen, damit sie einen Teil des Erbes erhalten. Natürlich spürt Maggie – und das nicht ohne Grund –, dass sie bessere Chancen hätten, das Geld zu bekommen, wenn sie es schafft, schwanger zu werden und Bricks Vater am besten einen männlichen Erben zu präsentieren. Das ist deshalb besonders wichtig, weil Bricks Bruder und seine Schwägerin Mae, »dieses Ungeheuer an Fruchtbarkeit«, ihnen bei der Babyproduktion schon um Längen voraus sind. Sie verärgert Brick und macht ihn wütend, weil sie seinen Panzer durchdringen und ihn dazu bringen will, *etwas zu fühlen* – bevor er zu betrunken wird –, sodass er sie vielleicht schwängert und anschließend mit hinuntergeht, um den Geburtstag seines Vaters zu feiern – und *sich das Geld zu sichern.* Ob er sie liebt oder nicht, ist für Maggie unerheblich; es wäre schön, aber es ist nicht das, was sie antreibt. Es mag sein, dass sie Brick wirklich liebt, und ich glaube, dass es besser für die Inszenierung funktioniert, wenn sie ihn liebt; aber was sie antreibt, ist nicht Liebe, sondern nackte Angst. Woher ich das weiß? Ich habe es im Stück gefunden! Ich habe es entdeckt, indem ich das Stück gelesen und dabei beobachtet habe, was Maggie Szene um Szene tut.

Wie sehr will Maggie ihr Überziel erreichen? *Um jeden Preis*. Ich weiß das, weil Maggie sogar Bricks gefährlichste und empfindlichste psychische Wunde anspricht, seine mögliche sexuelle Beziehung zu seinem besten Freund Skipper. Brick, ein ehemaliger Sportler, der sich den Knöchel gebrochen hat und jetzt auf Krücken laufen muss, sagt später: »Weißt du, ich könnte dich mit der Krücke erschlagen.«[16] Und Maggie antwortet: »Großer Gott, Mann, glaubst du, das kratzt mich, wenn du's tust?«[17] Für Maggie ist das ein Alles-oder-Nichts-Spiel. Sie ist verzweifelt, weil Brick sie ignoriert, weil er langsam zum Alkoholiker wird und weil der Geldmaschine der Familie die Zeit davonläuft – denn Bricks Vater, Big Daddy, stirbt an Krebs. Sie will nicht sterben, aber sie kann so nicht weiterleben. Maggie sagt zu Brick, wenn sie wüsste, dass er »nie, n i e mehr«[18] mit ihr schlafen würde, dann würde sie runter in die Küche gehen und sich »das längste und schärfste Messer holen und es mir mitten ins Herz stoßen – das schwör ich dir!«[19] So sehr will Maggie ihr Ziel erreichen. Die Figur der Maggie ist mit viel Humor geschrieben, und dieser köstliche Sinn für Humor muss gespielt werden, aber lass dich davon nicht von ihrem Hauptziel im Leben – *Geld* – ablenken.

Das Überziel, der Traum, sagt dir, wie du zu allem im Stück oder im Film, inklusive der anderen Figuren, stehst. In jeder Szene veranlasst es dich zu Taten, von denen du glaubst, dass sie dich deinem Ziel näherbringen.

Manchmal stecken in einer Rolle ein *bewusstes* und ein *unbewusstes* Überziel. Betrachten wir z. B. Eddie Carbone, die Hauptfigur in Arthur Millers Stück EIN BLICK VON DER BRÜCKE, in dem es um eine italienisch-amerikanische Familie in einem Arbeiterviertel in Brooklyn geht. Eddies unbewusstes Überziel – und *unbewusst* heißt genau das: Als Figur bist du dir dessen nicht bewusst – ist, dass er eine sexuelle Beziehung zu seiner Nichte Catherine haben möchte, die er und seine Frau Beatrice nach dem Tod von Beatrices Schwester aufgezogen haben. Auch wenn Eddie sich darüber nicht bewusst ist, musst du das als Schauspieler, der diese Rolle verkörpert, wissen; ansonsten wirst du nicht genug Zündstoff haben, um sie zu spielen. Dieses junge Mädchen dabei zu beobachten, wie sie zur Frau erblüht, weckt Eddies Verlangen; aber sich das einzugestehen ist für ihn so unerträglich, dass er diese sexuelle Energie umlenkt und überfürsorglich agiert sowie misstrauisch gegenüber jedem Mann wird, der sie verletzen könnte. Er glaubt, ihre Verehrer wollten nur das Eine – genau das, was er will, was er sich aber nicht eingestehen kann. Eddie entwickelt einen Kontrollwahn und versucht, einen unschuldigen jungen Mann zu zerstören, der sich in Catherine verliebt hat und sie heiraten will. Und so

---

16 Deutsch von Jörn van Dyck, Jussenhoven & Fischer Verlag, Bühnenmanuskript, S. 42

17 Ebd.

18 Ebd., S. 20

19 Ebd.

ist Eddis bewusstes Überziel, *seine Nichte für immer bei sich zu behalten, um sie vor den schmutzigen Händen zu beschützen, die ihre Reinheit beschmutzen könnten.*

Wie Eddie dies rechtfertigt? Er sagt sich, dass er und Beatrice ihrer Schwester geschworen haben, dass sie sich um Catherine kümmern und nie zulassen würden, dass ihr etwas Schlimmes passiert. Zur gleichen Zeit ist er impotent seiner Frau Beatrice gegenüber, die ihn zu Sex drängt. Wenn sie die fehlende sexuelle Intimität auch nur erwähnt, explodiert er und sagt im Affekt: »Erzähl mir nicht, was ich zu tun habe, denn ich bin das Oberhaupt dieser Familie und der Mann ist das Gesetz und ich muss euch alle beschützen und wie kannst du es wagen, meine Manneskraft in Frage zu stellen! Ich bin der Kopf dieser Familie!« Er versucht, sein unbewusstes Verlangen mit seinem bewussten Überziel zu rechtfertigen. Das Stück endet tragisch, weil er dazu nicht in der Lage ist.

Wann immer du dir im Unklaren darüber bist, was du als Figur tust – ob du zu Hause an der Rolle arbeitest, ob du vorsprichst, probst oder sie spielst –, frage dich: »Moment mal, was treibt mich an? Oh ja, mein Traum, mein Überziel. Und nun, was passiert in dieser Szene oder in dieser Beziehung, in die ich involviert bin? Und wie ist das mit meinem Überziel verbunden?« Du musst dir diese Fragen ständig stellen und beantworten, um in deiner Darstellung auf dem richtigen Kurs zu bleiben und damit sie lebendig bleibt. Wenn du dir über dein Überziel und deine Ziele im Klaren bist, wenn du durch deine Rechtfertigung emotional mit ihnen genauso verbunden bist, wie du mit den anderen Figuren in einer Beziehung stehst, dann wirst du immer die emotionale Aufladung verspüren, die dir den Grund dafür gibt, in der Geschichte zu existieren.

Manchmal besitzt eine Figur zwei Überziele. Das traf auf Carol Conelly in BESSER GEHT'S NICHT zu. Zu Beginn des Films hat Carol, alleinerziehende Mutter eines Sohnes mit lebensbedrohlichem Asthma, den Traum, *das Leben ihres Sohnes um jeden Preis zu retten.* Als Melvin ihr sagt, dass er sich um sie und ihren Sohn kümmern wird, sodass sie sich keine Sorgen mehr darüber machen muss, wie sie die Behandlungen für ihren Sohn bezahlen soll, bekommt Carols Leben eine neue Qualität. Was Helen und ich daraufhin bei der Textanalyse herausgefunden haben, ist, dass Carol bis zu diesem Zeitpunkt in bestimmten Dingen noch unreif war: In ihren Beziehungen zu Männern hatte sie sich nie zu einer erfüllten, erwachsenen Frau entwickeln können, weil ihr einfach die Zeit dazu fehlte. Es ist ein vergleichbar seltener Umstand, dass eine Figur ihr Überziel tatsächlich erreicht. Wenn sie es aber schafft, wird ein weiteres Überziel geboren, welches in Carols Fall heißt: *Romantik in ihr Leben zu bringen und eine neue Familie zu gründen.*

Bedenke, dass die Ziele deiner Figur in jeder Szene die Rippen am Rückgrat des Überziels darstellen. Fange an, dein eigenes Leben zu beobachten, und du wirst sehen, dass das nicht nur auf Figuren in Theaterstücken oder Filmen zutrifft, sondern auf uns alle.

Als junger Schauspieler in New York wollte ich unbedingt die Hauptrolle in einem Broadwaymusical spielen; ich dachte, es gäbe nichts Aufregenderes, Spannenderes oder Herausfordernderes als vor einem Livepublikum zu singen, zu tanzen und zu spielen. Während meiner Kindheit in Los Angeles brachten meine Eltern immer die Programmhefte der Musicals, die sie in New York gesehen hatten, mit nach Hause und erzählten mit Begeisterung und mit glanzvollen Worten vom Broadway. In meinem Kinderkopf dachte ich, wenn ich einer dieser Menschen auf der Bühne würde, die meine Eltern für wichtig hielten, dann würden sie auch mich als wichtig und liebenswert betrachten. Man könnte also sagen, dass es mein Überziel war, *die Liebe meiner Eltern zu erringen, indem ich zum Broadwaystar werde.*

Mein Hindernis: Ich war 19 Jahre alt, ich hatte kein Geld, besaß keine Technik und kannte niemanden in der Theaterwelt. Das war in den 1960er Jahren, als New York eine elegante, skrupellose, schicke und discoverrückte Stadt war. Ich bewarb mich auf einen Job als zweiter Tellerwäscher in einer Diskothek mit dem Namen »Steve Paul's The Scene«. Um meinen Traum, Broadwaystar zu werden, zu verwirklichen, musste ich erst einmal Geld verdienen, damit ich mein Handwerk studieren konnte. Wenn es in einem Stück namens »Wenn ich erst ein Broadwaystar bin, wird meine Familie mich lieben und verehren« eine Szene über mein Vorstellungsgespräch gäbe, dann würde sie davon handeln, wie meine Figur dem Boss jener Disko Honig um den Bart schmiert, mit ihm Witze macht und ihn anfleht, dass er mich in einer schmierigen, stinkenden, überhitzten und hektischen Küche als Tellerwäscher anstellt, damit ich Geld verdiene, um damit Unterricht nehmen zu können und so meinen Traum zu verwirklichen. Mein Ziel in dieser bestimmten Szene wäre es dann, *den Job als Tellerwäscher zu bekommen, damit ich studieren und zu einem Broadwaystar werden kann.*

Du kannst auf eine sehr praktische, sehr menschliche Art an dir selbst erkennen, dass das alltägliche Leben von einem System aus Bedürfnissen, Sehnsüchten und Zielen bestimmt wird, vom Aufstehen bis zum Schlafengehen. Wenn du das verstanden hast, wird es dir viel leichter fallen, einen Text zu analysieren und die Bedürfnisse der Figuren in den verschiedenen Szenen zu erkennen. Ich werde das Kapitel mit einer Übung abschließen, die ich auch meinen Schülern aufgebe:

■ Übung: Mein System der Bedürfnisse

Schreibe einen Tag lang jede einzelne Sache auf, die du *willst*; damit meine ich so kleine Dingen wie: »Ich will den Schlaf aus meinen Augen kriegen«, »ich brauche eine Tasse einer bestimmten Sorte Kaffee«, »ich muss einen bestimmten Freund aus einem bestimmten Grund anrufen«, »ich will einen Streit mit meiner Schwester aus dem Weg räumen und deswegen werde ich den Anruf tätigen, den ich eigentlich nicht tätigen will, weil ich dann meine Wut verstecken und sie dazu bringen muss, meine Perspektive zu verstehen«.

Beobachte während des ganzen Tages, wie sich dein Körper anfühlt: wann du hungrig, wann du müde, wann du traurig, wann du voller Freude oder erregt bist. Beobachte auch, wie du damit jeweils umgehst. Manchmal wollen wir Dinge und wissen, dass sie nicht gut für uns sind; deshalb tun wir stattdessen etwas anderes. Das heißt nicht, dass wir die Sache, die schlecht für uns war, nicht wollen. Aber aus einem bestimmten Grund entscheiden wir uns dazu, das zu tun, was besser für uns ist. Das System der Bedürfnisse könnte beginnen mit: »Ich will diesen 0,5l-Becher Eiscreme essen«, aber dieses Bedürfnis wird sich verwandeln in: »Ich werde stattdessen einen Apfel essen, damit ich in meine Klamotten passe.«

Ich *will*, ich *will*, ich *will* – Ziel, Ziel, Ziel – den ganzen Tag, jeden Tag, jede Sekunde. Das ist der Grund, warum Überziele und Ziele für unsere Arbeit als Schauspieler so wesentlich sind; sie bilden, zusammen mit den gegebenen Umständen, die Basis des Lebens – sowie die Basis jeder Rolle, die du jemals spielen wirst.

3. Hindernis und Absicht: Wie wirst du dein Ziel erreichen?

Dramatik entsteht aus Bedürfnissen – Zielen –, aber es kann keine wirkliche Dramatik entstehen, ohne dass es ein *Hindernis* gibt, das dem Stillen dieses Bedürfnisses im Weg steht. In jedem Stück oder Film gibt es jemanden, der einem nicht geben kann oder will, was man braucht; oder man befindet sich an einem Ort, an dem man es nicht bekommen kann; oder es gibt etwas anderes, das man überwinden muss, um es zu bekommen. Das Vorhandensein von Hindernissen ist eine wesentliche Voraussetzung für die dramatische Struktur. Für das Leben ist es ebenso wesentlich.

Ich habe gesagt, dass es als junger Mann mein Überziel war, *die Liebe meiner Eltern dadurch zu erlangen, dass ich ein Broadwaystar werde.* Im Anschluss habe ich meine Hindernisse aufgelistet: Ich war 19 Jahre alt, ich hatte kein Geld, besaß keine Technik, und ich kannte niemanden in der Theaterwelt. Eines meiner Ziele auf dem Weg zum Erfolg war es, einen Job zu bekommen, damit ich mich ernähren und Unterricht nehmen konnte.

Deshalb bewarb ich mich um den Job als Tellerwäscher in der Diskothek. Um dieses Ziel zu erreichen, musste ich weitere Hindernisse überwinden: Ich musste mich mit anderen Jungs, die den Job wollten, messen und den Eigentümer der Diskothek, Steve Paul, beeindrucken. Um diese Hindernisse zu überwinden, tat ich bestimmte Dinge, wurde *aktiv*. Ich integrierte mich, machte Witze und flehte ihn an, in seiner ranzigen Küche arbeiten zu dürfen. *Sich integrieren*, *rumwitzeln*, *jemanden anflehen* – solche Verben (Tätigkeitsworte!) werden in der Schauspielerei *Absichten* oder *aktive Absichten* genannt.

Absichten sind *aktive Handlungen*, die du ausführst, um Hindernisse zu überwinden und deine Ziele zu erreichen. Sie definieren, *wie* du bei dem Versuch, zu bekommen, was du willst, vorgehst. Der Grad, bis zu dem du mithilfe deiner Absicht ein Hindernis überwindest, ist auch der Grad, bis zu dem du erfolgreich dein Bedürfnis stillst. Sobald deine Figur erreicht, was sie will, wird augenblicklich ein neues Bedürfnis mit einem neuen Hindernis geboren, weil sich so die Geschichte weiterentwickelt. *Ziel, Hindernis und Absicht bilden die grundsätzliche Dreieinigkeit des Schauspielens*. Sie existieren in jeder Szene, die du jemals spielen wirst. Sobald du die Bedürfnisse und die Hindernisse in der Szene erkannt hast, beginnst du, die aktiven Absichten, die deine Figur nutzt, um zu versuchen, die Hindernisse aus dem Weg zu räumen und ihr Ziel zu erreichen, zu entdecken und zu definieren.

Ich möchte kurz auf das Wort *Absicht* eingehen. Es lässt sich als »zielgerichtetes Handeln in einer bestimmten Weise« definieren oder als »sein Bestreben auf etwas richten«, »mit einer Handlung auf etwas abzielen«. Betrachten wir einen von Marthas Sätzen aus der 1. Szene von WER HAT ANGST VOR VIRGINIA WOOLF?. Während sie und George über die von ihr eingeladenen Gäste streiten und George seinen Unmut darüber äußert, sagt Martha zu ihm: »Georgielein ist so klein, darf nicht in sein Bett hinein! *(während er schmollt)* Ohhhh ... was denn? Bist du jetzt eingeschnappt? Hm? Laß mal sehen ... bist du eingeschnappt? Das darf doch nicht wahr sein?«[20] Was ist Marthas Plan? Was bezweckt sie? Was *beabsichtigt* sie zu tun oder zu erreichen?

Martha stellt George nicht einfach nur eine Frage; sie *macht sich über ihn lustig*, um ihn zu einer emotionalen Reaktion ihr gegenüber zu bringen (ihr Ziel), weil er sich ihr entzieht und sie sich ungeliebt fühlt. Sie versucht, (mit demselben Ziel) seinen Zorn zu provozieren, weil das besser wäre als nichts. Indem sie ihn »Georgielein« nennt und, früher in der Szene, von »Papas Party« spricht, *behandelt sie ihn und sich selbst wie Kinder*. Was also sind ihre Absichten hinter diesem Satz? Sie könnten definiert werden als *George wie ein Baby behandeln*, *ihn bevormunden*, *ihn verspotten*, *ihn peinigen*. Spielst du – als Schauspielerin der Martha – alle diese Absichten in einem Satz? Nein, du suchst dir die Absicht aus, die dich am meisten reizt, um diesen Teil der Szene zum Leben zu erwecken und um George damit zu treffen (dein Ziel), und dann *wartest du auf Georges Reaktion*, um zu sehen, ob du mit deiner Absicht ins Schwarze getroffen hast. *Aktive Absichten zielen darauf ab, bei den anderen Figuren in der Szene Reaktionen zu provozieren.* Du erreichst deine Ziele, indem du die anderen dazu bringst, auf eine bestimmte Weise zu reagieren. Wenn du dein Ziel nicht über deine Absicht erreichst, wirst du feststellen, dass der Autor zu einer anderen Absicht übergeht oder dir die Möglichkeit gibt, eine andere Absicht zu wählen; und du musst dem Stück gegenüber aufgeschlossen sein, um erkennen zu können, wo eine neue Absicht vonnöten oder angebracht ist und spannend wäre.

Deshalb hat Stella Adler gesagt: »Es geht nicht um die Sätze, es geht um das Leben.« Das Leben besteht aus dem, *was du willst* (deinem Ziel), *warum du es willst* (deiner emotionalen Rechtfertigung), und *wie du es fertigbringst*, die Hindernisse zu überwinden (deiner Absicht). Nehmen wir z. B. einen einfachen Satz: »Guten Morgen.« Abhängig von den gegebenen Umständen und dem Ziel deiner Figur sowie den Hindernissen, mit denen sie sich konfrontiert sieht, kann der Satz mit der Absicht ausgesprochen werden, *bei der anderen Figur Schuldgefühle zu erwecken* (du hast in der Nacht zuvor vergeblich auf einen Anruf gewartet); oder *mit dem Ausdruck von Wärme und Dankbarkeit für die sexuelle Erfüllung* (wenn die Nacht zuvor gut gelaufen ist); oder auch mit der Absicht, *die andere Figur wegzuschicken* oder *zu vernichten* (weil sie dich verletzt oder enttäuscht hat). Die Gegebenheiten der Szene können dir eine eindeutige Richtung vorgeben, wie du »Guten Morgen« sagst. Aber wenn sie das nicht tun, wenn der Text die Möglichkeit zur offenen Interpretation zuzulassen scheint, dann musst du eine Entscheidung treffen, die dem Le-

20 Deutsch von Alissa und Martin Walser, S. Fischer Verlag, S. 8

ben deiner Figur eine interessante Farbe gibt und die zu den Gegebenheiten passt.

Sich konkret für eine Absicht zu entscheiden, ist das Gleiche wie als Maler eine spezielle Schattierung oder einen bestimmten Farbton auszuwählen, um auf der Leinwand eine gewisse Dramatik zu erzeugen. Manche Rosen mögen rot sein, aber welche Schattierung hat das Rot? Eine von Stella Adlers ersten Übungen bestand darin, ihre Schüler in New York in den Central Park zu schicken, damit sie mit zwanzig verschiedenen Grüntönen zurückkamen. So, wie van Gogh viele verschiedene Braunschattierungen, vom hellsten Beige bis zu einem fast schwarzen Braun, verwendete, um einen ganz speziellen Zaun zu interpretieren und zum Leben zu erwecken, und so, wie das Grün im Central Park in Wirklichkeit aus vielen Grünschattierungen besteht, bietet dir die Vielfalt des menschlichen Verhaltens zahlreiche Entscheidungsmöglichkeiten bezüglich verschiedener Absichten, die deine Figur zum Leben erwecken.

Allerdings gibt es hier einen Streitpunkt: Manche Schauspieler, Regisseure und Lehrer mögen den Begriff oder die Idee der *Absicht* nicht. Sie haben Angst, dass du zu verkopft wirst, wenn du eine Absicht wählst, um dein Hindernis zu überwinden. Sie befürchten also, dass du vom Kopf her arbeitest, statt eine emotionale Verbindung zu der Szene herzustellen. Aber das ist ein Missverständnis. Ohne Frage musst du als Schauspieler in einer Rolle versuchen, das, was du willst, auf einem bestimmten Weg zu erreichen. Das ist es, was die Geschichte weiterbringt und was sie für das Publikum interessant macht: die *Art und Weise*, auf die du probierst, das zu bekommen, was du willst. Nenne diese Art und Weise *Absichten*, nenne sie *Handlungen*, oder nenne sie *»Spinat«*, wie es der großartige Regisseur und Lehrer Robert (Bobby) Lewis getan hat, um zu zeigen, dass es egal ist, wie du etwas bezeichnest. Letztlich geht es immer um aktives Tun, um zielgerichtete Verhaltensweisen gegenüber anderen Figuren, um dadurch Hindernisse zu beseitigen und das zu bekommen, was du willst. Das machst du im richtigen Leben jeden Tag, glaube mir!

Bei der sorgfältigen Lektüre wirst du erkennen, dass die meisten Skripte gewissermaßen eine Art Landkarte bieten, auf der zu erkennen ist, was die Figuren sagen und tun, um an ihre Ziele zu gelangen. Indem du ein Skript aufschlüsselst und die gegebenen Umstände, ein Überziel, Ziele, Hindernisse und Absichten ausmachst, zeichnest du deine eigene Landkarte des Textes. Sie ist die Basis für deine Interpretation einer Rolle. Sie wird dir deine Perspektive dem Text gegenüber klarmachen und dir helfen, Verhaltensweisen für deine Rolle zu entdecken. Diejenigen, die das Konzept der *Absicht* ablehnen, fürchten, dass diese dich von spontanen Reaktionen abbringen könnte, ist doch spontanes Reagieren essenziell für gutes Schauspiel. Ich sehe allerdings keinen Konflikt zwischen dem Vorhandensein einer Absicht und dem spontanen Reagieren, weil du doch beim Erkunden der Absicht von einem Augenblick zum nächsten lebst und reagierst. Als Schauspieler will ich *während der Darbietung* wissen, ob das, was ich tue, die andere Figur dahingehend beeinflusst, mir zu geben, was ich benötige. *Das bedeutet, von einem Augenblick zum nächsten zu beobachten, wie sie auf die aktiven Absichten reagiert, die ich spiele.* Das ist es, was ich unter Erkunden verstehe. Während der Proben entscheidest du über deine aktiven Absichten, und während der Vorstellungen erlebst du im jeweiligen Moment, welchen Einfluss deine Entscheidungen auf die anderen Figuren haben.

Im Probenprozess suchst du nach der interessantesten und herausforderndsten Weise für deine Figur, *ihre Ziele zu erreichen*. Auf welche Weise manipuliert sie, um zu erreichen, was sie will? Ich meine *manipulieren* nicht abwertend; von Geburt an versuchen wir alle, bewusst oder unbewusst, unser Umfeld zu manipulieren. Wir müssen Wege finden, unsere Bedürfnisse zu stillen, und von Kindheit an lernen wir, was für uns am besten funktioniert. Dies sind die Entscheidungen, die aktiven Absichten, nach denen du in einer Szene suchst; sie machen das Ganze für den Zuschauer nicht nur klar, sondern auch spannend und unterhaltsam.

Eine Warnung: Ich glaube, dass viele von euch, die dieses Buch lesen, von diesen Techniken begeistert sind, aber ihr könntet den Fehler begehen, eure aktiven Absichten auf eine übertriebene Weise zu *zeigen*. Das ist der Moment, in dem ein Regisseur oder ein Caster sagt: »Das ist zu theatralisch! Du schauspielerst zu viel.« Damit wollen sie nicht deine Absicht unterbinden, sondern sagen, dass du aufhören sollst, deine Absicht zu stark zu demonstrieren und deine Perspektive für jeden *zur Schau zu stellen*. Nehmen wir z.B. an, dass du in einem realistischen Theaterstück oder Film *jemandem ein Kompliment machst*. Dazu schiebst du deinen Kopf nach vorne, lächelst wie wahnsinnig und klimperst mit den Augen; du stößt einen quasi mit der Nase auf deine Absicht, statt sie einfach in dir existieren zu lassen. Solche plakative Zurschaustellung deiner Perspektive kann in einer Farce oder einer Boulevard-Komödie funktionieren, wenn du dies aus einem emotional gerechtfertigten Motiv heraus tust und nicht nur, um komisch zu wirken. Das sehen wir jeden Abend in den Sitcoms. Aber viele Filme, Theaterstücke und Fernsehserien sollen realistisch wirken, und wenn du deine Perspektive theatralischer vermittelst oder dicker aufträgst, als du das im wahren Leben tun würdest, stößt das die Zuschauer ab. Uta Hagen hat es auf den Punkt gebracht: »Zeige mir nicht deine Perspektive. Hab eine.«

Wenn du dich den gegebenen Umständen und Zielen sowie deiner Auswahl von Absichten wirklich *verpflichtest*, dann wird das deine Emotionen anregen und deine Figur zum Leben erwecken. Aber alle Figuren unterscheiden sich in ihrer Lebendigkeit, abhängig davon, wer sie sind. Einige Figuren sprühen nur so vor Emotionen und drücken sich ganz unverhohlen aus. Andere unterdrücken ihre Gefühle. Du musst dir darüber klar sein, was davon auf deine Figur zutrifft, damit du weißt, welche emotionale Intensität du benötigst, um deine Figur lebendig werden zu lassen. Wenn du für deine Figur zu angestrengt wirkst, kann es passieren, dass der Regisseur– besonders beim Film – sagt: »Mach weniger« oder »sei subtiler«. Und er meint damit nicht: »Investiere weniger.« Nein, er meint: »Zeige bzw. demonstriere mir weniger.« Wenn du nicht intensiv genug bist, wird er sagen: »Das braucht mehr Schärfe« oder »mehr Energie« oder »mehr Wut«; mit anderen Worten: Er wird von *Ergebnissen* sprechen. Er wird dir also eine konkrete Emotion oder Eigenschaft vorgeben, die er von dir erwartet, aber er wird dir nicht die innere Arbeit erklären, die du erledigen musst, um dieses Ergebnis liefern zu können. Du kannst es vielleicht nicht leiden, wenn Regisseure von Ergebnissen reden, aber sie werden es nun einmal tun. Deine Aufgabe ist es, ihre Ansagen für dich zu übersetzen und die entsprechende innere Arbeit zu verrichten, sodass es sich für dich echt anfühlt.

Du wirst dankbar sein, wenn ein Regisseur mit dir über Absichten statt über Ergebnisse spricht, wenn er dir sagt, *fange einen Streit mit der Figur an*, *gehe ihr auf die Nerven*, *umwirb* oder *beruhige sie*. Diese Art von Regieanweisung ist viel einfacher ausführbar als »sei wütend«, »sei sauer«, »sei sexy« oder »sei entspannt«. Du musst eine Absicht auswählen, die emotional ausreichend aufgeladen ist; dadurch wird sie erst ausführbar. Manchmal wirst du die provokanteste Absicht in einem Stück erst finden, wenn du das Material im Probenprozess untersuchst. Beim Film wirst du diese Arbeit hingegen alleine als Hausaufgabe verrichten müssen, weil es hier oft keine Zeit zum Proben gibt; es kann sein, dass der Regisseur dir zwischen zwei Takes mal eine Korrektur durchgibt. Und ja, manchmal wirst du in einem Film einen großartigen Take absolvieren und scheinbar alle deine vorherigen Ideen über Bord werfen, um einem Impuls zu folgen, der sich in dem Moment richtig anfühlt. Aber später, wenn du dich auf dem Bildschirm in der Szene siehst, wirst du erkennen, dass du Absichten spielst, den anderen Figuren zuhörst und dass die Szene, während du dein Ziel verfolgst, emotionale Kraft besitzt. Was dich während der Filmarbeiten zu diesem Moment von Freiheit gebracht hat, sind die Erkundungen, die du vor dem Dreh angestellt hast; und auch die Dinge, die du erst am Set entdeckt hast, spielen eine Rolle: die Energie und Entscheidungen der anderen Schauspieler, das Set und die Kostüme, der

Input des Regisseurs – und ein starkes, intuitives Verständnis für die Figur und ihre Umstände.

Manchmal wird dein intuitives Verständnis für deine Figur so stark sein, dass du instinktiv effiziente Entscheidungen triffst. Das ist deinem Talent und deiner Affinität zu *bestimmten* – nicht aber zu *allen* – Rollen zu verdanken. Die Techniken und Werkzeuge, die ich dir zur Verfügung stelle, werden dir helfen, dich weiter zu verbessern, und dir aufzeigen, was zu tun ist, wenn deine Intuition allein nicht ausreicht.

Finde interessante Absichten und triff figuren- und textspezifische Entscheidungen, die dich zu spannendem, provokativem Verhalten antreiben. Aber lege dich nicht zu früh auf eine bestimmte Entscheidung fest. Während der Arbeit an einer Szene könnte eine noch konkretere oder aktivere Option auftauchen. Erforsche die volle Bandbreite möglicher Absichten: *die andere Person wie einen Bediensteten behandeln*; *sie inspirieren; ihr schmeicheln; sie wie jemand Adeligen behandeln; sie zum Lachen bringen; ihr die Wahrheit um die Ohren hauen; sie mit ihren Lügen konfrontieren; sie schikanieren; ihr drohen, als wäre sie ein junger Hund*. Ich benutze diese Beispiele, weil es sich dabei um aktive Formulierungen handelt, die dich dazu bringen, Stellung gegenüber anderen Figuren zu beziehen. Das wird dir dabei helfen, Hindernisse auszumerzen und das zu erreichen, was du in einer Szene erreichen willst. Und das alles, während du gleichwohl deine Figur auf interessante Art präsentierst. Wenn du dich vollkommen auf diese Absichten einlässt, wirst du dich kreativ und lebendig fühlen, weil dein Körper mit entsprechenden Impulsen und Verhaltensweisen dazu beitragen wird, dass du mittels deiner Absichten deine Ziele durchsetzen kannst. Vertiefe dich intensiv in das Erforschen deiner Absichten; nur so findest du heraus, was am besten funktioniert. Du wirst es am »Knistern« spüren, wenn du die richtige Wahl getroffen hast, wenn du so in eine Szene hineingesogen wirst und sie sich so lebendig für dich anfühlt, dass du gar nicht mehr spielen musst, sondern einfach in der Szene lebst.

Vergiss nicht: Bei einer Absicht handelt es sich niemals um das Ziel an sich. Sie ist ein Hilfsmittel, um ein Hindernis zu beseitigen und dein Ziel zu erreichen.

Sei dir im Klaren darüber, dass auch deine Spielpartner *dir* bestimmte Dinge antun werden, um zu erreichen, was *sie* wollen. Dann wirst du dich ihnen gegenüber auf eine neue Weise verhalten wollen bzw. müssen, die wiederum auf ihrem Verhalten basiert. Das ist eine Art, während der Proben Absichten zu entdecken. Es gibt Schauspieler, die nie zweimal das Gleiche machen. Sie brüsten sich damit, in jeder Aufführung ihre Ziele auf jeweils verschiedene Weise zu erreichen. Das ist eine Option, und sie kann sehr aufregend sein. Andere Schauspieler werden bei ihren Entscheidungen bleiben und diese jeden Abend auf der Bühne oder auch vor der Kamera bei jeder Klappe aufs Neue entdecken. Keiner der Wege ist *besser* als der andere. Für beide gilt, dass manche Entscheidungen für einen bestimmten Text wirkmächtiger sind als andere. Vergiss nicht: Das Wichtigste ist, das Theaterstück oder Drehbuch zu vermitteln.

Wenn du deine Absichten im Jargon deiner Figur formulierst, ihren Wortschatz und ihre Sprechgewohnheiten benutzt, die mit dem jeweiligen sozialen und ökonomischen Hintergrund korrespondieren, wirst du ähnliche Absichten auf sehr unterschiedliche Weise vermitteln. George in WER HAT ANGST VOR VIRGINIA WOOLF? versucht etwa, *Martha emotionslos zu kritisieren*, während Stanley in ENDSTATION SEHNSUCHT *Blanche mit dem Gesicht in ihre eigene Scheiße drücken* will. Beide Männer versuchen, Frauen zu dominieren, aber der Ton ihrer Absichten ist jeweils individuell. Um deine Emotionen und deine Fantasie anzuregen, ist es hilfreich, die Absichten deiner Figur in Worten zu beschreiben, die *sie selbst benutzen würde*. Ebenso wird dich das dabei unterstützen, eine tiefe Verbindung zwischen dir und dem Skript sowie der Figur herzustellen.

Du kannst Absichten auch als Hilfsmittel betrachten, um einer anderen Figur Ideen mitzuteilen. *Mach dir klar: Im Schauspiel geht es darum, anderen Personen Ideen mitzuteilen – nicht nur* Gefühle, *sondern* Ideen. Es war eine Offenbarung für mich, als Stella Adler uns in ihrem Kurs mitteilte, dass Ideen lebendig und die Werke guter Autoren voll von Ideen sind, die sie dem Publikum durch ihre Figuren übermitteln. Deshalb ist es wichtig, dass du dir über die Standpunkte und Ideen, die du vermittelst, im Klaren und von ihnen eingenommen bist. Oft sind es die Positionen anderer Figuren, die dich daran hindern, dein Ziel zu erreichen. Und die Position, die du dem entgegensetzt, entspricht deiner Bemühung, diese Hindernisse aus dem Weg zu räumen. *Wie* du eine Idee vermittelst, ist deine aktive Absicht. Du könntest versuchen, eine andere Figur *mit einer Idee zu verführen*, *sie durch diese einzuschüchtern*, du könntest auch versuchen, *sie von ihrer Idee abzubringen* oder *ihre Idee durch deine lächerlich oder schlechtzumachen*. Die aktive Absicht, die du wählst, um deine Idee zu vermitteln, erweckt diese zum Leben und sorgt dafür, dass sie nicht nur aus leeren Worten besteht.

Eine echte Lektion über die Vermittlung von Anschauungen über Menschen, Gesellschaft, Politik und das Streben, das Göttliche im Menschen zu finden, kann dir George Bernard Shaw erteilen. In seinem Stück FRAU WARRENS GEWERBE geht es um eine Frau, die mehrere Bordelle betreibt, und um ihre Tochter. Die Mutter glaubt, dass nichts verkehrt daran sei, Bordellbesitzerin zu sein, wenn ihr das Unabhängigkeit und genügend

Geld einbringt, um ihrer Tochter eine gute Ausbildung zu ermöglichen; die Tochter ist der Meinung, dass ihre Mutter mehr Zeit mit ihr hätte verbringen sollen, als sie klein war, und dass sie ihr Geld nicht mit den Körpern unschuldiger Mädchen verdienen sollte. Am Ende des Stückes gibt es eine großartige Szene, in welcher Mutter und Tochter ihre jeweils unterschiedlichen Ansichten verfechten. Es handelt sich um eine zutiefst emotionale und herzzerreißende Szene, und es rührt die eine wie die andere Seite an, da Shaw mit beiden Figuren mitfühlt. Er zeigt, dass sie niemals wirkliche Liebe füreinander empfinden können, weil sie unfähig sind, ihre Standpunkte zu ändern, da sie diese als wesentlich für ihre eigene Identität erachten.

Ich habe festgestellt, dass der beste Weg, um mit Absichten zu arbeiten, der ist, sich am Textrand Notizen zu machen. Absichten werden sich im Laufe einer Szene ändern; sie an den Rand zu schreiben, gibt dir die Möglichkeit, auf einen Blick zu sehen, wie du die Szene für deine Figur orchestriert hast – ungefähr so, wie ein Dirigent sich Notizen in einer Partitur macht. Während du den Dialog deiner Figur analysierst, könnte dir auffallen: »Oh, sie beginnt, *die andere Figur zu kritisieren*; sie beginnt, *sich über sie lustig zu machen*; sie beginnt, *sie zu umwerben.*« Eine Absicht kann für die Dauer von nur ein, zwei Zeilen oder auch für eine ganze Szene gelten.

Eine schon klassische Szene aus Martin Scorseses Mafiafilm GOOD FELLAS – DREI JAHRZEHNTE IN DER MAFIA ist ein unglaublich gutes Beispiel für den Gebrauch subtiler, präziser und mit chirurgischer Genauigkeit ausgewählter Absichten, die teils gar von Replik zu Replik wechseln. Joe Pesci als Tommy DeVito sagt zu Ray Liotta als Henry Hill: »Ich bin also komisch, ja? Was zum Teufel ist denn so komisch an mir?« Zunächst scheint DeVito mit Hill *zu scherzen*; während er aber nicht ablässt, eine Antwort einzufordern, wechselt seine Absicht dahingehend, ihn *zur Rede zu stellen*, um dann *mit ihm Katz und Maus zu spielen*. Danach schlägt die Absicht in eine *Drohung* um. Das Unheimliche an dieser Szene ist, dass er nicht direkt zum Generalangriff übergeht. Weil wir die Brutalität spüren können, die in Tommy steckt, und wir ihn zuvor schon als psychopathisch erlebt haben, warten wir nur darauf, dass er außer Kontrolle gerät. Aber da er beabsichtigt, Hill vor seinen Freunden Angst einzujagen und ihn zu demütigen, wird das nicht passieren; stattdessen *quält er ihn durch das bloße Andeuten von Gewalt*, so als ob Henry den Aufwand einer echten Schlägerei gar nicht wert sei, und gelangt so zu seinem Ziel. Pesci hatte in dem Film nicht die größte Rolle, aber wie er den jungen Mafioso terrorisiert, ist unvergesslich.

Untersuche unbedingt den *Subtext* – das, was sich emotional unter der

Oberfläche abspielt –, um in Erfahrung zu bringen, welche Absichten für einen Satz angebracht sind. Nicht immer kannst du eine Zeile wörtlich nehmen. Die Figur mag sagen: »Ich respektiere dich«, aber das könnte in Wirklichkeit eine Drohung sein, eine herablassende Bemerkung oder auch ein sexueller Eroberungsversuch. *Eine bestimmte Absicht wird gewählt, um in der anderen Figur ein Gefühl auszulösen oder damit sie das tut, was du willst.* Ob die von dir gewählte Absicht funktioniert, ob sie durch den Text unterstützt wird, kannst du nur durch Ausprobieren in den Proben herausfinden.

Je besser der Text ist, desto interessanter können die Hindernisse und somit auch die Wahl deiner Absichten ausfallen. Tennessee Williams stellt dich in seinen Stücken vor gewaltige Hindernisse und bietet interessante Möglichkeiten zur Wahl kreativer, aktiver Absichten. Wenn Maggie in DIE KATZE AUF DEM HEISSEN BLECHDACH erstmals auftritt, tut sie dies bereits mit einem Hindernis, einem Fleck auf ihrem Kleid. Sie sagt zu ihrem Ehemann Brick: »Eins von diesen halslosen Monstern hat mich mit Eiscreme beschmiert, jetzt muss ich mich umziehen.« »Was sagst du, Maggie? Das Wasser war so laut, da versteh ich nix …«, antwortet Brick. »Also, ich! – hab bloß gesagt! – eins von diesen halslosen Monstern hat mein hübsches Spitzenkleid bekleckert, und jetzt muss ich mich umziehen …«[21] Williams hat ihr also für den Moment, in dem sie im Stück auftaucht, zum einen ein Problem physischer Natur gegeben und zum anderen ist da das Hindernis, dass Brick sie nicht hören kann, weshalb sie sich wiederholen muss. Bald darauf gibt sie zu: »Ich sage dir, heute Abend bei Tisch war ich so genervt, dass ich am liebsten laut losgebrüllt hätte, dass man's bis über die Grenze von Arkansas und in halb Louisiana und Tennessee gehört hätte.«[22] Sie ist also schon, bevor sie zu Brick ins Schlafzimmer kommt, durch die Konfrontation mit vorherigen Hindernissen verärgert und frustriert.

Was sind ihre Absichten in diesen Zeilen? Sie *lästert weiter und macht sich über jene halslosen Ungeheurer lustig*, die zu Bricks Bruder und Schwägerin gehören. Sie hasst die beiden, weil sie so viele Kinder haben, denn das bedeutet, dass Bricks Vater höchstwahrscheinlich ihnen sein nicht zu geringes Vermögen hinterlassen wird, da der alte Mann sich Erben wünscht. Sie betont außerdem, *wie einsam und verletzlich sie ohne Brick ist*, da sie alleine am Geburtstagsessen von Big Daddy teilnehmen musste, während Brick sich im Schlafzimmer betrunken hat. Sie *bittet um*

---

21 Deutsch von Jörn van Dyck, Jussenhoven & Fischer Verlag, Bühnenmanuskript, S. 9

22 Ebd., S. 10

Hilfe, indem sie ihm erzählt, was sie alles erdulden musste. Unterschwellig vermittelt sie mit all dem: »Ich *brauche* deine Hilfe!« Maggie braucht Brick dringend, um ihr Überziel zu erreichen *(so viel Geld zu haben, dass sie nie wieder im Leben Angst vor der Armut haben muss)*.

Während der Szene will Maggie Brick dazu bringen, eine Geburtstagskarte für seinen Vater zu unterschreiben und sich der Party anzuschließen; sie will, dass er mit ihr schläft, um sie zu schwängern; sie will ihn dazu bringen, mit dem Trinken aufzuhören. Wie also bringt sie das fertig? Durch aktive Absichten. Während sie redet, versucht sie, *ihn zu verführen*, indem sie ihren Körper zur Schau stellt (sie zieht ihr schmutziges Kleid aus und stolziert in ihrem Unterkleid herum); sie versucht, ihn eifersüchtig zu machen, *indem sie sich aufputzt, während sie ihm eröffnet, dass andere Männer, auch sein Vater, sie sexuell attraktiv finden* (»Manchmal hab ich sogar den Verdacht, dass Big Daddy es ein bisschen auf mich abgesehen hat – zumindest unbewusst.«[23]); außerdem *erzählt* sie Brick wortwörtlich, *dass sie sich zutiefst einsam fühlt und will, dass er mit ihr schläft*, und sie *eröffnet ihm, dass ihre Verzweiflung so groß ist, dass sie Selbstmord begehen würde, falls er ihre Wünschen nicht erfüllt* (»Dann würde ich in die Küche runtergehen und mir das längste und schärfste Messer holen und es mir mitten ins Herz stoßen – das schwör ich dir!«[24]).

Brick stellt ihr größtes Hindernis dar; er ist die Ziegelmauer (engl. *brick*: = Ziegelstein) zwischen ihr und dem, was sie erreichen will. Und deshalb verwendet sie in dieser Szene viele Absichten, um diese Mauer zu durchbrechen: Sie *greift ihn an*, sie *warnt ihn*, sie *beschwert sich*, sie *schwelgt in Erinnerungen*, sie *unterrichtet ihn darüber, was in der Familie vorgeht, das ihnen beiden die finanzielle Sicherheit verhindern könnte*, sie *beleidigt ihn*, sie *verflucht ihn*, sie *fleht ihn an*, sie *verspottet ihn*. Ich wiederhole: In dem Stück geht es *nicht* um Maggies Verlangen nach Sex; es geht um ihren verzweifelten Wunsch nach finanzieller Sicherheit. Sex zu haben ist eine der Absichten, die Maggie benutzt, um die Mauer zu überwinden und nicht in Armut leben zu müssen. Es mag sein, dass sie Sex haben will, um sich weniger einsam zu fühlen – wie bereits erwähnt, könnte sie Brick sogar lieben; aber all das ist zweitrangig, denn ihr Drängen nach Sex zielt in erster Linie darauf ab, einen Erben zu produzieren – und damit ist Sex vor allem ein Mittel, um ihr Überziel zu erreichen. Was Maggies Absicht in dieser Szene – nämlich Bricks Mauer zu durchbrechen – bestätigt, ist ihr Kommentar, als es ihr schließlich gelingt, ihn in Rage zu bringen: »Aber das ist das erste Mal seit langer Zeit, dass du

23 Ebd., S. 14
24 Ebd., S. 20

laut geworden bist, Brick. Hat die Mauer einen Riss bekommen? – Die Gelassenheit weg?«[25]

So wie Williams die Szene geschrieben hat, ist das physische Hindernis, das verschmutzte Kleid, nicht nur eine *Aufgabe* (eine körperliche Aktivität für die Figur) für die Bühne; es steht auch im Zusammenhang mit Maggies Überziel und den Hindernissen, die Brick verursacht. Sie teilt ihm mit, dass sie sich umziehen müsse und dass sie frisch und hübsch aussehen möchte, weil sie will, dass auch Brick sie so sieht, wie andere Männer (Big Daddy eingeschlossen) sie sehen. Nur im Unterkleid, während sie mit Brick *flirtet und ihn verspottet* (Absichten), äußert Maggie: »Ich finde es richtig toll, dass sich der alte Knabe, mit einem Fuß im Grab quasi, noch an meiner Figur verlustiert, und die hat ja auch wirklich Anerkennung verdient!«[26] Maggie tritt mit viel Humor auf, sie ist sozusagen ihre eigene Unterhaltungsshow; da sie in dieser Familie so einsam ist, hat sie auch keine andere Wahl.

Die folgende Absicht ist meiner Meinung nach sehr brauchbar für eine Maggie-Darstellerin: Brick *reizen zu wollen, zu versuchen, ihm unter die Haut zu gehen, ihn zu kritisieren, auf ihm herumzuhacken* – denn genau das tut sie: *ihm unter die Haut gehen, um ihn anzukratzen.* Wenn es ihr gelingt, ihn zu reizen und dazu zu bringen, zu kämpfen, dann können sie endlich ein gemeinsames Leben anfangen, bevor das Leben an ihnen vorbeizieht. Sie weiß, dass sie verloren ist, wenn er sich zu Tode trinkt. Um einen persönlichen Bezug zu Maggies Absichten herzustellen, musst du die Worte finden, die in dir ein bestimmtes Verhalten auslösen. Beispielsweise solltest du nicht die Absicht *verärgern* oder *reizen* auswählen; die Worte *ihm unter die Haut gehen* könnten dich besser anheizen. Nun gehe einen Schritt weiter. Was wirst du tun, *um ihn zu verärgern* oder *um ihm unter die Haut zu gehen?* Wirst du *ihn ködern? An seiner harten Schale kratzen? Ihn herausfordern? Ihn quälen? Dich vor ihm entblößen? Für Brick kämpfen, obwohl er dich dafür hasst?* Bricks eventuelle Bisexualität und seine Besessenheit von Skippers Tod sind Teil der Mauer, die er zwischen sich und Maggie errichtet hat. Und Maggie muss viel Beherztheit und Mut aufbringen, sich Brick sexuell anzubieten, obwohl er keinerlei Anzeichen erkennen lässt, sie zu wollen. Das hat zur Folge, dass die Auswahl der Absichten für Maggie so kreativ gestaltet werden kann.

In Maggies Fall ist Bricks Mauer das Hindernis; oft stehen Figuren aber auch ihren eigenen, *inneren Hindernissen* gegenüber, die sie davon abhal-

25 Deutsch von Jörn van Dyck, Jussenhoven & Fischer Verlag, Bühnenmanuskript, S. 22

26 Ebd., S. 14

ten, ihre Ziele zu erreichen. Innere Hindernisse sind u. a. Schüchternheit, Angst, Sturheit, Empfindlichkeit und fehlendes Selbstwertgefühl. Am Anfang des Films BESSER GEHT'S NICHT ist, wie wir gesehen haben, Carols einziger Lebensinhalt, ihren kranken Sohn durchzubringen. Ihr graut es vor der Vorstellung, er könnte aufgrund seines schweren Asthmas sterben. Neben den externen Hindernissen – die Krankheit ihres Sohnes und ihr Geldmangel – hat Carol auch ein inneres Hindernis: Sie muss ihre Angst vor dem möglichen Tod ihres Sohnes bewältigen. Sie tut dies, indem sie sich als Kellnerin und als Krankenpflegerin für ihren Sohn ständig auf Trab hält. Als ich mit Helen Hunt gearbeitet habe, sprachen wir über eine kritische Stelle im Drehbuch, als Melvin Carol gegenüber einen Kommentar ablässt: »Wir werden alle bald sterben – ich werde sterben – Sie werden sterben – und nach dem, was ich höre, wird's Ihren Sohn auch erwischen.« Das ist das Schlimmste, was Melvin jemals hätte sagen können, weil er ihre innere Angst anspricht und ihr Überziel bedroht, welches darin besteht, *das Leben ihres Sohnes um jeden Preis zu retten*. Als Carol Melvins unglaublich unsensible Bemerkung hört, verrät der Ausdruck in ihrem Gesicht eine herzzerreißende, eisige Wut. Die Schauspielerin wusste, was ihr Sohn für Carol bedeutete; sie trug es in ihrem Herzen. Carol sagt zu Melvin: »Wenn Sie meinen Sohn noch einmal erwähnen, dann werden Sie hier nie mehr essen können, haben Sie mich verstanden? Geben Sie mir ein Zeichen, dass Sie das verstanden haben, oder verschwinden Sie sofort! Haben Sie mich verstanden? Sie krankes Arschloch!« Das ist an sich schon eine großartige Textstelle, aber zu sehen, welche Intensität Helen ihr verliehen hat, ist wirklich aufregend. Was Melvin sagt, stachelt die Furcht an, der sie zu entkommen versucht – durch ihre harte Arbeit, durch das Betreuen ihres Sohnes, indem sie dafür sorgt, dass er isst und seine Medikamente nimmt, indem sie ihn als liebende Mutter umschwärmt, als könne ihn das am Leben halten. In der Art, wie sie Melvin antwortet, scheint sich die Absicht zu spiegeln, *ihm aggressiv drohen zu wollen, wie eine Löwin, die ihr Junges beschützt*. Sie wirkt urtümlich und gefährlich.

Erinnern wir uns: Eine Absicht wird ausgewählt, um in der anderen Figur gezielt Gefühle zu verursachen. In diesem Fall soll in Melvin die Angst vor totaler Ächtung geweckt werden. Carol weiß, dass Melvin ein Zwangsneurotiker ist, und sie bedroht ihn an seiner verletzlichsten Stelle. Sie ist die einzige Kellnerin, mit der er sich sicher fühlt in der wilden, chaotischen Welt, die er zu kontrollieren versucht; zu sagen, dass sie ihn niemals wieder bedienen wird, ist deshalb für ihn psychologisch eine schwerwiegende Sache. Die Absicht, die hinter Helens Worten steckt, kommuniziert die Drohung so wirkungsvoll, dass diese Melvin tief erschreckt, so, wie es Carols Wunsch gewesen ist.

Ich selbst hatte einmal um 2 Uhr morgens in einer eiskalten Winternacht alleine in meiner Wohnung in Manhattan meine besondere Begegnung mit inneren Hindernissen. Wie das Schicksal es wollte, war ich gerade dabei, an der Rolle des Treplew in DIE MÖWE zu arbeiten. In der Szene, die ich probte, hat Treplew soeben erfahren, dass Nina, die er liebt, wieder in der Stadt ist. Es ist eine kalte und windige Nacht, und während Treplew versucht, an seinem Stück zu arbeiten, kritisiert er sich fortwährend selbst. Er hört nicht auf, sich mit dem Mann zu vergleichen, den Nina ihm vorzieht: dem erfolgreicheren Schriftsteller Trigorin. Als ich begann, mich auf die Schauspielstunde am nächsten Tag vorzubereiten, war ich gerade erst von meinem Nebenjob nach Hause gekommen. Nach stundenlangem Gerenne, bei dem ich mit Tacos und Margaritas jongliert hatte (ich war inzwischen nicht mehr Tellerwäscher, sondern befördert worden), war ich völlig erschöpft. Ich wollte an gar nichts mehr arbeiten, ich wollte schlafen gehen; aber es war DIE MÖWE, und ich liebte dieses Stück, somit hatte ich keine andere Wahl. Da saß ich also an meinem Küchentisch und probierte, einen Zugang zu der Szene zu finden. Treplew sucht darin nach einem Weg, ein guter Autor zu werden, ringt aber stattdessen mit seinen inneren Hindernissen: Er fühlt sich unzulänglich und ist neidisch. Ich dachte bei mir: »Ich kann diese Szene nicht spielen. Tom (ein Schauspieler, den mein Lehrer besonders talentiert fand) wäre in der Rolle großartig. Für ihn wäre das einfach. Ich aber weiß nicht, wie ich diesen Monolog spielen soll, und ich bin kein Schriftsteller, wie muss ich überhaupt den Stift halten? Was mache ich mit dem Notizbuch? Wie zeige ich meine Frustration?«

Plötzlich hielt ich inne und sagte laut zu mir: »Oh mein Gott, *ich bin ja er, gerade in diesem Moment*! Treplew versucht, seine inneren Hindernisse, Selbstkritik und Eifersucht, zu überwinden, damit er schreiben kann. Und du machst das Gleiche, indem du zu verstehen versuchst, wie du ihn spielen sollst!« Es war für mich eine solche Erleuchtung! Ich kämpfte persönlich mit genau der Sache, die ich brauchte, um die Rolle zu spielen! Auf einmal wusste ich, wie man einen Stift mit angespannten Fingern hält, Worte streicht, die einem nicht gefallen, die Seite aus dem Notizbuch reißt und auf den Boden wirft, das Gesicht voller Hilflosigkeit in den Händen vergräbt. Ich musste Treplew nicht *spielen*, ich *war* Treplew. Draußen herrschte sogar das gleiche Wetter wie in Tschechows Stück, es war bitterkalt und windig, und während ich an der Szene arbeitete, konnte ich die Fenster klappern hören.

Ich möchte über einen anderen Film sprechen, an dem ich gearbeitet habe, BOYS DON'T CRY. Darin spielt Hilary Swank die Hauptrolle der Teena Brandon, einer Außenseiterin. Um sowohl die äußeren als auch die inneren Hindernisse der Figur zu überwinden, musste sie sich kreative Absichten einfallen lassen. Teena, eine junge Frau, möchte eine Geschlechtsumwandlung durchführen lassen. Noch bevor sie sich der Operation und der Hormonbehandlung unterzieht, fängt sie an, sich unter dem Namen Brandon Teena als Mann auszugeben. Ihr Überziel ist, *ihr Leben als Mann zu leben und eine Frau als Partnerin zu finden*; das große Hindernis ist, dass sie eben kein Mann ist, dass sie anstelle eines Penis eine Vagina hat. Zwar kleidet Brandon sich wie ein Mann, steht aber dennoch vor dem Problem, die Leute auch davon überzeugen zu müssen, dass sie tatsächlich ein Junge *ist*. Weil sie keinen Bart hat und ihre Brüste abbinden muss, lebt sie in ständiger Angst, dass jemand hinter ihr Geheimnis kommen könnte. Sie steht also vor dem äußeren Hindernis ihres physischen Körpers und dem inneren Hindernis ihrer Angst vor Entdeckung. Sie versucht, diese zu mindern, indem sie die Reaktionen der Männer in ihrer Umgebung auf ihr männliches Gebaren beobachtet. Ihre Absichten sind es, *männlich und athletisch zu erscheinen, wie einer der anderen Jungs Witze zu reißen, Frauen kavaliersmäßig zu behandeln* und *sich vor neugierigen Blicken zu schützen*. Wie sich herausstellt, ist die Angst der Figur berechtigt; als die Männer um sie herum herausfinden, dass sie in Wirklichkeit eine junge Frau ist, ermorden sie sie auf brutale Weise. Die Geschichte in BOYS DON'T CRY ist relativ simpel, aber die gegebenen Umstände sind so gewaltig, dass Hilarys Darstellung, für die sie sich vollkommen auf die Rolle eingelassen und ihr Überziel, ihre Ziele, Hindernisse und Absichten gefunden hat, unvergesslich und zutiefst beeindruckend bleibt.

Eine Absicht hat *immer* aktiven Charakter. Selbst eine passive Figur ist in ihren Absichten aktiv. Ein Fehler, den manche Brick-Darsteller in DIE KATZE AUF DEM HEISSEN BLECHDACH machen, besteht darin, sich als passiv darzustellen; weil Brick ein starker Säufer ist, spielen sie den 1. Akt wie schlafwandlerisch, introvertiert. Aber in diesem Akt liegt Bricks Hindernis darin, dass er nicht betrunken genug ist, um das zu fühlen, was er als »den Klick« bezeichnet – das Zeichen dafür, dass er endlich »abgeschaltet« hat. Mit anderen Worten: Brick ist nüchtern genug, um Dinge zu spüren, die er nicht spüren will; ihm ist sowohl äußerlich als auch innerlich im wörtlichen Sinne unwohl. Sein Bestreben, ausreichend viel zu trinken, wird von mehreren aktiven Absichten begleitet, darunter *der Versuch, Maggie durch herablassende Behandlung auf Distanz zu halten, während er halbherzig auf ihre Sticheleien eingeht*; *der Versuch, mit der Einschränkung durch sein Gipsbein umzugehen; der Versuch, den Sex-Köder, den Maggie ihm kontinuierlich hinwirft, zu ignorieren, indem er sie für ihre offene und kesse Freude an Sexualität beschämt.*

Eine interessante Randbemerkung: Als Brick davon spricht, auf »den Klick« des tiefen Rausches zu warten, stößt er auch noch auf ein anderes inneres Hindernis. Später im Stück offenbart er, dass er sich schuldig fühlt am Tod seines Freundes Skipper. Bei einem gemeinsamen Telefonat hatte Brick einfach aufgelegt; Skipper hatte sich kurz danach mit Drogen vollgepumpt und zu Tode getrunken. Als Schauspieler, der Brick spielt, könntest du das einfließen lassen: Wenn du über das Warten auf »den Klick« sprichst, könntest du als inneres Hindernis gleichzeitig das Hören des Klicks beim Auflegen des Telefonhörers spielen, den dein bester Freund vernommen haben wird, nachdem er dir sein Innerstes ausgeschüttet und dir seine Liebe erklärt hat, um kurz darauf seine schnelle Talfahrt in den Tod anzutreten.

Jules Feiffers Stück KLEINE MORDE aus den 1960er Jahren, das so vorausschauend den wachsenden Gebrauch von Schusswaffen in den Städten behandelt, wurde mit Elliott Gould verfilmt. Gould spielt Alfred Chamberlain, einen überaus phlegmatischen Fotografen, der davon fasziniert ist, (buchstäblich) Scheiße zu fotografieren. Patsy, die Frau, die ihn liebt, kann ihn nicht dazu bringen, irgendetwas zu empfinden oder sich ihr mitzuteilen. Schließlich schreit sie ihn vor lauter Frustration an: »Du bist eine Mauer! Du streitest dich nie! Du zuckst nicht einmal mit der Wimper! Kann mir irgendjemand erklären, warum ich dich so liebe?« Seine Figur ist *leidenschaftlich* damit beschäftigt, nichts fühlen zu wollen. Was ist also sein Überziel? *Glücklich, still, sanft, liebevoll zu bleiben und Wogen auf der glatten Oberfläche seines Daseins zu vermeiden*, was seine Verlobte Patsy zur Weißglut treibt. Seine Absicht ist demzufolge nicht, passiv zu sein, sondern vielmehr, *seine Gelassenheit und sein Wohlbefinden, aufrechtzuerhalten* sowie *andere zu besänftigen und ihnen Geduld und Verständnis entgegenzubringen.*

Der Film THE HOURS – VON EWIGKEIT ZU EWIGKEIT bietet aufschlussreiche Beispiele für das Verhältnis zwischen Zielen, Hindernissen und Absichten und auch dafür, wie wichtig es ist, spielbare Absichten zu wählen. Der Film handelt von drei Frauen, Clarissa Vaughan (Meryl Streep), Laura Brown (Julianne Moore) und Virginia Woolf (Nicole Kidman), die alle versuchen, mit ihren Depressionen zurechtzukommen. Sie alle sind durch Virginia Woolfs Roman MRS. DALLOWAY verbunden. Dieser handelt von einem Tag im Leben einer Frau, die eine Party plant, während sie versucht, sich mit dem Leid in ihrem Leben zu arrangieren.

Julianne Moores Figur Laura ist einer jener seltenen Fälle, die zwei Überziele besitzen. Laura ist Hausfrau in einem kalifornischen Vorort im Jahre 1949. Im ersten Teil des Films ist es ihr Überziel, *einen Grund zu finden, das Leben, das sie gewählt hat, weiterzuführen.* Damit sind für sie verschiedene Ziele verbunden. Eines davon besteht darin, einen Kuchen für den Geburtstag ihres Mannes zu backen, was ihr Schwierigkeiten bereitet. Ein anderes Ziel ist es, ihrem kleinen Sohn Richard eine gute Mutter zu sein. Als sie einmal zornig zu ihm sagt: »Was willst du von mir?«, weiß der Zuschauer, dass sie dazu nicht imstande ist. Ihre Hindernisse für alle diese Dinge sind ihre Depression und ihr tiefes Schuldgefühl darüber, dass sie ihr Dasein als Mutter und Ehefrau als Qual empfindet.

Mutter und Ehefrau zu sein ist ganz klar eine Aufgabe, an deren Erfüllung Laura hart arbeiten muss. Anhand von Moores Darstellung können wir sehen, dass Laura durch ihren tiefgreifenden Konflikt bei ihren Bemühungen hin- und hergerissen ist. Sie versucht, ihren Ehemann und ihr Kind glauben zu machen, dass sie ganz für sie da ist, während etwas ganz anderes an ihr zehrt. Sie kämpft darum, einen Weg ins Leben zu finden, weil sie eigentlich sterben möchte. Aber du kannst das *Verbergen einer Todessehnsucht* nicht spielen, genauso wenig, wie du »Leid« spielen kannst. Leiden ist ein emotionaler Gemütszustand, und einen emotionalen Gemütszustand spielen zu wollen, wird immer auf eine darstellerische *Totgeburt* hinauslaufen! Man *kann nicht* und sollte *niemals* versuchen, einen Gemütszustand zu spielen. Ich sage es noch einmal: Du musst aktive Verhaltensweisen finden.

Als Laura kannst du einen Todeswunsch verbergen, indem du *versuchst, dein Kind zärtlich zu bemuttern*, *deinen Ehemann zu unterstützen* und *durchs Kuchenbacken eine Mutter-Kind-Bindung aufzubauen*. Aber all dem liegt ihr emotionaler Zustand der Verzweiflung zugrunde. Als Schauspielerin bereitest du dich emotional auf die Verzweiflung vor und versuchst diese durch aktive Absichten zu überwinden. Die Schritte sind also, dich emotional auf eine tiefe Traurigkeit (dein inneres Hindernis) einzustellen und dann aktiv Absichten zu spielen, um diese zu überwinden. Vergiss nicht, einen emotionalen Zustand kann man nicht *spielen*; man muss sich in einem emotionalen Zustand *befinden*, und du versuchst, diesen durch aktive Taten (Absichten) zu überwinden.

Wenn du Laura spieltest, wäre die Beschäftigung mit morbiden Gedanken ein Weg, um dir ein Gespür dafür zu verschaffen, wie es ist, durch Verzweiflung und Selbstmordgedanken von allem anderen abgelenkt zu sein. Möglich wäre z.B. die Vorstellung, dich selbst im Sarg liegen zu sehen. Dazu müsstest du ein konkretes Bild erschaffen von dem Sarg, in dem du dich befindest, der Kleidung, die du trägst, und dem Ausdruck friedlicher Resignation auf deinem toten Gesicht. Dabei handelt es sich für dich um eine reizvolle Vorstellung, die dich immer wieder zu deinem Fluchtweg, den Todesgedanken, zurücklockt. An diesem Bild arbeitest du als Hausaufgabe. Während du dich mit den aktiven Absichten gegenüber deinem Ehemann und deinem Sohn befasst, speist du dein inneres Auge mit diesem Bild. Es wird Ablenkung und eine gute Prise Dunkelheit und Depression bieten sowie das Gefühl, in der Szene nicht ganz anwesend zu sein – was bei den meisten anderen Figuren und Umständen für einen Schauspieler ein Desaster wäre. Je stärker dein Bild der Verzweiflung ist, desto mehr musst du dich deinen aktiven Absichten hingeben; je mehr du an ihnen scheiterst – was für die Figur der Laura Brown genau richtig ist –, desto mehr wirst du sie dreidimensional, emotional reichhaltig und verstörend darstellen, wie es Moore getan hat. (In den drei Kapiteln »Innere Bilderwelt«, »Das Ankämpfen gegen Schauspiellehrer« und »Emotionen auf Abruf« werde ich noch näher auf Techniken zur Vorbereitung emotionaler Zustände eingehen.)

THE HOURS enthält eine bemerkenswerte Szene mit einem guten Beispiel dafür, wie man durch eine aktive Absicht einen emotionalen Zustand spielt, den die Figur unter allen Umständen verstecken möchte. Laura sitzt nachts weinend im Badezimmer und hält sich mit der Hand den Mund zu. Als ihr Mann ruft, sie solle ins Bett kommen, lässt sie ihre Stimme fröhlich klingen, damit er denkt, sie sei bereit, mit ihm zu schlafen und eine normale Ehe zu führen. Angesichts ihrer Verzweiflung bestehen ihre aktiven Absichten darin, *ihn durch ihre Stimme zu überzeugen, dass sie glücklich sei und sich ihm liebend verbunden fühle*. Die Tatsache, dass sie an ebenjenem Tag einen romantischen Kuss mit einer Frau getauscht hat, macht dies umso ergreifender, zumal sie kurz davor ist, mit ihrem Mann zu schlafen, zu dem sie keine echte Verbindung hat.

Eines Tages gibt Laura ihren Sohn bei einer Nachbarin ab und macht sich allein auf den Weg in ein Hotel; sie ist entschlossen, ihr Leben zu beenden. Wir sehen sie in dem Hotelzimmer mit verschiedenen Schlafmitteln, und als sie einschläft, träumt sie, von Wasser umgeben zu sein, was für sie der Befreiung von ihren Seelenqualen gleichkommt. An diesem Tag nimmt Laura die Pillen nicht, aber wir nehmen an, dass sie es letzten Endes tun wird. Wenn sie am Ende des Films als gealterte Frau wieder auftaucht, realisieren wir, dass sie ihren Sohn und ihren Mann verlassen und einen Weg gefunden hat, weiterzuleben. Lauras Überziel hat sich verändert. Ihr ursprüngliches Ziel, *einen Grund zu finden, das von ihr gewählte Leben weiterzuführen*, hat sie nicht erreicht. *Weiterzuleben und zu versuchen, sich selbst für ihr Versagen gegenüber ihrem Sohn und ihrem Mann zu verzeihen*, wurde zu ihrem neuen Überziel. Sie lebt weiter, aber wie der Film zeigt, hat sie sich nicht vergeben.

Ich möchte gerne eine Interpretationstechnik vorstellen, die Helen und ich entwickelt haben, als sie sich auf ein Vorsprechen für die Rolle der Isabella in Shakespeares MASS FÜR MASS vorbereitete. Diese Technik wird dir helfen, für eine Szene einzigartige aktive Absichten und verschiedene Nuancen und Schattierungen zu finden, sodass du dich nicht mit banalen Entscheidungen zufriedengeben musst. Beginne damit, ein aktives Verb zu wählen, von dem du denkst, dass es für einen bestimmten Moment in der Szene richtig ist; dann finde alle Synonyme für dieses Verb und probiere den Dialog aus, indem du die verschiedenen Möglichkeiten durchspielst. Jedes Wort wird verschiedene Emotionen und verschiedene körperliche Impulse in dir auslösen, die sich in Verhaltensweisen umwandeln werden. Damit wird sich für dich eine Goldgrube voller Inspiration auftun!

Als Helen und ich MASS FÜR MASS untersuchten, begannen wir damit, verschiedene Absichten für Isabella in Erwägung zu ziehen. Isabella sieht sich in dem Stück mit vielen Hindernissen konfrontiert. Darunter steht die Tatsache, dass ihr Bruder im Kerker sitzt, an erster Stelle. Der einzige Weg für Isabella, die Hinrichtung ihres Bruders zu verhindern, ist, ihre Jungfräulichkeit einem unmoralischen und manipulativen hochrangigen Beamten zu opfern. Um ihr Dilemma komplett zu machen, ist sie eine Nonne (Shakespeare geizt nicht mit Hindernissen). Helen und ich waren begeistert von den infrage kommenden aktiven Absichten für Isabella, um die folgenden Hindernisse zu überwinden: den Beamten, der sexuelle Gefälligkeiten von ihr verlangt, und ihren Bruder, der ihre Bereitschaft dazu erwartet, damit er nicht sterben muss. An einer Stelle hatten wir Schwierigkeiten, das richtige aktive Verb zu finden, um die Wahl von Isabellas Absichten zu beschreiben. Wir hatten zwei Verben parat – *verlangen* und *anflehen* –, aber Helen meinte, dass beide sie nicht animieren würden, obwohl sie an sich passten. Es seien nicht die richtigen Worte für sie, um Feuer zu fangen. In diesem Moment hatten wir die Idee, ein Synonymwörterbuch zu Hilfe zu nehmen und waren begeistert, wie viele Synonyme uns hier zur Wahl standen.

Alternativ für *verlangen* listete es unter anderem auf: *Anspruch erheben, anordnen, erzwingen, anstreben, sich ausbitten, eine Forderung stellen, beharren, drängen, (lautstark) einfordern, erheischen, anflehen, ersuchen, dringen, fordern, einmahnen, abverlangen, erfordern, benötigen, bedürfen.* Unter den Synonymen für *erflehen* waren: *eindringlich bitten, beschwören, anflehen, ersuchen, beten, ersehnen, erbetteln.* Helen fand das passende Verb für sich, und auch du musst das richtige Verb oder den richtigen Satz für dich finden.

Das ist es, worum es bei dem Zaun von van Gogh geht (vgl. S. 13): all die verschiedenen Farbtöne, die du wählen kannst, um etwas zum Leben zu erwecken. Sperre dich nicht dagegen, das Synonymwörterbuch zu benutzen, weil du meinst, dass es sich hierbei um eine Denkübung handelt; Worte wurden erfunden, um Gefühle auszudrücken, deshalb existiert

Sprache. Es ist deine Aufgabe, die Worte zu finden, die für dich in bestimmter Weise emotional aufgeladen sind.

Du hast womöglich manchmal das Gefühl, dein Schauspiel könnte redundant sein, dass du nicht genug variierst – was besonders in langen, komplizierten Szenen oder Monologen vorkommt – oder den Eindruck, dass eine Szene nicht zur vollen Entfaltung kommt bzw. nicht die Qualität erreicht, die das Material hergäbe. In solchen Fällen kann dir das Auswählen und Erkunden neuer aktiver Absichten frische Perspektiven für eine mitreißende Darbietung eröffnen. Vergiss nicht, du kannst das Synonymwörterbuch für deinen kreativen Gebrauch immer zurate ziehen.

4. Einsätze: Was steht für dich auf dem Spiel?

Wie wichtig ist es für deine Figur, das zu erreichen, was sie will? Welche Anstrengungen unternimmt sie, um es zu bekommen? Was passiert, wenn sie es nicht erreicht? – Dies sind die *Einsätze* deiner Figur, das, was für sie auf dem Spiel steht. Im Kapitel über Ziele und Überziele habe ich mehrere Figuren erwähnt, die ihre Träume »um jeden Preis« verwirklichen wollen. Diese Worte – *um jeden Preis* – beschreiben, wie weit zu gehen sie bereit sind.

Erinnerst du dich noch daran, als du einmal unbedingt ein bestimmtes Paar Rollerskates haben wolltest, oder als du von deinen Eltern verlangt hast, dich in einen Film mit Altersbeschränkung oder auf eine bestimmte Party gehen zu lassen? Es schien fast so, als ginge es um Leben oder Tod. Du hast geweint, vor Wut herumgeschrien, Türen zugeschlagen, deine Eltern verflucht, behauptet, du würdest sterben, wenn du deinen Willen nicht bekämest. Was hat es damit auf sich, zu dieser Party eingeladen zu sein oder in der Schule von der richtigen Gruppe von Leuten akzeptiert zu werden? Die Intensität deiner Gefühle gegenüber diesen Wünschen war Ausdruck dessen, was für dich auf dem Spiel stand. Darin drückte sich dein leidenschaftlicher Wunsch nach dem aus, was du glaubtest zu gewinnen, wenn du das Gewünschte bekämest, oder die Angst um das, was du glaubtest zu verlieren, wenn du es nicht bekämest.

Im Zuge des Erwachsenwerdens mögen sich deine Wünsche ändern, deine Einsätze aber, um bestimmte Dinge zu erreichen, werden umso größer: Es geht um die Ehefrau oder den Ehemann; den wichtigen Job; das Haus; das Auto; darum, die Beziehung zu deinen Eltern oder Geschwistern zu kitten, wenn du mit ihnen verstritten bist. Wenn du das Pech hast, in Schulden zu geraten – wie schwer wirst du es haben, wenn dich diese Schulden zu erdrücken drohen. Viel schwerwiegender (und trauriger): Du möchtest das Leben eines Elternteiles retten oder auch eine Ehe, die zu scheitern droht, fühlst dich aber hilflos, weil du nichts dagegen ausrichten kannst.

Schau dir dein Leben an und das Leben derer, die um dich sind, und du wirst verstehen, was es bedeutet, in einem Theaterstück oder einem Film mit hohen Einsätzen zu spielen. Während du einen Text untersuchst, frage dich: Wie weit würde meine Figur gehen, um ihre Ziele zu erreichen? Würde sie ihren Stolz und ihre Selbstachtung opfern? Würde sie töten? Wäre sie bereit zu sterben? Würde sie rauben, betrügen, das Leben anderer Menschen ruinieren? Was *tut*, ich wiederhole mich, nicht *sagt*, sondern was *tut* sie laut dem Text? Daran erkennst du, was ihre Einsätze sind.

Der Grund dafür, dass ich Lehrern, Autoren oder Kritikern widerspreche, die behaupten, eine Figur oder eine Darbietung sei überlebensgroß, ist der, dass *nichts* größer ist als das Leben selbst. Schau dir die Kennedys an. Wenn jemand die Geschichte dieser Familie aufschreiben würde, angefangen bei Joseph, und sie durchexerzierte bis zum Tod von John Jr. und seiner Frau und mit all den Tragödien, die dazwischen passiert sind – das Attentat auf John F. Kennedy, Bobbys Ermordung, der Chappaquiddick-Vorfall, Alkoholismus, Drogenabhängigkeit, Seitensprünge –, würdest du doch sagen, dass das erfunden sein müsse, dass das im wahren Leben niemals passieren könne. Aber es ist passiert. Noch dazu vor aller Welt. So viel zum Stichwort Drama und hohe Einsätze.

Der Film LADY SINGS THE BLUES handelt vom Leben der Jazzlegende Billie Holiday. In einer Szene sitzt Billie Holiday (gespielt von Diana Ross) auf einer Toilette und versucht, sich einen Schuss Heroin zu setzen. Als der Mann, den sie liebt (Billy Dee Williams als Louis McKay), versucht, sie davon abzuhalten, greift sie geradewegs nach einer Rasierklinge. Das macht deutlich, wie sehr eine Heroinabhängige einen Schuss braucht – so sehr nämlich, dass sie droht, den Mann zu töten, den sie liebt. Das sind Einsätze.

Aber Einsätze sind nicht nur in Dramen wichtig; hohe Einsätze verleihen auch Komödien ihre besondere Würze. In der Broadwayinszenierung von Neil Simons PLAZA SUITE spielt George C. Scott den Vater der

Braut, Roy Hubley, als wäre dieser König Lear. Der Grund, dass dies so prächtig funktionierte und so wunderbar komisch war, lag in George C. Scotts und Neil Simons Entscheidung begründet, gründlich auszubauen, was für Hubley und seine Frau auf dem Spiel steht, falls sie ihrer Tochter keine angemessene Hochzeitsfeier ausrichten. Für die Hubleys ist diese angemessene Feier nämlich nicht etwas, dass sie einfach nur *gerne* hätten; vielmehr ist es etwas, dass sie *unbedingt* erreichen müssen, um ihren gesellschaftlichen Status behaupten zu können. Und falls die Hochzeit nicht stattfindet, haben sie eine riesige Menge Geld zu verlieren – woran Roy uns auch ständig erinnert.

Ich möchte für einen Augenblick über die Phrase »Leben oder Tod« sprechen. Zu behaupten, dass es für deine Figur um Leben oder Tod gehe, ohne zu hinterfragen, was das wirklich bedeutet, ist zu einfach. Als Stella Adler an der Yale School of Drama HAMLET durchnahm, fragten die Studenten immer wieder: »Warum tötet er Claudius nicht einfach? Warum redet und redet und redet er nur?« Stella brachte einen halben Kuhkadaver mit, gab jedem der Studenten ein Schlachtermesser und sagte zu ihnen: »Und nun stecht zu.« So machten sie selbst die Erfahrung, wie schwierig es ist, Muskeln, Knochen und Fleisch eines Körpers durchzutrennen. Nachdem sie sich eine Weile abgemüht hatten, sagte Stella zu ihnen: »Es ist nicht so einfach, sich ein Messer zu greifen und jemanden abzustechen, nicht wahr?« Sie zwang die Studenten, sich zu vergegenwärtigen, welches Grauen es in einem auslöst, eine Gewalttat zu begehen. Danach sahen sie Hamlets Angst und Unentschlossenheit in einem ganz anderen Licht.

Was steht für Hamlet auf dem Spiel? Wie gesagt: Leben oder Tod. Er kann nicht weiterleben, bevor nicht der Mord an seinem Vater aufgeklärt und gerächt ist. Es ist dieser Einsatz »Leben oder Tod«, der in Hamlet – als er endlich sicher ist, dass Claudius seinen Vater ermordet hat – das Gefühl aufkeimen lässt, er müsse diesen töten. Hamlet setzt sich zwar zunächst philosophisch mit seinem Dilemma auseinander (ob er also das Recht hat, Claudius umzubringen), doch sein Bauchgefühl sagt ihm eindeutig, dass es sich bei seinem Problem um eine Angelegenheit von Leben oder Tod handelt. Dies ergreift Besitz von seinem Hirn und seinem Herzen und lässt keinen Raum für irgendetwas anderes. Die Situation bedeutet in seiner Wahrnehmung buchstäblich: »Wenn ich dieses Problem nicht löse, werde ich sterben.«

Wenn wir jung sind, lässt uns unser Mangel an Erfahrungen, an echter Empathie und Mitgefühl manchmal arrogant erscheinen, einfach nur weil wir die Schwierigkeiten im Leben anderer nicht realisieren. Niemals darfst du eine Figur, die du spielst, verurteilen oder unterschätzen oder verachten, nur weil dir nach dem ersten Lesen das, was die Figur umtreibt, nichtig erscheint oder du dich nicht sofort in die Situation hineinversetzen kannst; respektiere die Erfahrungen, die die Figur in ihrem Leben gemacht hat, und finde einen Weg, dich mit ihrer Misere zu identifizieren. Jede Figur verdient genauso viel Respekt wie du selbst. Lasse sie nicht im Stich, indem du sie verurteilst. Hier kann dir die Vergegenwärtigung der Einsätze helfen. Wenn du den Text analysierst und die emotionalen Einsätze deiner Figur zu verstehen beginnst, wirst du sie mit Tiefe und Einsicht darstellen, egal ob die Geschichte im 16. oder im 21. Jahrhundert spielt. Für einen Schauspieler findet jede Geschichte im *Hier und Jetzt* statt. *Mitgefühl* und *Einfühlungsvermögen*, lieber Schauspieler, sind die Schlüssel, um zur Seele deiner Figur vorzudringen.

Wenn du einen Adeligen spielen sollst, könntest du sagen: »Aber ich bin doch ein Jude aus Encino in L.A. und stamme aus der Mittelschicht.« (Das wäre das, was ich sagen würde.) Doch du kannst dir das Leben von Prinz William von England anschauen und dir vorstellen, dass du mit dem Druck und dem Pomp und unter denselben Umständen leben müsstest wie er. Bedenke, wie übel das Schicksal diesem Jungen mitgespielt hat: angefangen bei der Scheidung seiner Eltern bis zum Tod seiner Mutter. Stelle dir vor, dass du selbst all das durchgemacht hättest – und dann von der Welt beobachtet würdest, ob du die hohen Erwartungen erfüllst. Danach wirst du mehr Mitgefühl für Hamlet haben.

In Noël Cowards Komödie DIE HOCHZEITSREISE geht es um Amanda und Elyot, ein unvorstellbar reiches und glamouröses Paar der englischen Oberschicht, die einmal verheiratet waren und sich haben scheiden lassen. Zu Beginn des Theaterstückes sind beide ganz frisch mit neuen Partnern verheiratet und haben – ohne es zu wissen – mit ihren jeweiligen Angetrauten gerade in nebeneinander liegende Zimmer eingecheckt. Amanda und Elyot treten nun im selben Augenblick auf die Balkone hinaus und erblicken sich gegenseitig – ein wunderbarer Moment und der Beginn einer wundervollen Komödie. Wie sich bald herausstellt, können Amanda und Elyot nicht miteinander, aber auch nicht ohne einander leben. Wie hoch sind die Einsätze? So hoch, dass sie schon in der ersten Nacht, nachdem sie beide andere Partner geheiratet haben, bereit sind, miteinander durchzubrennen, weil sie plötzlich realisieren, dass sie immer noch total verliebt ineinander sind. Ihr Verlangen nach einander ist *riesig*! Es ist so groß, dass sie in Kauf nehmen, die Herzen ihrer neuen Partner zu brechen, so groß, dass sie es wagen, den Problemen, die sie miteinander haben, ins Auge zu sehen und jede Regel gesellschaftlichen Anstands zu brechen. Amanda und Elyot sind voneinander besessen, können buchstäblich nicht ohne den anderen leben. Die Wahrheit ist, dass sie Konflikte lieben: Der

Schlüssel zur Komik in diesem zeitlos witzigen Stück ist, dass sie in dem Augenblick, in dem sie glücklich sind, ihr Glück zerstören.

Wenn du Amanda oder Elyot spielst, aber die Psychologie ihrer Beziehung, die hohen Einsätze in DIE HOCHZEITSREISE nicht verstehst, wirst du eine langweilige Inszenierung fabrizieren – weil du denkst, dass es einzig darum geht, lustig zu sein. Das Stück ist selbstverständlich witzig, aber es *handelt nicht davon*, witzig zu sein; es geht um Leidenschaft. Wenn du nicht verstehst, dass es die Leidenschaft ist, von der diese Menschen im Innersten getrieben werden, dann kannst du das Stück nicht spielen; wenn du den Einsatz nicht verstehst, kann deine Figur nicht in Fleisch und Blut übergehen!

In dem Film DER GEJAGTE muss sich Sheriff Wade Whitehouse (herausragend: Nick Nolte) mit seinem äußerst gewalttätigen und herrschsüchtigen Vater Glen (James Coburn) auseinandersetzen. Für Wade geht es hier um Leben oder Tod: Einer muss sterben, damit der andere existieren kann. Am Ende verhält sich Glen seinem Sohn gegenüber so grausam und entmannend, dass Wade ihn schließlich tötet und in Brand setzt. Es ist wie in einer griechischen Tragödie, die Einsätze sind riesig. Um Wade zu spielen, musst du verstehen, dass er meint, selbst sterben zu müssen, wenn er seinen Vater nicht umbringt. Nick Nolte bringt die schreckliche Wut und den Schmerz eines misshandelten Kindes zum Ausdruck, das rettungslos im Netz seines Peinigers gefangen ist. Er bringt uns dazu, diesen Schmerz mitzufühlen und zu verstehen, warum dieser den Einsatz so hoch treibt, dass daraus ein Mord resultiert.

Wir wollen noch einmal auf Blanche DuBois in ENDSTATION SEHNSUCHT zurückkommen. Ich habe gesagt, dass es Blanches Überziel ist, *Sicherheit zu finden*. Sie ist hilflos; dies ist ihre letzte Chance. Sobald du verstanden hast, was in Blanches Leben passiert ist, das ihr Bedürfnis nach Sicherheit so stark werden ließ, ist es deine Aufgabe als Darstellerin der Blanche, etwas in dir selbst zu finden, das mit diesem hohen Einsatz vergleichbar ist, etwas, dass Blanches Einsatz *in dir* lebendig werden lässt. Du musst die Angst vor dem Verlassenwerden in dir finden. Das kann man auf verschiedenen Wegen erreichen, und die werde ich in den nächsten zwei Kapiteln darlegen.

Doch so viel sei schon einmal vorweggenommen: Stell dir ein kleines Mädchen vor, das von ihrer Mutter verlassen wird; stell dir vor, wie es schreit und weint und bettelt, nicht alleine gelassen zu werden, während es dabei zuschaut, wie seine Mutter für immer verschwindet. So wirst du die Intensität von Blanches Angst und Hilflosigkeit verstehen. Wenn du diesen Schrecken nicht in dir selbst findest, wird das Spielen dieser Rolle für dich so schwer sein, wie das Spielen eines Klaviers, dessen Tastatur durch die Klappe abgedeckt ist: Es wird keine Musik entstehen und es wird nichts nachhallen.

Der Unterschied zwischen einer wirklich großartigen oder selbst einer guten Darstellung und einer mittelmäßigen liegt darin, wie gut der Schauspieler in der Lage ist, uns fühlen und mitfühlen zu lassen. Wir im Publikum müssen das Gefühl haben, dass wir Zeuge eines Lebens sind, das vor unseren Augen gelebt wird. Der Schauspieler muss die Einsätze nicht nur *kennen*, sondern muss uns dazu bringen, *auf emotionaler Ebene zu spüren*, wie wichtig sie sind. Wir mögen dazu in der Lage sein, Blanches Blendwerk zu durchschauen, aber wir müssen trotz allem noch wollen, dass sie *Sicherheit findet*; wir müssen sie beschützen wollen.

Stephen Frears Film GRIFTERS dreht sich um zwei Trickbetrüger, Lilly Dillon und ihren Sohn Roy (gespielt von Anjelica Huston und John Cusack). Wie sehr benötigt Lilly das Geld ihres Sohnes, damit sie fliehen und sich davor retten kann, umgebracht zu werden? Sie braucht es so sehr, dass sie nicht vor dem Versuch zurückschreckt, ihn zu verführen. Sie braucht es so sehr, dass sie mit ihm um seine Aktentasche voller Geld ringt, wobei sie aus Versehen ein Glas, das er in der Hand hält, zerschmettert und seine Halsschlagader verletzt. Es war nicht Lillys Absicht, ihren Sohn zu töten, aber sie ist bereit es zu tun, um ihre eigene Haut zu retten. Ich habe selten eine mutigere künstlerische Entscheidung gesehen als diejenige von Anjelica Huston: Als Lilly stößt sie Laute aus, die man mit einem verwundeten Tier assoziieren würde, kriecht auf allen Vieren herum und beklagt den Tod ihres Kindes, während sie das blutige Geld aufsammelt, das um seinen zitternden sterbenden Körper verstreut liegt. Um ihrer eigenen Sicherheit willen flieht sie.

In der großartigen Filmkomödie TOOTSIE beginnt Michael, der Protagonist (Dustin Hoffman), mit einem Überziel und entwickelt dann ein zweites. Zunächst ist es Michaels Überziel, *Bestätigung als der bedeutendste Schauspieler der Welt zu erhalten.* Sein Einsatz ist es, dies fast um jeden Preis zu tun – er geht so weit, dass er sich in die Schauspielerin Dorothy verwandelt, um seinen Traum zu verfolgen. Nachdem er Julie (Jessica Lange) kennengelernt hat, wächst sein Überziel dahingehend, *eine feste Liebesbeziehung mit der Liebe seines Lebens zu haben* und – ich wiederhole: Weil sie wirklich die Liebe seines Lebens ist, ist der Einsatz wahrhaftig hoch.

Am Filmanfang spricht der verzweifelte Michael für ein Theaterstück vor. Als er fertig ist, wartet er ängstlich auf eine Reaktion. Man bedankt sich bei ihm und sagt ihm ab, aber Michael, unfähig, die Zurückweisung zu tolerieren, will ein Nein nicht als Antwort gelten lassen. Er sagt: »Ich kann es anders spielen.« Man antwortet: »Nein, danke, wir haben genug gesehen. Wir brauchen jemanden, der ein wenig größer ist.« Michael sagt: »Ich kann mich größer machen.« Sie antworten ihm: »Wir benötigen jemanden, der lustiger ist.« Er sagt: »Ich kann lustiger sein.« Zum Schluss sagen sie unverblümt aus lauter Verzweiflung: »Du kapierst es nicht. Wir wollen jemand anderen.« Michaels erbitterter Widerstand, diese Schreckensbotschaft zu akzeptieren, zeigt, wie viel für ihn auf dem Spiel steht.

In seinen Augen steht ganz eindeutig seine Karriere auf dem Spiel. Und was bedeutet ihm diese? Anfänglich ist sie das Einzige, das ihm ein Selbstwertgefühl gibt. Besitze ich einen Wert als Mensch? Habe ich das Recht, auf dieser Welt zu sein? Zunächst beantwortet er diese Fragen ausschließlich in Bezug auf seine Karriere, weil er sich nicht in erster Linie als Mensch sieht, sondern als Schauspieler. Als sein Agent ihm mitteilt: »Niemand will dich engagieren«, hat er das Gefühl, dass ihm seine Daseinsberechtigung entzogen wurde. Es geht um so viel für Michael, dass er die einzige Möglichkeit darin sieht, sich als Frau – Dorothy – auszugeben und eine weibliche Rolle in einer Soap zu übernehmen. Nur so, meint er, wird sein Schauspieltalent gewürdigt. Und natürlich ist es das große und urkomische Hindernis für sein Dasein als Frau, dass er ein Mann ist. Weil der Subtext in echtem Schmerz und in Erniedrigung verwurzelt ist, besitzt die Komödie umso mehr Energie.

Als er zu Dorothy und aus Dorothy ein Soapstar wird, wird Michaels Karrieredurst endlich gestillt, was ihm zu mehr Selbstwertgefühl verhilft. Doch das Hindernis, das Frausein vortäuschen zu müssen, wird größer, als er sich in Julie verliebt und vorgeben muss, ihre Freundin zu sein, während er zur gleichen Zeit so scharf auf sie ist, dass er es kaum aushalten kann (ein inneres Hindernis). Seine Hindernisse wachsen weiter, als Julies Vater Les (Charles Durning) sich in Dorothy verguckt, nachdem er sie in einer Drehpause kennengelernt hat. Michaels Darstellung als Dorothy ist nicht nur gut, sie ist großartig – so großartig, dass dies für ihn neue Hindernisse erzeugt, während er sein Ziel, sein Schauspieltalent gewürdigt zu wissen, nun als Schauspielerin erreicht hat. Einige der Absichten, die er als Dorothy spielt, sind es, *als Frau Respekt einzufordern*; *als zarte, aber starke Südstaaten-Blume aufzublühen; sich für die Würde anderer Frauen einzusetzen; den Produzenten* (Dabney Colman) *zu schikanieren, der als Lustmolch hinter Julie her ist*. Seine beiden Überziele – *als größter Schauspieler der Welt Anerkennung zu erhalten* und *eine feste Beziehung mit der Liebe seines Lebens zu führen* – widersprechen sich und verdoppeln den Einsatz und damit auch die Komik und die Emotionalität.

Hoffman, die Autoren und der Regisseur fanden, dass das Thema des Films das folgende sei: *Wie aus einem Mann, indem er zur Frau wird, ein besserer Mann wird*. Indem er sich in Dorothy verwandelt, beginnt der von sich eingenommene Michael schließlich zum ersten Mal in seinem Leben, andere wahrzunehmen. Das führt dazu, dass er Julie und Frauen im Allgemeinen gegenüber Beschützerinstinkte entwickelt, weil er als Dorothy entdeckt (und davon schockiert ist), wie Frauen behandelt werden. Er fängt an, Julie als Person und nicht nur als Objekt sexueller Begierde zu sehen. Er reift zum Erwachsenen heran und sein sensibler Umgang mit Julie steht in Kontrast zu der frauenfeindlichen Art, mit der er seine Freundin Sandy (Teri Garr) zu Beginn des Films behandelt hat. Nochmals: Als das zweite Überziel geboren wird und naturgemäß mit dem ersten auf Kriegsfuß steht, erhöhen sich die Einsätze. Michael muss sich entscheiden, und er gibt seine Erfolgskarriere als Dorothy auf, um seiner Liebe zu Julie eine Chance zu geben.

Sicherlich hast du bemerkt, dass ich beim Analysieren der Filme und Theaterstücke in diesem Kapitel die Konzepte für *Überziel*, *Hindernis* und *Absicht* wiederholt habe. In den vielen Jahren, die ich nun schon als Lehrer arbeite, habe ich festgestellt, dass das Mittel der Wiederholung essenziell ist, um die Abwehrmechanismen eines Schauspielers zu durchbrechen. Du kannst etwas hundertmal hören, ohne es jemals zu verstehen, wenn du es nicht verstehen willst – und dabei bist du dir vielleicht nicht einmal darüber bewusst, dass du nicht willst. Warum würdest du das nicht wollen? Nun, sobald du diese Lektionen anzuwenden verstehst, gehörst du zu den »Wissenden« und trägst die Verantwortung, dich auf jede Rolle in vollem Umfang einzulassen.

Viele Leute scheitern, weil sie ihre Ziele nicht hoch genug ansetzen und ihre eigenen künstlerischen Einsätze nicht steigern. Deshalb möchte ich gerne jedwede Angst, die du haben könntest, ersticken und dir helfen, das Handwerk wirklich zu erlernen. Wenn du das schaffst, wirst du dem Publikum etwas zu geben haben, statt darauf zu warten, dass dir jemand Ruhm und Reichtum auf dem Silbertablett serviert. Falls du dich durch Wiederholung in deiner Intelligenz beleidigt fühlst, kann ich das nicht ändern; ich selbst habe als Schauspielschüler fast ein ganzes Jahr gebraucht, um zu begreifen, dass ein Ziel das ist, was man erreichen will, und eine Absicht das Mittel zum Zweck, mit dem man es erreicht. Als ich das aber endlich verstanden hatte, schoss mein Verdienst um 50 000 Dollar in die Höhe – allein das sollte scheinbar allzu häufige Wiederholungen erträglich machen!

Und da wir nun die Basiswerkzeuge der Textanalyse besprochen haben sowie die ersten Techniken, um interpretierende Entscheidungen zu treffen, werde ich dir zeigen, wie man diese Werkzeuge und Techniken hilfreich bei Vorsprechen anwendet. Ich habe betont, dass es unerlässlich ist, das komplette Skript so intensiv und oft zu lesen, bis du es voll und ganz verstehst; aber was kannst du tun, wenn die Leute, für die du vorsprichst, dir nur eine einzige Szene geben? Und angenommen, du hast nur 10 Minuten, um dir die Szene anzuschauen, bevor du für die Rolle vorsprechen musst. Du kannst trotzdem die gegebenen Umstände, Ziele und Hindernisse deiner Figur identifizieren, aktive Absichten wählen und zumindest ein Gefühl dafür bekommen, was für deine Figur auf dem Spiel steht. Selbst in einer einzigen Szene wirst du Fakten über deine Figur finden, wenngleich nicht unbedingt viele. Deine Darstellung musst du immer auf der Grundlage derjenigen Informationen ausarbeiten, die du hast. Frage dich:

- Was erzählt mir die Szene darüber, wer meine Figur ist: ihr Alter, ihre körperliche Verfassung oder jede andere prägende Einzelheit, einschließlich sozialer Herkunft, die für die Szene bestimmend ist?
- Was geschieht mit meiner Figur in der Szene?
- Warum tritt meine Figur in dieser bestimmten Szene auf? Was würde fehlen, wenn sie nicht darin wäre?
- Was macht meine Figur eigentlich in der Szene?
- Mit wem ist meine Figur auf der Szene?
- Welche Beziehung hat meine Figur zu jedem der anderen Charaktere?
- Wie ist das Verhältnis der anderen Figuren zu meiner Figur? (Wenn die Szene dir keinen klaren Hinweis bezüglich der emotionalen Richtung der Beziehung gibt, nutze deine Intuition und kreiere einen emotionalen Farbton, der dir unter den gegebenen Umständen und je nach komischem oder dramatischem Ton der Szene glaubhaft erscheint. Zeitgenössische Texte können gleichzeitig komisch und dramatisch sein. Deshalb musst du in der Lage sein, den jeweiligen Ton eines solchen Autors zu verstehen und darzustellen.)
- Wie ist meine Figur zu Beginn der Szene eingestellt? Feindselig? Liebevoll? Freundlich? Kampflustig? Unterstützend? Scherzhaft?
- Falls sich diese Haltung ändert: Wie und warum ändert sie sich?
- Was will ich (was ist mein Ziel)?
- Wie hoch sind die Einsätze?
- Was steht zwischen mir und dem, was ich erreichen will (was ist mein Hindernis)?
- Was tut meine Figur, um dieses Hindernis zu überwinden (was sind meine Absichten)?

Das Beantworten dieser Fragen wird dir helfen, für deine Interpretation Entscheidungen zu treffen und so die Figur zum Leben zu erwecken. Die folgenden Kapitel werden dich mit zusätzlichen Werkzeugen und Techniken ausstatten, die du zu jedem Vorsprechen mitnehmen kannst. Vertraue vor allem deinen Impulsen und deiner Intuition. Improvisiere beim Vorsprechen. Verschwende deine Zeit nicht damit, dir Sorgen zu machen. Sei künstlerisch aktiv. Auf Seite 343f. gibt es eine Liste mit »Grundlegenden Fragen zur Arbeit an einer Rolle« zur Vorbereitung einer ausgefeilten Darstellung oder eines Vorsprechens, wenn du mehr Zeit dafür hast. Je öfter du dich an diesen Fragen abarbeitest, um dir verschiedene Rollen anzueignen, desto besser wird sich deine Technik entwickeln.

5. Innere Bilderwelt: Das Innenleben

Im vorigen Kapitel haben wir untersucht, wie man einen Text systematisch aufschlüsselt. Diese Herangehensweise wird für jede Rolle brauchbar sein, die du jemals spielen wirst. Wir haben uns auch schon etwas mit dem Thema Interpretation befasst, was etwa die Wahl der Ausdrucksmittel betrifft, mit der deine Figur Überziele und Absichten formuliert. Die Textanalyse hilft dir dabei, dir den Text einzuverleiben, damit du ihn so verstehst, wie der Autor ihn geschrieben hat. Die interpretierenden Entscheidungen, die du triffst – einschließlich der Art, wie du Überziel und aktive Absichten ausdrückst –, resultieren aus der Wirkung des Textes auf dich persönlich und daher, wie er deine Fantasie anfacht. Der nächste Schritt ist nun, deine Fantasie zu benutzen, um der Figur Fleisch auf die Knochen zu bringen. Dadurch entwickelst du ein *Innenleben* für die Figur, die du darstellst, und hauchst ihr Leben ein.

Was beinhaltet der Ausdruck Innenleben? Gemeint sind Gedanken, Gefühle, Erinnerungen und innere Entscheidungen, die vielleicht nie ausgesprochen werden. Wenn wir einem Schauspieler, der eine vollständig wahrhaftige Darstellung liefert, in die Augen schauen, können wir ihn denken sehen. Wir interessieren uns für das, was in ihm vorgeht und vielleicht unausgesprochen bleibt, den Teil des nonverbalen Ausdrucks, der genauso selbstverständlich zu der Figur gehört wie das Atmen und der genauso real ist wie das, was sie sagt und tut. Das ist ihr Innenleben. Es hilft uns, die Figuren glaubhaft zu machen und Interesse für sie zu wecken.

Wie kreiert man dieses Innenleben? Zum Beispiel durch *innere Bilderwelten* – Bilder, die vor deinem geistigen Auge ablaufen, während du sprichst.

Wenn du mich fragst, »Wo bist du zur Schule gegangen?«, läuft für mich ein innerer Film an: Ich war auf der Birmingham Highschool in Van Nuys in Kalifornien, die während des Zweiten Weltkrieges als Militärkrankenhaus gebaut wurde. Die Flure waren geneigt, um mit den Rollstühlen der Soldaten befahrbar zu sein. Zu meiner Zeit waren die Wände in einem grellen Korallenrot gestrichen. Es war eine Schule sowohl für die Mittel- als auch die Oberstufe, sodass man, wenn man diese schrägen Flure entlangging, auf kleine Siebtklässler ebenso wie auf ältere, fast erwachsene Teenager traf. Die Atmosphäre war so hormongeschwängert, dass ich nicht weiß, warum ich nicht einfach explodiert bin. Wie du siehst, sind meine Bilder von der Birmingham High sehr konkret. Und sie sind nicht nur abstrakt; sie haben, neben einer sehr emotionalen, auch eine sensorische Wirkung auf mich – ich kann sie *sehen, anfassen, schmecken, hören* und *riechen*. Wenn ich von der Birmingham High spreche, wird alles, was ich sage, und die Art, wie ich es sage, dadurch beeinflusst, was ich vor meinem inneren Auge sehe.

Wenn du einen Satz zu sagen hast wie: »Ich bin zur Birmingham High gegangen und habe fast jeden Tag gekotzt«, und du hast dafür kein inneres Bild, werden die Worte keine tiefe Resonanz erzeugen. Damit meine ich: Eine innere Bilderwelt bewegt das Publikum dazu, mit ihrem eigenen Unterbewusstsein in Kontakt zu treten. Natürlich werden die Zuschauer nicht dieselbe innere Bilderwelt entwickeln wie du als Schauspieler; aber weil du eine innere Bilderwelt besitzt, stößt es auch die ihre an. Und daraus entspringt ein großer Teil der Magie, die unter Umständen im Kommunikationsprozess zwischen Bühne oder Leinwand und Publikum entsteht. Sobald der Schauspieler innere Bilder in sich trägt, erlaubt das dem Unterbewusstsein des Publikums, ihre eigenen Bilder zu sehen. Diese Resonanz erweckt beim Publikum den Eindruck, dass du nicht spielst, sondern lebst. Dabei ist nicht entscheidend, ob deine inneren Bilder aus persönlichen Erinnerungen bestehen oder ob du sie mithilfe deiner Fantasie erzeugst; das Wichtigste ist, dass du sie besitzt.

In Tennessee Williams' Stück SÜSSER VOGEL JUGEND – dessen Verfilmung mit Geraldine Page und Paul Newman in den Hauptrollen auf deine *obligatorische* Filmliste gehört – richtet Prinzessin Kosmonopolis (Page), eine alternde Filmdiva, eine lebhafte Rede an Chance Wayne (Newman), einen jüngeren Mann, der auf Geld aus ist. Der »Comeback-Film« der Prinzessin ist gerade herausgekommen und sie geht davon aus, dass er gefloppt ist. In ihrer Rede durchlebt sie den Premierenabend erneut: »[…] es gibt so was wie Großaufnahmen. Da fährt die Kamera langsam auf dich zu, und du stehst, den Kopf – dein Gesicht – im grellen Scheinwerferlicht, ganz still da, und sie fängt es ein – und es schreit deine ganze schreckliche Geschichte heraus – während du lächelst ... Kein Reinfall? Nach dieser Großaufnahme stockte ihnen der Atem ... den Zuschauern stockte der Atem! Ich habe sie tuscheln gehört – verschreckt tuscheln – das soll sie sein? Ist sie das wirklich? ... Ich hatte den Fehler gemacht, in einem sehr extravaganten Abendkleid zur Premiere zu kommen. In einem Abendkleid mit einer Schleppe, die ich hochraffen mußte, als ich von meinem Sitz aufsprang und den endlosen Rückzug aus dem Fegefeuer antrat – Schritt um Schritt kämpfte ich mich, nach Luft schnappend und die weiße, königliche Schleppe meines Abendkleides umklammernd, den unerträglich langen Kinogang hinauf – den ganzen, endlosen Gang hinauf ... irgendjemand griff nach mir und zischelte ›bleib da, bleib da!‹ Endlich – das Ende des Ganges. Ich drehte mich um, schlug nach ihm, ließ die Schleppe fallen, vergaß sie, wollte über die Marmortreppe ins Freie laufen, stolperte natürlich und rutschte, rutschte.«[27]

Während sie (in der Verfilmung) spricht, werden Rückblenden von der Premiere zwischengeschaltet. Wir *sehen* ihre Augen und durch diese, wie sie sich an diesen demütigenden Albtraum *erinnert*: das schwere Atmen in der Nahaufnahme, ihre Flucht durch den Gang, um zu entkommen, vorbei an dem Mann, der versucht, sie aufzuhalten, wie sie ihn schlägt, ihr Stolpern, wie sie die Stufen herunterfällt – »[...] wie ein besoffenes Matrosenliebchen die Stufen hinunter ... Hände, gesichtslose, gnädige Hände halfen mir auf. Und dann? Flucht, ununterbrochene Flucht bis zum Erwachen heute Morgen ... Oh, Gott, die Zigarette ist ausgegangen.«[28] Williams' Schreibstil ist ungemein visuell, ungemein emotional, aber Geraldine Page ist diejenige, die das Ganze durch ihre eigene Bilderwelt lebendig werden lässt.

Wenn du noch nie mit inneren Bildern gearbeitet hast, schlage ich vor, dass du dir einen Monolog mit anschaulicher Bildsprache oder eine anschauliche Passage aus einem Roman o. Ä. suchst. Es ist unabdingbar für Schauspieler, gute fiktionale Literatur zu lesen, um die Fähigkeit zu trainieren, Filme im Kopf ablaufen zu lassen und so der Vorstellung das Gelesene zu Leben zu erwecken. Eine gute Vorlage dafür ist beispielsweise Frank McCourts Autobiografie Die Asche meiner Mutter, in der er über seine Kindheit berichtet, die er in Armut in Irland und New York verbrachte. Die Asche meiner Mutter ist voll von detailreichen Bildern. Während du liest, erlebst du die Welt, die McCourt beschreibt; du *siehst* sie, du *riechst* sie, du *schmeckst* sie. Stelle dir die eiskalten Straßen

27 Deutsch von Nina Adler, Jussenhoven & Fischer Verlag, Bühnenmanuskript, S. 24 f.

28 Ebd., S. 25

vor, die McCourt als Kind hinuntergelaufen ist, den Geruch der kochenden Kartoffeln, die dunkle Kälte der Wohnung, den widerlichen medizinischen Geruch, der durch die Räume schwebt, und den unerträglichen Anblick von Säuglingsleichen. Die Bilder, die in deiner Vorstellung jetzt gerade durch meine Beschreibung auftauchen, und die Reaktion deiner Sinne darauf könntest du als deine innere Bilderwelt verwenden, wenn diese Beschreibung Teil eines Monologs wäre.

Bitte sag nicht, dass du dich nicht an diese schmerzhaften Orte begeben und diese entsetzlichen Bilder nicht sehen willst, weil sie dich zu sehr mitnehmen. Dann klapp dieses Buch zu und häng die Schauspielerei an den Nagel. Warum? Nun, natürlich sollte dich das Erzählte anrühren. Natürlich solltest du weinen. Genauso wie du dich kaputtlachen solltest. Im Schauspiel repräsentieren wir alle denkbaren menschlichen Erfahrungen, und wenn du immer nur nach etwas suchst, das »nett« ist, dann wirst du niemals ein ernstzunehmender Sprecher für die menschliche Erfahrungswelt sein.

Auch wenn nicht alle Skripte die lebendige Bilderwelt von Williams oder McCourt besitzen, enthält doch jedes Skript Dialoge, in denen deine Figur über Dinge spricht, die sie gesehen, getan oder auf andere Weise erlebt hat und die du mit deinem Vortrag zum Leben erwecken musst. Dafür gibt es zwei Wege: Entweder stellst du sie dir so vor, wie der Autor sie beschreibt, und verleihst dem Text dadurch ein Innenleben, oder du nimmst deine eigene persönliche Erfahrung als Basis und passt sie der Bilderwelt des Autors an, um den Text zum Leben zu erwecken. Beides kann sehr gut funktionieren. Ich werde mit der ersten Technik beginnen.

Wie effektiv Fantasie eingesetzt werden kann, um die Bilderwelt des Autors äußerst glaubhaft zu gestalten, wurde mir klar, als ich einmal als Elyot eine Szene aus Noël Cowards DIE HOCHZEITSREISE im Schauspielunterricht spielte. Zu Beginn des Theaterstückes erinnern sich Amanda und Elyot, die sich gerade mit ihren neuen Ehepartnern in den Flitterwochen befinden, an ihre gemeinsame Hochzeitsreise. Amanda fragt Elyot: »Erinnerst du dich an das Aufwachen? Als wir auf den Balkon gegangen sind und uns das Tal angeschaut haben?«[29] Er erwidert: »Blaue Schatten auf weißem Schnee, unglaubliche Reinheit – es war als schwebten wir über Wolken. Das war sagenhaft. Sagenhaft schön war das.«[30] Ich selbst kannte bis dahin nur die Hügel von Encino, die mit Reihenhäusern übersät sind; deshalb arbeitete ich mit Cowards Bilderwelt. Ich visualisierte die blauen Schatten auf weißem Schnee; der Schnee bedeckte einen

29 Deutsch von Axel Bauer und Folke Braband, Gallissas Verlag, S. 31

30 Ebd., S. 32

überwältigenden Berg, den ich in meinem Kopf aus dem Nichts kreierte. Während ich den Text lernte, ließ ich das Bild vor meinem inneren Auge entstehen, und ich tat dasselbe, wenn ich mit meiner Szenenpartnerin probte. Und siehe da, als ich die Szene im Unterricht vorspielte, hatte ich das Bild lebhaft vor Augen und mir kamen die Tränen.

In Maxwell Andersons Stück DEZEMBERTAG möchte Mio die, wie er glaubt, unrechtmäßige Hinrichtung seines Vaters und dessen besten Freundes rächen. Es basiert auf der wahren Geschichte zweier italienischer Einwanderer, Sacco und Vanzetti, die fälschlich wegen Mordes hingerichtet wurden. Mio hält im Stück eine Rede, die folgendermaßen beginnt: »Als ich vier Jahre alt war, kletterten meine Mutter und ich durch ein eisernes Tor, um meinen Vater im Gefängnis zu besuchen …«[31] Es ist nur ein einziger Satz, aber welche Bilderwelt bietet er dir, um dein »Kopfkino« anzukurbeln! – Also, wie groß warst du mit vier? *Kletterte* – das ist ein Wort für dich! Wie war es, *durch ein eisernes Tor zu klettern*? Wie sah das eiserne Tor aus? Hast du es berührt? Wie fühlte es sich an? Hieltst du die Hand deiner Mutter? Wie verhielt sich deine Mutter? Was fühltest du? Wie fühlte sich der Boden unter deinen Füßen an? Du sahst deinen Vater im Gefängnis: Welchen Eindruck erweckte sein Gesicht? In welcher Haltung befand sich sein Körper in der Zelle, als du ihn dort zum ersten Mal sahst?

Viele Schauspieler glauben (und so wird es ihnen beigebracht), dass ihre Bilderwelt ihrem persönlichen Leben entstammen muss. Ich denke, das beraubt sie der Möglichkeit, von etwas zutiefst bewegt und betroffen zu sein, das anders und vielleicht viel komplexer ist als ihre eigene Lebenserfahrung. Unsere Lebenserfahrungen haben einen großen Einfluss auf uns, aber keiner von uns hat *alles* erlebt. Wenn ich also sage, stell es dir so vor, wie der Autor es geschrieben hat, dann ist das eine Einladung, eine Schatztruhe voll emotionalem Reichtum zu öffnen. Kleine Kinder machen das automatisch, weil sie erst wenig Erfahrung besitzen, dafür aber einen umso leichteren Zugang zu ihrer Fantasie.

Innere Bilderwelten sind Teil des täglichen Lebens. Wir unterhalten uns mit jemandem und sagen: »Gestern habe ich mit meiner Schwester zu Mittag gegessen« oder: »Ich bin gerade aus England zurückgekommen« oder: »Wir haben dieses tolle Bruce-Springsteen-Konzert gesehen«. Das sind nur Sätze. Was diese für die Leute, die sie hören, lebendig macht, sind die unterschwelligen Bilder in unseren Köpfen, die nur darauf warten, aufzuscheinen, wenn wir diese Ereignisse beschreiben, weil wir sie tatsächlich erlebt haben. Im Schauspiel macht es keinen Unterschied, ob du

31 Deutsch von Hans Sahl, Ahn & Simrock, S. 50

etwas *tatsächlich* erlebt hast oder es dir komplett vorstellst. Denn wenn du es dir in deiner Vorstellung detailgenau ausmalst und du dich darauf einlässt, daran zu glauben, ist es so, *als ob* du es wirklich erlebt hättest. Es wird für immer dein Eigentum. Wenn du bei einem gemeinsamen Abendessen eine Geschichte aus dem Leben eines anderen hörst, sind es nicht nur die gesprochenen Worte, die dich fesseln, sondern die Energie in den Augen deines Gegenübers, während er sich in diesem Moment erinnert. Glaube mir, würde er bloß die Worte von sich geben und sie nicht mit seinen Erinnerungen verbinden, würdest du dir rasch das nächste Glas Wein einschenken.

Mios Rede in DEZEMBERTAG ist voll von Beschreibungen, aber wenn du für das Beschriebene keine inneren Bilder besitzt, wird dem Publikum deine Darstellung trocken erscheinen. Selbst mit Maxwell Andersons Worten und selbst wenn du eine wunderschöne Stimme hast, mit der du sie vorträgst – was das Publikum berühren und dir wirkliche menschliche Kraft verleihen wird, ist das »chemisch-elektrische« Erlebnis, deinen Körper mit einem sinnlichen Bild zu speisen und darauf zu reagieren, während du deine Gedanken aussendest. In diesem Sinne bist du dein eigener Schauspielpartner.

Mio richtet seine Rede an Miriamne, eine wunderschöne junge Frau, zu der er sich hingezogen fühlt, die er aber wegstoßen muss, weil er befürchtet, dass Romantik seinen Wunsch nach Rache für den Tod seines Vaters schwächen würde. In dieser Rede versucht er, ihr gegenüber zum Ausdruck zu bringen, warum er nicht lieben kann:

»Als ich vier Jahre alt war,
kletterten meine Mutter und ich durch ein Eisengitter,
um ihn noch einmal zu sehen. Da stand er,
in der Todeszelle, und streckte seine Arme durch die Stäbe.
Ich habe dir nichts zu hinterlassen, Mio, so sagte er,
nur dies: Dass ich dich liebe und nach dem Tod
noch lieben werde. Liebe auch du mich, wenn es hart
sein wird, Sohn eines Vaters zu sein, den man
verachtet hat. – In jener Nacht –
Scheinwerfer schienen taghell auf ihn nieder –
führten die Wachen ihn fort, mit aufgeschlitzten Hosen
und kahl geschorenem Kopf für die Kathoden. –
Dieser feine Regen, der mir kalt auf den Kopf
und die Hände fällt, findet ihn unter dreizehn Jahren Lehm
begraben in Gefängniserde. Liege ruhig, mein Vater, ich habe
es nicht vergessen. Und keine andere Liebe, und weder

Raum noch Lichtjahre der Entfernung werden deine
Stimme in mir zum Schweigen bringen können!
Ich werde dir deinen Namen wiedergeben.
Ich habe kein Zuhause, ich liebe das Leben
nicht sonderlich, ich fürchte nicht den Tod.
Ich frage nicht, mit wem ich schlafe und was ich esse.
Es kümmert mich nicht, was heute die Regierung
Oder morgen zu tun gedenkt, damit die Wölfe
zu fressen haben und die Schafe hungern. –
Geh', liebe einen andern, gebäre Kinder
nach einem Ebenbilde, das dem Staate
mehr zu Gesicht steht – denn das meine
ist für den Abtritt!«[32]

Das ist ein lebendiger und verstörender Monolog. Du hast vielleicht selbst eine traumatische Erfahrung gemacht, die du verwenden kannst, um die Rede in deiner Darstellung wahrhaftig zu machen. Das nennt man *Personalisierung* oder *Substitution*: das Vortragen der Worte des Autors, während du diese auf sinnlicher Ebene mit einer bestimmten Erinnerung aus deinem eigenen Leben verbindest, die dich emotional so auflädt, wie das Stück es in diesem Moment erfordert. Aber ich bitte dich, nicht sofort auf deine eigenen Erfahrungen zurückzugreifen – es sei denn, sie ergreifen dich, wenn du das Skript liest. Wenn das passiert, sollst du die Gelegenheit natürlich beim Schopfe packen!

Ich habe diese Rede aber genau deshalb ausgewählt, weil das, was Mio erlebt hat, so extrem und ungewöhnlich ist, dass es kaum persönliche Bilder in dir hervorrufen wird. Anstatt zu versuchen, dein Inneres nach außen zu kehren, Parallelen oder Fast-Parallelen aus deinem eigenen Leben zu finden, setze lieber zunächst deine Fantasie ein, um einen Glauben an die Bilder, die Anderson dir gibt, herzustellen. Sobald du für alles, wovon du sprichst, deine eigenen inneren Bilder kreiert hast, wirst du die Erinnerungen der Figur besitzen und du wirst ein konkretes Leben – Mios Leben – in deiner Interpretation leben.

Als Schauspieler benutzt du allerdings nicht nur innere Bilderwelten, um den Bildern des Autors Leben einzuhauchen, du appellierst auch an diese Bilderwelt, um deine Absicht zu schüren. Mio gibt nicht nur wieder, was ihm als Kind passiert ist, er *versucht* auch, *Miriamne dazu zu bewegen, wegzugehen*, obwohl er sich zutiefst von ihr angezogen fühlt und einsam ist.

32 Deutsch von Hans Sahl, Ahn & Simrock, S. 50

Mios Überziel ist es, *den Tod seines Vaters um jeden Preis zu rächen.* Woher weiß ich, dass er das *um jeden Preis* will? Weil er schlussendlich dafür stirbt. In diesem Monolog möchte er *Miriamne dazu bringen, zu verstehen, warum er ihr nicht näherkommen kann.* Seine Gefühle für sie, die er später in der Szene wortgewandt ausdrückt, sind ein Hindernis, und Mio muss versuchen, dieses Hindernis zu überwinden, indem er sich selbst als gefährlich und liebesunfähig darstellt.

Wenn du als Mio sagst: »Ich habe kein Zuhause, ich liebe das Leben nicht sonderlich«, dann musst du dir das glauben, wenngleich du als Schauspieler Miriamne anschauen und dir denken magst: »Mein Gott, ich liebe ihren Mund« oder: »Ich liebe ihr Haar, und ich will sie leidenschaftlich küssen und will, dass sie mich festhält«. Je mehr du sie willst, desto mehr musst du dich selbst von diesem Wunsch abbringen. Je mehr Anziehung du also spürst, desto mehr musst du dich bemühen, sie wegzustoßen.

Es gibt in dieser Rede auch noch eine andere Komponente. Abgesehen davon, dass du als Mio diese Erinnerungen verwendest, um Miriamne wegzustoßen, gilt für dich: »*Ich selbst* muss diese Erinnerungen bewahren, um mich von dieser Liebe fernzuhalten, weil sie mich vom Weg der Rache abbringen wird, was mein Lebenszweck ist. Weil ich meinen Vater so sehr geliebt habe und weil ihm durch Bigotterie, Ignoranz und Ungerechtigkeit großes Unrecht zugefügt wurde, habe ich, solange ich dieses Unrecht nicht wiedergutmache, kein Recht dazu, meinen nächsten Atemzug zu tun.«

Ich bin absolut sicher, dass dir das Publikum niemals vollkommen glauben wird, dass du die Worte, die du sprichst, *gelebt* hast, wenn du Mios Rede ohne innere Bilderwelt wiedergibst, wenn du nur eine aktive Absicht spielst: nämlich, dass Mio *Miriamne wegstößt* oder *sich selbst geißelt, um die Verpflichtung seinem Vater gegenüber nicht zu vernachlässigen.* Wenn du dafür keine innere Bilderwelt besitzt, wird die Rede zu bloßer romantischer, poetischer Schwelgerei. Leere Worte ohne innere Resonanz. Wenn du an der inneren Bilderwelt arbeitest, kann es passieren, dass du eine Veränderung feststellst: dass die Worte, die du am Anfang benutzt hast, um deine aktiven Absichten zu beschreiben, sich gewandelt haben, weil deine Absichten für dich emotionaler und reeller werden. Zum Beispiel könnte deine aktive Absicht *Miriamne wegzustoßen* sich wandeln in *sie zu erniedrigen, sie niederzumachen, sie mit deiner Wahrheit zu brüskieren.*

Nun möchte ich zu einem sehr wichtigen Punkt kommen: Wenn du einmal die Arbeit an der inneren Bilderwelt erledigt hast, musst du sie nicht bewusst bei jeder Aufführung wieder hochholen. Natürlich kannst du das tun, wenn du es willst oder brauchst; aber du wirst feststellen, dass deine aktiven Absichten dir beim Spielen in den meisten Fällen automatisch wie ein eifriges Kind hinterherlaufen werden, weil du mit diesen Bildern geprobt hast. Sie werden aufkommen, wenn du als Mio versuchst, *Miriamne zu schockieren, sie mit der Hässlichkeit deines Lebens zu konfrontieren* – oder was auch immer du als aktive Absichten auswählst. Arbeite also als Hausaufgabe und in den Proben bewusst an der Bilderwelt, dann wird diese schlichtweg zu einem Teil deiner Darstellung werden.

Angenommen, du arbeitest an der Figur des Mio und willst eine Personalisierung bzw. Substitution anwenden. Vielleicht ist dein Vater oder ein anderes geliebtes Familienmitglied an Krebs gestorben und das war eine qualvolle Erfahrung für dich; vielleicht könnte die Berührung seiner Hand, als du ihn zum letzten Mal in seinem Schlafzimmer sahst, das Bild sein, das du verwendest, wenn Mio sagt: »Mein Vater streckte seine Hand aus.« Es muss nicht unbedingt eine Berührung mit der Hand sein, an die du dich dabei erinnerst; es könnte auch ein Kuss bei eurer letzten Begegnung sein. Selbst so etwas Einfaches wie das Berühren des Bettbezuges oder Kissens auf dem Sterbebett könnte genügen, um dich in die emotionale Realität von Mios Rede hineinzukatapultieren. Vielleicht erinnerst du dich auch an ein Kindheitserlebnis, welches sich für dich damals wie der Tod eines Elternteils anfühlte: als deine Mutter oder dein Vater länger verreist waren oder dich das erste Mal alleine in der Schule zurückließen. Dies alles sind persönliche Erfahrungen, die du verwenden könntest, um die Bilderwelt von DEZEMBERTAG passend auszufüllen. Aber – und dies ist ein großes Aber – *wenn du über etwas Persönliches nachdenkst, das dich aus dem Zusammenhang der Geschichte reißt, ist das nicht hilfreich.*

Ich habe für meine Darstellungen oft persönliche Erfahrungen und Erinnerungen verwendet und manchmal hat das sehr gut funktioniert. Allerdings muss ich auch sagen – ohne auf autobiografische Einzelheiten einzugehen –, dass meine Beziehung zu meiner Familie sehr schwierig war und ich deshalb manchmal emotional blockiert war, weil eine Erinnerung, die ich benutzen wollte, zu schmerzhaft war und ich sie noch nicht ganz verarbeitet hatte. Und so wich ich auf die Welt der Fantasie aus, was mich befreite und mir einen emotionalen Zugang für mein Spiel ermöglichte. Jetzt kann ich entweder persönliche Erfahrungen *oder* Fantasie benutzen, wenn ich sie benötige.

Über die Jahre hinweg, während sich deine Karriere entwickelt, wirst du deine eigene Methode finden. Jeder Job wird spezifische Probleme mit sich bringen, die du lösen musst – und die Werkzeuge, die ich dir an die Hand gebe, kannst du dazu einsetzen. Setze bei den Bildern, die der Autor dir liefert, immer zunächst deine Fantasie ein, um diese real werden zu lassen. Diese Bilder sind konkret und belassen dich in der Figur und in der Welt des Theaterstückes. Wenn du versuchst, eine parallele Erfahrung in deinem eigenen Leben zu finden, die dem Stück emotional nicht ganz entspricht, kann das gefährlich werden, weil deine Schauspielarbeit nicht mit der konkreten Welt des Skriptes übereinstimmen wird. Des Weiteren könnte deine Arbeit entweder emotional zu flach werden oder so übermotional, dass es die Szene erdrückt. Auch deshalb solltest du immer zuerst von der Bilderwelt des Theaterstücks selbst ausgehen.

Wie kannst du deine Fantasie verwenden, um die Bilderwelt des Autors für dich und dadurch für das Publikum wirkungsvoll zu nutzen? Um Mio zu spielen, musst du dir die Szene, in der er als Vierjähriger mit seiner Mutter seinen Vater im Gefängnis besucht, *im Detail* vorstellen, sodass sie eine emotionale Wirkung auf dich hat. Du musst sie in deinem eigenen Kopf erleben. Es muss sich *sinnlich echt* anfühlen – auf dieselbe Weise, in der die Bilder der Birmingham Highschool für mich real sind –, damit du das Erlebnis sehen, berühren, schmecken, riechen und hören kannst.

Im Alter von vier Jahren, als Mios Vater sich von ihm verabschiedete, verstand das Kind wahrscheinlich noch nicht einmal, was eine Hinrichtung auf dem elektrischen Stuhl oder der Tod bedeuten. Er bekam eine Ahnung davon durch den Schmerz, den Mutter und Vater zeigten. Wie ein Schwamm saugte er ihn auf, wie Kinder es zu tun pflegen. Je älter er wurde, desto mehr begriff er, was der Tod des Vaters bedeutete. Das Stück teilt dir mit, dass sein Vater und dessen bester Freund Immigranten waren. Weil Mio der Sohn eines verurteilten Mörders ist, sagt er: »Dieses mein Gesicht ist zum Abschaum abgestempelt« und drückt damit aus: »Sie mögen mich zu Dreck abgestempelt haben, aber ich werde nicht lügen, so wie die Regierung lügt. Ich werde seinen Namen reinwaschen, auch wenn das mich vernichtet.«

Sage dir beim Erarbeiten von Mios Monolog: Ich will versuchen, mir diese Erfahrung lebhaft vorzustellen, damit ich sie spüren kann. Kann ich mir vorstellen, wie es gewesen sein muss, von meiner Mutter zum Gefängnis geschleppt worden zu sein, vielleicht sogar über Steine oder glitschige Straßen hinweg, bis wir es in dieser regnerischen Nacht erreichten? Kann ich mir vorstellen, was sie mir damals angezogen hat und wie sie versuchte, mich vor dem strömenden Regen zu beschützen? Konnte sie sich keinen neuen Schirm leisten, weil wir arm waren? Hatten wir einen kaputten Schirm und versuchte sie, ihn über mich zu halten, damit ich nicht nass wurde? Wie sah sie mit regennassen Haaren aus? Konnte ich die Tränen auf ihrem Gesicht sehen oder vermischten sie sich mit den Regentropfen? Wie sah die Todeszelle meines Vaters aus? Wie sah mein Vater mit seinem kahl geschorenen Kopf aus, als er darauf wartete, hingerichtet zu werden? – Du solltest alle diese Bilder erforschen, aber am Ende kann die Erkenntnis kommen, dass vor allem ein oder zwei Bilder emotional besonders spannend sind und dir das beste Futter für den Monolog bieten. Alle Bilder, die dir in den Kopf kommen und in die Bilderwelt des Autors passen, sind brauchbar – Bilder aus einem Film, den du gesehen hast, Leute, die du dabei beobachtet hast, wie sie die Straße hinuntergehen, ein Foto aus einer Zeitung, deine Großeltern oder Menschen die du dir komplett ausgedacht hast.

Wenn du deine Darstellung auf diese Weise aufbaust, wenn du sie ebenso sinnlich detailliert kreierst wie echte Erinnerungen, wirst du beim Sprechen der Worte deinem Partner diese Bilderwelt zusenden. Wie gesagt, du musst diese während deines Spiels nicht hervorrufen und dir sagen: *»Jetzt muss ich an die Hand meines Vaters denken; und jetzt werde ich an die Gitterstäbe denken.«* Während du spielst, ist das nicht deine Aufgabe. Das gehört – um es nochmals bewusst zu machen – zu deinen Hausaufgaben. In der Aufführung ist es die Aufgabe des Schauspielers, dieser jungen Frau jene Gedanken zu übermitteln. Da du die innere Bilderwelt kreiert und an ihr gearbeitet hast, als ob du all dies tatsächlich erlebt hättest, wird sich dieser Film vor deinem inneren Auge abspielen, und die junge Frau wird dies wahrnehmen. Er wird fortan den Text begleiten, ihn untermalen und mit Leben füllen und dich für deine Schauspielpartnerin lebendig werden lassen – was wiederum sie aktivieren wird.

Wenn du dir die innere Bilderwelt einmal erarbeitet hast, ist sie vorhanden, als ob du alles selbst erlebt hättest. In der Aufführung wendest du keine Schauspielübung an, um innere Bilder abzurufen, sondern du spielst die Absicht, um dein Ziel zu erreichen. Einige der Bilder, mit denen du vorbereitend gearbeitet hast, werden sich von selbst einstellen, während du die Vorstellungen spielst. Ich möchte dies unbedingt klarstellen, weil du in einer Szene aus dem Konzept geraten kannst, wenn du dich fragst: *Soll ich jetzt an meine innere Bilderwelt denken?* Nein, du formst sie einmal und dann ist sie da. Wenn du im echten Leben sagst: »Ich bin gestern Abend mit meinen Freunden beim Bowling gewesen und hatte einen Mordsspaß«, dann stoppst du auch nicht zuerst und sagst dir: *Oh, jetzt werde ich über diese Erfahrung beim Bowling nachdenken.* Du hast es erlebt und daher musst du nicht mehr tun als zu sagen: »Ich bin gestern Abend mit meinen Freunden beim Bowling gewesen und hatte einen Mordsspaß.« *Die Wahrheit existiert schon in dir.* Sobald du deine Hausaufgaben zur inneren Bilderwelt erledigt hast, wirst du alles, was du sagst, überzeugend rüberbringen.

Es gibt allerdings bestimmte Momente in einem Stück oder Film, in denen du ein Bild bewusst hervorrufen kannst, um eine emotionale Reaktion zu erzeugen. Wenn du beispielsweise als Mio davon erzählst, wie du deinen Vater in seiner Zelle siehst, könntest du dir vornehmen, das Bild seines kahlgeschorenen Kopfes in dir hervorzurufen, weil das deinen Zorn erregt oder dich zu Tränen rührt. Das wäre ein spezieller *emotionaler Auslöser* für eine konkrete emotionale Reaktion in einem bestimmten Moment – etwas, worauf ich im übernächsten Kapitel, »Emotionen auf Abruf: Finde deine Auslöser«, ausführlich eingehen werde.

Es gibt noch eine andere Technik, mit der ich dich bekannt machen möchte. Du kannst sie in den Proben anwenden, um eine bestimmte Emotion oder Gefühlsqualität zu erzeugen, die dann in den Aufführungen eintreten wird. Es handelt sich um das *Als-ob*. Ein *Als-ob* ist eine Kombination aus Vorstellungskraft und Personalisierung; es ist etwas, das in deinem persönlichen Leben passieren *könnte*, aber *nicht* passiert ist, und du stellst es dir vor, *als ob* es passiert wäre. Viele Schauspieler arbeiten ständig mit Als-obs, und solange dich das nicht aus den Umständen, die das Skript vorgibt, herausreißt, sondern dich vielmehr emotional an sie bindet, ist das ohne Zweifel eines der wichtigsten Werkzeuge, die für die Schauspielerei erfunden wurden. Wenn in einem Stück oder einem Film von dir verlangt wird, mit Trauer oder schockiert oder hysterisch auf etwas zu reagieren, und nichts im Text solch eine extreme Reaktion in dir auszulösen vermag, dann wird ein Als-ob das Problem lösen.

Angenommen, der Text verlangt, dass du in einen Raum hineingehst und eine Leiche oder etwas ähnlich Schreckliches entdeckst. Die Kamera ist auf dich gerichtet, aber du schaust buchstäblich ins Nichts, weil das Filmen der Leiche erst für morgen angesetzt ist. Oder du filmst vor einem Bluescreen, weil in der Szene später ein Spezialeffekt hinzugefügt wird. Du musst reagieren, *aber es ist nichts da, worauf du reagieren könntest* – alles hängt von dir und deiner inneren Bilderwelt ab.

Wenn ich der Schauspieler in dieser Situation wäre, könnte es sein, dass ich ein Als-ob verwende, das mit meiner geliebten Katze Noir zu tun hat. Als ich gestern beim Autofahren über Als-obs nachdachte, war es sehr stürmisch. Ich fragte mich, was passieren würde, wenn die Fenster in meinem Haus kaputtgingen und meine Katze durch die Scherben getötet würde, wenn ich nach Hause kommen, ihren Körper in Teilen und ihr Gesicht mit den toten Augen vorfinden würde. Ich wurde sehr emotional. Ich wollte mich nicht in diese Vorstellung hineinversetzen, wollte nicht einmal darüber nachdenken; aber, dachte ich bei mir, wenn ich mir dies vorstellte, während ich spielte, würde mich das wirklich mitnehmen – weshalb das ein gutes Beispiel für ein Als-ob ist.

Manche Schauspieler sagen: »Ich will nicht einmal darüber nachdenken, dass Menschen, die ich liebe, solche schmerzhaften Dinge passieren, weil es schlechte Schwingungen freisetzt.« Meiner Meinung nach ist das Unsinn. Du benutzt Menschen und Dinge in deiner Arbeit, *weil* du sie liebst, also bedeutet dies nichts Negatives, sondern ist vielmehr ein Zelebrieren dieser Liebe. Wenn eine Szene den Ausdruck von Trauer verlangt und ich mir vorstelle, wie meine wunderbare Katze in Lebensgefahr ist und stirbt, zeige ich dem Publikum damit tiefste Gefühle des Verlusts und der Liebe. Du kannst als Schauspieler nicht sauber und »aufgeräumt« bleiben wollen. Du musst Bilder verwenden, die dich bestürzen, die dich zum Lachen bringen, die dich sexuell erregen, die deine Hemmungen zerschmettern. Wie sagte Bobby Lewis zu einem jungen Hamlet-Darsteller: »Du denkst, dass HAMLET real ist? Es ist eine Geschichte. Aber sie ist greifbar, wenn du sie glaubst und sie real machst.«

Sie für dich real zu machen, ist Bestandteil deiner Arbeit als Schauspieler. Du musst dich jedem Wort, das du sprichst, ernsthaft verpflichten. Dabei hilft dir die innere Bilderwelt. Also musst du entweder die Bilder, die dir der Autor zur Verfügung stellt, mithilfe deiner Vorstellungskraft erzeugen, sie für dich real machen und daran glauben; oder du musst eine Personalisierung oder Substitution finden, die zum Text passt. Alternativ suchst du dir ein Als-ob, welches dich an den richtigen emotionalen Ort befördert. In der Praxis wirst du wahrscheinlich alle drei Möglichkeiten verwenden. Aber, ich wiederhole, an irgendetwas *musst du glauben* – und dieses »Irgendetwas« muss *konkret* sein. Wenn du über dein persönliches Leben sprichst, hast du kein *allgemeines* Bild von den Dingen und Menschen, die dazugehören: Deine Schule ist, genau wie meine, nicht einfach nur eine exemplarische Schule irgendwo draußen im Nirgendwo. *Alles* ist konkret. Schlechte Schauspieler agieren allgemein; das Leben hingegen ist es nie!

Die konkrete innere Bilderwelt, die du verwendest, ist Teil deiner Interpretation und auch Teil dessen, was dich einzigartig macht. Jeder, der mich kennt, weiß, dass ich ein riesiger Fan der wunderbaren Lena Horne bin. Sie hat einmal gesagt: »Viele junge Sänger wurden zu mir geschickt, um etwas in meinem Stil zu finden, das sie benutzen können. Aber das eine, was sie niemals kopieren konnten, war, was ich im Inneren empfand. Das gehörte mir.« Wenn sie an einem Lied arbeitete und es – ungelogen – *hundert* Mal probte, ging es nicht nur ums Phrasieren und Atmen; sie benutzte auch ihre Fantasie und Erinnerungen, um das Lied lebendig zu machen.

Großartige Tänzer arbeiten ebenfalls mit inneren Bildern. Ich habe höchst bemerkenswerte Filmaufnahmen der berühmten russischen Ballerina Galina Ulanova gesehen, die mit 52 Jahren die Rolle der 14-jährigen Julia in ROMEO UND JULIA tanzte. Die Kamera kommt sehr selten nahe an ihr Gesicht heran, aber wenn, dann wirken selbst ihre Augen wie die einer 14-Jährigen, und zwar aufgrund dessen, was sich in ihrer Gedankenwelt abspielt. Ihr Gesicht ist natürlich älter, aber dank ihren inneren Bildern bewegt sie sich mit solch einer Jugendlichkeit und so viel Überschwang und Unschuld, dass sie wirklich Julia *war*. Ich wusste beim Zuschauen, dass da eine großartige Schauspielerin tanzte.

Theaterleute sprechen immer noch mit Ehrfurcht von Laurette Taylor, die 1945 als erste die Rolle der Amanda Wingfield in der Uraufführung von Tennessee Williams' Stück DIE GLASMENAGERIE spielte und damit Maßstäbe für die nachfolgende Generation von Schauspielerinnen setzte. Sie starb, bevor ich Gelegenheit hatte, sie zu sehen, aber während meines Schauspielstudiums hörte ich von ihrer unglaublichen Feinsinnigkeit und Natürlichkeit. Uta Hagen erzählte, sie ging viermal ins Theater, um sich Laurette Taylors Spiel anzusehen und herauszubekommen, wie sie es schaffte, in allem, was sie sagte und tat, so glaubhaft zu sein. Jedoch wurde sie jedes Mal derart ins Stück hineingesogen, dass sie vergaß, dass sie einer Schauspielerin zuschaute und vielmehr glaubte, das Leben einer Frau namens Amanda Wingfield zu verfolgen. Uta Hagen beschwerte sich darüber, dass sie nicht ein einziges verdammtes Detail von Laurette Taylor lernen konnte, da sie sie niemals »beim Spielen« erwischen konnte!

Es gibt Zehntausende Bühnenkünstler, doch nur ein paar gehen als unvergesslich in die Geschichte unserer Profession ein. Meine Theorie ist, dass sie sehr, sehr eng mit ihrer inneren Bilderwelt verbunden sind, und dass man ohne diese Welt bloß ein, wie ich es nennen würde, Schmierenkomödiant wird. Wie Stella Adler uns wieder und wieder einimpfte, als ich bei ihr studierte: »Es kommt nicht auf den Text an, sondern es geht um das Leben.«

6. Das Ankämpfen gegen Schauspiellehrer: Vorsicht vor sinnlosen »Kriegen«

In den 1930er Jahren waren Stella Adler und Lee Strasberg Mitglieder des Group Theatre in New York, das die Schauspielerei des 20. Jahrhunderts bis ins 21. Jahrhundert hinein beeinflusst hat. Aufgrund verschiedener Ansichten darüber, welche Rolle Lebenserfahrung und Vorstellungskraft jeweils im Schauspiel spielen sollten, wurden diese beiden legendären Schauspiellehrer zu Feinden.

Am Group Theatre lehrte Strasberg eine berühmte Übung, die *»das affektive Gedächtnis«* genannt wird und von dem bedeutenden russischen Schauspiellehrer Konstantin S. Stanislawski und seinen Kollegen stammt. Als sich Strasberg 1950 dem Actors Studio in New York anschloss, wurde diese Übung zu einer der Grundlagen für das, was später als *Method-Acting* oder auch *die Methode* bekannt wurde. (Weil so viele Menschen von dem Begriff irritiert sind, möchte ich betonen, dass das *Method-Acting* lediglich, wie der Name schon sagt, eine Methode ist, an eine Rolle heranzugehen. Es gibt viele Herangehensweisen. Entsprechend sagte Eli Wallach, Mitglied des Actors Studio, im Alter von 88 Jahren: »Jeder Schauspieler hat eine Methode.«)

Das affektive Gedächtnis ist ein Mittel, um eine besonders intensive persönliche Erfahrung in dir heraufzubeschwören, damit Emotionen geweckt werden, wenn du sie für eine Darbietung benötigst. Du sitzt oder stehst und beginnst die Übung mit Atmen und Muskelentspannung; dann empfindest du dein Erlebnis nach, indem du dich an die *sensorisch wahrnehmbaren Einzelheiten* erinnerst: an das Gefühl der Luft auf deinem Gesicht in jenem Moment, die Art und Weise, wie deine Hose sich an deine Beine oder dein Kleid sich an deinen Körper schmiegte, weil es heiß in dem Zimmer war, an das Parfüm, das deine Mutter aufgetragen hatte oder das Rasierwasser deines Vaters, an den Geschmack des mit Erdnussbutter und Marmelade bestrichenen Brotes in deinem Mund, das du gerade zu Mittag gegessen hattest, oder an das Hupen eines Autos draußen.

Wenn du tiefer gehst, gerätst du irgendwann an den Punkt, an dem die Gemütsbewegung (oder um den psychologischen Fachbegriff zu benutzen: der *Affekt*) zum Vorschein kommt. Vielleicht ist es der süße Geruch des Parfüms oder wie sich deine Hose unangenehm klebrig in der Kniekehle anfühlte oder dass dein Kleid zu eng war und in deine Achselhöhlen einschnitt oder das lärmende Geräusch der Autohupe vor deinem Haus, das zum Auslöser für die starke Emotion wird, die mit dieser Erinnerung verbunden ist. Das Ziel der Übung liegt darin, zu verstehen, dass du das sensorische Gedächtnis verwenden kannst, um diese Emotion zu erzeugen, wenn du eine Szene achtmal pro Woche spielst oder einen Take zum 25. Mal für die Kamera wiederholst. Dies kann eine hervorragende Art des Arbeitens sein. Aber es ist nur *eine* Technik; es ist nicht die *einzige* Technik.

Im Group Theatre konzentrierte sich Strasberg ganz auf die Übung zum affektiven Gedächtnis, und Stella Adler begann, sehr daran Anstoß zu nehmen. Sie und andere Mitglieder des Group Theatre, wie z. B. Bobby Lewis, Harold Clurman und Sanford Meisner, glaubten, dass die schwerpunktmäßige Anwendung der sensorischen Erinnerung während des Spiels die Schauspieler der Welt des Theaterstückes entzieht. Mit anderen Worten, dass die Auseinandersetzung der Schauspieler mit ihrem eigenen Gefühlsleben die Oberhand über das Stück gewinnt.

Stella regte sich darüber und auch über die Tatsache, dass gewisse Schauspieler anfingen, sich in ihrem eigenen Elend zu suhlen, als würde sie das zu besseren Künstlern machen, derart auf, dass sie Stanislawski in Paris besuchte und Unterricht bei ihm nahm. Stanislawski, der natürlich auf Stellas Bericht reagierte, sagte, dass Strasbergs Weg in der Tat nicht das war, was er selbst lehrte. Er war der Meinung, dass Strasberg die *physische Handlung* der Szene, das *aktive Tun* – die Absichten – zu wenig nutzte. Er sagte auch, dass Schauspieler sowohl ihre Vorstellungskraft als auch persönliche Erfahrungen zum Hervorrufen von Emotionen verwenden könnten.

Also kam Stella zurück nach New York und erklärte Strasberg, dass er Stanislawskis Ideen falsch darstelle. Und sie begann zu unterrichten, was sie von Stanislawski gelernt hatte. Dabei legte sie besonderen Wert auf die physische Handlung jeder Szene und auf die Fantasie des Schauspielers. Auch betonte sie in ihrer Arbeit ihr ausdrückliches Interesse für die Ideen, die in jedem Text enthalten sind.

Viele Jahre später, als Strasberg starb, betrat sie ihren Unterrichtsraum und sagte: »Ich möchte gerne eine Schweigeminute einlegen. Ein Mann des Theaters ist heute von uns gegangen.« Die Klasse legte eine Schweigeminute ein, danach fügte Stella hinzu: »Und es wird hundert Jahre brauchen, um den Schaden auszubügeln, den dieser Mann dem Theater zugefügt hat.«

Ich persönlich finde das hart und auch unwahr, denn das Theater und der Film haben Strasberg einige wunderbare Schauspieler und Darstellungen zu verdanken. Auch Stella Adler, so dankbar ich für ihre Lehren bin, hat Fehler gemacht. Einige ihrer Schauspieler waren so sehr mit den großen Gedanken der Dramatiker beschäftigt und damit, die emotionalen Höhepunkte zu erreichen – sie drängte ihre Schauspieler immer dazu, dass sie ihre Emotionen der Dimension des Theaterstückes anpassten –, dass sie manchmal Emotionen »hervordrückten«, die nicht wirklich vorhanden waren, und so die Glaubhaftigkeit des Theaterstückes aufs Spiel setzten. Als Lehrer der nächsten Generation verehre ich beide, Stella Adler und Lee Strasberg; aber ihre dogmatische Ansicht, dass *ihre* jeweilige Schauspielweise als der *einzige* Weg angesehen werden muss, teile ich keineswegs. Und ich vermute, dass beide gegen Ende ihres Lebens zu größten Teilen die gleichen Auffassungen vertreten haben, aber zu stolz waren, es zuzugeben.

Nicht lange nach Strasbergs Tod rief Stella Adler seine Witwe Anna Strasberg an und sagte: »Wir hätten miteinander reden sollen ... wir hätten miteinander reden sollen.« Später schrieb sie Anna eine Notiz: »In der Geschichte gibt es Kämpfe, die nun in Liebe enden.«

Missverständnisse und Ego-Konflikte gibt es zwischen talentierten und passionierten Menschen, seit Schauspielkonzepte diskutiert werden. All die Übungen und Techniken der Lehrmeister haben ihren eigenen Wert. In jeder kreativen Gruppe gibt es Konflikte und manchmal spalten sich diese Leute in Interessengruppen auf und formen neue Gruppierungen. Die Geschichtsschreibung bläst die Gründe für eine solche Trennung oft unverhältnismäßig auf. Menschen, die gar nicht dabei waren, greifen die Debatte auf, schmücken sie großzügig aus, und binnen kurzer Zeit werden Gerüchte und Fehlinterpretationen als Fakten weitergegeben.

Es gibt auch heute immer noch Lehrer, die sich die gleichen alten Kämpfe liefern, obwohl längst klar ist, dass beides, Lebenserfahrung und Vorstellungskraft, brauchbare Werkzeuge für den Schauspieler sind. *Es kommt immer darauf an, was für den Schauspieler und das Skript am besten funktioniert.* Deshalb weigere ich mich auch, ausschließlich einer einzigen Denkweise zu folgen. Ich benutze eine Reihe von Techniken, einige davon habe ich selbst entworfen und einige habe ich von meinen Lehrern gelernt, denen ich dieses Buch gewidmet habe: Stella Adler, David Craig, Uta Hagen, Sanford Meisner, Kenneth MacMillan, Tim Phillips, Charles Nelson Reilly, Warren Robertson, Sam Schacht und Jim Tuttle. Und da ich nicht aufhöre, zu studieren und zu lernen, kann ich dieser Sammlung immer wieder neue Ideen hinzufügen.

Wichtig bist du als Schauspieler und wichtig ist der Text. Du verwendest am besten diejenige Technik, die dir dazu verhilft, in einer Rolle so konkret und lebendig wie nur irgend möglich zu sein. Jeder Schauspieler ist anders, und so werde ich niemals einen wundervollen Schauspieler kritisieren, wenn er sagt: »Ich verwende nie etwas anderes als Erinnerungen aus meinem Leben.« Oder jemanden, der sagt: »Ich verwende nie etwas anderes als meine Vorstellungskraft« – wer bin ich denn, einem tollen Schauspieler zu sagen, dass eines von beiden verkehrt wäre? Und auch nicht alle Schauspieler können nur auf die eine oder die andere Weise effektiv arbeiten. Deshalb sage ich: Sei offen für alle erdenklichen Techniken und Ideen, die dir ermöglichen, als Künstler zu wachsen. Du musst dich nicht auf eine einzige Arbeitsweise festlegen. Sei unabhängig und finde deinen eigenen Weg.

Vor etwa 15 Jahren kehrte der Autor und Regisseur David Mamet mit seinem Buch RICHTIG UND FALSCH: KLEINES KETZERBREVIER FÜR SCHAUSPIELER[33] auf das Schlachtfeld zurück. Mamet stellt die große These auf, dass Dinge wie das sensorische Gedächtnis, innere Bilder und das Erschaffen eines Werdegangs für deine Figur nutzlos und, wie er sagt, destruktiv seien. Im Wesentlichen sagt Mamet, dass Schauspieler alle sonstigen Techniken und Werkzeuge vergessen und sich einfach nur mit einem Ziel sowie einer Absicht auf die Bühne stellen und sagen sollten, was der Autor geschrieben hat. Mamet sagt, dass es so etwas wie eine Figur und einen Handlungsbogen für eine Figur nicht gebe; es gebe nur dich, der du den Text wiedergibst. Die *Methode* ist in seine Augen »Unsinn« und »Kokolores«. Er setzt Stanislawski und alle Lehrer, die nach ihm kamen und sich mit seiner Lehre auseinandersetzten, vor die Tür – inklusive Stella Adler, die beispielsweise Marlon Brando und Robert De Niro unterrichtet hat, Lee Strasberg, der Lehrer von Kim Stanley und Al Pacino war, Uta Hagen, von der Geraldine Page gelernt hat, und Bobby Lewis, der nicht zuletzt Meryl Streep einiges beigebracht hat.

Werkzeuge wie die sensorische Erinnerung, innere Bilder und das Erstellen eines Werdegangs für die Figur auszurangieren, würde die Grundstruktur der Stücke von Shakespeare, Ibsen, Strindberg, Tschechow, Anderson, Williams, Miller, Albee, August Wilson und jedes anderen Dramatikers zerstören – inklusive Mamets eigener Stücke. Ohne jegliche konkrete innere Bilder könntest du niemals das Interesse und den Glauben des Publikums daran wecken, dass du das Erzählte erlebst oder erlebt hast. Alan Arkin sagte über seine Darstellung des George Aaronow in der Filmversion von David Mamets HANGLAGE MEERBLICK, dass er

33 Die Originalausgabe wurde 1999 bei Vintage unter dem Titel »True and False: Heresy and Common Sense for the Actor« publiziert; die deutsche Ausgabe erschien 2001 im Alexander Verlag.

tief in die Figur des Aaronow hineingetaucht sei und dessen Innenleben erforscht habe. Arkin erklärte, dass er in der Rolle versagt hätte, wenn er auf Mamets Anweisungen gehört hätte, wie er Aaronow spielen solle. (Mamet führte bei dem Film nicht Regie, war aber am Set.) Arkin benutzte genau die Werkzeuge, die Mamet ablehnt, um Mamets Figur vollständig lebendig werden zu lassen.

Mamet vertritt vehement die Ansicht, dass der Dramatiker bereits die ganze Arbeit geleistet habe. Er gibt ein Lippenbekenntnis dazu ab, wie wichtig es sei, im Moment zu handeln und vom Verhalten der anderen Person ausgehend zu reagieren; er geht davon aus, dass das bloße Spielen von Zielen und aktiven Absichten die Schauspieler enger mit dem verbalen Aspekt der Rolle verbindet, was er als höchstes Ziel erachtet.

In Wirklichkeit führt diese Haltung jedoch in eine Sackgasse. Mamet scheint zu glauben, dass du automatisch Zugang zu deiner emotionalen Farbpalette hast, weil du du selbst bist, und dass alles, was auf der Bühne passieren wird, im Moment stattfindet, ohne dass du irgendeine innere Arbeit verrichtest.

Natürlich passiert es, dass Stanislawskis Arbeit falsch angewendet wird. In manchen Kursen wurden Schauspieler durch ihre forcierten Erinnerungen an traumatische Erlebnisse quasi zu Vollidioten gemacht; sie begannen zu wetteifern, wie viel Schmerz und Trauma jeder Einzelne besitze und wie viel Emotion sie zur Schau zu stellen in der Lage seien. Wenn du es um Angst oder Kummer geht und du schluchzt und schreist, ist das sehr kraftvoll und es bewegt Menschen; wenn allerdings ein Lehrer behauptet, dass es der wichtigste Teil der schauspielerischen Leistung sei, einen breiten Zugang zu deinen Emotionen zu besitzen, dann bist du verloren, noch bevor du angefangen hast. Dein Gefühlsleben ist deine persönliche Farbpalette, die du verwenden kannst, um eine Rolle zu interpretieren. Jedoch kannst du das Stück nicht interpretieren, bevor du es verstehst – und die Worte des Autors zu würdigen weißt.

Ich habe an Schauspielkursen teilgenommen, in denen auf persönliche Gefühlsausbrüche viel Wert gelegt wurde. Ich bin dankbar für die Arbeit in diesen Kursen, weil ich Hemmungen hatte, die ich durchbrechen und überwinden musste. Aber das war keine Schauspielerei, es war nur ein Schritt in Richtung Schauspiel. Es ergänzte die Farben auf meiner Palette. Je mehr Farben dir zur Verfügung stehen, desto breiter gefächert und nuancierter sind die Entscheidungen, die du treffen kannst. Schauspielerei zu lernen bedeutet, Entscheidungen fällen zu lernen.

In einer der Szenen am Ende von ENDSTATION SEHNSUCHT wird Blanche von Stanley vergewaltigt. Stanley betritt die Szene voller Vorfreude auf die bevorstehende Geburt seines Kindes. Doch die herablassende

Art, mit der Blanche ihm seit ihrer Ankunft begegnet, provoziert ihn, sie vernichten zu wollen. Die Aufgabe des Schauspielers in dieser Rolle ist es, zu erspüren und zu verstehen, was es für Stanley bedeutet, von einer Frau heruntergemacht und gedemütigt zu werden, die obendrein versucht, ihm seinen wertvollsten Besitz, sein Kronjuwel Stella, abspenstig zu machen. Das Stück ist so gut geschrieben, dass allein die Art, wie Blanche dich als Stanley behandelt, dich zum Ausflippen provozieren *könnte* – ohne jegliche gefühlsbedingten Erinnerungen, Als-obs oder Personalisierungen zu benutzen. Aber wenn das Stück dich *nicht* provoziert, dann verfügst du hoffentlich über eine gute Technik, die dich mit etwas in Verbindung bringt, das deine eigene Wut und Angst stimuliert.

Ich werde dir anvertrauen, was ich verwenden würde, wenn ich Stanley spielte (was an sich allerdings keine gute Idee wäre). Ich würde die Erinnerung an meine Lehrerin in der dritten Klasse benutzen, die mich zwang, mich vor die Klasse zu stellen, weil ich eines der Mädchen gehänselt hatte. Indem sie mir wiederholt sagte, was für ein schrecklicher, böser Junge ich sei, demütigte mich meine Lehrerin so lange, bis ich feuerrot wurde und zu weinen begann. Ich habe diesen Augenblick nie vergessen. Ein emotionaler Auslöser zu diesem Trauma ist die Erinnerung, wie ich den kalten Stahl unter meinem Pult mit meinem heißen, roten Gesicht berührte, als ich meinen Kopf darunter zu verstecken versuchte, damit mich niemand weinen sehen konnte. Ein zweiter Auslöser ist das weiße, mit Blumen bestickte Taschentuch, das die Lehrerin benutzte, weil ihr ständig die rote Nase tropfte. Wenn ich ihr in meiner Erinnerung dabei zuschaue, wie sie das Taschentuch zur Nase führt und wie sie ihre Nasenlöcher auf eine affektiert vornehme Weise abtupft, gibt mir das all die notwendige Wut, um Blanche zerstören zu wollen. Die gefühlsbetonte Erinnerung an diese Situation ist deshalb so aufwühlend, weil die Parallelen sehr eindeutig sind: Wie Stanley wurde auch ich von einer Frau gedemütigt, die eine vornehme Herkunft vortäuschte. Es macht, wie gesagt, keinen Unterschied, ob du Personalisierung oder Fantasie oder eine Kombination aus beidem verwendest. Die Zuschauer werden nur erkennen, was lebendig ist.

Sidney Lumets großartiger Film DER PFANDLEIHER von 1964 handelt von Sol Nazerman (Rod Steiger), der ein Pfandleihhaus in Spanish Harlem führt. Sol erlaubt sich keinerlei Gefühlsregungen aus Angst vor den traumatischen Erinnerungen an seine Familie, die im Holocaust zu Tode kam. Er hat sein Gefühlsleben so stark von sich abgespalten, dass er sich an einer Stelle im Film sogar seine Hand auf einen Nagel spießt, um zu sehen, ob er überhaupt etwas spüren kann. Die einzige Person, um die er sich zu kümmern beginnt, ist sein junger spanischstämmiger Assistent Jesus Ortíz (Jaime Sánchez). Am Ende des Films wird das Pfandleihhaus ausgeraubt; Jesus wird angeschossen und der Pfandleiher hält ihn in seinen Armen, während er stirbt. Damals benutzten sie in Schwarz-Weiß-Filmen Schokoladensirup als Blut, weil er die richtige Konsistenz hatte und im Film wie Blut aussah. Als Steiger über seine Karriere befragt wurde, sprach er über DER PFANDLEIHER und über den Schokoladensirup und den besonderen Moment, als er seinen sterbenden Assistenten in den Armen hielt. Steiger erklärte, dass er ein Als-ob anwendete, um den Schokoladensirup für sich in Blut zu verwandeln – aber nicht nur irgendein Blut: In Steigers Als-ob war es das Blut seiner Tochter. Selbst als er im Interview davon sprach, begann er zu schluchzen.

Wenn der junge Mann stirbt, ist Steiger so gepeinigt, dass er seinen Mund zum Schreien öffnet, aber keinen Ton hervorbringen kann. Der Interviewer befragte ihn auch dazu. Steiger sagte, dass er das nicht geplant hatte; er hatte die volle Absicht gehabt, zu schreien. Doch in diesem Moment, in dieser Einstellung im Film, erinnerte er sich an das berühmte Gemälde, den stillen Schrei von Munch. Steiger sagte, das sei gottgegeben gewesen – es kam in diesem Moment, in dieser Einstellung einfach über ihn: Er öffnete den Mund zum Schreien, plötzlich sah er das Gemälde vor seinem geistigen Auge und konnte keinen Ton hervorbringen. Das ist ein grandioses Beispiel für das Zusammenkommen von Fantasie, Personalisierung und Schauspiel in einem Moment. Der Schokoladensirup ist in Wirklichkeit kein Blut; aber wenn er es wäre und wenn es das Blut deiner Tochter wäre, dann würdest du schreien; doch die Tatsache, dass Steigers Unterbewusstsein in diesem Moment Munchs Gemälde hervorrief und etwas ihm nachdrücklich sagte: »Dies ist ein Schmerz jenseits von Lauten. Es ist derselbe Schmerz, den ich für die 6 Millionen, die gestorben sind, und für meine Familie, die gestorben ist, empfinde. Es gibt keinen Ton, der laut oder schrecklich genug ist, um diesen auszudrücken.«

Wenn du ein junger Schauspieler bist, magst du dich vielleicht fragen: »Wie finde ich meinen eigenen Weg, um zu solchen Entscheidungen zu gelangen?« Meine Antwort darauf lautet: indem du dich in guten Schauspielkursen und beruflichen Situationen ausprobierst; indem du an vielen verschiedenen Theaterstücken und vielen verschiedenen Szenen aus diesen Stücken arbeitest; indem du an inneren Bilderwelten und Absichten arbeitest; indem du all das tust, was ich dir sage, und arbeitest und arbeitest und arbeitest. In einem bin ich unerbittlich: Es ist nicht dein natürliches Recht, ein Schauspieler zu sein – du bist nicht einfach ein Schauspieler, bloß weil du dich so nennst –, sondern du musst es dir verdienen. Und du verdienst es dir, indem du arbeitest.

Was ich dir mit all dem beizubringen gedenke, ist, deinen Verstand zu benutzen, um an deine Emotionen heranzukommen. Du gebrauchst deinen Grips in der Schauspielerei nicht um clever zu sein; du musst an deine Emotionen herankommen, damit du sie in den Dienst des Theaterstücks stellen kannst. Wenn du mit den Entscheidungen, die du triffst, deine Gefühlsebene nicht erreichen und sie nicht aktivieren kannst, dann musst du andere Entscheidungen treffen. Selbst wenn du es dir in deinen Gedanken brillant ausgemalt hast – wenn es dich nicht berührt und die Saiten deines Herzens nicht zum Klingen bringt, dann funktioniert es eben nicht. Ebenso wenig wird es umgekehrt funktionieren, wenn du jede Menge Emotion zu bieten hast, aber keine Ahnung, wie du die Rolle spielen willst, damit sich die Ideen des Autors vermitteln und die Figur mit menschlichem Verhalten erfüllt wird. Dann hast du die Schauspielarbeit nicht verrichtet.

Ich habe dieses Kapitel mit dem Gesinnungskrieg zwischen Stella und Strasberg begonnen. Als Schauspieler musst du in der Lage sein, Vorurteile, die dir vielleicht anerzogen wurden, zu überwinden, genauso wie den Gedanken, dass es eine richtige Antwort gibt. Du musst dir sagen: »Wenn ich in dem, was ich tue, gut bin, weil ich alle zur Verfügung stehenden Werkzeuge und Techniken anwende, und dabei immer noch neugierig auf neue Techniken bleibe, dann werde ich meinen gerechten Lohn erhalten; es wird sich auszahlen und ich werde letztendlich Anerkennung finden. Wo ich wirklich hingelangen will, ist ein bestimmter Ort, wo ich mit allen Künstlern in der Nähe Gottes verweile.«

Auch wenn das in den Ohren einiger Leute überheblich klingt – mit Überheblichkeit hat das nichts zu tun; Schauspiel ist ein spirituelles Streben danach, Menschen zu berühren. Im Kapitel über die innere Bilderwelt sprach ich davon, wie die chemisch-elektrische Erfahrung, wenn du deinen Körper mit einem sinnlichen Bild speist und darauf reagierst, dir als Schauspieler Macht verleiht. Als ich Vanessa Redgraves umwerfende Darbietung in Ibsens GESPENSTER in London sah, schien es, als ob ihr Körper von einem Schimmer umgeben wäre. Sie wirkte buchstäblich elektrisiert. Ich glaube wirklich, dass das möglich ist. Da wir zu einem großen Teil aus Flüssigkeiten, Chemie und elektrischen Impulsen bestehen, scheint es mir absolut denkbar, dass man mit der richtigen Darbietung – wenn man denn »eingestöpselt« ist – eine Art Energie um sich herum erzeugen kann.

Einmal, als ich unterrichtete, war ich wegen einer Privatsache sehr wütend, und ich verspürte ebenfalls große Angst, auch, weil ich so viel Wut empfand. Später trat ein Schüler an mich heran und sagte: »Weißt du, dass du geglüht hast?« Ich fragte: »Was?« Er antwortete: »Du hast geglüht.« In Wahrheit hatte ich Todesqualen erlitten, aber ich war emotional so »angeschlossen« und meine Konzentration war so fokussiert gewesen, dass in meinem Körper etwas Elektrisches passiert war, das man sehen konnte. Ich bin mir sicher, dass so etwas passiert, wenn Schauspieler hundertprozentig konzentriert sind; dass sie nicht nur im übertragenen, sondern im wörtlichen Sinne elektrisiert sind.

Wenn der Schauspieler dermaßen unter Spannung steht und fokussiert ist, zieht er die Aufmerksamkeit der Zuschauer auf sich und schafft eine Verbindung zu ihrem Inneren. Ob du an Telepathie, übersinnliche Wahrnehmung und Auren glaubst oder nicht: Es gibt etwas, das wir als Zuschauer bei einer großartigen Darbietung über das bloße Sprechen und die Bewegung einer Person hinaus wahrnehmen. Wir sehen, wie die Person lebt, und wir sehen, wie die Person sehr intensive Dinge durchlebt, und es scheint, als ob sie Licht absondere.

Das wünsche ich mir für deine Darstellung; ich möchte, dass du strahlst.

7. Emotionen auf Abruf: Finde deine Auslöser

In dem Maße, wie du dich engagierst, in der Szene zu erreichen, was du willst (dein Ziel), wirst du auch das Publikum rühren. Glaube nicht, dass das möglich wäre, indem du einfach nur ein bisschen Wasser aus deinen Augen tropfen lässt. Der Lehrer Bobby Lewis, der wie gesagt auch Mitglied beim Group Theatre gewesen war, drückte es humorvoll aus: »Wenn Schauspieltalent von der Fähigkeit abhinge, Tränen zu vergießen, dann wäre meine Tante Bubba ein Star.«

Eines der großartigen Dinge, die ich von Sanford Meisner gelernt habe, ist, dass Emotionen das Ergebnis von aktivem Handeln sind. Die glühende Leidenschaft mit der man Geld von der anderen Figur zu bekommen versucht, nach ihrer Liebe oder ihrer Vergebung dürstet oder danach, ihr die Schuld für etwas zu geben – alles gerechtfertigte Ziele –, wird irgendeine Art von Emotion *erzeugen*. Als Schauspieler ist es nicht deine Aufgabe, das Maß an Emotionen, das du zu zeigen hast, als gutes oder schlechtes Schauspiel zu bewerten; es ist deine Aufgabe, dich darauf einzulassen, dich zu konzentrieren und dich emotional für deine *Bedürfnisse* zu engagieren. Die innere Bilderwelt, an der du als Hausaufgabe arbeitest, lässt alles, was du als Figur sagst oder tust, für dich zur Realität werden; sie ist Teil dieser Hingabe und Konzentration.

In Bo Easons Stück RUNT OF THE LITTER* geht es um Jack, den jüngeren Bruder eines bedeutenden Sportlers. Einmal lässt sich Jack absichtlich von einem Baseball ins Gesicht treffen, um »kampflos« auf die erste Base vorrücken zu dürfen, weil er Angst hat, den Ball nicht zu treffen. Sein älterer Bruder Charlie spürt, dass Jack das gemacht haben könnte, um Teil seiner Welt der umjubelten Sporttalente zu werden, und spricht ihn direkt darauf an. RUNT OF THE LITTER ist ein Ein-Personen-Stück und Bo Eason selbst spielte damals alle Rollen. Folglich war er, indem er beide, Jack und Charlie, spielte, sein eigener Szenenpartner. In dem Moment musste er sich – als Charlie – vorstellen, das verletzte Auge seines Bruders anzusehen, während er sein Ziel verfolgte – Jack davon abzuhalten, sich selbst zu verletzen, um dadurch Anerkennung zu gewinnen –, indem er ihn *in Bezug auf seine Selbstverstümmlung zur Rede stellte*. Bo sagte zu mir: »Während ich mein Ziel verfolgte, nahm ich mir Zeit, mir das Bild des angeschwollenen und blutigen Auges des jüngeren Bruders zu vergegenwärtigen. Ich war zutiefst mit meiner eigenen Darstellung verbunden. Nicht nur mit den Worten, sondern damit, was die Worte bedeuten und was meine Figur antreibt.« Charlies Liebe zu Jack und seine Absicht, ihn zu beschützen, wurden lebendig, weil Bo das Bild von Jacks verletztem Auge in seiner Vorstellung sehen konnte.

Ich sage es noch einmal: Konzentration ist der Schlüssel zu überzeugendem Schauspiel, und mit Schauspiel meine ich Leben. An einigen Abenden hatte Bo in dem Moment Tränen in den Augen, wenn er als Charlie Jack fragte, ob er sich absichtlich von dem Ball habe treffen lassen; an anderen Abenden empfand er nur tiefe Besorgnis. Die Kraft lag darin, wie tief sein Bedürfnis danach war, seinen Bruder zu beschützen, nicht darin, ob und wie viele Tränen das Publikum aus seinen Augen tropfen sehen konnte. Das Publikum erlebte seine Emotion als real, weil Bo das verletzte Auge für sich selbst ebenso real kreierte und weil er sich so stark für sein Ziel engagierte.

Allerdings wirst du bei manchen Rollen nicht selbst bestimmen können, wie intensiv und klar du deine Emotion gestaltest, weil eine andere Figur die entsetzliche Vorgabe macht: »Hör jetzt auf zu weinen!« oder »Wisch dir die Tränen aus den Augen!« oder »Worüber bist du so wütend?« oder »Wovor hast du solche Angst?«. Du kannst nicht sagen: »Ich spüre es heute Abend nicht, also werde ich es einfach subtiler darstellen.« Der Text *verlangt* bestimmte Emotionen von dir. Für einige Schauspieler ist diese Herausforderung ein Albtraum, aber wie jedes andere Schauspie-

---

* Mit einem * gekennzeichnet sind solche Werke, die nicht in deutschsprachiger Übersetzung bzw. Synchronisation erschienen sind.

lerproblem kann auch dieses gelöst werden. In diesem Fall, indem du dich mit einem *emotionalen Auslöser* vorbereitest.

Durch emotionale Auslöser hast du bestimmte Gefühle genau dann zur Verfügung, wenn du sie benötigst. Es ist pure Technik, eine Art innere Musik. Als Schauspieler musst du eine Methode haben, die entsprechenden Saiten in dir anzuschlagen, um die Musik erklingen zu lassen. Ein emotionaler Auslöser kann eine sensorische Erinnerung aus deinem Leben sein, es kann ein Als-ob sein, es kann komplett deiner Vorstellung entspringen oder es kann eine körperliche Geste sein – z. B. deinen Bauch zu umklammern, deinen Mund mit der Hand zuzuhalten oder deine Augen mit deinen Fingerspitzen zu reiben. Es kann alles Mögliche sein, solange es die Emotion in dir entfacht, die du benötigst, damit der Text funktioniert.

Das Thema »körperliche Geste« kommt an dieser Stelle zur Sprache, weil die Verwendung eines emotionalen Auslösers dich wahrscheinlich dazu bewegt, eine körperliche Bewegung auszuführen. Vertraue diesem Impuls; denn wenn du einmal bewusst gesehen hast, was dein Körper tut, um Emotion auszudrücken, dann kannst du diese Geste verwenden, um das Gefühl wiederherzustellen. Ich habe einmal beobachtet, wie Michael Gambon, ein gefeierter englischer Schauspieler, in einer Szene, in der er weinen musste, sein Gesicht mit den Händen bedeckte. Ich saß sehr nah an der Bühne und konnte sehen, dass er die Emotion in der Sekunde, in der er sie benötigte, nicht hatte; doch durch die Umstände des Theaterstückes und dadurch, dass er sich auf die körperliche Geste einließ, kam die Emotion 10 Sekunden später explosionsartig und er schluchzte. Unsere Körper speichern Emotionen; Körpergesten sind oft der Schlüssel, um sie freizusetzen.

Manchmal sagen Studenten zu mir: »Ich kann nicht so einfach weinen.« Und ich sage dann zu ihnen – nicht ohne, aber auch nicht mit zu viel Verständnis: »Dann arbeite daran.« Was hat dich in der Vergangenheit schon mal zum Weinen gebracht? Welche Musik? Welche Situation in einem Film oder einem Stück, welche Situation in deinem Leben? Wenn du weinst, während du einen McDonalds-Werbespot anschaust, was genau ist es, das diese Emotion hervorruft? Ist es die fröhliche Familie? Wenn du einen Vater und einen Sohn im liebevollen Umgang miteinander siehst, oder wenn Mutter und Tochter sich umarmen – bringt dich das zum Weinen?

Für jeden Menschen gibt es bestimmte Dinge, die gewisse emotionale Zustände in ihm auslösen, nicht nur Weinen, sondern auch Freude, Lachen, Zärtlichkeit, Sinnlichkeit, Wut und Angst. Als Schauspieler musst du eine Liste von Dingen besitzen, von denen du weißt, dass sie dich innerhalb von Sekunden emotional werden lassen. Sanford Meisner nannte diese Liste »die goldene Schachtel des Schauspielers«, und sie ist wirklich Gold wert. Du kannst dir tatsächlich eine kleine Kartei anlegen, um darin spezielle Auslöser festzuhalten, die für dich funktionieren. Deine eigene goldene Schachtel mag Erinnerungen wie die folgenden beinhalten: als deine Mutter dir eine Ohrfeige gegeben und du in hysterische Heulerei ausgebrochen bist; als du wütend wurdest und dich gegen den Schulrabauken verteidigt hast; an das erste Mal, dass du bei einem Rendezvous sexuell erregt warst; als du einen Lachkrampf bekommen hast; als der Braten, den dein verklemmter Onkel gerade versuchte anzuschneiden, ihm von der Platte weg und auf jemandes Schoß gerutscht ist. Achte unbedingt darauf, dass du diese Erlebnisse sinnlich nachempfindest, wenn du sie in deine goldene Schachtel aufnimmst – was hast du jeweils gesehen, geschmeckt, gefühlt, gerochen, gehört?

Die goldene Schachtel kann auch mit Als-obs gefüllt sein – erfundenen Ereignissen, von denen du weißt, dass sie dich emotionalisieren. Erinnerst du dich, wie Rod Steiger in DER PFANDLEIHER den Schokoladensirup, der im Film als Blut benutzt wurde, zum Blut seiner Tochter werden ließ? Das Als-ob war sein emotionaler Auslöser für den Schmerz, den er benötigte, damit die Szene funktionierte.

In gewisser Weise ist dein emotionaler Auslöser eine Art Selbstbetrug. Du bringst dich dazu, emotional zu sein, indem du selbst als Person einen Schritt beiseite gehst und die Emotion nicht *erzwingst*, sondern *einlädst*. Du musst emotionale Auslöser so behandeln, als würdest du einem Kätzchen gut zureden: Du kannst das Kätzchen nicht dazu zwingen, dir Aufmerksamkeit zu schenken, es würde weglaufen; du musst deine Hand vorsichtig ausstrecken, bis sich das Kätzchen entscheidet, zu dir zu kommen. Emotionale Auslöser funktionieren auf genau die gleiche Art. Du musst an ihnen arbeiten, als ob du ein schwieriges Musikstück immer und immer wieder üben würdest – so lange, bis du es beherrschst.

Du kannst an deinen emotionalen Auslösern als Hausaufgabe arbeiten, wenn du alleine bist. Du kannst auch in der Öffentlichkeit an ihnen arbeiten. Angenommen, du triggerst dich beim Kaffeetrinken mit einer Freundin insgeheim und beginnst zu weinen. Wenn deine Freundin fragt, was los ist, sage einfach »Nichts« und erkläre ihr, dass du an deinen emotionalen Auslösern arbeitest. Sie hält dich vielleicht für geistesgestört, aber du wirst wissen, dass du ein persönliches Erfolgserlebnis hattest. Ich meine es ernst: Genau das solltest du tun. Ein ernsthaft engagierter Schauspieler wird seine emotionalen Auslöser finden und trainieren, sich selbst auszutricksen, um Gefühle hervorzurufen, denn *es ist keine Magie, es geht nicht um Psychologie oder Therapie, sondern es ist schlicht und einfach ein wesentlicher Bestandteil deiner tagtäglichen Arbeit.*

Schauspieler können die faulsten Menschen der Welt sein. »Ich war im Fitnessstudio und ich habe meinen Agenten angerufen; ich bin total erledigt. Ich sollte jetzt besser Mittagessen gehen.« Ein Violinist, ein Profi-Tennisspieler, ein Börsenmakler an der Wall Street oder ein Anwalt würde es sich nicht im Traum einfallen lassen, nicht 6 bis 8 oder mehr Stunden am Tag damit zu verbringen, an seinen Fertigkeiten zu arbeiten. Also verhaltet euch nicht wie hilflose Babys: Schauspielerei ist ein Beruf, und man kann lernen, darin gut zu sein. Dazu bedarf es einer gewaltigen Menge an Training. An emotionalen Auslösern zu arbeiten, ist Teil dieses Trainings.

Vielleicht ist das, was deinen Humor anregt, was regelrechte Lachkrämpfe bei dir auslöst, die Erinnerung daran, wie einmal jemand in der Kirche gefurzt hat. Okay. In deiner Fantasie kannst du so unsozial sein, wie du möchtest. Das Publikum profitiert davon und es verletzt niemanden. Den richtigen emotionalen Auslöser zu wählen heißt, dass du dich selbst kennen musst, wissen musst, was *dich* triggert. Zwinge dich, dir 5 emotionale Auslöser beispielsweise fürs Weinen sowie für eine andere starke Emotion zu überlegen, die für eine Rolle nötig sein könnte. Dabei kann es sich, wie gesagt, um wirkungsvolle Erinnerungen oder Als-obs handeln.

Auch ich hatte als Schauspieler meine Recherche zum Thema emotionale Auslöser zu betreiben, besonders zum Weinen. Obwohl ich als Kind viel geweint hatte, fing ich als Jugendlicher an, mich dafür zu schämen und dichtzumachen. Ich konnte und wollte nichts spüren. Aber ich wusste, wenn ich ein guter Schauspieler werden wollte, *musste* ich zum Spüren fähig sein. Also machte ich genau die Hausaufgaben, die ich dir jetzt auftrage.

Eine der Übungen, die ich erfunden habe, um diese emotionalen Blockaden zu durchbrechen, heißt *Erinnerungen an Zuhause*.

■ Übung: Erinnerungen an Zuhause

Setz dich auf einen Stuhl, lass deine Augen offen oder schließe sie, wenn das für dich einfacher ist. Gehe in deiner Vorstellung zurück zu dem Haus oder der Wohnung, in der du in deiner Kindheit am längsten gewohnt hast. Fange damit an, die Straße hinunterzulaufen, in der das Haus oder das Wohnhaus stand. Du wirst feststellen, dass du es zu einer bestimmten Tageszeit sehen wirst, was ich immer faszinierend finde. Du stellst dir dein Haus niemals in einer unbestimmten Zeit vor; es ist entweder Morgen oder Nachmittag oder Abenddämmerung. Ich glaube, dass die Tageszeit für Menschen eine sehr große emotionale Bedeutung hat.

Während du in deiner Vorstellung die Straße hinunterläufst, löst du eine sensorische Erinnerung aus: Von außen sieht das Haus so und so aus; so hören sich meine Füße auf dem Pflaster an; so fühlt sich die Temperatur an (ich erinnere mich daran als heiß oder kalt oder windig); die Luft riecht nach Jasmin (oder nach Rauch von den Kaminen oder nach den Mülltonnen auf der Straße, in denen es aufgrund der Hitze gammelt); ich höre das Läuten eines Eiswagens, die Sirene eines Feuerwehrautos oder das Geräusch der U-Bahn; ich schmecke das Salz der Meeresbrise (oder den Ruß von der nahen Fabrik oder die Süße in der Luft von den Apfelbäumen, wenn die Äpfel reif sind). Ich sehe mein Gartentor, den Zaun (ist er frisch gestrichen? Blättert die Farbe ab? Ist er verrostet?). Ich gehe zu meiner Haustür und sehe sie mir an: Ich nehme die Farbe und die Beschaffenheit der Tür, der Türklinke, des Klopfers oder der Klingel wahr; ich betrachte das Fenster neben der Tür.

Du siehst, riechst, hörst, schmeckst, berührst alles, an das du dich erinnern kannst; dann streckst du deine Hand aus und berührst den Türknauf, spürst das Gewicht der Tür und öffnest sie. Dann stelle dir den ersten Gegenstand vor, den du siehst, nachdem du die Tür geöffnet hast (was wahrscheinlich eine Art Eingangsbereich sein wird). Dann beginnst du die »Erinnerungen an Zuhause«-Tour. Du gehst in jedes Zimmer und erinnerst dich an so viel wie möglich, an jeden Gegenstand: den Teppich, das Linoleum, die Möbel, die gestrichenen oder tapezierten Wände. Einige Räume werden mehr emotionale Auslöser enthalten als andere.

Wenn ein bestimmter Raum oder Gegenstand, den du siehst, Angst in dir auslöst, versuche, die Arbeit dennoch fortsetzen und dich herauszufordern, dies zu erkunden. Höre jetzt ganz genau auf das, was ich sage, weil es wichtig ist. Ich weiß sehr gut, dass die Kindheit einiger Menschen starke, schmerzhafte Traumata beinhaltet; wenn das bei dir der Fall ist, dann wäre es besser, wenn du diese Übung mit einem Therapeuten zusammen durchführst, damit du ein Gefühl der Sicherheit hast. Diejenigen unter euch, die keine größeren Traumata erlebt haben, fahren an dieser Stelle mit der Arbeit fort und halten weiter Ausschau nach emotionalen Auslösern.

Du könntest einen emotionalen Auslöser in dem Parfümkästchen deiner Mutter finden, so wie ich, als ich mich an eine bestimmtes französisches Parfüm meiner Mutter erinnerte, dessen Fläschchen mit einer winzigen roten Schleife geschmückt war. Es verkörperte diesen gewissen Glamour, den meine Mutter ausstrahlte, und es brachte mir traurigerweise eine Zeit in Erinnerung, in der sie voller Lebenslust war. Möglicherweise findest du heraus, dass die Krawatten deines Vaters emotionale Auslöser sind. Bewerte oder beschneide niemals das, was dich triggert. Sei neugierig. Es gibt keinen Grund, von deinen eigenen Reaktionen, wie auch immer sie ausfallen mögen, beschämt oder verunsichert zu sein. Sie sind da, damit du dir ihrer bewusst werden und sie in deinem Schauspiel verwenden kannst.

Wenn du diese Übung durchführst, wirst du erstaunt sein, was du alles vergessen hattest und woran du dich jetzt erinnern kannst. Sei mutig – einige Dinge werden dir Angst einjagen, andere werden dich unglaublich traurig machen, wieder andere ungemein wütend oder froh oder hoffnungsvoll.

Beispielsweise erinnerte ich mich während dieser Übung an die Köpfe zweier Scottish Terrier aus Gips, die an der Wand meines Zimmers hingen. Ich hatte sie komplett vergessen; doch dann sah ich die Kiefernholzwand mit vielen Astlöchern vor mir und erinnerte mich plötzlich an die beiden kleinen Terrierköpfe, und ich lächelte. Daraufhin erinnerte ich mich daran, dass mein Bruder eine hellgrüne Angelrute hinter der Tür hatte, was mich traurig machte, weil ich nie zu seinen Angelausflügen mitdurfte. Dies waren zwei emotionale Auslöser für mich: Die Angelrute machte mich traurig, die Gipshundeköpfe lösten etwas Bittersüßes aus. Ich erinnerte mich auch an meine Daunendecke, die ich liebte, weil ich mich in sie einwickeln und mich darin verstecken konnte. Ich erinnere mich an ihren Geruch, wie bauschig sie sich anfühlte und wie ich nie unter ihr hervorkommen und aufstehen wollte, um zur Schule zu gehen. Ich erinnere mich an die ringelblumengelben Vorhänge, die meine Großmutter für mein Zimmer hatte anfertigen lassen. Ich erinnerte mich an Holzobst und kleine Gemüsekisten, die meine Mutter vom Supermarkt besorgt hatte, um unser Spielzeug darin zu verstauen. Ich hätte mich niemals an diese Dinge erinnert, hätte ich nicht diese Tour gemacht und die sensorischen Erinnerungen an diesen Ort heraufbeschworen.

Vielleicht stellst du fest: »Also, ich habe die Übung gemacht, aber ich habe überhaupt nichts gefühlt«; dann sei nicht selbstkritisch, sondern vielmehr neugierig, warum das so sein könnte. Meiner Erfahrung nach gibt es dafür mehrere Gründe. Häuser und Familien *sind* ein emotionales Thema; es liegt also nicht daran, dass du auf das Haus, in dem du aufgewachsen bist, nicht emotional reagierst. Die einfachste Erklärung wäre, dass du die Übung nicht langsam oder gründlich genug gemacht hast, um die vorhandenen Emotionen zu empfinden. Eventuell blockierst du sie auch aus Angst. Eine Grundregel für das Arbeiten mit Emotionen lautet: Sei behutsam und gütig zu dir selbst, aber auch sorgfältig und fleißig.

Durch die »Erinnerungen an Zuhause« findest du also möglicherweise Gegenstände, die du als emotionale Auslöser in deiner Schauspielarbeit verwenden kannst. Wenn nicht, dann suche nach anderen Erinnerungen. Wenn ich wusste, dass ich zu weinen hatte und die geschriebenen Umstände in dem Text die nötige Emotion nicht mobilisierten, benutzte ich oft eine bestimmte Erinnerung: Ich hatte einmal erlebt, wie ein Hundebaby überfahren wurde und starb. Sein unschuldiger Blick und sein Ausdruck von Geduld, als ob er auf etwas wartete, das er nicht verstehen konnte – seinen eigenen Tod –, bringt mich immer zum Weinen. Es war ein kleiner Irish Setter, sein Körper zitterte, offensichtlich hatte er innere Verletzungen, Kot und Blut flossen ihm aus dem Anus. Er lag auf einem ausgetrockneten Stück Gras am Straßenrand. Mir kam in diesem Moment als 10-Jährigem zum ersten Mal die Erkenntnis, dass auch Dinge, die so schön und unschuldig sind, zerbrechen können und sterben. Als emotionalen Auslöser verwendete ich das Zittern des kleinen Körpers und den Ausdruck der Geduld in seinen Augen, des Kapitulierens. Manchmal genügte es schon, an das vertrocknete Gras um den Körper herum zu denken, und schon flossen die Tränen.

Zu einer Zeit, als ich dazu neigte, schmerzhafte Familienerinnerungen zu blockieren, und sie deshalb nicht effektiv für meine Schauspielarbeit verwenden konnte, war mir diese Erinnerung sehr hilfreich. Ich denke aber, dass sie direkt mit meiner Familie *verbunden ist*, da mir in meiner Kindheit meine Unschuld geraubt und ich nicht beschützt wurde: Als 10-Jähriger hatte ich das Gefühl, dass ein Teil von mir dabei war zu sterben, und so identifizierte ich mich mit dem Welpen. Aber diese Verbindung zu verstehen ist nicht das, was für die Schauspielerei wichtig ist; entscheidend ist einzig die Tatsache, dass es mich emotional stimuliert.

Für mich persönlich war ein wichtiger Teil meines Lebensweges der Versuch, meine innere Welt zu verstehen. Das hätte mir nicht gelingen können, ohne meine Kindheit durch eine Therapie zu beleuchten. Ich befürworte, dass Schauspieler sich in Therapie begeben, denn ich glaube, je besser du dich selbst verstehst und fähig bist, tiefgehenden familiären Schmerz zu verwinden, desto gesünder wirst du und desto weniger wirst du dich vor deiner Kreativität fürchten. Es wäre falsch, zu glauben, dass du dein privates Leiden aufrechterhalten musst, um das menschliche Dasein schauspielerisch gestalten zu können. Je gesünder du bist, desto besser kannst du die Techniken anwenden, die ich dir beibringe.

Aber wir wollen auf die emotionalen Auslöser zurückkommen. Um körperliche Schmerzen darzustellen, könnte beispielsweise die folgende Vorstellung hilfreich sein: »Es ist, als ob jemand meinen Körper mit Schmirgelpapier abreibt.« Stelle dir die sinnliche Realität dessen vor, wie es sich anfühlen würde, wenn das Schmirgelpapier deine Haut aufreißt. Es hört sich grauenvoll an, aber es wird Szenen geben, in denen du diesen Gedanken oder etwas ähnlich Entsetzliches verwenden musst, das dich stimuliert. Schau dir Dustin Hoffman in DER MARATHON-MANN an, in der Szene, als ihm Laurence Olivier, der einen Nazifolterer spielt, einen freigelegten Nerv im Mund aufbohrt. Das Folgende ist der Schlüssel: Damit etwas als emotionaler Auslöser funktionieren kann, darf das Bild oder die Erinnerung oder wofür sonst du dich entscheiden magst, nicht ausschließlich in deinem Kopf bleiben; es sollte dich zur körperlichen Umsetzung drängen. Es muss zu einer sinnlichen Realität werden, denn nur auf diesem Weg kann es zu einer emotionalen Realität werden. Vielleicht kannst du dem körperlichen Impuls nicht folgen – aber es sollte einen erzeugen. Das ist die Regel. Ein emotionaler Auslöser sollte Gefühle und Verhaltensweisen zum Vorschein bringen.

Man konnte spüren, wie sehr Dustin Hoffman den Bohrer wegdrücken wollte aber nicht konnte, weil er von seinem Peiniger fest an den Stuhl gebunden worden war. Seinem körperlichen Verhalten können wir den Impuls, den Bohrer wegzudrücken, regelrecht ansehen, indem er sich fieberhaft bemüht, seinen Kopf vom Bohrer wegzuziehen – das Einzige, was er tun kann. Dank der Genauigkeit von Hoffmans Spiel ist der Schmerz, wenn der Bohrer auf den freiliegenden Nerv trifft, vollkommen lebendig. Genauso eindringlich ist seine Erleichterung, als sein Peiniger die Folter demonstrativ stoppt, um Nelkenöl aufzutragen und den Schmerz zu lindern. Hoffmans Verhalten gleicht dem eines zutiefst befreiten Kindes, beinahe einem an der Flasche nuckelnden Baby. Das ist ein Beispiel für wirklich kreative Arbeit mit einem Als-ob, um einen emotionalen Auslöser herzustellen.

Übrigens erzählte die fabelhafte Stimm- und auch Shakespeare-Lehrerin Patsy Rodenburg, dass Laurence Oliviers Als-ob für das Foltern Hoffmans war, die Rosen in seinem Garten zu pflegen – was er mit liebevoller Präzision ausführte. Ein gutes Beispiel für ein weiteres eindringliches Als-ob! In der Entscheidung des Schauspielers liegt die Interpretation.

In Schauspielklassen wird oft mit der 2. Szene aus Lanford Wilsons Zweiakter VERBRENN DAS gearbeitet. Die männliche Hauptfigur, Pale, betritt in dieser – seiner ersten – Szene die Bühne in großer Wut. Das ist eine nicht diskutable Tatsache; der Autor verlangt, dass du in diesem emotionalen Zustand auftrittst. Ansonsten würde das Stück nicht funktionieren. Wenn du Pale spielst, kann es dir passieren, dass es den ersten Monat lang großartig läuft. Doch plötzlich, nach 5 Monaten Laufzeit, z. B. in einer Samstagnachmittagsaufführung und nachdem du am Abend vorher eine glänzende Vorstellung gegeben hast, bei der das Publikum gestanden und begeistert geschrien und gelacht hat, hast du vielleicht Schwierigkeiten, diese Wut heraufzubeschwören. Der Auslöser, der zuvor funktioniert hat, tut es auf einmal nicht mehr. Wenn du Pale spielst, könnte dich die Tatsache, dass dein üblicher Auslöser nicht funktioniert, so wütend auf dich selbst machen, dass du diese Wut für die Wut der Figur benutzen kannst. Wie gesagt, das Publikum wird niemals wissen oder überhaupt daran interessiert sein, wie du in diesen Zustand gelangt bist. Sie wollen nur die Geschichte erzählt bekommen. Wenn du nicht auf dich selbst wütend sein kannst, dann musst du in deiner goldenen Schachtel einen anderen Auslöser parat haben, um diese Wut anzuheizen. Alternativ kannst du deine Wut auf die Bühnenpartnerin richten, weil sie dir eventuell ins Wort gefallen ist oder ihren eigenen Text vergessen hat, und du könntest die Bühne betreten, indem du die Wut ausdrückst, die du ihr gegenüber verspürst. Aber Wut muss vorhanden sein – das ist deine Aufgabe in VERBRENN DAS.

Es gibt eine berühmte Geschichte über einen Film, in dem die beiden Stars eine knisternde Liebesszene auf der Leinwand hatten. Auch in der Realität empfanden die beiden Stars vom ersten Drehtag an ein starkes Gefühl füreinander: Verachtung. Ihre Sexszenen waren sehr erotisch, weil sie tatsächlich Leidenschaft empfanden – die sich allerdings zufälligerweise aus Abscheu speiste. Doch die Szene war voller elektrisierter Spannung.

In der Schauspielerei ist das Schlimmste die Gleichgültigkeit. Manchmal unterhalte ich mich mit einem jungen Schauspieler, der gerade eine Szene gespielt hat, die nicht funktionierte, weil sie emotional leblos war. Ich frage ihn, was seine Herangehensweise für seine Figur war, und er sagt mir, dass er seine Figur als einen Mann gespielt habe, der so stark sei, dass er sich nicht um die Reaktionen der Menschen um ihn herum schere. *Das funktioniert nicht!* Wenn ein Schauspieler das zu mir sagt, antworte ich: »Nun, wenn es deiner Figur egal ist, warum ist sie dann im Raum?« Die Figur strebt vielleicht eine Egalhaltung an oder versucht, andere davon zu überzeugen, dass sie nichts kümmere; wenn ihr aber *wirklich* alles egal ist, gibt es keinen Konflikt.

Als Schauspieler musst du herausfinden, was der Figur wichtig ist, und in diese Dinge musst du emotional investieren; der Autor hat zwei Leute auf die Bühne gestellt, also muss es dich kümmern! Ich setze es besser in Großbuchstaben: ES MUSS DICH KÜMMERN, DU MUSST DIR ETWAS VORSTELLEN, DU MUSST AUSLÖSER FINDEN, DU MUSST DICH SELBST KENNEN, DU MUSST INTERESSIERT, NEUGIERIG UND LEIDENSCHAFTLICH SEIN.

Du musst dir über dich selbst bewusst und ehrlich mit dir sein. Du musst sagen: »Ich habe ein Problem damit, auf der Bühne Sexualität zu zeigen« oder: »Ich habe ein Problem damit zu lachen«, »Ich habe ein Problem mit Trauer«. Diese Emotionen machen deine Farbpalette aus, mit diesen gestaltest du; du kannst keine Szenen spielen, die diese Emotionen verlangen, ohne einen Weg zu finden, diese auszulösen – wie schmerzhaft sie auch immer sein mögen. Wie der Regisseur Arthur Penn einmal sagte: »Gute Schauspieler begeben sich an emotionale Abgründe, an die niemand anderes gelangen will.«

Abschließend möchte ich von einem Schauspieler erzählen, dessen Hingabe, seine Schranken zu durchbrechen und Zugang zu seinen emotionalen Auslösern zu erhalten, sein Leben und seine Karriere verändert hat: Michael Clarke Duncan. Regisseur Frank Darabonts Firma Darkwood schickte Michael zu mir, um ihn für sein Vorsprechen für THE GREEN MILE zu coachen. Michael war für die Rolle des John Coffey im Rennen, eines afroamerikanischen Riesen, der als Christusfigur in Stephen Kings metaphysischem Drama auftritt. John Coffey war in den 1930er Jahren wegen Vergewaltigung und Mordes an zwei kleinen Mädchen in Georgia verhaftet worden – was zu der Zeit kein sonderlich angenehmes Fleckchen Erde für Schwarze war. Durch das Lesen des Skriptes wusste ich ganz genau, was die Rolle des John Coffey demjenigen abverlangte, der die Rolle spielen würde. Ich wusste von Michaels erster Probeaufnahme, dass er keine Verbindung zu seinem Gefühlsleben besaß. Er hatte in Chicago als Sicherheitswachmann, Türsteher und Stuntman gearbeitet: Er war auch in Filmen aufgetreten, aber niemals in einer Hauptrolle, die eine besondere emotionale Tiefe erforderte. Die Rolle verlangte nach einem sanften Riesen, der körperlich einschüchternd wirkt und andere Menschen glauben macht, dass er gewalttätig sein könnte.

Sobald Michael das Haus betrat, sagte er: »Ich will hier nicht sein.« Ich antwortete: »Das verstehe ich, aber du wirst versuchen müssen mir zu vertrauen, weil ich der Typ bin, der dich durch die Probeaufnahme bringen wird – also setz dich hin.« Ich fragte: »Wie nennen dich deine Freunde?« Er erzählte mir, dass sie ihn Großer Mike nennen. Ich sagte zu ihm: »Nun, Großer Mike, du kannst diese Rolle nicht spielen.« Michael sah wütend und irgendwie verwundert aus und fragte: »Was meinst du damit?« Und ich sagte: »Nur der Kleine Mike kann sie spielen.« Und er: »Ich weiß nicht, wer das ist.« Ich sagte ihm, dass dies unser Problem sei: Wir mussten den Kleinen Mike finden.

Das machte ihn neugierig. Ich bat ihn, mir von sich zu erzählen. Er beschrieb die Armut, in der er aufgewachsen war, wie seine Mutter gekämpft hatte, um ihn und seine Schwester durchzubringen, dass es die meiste Zeit seiner Kindheit keinen Mann in der Familie gab, welche Opfer seine Mutter bringen musste. Einer der emotionalsten Momente in unserer gemeinsamen Arbeit war, als Michael anfing, seine Gefühle für seine Mutter auszudrücken. Diese Gefühle waren ungeheuer kraftvoll, da seine

Beziehung zu seiner Mutter von tiefster Liebe und Dankbarkeit geprägt ist. Michael erzählte mir, dass er ohne ihre Liebe und Unterstützung nicht überlebt hätte. Er hatte als Kind durch die Gegend, in der er aufwuchs, viel Gewalt und viel Einsamkeit erfahren, aber zu seiner Mutter hatte er immer eine großartige Beziehung gehabt.

Schon von Natur aus groß und kräftig, pumpte er seine Muskeln zusätzlich auf und machte sich so noch größer, damit ihn niemand verletzen und damit er seine Mutter und seine Schwester beschützen konnte. Sehr, sehr früh hatte er erwachsen werden müssen. Michael erinnerte sich an einen weißen Polizisten, der ihn zwang, in eine schmutzige Pfütze zu treten, damit seine Schuhe nicht so sauber aussahen; er erinnerte sich an ein schreckliches Ereignis, das seiner Familie widerfuhr und wogegen er machtlos gewesen war. Er weinte und weinte und war dabei hocherfreut und entsetzt zugleich. Während er weinte, erzählte er mir: »Ich habe diese Dinge nie gefühlt« und »ich habe keine Ahnung, wo das herkommt.« Aber es war klar, dass wir etwas gefunden hatten, weil er plötzlich erkannte, dass er all diese Emotionen im Inneren trug.

Zu Beginn unserer Arbeit an der Rolle des John Coffey sagte ich zu ihm: »Du musst den Schmerz der ganzen Welt in deinen Augen haben. Das Gute ist, dass du ihn kennst. Jetzt musst du bereit sein, ihn zu teilen.« Um ihm dabei zu helfen, seine emotionalen Auslöser zu erkennen und zu stimulieren, machten wir Übungen. Er saß mir in einem Stuhl gegenüber und ich stellte ihm Fragen zu seiner Kindheit: wie es sich anfühlte, schwarz zu sein, ohne Vater und in Armut aufzuwachsen, fragte ihn nach seiner Liebe zu Mutter und Schwester und wie hart er in seinem Job als Sicherheitswachmann schuftete, um für sie zu sorgen; wir redeten auch über seinen Traum, Schauspieler zu sein und seine Bedenken, wie er es jemals aus Chicagos Ghetto nach Hollywood schaffen sollte.

Der wesentliche Teil der Übung bestand für ihn nicht allein darin, über seine Kindheit zu sprechen, sondern während des Redens sein Herz zu öffnen und den Gefühlen zu erlauben, wieder und wieder hochzukommen. Er erinnerte sich an die Gesichtszüge seiner Mutter, jenen Vorfall mit dem weißen Polizisten und das schreckliche Ereignis, das seiner Familie widerfahren war. Außerdem suchten wir nach emotionalen Auslösern. Dann arbeiteten wir an Szenen aus dem Film. Beispielsweise an den Sätzen: »Ich bin all des Schmerzes und der Gefühle hier auf dieser Welt müde – jeden Tag. Es gibt zu viel davon, es ist als hätte ich die ganze Zeit Glassplitter in meinem Kopf ... Kannst du das verstehen?« Dabei sollte er ein konkretes Bild haben, an dem er arbeitete. Michael probte mit diesem konkreten Bild und das löste die Emotion aus, die notwendig war, um diesen Satz kraftvoll und wahrhaftig werden zu lassen.

Was diesen Moment im Film ebenfalls so gut funktionieren lässt, ist Coffeys intensiver Wunsch, Paul Edgecomb (Tom Hanks) zu erklären, dass er emotional solche Schmerzen empfindet, dass der Tod gewissermaßen ein Segen für ihn wäre. Es war mit anderen Worten sein Ziel, seinen teuren neuen Freund Paul, einen weißen Polizisten, davor zu beschützen, nach seinem Ableben Schuld- oder Trauergefühle zu empfinden.

Michael wusste, was es bedeutete, Außenseiter zu sein; er wusste, wie es sich anfühlt, aufgrund seines Aussehens angefeindet zu werden; er wusste, wie es ist, hilflos zu sein; er wusste, was es heißt, wütend zu sein; er wusste auch, was es bedeutete, Talente zu haben, die die meisten Menschen nicht besitzen und von denen er nicht vollkommen begriff, dass er sie besaß. Er hatte ebenfalls einen Traum. Indem er seine persönlichen Blockaden durchbrach und Zugang zu seinen Emotionen bekam, war er dazu fähig, diese Erfahrungen zu benutzen, um seine unvergessliche Darstellung des John Coffey zu schaffen. Der Preis für diese Rolle war, dass er auf schmerzliche Erfahrungen aus seinem eigenen Leben zurückgreifen musste.

Meiner Meinung nach war es zweifellos Michaels Bestimmung, John Coffey zu spielen. Und das will ich jedem Schauspieler, der dieses Buch liest, sagen: Du weißt nicht, was auf dich wartet. Michael Clarke Duncan wusste offensichtlich nicht, dass der Film THE GREEN MILE auf ihn wartete. Wie er mir erzählte, hatte sich nicht die Spur einer Chance abgezeichnet, dass er jemals in einem Film eine Hauptrolle neben Tom Hanks spielen würde; es schien einfach unmöglich. Dennoch hat er es getan.

Als ich Michael nach der Premiere von THE GREEN MILE wiedersah, fragte ich ihn, wie er sich fühlte. Er antwortete: »Wenn ich früher in einen Fahrstuhl steigen wollte, wichen die Menschen normalerweise zurück. Und nun schütteln sie meine Hand.«

8. Schauspielerische Entscheidungen: Gestalte deine Interpretation

Als der britische Regisseur Peter Hall die Schauspielerin Judi Dench anrief und sie fragte, ob sie Zeit und Interesse habe, die weibliche Hauptrolle in Shakespeares ANTONIUS UND CLEOPATRA zu spielen, antwortete sie: »Wer will denn schon einen Zwerg in der Menopause Cleopatra spielen sehen?« Der Gedanke, dass sie mit ihren 1,52 m und mittleren Alters in die Fußstapfen der berühmtesten glamourösen Frauen der Geschichte treten sollte, schüchterte sie ein. Halls Antwort war: »Hör zu, Judi, in der ersten Szene zeigst du uns ein klein wenig von Cleopatra. Und in der zweiten Szene zeigst du uns ein bisschen mehr von Cleopatra. Und am Ende des Theaterstückes sehen wir vielleicht alles von Cleopatra.« Hall war mehr an Denchs interpretatorischen Fähigkeiten interessiert als an ihrem Urteil über ihre körperliche Qualifikation. Er sprach darüber, welche Abstufungen psychologischer und emotionaler Entwicklung Dench darzustellen in der Lage sei. Eine gute oder herausragende Darstellung gleicht dem Schälen einer Zwiebel; in jeder Szene bringst du eine andere Schicht zum Vorschein, etwas, das die Zuschauer bis dahin noch nicht gesehen hat. So bleiben sie am Ball, weil sie kontinuierlich etwas über die Figur, die sie beobachten, lernen und mehr von ihr entdecken.

Hall wollte mit Dench arbeiten, weil er darauf zählen konnte, dass sie Cleopatra auf eine tiefgründige und provokante Art zu einem lebendigen menschlichen Wesen erwecken würde. Er wollte ihre *eigene* Art, die Zwiebel zu schälen. Er wollte ihre Interpretation.

Warum wollen wir bedeutende Theaterstücke wie HAMLET immer und immer wieder anschauen? Nun, ein Grund ist sicherlich, dass es großartige Werke sind; eine weitere Motivation liegt darin, in jeder Generation großartige Schauspieler erleben zu wollen, die die Rollen in diesen großartigen Stücken interpretieren. Wir hören von den Hamlet-Interpretationen von John Barrymore, John Gielgud, Laurence Olivier, Richard Burton, Albert Finney, Nicol Williamson, Kevin Kline, Kenneth Branagh und Ralph Fiennes sowie von Sarah Bernhardts, Judith Andersons und Diane Venoras Darstellungen. Man spricht von einer bestimmten Interpretation *dieses oder jenes Schauspielers*. Kritiker sagen: »Es ist, als ob ich HAMLET noch nie zuvor gesehen hätte«; »dieser HAMLET ist eine Offenbarung«; »der herzzerreißendste HAMLET, den ich jemals erlebt habe«. Diese Presse-Lobhudeleien bestätigen meine Ansicht: Jeder dieser Schauspieler und jede Schauspielerin brachte etwas Einzigartiges und, im besten Fall, überraschend Neues in den Text ein, den die meisten Menschen kennen, einige sogar auswendig. Das ist die Macht der Interpretation: die Kraft der *Entscheidungen*, die jeder Schauspieler trifft, wenn er die Rolle zum Leben erweckt.

Bis jetzt haben wir uns drei Techniken angeschaut, die zur Interpretation beitragen: dein Überziel in deine eigenen, dich anstachelnde Worte zu fassen; deine aktiven Absichten mit deinen eigenen Worten zu formulieren; und deine innere Bilderwelt zu erschaffen. In diesem Kapitel werde ich dich an mehrere andere, nützliche Werkzeuge zum Interpretieren einer

Rolle heranführen; auf einige von ihnen werde ich in den darauffolgenden Kapiteln ausführlicher eingehen. Diese Werkzeuge sind: ein persönliches Geheimnis für deine Figur wählen; Entscheidungen für Verhaltensweisen zu treffen, die auf der sozialen und wirtschaftlichen Herkunft deiner Figur basieren; Entscheidungen zu treffen, die auf dem kollektiven Gedächtnis deiner Figur gründen, d.h. auf der dir im Blut liegenden Herkunft, inklusive der Wahl deines Akzents oder Dialekts (s. dazu ausführlich Lektion 19, S. 236ff.); Entscheidungen in Bezug auf die Körperlichkeit zu treffen; den Humor im Drama und die dramatischen Untertöne in Komödien zu finden; Entscheidungen für die Vortragsweise deines Textes in Hinsicht auf Rhythmus, Tempo und Nuancen von Bedeutungen zu fällen und die »Größe« deiner Darstellung festzulegen. All diese Entscheidungen beeinflussen letztendlich das Verhalten deiner Figur – also das, was das Publikum zu sehen bekommt, und wie es die Figur kennenlernt.

Eine der Übungen, die ich mit meinen Schülern im Interpretationsunterricht mache, arbeitet mit bekannten Songs. Ich spiele drei verschiedene Interpretationen des großartigen Songs Come Rain or Come Shine von Harold Arlen und Johnny Mercer; oft verwende ich die Aufnahmen von Frank Sinatra, Judy Garland und die des Saxofonisten David Sanborn, also zwei gesungene und eine instrumentale Version. Zuerst lese ich der Klasse den Songtext vor, dann spiele ich die Aufnahmen ab. Judy Garlands Interpretation ist eine Art wilder Mambo, mit tausend Bongos, Hörnern und Geigen unterlegt. Sie singt ziemlich hysterisch, wohingegen Sinatras Interpretation bluesig und traurig ist. David Sanborns Saxofon wiederum zelebriert fast den Blues, seine Version ist ein Ausdruck der Freude darüber, Blues zu spielen. Obwohl es immer derselbe Song ist, erzeugt doch jede Interpretation ein anderes Gefühl.

Der erste Schritt bei der Interpretation besteht darin, zu analysieren, was der Autor geschrieben hat. Der Textinhalt zu Come Rain or Come Shine offenbart eine obsessive Note, was von der ersten Zeile des Songs an deutlich wird: »I'm going to love you like nobody's loved you, come rain or come shine« (»Ich werde dich lieben, wie noch niemand dich geliebt hat, komme was wolle«). Es ist ein Song der Extreme: »High as a mountain, deep as a river, come rain or come shine. I guess when you met me it was just one of those things« (»Hoch wie ein Berg, tief wie ein Fluss, komme was wolle. Ich glaube, als du mich getroffen hast, war es nichts Ernstes«) – vermutlich ist hier also von einer vorübergehenden Schwärmerei die Rede –, »but don't ever bet me, 'cause I'm going to be true if you let me« (»aber stelle mich nie auf die Probe, weil ich treu sein werde, wenn du mich lässt«). Der Text geht noch weiter, er prophezeit bzw. fordert vielmehr die Reaktion der anderen Person ein: »You're going to love me like nobody's loved me, come rain or come shine. Happy together, unhappy together, and won't it be fine« (»Du wirst mich lieben, wie mich noch niemand geliebt hat, komme was wolle. Zusammen glücklich sein, zusammen unglücklich sein, wird das nicht toll sein?«). Wie der weitere Text zeigt, ist das keine Frage, sondern eine Feststellung: »Days may be cloudy or sunny, we're in or we're out of the money, but I'm with you always, I'm with you rain or shine« (»Ob die Tage wolkig oder sonnig sind, ob wir Geld haben oder keins, egal, ich werde immer mit dir zusammen sein, ich werde mit dir zusammen sein, komme was wolle«). Im Wesentlichen heißt das: »Ich werde dich lieben wie besessen und du kannst nichts dagegen sagen.« Es wird sehr wenig über die andere Person gesagt. Abgesehen von dem kleinen Zugeständnis »wenn du mich lässt« geht es einzig darum, was *ich* tun werde und was *ich* haben muss. Der erste Schritt der Interpretation – das anerkennend, was der Autor geschrieben hat – bedeutet also, dass du, wenn du »come rain or come shine« singst, den fast gefährlich obsessiven (Unter-)Ton des Textes beachten musst. Du musst verstehen, dass wenn du »happy together, unhappy together, and won't it be fine« singst, es dich gar nicht kümmert, ob du glücklich bist; du willst einfach nur mit dieser Person zusammen sein.

Der zweite Schritt der Interpretation ist deine unmittelbare emotionale Reaktion auf das Material. Du brauchst einen Grund, diesen Song zu singen – nicht nur, weil du es für einen Job tun musst, sondern es muss ein emotionaler Grund sein, einer, der dich den Song mit Begeisterung singen lässt. Welche Zeilen springen dir sofort ins Auge und berühren dich, während du den Liedtext liest? Wo reagierst du emotional? Beschwört der Text eine bestimmte Erfahrung in deinem Leben herauf? Deine Darstellung entsteht aus dem Wechselspiel deiner subjektiven Reaktion mit der Perspektive sowie dem Inhalt des Liedtextes.

Offensichtlich wollten Judy Garland und ihr Arrangeur eine unverwechselbare Interpretation des häufig gesungenen Songs schaffen. Sie spielten das Lied viel schneller, als es normalerweise gespielt wird. Auf diese Weise hoben sie die obsessiven und hartnäckigen (Unter-)Töne des Textes hervor und unterlegten ihn mit einer absoluten Dringlichkeit – so als ob sie kurz davor sei, einen Nervenzusammenbruch zu erleiden. Auf dem Carnegie-Hall-Album ist sie tatsächlich ziemlich mitreißend. Es gibt Leute, die diese Interpretation tatsächlich hassen, aber dennoch anerkennen, dass sie sehr effektvoll ist. Du kannst dir sicher sein, dass sie auch auf dich die eine oder andere Wirkung haben wird.

Die Interpretation des großen Frank Sinatra ist von Sehnsucht und tiefer Betrübnis erfüllt. Bei der Besessenheit, die er ausdrückt, geht es um Trauer, nicht um Hoffnung oder Verzweiflung. Dies wird durch Gordon

Jenkins' elegisches Arrangement untermalt, mit klagenden Streichern und Celli, die Sinatra in Kummer baden. Ich habe gehört, dass Sinatra zu der Zeit, als er seine Version aufnahm, um seine Beziehung mit Ava Gardner, dem glamourösen Filmstar der 1950er Jahre, trauerte. Er soll gesagt haben: »Ich finde zu meiner Performance eines Songs durch den Charakter, den der Texter seiner Story gegeben hat.« Sein großartiges Talent neben seiner Stimme und Ausdrucksweise war seine Fähigkeit, die Geschichte eines jeden Songschreibers in seine eigene Geschichte zu verwandeln, indem er auf die Liedtexte einging. In Come Rain or Come Shine singt er demnach von seinem eigenen gebrochenen Herzen.

Ist es nicht interessant, dass David Sanborn, dieser großartige Saxofonist, die obsessiven und sinnlichen Qualitäten dieses berühmten Songs zelebrieren konnte, dass er ihm so viel Freude abgewinnen konnte, um offenbar zu sagen: »Es mag wehtun, aber wie aufregend, jemanden so tief zu lieben«? Selbst in der Instrumentalversion erweckt Sanborn durch seine Phrasierung den Liedtext mit dem Saxofon mit einer Art fast freudigen Masochismus zum Leben. Drei großartige Künstler drücken demselben Popsong ihren Stempel – ihre Interpretation – auf.

Wenn du eine Rolle in einem Stück interpretierst, gleichen deine ersten beiden Schritte denen der Liedinterpretation. Zuerst musst du komplett begreifen, was der Autor geschrieben hat. Dies beinhaltet die gegebenen Umstände, die Ziele und Hindernisse, die eindeutig in den Text eingearbeitet sind. Es bedeutet auch, dass du versuchen musst, zu verstehen, was den Schriftsteller dazu inspiriert hat, die Geschichte zu schreiben; dabei handelt es sich um emotionale Ideen, weil ihnen die Leidenschaft des Schriftstellers zugrunde liegt. Sei nicht arrogant und denke, dass du sie interpretieren kannst, bevor du das Material verstanden hast. Zweitens: Finde beim Lesen des Skriptes heraus, was dich am stärksten bewegt und mach dir dazu Notizen. Beginne also, indem du deine persönlichen Gründe dafür suchst, die Rolle zu spielen. Du magst entdecken, dass du dich mit deiner Figur identifizierst, was hilfreich ist; aber selbst, wenn du dies nicht tust, musst du im Skript etwas finden, dass deine Leidenschaft entfacht.

Während du das Skript liest und dich mit den gegebenen Umständen vertraut machst, kann es passieren, dass dich ein Geistesblitz trifft, der die gesamte Rolle aufbricht. So erging es z.B. Helen Hunt: Als sie das Drehbuch zu Besser geht's nicht zum wiederholten Male las, kam ihr eine ausgezeichnete Interpretationsidee. Sie entschied, dass ihre Figur Carol ein Geheimnis hatte. Es bestand darin, dass sie sich zu Jack Nicholsons zwangsneurotischer Figur Melvin sexuell hingezogen fühlt. Warum, konnte sie um alles in der Welt nicht sagen, sie schämte sich sogar für ihre

Gefühle. Das ist ihr persönliches Geheimnis. Zu Beginn des Filmes gibt es einen kurzen Moment, in dem die beiden Figuren in dem Restaurant, in dem Carol arbeitet, aneinander vorbeieilen. Helen erzählte mir, dass sie Melvin in diesem Moment anschaute und zu sich selbst sagte: »Ich mag ihn, und ich weiß nicht, warum ich ihn mag. Ich denke, ich muss verrückt sein, weil er doch verrückt ist, aber dennoch hat er irgendwie eine anziehende Wirkung auf mich, aus einem chemischen Grund, den ich nicht verstehe.«

Diese geheime Anziehung bildet die Basis dafür, dass sie schließlich auf eine romantische Weise zueinander finden. Das sind aber nicht die gegebenen Umstände, das ist Helens Interpretation. Eine andere Schauspielerin könnte in der Rolle der Carol entschieden haben, dass Melvin sie zu diesem Zeitpunkt irritiert und dass sie ihm gegenüber keine Geduld zeigt. Doch in Helens Augen war Melvin ein eigenbrötlerischer, aber irgendwie liebenswürdiger Exzentriker. Diese Entscheidung ließ Carol anziehend erscheinen und legte von Anfang an – ohne offensichtlich zu sein – den Grundstein dafür, dass zwischen den beiden etwas passieren könnte. Einen weiteren emotionalen Anknüpfungspunkt stellt Melvin her, wenn er sagt, dass es so aussähe, als ob ihr Kind sterben würde; weil sie sich insgeheim zu ihm hingezogen fühlt, macht sie das umso wütender.

Damit die Interpretation einer Figur funktioniert, ist es entscheidend, ihren gesellschaftlichen Status zu verstehen: Aus welcher Schicht stammt sie? Welche Ausbildung hat sie erhalten? Wie waren ihre finanziellen Umstände, als sie heranwuchs? Welche anderen sozialen Erfahrungen – wie beispielsweise Rassismus oder Vorurteile – haben sie geprägt? Alles, was du dafür tun musst, ist dein eigenes Leben anzuschauen und zu sehen, wie wichtig diese Faktoren bei der Entwicklung deiner Identität und Weltanschauung waren. Du kannst bezüglich dieser Fakten oder ihrer Wirkung auf die Figur nicht allgemein bleiben; du musst sehr konkret sein.

Maggie sagt in DIE KATZE AUF DEM HEISSEN BLECHDACH: »Weißt du, Brick, ich war mein ganzes Leben lang so was von scheißarm!«[34] Das Wort »scheißarm« ist ein Schlüssel, um Maggie zu verstehen – nicht nur »arm«, sondern »scheißarm«. Vielleicht war sie angewidert von dem Essen, das ihr vorgesetzt wurde, oder von dem Haus, in dem sie leben musste, dem Geruch der abgenutzten Kleidung, die zu tragen sie gezwungen war. Wir haben gesehen, dass Maggies Überziel ökonomischer Natur ist: *so viel Geld zu besitzen, dass sie für den Rest ihres Lebens niemals wieder die Angst vor der Armut spüren muss.* Ich hatte vorgeschlagen, dass du dir vorstellen könntest, wie du als Maggie deiner Mutter beim

34 Deutsch von Jörn van Dyck, Jussenhoven & Fischer, Bühnenmanuskript, S. 39

Sterben in der Armenabteilung des Krankenhauses zusehen musstest. Das Stück erzählt uns, dass Maggie den Aufstieg in die High Society geschafft hat; aber sie erzählt uns auch, dass sie dafür ihren reichen Verwandten in den Arsch kriechen und deren abgelegte Kleider auftragen musste. Sie erwähnt, dass sie zum Zeitpunkt ihrer Hochzeit mit Brick nur zwei Kleider besaß. Eine andere Tatsache über ihre sozioökonomische Herkunft ist also, dass sie aus einer armen Familie *mit Ambitionen* stammte.

Wie übersetzt du das nun in Entscheidungen, die deine Interpretation beeinflussen? Du übersetzt es in menschliches Verhalten. Wenn Maggie das Schlafzimmer betritt und zu Brick sagt: »Also, ich! – hab bloß gesagt! – eins von diesen halslosen Monstern [gemeint sind die Kinder von Bricks Bruder] hat mein hübsches Spitzenkleid bekleckert, und jetzt muss ich mich umziehen ...«[35] – wie wichtig ist das für Maggie? Wenn du so »scheißarm« gewesen bist, hat ein schönes Seidenkleid für dich viel mehr Bedeutung, als es für jemanden hätte, der immer schon reich gewesen ist. Wie Maggie das Kleidungsstück vorsichtig hält und säubert, wie behutsam sie es aufhängt, erzählt dem Zuschauer, wie sehr sie ihre Kleidung wertschätzt – und dass sie *nichts*, das materiellen Wert besitzt, als selbstverständlich ansieht. Es sagt auch viel darüber aus, wie sie sich selbst in der Gesellschaft präsentieren und aufsteigen will; sie würde gewiss niemals ein Kleid mit einem Fleck tragen. Das würde sie zu sehr an ihre von Armut geplagte Kindheit erinnern.

Vergleichen wir dies mit der bahnbrechenden Interpretation der Nora in Ibsens NORA ODER EIN PUPPENHEIM durch Janet McTeer, die die Rolle am West End in London und am Broadway in New York gespielt hat. Für ihren ersten Auftritt, nachdem sie aus der Kälte hereingekommen war, schleuderte McTeer ihre Kleidung einfach so durch das ganze Zimmer. Sie warf ihren Mantel quer durch das Wohnzimmer, weil sie wusste, dass das Dienstmädchen ihn aufheben würde. In Ibsens Regieanweisungen zu EIN PUPPENHEIM ist das nicht enthalten. Es ist eine Interpretation von Janet McTeer, dass Nora, die wirklich verhätschelt und wie ein verwöhntes Kind behandelt wurde, ihre Kleider herumwirft, weil das ein verwöhntes Kind so tun würde.

Die Klarheit, die aus dem Verstehen der sozioökonomischen Tatsachen, die deine Figur beeinflussen, erwächst, wurde mir deutlich, als Stella Adler in ihrer Textanalyse-Klasse PYGMALION behandelte. Sie sagte: »Ihr müsst verstehen, was es zu jener Zeit in England für eine junge, unverheiratete Frau bedeutete, der Unterschicht anzugehören. Es bedeutete, dass sie entweder eine Prostituierte war oder eine niedere Arbeit verrichtete,

35 Ebd., S. 9

wie es bei Eliza Doolittle der Fall war – sie verkaufte Blumen. Das brachte ihr sehr wenig Geld ein, sie führte ein Leben voller Verzweiflung, in ständiger Furcht, noch tiefer zu fallen, als sie schon gefallen war.« Stella hatte recherchiert, dass die Unterschicht der Gesellschaft sich zu jener Zeit kein heißes Wasser leisten konnte; deshalb badete man selten und wenn überhaupt, dann in kaltem Wasser. Aus diesem Grund schreit Eliza, als sie von Henry Higgins' Haushälterin Mrs. Pearce zum Baden gezwungen wird, »Ah-ah-au-uh!«, weil sie der festen Überzeugung ist, dass sie entweder in eiskaltes Wasser getaucht oder mit heißem Wasser, mit dem sie keine Erfahrung hat, zu Tode verbrüht werden soll. Ihre Ausrufe »Ich bin ein anständiges Mädchen«[36] resultieren aus ihrer Vorstellung, es sei unanständig, sich in Gegenwart einer anderen Person nackt zu zeigen.

Als ich Elizas Verzweiflung und Panik vor einem einfachen Bad verstand und nachempfand, fühlte ich, wie Tränen meine Wangen hinunterliefen, denn was Stella mir hier nahebracht hatte, war ein noch fehlendes Bindeglied in meiner bisherigen Ausbildung als Schauspieler gewesen: zu verstehen, wie der soziale und ökonomische Status jeder Figur, die ich spiele, dabei hilft, die Figur und ihr Verhalten zu definieren. Betrachte dies nicht nur als Werkzeug für historisch angesiedelte Texte. Soziale Klasse und ökonomische Umstände beeinflussen jede Figur, die du spielst; sie bestimmen, wie du dich anziehst, wie du sprichst, dich bewegst und über dich und die Welt denkst.

Ein anderer Aspekt der Interpretation hat mit dem kollektiven Gedächtnis zu tun, den Erinnerungen, die die Figur im Blut trägt, ihrer Nationalität, ihren ethnischen Wurzeln. In DIE BRÜCKEN AM FLUSS verwendete Meryl Streep einen bestimmten italienischen Akzent für die Rolle der Francesca, obwohl angeblich Clint Eastwood, der Regie führte und an ihrer Seite spielte, meinte, dass sie keinen benötigte. Aber Streep sah es als wesentlich für die Geschichte und ihre eigene Glaubwürdigkeit in der Rolle an. Obwohl schon für einige Zeit im mittleren Westen der USA ansässig, hat ihre Francesca viel von ihrem italienischen Selbst beibehalten. Ihr Akzent verkörpert ihre Isolation und Einsamkeit in einer Gemeinde, aus der sie heraussticht. Wenn du beobachtest, wie sie mit bestimmten englischen Wörtern kämpft und ihren Körper benutzt, um sich beim Sprechen zu helfen, siehst du, wie sie Italien auf die Leinwand bringt. Etwas Faszinierendes liegt in dem Mix aus europäischem Flair und der knochigen amerikanischen Energie von Eastwood, das die Beziehung zwischen den beiden Figuren bewegend und einprägsam macht.

Wenn du mit einem Akzent sprichst – und ich werde das in diesem

36 Deutsch von Harald Mueller, Suhrkamp Verlag, S. 33

Buch noch mehrmals erwähnen, weil es so wichtig ist –, geht es dabei nicht nur um einen Akzent, sondern um eine Lebensweise. Er beeinflusst, wie du dich körperlich und emotional ausdrückst. Schau dir Meryl Streep ebenso als Sophie in SOPHIES ENTSCHEIDUNG und als Francesca in DIE BRÜCKEN AM FLUSS an und beobachte, wie ihr Akzent ihre Interpretation dieser Figuren beeinflusst. Meryl Streep gehört zu den wenigen wirklich großartigen Filmschauspielerinnen; sie erweckt ihre Figuren zum Leben. Entsprechend sagte sie einmal: »Ich respektiere eine Figur, die ich spiele, genauso sehr wie mein eigenes Leben.«

Ein entscheidender Teil der Interpretation ist die Verkörperung einer Figur. Lektion 10 (S. 142 ff.) behandelt das Thema »körperliche Entscheidungen« ausführlich, aber ich möchte das Konzept hier mit drei Beispielen einführen, bei denen die körperlichen Entscheidungen ausschlaggebend – und sehr unterschiedlich interpretierbar – sind.

Einer der gegebenen Umstände in Shakespeares RICHARD III. ist, dass Richard auf gewisse Weise körperlich missgestaltet ist. In der 1. Szene erzählt er uns:

> »Doch ich, zu Possenspielen nicht gemacht,
> Noch um zu buhlen mit verliebten Spiegeln;
> Ich, roh geprägt, entblößt von Liebesmajestät
> Vor leicht sich dreh'nden Nymphen mich zu brüsten;
> Ich, um dies schöne Ebenmaß verkürzt,
> Von der Natur um Bildung falsch betrogen,
> Entstellt, verwahrlost, vor der Zeit gesandt
> In diese Welt des Atmens, halb kaum fertig
> Gemacht, und zwar so lahm und ungeziemend,
> Daß Hunde bellen, hink ich wo vorbei«[37]

Als Antony Sher die Rolle in London spielte, machte er die Missbildung zum beherrschenden Merkmal der Figur Richards und somit zur Motivation für seine Rachegelüste und seinen überwältigenden Ehrgeiz. Vor Probenbeginn beschäftigte sich Sher ein Jahr lang mit Menschen, die unter Missbildungen und Rückenverletzungen litten. Er machte Zeichnungen von Richard III. als gruselige Spinne mit einer Krücke an jedem Glied. Das war eine überraschende und mutige Entscheidung, die Sher in der Figur lebendig werden ließ. In seinem wundervollen Buch YEAR OF THE KING: AN ACTOR'S DIARY AND SKETCHBOOK, das seine Zeichnungen und sein Tagebuch enthält, kannst du genau nachvollziehen, wie er an die

37 Deutsch von August Wilhelm von Schlegel

Figur herangegangen ist. Vergleiche dies mit den Filmversionen, in denen Laurence Olivier und Ian McKellen RICHARD III. jeweils mit weitaus milderer Behinderung darstellten.

Schauspielerinnen, die Laura in DIE GLASMENAGERIE von Tennessee Williams spielen, sehen sich mit ähnlichen Entscheidungen konfrontiert. Williams' autobiografisches Stück DIE GLASMENAGERIE brachte ihm den Durchbruch: Es handelt von dem jungen Schriftsteller Tom, der sich von seiner dominanten Mutter Amanda und seiner psychisch kranken Schwester Laura lösen muss. Einer der gegebenen Umstände des Theaterstückes ist Lauras Klumpfuß; doch welche Ausmaße dieser hat und wie sehr sie das in ihrem Gang beeinträchtigt, steht zur Interpretation. Wir sehen in dem Stück auch, wie Amanda ihre Tochter Laura emotional blockiert hat, indem sie ihr den Kopf mit romantischen Vorstellungen des alten amerikanischen Südens gefüllt und sie mit ihrer übermächtigen Persönlichkeit erdrückt. Der Klumpfuß könnte körperlich fast unauffällig, aber in Lauras Kopf so groß sein, dass er ihren inneren Schaden symbolisiert; es könnte sein, dass sie ihn überbewertet, weil er zu ihrer phobischen Schüchternheit noch dazukommt und diese begründet. In diesem Zusammenspiel von psychologischem Schaden und körperlicher Behinderung findest du als Schauspielerin deine Interpretation für Laura.

Mein letztes Beispiel ist Dustin Hoffmans Dorothy in TOOTSIE. Dorothy hätte viele verschiedene Charakterzüge haben können. Es gibt Textstellen, die dir etwas darüber verraten, was für eine Person sie ist; aber es gibt wirklich nichts, das etwas über ihre Haltung, ihr Make-up oder ihren Stil aussagt. Hoffman meinte, dass ihm seine Mutter als Vorbild diente, was bedeutet, dass sie ein wenig altmodisch war. Das funktionierte perfekt für die durch und durch anständige Frau, die Dorothy laut Drehbuch ist. Sie ist direkt, anständig, ehrlich, sensibel, einfühlsam und stark; sie duldet keinerlei Machismo, und doch ist ihr Feminismus elegant und zugleich bestimmt.

Hier ist ein anderer Schlüssel, der deine Interpretation öffnen und das Publikum dazu bringen kann, dir folgen zu wollen: Finde den Humor der Szene, wenn du etwas höchst Dramatisches spielst. Was könnte schreckenerregender sein als die Figur der Medea in Euripides' großer Tragödie? Dennoch fand Diana Rigg in der Verkörperung der Mutter, die ihre Kinder aus Rache an ihrem Nichtsnutz von Ehemann umbringt, verblüffende Gelegenheiten, Humor einfließen zu lassen. Und beobachte, wie John Malkovich aus jeder Rolle, die er spielt, so viel Humor wie nur möglich herausholt. Seine Darstellung des Lee in TRUE WEST, Sam Shepards Anklage gegen Gewalt in Familien, ist ein Beleg dafür – und wurde mit einem Obie-Award gekrönt. Die Figur des finster dreinschauenden und fordernden älteren Bruders, den er spielt, war mit einer Abwehrhaltung und beliebigen Ansichten gefüllt; und trotzdem überrascht uns Malkovich ständig mit dem Humor, der aus solcher Steifheit entstehen kann. Brando fand jede Menge Möglichkeiten, Humor in der Rolle des Stanley Kowalski einzusetzen – sogar so viel, dass gesagt wird, er habe die ursprüngliche Broadway-Version von ENDSTATION SEHNSUCHT total umgekrempelt und sich so liebenswürdig dargestellt, dass das Publikum seinen Stanley der Blanche DuBois von Jessica Tandy vorzog. Elia Kazan stellte das in der Filmversion richtig und sorgte dafür, dass die Zuschauer trotz Brandos Charisma auf Anhieb Sympathie für Vivien Leighs Blanche hegten. Trotz Blanches verzweifelt hohen Einsätzen fand Vivien Leigh ebenso Gelegenheiten, Humor in ihre Rolle einzubringen. Lass dich also nicht von der Vorstellung ausbremsen: »Oh mein Gott, es geht um Leben und Tod und deshalb gibt es keine Lacher.«

Umgekehrt verhält es sich genauso: Die Arbeit wird vielschichtiger, wenn eine Komödie auch dramatische oder dunklere Töne enthält. In der mit dem Pulitzer-Preis ausgezeichneten Musicalkomödie WIE MAN WAS WIRD IM LEBEN, OHNE SICH DABEI ANZUSTRENGEN am Broadway verkörperte Robert Morse die Rolle des J. Pierpont Finch. Sie machte ihn zu einem großen Star (sein Foto war sogar auf der Titelseite des *Time Magazine*). Er spielte sie ebenso in der Verfilmung (dt. Titel: WIE MAN ERFOLG HAT, OHNE SICH BESONDERS ANZUSTRENGEN). Die Lebhaftigkeit seiner Darstellung wurde zum Teil durch die subtilen Untertöne seines dunklen Strebens, die unter der komischen Oberfläche durchschimmerten, hervorgerufen. Morse verstand, wie dramatisch hoch der Einsatz für Pierponts Aufstieg zu wirtschaftlicher Macht war. Seine subversive, komische Darstellung war von einem jungenhaften Charme erfüllt, der normalerweise mit jungen, unschuldigen Helden assoziiert wird; aber Morses Pierpont setzte sich komplett über die Moral hinweg, stand dem Soziopathen näher als dem Helden. Morse nutzte diese Interpretation bis an die Grenzen des Möglichen, sich buchstäblich zum Publikum drehend und in einer verschwörerischen Weise lächelnd, als sei er Richard III., der seine Pläne verrät, den Thron widerrechtlich an sich zu reißen. In Morses Interpretation gab es nichts Schwerfälliges, sie war leicht wie ein Soufflé und so stechend wie der Schnabel des Nachnamens der Figur, Fink. Andere Leute haben die Rolle gespielt, aber niemand hat sie jemals so interpretiert wie Robert Morse.

Ein fundamentaler Aspekt der Interpretation ist es, ein Gefühl für den Rhythmus des Schriftstellers zu bekommen, zu verstehen, dass Eugene O'Neill einen anderen Rhythmus besitzt als Tennessee Williams, als Shakespeare oder als Shaw. Den Rhythmus, die Musik und das Tempo jeder Figur zu verstehen ist ebenfalls entscheidend. Es gibt Zeiten, in denen du dich gegen den Rhythmus einer Zeile entscheidest und pausierst, um eine Aussage zu treffen – das ist deine Interpretation. Andererseits solltest du eine durchdachte Entscheidung darüber treffen, warum und wann du Pausen machst. Wenn du ständig an den falschen Stellen pausierst, wird das Publikum einschlafen; es wird den Anschein haben, dass du darauf wartest, dass etwas passiert, anstatt das Stück zu spielen. Lege deinen Fokus auf deine aktiven Absichten und behalte ihn dort.

Sanford Meisner brachte den Schauspielern bei, in einem Skript niemals auf die Zeichensetzung zu achten. Er glaubte, dass dich das dazu zwingen würde, einer bestimmten Auslegung des Satzes zu folgen, die nicht zwangsläufig mit deiner eigenen übereinstimmt – d. h., dass du dich festfahren könntest, den Satz auf eine bestimmten Weise zu sagen, anstelle deinem Impuls, der deiner Absicht entspringt, zu folgen. Es ist eine gute Idee, mit Meisners Regel zu experimentieren, *aber sei vorsichtig*! Du könntest wertvolle Hinweise übersehen, die ein kluger Autor dir mit seiner Zeichensetzung gibt. Das Wesentliche ist, dass deine Lesart von dem tatsächlichen elementaren Verlangen herrührt, die andere Person auf eine bestimmte Weise zu erreichen.

In John Patrick Shanleys Stück THE DREAMER EXAMINES HIS PILLOW* geht es um ein junges Pärchen in einer äußerst gestörten Beziehung. An einer Stelle schleudert die junge Frau dem Mann folgende Anschuldigung entgegen. Sie sagt: »Ich höre Scheiße, ich sehe Scheiße, ich riech den Rauch, etwas ist am Brennen, erzähl mir nicht, da ist kein Feuer, du *machst* dich an meine Schwester ran!« Wenn du während dieser Litanei pausierst, wirst du das gewaltige Gelächter, das du hier ernten solltest, nicht bekommen. Der Autor hat diese beschleunigende Reihe von Kommata mit Absicht gesetzt. Wenn du die Zeile als: »Ich höre Scheiße, ich sehe Scheiße, ich riech den Rauch, etwas ist am Brennen, erzähl mir nicht, da ist kein Feuer.« *(Pause)* »Du *machst* dich an meine Schwester ran!« ablieferst, mag das dramatisch funktionieren, aber es wird nicht besonders komisch sein. Und du wirst auch Shanleys etwas surreale Mischung aus dramatischer Konfrontation und unerwartetem Humor verfehlen.

Die Wirkung von Tempo wurde mir durch Ralph Fiennes' Interpretation des berühmten Hamlet-Monologs »Sein oder nicht sein« erneut bewusst gemacht. Anstelle des gewöhnlich zögerlichen, gedankenvollen Vortrags liefert Fiennes die Rede so schnell ab, wie er die Worte hervorbringen konnte. Ich war gefesselt. Mit so viel Geschwindigkeit schien die Rede nicht aus gesprochenen Worten, sondern aus Gedanken zu bestehen, so als ob Fiennes uns tatsächlich in das Innere von Hamlets Kopf mitnehmen würde. Es gibt auf der Welt nicht einen Hamlet-Darsteller, der sich nicht im Vorfeld all diese legendären Monologe anschaut und sagt: »Herrgott, wie soll ich dieser Darstellung meinen Stempel aufdrücken?« Und die Herausforderung besteht auch noch in einem anderen Aspekt: »Wie bringe ich das Publikum dazu, sie auf eine neue Art zu *hören*? Wie bringe ich sie dazu, aufmerksam zu sein und etwas von der Rede mitzunehmen, das sie vielleicht noch niemals zuvor mitbekommen haben?« Durch seine kreative Herangehensweise hat Fiennes einen Weg gefunden, uns mit einem der berühmtesten Monologe aller Zeiten dazu zu bringen, auf unsere Stuhlkanten vorzurücken. Natürlich gab es Leute, die die Interpretation von Fiennes missbilligten, aber bei Gott, sie war stimmig und wurde vom Text unterstützt.

Manchmal werden Worte oder ganze Zeilen im Skript von einer Figur wiederholt. Das ist eine besondere interpretatorische Herausforderung. Wenn du die Nuancen der Bedeutung nicht herausarbeitest, wird die Wiederholung emotional leer bleiben. Für jede Zeile musst du dich innerlich fragen: *»Warum sage ich das?«* Für ein wiederholtes Wort oder eine wiederholte Zeile musst du dich innerlich fragen: *»Warum wiederhole ich dieses Wort oder diese Zeile? Wie verdeutlicht dies die psychologische Entwicklung meiner Figur?«*

Ich habe mir vor Kurzem den alten Schmachtfetzen REISE AUS DER VERGANGENHEIT angeschaut, einen wundervoll masochistisch-romantischen Film. Er handelt von einer reichen Junggesellin, Charlotte Vale (Bette Davis), die von ihrer sadistischen Mutter dominiert wird; nach einem Nervenzusammenbruch flüchtet sie sich in eine romantische Liaison mit einem verheirateten Mann (Paul Henreid), den sie auf einer Schiffsreise trifft. Und ich denke, dass an dieser Stelle die Anmerkung wichtig ist, dass sie ständig rauchen. (Wenn du dir den Film ansiehst, wirst du das verstehen.) Es gibt für Bette Davis' Figur einen Moment der Erleuchtung, der in Sachen Interpretation Bände spricht. Charlottes Mutter sagt im Wesentlichen: »Wenn du dein Leben nicht so lebst, wie ich es will, werde ich dich enterben.« Die Kamera macht diesen wundervollen Schwenk auf Davis' Gesicht, als sie sagt: »Ich habe keine Angst, Mutter«; dann kommt die Kamera noch näher und sie sagt, als ob sie überrascht sei: »Ich habe keine Angst.« Schaut man sich die Zeile »Ich habe keine Angst, Mutter. Ich habe keine Angst« im Drehbuch an, ist klar, dass sie nicht notwendigerweise auf diese Art gedeutet werden muss. So wie Bette Davis sie interpretierte, als sie das erste Mal sagt: »Ich habe keine Angst, Mutter«, ist es ein ruhiges, provokantes Zeichen der Distanzierung; doch das zweite »Ich habe keine Angst« bedeutete Erkenntnis und Ehrfurcht. Sie sagt es sogar noch ein drittes Mal, als ob sie sich diese Tatsache bewusst in sich aufnehmen und dadurch zu einer vollständigen Person würde, endgültig und für immer und ewig das Band, das sie an ein Leben in Elend fesselte, zerschneidend. Diese Interpretation ist in der Figur und der aktiven Absicht verwurzelt. Die erste Vortragsweise der Zeile bestand darin, *auf ruhige Weise zu konfrontieren*, die zweite darin, *mit Ehrfurcht zu realisieren* und die dritte darin, *die Stärke, die sie entdeckt hat, in ihr Wesen einzuschließen*.

Es ist interessant, was für einige Schauspieler gut und für andere, in derselben Rolle, schlecht funktioniert. Z. B. wurde die Prinzessin in SÜSSER VOGEL JUGEND von mindestens drei bedeutenden Schauspielerinnen in Angriff genommen, aber nur eine von ihnen erreichte die Ziellinie. Sowohl Joanne Woodward als auch Lauren Bacall waren berühmte Filmstars, als sie dafür kandidierten, die Prinzessin zu spielen. Die beiden talentierten Schauspielerinnen waren in Probeinszenierungen vor dem Transfer des Stückes zum Broadway besetzt, doch die Inszenierungen schafften es niemals nach New York. Geraldine Page dagegen rief die Rolle ins Leben, bevor sie ein berühmter Filmstar wurde, aber sie machte uns glauben, dass sie bereits Teil des traditionellen »Filmadels« sei. Natürlich wurde sie dabei von Tennessee Williams' Schreibstil unterstützt und durch die Anweisung von Elia Kazan, die Prinzessin mit so viel theatralischer Größe wie nur irgend möglich zu spielen, ohne dabei ihre Wahrhaftigkeit zu verlieren – weil das Leben der Prinzessin Alexandra del Lago eine einzige Vorstellung ist.

Größe ist eine Interpretationsentscheidung: Wie viel Energie und Intensität wirst du deiner Figur geben, und wie drückt sich diese Energie und Intensität aus? Ich sah Geraldine Pages Prinzessin in Los Angeles während der Amerika-Tournee des Theaterstückes und es war eine elektrisierende Erfahrung; sie fand die Wahrhaftigkeit in dieser speziellen Art alter Filmdiven, zu denen die Prinzessin gehört. Sie begann mit der Rolle ohne irgendwelches Make-up und ihr Haar war ein krauses Durcheinander, sodass sie, als sie zu Chance sagt: »[...] ich muss scheußlich damit aussehen«[38], das wirklich auch so war. Aber selbst als »Marsmensch«, wie sie sich selbst bezeichnete, besaß sie Erhabenheit. Das erinnerte mich an den berühmten Wortwechsel in Billy Wilders Meisterstück von 1950, SUNSET BOULEVARD, in dem William Holden einen vom Glück verlassenen Hollywoodautoren spielt, der zu einem Stummfilmstar aus alter Zeit, Norma Desmond (unvergesslich gespielt von Gloria Swanson), sagt: »Du warst früher groß.« Sie antwortet: »Ich *bin* groß. Es sind die Filme, die klein geworden sind.« Pages Darstellung verkörperte genau diese Einstellung.

38 Deutsch von Nina Adler, Jussenhoven & Fischer Verlag, Bühnenmanuskript, S. 14

Pages Prinzessin sprach, genau wie Bette Davis, mit einem breiten *A*, als ob sie Sprechunterricht gehabt hätte. Du kannst es in der Filmversion hören, wenn die Prinzessin sagt: »Chaance, Chaance«. Da ist eine Art blumige Theatralität in ihrer Sprechweise. Page kreierte mit Kazans Unterstützung diese Interpretation, die auf ihren Kenntnissen der Filmgeschichte basierte. Als die Prinzessin jung war, unterrichteten die Studios ihre aufsteigenden Sternchen in Vortragskunst und Benehmen. Diese Ausbildung gab ihnen ein leicht aristokratisches Auftreten, welches uns das Gefühl vermittelte, dass sie aus besserem Hause stammten als wir.

Die Prinzessin ist aus vielen Gründen eine schwierige und anspruchsvolle Rolle. Eine der großen Fallen besteht darin, in eine Art falsche Übertreibung zu verfallen, ohne zu verstehen, dass die Übertreibung auf einem bestimmten Training und einem bestimmten Lebenswandel beruht. Wenn wir die Prinzessin treffen, ist das Übertreiben so sehr Teil von ihr, dass sie sich darüber nicht bewusst ist. Wir treffen sie nach ihrem desaströsen Versuch eines Comebacks (zumindest empfindet sie das so) – als sie vom Glück verlassen wurde und ihre Karriere sich ihrer Aussage nach auf dem absteigenden Ast befindet. Sie muss uns, mit allem, was sie tut, von ihrer großen Berühmtheit überzeugen: mit ihrer Sprechweise, ihrer Haltung, ihren Gesten, ihrer Ausdrucksweise, der Behandlung ihrer Kleider; all das muss authentisch, nicht vorgetäuscht sein. Ich glaube, dass die Prinzessin wahrscheinlich irgendwo aus Iowa oder Idaho kam, bevor Hollywood ihr »den Schliff gab«. Page war sich über die Wurzeln der Prinzessin Alexandra del Lago bewusst – aber sie wusste auch, dass zu dem Zeitpunkt, an dem wir sie kennenlernen, Prinzessin zu sein für Alexandra reeller ist als alles, was sie eventuell zuvor gewesen ist.

Al Pacino spielte in mehreren Inszenierungen von David Mamets Stück AMERICAN BUFFALO die Hauptrolle, jedes Mal mit verschiedenen interpretatorischen Entscheidungen. AMERICAN BUFFALO ist die Geschichte von drei Außenseitern, die den amerikanischen Traum für sich auf eine sehr merkwürdige und unbeholfene Art wahr werden lassen wollen: Sie planen einen Einbruch, der lustiger-, aber auch tragischerweise schiefläuft. Als Pacino das erste Mal in der Rolle des Walter Cole (der ironischerweise den Spitznamen Teach trägt) besetzt wurde, spielte er ihn buchstäblich als einen Feuerball. Pacino erklärte später in einem Interview, dass er nie eine Herangehensweise an die Rolle gefunden hatte, mit der er zufrieden war – bis auf das letzte Mal. Es handelte sich dabei um eine viel ruhigere Darstellung. Pacino spielte Teach als verzweifelten, besiegten Clown, jemanden mit sehr wenig Hoffnung. Pacino sagte, dass er endlich aufgehört hatte, Druck auf die Rolle auszuüben – ihr eine riesige Menge Energie abzuverlangen – und einfach anfing, sie zu leben. Er erkannte, dass die

Figur ein unbedeutender Mann war und dass der Versuch, ihm kraftvolle Größe zu verleihen, die Absicht des Theaterstückes verfehlte. Ich habe sowohl die erste als auch die letzte Inszenierung gesehen und bewunderte seinen Einsatz in beiden Versionen. In der ersten Inszenierung war seine Darstellung extrem angestrengt und das Schauspiel selbst war sehr präsent; in der letzten konnte ich ihn nicht im Geringsten dabei ertappen, zu schauspielern. Ich war einfach nur berührt.

Du musst in jedem Skript etwas finden, das deine eigene Leidenschaft entfacht. In deiner Karriere mag es einen Zeitpunkt geben, an dem du einen Schauspieljob nur des Geldes wegen machst; mache jedoch nicht den Fehler, den ich andere Schauspieler habe machen sehen: entweder die Rolle ohne jeglichen emotionalen Einsatz zu spielen oder sie auf subtile Art und Weise abwertend zu kommentieren. *Spiele niemals eine Rolle ohne jeglichen persönlichen Einsatz; in diesem Fall wäre es besser, einen normalen Job anzunehmen, bei dem es nur ums Geldverdienen geht.* Wenn du dich entscheidest, ohne Leidenschaft zu spielen, fängt das an, an dir zu nagen: Du läufst Gefahr, eine absolut notwendige Zutat für eine gesunde Schauspielkarriere zu verlieren: einen Kick von der Herausforderung zu bekommen, dich als Schauspieler zu verbessern.

Selbst wenn du Werbefilme drehst, um Essen auf dem Tisch zu haben – investiere in sie. Verwende die Techniken, die ich dir beibringe und finde das Positive in ihnen. Unterschätze niemals die Auswirkungen von positiver Energie in unserem Geschäft.

Wenn du Schwierigkeiten hast, emotional in deiner Rolle Feuer zu fangen, gehe zu der Idee zurück, von der du denkst, dass sie den Schriftsteller zum Schreiben des Stückes bewegt hat. Falls es deine Schlussfolgerung ist, dass der Autor das Skript nur geschrieben hat, um damit Geld zu verdienen, kannst du immer noch deinen eigenen Weg finden, dich selbst herauszufordern, Spaß zu haben und Geringschätzung zu vermeiden. Selbst in einem mangelhaften Skript vermagst du den Reiz zu entdecken, bestimmte Themen zu kommunizieren. Auch wenn du ein Skript liest und du es überhaupt nicht magst, aber in der für dich vorgesehenen Rolle etwas siehst, das dich anregt – dann nichts wie ran! Selbst in einer sehr kleinen Rolle kannst du auf eine Interpretationsidee stoßen, die dich antörnt. Ein mir persönlich bekannter Schauspieler, Kent Broadhurst, hatte die Chance auf eine kleine Rolle in Mike Nichols' Film SILKWOOD, wo er einen unzufriedenen Arbeiter einer Plutoniumfabrik spielen sollte. In jeder Szene war seine Figur mit einer langweiligen, monotonen Tätigkeit beschäftigt, und er hatte sehr wenige Sätze. Für das Casting brachte dieser Schauspieler eine kleine Streichholzschachtel mit; während er die Szene spielte, schob er die Streichholzschachtel auf, tat eine klitzekleine Kugel hinein, und schob sie dann wieder zu – immer und immer wieder, ganz in der Inneren Bilderwelt verloren, die er für diesen mürrischen, kleinlichen Mann erschaffen hatte. Der Caster sagte zu Broadhurst, als er den Raum verließ: »Mr. Nichols hat gesagt: ›Das ist ein Schauspieler‹.« Und natürlich bekam er die Rolle. Sein Engagement für seine Interpretation brachte ihm die großartige filmische Erfahrung ein, neben Mike Nichols und Meryl Streep arbeiten zu können. Und er bekam die Chance, während des Prozesses seine Fähigkeiten vor der Kamera auszubauen.

Wann wird aus einer Interpretation eine Fehlinterpretation? Wenn sie den Text verletzt. In meiner Klasse spielte ein junger Schauspieler eine Szene aus Michael V. Gazzos Stück GIFTIGER SCHNEE. Sie handelte von einem jungen Mann, der nach dem Zweiten Weltkrieg heroinabhängig wird, und dessen Frau. Diese erkennt schließlich seine Abhängigkeit und versucht, sein Leben zu retten. In der Szene möchte Johnny, der Ehemann, sich bei seiner Frau Celia dafür entschuldigen, dass er nie zu Hause ist. Johnny liebt Celia innig. Er putzt das Haus, kocht Abendessen und bringt ihr Blumen, in der Hoffnung, dass sie ihm vergeben möge – obwohl er immer noch das Geheimnis seiner Abhängigkeit bewahrt. Sie glaubt, dass er versucht, eine Affäre zu vertuschen. Damit die Szene richtig funktioniert, muss der Darsteller des Johnny seine Verletzlichkeit zeigen; auch wenn er von ihrer strafenden Kälte frustriert ist, muss er seine Wut sehr vorsichtig dosieren, weil es seine Absicht ist, Nähe zu Celia herzustellen und nicht, sie wegzustoßen. Was die Szene mit einer solchen Atmosphäre der Gefährlichkeit füllt, ist das Gefühl Johnnys, außer Kontrolle geraten zu sein und dies, weil er seine Frau liebt, unterdrücken zu müssen.

In diesem verletzlichen Moment wurde der junge Schauspieler in meiner Klasse so wütend, dass er mit all seiner Kraft mit der Faust auf den Küchentisch schlug, sodass alle Teller und Gläser zerbrachen, die er so sorgfältig aufgedeckt hatte, um Celias Vergebung zu erlangen. Es ist wohl überflüssig zu erwähnen, dass die Szene damit vorbei war und sich von diesem Schwächemoment nicht wieder erholen konnte. Wie in der Szene aus DIE MÖWE, die ich beschrieben habe, war die Gewalt durch die Anforderungen der Szene nicht gerechtfertigt und nicht durch den Dialog gestützt. Als ich darauf hinwies, drehte sich der junge Schauspieler, der Johnny spielte, zu mir um und brüllte: »Aber ich hatte einen echten Moment, ich war wahrhaftig und leidenschaftlich.« Und erneut musste ich ihm die traurige Nachricht überbringen, dass das schön für ihn sei, aber dass das Stück in dem Moment vorbei war, als die Explosion der Gewalt stattfand.

Ganz egal wie erfolgreich du wirst, ist es nicht deine Aufgabe als Schauspieler, die Arbeit des Autors zu »verbessern«, sie deinen Vorstellungen anzupassen und sie auf dein Selbstbildnis maßzuschneidern; deine Aufgabe besteht darin, den Autor zu interpretieren.

Eines Tages rief mich eine berühmte Schauspielerin an und sagte zu mir: »Ich möchte, dass du dieses Skript liest und mir hilfst, es umzuschreiben.« In dem Text hatte die Figur, welche die Schauspielerin spielen sollte, jemanden umgebracht. Angesichts der Figur und der Umstände fand ich, dass das Skript ausreichend emotionale Rechtfertigungen für ihre Taten bereitstellte. Doch die Schauspielerin wollte nicht auf diese Weise gesehen werden, sie betrachtete sich als eine Art Filmstar, der niemals etwas so Niederträchtiges tun könnte. Ihre genauen Worte waren: »Ich muss diese Rolle umschreiben und du musst mir dabei helfen, weil ich sonst nicht als heroisch genug wahrgenommen werde.« Als ich sie anrief, um ihr mitzuteilen, dass meiner Meinung nach das Skript nicht geändert werden sollte, sagte sie, dass sie sich wieder bei mir melden würde – was sie natürlich niemals tat. Stattdessen zwang sie die Filmemacher dazu, die Figur umzuschreiben, und der Film floppte. Das hatte mit Rolleninterpretation nichts zu tun; das war Arroganz und Unsicherheit, und ihre Karriere hat darunter enorm gelitten. Vergiss niemals, wo Interpretation aufhört und verzweifeltes Buhlen um die Gunst des Publikums anfängt. Und vergiss nicht, dass du dem Publikum und dir selbst als Schauspieler einen Gefallen tust, wenn du das Skript bedienst.

9. Beziehungen definieren und umdefinieren

Du bereitest dich darauf vor, eine Rolle zu spielen. *Wie* gehst du vor? Du hast das Skript mindestens drei Mal gründlich gelesen: Das erste Mal liest du es als »Zuschauer« und reagierst einfach darauf; das zweite Mal liest du und formst dabei die Worte lautlos mit den Lippen, um ein Gefühl für die Sprache zu bekommen; das dritte Mal liest du es laut, um die Geschichte und die Sprache bewusst zu vernehmen. Und vom ersten Durchlesen an machst du dir im Skript Notizen darüber, wie es dich persönlich berührt, und zu den Ideen, die du verwenden könntest, um es zum Leben zu erwecken. Wenn du meinst, dass Personalisierungen und Als-obs dich lebendig werden lassen, dann mach dir neben die entsprechende Zeile eine kurze Notiz – nur ein oder zwei Wörter – über Menschen, Plätze, Dinge, die du für dich personalisierst oder dir mit den Als-obs verbunden vorstellst.

Lass uns z. B. annehmen, dass du die versnobte Gwendolen in Oscar Wildes zeitloser Komödie ERNST SEIN IST ALLES oder BUNBURY spielst. Gwendolen hat darin eine Szene, in der sie die jüngere und attraktivere Cecily zum ersten Mal trifft und vorgibt, sie zu mögen. In Wirklichkeit fühlt sie sich von ihr äußerst bedroht, weil Cecily das Mündel des Mannes ist, den Gwendolen liebt und Gwendolen Angst hat, dass Cecily seine Zuneigung stehlen könnte. Wenn du Gwendolen spielst und eine College-Zimmergenossin hattest, die du nicht leiden konntest, aber sie zu mögen vorgeben musstest, dann kennst du das zur Genüge.

Du würdest also im Skript neben dem ersten Auftreten von Cecily den Namen deiner alten Zimmergenossin niederschreiben. Dann beginnst du, dich daran zu erinnern, wie du dich ihr gegenüber verhalten hast – weil es das ist, wonach du Ausschau hältst: die falsche Nettigkeit, die den giftigen Neid verbirgt, weil sie dünner ist als du, bessere Haut hat als du und außerdem sieben Kaschmirpullis, einen für jeden Tag der Woche. Dieses Miststück. Lass mich dies klarstellen: Ich sage nicht, dass du auf der Bühne, während du das Stück spielst, an deine Zimmergenossin denken solltest; *du musst mit der Schauspielerin arbeiten, die vor dir steht.* Aber es könnte dir helfen, kurz bevor du auf die Bühne gehst an einen bestimmten Moment zu denken, in dem du deine Mitbewohnerin beneidet hast; außerdem könntest du sensorische Erinnerungen an Geschehnisse, die mit deiner Zimmergenossin verbunden sind, als Teil deiner Hausarbeit und im Probenprozess verwenden. Du kannst dir sogar deine Zimmergenossin vorstellen, wie sie – so wie es auch Cecily tun würde – in der neuesten Mode des 19. Jahrhunderts aufgetakelt herumstolziert, während sie deinem Freund schöne Augen macht, sodass du Angst haben musst, dass sie ihn dir wegnimmt.

Diese Personalisierung – oder Substitution – hilft dir dabei, dich auf organische Weise daran zu erinnern, wie es sich anfühlt, unaufrichtig zu sein und deine Gehässigkeit zu verstecken: Wie heuchlerisch du ihr geschmeichelt hast und sie liebevoll am Arm berührt hast, während du sie auf den Tod nicht ausstehen konntest. Wenn du deine Hausaufgaben machst, also deine Rolle einstudierst und dir im Text Notizen machst, bearbeitest du ganz verschiedene Ebenen und schaffst eine inspirierende Arbeitsatmosphäre.

Abgesehen von Personalisierungen, Erinnerungen und Als-obs kannst du an den Seitenrändern auch deine Ziele und Absichten notieren. Als Gwendolen könntest du dein Ziel formulieren als: »so viele Informationen wie möglich von dieser unerwarteten, potenziellen Rivalin bekommen«. Deine Absicht könnte sein, *dich bei ihr einzuschmeicheln, ihr süße Komplimente zu machen, sie gezielt auszufragen* und sie schließlich *zu konfrontieren, indem du dein Gift über sie ausschüttest.* Wie in einer Partitur hilft dir dein mit Anmerkungen versehenes Skript, dich zu verschiedenen Momenten an die aktiven Taten zu erinnern. Es hilft dir beim Erlernen deiner Rolle und dann auch im Falle einer langen Spielzeit des Theaterstückes. Wenn du deine ursprünglichen Entscheidungen vergisst und anfängst, im Automatik-Modus zu spielen, dann kannst du immer zum Original-Skript, das wir als unsere Bibel bezeichnen, zurückkehren, um deine Erinnerung mithilfe der Notizen aufzufrischen.

Muss man alles in sein Skript hineinschreiben? Einige Leute verwenden ein Notizbuch oder eine Computerdatei, damit sie sich die Notizen separat vom Skript durchlesen und während des Lesens die Emotionen ihrer Entscheidungen durchleben können. Andere Leute stellen sich ihre Personalisierung und Als-obs lebhaft vor, schreiben sie aber nicht auf. Das funktioniert für sie. Ich lege dir nahe, deine Ziele und Absichten immer neben deinen Sätzen zu notieren. Aber jeder arbeitet anders. Das Wesentliche ist, dich nicht selbst übers Ohr zu hauen, indem du nachlässig und ungenau bist. Verlange diese Genauigkeit von dir, damit sie im Spielen ebenso detailreich vorhanden ist wie im Leben und du demzufolge im Innern brodeln kannst.

Beim ersten Lesen des Skriptes kannst du jede Figur sofort auf die einfachste Weise bezeichnen: »meine Mutter, meine Schwester, mein Ehemann, meine Ehefrau, mein Sohn, meine Tochter, mein Freund, mein Boss«. Aber das ist nur der Anfang. Du musst außerdem in jeder Szene festlegen, was dir die andere Figur auf *emotionaler Ebene* bedeutet und wie sich dies von Szene zu Szene verändert. Dieses Vorgehen nennt sich *Neudefinierung einer Beziehung*. Während du das Skript liest, frage dich fortlaufend: *Was bedeutet der- oder diejenige mir* jetzt *auf emotionaler Ebene?* Notiere dann die Antwort am Anfang jeder Szene. Das mag sich in einer Szene drei- oder viermal ändern, aber du musst einen Standpunkt dazu haben, wie du die Szene in Bezug auf diese Person beginnst. Mit deinen Notizen wirst du zu Beginn der Szene auch dazu fähig sein, zu sagen: »Oh, das stimmt, *das* ist es, was er (oder sie[39]) mir jetzt bedeutet. Er ist nicht länger nur mein potenzieller Liebhaber, er ist mein angebeteter Liebhaber, für den ich sterben würde und mit dem ich den Rest meines Lebens verbringen möchte.«

Verwende emotional stark aufgeladene Adjektive und erläuternde Sät-

39 Der Einfachheit halber nur die männliche Form (im Englischen *they*)

ze, um deine Beziehungen lebendig werden zu lassen. Du könntest z. B. über eine Figur, die deine Schwester ist, sagen: »Dies ist meine eifersüchtige Petzen-Dreckssau von Schwester, die gerade ein Geheimnis an meine Mutter verraten hat und die ich abgrundtief hasse.« Oder über eine Figur, die dein Ehemann oder deine Ehefrau ist: »Das ist die Liebe meines Lebens, die mich unsere gesamte Ehe lang betrogen hat und ich habe das gerade erst herausgefunden und ich werde ihr niemals vergeben.« Die beiden Aussagen beschreiben deine Beziehung zu deinem jeweiligen Gegenübermit konkreten, emotionalen Begriffen; sie geben dir eine Perspektive, die dir dabei hilft, die Szene mit einer starken emotionalen Aufladung gegenüber der anderen Figur zu beginnen.

Nun lass uns annehmen, dass dein dich betrügender Ehemann dich in der nächsten Szene anbettelt, ihm zu vergeben. Du brichst schließlich zusammen und sagst ihm, dass du ihn dein ganzes Leben lang geliebt hast und dass alles, was du willst, ist, dass ihr die Ehe weiterführt. Und so ist er zu Beginn der nächsten Szene immer noch die Liebe deines Lebens, aber aufgrund seiner Untreue hast du Angst, dass er dich verlassen wird. Szene um Szene lädst du die *Neudefinierung einer Beziehung* mithilfe von gefühlsbedingter Sprache und konkreten Bildern emotional auf – mit persönlichen Bildern in deinem Inneren, wie z. B. von deinem Ehegatten im Bett mit einer anderen oder davon, wie du Liebesbriefe von ihm entdeckst, die nicht an dich gerichtet sind. Alles was du dann tun musst, ist, den Satz zu sagen und dich an das Bild zu erinnern – und du weißt sofort, was diese Dinge für dich bedeuten.

Szene für Szene emotional aufzuladen und die Neudefinierung von Beziehungen zu notieren, ist ganz besonders beim Film unverzichtbar, weil du nicht immer chronologisch drehen wirst. Während des Drehzeitraums brauchst du zu jedem Zeitpunkt einen unmittelbaren Zugang zu deinen Gefühlen für die andere Figur. Das ist besonders dann unglaublich hilfreich, wenn du die letzte Szene des Films zuerst und den Mittelteil zwei Wochen später und die erste Szene am letzten Tag drehst. Das hört sich lächerlich an, aber ich habe es selbst miterlebt. Deine Notizen werden dir genau sagen, was du darstellen willst, wenn die Kamera zu laufen beginnt.

Ein anderer Teil deiner Hausaufgaben besteht darin, diese emotionalen Reaktionen auf die andere Figur körperlich umzusetzen. Nehmen wir z. B. an, dass du vor jemandem Angst hast oder auf jemanden wütend bist. Verwende diese Emotion als Vorbereitung, um deinen Körper mit einer Art Tanz zu aktivieren. Was ich mit *Tanz* meine, ist eine Serie von körperlichen Gesten oder Bewegungen, z. B.: Du findest eine Serie von körperlichen Gesten oder Bewegungen für dich, die deine Gefühle gegenüber *»deinem brutalen, zärtlichen, sexy, untröstlichen, kaltherzigen Ehemann«* ausdrücken. Du erarbeitest den Tanz als Hausaufgabe und am Drehtag, oder bevor du auf die Bühne gehst, wiederholst du ihn. Wenn sich dein Körper an das von deinen Emotionen katalysierte körperliche Verhalten erinnert, wirst du es in deine Darstellung einbringen.

Manchmal reicht es schon aus, wenn du die Bewegungen deines Tanzes vor dem Auftritt in deinem Kopf visualisierst oder ihn fast unmerklich andeutest – eine kleinere Version davon ausführst; das wird dich aus deinem Kopf und in deinen Körper bringen. Mithilfe des Tanzes machst du die Beziehung für dich und deinen Körper real, du nimmst sie in deine Eingeweide auf. Manchmal wirst du überdies in deinem Tanz eine Geste entdecken, die Teil der körperlichen Reaktion deiner Figur auf die andere Figur wird.

Es kann sein, dass die Perspektive deiner Figur gegenüber einer anderen Figur in einer Szene neudefiniert wird. Manchmal macht der Text diese ausschlaggebenden Neudefinitionen sehr klar und offensichtlich. Manchmal braucht es echte Schwerstarbeit, um dahinterzukommen. Es ist faszinierend, im Film das Gesicht eines Schauspielers zu beobachten: Wie es sich verändert, weil er innerlich die Beziehung zu der anderen Person von Vertrauen zu Misstrauen, von Anziehung zu Abstoßung, von Freund zu Feind umdefiniert. Wenn du diese Neudefinitionen eindeutig in dir trägst, werden deine Gesichtsmuskeln die Veränderung *automatisch* durch gesteigerte oder verminderte Spannung offenbaren. Das kann ungemein subtil und in Close-ups dennoch wunderbar sein.

Ein Paradebeispiel dafür ist Nicholas Rays angsteinjagender psychologischer Film Noir EIN EINSAMER ORT. Gloria Grahame spielt darin Laurel Gray, eine junge Schauspielerin, die eine Liebesbeziehung mit Dixon Steele (Humphrey Bogart) beginnt, der unter Mordverdacht steht. Weil Laurel gesehen hat, wie das Mädchen, das später ermordet wird, Dixons Wohnung verlassen hat, erzählt sie der Polizei, dass er es nicht getan haben kann. Aber so einfach ist es nicht, weil er weggegangen sein und sie später ermordet haben könnte. Noch schlimmer wird es, als Laurel sich mit ihm einlässt: Sie beobachtet, wie er wegen einer Belanglosigkeit einen Mann fast tötet. Ihr Gesicht zeigt ihr schwindendes Vertrauen, ihr wachsendes Misstrauen und Angst, Dixons Gesicht hingegen zeigt seine Reaktion auf ihr Verhalten: Furcht, Hilflosigkeit und Zorn. Als sie von seiner Unschuld erfährt, ist es zu spät: Ihr mangelndes Vertrauen und ihr Zurückziehen aus Angst verursachen in ihm so viel Zorn, dass er fast zu ihrem Mörder wird. Ihre Liebesgeschichte kann diese Neudefinitionen nicht überstehen.

Lege deine emotionale Landkarte nicht zu früh endgültig fest. Während der Proben könntest du herausfinden, dass du bislang etwas übersehen hast; z.B. könntest du zum ersten Mal bemerken, dass eine andere Figur etwas sagt, was deine Figur verletzt. Dann musst du zurückgehen und eine neue innere Karte zeichnen, welche diese emotionale Neudefinition beinhaltet. Manchmal wird diese Art von Erkenntnis erst in den Voraufführungen oder später während der Laufzeit oder bei den Dreharbeiten zu einer Szene entdeckt. Deshalb ist es so wichtig, offen zu bleiben und immer jedem, der mit dir spricht, *wirklich zuzuhören*. Egal, wie oft du eine Szene geprobt oder gespielt hast, du darfst nichts als selbstverständlich ansehen.

Als John Coffey in THE GREEN MILE ins Gefängnis gebracht wird und eine Beziehung zu den vier weißen Gefängnisaufsehern knüpfen muss, ist er sanft und höflich; was jedoch darunter durchschimmert, ist das, was Michael und ich aufgebaut haben: »Wenn ich eine falsche Bewegung mache, werden sie mir wehtun.« Zu Beginn der Szene legte Michael keine individuellen Beziehungen zwischen John und jedem einzelnen Polizisten fest, weil er sie noch nicht kannte; er hatte zu ihnen eine kollektive Beziehung: »Das sind Polizisten, vor denen ich Angst habe, die Macht über mich besitzen, die mir in der Vergangenheit wehgetan haben und mir erneut wehtun werden, wenn ich etwas falsch mache.« Er schaut die Polizisten in der Szene aktiv an und fragt sich: *Wer könnte auf meiner Seite stehen? Wer ist ungefährlich und wer ist gefährlich?* Einer der Wärter ist ein Sadist, die anderen drei sind freundlich. Und der Wärter, der von Tom Hanks gespielt wird, ist außergewöhnlich freundlich, aber Coffey weiß das zu diesem Zeitpunkt noch nicht. Die Beziehungen werden mit jeder Szene neu definiert. Szene um Szene erlangt er mehr Einsicht.

Wenn Schauspieler das nicht verstehen, können sie in der Beziehung nur eine emotionale Perspektive spielen – »ich bin wütend« oder »ich bin verletzt« oder »ich bin traurig« – und das Leben ist *niemals* so einfach. In meiner Klasse habe ich mit einer talentierten Schauspielerin gearbeitet, die die Frau in einer Szene aus Harold Pinters BETROGEN spielte. Im Leben sah die Frau sich selbst oft als Opfer, daher waren ihre Entscheidungen in ihrer Schauspielarbeit oftmals empfindsam und tränenreich – aus der Perspektive des Attackierten bzw. des Opfers, als ob sie fragen würde: *Wie konntest du mir das antun?* Das verleitete sie dazu, wesentliche Elemente von Pinters Figur Emma auszulassen: Emmas betrügerischen Charakter, wie sie ihren Ehemann und ihren Liebhaber hinterging, wie wütend und manipulierend sie sein kann. Als ich die Schauspielerin mit dieser Tatsache konfrontierte, reagierte sie anfänglich aufgebracht und ein bisschen abwehrend; dadurch, dass ich von ihr forderte, die dunkle Seite der Figur zu sehen, verlangte ich zugleich von ihr, ihre eigene dunkle

Seite wahrzunehmen. Ich versuchte ihr dabei zu helfen, die Maske der Opferrolle abzulegen, damit sie die Wut und die Manipulation der Figur aufrichtig zeigen konnte. Obwohl sie aufgelöst war, war sie zum Glück ebenso fasziniert, interessiert und bereit, als Schauspielerin zu wachsen. Das ist in der Tat passiert. Es hat ihre Karriere und ihr Leben verändert.

Ich werde später noch mehr zum Thema Selbsterkenntnis – deiner Beziehung zu dir selbst – zu sagen haben. Behalte vorläufig beim Definieren und Darstellen deiner Beziehungen zu anderen Figuren im Kopf, keine Aspekte und Gefühle der Figur, die du spielst, auszulassen, weil sie dir persönlich unangenehm sind.

Welche Möglichkeiten gibt es in einer jeden Beziehung? Beziehungen sind mehrstufig, vielschichtig, vielfarbig: Als Schauspieler suchst du nach den Dingen, die eine Beziehung so facettenreich machen wie einen Diamanten. Wenn du zu dir sagst, *dass du deine Frau liebst und es nie einen Moment geben könnte, in dem du sie hasst*, könntest du dich der Möglichkeit berauben, die Figur, die du spielst, auf vollkommenere Weise real zu gestalten. Wir alle haben eine liebenswürdige und eine dunkle Seite. Diese zu verleugnen oder verleugnen zu wollen, verkrüppelt dich als Schauspieler.

Wenn in einer Beziehung große Liebe im Spiel ist, sei neugierig darauf, wo du der anderen Person etwas übelnehmen oder ihr gegenüber dünnhäutig sein könntest. Jemanden zu lieben bedeutet bis zu einem gewissen Grad, von demjenigen abhängig zu sein – was bedeutet, dass es für dich nicht in Ordnung ist, wenn derjenige geht. Wenn du abhängig bist, bist du verletzlich. Liebst du diese Person, könnte zusätzlich eine Portion Verärgerung im Spiel sein: Du hast Angst, dass etwas in dir sterben könnte, wenn sie geht. Es ist allgemein bekannt, dass in manchen langen Ehen nach dem Tod des einen Partners auch der andere bald verstirbt. Der überlebende Partner kann die Welt alleine nicht ertragen, was aber nicht heißt, dass die gesamte Beziehung nur Himmel auf Erden war; sie kann Schrecken enthalten haben, Zorn, Besitzgier und andere kleine Monster. Sowohl im Text als auch im Leben gibt es Momente, die unangenehm sind, weil du sie als unangemessen beurteilst. Unabhängig von deinem eigenen Urteil oder von dem Urteil anderer sind Gefühle keine Realität. Vielleicht kannst du einen Moment bewusst die sexuelle Anziehungskraft deines Kindes im Teenageralter spüren. Selbstverständlich würdest du niemals daraufhin handeln, du würdest dein Kind niemals auf diese Weise verraten, was aber nicht bedeutet, dass du das Gefühl niemals gespürt hast.

In Edward Albees Theaterstück DIE ZIEGE ODER WER IST SYLVIA? hat ein Mann eine sexuelle Beziehung mit – einer Ziege. Bill Pullman spielte den Mann ganz wunderbar; er bringt dich wirklich dazu, an seine romantische Verliebtheit und an sein Verlangen nach diesem vierbeinigen Tier zu glauben. Als Schauspieler verurteilte er das nicht; er erforschte es. Und das ist das, was ich meinte: Verurteile deine Menschlichkeit nicht, sei neugierig und suche für alle Figuren, die du spielst, das Licht und das Dunkel, die Wahrheit in dir selbst.

Durch das Definieren von Beziehungen erzählst du eine emotionale Geschichte deiner Figur. Es ist eine Geschichte, die du dir zu eigen machst, um sie zum Leben zu erwecken. Die Information, die der Autor im Text gibt, ist immer nur ein Skelett. Damit meine ich, dass sie, egal wie gut das Stück ist, kein Fleisch und Blut besitzt – und ich spreche von den wirklich bedeutenden Schriftstellern: Shakespeare, Strindberg, Ibsen, O'Neill, Williams, Miller. – Die Figur bleibt ein Skelett, bis du dein persönliches Verständnis und die intuitive Verbindung für all ihre Einzelheiten und all ihre Beziehungen mit den anderen Figuren im Skript ermittelt hast.

Lass uns Williams' DIE GLASMENAGERIE als Beispiel heranziehen. Vom Skript wissen wir bestimmte Dinge über Toms Beziehung zu seiner Schwester Laura. Wir wissen von der Traurigkeit, die er ihretwegen verspürt, und von seinem Beschützerinstinkt; doch das Skript gibt uns keinen Hinweis darauf, wie diese Gefühle entstanden sind. Tom und Laura schwelgen nicht in Erinnerungen über ihre Kindheit, wenngleich sie eine hatten. Und was wir wissen, ist, dass ihr Vater, ein Handlungsreisender, eines Tages verschwunden ist; Tom sagt das am Anfang des Theaterstückes: »Er war Telefonist und hat sich wegen der Ferngespräche in die Ferne verliebt.«[40] Um deiner Darstellung ihrer Nähe zueinander in diesem dramatisierten Moment Genauigkeit zu verleihen, könntest du das Gespräch rekonstruieren, das Tom und Laura geführt haben, nachdem ihr Vater die Familie verlassen hat. Du kannst auch die Art von Humor konstruieren, die sie miteinander über die Verschrobenheiten ihrer Mutter teilen. Über das ganze Stück verteilt werden Hinweise auf Toms trockenen Humor gegeben, Lauras Intelligenz wird durch ihr Verhalten gegenüber Jim O'Connor, den Tom als »einen Herrenbesuch« für seine Schwester einlädt, aufgedeckt.

Eine hilfreiche Übung, die ich meinen Studenten gebe, ist eine Improvisation »in der Figur«; das bedeutet, in der Figur zu bleiben und zu einem Ereignis, dass außerhalb des Theaterstückes steht, einen eigenen Dialog zu erfinden. Diese Übung hilft dir dabei, Verhaltensweisen und konkrete emotionale Farben in deinen Beziehungen zu den anderen Figuren zu fin-

40 Deutsch von Jörn van Dyck, Jussenhoven & Fischer Verlag, Bühnenmanuskript, S. 10

den. Ich werde dir verraten, wie man die Übung ausführt, und ich werde Die Glasmenagerie als Beispiel dafür verwenden.

Improvisation in der Figur

Lies das Skript, an dem du arbeitest, und bestimme eine Schlüsselbeziehung zu einer anderen Figur. Dann mache die kritischen Themen in dieser Beziehung ausfindig. Behalte diese kritischen Themen im Hinterkopf, wenn du damit anfängst, dir Szenen aus der Vergangenheit und der Gegenwart vorzustellen. Die stehen nicht im Skript, aber in Verbindung damit. Sie sind wichtig, um die Beziehung und die Ereignisse, über die die Figuren reden und/oder in die sie im Skript involviert sind, zu konkretisieren.

Wähle nun mit deinem Szenenpartner eine dieser ausgedachten Szenen, von der dir deine Intuition sagt, dass sie hilfreich für deine Darstellung dieser Figur wäre. Improvisiere die Szene in der Figur. Sei genauso engagiert, sie zu spielen, wie du es wärst, wenn die Szene im Skript stünde.

Anfänglich kann es sein, dass du einen Widerstand verspürst, dies zu tun; wenn du jedoch einmal den Bogen heraus hast, wird das eine Technik sein, die du für immer verwenden wirst, weil sie Probleme löst und ein brauchbares und interessantes körperliches und emotionales Leben kreiert, das du in die Darstellung einfließen lassen kannst.

Auf Die Glasmenagerie bezogen könntest du darüber improvisieren, wie Laura mit Tom über ihre Glasmenagerie spricht. Oder über ein heiteres Gespräch, welches sie über die exzentrischen Südstaaten-Künsteleien ihrer Mutter führen. Das kann zu Verhaltensweisen führen, die du dann während des Theaterstückes in Blicke einbaust, die ihr euch zuwerft, oder in körperliche Gesten. Selbst eine Improvisation in der Figur darüber, wie Tom und Laura zusammen Karten spielen, könnte dir dabei helfen, bestimmte Verhaltensweisen festzulegen. Es wird dir helfen, wirklich an die Nähe von Bruder und Schwester zu glauben und zu sehen, dass sie einander brauchen.

Nach der Improvisation in der Figur wirst du erkennen, wie diese bei der Arbeit am Text konkret dazu beiträgt, deine Figur und die Beziehungen deiner Figur zu gestalten. Du wirst sehen, dass deine Darstellung neues Leben bekommt, weil du durch diese Improvisationen Wege gefunden haben wirst, andere anzuschauen, zu berühren, mit ihnen zu lachen oder zu weinen. Du wirst so deine Investition in die Figur und ihre Beziehungen erhöhen.

Ein Stück über den Zeitraum von vier Wochen immer und immer wieder ohne jegliche In-der-Figur-Improvisation zu proben, macht es meiner Erfahrung nach schwieriger, die Tür dazu zu öffnen, menschliches Leben im Rahmen der gegebenen Umstände zu erfahren – außer der Regisseur stellt den Schauspielern Fragen, die sie dazu ermuntern, tiefer in die verhaltensbedingten Aspekte der Beziehungen vorzudringen. Wenn der Regisseur das nicht tut, dann musst du das übernehmen, weil das Stück vom Glauben des Publikums an die Echtheit der Beziehungen abhängt, davon, dass Figuren schon vor Stückbeginn Beziehungen hatten (so sie sich da bereits kannten) und davon, dass die verhaltenstechnischen Eigenheiten dieser Beziehungen dauerhaft lebensecht sind.

In Die Glasmenagerie muss das Publikum glauben, dass Tom und Laura sich umeinander sorgen, und das kann es nur, wenn die Bindung, die auf der Bühne dargestellt wird, wirklich familiär ist. Als Tom könntest du dir sagen: »Ich fühle mich für Laura verantwortlich, weil ich ein Mann bin und sie meine kleine Schwester ist, wir keinen Vater haben und ein Teil der Gefühle eines Mannes gegenüber Frauen ein primitiver Beschützerinstinkt ist.« Aber es ist für Tom unmöglich, das kaputte Bein oder die geschädigte Psyche zu heilen; deshalb sind seine Gefühle von Zärtlichkeit und Beschützerdrang mit Hilflosigkeit und Schuld vermischt – er ist körperlich gesund und sie nicht. Die ständige Provokation seiner Mutter und das Annehmen der Rolle des Familienbeschützers binden ihn unglücklicherweise an ein Gefühl von Verantwortung für Probleme, die er niemals erzeugt hat und die er nicht lösen kann.

Dazu kommt Amandas übersteigerte, fantastische Vorstellung von dem, was weibliche Energie ist. Tom sieht, dass sie Laura zu etwas formt, das in der wirklichen Welt nicht funktioniert und das Laura nur noch mehr in eine Fantasie hineindrängt. Er sieht seine Unfähigkeit, dieses Problem zu lösen und dass er sein eigenes Leben aufgeben müsste, um Laura zu beschützen. Doch die Erkenntnis, dass er selbst dann keinen Erfolg haben könnte, bringt ihn dazu, sich auf schmerzhafte Weise von zu Hause loszureißen und Laura im Stich zu lassen. Die Zerstörungskraft, die er in seiner Mutter sieht, wird in seinen Sätzen in der Mitte des Theaterstückes offenbart: »Du häßliche – sabbernde, alte – Hexe!« Und später in der Szene: »Jedesmal, wenn du in der Früh reinkommst und dein gottverdammtes ›Morgenstund hat Gold im Mund‹ brüllst! ›Morgenstund hat Gold im Mund‹. Da denk ich jedesmal, wie glücklich doch die Toten sind.«[41]

41 Deutsch von Jörn van Dyck, Jussenhoven & Fischer Verlag, Bühnenmanuskript, S. 28

Indem du dir über die Beziehung zwischen Tom und Laura und ihrer alltäglichen Basis bewusst bist – wobei dir die In-der-Figur-Improvisationen helfen – wird der Schauspieler, der Tom spielt, das verwundete Herz verstehen, welches am Ende des Theaterstückes, als Tom das Zuhause schon verlassen hat, zu Laura sagt: »Oh, Laura, Laura, ich habe versucht, dich hinter mir zu lassen, aber ich bin treuer, als ich dachte!«[42] Er offenbart dem Publikum, dass er nicht aufhören kann, über seine Schwester nachzudenken, dass sie ihn bei jedem seiner Schritte verfolgt. Und das ist der Grund, warum der letzte Satz in DIE GLASMENAGERIE so qualvoll ist. Tom sagt: »Blas deine Kerzen aus, Laura – Also dann – leb wohl …«[43], was, wie ich glaube, bedeutet: »Du wirst kein richtiges Leben haben und es bricht mein Herz, aber ich muss dir das ein für alle Mal sagen. Um meinen Platz im Leben als Künstler zu finden, muss ich ›Auf Wiedersehen‹ sagen.« Meiner Meinung nach ist es wertvoll zu wissen, dass Tennessee Williams sich sein Leben lang von seiner psychisch kranken Schwester Rose verfolgt fühlte, die bis zu ihrem Tod in einer psychiatrischen Klinik untergebracht war.

In DIE GLASMENAGERIE kann man ganz klar sehen, wie Laura auf Tom angewiesen ist, aber du musst es auch von der anderen Seite der Gleichung betrachten: Auf welche Weise ist Tom auf Laura angewiesen, was gibt sie ihm? Ich behaupte, dass Laura Tom durch ihre Wertschätzung aufwertet und ihn mit einer liebenswürdigen Zärtlichkeit versorgt, die ihn im Gegensatz zu seiner quälenden Beziehung zu seiner Mutter Amanda nährt und ihm Kraft gibt.

Wenn du Tom spielst und du deine Beziehung zu Amanda definierst, könntest du sagen: »Meine Mutter Amanda ist die Kette um meinen Hals, die meine Kehle und meine Genitalien nicht loslassen wird und die ich toleriere, weil ich es muss.« Du wirst deinen eigenen Weg finden, deine Beziehung zu ihr zu beschreiben; es könnte sogar sein, dass du Raum für Bewunderung und eine seltsame Zuneigung findest, weil sie, so verrückt sie auch ist und so sehr sie auch dich verrückt macht, doch ihr Bestes gibt. Aber als Tom kannst du niemals vergessen, dass sie gefährlich ist, weil sie es zulassen würde, dass du deine Kunst – das Schreiben – aufgibst, um sie und Laura zu beschützen.

Das Stück gipfelt in der letzten Szene, in der wir Tom in der Gegenwart sehen, alleine auf einer Straße in der Stadt. Bisher haben wir eine Reihe von Szenen aus seiner Erinnerung gesehen, die seine Vergangenheit be-

---

42 Deutsch von Jörn van Dyck, Jussenhoven & Fischer Verlag, Bühnenmanuskript, S. 105

43 Ebd.

treffen. Diese Erinnerungen setzen uns auf eine sehr emotionale Weise in Kenntnis über die Gegenwart – die Gegenwart, in der Tom uns erzählt, was er zurückgelassen hat und welchen Preis er dafür zahlt, alleine weggegangen zu sein. Wenn das Stück uns nicht in die Beziehungen seiner Familie einweiht und uns dazu bringt, uns tiefgehend für diese zu interessieren, dann wird uns auch das Ende nicht interessieren.

Bisher haben wir über das Definieren und Neudefinieren der Beziehungen zwischen deiner Figur und den anderen gesprochen. Aber du musst dir noch eine andere Frage stellen: Welche Beziehung hat deine Figur zu sich selbst? In Neil Simons Stück DAS ZWEITE KAPITEL geht es um den Witwer George, der wieder heiratet. Georges neue Frau Jennie erlebt eine große Wandlung in ihrer Beziehung zu sich selbst und dadurch in ihrer Beziehung zu George. Im Verlauf des Stückes erduldet Jennie viele von Georges Feindseligkeiten, weil er immer noch den Tod seiner ersten Frau betrauert und sich schuldig fühlt, überlebt zu haben. Er kann es nicht ertragen, glücklich zu sein. Wir finden heraus, dass er die Flitterwochen ruiniert; auch am ersten Tag nach ihrer Rückkehr fährt er damit fort, sie in Auseinandersetzungen zu verwickeln. Gegen Ende des Theaterstückes hat Jennie endlich genug: »Ich fühle mich […] besser als damals, als ich dachte, daß es in der weiten Welt keinen Menschen für mich gibt, und besser als am Abend, bevor wir geheiratet haben, und ich dachte, ich sei nicht gut genug für dich … Falls es dich interessiert; ich bin gut genug für dich!! Ich bin fabelhaft! Ich bin völlig überzeugt von mir … Und wenn du so dämlich bist, ein so sensationelles Geschöpf wie mich wegzuwerfen, dann verdienst du nichts Besseres als deinen Zustand!«[44] Wenn du Jennie spielst, dann musst du zuerst ihre schlechte Beziehung zu sich selbst zeigen sowie ihre Unfähigkeit, sich Männern gegenüber zu behaupten; später, wenn sie der Möglichkeit ins Gesicht sieht, den von ihr vergötterten Mann zu verlieren, verdeutlichst du das Wachsen ihrer inneren Stärke (das Stück verrät, dass sie zur Therapie gegangen ist) und schließlich das Entdecken und Zelebrieren ihrer eigenen Wertigkeit.

Der Film SOPHIES ENTSCHEIDUNG basiert auf William Styrons Roman über einen jungen Schriftsteller namens Stingo (Peter MacNicol). Dieser lernt nach dem Zweiten Weltkrieg ein Paar kennen: den Amerikaner Nathan (Kevin Kline) und die polnische Immigrantin Sophie (Meryl Streep). Meryl Streeps Interpretation von Sophies Beziehung zu Nathan ist fast so, als ob er ein Rockstar und sie sein Groupie wäre, oder er ein Guru und sie seine Anhängerin. Aber was ihre Beziehung in vielerlei Hinsicht beeinträchtigt, ist Sophies Beziehung zu sich selbst und zu ihrer

44 Deutsch von Gerty Agoston, S. Fischer Verlag, S. 58

traumatischen Vergangenheit. Sie reagiert ihm gegenüber wie ein heranwachsendes Mädchen, mit solcher Freude und Dankbarkeit, dass sie diese kaum halten kann; es ist, als ob sie mit ihm ein ungebundenes Kind sein könne, aber es hat zugleich einen Anflug von Hysterie. Diese rührt von der schrecklichen Schuld her, die Sophie verspürt, weil sie noch am Leben ist. Fast scheint es, als würde sie Freude in ihre Beziehung mit ihm *hineinschmuggeln.* Streep bringt Schärfe und Gefahr in dieses Verhältnis. Ich glaube, die Idee, dass Sophie Freude stiehlt, ist gar nicht weit hergeholt, weil sie krampfhaft vor ihrer Schuld davonläuft. Sie stiehlt die Freude, die sie ursprünglich ihrem kleinen Mädchen genommen hat, das im Holocaust ermordet wurde. Sophie hatte sich, vor die Wahl gestellt, eines ihres Kinder vor dem Verderben zu retten, für ihren Sohn entschieden und ihre Tochter geopfert. In der Beziehung mit Nathan wird sie selbst zu dieser Tochter, zu einem albernen kleinen Mädchen; doch es ist ein von Schuld geplagtes, verzweifeltes Vergnügen. Folglich ist die Beziehung zu ihrem ermordeten Kind Teil ihrer Beziehung mit Nathan. An Sophies Beziehung mit Nathan ist – zumindest in Streeps Interpretation – außerdem interessant, dass sie eine Parallele zur Vergötterung ihres Vaters darstellt, die zerschmettert wurde, als sie von seiner Nazi-Vergangenheit erfuhr.

Um eine Darstellung auszufüllen ist es manchmal notwendig, dass du deine Beziehung zu einer Figur definierst, die im Skript nicht einmal erwähnt wird. Dies ist Teil des Fleisch und Blutes, das du als Schauspieler dem Skelett, das der Autor zur Verfügung stellt, hinzufügen musst. In BESSER GEHT'S NICHT musste Helen Hunt ihre Beziehung zu einem Ehemann definieren, der das Kind zeugte und sie dann beide verließ – obwohl Carol niemals von ihm spricht. Helen und ich realisierten, dass es sich hier um etwas handelte, was wir weiter erforschen mussten, um ihre Beziehung zu ihrem Sohn vollkommen verstehen zu können sowie ihr verzweifeltes Bedürfnis nach Geld, das von der Tatsache herrührt, dass sie finanziell völlig auf sich allein gestellt ist.

Helen gestaltete in ihrer Vorstellung detailliert, wer ihr Ex-Mann war, wie ihre Beziehung mit ihm gewesen war und warum er sie verlassen hatte. Diese Fragen zu Carols vorherigem Leben zu beantworten, half Helen dabei, auf emotionaler Ebene in Carols gegebene Umstände zu investieren. Allein das Wissen über ihre Beziehung zu ihrem Ex-Mann erlaubte Helen, die Wohnung als Carol zu betreten. Ist dies die Wohnung, in der sie zusammen gelebt hatten? Hatte er sie dort verlassen? Jeder Ort hat Geister, und sie musste wissen, ob es in dieser Wohnung für Carol Geister gab – was bedeutete, dass sie ihre Beziehung zu ihrem Ex-Mann definieren musste.

Gute Schauspieler sind gute Detektive. Mache nicht den Fehler, Leuten zu glauben, die sagen: »Du musst keine Hintergrundgeschichte für deine Figur erarbeiten.« Fragen über die Vergangenheit deiner Figur zu stellen und zu beantworten wird dir niemals wehtun und oft ungeheuer helfen.

Manche Skripte handeln so sehr von Beziehungen, dass der Schauspieler diese Beziehung mit extremer Leidenschaft anlegen muss, damit der Text in der Darstellung den größtmöglichen Effekt hervorrufen kann. Manchmal serviert dir das Skript die ganze Beziehung auf dem Silbertablett und alles, was du tun musst, ist, dich dazu zu verpflichten, dem Skelett Fleisch und Blut hinzuzufügen. In Shakespeares ROMEO UND JULIA ist sowohl die Beziehung zwischen Romeo und Julia als auch der Hintergrund ihrer sich bekriegenden Familien und Freunde im Skript von Anfang bis zum Ende unmissverständlich: Von dem Augenblick an, in dem sie einander erblicken, sind sie glühend ineinander verliebt; die äußeren Umstände dienen nur dazu, ihr überromantisches Band zu verstärken und zu festigen.

In Shakespeares OTHELLO ist die Beziehung zwischen Othello und Desdemona weitaus komplizierter. Äußere Ereignisse provozieren innere Hindernisse in Othello, was ihre Beziehung emotional verschärft und tragisch macht. Das Stück wird eröffnet durch Othello, einen »Mohren« und militärischen Führer, der zu diesem Zeitpunkt bereits mit der jungen, aristokratischen, europäischen Desdemona verheiratet ist. Sie ist eine zuversichtliche, abenteuerlustige und leidenschaftliche Frau, und zumindest am Anfang kannst du spüren, dass Othello auf diese Qualitäten stolz ist. Aber in der 3. Szene des 3. Aktes deutet Jago, einer von Othellos Soldaten, an, dass Desdemona möglicherweise untreu gewesen wäre. Desdemonas Unschuld nicht kennend und bereit, dem manipulativen Jago Glauben zu schenken, fängt Othello an, Dinge, die Desdemona sagt und tut, als Beweis ihres Betruges an ihm zu interpretieren; er ist von ihrer Schuld überzeugt, aufgrund seiner eigenen Eifersucht und aufgrund eines Indizes, das Jago ihm vorlegt: Desdemona soll dem Cassios – dem Lieblingssoldaten Othellos – ein Taschentuch gegeben haben, weil der ihr Liebhaber sei. – Am Ende des Stückes würgt und erstickt Othello Desdemona.

Wenn du dich als Othello-Darsteller fragst, warum Othello Desdemona nicht direkt auf Jagos Anschuldigung hin zur Rede stellt oder ihr das Leugnen ihrer Untreue glaubt, dann übersiehst du die vielen aufrührerischen und sehr realen Gründe hierfür. Othello betrachtet Desdemona als seine Untergebene. Deinem Zorn muss in dieser Rolle sowohl das Verständnis einer ungleichgewichtigen Beziehung zwischen Männern und Frauen zugrunde liegen als auch der Rassismus jener Zeit – wobei beides leider auch heute noch bei einigen Menschen besteht. Othellos Schwäche ist sein Stolz. Vielleicht betrachtet er Desdemona aus seinem persönlichen, umgekehrt rassistischen Vorurteil heraus als eine aristokratische weiße Trophäe, als Prämie für seinen militärischen Heldenmut. Du musst ebenfalls bedenken, wie intensiv ihre sexuelle Beziehung gewesen ist. Wenn du dir all diese Fakten anschaust, wirst du erkennen, wie gedemütigt, verletzt und erzürnt Othello allein durch die bloße Vorstellung von der Untreue seiner Frau wäre – besonders, weil Jago sagt, es handele sich dabei um Cassio, einer von Othellos eigenen Männern und noch dazu ein Weißer. Othellos Glaube an die Untreue seiner Frau spricht von einer eigenen tiefen Unsicherheit und vielleicht davon, was er als Afrikaner an Demütigung ertragen musste, als er durch die Ränge des Militärs aufstieg.

Du musst dir selbst folgende Frage beantworten: »Warum ist Othello so stolz und fragt Desdemona, die er so leidenschaftlich liebt, nicht direkt, ob Cassio ihr Liebhaber war oder nicht, bevor er sie umbringt?« Du musst einen persönlichen Bezug zum Warum herstellen; und du musst eine Reihe von Einzelheiten finden, die für dich intuitiv und folglich verhaltenstechnisch eine Verbindung zu dieser Beziehung herstellen. Und glaube mir, Othellos Fantasien einer sexuellen Beziehung zwischen Desdemona und Cassio sind, da er Desdemonas Leidenschaft ihm gegenüber kennt, schmerzhaft und extrem erotisch. Je konkreter und anschaulicher du dir vorstellst, was Othello sich ausmalen muss, desto besser kannst du verstehen, warum er so blind ist, warum er es so unerträglich findet, die Frage überhaupt zu stellen und warum er nicht nur Desdemona ermordet, sondern auch versucht, Cassio umbringen zu lassen, ohne ihn jemals direkt zu der Affäre befragt zu haben. Du musst skrupellos sein, weil es das ist, was Menschen dazu bringt, auf gewaltsame und extreme Weise zu handeln. Während des Stückes musst du deine Beziehung zu Desdemona ständig neu definieren. Sie ändert sich in manchen Szenen Satz für Satz, weil Othello sich damit selbst quält, indem er versucht, die Möglichkeit ihrer Schuld abzuwägen.

In seinem ausgezeichneten Buch ERFOLGREICH VORSPRECHEN schreibt Michael Shurtleff, dass es in jeder Szene um Liebe geht. Ich glaube, dass er damit das Feiern der Liebe, das Bedürfnis nach Liebe, die Abwesenheit von Liebe, die Sehnsucht nach Liebe, betrogene Liebe, die versäumte Liebe meint. Und nicht nur Liebe zwischen Mann und Frau, sondern die Liebe zwischen allen menschlichen Wesen. In OTHELLO, einem Stück, das mit der Ermordung der Geliebten endet, geht es um Liebe. In seiner letzten großen Rede sagt Othello ja sogar, dass er »nicht weislich liebte, aber zu sehr«. Und »zu sehr« bedeutet hier besessen, verzweifelt und ohne jegliche Einsicht. Als Jago ihn erst einmal mit der Idee von Untreue geködert hat, dreht Othello durch – weil Jago damit Othello den Spiegel seiner schlimmsten Angst in seiner Beziehung mit Desdemona vorhält.

Es handelt sich zwar um Othellos Wahnsinn, aber du musst dir ein Gerüst bauen, *warum* diese Beziehung ihn zu solch herzzerreißenden und schrecklichen Entscheidungen treibt.

Manchmal macht dir das Leben ein Geschenk: Deine Beziehung zu dem anderen Schauspieler spiegelt die Beziehung zwischen den Figuren, die ihr spielt, wider. Dies passierte Hank Azaria in DIENSTAGS BEI MORRIE, als er an der Seite von Jack Lemmon spielte. DIENSTAGS BEI MORRIE ist ein TV-Film, welcher auf Mitch Alboms autobiografischen Erzählungen von seinen Besuchen bei seinem betagten Mentor, Morrie Schwartz, basiert. Schwartz lag damals im Sterben. Als ich mit Azaria arbeitete, erzählte er mir, dass er als Mitch eine emotionale Verletzlichkeit preisgeben wollte, die zu zeigen er niemals zuvor die Möglichkeit gehabt hatte, weil er normalerweise komische Rollen spielte.

Azaria wusste es nicht, allerdings war Lemmon selbst an Krebs erkrankt. Hank sah in ihm eine gewisse Verletzlichkeit, die Lemmon auch in Hank sah, und die ihre Beziehung zueinander notwendig, lebendig, dreidimensional und ergreifend machte. Hank bewunderte Lemmon, genauso wie Mitch Morrie bewunderte; er war von Lemmons Einsatzfähigkeit und Offenherzigkeit gerührt, genauso wie Mitch von Morries Offenheit gerührt war. Und dadurch wurde Hank geholfen, die Liebe, das Mitgefühl und schließlich den Verlust eines Mannes, den er respektierte und lieben gelernt hatte, darzustellen. Es ist die Art von wunderschönem Wunder, das manchmal im Theater und beim Film passiert.

Vergiss nicht, dass du in deiner Beziehung zu der Person, an deren Seite du spielst, *immer* ein emotionales Hindernis hast, selbst wenn deine Figur Gleichgültigkeit vorgibt. In George Bernard Shaws PYGMALION, das Alan J. Lerner und Frederick Loewe in das Musical MY FAIR LADY verwandelten, benutzt Professor Henry Higgins das Blumenmädchen Eliza Doolittle für eine Art Projekt. Er möchte seinem Freund Colonel Pickering beweisen, dass er selbst einem Straßenkind anständiges Englisch beibringen könne, sodass sie sich dann sogar als Dame ausgeben könne. Higgins behauptet, er habe ausschließlich wissenschaftliches Interesse an Eliza – mit anderen Worten wird er von ihr persönlich nicht berührt. Was im Laufe des Stückes aber vor allem unser Interesse weckt, ist die Tatsache, dass – auch wenn Higgins selbst das nicht begreift – er mit ihr auf emotionaler Ebene eine Bindung eingeht und sein Verhalten unbeständig wird, als sie ihn verlässt. Wenn der Higgins-Darsteller gefühlstechnisch nicht in Eliza investiert, wird das Stück trocken wirken und nicht funktionieren, das Publikum wird sich nicht dafür interessieren. Mit Voranschreiten des Dramas müssen wir Higgins' schleichende Zuneigung für Eliza spüren können. Am Ende sagt Eliza zu Higgins: »Was Sie ohne mich anstellen wollen, kann ich mir nicht vorstellen«[45], und das ist nicht als Witz gemeint. Shaw beabsichtigte, dass man spüren kann, was der nicht vorhersehbare Verlust von Elizas Menschlichkeit für Higgins' Leben bedeutet; er will außerdem, dass du auch für ihre Vereinigung bist, die im Stück allerdings nicht stattfindet. Weil Shaw ein großartiger Schriftsteller ist, gibt es im Text – ungeachtet seiner Dementi – Hinweise auf Higgins' gefühlstechnische Verwicklung, und du solltest sie besser aufgreifen! So philosophisch und soziologisch George Bernard Shaw auch gewesen sein mag – was ihn letztendlich großartig macht, ist die Tatsache, dass alle seine Figuren spürbar ein menschliches Herz besitzen.

Es mag dir offensichtlich erscheinen, dass Higgins gefühlsmäßig in Eliza investiert hat; doch ich habe Darstellungen gesehen, in denen Higgins so gerissen und eiskalt gespielt wurde, dass der Schauspieler die grundlegende Beziehung im Stück übersieht, die diese eisige Figur zum Schmelzen bringt. In diesen Darstellungen taute das Eis niemals auf, Higgins war oberflächlich und unterkühlt. Genauso wie man als Schauspieler keine Passivität darstellen kann, kann man auch keine Gleichgültigkeit spielen – du kannst zu spielen versuchen, dass du über den Gefühlen stehst, oder der Person das Gefühl geben, dass sie abgelehnt wird; *aber das alles basiert auf Gefühlen in der Beziehung, nicht auf ihrem Nichtvorhandensein.*

Es gibt noch eine andere Beziehung, die du als Schauspieler definieren musst, und das ist deine Beziehung zum Publikum. Ich erzähle meinen Klassen gerne eine berühmte Geschichte über Alfred Lunt und Lynn Fontanne, die über vier Jahrzehnte zwei Größen des amerikanischen Theaters waren. Lunt und Fontanne waren verheiratet und traten oft zusammen auf. Eine ihrer großartigen Fähigkeiten bestand darin, gleichzeitig miteinander zu reden, mit sich überschneidenden Sätzen, und es fertigzubringen, dass das Publikum trotzdem beide klar und deutlich verstehen konnte. Die Zuschauer waren davon immer begeistert. Sie waren Legenden, aber arbeiteten auch später noch genauso hart wie zu Anfang ihrer Karrieren – was der Hauptgrund dafür war, dass sie zu Legenden wurden. Wenn sie in einem Stück am Broadway oder auf Tournee auftraten, probten sie auch zwischen den Vorstellungen und perfektionierten so kleinste Details, Verhaltensweisen oder den Vortrag eines Satzes. Als ich 15 Jahre alt war, sah ich, wie sie auf ihrer letzten Tournee von DER BESUCH DER ALTEN DAME auf der Bühne zum Leben erwachten; ich werde niemals vergessen, wie die Fontanne, eine Zigarettenspitze in der Hand, in einer feuerroten Robe auf einem Balkon saß und auf ihr Opfer herabschaute – auf den Mann,

45 Deutsch von Harald Mueller, Suhrkamp Verlag, S. 100

der ihr als kleines Mädchen das Herz gebrochen hatte. Beeindruckend war auch die Angst in Lunts Augen, als er vom Pöbel angegriffen wurde, der ihn, durch die teuflischen Manipulationen der Frau in der roten Robe angetrieben, ermorden wollte.

Einer der größten Erfolge der Lunts (der später Grundlage ihres einzigen Filmes wurde) war DER LEIBGARDIST von Ferenc Molnár. Solange das Stück am Broadway lief, konnte Mr. Lunt an einer bestimmten Stelle im Stück auf einen Lacher zählen, nämlich wenn er von seiner Frau, die eine berühmte Schauspielerin darstellte, abgewandt war und sie um eine Tasse Tee bat. Eines Nachts blieben die Lacher aus. Anschließend sagte er zu Fontanne: »Hast du heute Abend etwas anders gemacht als sonst? Weil ich den Lacher nicht bekommen habe.« Sie sagte: »Nein, ich bewege mich nie bei den Sätzen, für die du Lacher erntest.« Am nächsten Abend konnte er bei dem Satz erneut keinen Lacher landen. Er ging hinter die Bühne und sagte zu ihr: »Du bewegst dich, oder du hast irgendetwas gemacht, weil die Leute schon wieder nicht gelacht haben. Also, stell sicher, dass du vollkommen still bleibst.« Sie versicherte ihm erneut, dass sie sich niemals bei den Sätzen, für die er Lacher bekam, bewegen würde. Dies ging ungefähr eine Woche lang so weiter. Schließlich stürmte er hinter die Bühne und begann zu brüllen: »Warum bist du gegen mich? Warum willst du, dass ich versage? Du bist eifersüchtig, dass ich einen Lacher ernte!« Und sie sagte: »Alfred, wenn du den Lacher willst, dann frag nicht nach dem Lacher, sondern fang an, nach dem Tee zu verlangen!«

Die Lektion hier heißt, dass es darum geht, eine gesunde Beziehung zum Publikum zu haben. Du darfst nicht versuchen, das Publikum dazu zu bringen, dich zu lieben, oder sie zum Lachen oder zum Weinen zu bringen, sondern du musst einfach nur die Realität der Szene spielen. Selbst ein so begabter und engagierter Schauspieler wie Alfred Lunt verfiel dieser verständlichen »Rauschvergiftung«, das Publikum zu ermutigen, *ihn* zu lieben und ließ dadurch – unbeabsichtigt – seine Figur, seine Beziehung und das Stück im Stich. Jeder Schauspieler erfährt dies während seiner Schauspielerkarriere zwischen ein- und hundertmal: Umwirb nicht das Publikum, spiele das Theaterstück!

10. Ziel, Aufgabe und Gestik: Entwirf die Körperlichkeit deiner Figur

Als Helen Hunt zu mir kam, um ihr Casting für BESSER GEHT'S NICHT vorzubereiten, erzählte sie mir, dass der Regisseur James L. Brooks sie für die Rolle wollte, aber dass er Angst habe, ihre Intelligenz könnte zu sehr im Vordergrund ihrer Persönlichkeit stehen. Brooks fürchtete, dass das Publikum sie nicht als Berufskellnerin ohne jedwede andere angestrebte Ziele im Leben akzeptieren würde. Er gab ihr aber die Gelegenheit, ihre Hausaufgaben zu erledigen und ihm das Gegenteil zu beweisen.

Was ich Helen vorschlug, war eine Technik, die von dem Schauspiellehrer Michael Tschechow entwickelt worden war: das Energiezentrum im Körper der Figur zu finden. Ich fragte Helen: »Womit verdient die Figur ihren Lebensunterhalt?« Sie sagte mir, dass sie eine Vollzeit-Kellnerin sei. Ich fragte sie, wo das Zentrum der Energie ihres Körpers als Kellnerin läge. Ihre Antwort lautete: »In meinen Füßen.« Also schlug ich vor, dass sie ihre gesamte Energie in ihre Füße ziehen und diese so weit wie nur möglich von ihrem Gehirn wegbringen sollte. Wir stimmten darin überein, dass sie versuchen würde, zu gehen, als ob ihre Füße die Hauptenergie für ihr Überleben darstellten. So gut wie sofort war Carol Connellys Gang geboren. Ihre Füße waren nach außen gedreht und trotz ihres festen Ganges watschelte sie fast ein wenig. Natürlich bekam Helen die Rolle. So wurde die Körperlichkeit einer Figur, als die Entscheidung einmal getroffen war, mithilfe einer Technik geboren, die am Gehirn vorbei führt und direkt die körperlichen Impulse anspricht. Wie dieses Beispiel zeigt, kann manchmal ganz einfach die Körperlichkeit für die gesamte Darstellung gefunden werden, die in diesem Fall auf ihrem Beruf basierte. Dieser Gang wird zum Gang der Figur, und weil du diesen ausführst, verändert er deine Perspektive, die Weise, auf die du die Welt siehst und mit ihr interagierst, wenn du die Rolle spielst.

Es gab noch eine weitere Dimension für Carol Connellys Gang: die persönliche Erfahrung der Schauspielerin. Während Helen an der Rolle arbeitete, lag ein enger Verwandter von ihr im Sterben. Sie erzählte mir, wie sie wie ein General beim Militär den Gang des Krankenhauses hinuntergestürmt war, als ob ihre Energie das Leben ihres Verwandten hätte retten können. Sie stellte einen Zusammenhang her zwischen dieser Entschlossenheit und Carols Wunsch im Film, das Leben ihres Sohnes zu retten.

So wie du selbst in jedem Augenblick eines jeden Tages körperlich lebendig und ausdrucksstark bist, musst du als Schauspieler deine Figur auf ihre Weise körperlich lebendig und ausdrucksstark gestalten.

Ich möchte das betonen, weil mir auffällt, dass diese Technik bei vielen Schauspielern fehlt, die zu mir kommen, um zu studieren. Du musst lernen, die Körperlichkeit deiner Figur zu entdecken und diese als unerlässlich für dein Handwerk zu erachten. Manche Schauspieler glauben, wenn sie selbst etwas Emotionales erlebten, würde das automatisch ins Publikum übertragen. Dies allein würde das Publikum dazu veranlassen, sich emotional mit ihnen verbunden zu fühlen. *Falsch!*

Emotion ohne Bezug zu Körperlichkeit erreicht das Publikum nicht und lehrt sie nichts über das menschliche Wesen, das sie beobachten. Selbst wenn eine Figur körperlich gehemmt oder »verklemmt« ist, dann ist es die körperliche Hemmung – die Abwesenheit von Bewegung –, die das Innere der Figur beleuchtet. In einer extremen Nahaufnahme können deine innere Bilderwelt und deine Gedanken genügen, um eine emotionale Verbindung zwischen dir und einem Publikum herzustellen; wenn du jedoch einmal in einer Halbnahen aufgenommen wirst oder auf der Bühne stehst, dann findest du besser einen der Emotion entsprechenden körperlichen Ausdruck.

Wenn ich junge Schauspieler beobachte, die ihre ersten Rollen in Fernsehdramen oder Filmen bekommen und niemals zuvor mit einer anspruchsvollen Rolle auf der Bühne gestanden haben, bin ich oft entsetzt und erstaunt über ihre Hilflosigkeit und ihre Unfähigkeit, interessante Körperlichkeiten zu kreieren. Dabei nehmen doch gerade diese die Vorstellungskraft und Emotionen des Publikums in Anspruch und helfen dabei, die Absicht des Autors zu veranschaulichen – was die Aufgabe eines Schauspielers ist. Sie stehen auf der Bühne und rattern ihre Sätze herunter, als ob sie auf einen Bus warten, der niemals kommt. Es scheint, als ob sie erwarteten, dass der Regisseur ihnen für die Verkörperung einer Figur eine Technik an die Hand gibt, die sie aber erlernt haben sollten, bevor sie als professionelle Schauspieler zu arbeiten anfingen.

Drei grundlegende Möglichkeiten, ein körperliches Leben für deine Figur zu erschaffen, bestehen aus *Ziel*, *Aufgabe* und *Gestik*. Ein unmittelbares *Ziel* ist auf einer Bühne oder einer Tonbühne das, wo du deinen Körper hinbewegst, wie du ihn bewegst (z.B. Helens Gang als Carol Connelly) und warum du ihn bewegst. Indem du deinen Körper über die Bühne bewegst, hilfst du dem Publikum zu verstehen und zu fühlen, was du laut aussprichst (Text) und was du zurückhältst (Subtext). Eine *Aufgabe* ist jede Art von Tätigkeit (außer der Bewegung von einem Ort zum nächsten), die deinen Körper beschäftigt. Um interessant zu sein und um da eine Lücke zu schließen, wo es im Text an Spannung fehlt, schafft man manchmal körperliche Beschäftigungen; doch die Aufgaben, die du kreierst, müssen immer im Zusammenhang mit der Entwicklung der Figur und dem Text Sinn ergeben. Aufgaben können – wie Gestik – ebenfalls den Text und Subtext beleuchten. *Gestik*, so wie ich sie verstehe, meint eine unausgesprochene, klare körperliche Entscheidung für etwas, das im Laufe des Stückes oder des Films wiederholt werden kann – oder auch nicht; Gestik hat einen psychologischen Ursprung und hilft dem Publikum dabei, etwas über das innere Leben der Figur zu verstehen.

Um mit den Werkzeugen räumliches Ziel, Aufgabe und Gestik auf kreative und aufregende Weise arbeiten zu können, musst du das Material, das du spielst, komplett verstehen und deinen Körper als besonderen Kanal begreifen, der mit dem Publikum in direkter Verbindung steht. Du willst den Verstand und die Gefühle des Publikums anheizen und nichts kann das besser bewirken als einzigartige, eigentümliche, konkrete menschliche Körperlichkeit.

In BOYS DON'T CRY hat Hilary Swank als Teena Brandon eine Geste, auf der ihre gesamte Darstellung aufgebaut ist. Teena sieht sich in ihren Jeans und ihren Cowboystiefeln im Spiegel an und tippt mit Galanterie und einem Zwinkern, so wie es ein junger Mann in Gegenwart einer jungen Dame tun würde, an ihren Hut. Dieser von Freude erfüllte, private Moment bestätigt ihren eigenen Glauben an ihre Maskulinität und bringt uns dazu, mit ihr mitzufiebern. Wir wünschen uns, dass ihr mit der Sexualität, die sie annimmt, auch ein glückliches Leben beschieden ist.

Wenn du eine Figur wirklich verkörperst, führt dich das über die Grenzen des mechanischen Zusammenhanges, in dem die Begriffe *Ziel*, *Aufgabe* und *Gestik* manchmal verwendet werden, hinaus. Während der Zeit, in der ich mit Hilary arbeitete, schnitt sie sich ihre Haar kurz und verlor eine gute Portion an Gewicht, trainierte im Fitnessstudio, um Muskeln aufzubauen und entschied sich dazu, einen Monat lang als Junge zu leben, bis sie in der Gesellschaft als junger Mann durchgehen konnte. Sie stopfte ihren Schritt aus – was in der Welt des Cross-Dressing, der Welt, die sie als Teena Brandon betrat, als »Packen« bezeichnet wird. – Sie bewegte sich wie ein älterer Teenagerjunge, stolzierte herum und bewegte ihre Schultern auf eine wiegende Art. Hilary hatte vor Kurzem geheiratet und ihr Ehemann Chad Lowe hatte sich einverstanden erklärt, sie beim Ausgehen als seinen jüngeren Bruder auszugeben.

Sie war schockiert von dem, was sie erlebte. Hilary sah so androgyn aus, dass niemand sagen konnte, welches Geschlecht sie hatte. Deshalb tendierten die Leute dazu, sie zu meiden und sie missbilligend anzuschauen. Das war eine extrem schmerzhafte Erfahrung für sie und half ihr, die

Isolation und Einsamkeit, die Teena Brandon ihr gesamtes Leben lang erfahren hatte, zu verstehen. Hilary war immer als attraktive junge Frau mit einem wunderschönen Körper betrachtet worden; als Frau fiel es ihr sehr leicht, eine Beziehung zu anderen Frauen und Männern herzustellen. Als diese Identität maskiert war, begann sie, das Leben von Teena Brandon zu verstehen. Als Junge zu leben verlangte Mut und Einsatz von ihr; doch für Hilary war es der einzige Weg, Teena Brandons Mut und Einsatz zu verstehen – sowie ihre Freude. Hilary erfuhr auch die Freude, die jeder Schauspieler verspürt, wenn er sich erfolgreich transformiert hat. Sie war absolut entschlossen, Erfolg zu haben; das bedeutete, sich hundertprozentig auf diese Körperlichkeit einzulassen, die ihre gesamte Perspektive auf die Welt veränderte. Und, wie Hilary sagte: »Wenn ich mir selbst nicht als Brandon glauben könnte, wie um alles in der Welt soll mir dann das Publikum glauben?«

Eine der speziellen Körperlichkeiten der Teena Brandon als ihr männliches Alter Ego Brandon bestand darin, verstohlene Blicke auf die Männer um sich herum zu werfen, um zu sehen, ob diese sie als einen von ihnen wahrnahmen. Sie testete ständig deren Reaktionen aus und wenn sie sie akzeptierten, wuchs Teenas Selbstvertrauen als Brandon. Eine der berührendsten und kreativsten Aspekte in Hilarys Darstellung ist Brandons sanftes, ritterliches Werben um Lily Tisdale (Chlöe Sevigny) – die Frau, in die er sich verliebt hat – und seine Zuvorkommenheit allen Frauen gegenüber. Es gibt keine Szene in BOYS DON'T CRY, die Hilary und ich nicht analysiert und auf körperliche Entscheidungen hin erforscht haben, bevor die Kameras jemals zu laufen begannen.

Für Michael Clarke Duncan in THE GREEN MILE war eine der wichtigen Entscheidungen, die wir bezüglich der Einführung des Riesen John Coffey entwickelt haben, sein ängstliches, kindliches Ausspähen der Augen der Gefängniswärter, um herauszufinden, wer von ihnen ihn zuerst schlagen würde. Wir fügten dem auch eine Geste hinzu: Er bot den Wärtern seine große Hand an, als ob er sagen wollte: »Ich bin keine Gefahr für euch. Bitte tut mir nicht weh.« Die Sanftheit dieser Geste etablierte in den Köpfen der Zuschauer eine enorme Zartheit und Verletzlichkeit der Figur, die im Kontrast zu Coffeys Körper und Gesicht standen. Es war, als ob Coffey auf sanfte Weise versuchte, die Wärter ebenso wie die Zuschauer zu erreichen und zu ihnen zu sagen: »Bitte tut mir nicht weh«.

Helens, Hilarys und Michaels Darstellungen ist ein ausgeprägter Sinn für ihr physisches Selbst gemeinsam, der bei den Zuschauern zum Verständnis des Innenlebens der Figuren beitrug und von dem Moment ihres Erscheinens auf der Leinwand an zur Identifikation mit ihnen einlud. Meine Aufgabe ist es, dich von diesem Aspekt der Schauspielerei zu begeistern. Da ich von Natur aus dramatisch und theatralisch veranlagt bin, verwende ich provozierende und strenge Ansprachen; aber dieser Energie liegt eine Leidenschaft zugrunde, die auf meinen Beobachtungen beruht – Beobachtungen des Lebens selbst sowie großer Schauspieler, die die Kunst des körperlichen Schauspiels vom Leben gelernt haben. Nun forderst du mich zur Revanche mit den Worten auf: »Okay, gut, aber wie lerne ich das?« Erste Lektion: Beobachte das Leben. Zweite Lektion: Beobachte das beste Schauspiel, das du finden kannst.

Fang damit an, einen gesamten Tag lang bewusst auf deinen Körper zu achten und dem, wie er sich anfühlt und bewegt, Aufmerksamkeit zu schenken. Was machst du, wenn du morgens aufstehst? Was ist die erste Sache, die du tust? Was die zweite Sache? Wie ziehst du dich für den Tag an? Wie gehst du aus der Haustür? Wohin gehst du? Wie verhältst du dich, wenn du »nichts tust« – einfach in der Schlange stehst?

Ich stehe jeden Tag in meinem Stammcafé in der Schlange und warte auf meinen morgendlichen Schuss Koffein. An manchen Morgen bin ich sehr traurig und wütend, weil ich aus einem Traum erwacht bin, der mich beunruhigt hat, oder ich habe einfach schlechte Laune. Ich will niemanden sehen oder hören. Ich setze meine dunkle Brille und meine Baseballkappe auf, greife nach meiner *New York Times* und marschiere hinein in Peet's Coffee. Dort sind Horden von Menschen, die auch auf ihre Dosis Koffein warten, und ich hasse sie, stehe in der Schlange und wünsche mir, unsichtbar zu sein. Ich will nicht dort sein, aber ich will meinen Kaffee. Also betrete ich den Laden (düster dreinblickend), stelle mich (gereizt) in die Schlange, ich verlagere (ungeduldig) mein Gewicht und bewege mich (ach, viel zu langsam) in Richtung Nirwana, meinem Kaffee. Beachte, dass mein Zielort eine emotionale Perspektive hat, der durch ein Attribut beschrieben wird, das nicht nur aussagt, wohin ich mich bewege, sondern auch, wie ich mich gefühlsmäßig bewege (düster dreinblickend, gereizt, ungeduldig, ach, viel zu langsam). An diesen Tagen ist es meine Aufgabe, mein Gewicht zu verlagern, um Menschen, die zu nah an mich herankommen, auszuweichen, mich im Theaterteil der NEW YORK TIMES zu vergraben und mir meine Baseballkappe tief ins Gesicht zu ziehen. Wenn eine Kamera eine Nahaufnahme von meinen Augen machen würde, würde diese meine Traurigkeit und Wut einfangen; doch das wäre nicht so interessant zu beobachten wie meine Versuche, durch körperliches Verhalten diese Gefühle zu verbergen. Natürlich komme ich an Tagen, an denen die Sonne scheint, die Vögel in meinem Herzen singen und das Leben gut läuft (schwungvoll) herein, ohne meine Sonnenbrille, winke und lächle den Leuten, die ich kenne, (ausgelassen) zu und warte (geduldig) darauf, bedient zu werden.

Abgesehen davon, dich selbst zu beobachten, musst du auch andere scharf beobachten. Führe jederzeit ein Notizbuch mit dir und wenn du interessante Verhaltensweisen entdeckst, die deine Aufmerksamkeit erregen, zeichne diese auf. Laurence Olivier, über ein halbes Jahrhundert lang Englands König unter den Schauspielern, bewahrte in seinem Kopf einen Ordner voller Verhaltensweisen, die er beobachtet hatte (er musste sie nicht aufschreiben, weil er, anders als die meisten von uns, ein fotografisches Gedächtnis hatte). Wenn er an einer Rolle arbeitete – und er spielte Hunderte –, erinnerte er sich an Verhaltensweisen und integrierte diese in seine Darstellung. Ich persönlich kann keinen Schauspieler verstehen, dem es jemals langweilig wird. Es gibt so viel zu lernen, zu sehen, zu verstehen und so viel, was man dem Publikum wiedergeben kann; und es gibt so viel über diesen verblüffenden Körper, mit dem wir gesegnet wurden, zu entdecken, das uns dabei hilft, das Menschsein auszudrücken. Wie könnten wir jemals gelangweilt sein?

Sieh dir folgende Darstellungen an, um durch das Beobachten hervorragender körperlicher Schauspielleistung zu lernen: Vanessa Redgrave in ISADORA, in JULIA und in dem TV-Film HAUS DER STUMMEN SCHREIE, Nick Nolte in TÖDLICHE FRAGEN, HERR DER GEZEITEN und ZOFF IN BEVERLY HILLS, Anthony Hopkins in WAS VOM TAGE ÜBRIGBLIEB, DAS SCHWEIGEN DER LÄMMER und AMISTAD, Daniel Day-Lewis in MEIN WUNDERBARER WASCHSALON, DER LETZTE MOHIKANER und MEIN LINKER FUSS, und Meryl Streep in SOPHIES ENTSCHEIDUNG, DER TOD STEHT IHR GUT, EIN SCHREI IN DER DUNKELHEIT und DIE BRÜCKEN AM FLUSS. Schau dir die Darstellungen dieser Schauspieler ohne Ton an. Wow! Schau dir das wirklich einmal mit und einmal ohne Ton an – glaub mir, es ist eine Offenbarung.

Nimm zur Kenntnis, wie verschieden derselbe Schauspieler mittels verschiedener Körperlichkeiten in seinen Rollen sein kann. Ein Großteil von Anthony Hopkins' Darstellung des Hannibal Lecter in DAS SCHWEIGEN DER LÄMMER wurde als Nahaufnahme gefilmt, weil der Regisseur hier die innere Welt eines Geisteskranken erforscht. Und weil Hopkins' innere Gedanken so lebendig und persönlich sind, ziehen sie uns in den Bann des Films. Aber wer er ist, verrät uns nicht nur das, was wir in seinen Augen sehen können, sondern auch die Art, wie er seinen Körper hält und wie er seinen Kopf bewegt. Ein besonders fesselnder Moment ist jener, als er seinen Kopf hebt und der Kamera seine Nasenlöcher zeigt, um den Geruch der Bodylotion zu erhaschen, die Clarice Starling (Jodie Foster) benutzt hatte, bevor sie an dem Tag zu ihm kam. Er ist ein Kannibale, und diese eine körperliche, tierische Geste macht eindeutig klar, dass wir einem Fleischkenner zuschauen.

Hopkins hat gesagt, dass er Lecter spielte, als ob er der Oberkellner in einem Restaurant sei. Er ließ sich die Kleider vom Kostümbildner eng anliegend schneidern, was ihm eine elegante und förmliche Erscheinung gab – denn es handelt sich um einen Oberkellner in einem Edelrestaurant, wenn auch im Gefängnis eingesperrt. Seine Haltung war gerade, aufrecht und kultiviert. Er spielte mit seinem gesamten Körper, selbst in der Nahaufnahme. Dem fügte er die entkörperlichte, mechanische Stimme des Computers Hal aus 2001: ODYSSEE IM WELTRAUM hinzu. Dies sind alles kreative Entscheidungen, die in tiefer Verbundenheit mit der Absicht des Autors getroffen und von einem begabten Schauspieler durch das Instrument Körper ausgedrückt wurden. Und lass mich nicht die wichtige Tatsache vernachlässigen, dass er Spaß dabei hatte, und dass dies seiner Figur eine sogar noch teuflischere Eigenschaft hinzufügte, weil wir seine Freude spüren konnten. Wir sehen einen Mann ohne Schuld oder Gewissen, der nur an seinem eigenen lustvollen, mörderischen Vergnügen interessiert ist.

Wenn du Hopkins' Arbeit als John Quincy Adams in AMISTAD anschaust, wirst du feststellen, wie alt er zu Beginn des Filmes wirkt, wie viel Mühe es ihn kostet, seinen verkrüppelten, alternden Körper zu bewegen. Nachdem Adams seine juristische Laufbahn wieder aufgenommen hat, um einen Sklaven zu verteidigen, der eine gewaltsame Meuterei auf einem Sklavenschiff angeführt hatte, kehrt die Energie in seinen Körper und in seine Bewegungen zurück; er erscheint zwanzig Jahre jünger. Ich habe mich mit Leuten unterhalten, die Hopkins' Darstellung nicht verstanden haben und die ihn beschuldigen, mit seinen körperlichen Entscheidungen nicht konsequent zu sein; aber Hopkins verstand den Kick, den ein alter Mann erfährt, wenn er für etwas, an das er glaubt, zu neuem Leben erwacht, und wie ihn das verjüngt.

Schau dir auch Hopkins als Stevens an, den fast gelähmten, verklemmten Butler in WAS VOM TAGE ÜBRIG BLIEB. Er besitzt eine sehr schwach ausgeprägte Körperlichkeit, aber wir spüren sein Verlangen, sich zu bewegen. Hopkins verstand, dass man Unterdrückung nicht als *Abwesenheit* spielen kann; was er spielte, war, das Bedürfnis nach menschlichem Kontakt gering zu halten und es mit all seiner Macht zu unterdrücken. Und deshalb spüren wir die Emotion und das sinnliche Vergnügen, die er sich nicht erlauben kann. Als sein Vater stirbt und er seinen Leichnam betrachtet, bringt er es nur über sich, ihn mit einem Finger zu berühren, nicht einmal mit seiner ganzen Hand. Wenn das nicht die Traurigkeit der Verdrängung ist, dann weiß ich es auch nicht!

Cherry Jones und Michael Hayden sind zwei Bühnenschauspieler, die möglicherweise nicht allzu bekannt sind, die ich aber sehr bewundere, weil sie fantastische Arbeit abliefern. Jones gab in Die Erbin am Broadway eine Darstellung, die den Anfang ihrer Karriere darstellte; Teil des großen Erfolges war ihr Mut dazu, den inneren Aufruhr einer zurückgewiesenen Tochter körperlich umzusetzen. Als Jones in der 1. Szene als Catherine Sloper die Bühne betrat um ihren Vater, der sie misshandelte, zu begrüßen, bedeckte sie ihren Bauch mit einem Arm und klammerte sich an ihrem Kleid fest, während sie versuchte, die gehorsame Tochter zu sein, die er erwartete. Bevor sie überhaupt ein Wort sprach, sahen wir ihre klammernde, panische Verzweiflung. Sie war eine Tochter, die um die Liebe ihres Vaters bettelte, die sie niemals bekommen sollte; das brach einem das Herz. Im 2. Akt erfasste sie ihren anderen Arm hinter ihrem Rücken, als ob sie so versuchte, ihr eigenes Rückgrat aufrecht zu halten. Und am Ende des Theaterstückes stand sie elegant, starr und kalt da, die Arme an der Seite herunterhängend; ein menschliches Wesen, das alle Hoffnung auf Liebe aufgegeben hatte.

Hayden porträtierte den Aufschneider Billy Bigelow aus dem Musical Carousel auf bahnbrechende Weise sowohl in London und als auch am Broadway. Als Julie Jordan, eine junge Frau, in die Billy sich verliebt, ihm zusingt: »Und ich weiß, dass man zu zweit auf die Dauer oft sehr viel schlauer ist«, spricht sie vom Leben; Billy schnauzt zurück: »Ich brauche weder deine noch irgendeine andere Hilfe. Ich finde alles selbst heraus.« Für den Rest des 1. Aktes hielt sich Billy den Schädel, klopfte an seine Schläfen und schien zu versuchen, sein Gehirn »aufzuwecken«. Das bezeichne ich als *psychologische Geste*. Sie wird wiederholt, damit das Publikum versteht, was die Figur niemals mit Worten zugeben würde: dass Billy keinen blassen Schimmer davon hat, Lösungen oder Antworten zu finden.

Es gibt einen Aspekt zum Thema Aufgabe und psychologischer Geste, der spezielle Aufmerksamkeit verdient: der *private Moment*. Ein privater Moment ist ein Moment, in dem du auf der Bühne oder im Film alleine bist, und in dem du etwas tust, von dem du (in der Figur) nicht willst, dass dich jemand dabei beobachtet. Ich erwähnte Hilary Swanks Moment vor dem Spiegel in Boys Don't Cry. Ein privater Moment offenbart immer die Figur. In Orpheus steigt herab riecht Vanessa Redgrave als Lady Torrence an ihren Achseln, bevor sie das erste Mal mit Valentine Xavier, dem jungen Mann, der sie aus Jahren der Einsamkeit geholt hat, schläft. Ich war von diesem privaten Moment sehr eingenommen, weil er nicht besonders verführerisch, aber sehr geerdet war. Dass sie sich auf Körpergeruch testet, bevor sie die sexuelle und spirituelle Verbindung ihres Lebens eingeht, erzeugt eine gewisse primitive, ehrliche Privatsphäre, die uns auf menschlicher Ebene mit ihr verbindet.

Vor den Tonfilmen gab es Stummfilme. Wenn du dir Charlie Chaplin, Harold Lloyd, Buster Keaton, Greta Garbo und die junge Lillian Gish ansiehst – und das ist ein Muss –, dann wirst du durch ihre intensiven Gefühle und ihre enorm ausdrucksstarken Körper sowohl zu Tränen gerührt als auch zum Lachen gebracht.

Wenn Schüler in meiner Klasse es nicht schaffen, in einer Szene mit Körperlichkeit Feuer zu entfachen, bitte ich sie, mit dem Sprechen aufzuhören und die Szene ohne Worte zu spielen. Fast augenblicklich wird die Szene für sie und uns klarer, weil sie die Bedürfnisse und Wünsche, die hinter dem Dialog stecken, verstehen und körperlich umsetzen müssen. Probiere dies als Übung. Wähle eine Szene und arbeite an ihr mit deinem Szenenpartner, ohne die Sätze zu sprechen. Wie kannst du deinem Partner deine Bedürfnisse und Perspektiven durch deine Bewegungen, durch dein körperliches Verhalten und durch die Behandlung verschiedener Objekte deutlich machen? Das braucht Zeit, Geduld und Hingabe. Vergiss nicht: Jedes menschliche Wesen bewegt sich auf eine bestimmte Weise, die auf der sozialen Herkunft, auf Ausbildung, Nationalität, Geschlecht und dem basiert, was man seelisch mit sich herumträgt. Ohne den Dialog bleibt dir nur dein körperliches Verhalten, um diese Charakteristika zum Ausdruck zu bringen und deine Ziele zu verfolgen.

Manchmal bitte ich Studenten auch, die Übung zur Perspektive, die ich im 1. Kapitel »Die gegebenenen Umstände« (S. 19ff.) vorgestellt habe, körperlich umzusetzen. Lass uns zu Melvin in BESSER GEHT'S NICHT zurückkehren. Ich sagte, dass du seine Perspektive mit folgenden Sätzen ausdrücken kannst: »Mein Name ist Melvin Udall und die Welt ist ein Furcht einflößendes, bösartiges, ungerechtes und hoffnungsloses Minenfeld, in dem ich die anderen erwischen muss, bevor sie mich erwischen, und ich muss über alles in meinem Leben die Kontrolle behalten, damit die Welt nicht in ein Chaos zerfällt, in dem mich all die Krankheitserreger drankriegen.« Nun setze diese Beschreibung körperlich um, fast wie durch einen Tanz. Wie würdest du *Furcht einflößend* mit deinem Körper ausdrücken? Was ist mit *bösartig*? *Ungerecht*? Wie *schützt sich* dein Körper vor Bakterien? Schaue dir eine Aufzeichnung des Films an und beobachte, wie Nicholson als Melvin versucht, auf der Straße niemanden zu berühren, als ob ihn die Berührung buchstäblich umbringen würde. Achte besonders auf seinen Gang, die Gesten, die uns zeigen, dass Melvin den Kontakt mit anderen Menschen als gefährlich und die Welt für einen dreckigen Ort erachtet. Lasse dir sechs beschreibende Wörter oder Sätze für jede Figur einfallen und setze sie dann körperlich um. Denke daran, dass die Umsetzung auf körperlicher Ebene umfangreich, gemäßigt oder fast unmerklich erfolgen kann.

Körperliche Selbstdarstellung wird stark durch soziale Herkunft, Ausbildung und sozialen Status bestimmt. Der Schriftsteller Harold Pinter ist dienlich, um an der Entwicklung gezielter Körperlichkeit zu arbeiten, weil in seinen Figuren all diese Faktoren scharf, fast kritisch, gezeichnet sind und weil sein Dialog danach verlangt, durch körperliche Verhaltensweisen unterstrichen zu werden. In BETROGEN, Harold Pinters bitterer, brutaler und trauriger Kommentierung einer bestimmten, schrecklichen Beziehung in der Gesellschaft der englischen Oberschicht, handelt die 1. Szene von zwei ehemaligen Liebhabern. Sie treffen sich in einer Bar, die sie häufig zusammen besucht haben; folglich ist der Ort voller Erinnerungen. Beide sind mittlerweile mit anderen verheiratet, hatten aber sieben Jahre lang eine außereheliche Affäre miteinander. Die Affäre ist seit inzwischen zwei Jahren beendet. Um die Umstände noch verzwickter zu machen, ist der Mann ein Arbeitskollege und der beste Freund von Robert, dem Ehemann der Frau. Zu Beginn der Szene weiß er nicht, dass sie dabei ist, sich von ihrem Ehemann, der sie misshandelt, zu trennen, und dass sie ihm bis ins kleinste Detail von der Affäre berichtet hat – obwohl der Ehemann eigentlich schon zwei Jahre vorher Bescheid wusste. Ein ziemliches Rattennest, könnte man sagen. Sie will herausfinden, ob ihr früherer Liebhaber noch romantische Gefühle für sie hegt; er hat Angst davor, dass seine Frau von seiner Indiskretion erfahren könnte und ebenso vor der Reaktion seines angeblich besten Freundes und Arbeitskollegen, den er hintergangen hat. Die Frau hatte ihn aus dem Blauen heraus angerufen; er ist besorgt: Was will sie? Er könnte erfreut sein über das Wiedersehen, aber er ist definitiv nervös.

Es gibt Theaterstücke und Filme wie BETROGEN, in denen der Dialog so fesselnd ist, dass zu viel Bewegung dem Stoff Schaden zufügt. In diesen Fällen sind konkrete, subtile Entscheidungen noch wichtiger. Zu Beginn der 1. Szene in BETROGEN sitzen die beiden ehemaligen Liebhaber an einem Tisch. Plötzlich steht der Mann auf und geht zur Bar, um eine neue Runde Getränke zu holen. Abgesehen davon sitzen und reden sie – und damit basta. Die beiden Figuren halten gewisse Tatsachen und Gefühle, die schmerzlich und beängstigend sind, zurück. Deshalb erzählt jede kleine Aktion und Änderung der Position – wann und wie sie ein Glas anfassen, einen Schluck nehmen oder das Glas mit einem Schwung leeren, wie sie plötzlich ihre Beine kreuzen oder lösen, zaghaften oder deutlich direkten Körperkontakt suchen, auf ihren Stühlen nach vorne rücken, sich zurücklehnen oder ihre Köpfe wegdrehen –, was die Figuren fühlen und nicht aussprechen. In der Szene gibt es einen hervorragenden Moment für die Schauspielerin. Es handelt sich um den einzigen Moment, in dem sie nicht von dem Mann beobachtet wird. Er geht zur Bar, um ein Getränk zu holen, und sie wird alleine gelassen, um den Zuschauern ihre Traurigkeit, Angst, Wut oder Hoffnung zu offenbaren. Wird sie ihr Haar richten? Einen Schluck nehmen? Sich eine Zigarette anzünden? Ein Taschentuch hervorziehen, um ihre Augen zu trocknen, weil sie plötzlich zu weinen begonnen hat? All dies obliegt der Entscheidung des Schauspielers; der Schlüssel ist, dass jede Bewegung eine gezielte sein muss.

Wie lauten ihre inneren Gedanken, die durch ihr Verhalten offenbart werden? Wie seine? »Findet sie mich immer noch attraktiv?« – »Ich wünschte, er würde mich in den Arm nehmen.« – »Will sie mich zurückhaben?« – »Wird sie es meiner Frau erzählen?« – »Warum hat mein Freund Robert mich nicht angerufen? Was zur Hölle geht hier vor?« – »Sollte ich Vorkommnisse aus der Vergangenheit erwähnen?« – »Sie sieht traurig aus.« – »Er wirkt kalt.« – »Oh Gott!« Was du körperlich tust und wie du es tust (wie groß, wie schnell, wie langsam) – all das ist entscheidend. Die falsche Bewegung zur falschen Zeit und Pinter ist tot.

Sei kein Mörder!

Lass uns für einen Augenblick darüber sprechen, wie verschiedene Schauspielsituationen deine Arbeit an der Körperlichkeit beeinflussen können. Bei einem Bühnenstück bekommst du vor der Premiere zusätzlich zu der Hausarbeit vier Wochen lang acht Stunden am Tag Zeit, die Körperlichkeit deiner Figur zu erforschen. In vielen Filmen, Fernsehfilmen und Serien gibt es keine Probenzeit. Du kommst an, man steckt dich in ein Kostüm, die Kamera hält drauf und es heißt: »Geh dorthin. Mach jenes.« Wenn es ganz übel läuft und es Zeit- und Geldprobleme gibt, dann erwarten sie von dir, das Ganze in ein oder zwei Takes abzuliefern; wenn du keine größeren Fehler machst, sagen sie: »Im Kasten!« und machen mit der nächsten Einstellung weiter.

Ziemlich viele der gefilmten Fernsehdramen werden in Halbnahen oder Nahaufnahmen gedreht. Der Regisseur legt die Positionen in der Szene fest, weshalb einige junge Schauspieler, die bislang nur vor der Kamera standen, auf der Bühne so hilflos sind. Auch wenn du beim Fernsehen nicht oft Gelegenheit bekommst, an der Körperlichkeit einer Figur zu arbeiten, kannst du manchmal schon viel erreichen, indem du bloß eine Hand ins Bild bringst oder deinen Kopf in eine bestimmte Richtung bewegst.

Einige Schauspieler genießen es, eine Szene bei den Dreharbeiten zu Kinofilmen ohne vorheriges Proben durch Improvisation zu erforschen; andere empfinden das als Albtraum. Je mehr du vor den Dreharbeiten zu Hause am körperlichen Ausdruck arbeitest, desto mehr wirst du dazu in der Lage sein, dem Regisseur Ideen vorzuschlagen. Wenn ihm deine Vorschläge gefallen, kann es sogar passieren, dass er das Blocking oder die Kamerabewegung anpasst, um sie einzubauen.

Das Wichtigste zum Thema Zielort ist, dass du dich immer aus einem Grund heraus bewegst, der für dich glaubwürdig ist. Der alte Witz, nämlich die Frage »Warum gehe ich zum Kühlschrank hinüber?«, die vom genervten Regisseur mit »Weil ich dich bezahle« beantwortet wird, ist nur für Leute lustig, die die Bedeutung der emotionalen Rechtfertigung nicht verstehen. Bringe deine Ideen mit – egal ob für die Bühne, die Leinwand oder das Fernsehen – und lasse dir niemals von einem Regisseur erzählen, dass diese nicht wertvoll seien; wenn deine Ideen von einer gefühlten und durchdachten Begründung herrühren, sollte der Regisseur diese als Geschenk betrachten. Und die guten werden das auch tun.

Wenn du in einem Film eine kleine Rolle spielst, dann diskutiere nicht über deine Entscheidungen bezüglich Körperlichkeit, sondern führe sie einfach durch. Sollten sie dem Regisseur sie nicht gefallen, wirst du davon erfahren, glaube mir. Und falls deine Ideen nicht angenommen werden, dann nimm das nicht persönlich, raste nicht aus, sondern führe aus, was auch immer der Regisseur dich zu tun bittet – das nennt sich »professionell sein«. – Tue dein Bestes, in dir etwas zu finden, das begründet, was von dir verlangt wird. (Mehr dazu in Kapitel 21 über Bühne, Leinwand und TV.)

Ich glaube, dass wir James Dean heutzutage immer noch lieben, weil er emotional so zugänglich war und er seine Gefühle stets in körperliches Verhalten umsetzte. In JENSEITS VON EDEN versetzt er als Cal Trask seinem Bruder Aron (Richard Davalos) während eines politischen Handgemenges einen der, wie ich finde, großartigsten Fausthiebe in der Kinogeschichte. Ich denke, dafür sind zwei Dinge verantwortlich: erstens sein Studium bei Katherine Dunham, einer berühmten Tanzlehrerin, deren Technik größtenteils auf sehr sinnlichen afro-kubanischen Bewegungen basierte (zu der Zeit belegten viele Schauspieler in New York diese Tanzklassen, bei denen live getrommelt wurde); zweitens seine sorgfältige Beobachtung von Katzen. Katzen befinden sich größtenteils in einem Zustand von Entspannung. Wenn er also, so wie es aussieht, vom Boden aus zum Schlag ansetzt und seinem Bruder einen Fausthieb verpasst, scheint er die Bewegung durchzuziehen und bis in die Unendlichkeit fortzuführen.

Ich glaube, dass er dazu fähig gewesen ist, weil sein Körper so frei war – vor allem, weil er in seiner Ausbildung körperlich viel an sich gearbeitet hatte, um seine Blockaden loszuwerden. Und ihr Schauspieler tätet gut daran, euren falschen Stolz zu verlieren und zu einer Jazztanzklasse, einer Ballettklasse oder irgendeiner Art von Tanzklasse zu gehen, die euch dazu bringt, euch auf eine Art zu bewegen, an die ihr nicht gewöhnt seid. Es ist allgemein bekannt, dass Footballtrainer ihre Teams in Ballettklassen geschickt haben, um Grazie und Flexibilität zu erlangen. Neue Wege zu erlernen, wie du deinen Körper benutzen kannst, erweitert dein Spektrum an körperlichen Entscheidungen beim Darstellen von Figuren und verleiht dir den Mut, auch Entscheidungen zu treffen, von denen du zuvor niemals zu träumen gewagt hättest. Es erweitert zudem die Bandbreite der Figuren, die du spielen kannst.

Ein Schauspieler, der mit seiner Körperbewegung Karriere gemacht hat, ist John Travolta. Seine Körperlichkeit in SATURDAY NIGHT FEVER ist legendär. Aber was ich an dieser Darstellung ganz besonders interessant finde, ist die Verwendung eines bestimmten Gegenstandes, während er versucht, ein Mädchen anzugraben. Er möchte sie durch seine schleimige, machohafte Art beeindrucken, sie weicht ihm allerdings aus. Während er sie beobachtet, bewegt er den Ring an seinem Finger auf und ab und verrät dadurch seine Verletzlichkeit. Fast nimmt er den Ring ab und betrachtet ihn, als sei er ein Kunstwerk oder ein großartiges wissenschaftliches Projekt, weil er in Wahrheit zu schüchtern ist ihr zu zeigen, wie sehr er sie mag und wie viel Angst er vor einer möglichen Zurückweisung hat.

Manchmal können körperliche Beschäftigungen – wie Travoltas Auseinandersetzung mit dem Ring – vielschichtig sein und auf tiefgründige und unerwartete Weise etwas von der Figur erzählen. 25 Jahre zuvor hatte Marlon Brando in DIE FAUST IM NACKEN diesen Weg geebnet, indem er Eva Marie Saints empfindlichen, hauchdünnen Handschuh aufhob, über seine große, fleischige Hand stülpte und durch diese körperliche Beschäftigung ausdrückte: »Ich kann sie nicht berühren. Ich kann nicht näher an sie herankommen, als den Handschuh, den sie getragen hat, anzuziehen.« Das ist in der Filmgeschichte ein berühmter körperlicher Moment, weil scheinbar zum ersten Mal ein richtig männlicher Hauptdarsteller etwas Zartes tat. Und das ist der Grund, warum Brando Brando ist.

In DEAD MAN WALKING – SEIN LETZTER GANG trifft Susan Sarandon als Schwester Helen Prejean am Ende des Films eine sehr beeindruckende Entscheidung, die fast einer Griechischen Tragödie würdig ist. Als der Mörder Matthew Poncelet (Sean Penn) durch die Todesspritze auf der anderen Seite der Glaswand stirbt, streckt sie den ganzen Arm nach ihm aus. Solch bühnenhafte Körperlichkeit wird im Film selten gesehen, weil Schauspieler oft Angst davor haben, als zu theatralisch erachtet zu werden. Aber weil der Einsatz so hoch war, hatte sie sich das Recht auf eine plakative Entscheidung verdient. Außerdem war diese für die hochgradige Spiritualität ihrer Figur authentisch. Es genügte nicht, die Liebe durch ihre Augen zu übermitteln; sie musste ihn erreichen. Die Liebe schickte sie von ihrem Herzen durch ihren Arm und aus ihren Fingerspitzen hinaus, damit er sie wahrnehmen konnte. Es ist eine der bewegendsten körperlichen Entscheidungen, die ich jemals gesehen habe. Durch sie erlaubt sie dem Mann, mit Anmut und versöhnt zu sterben, obwohl er ein Mörder war.

Ich möchte gerne ein Wort über den Regisseur Elia Kazan verlieren, der über Dean in JENSEITS VON EDEN und Brando in DIE FAUST IM NACKEN Regie geführt hat. Da Kazan vom Theater kam und zwar auf Film umgestiegen war, aber seinen üppigen leidenschaftlichen und wahrhaftigen körperlichen Ausdruck beibehielt, wird Kazans Verständnis für körperliche Darstellungen dem Test der Zeit immer standhalten. Ich glaube, dass sein mutiger und einzigartiger künstlerischer Stil durch zwei Dinge geprägt wurde: die Arbeit im Group Theater mit den Größen des amerikanischen Theaters jener Zeit, den 30er- Jahren, und das Durchleben der Wirtschaftskrise, in der die Menschen sich durchboxen mussten, um zu überleben. Um der Verzweiflung seiner Immigrantenvergangenheit zu entfliehen, suchte er seinen eigenen Weg, in Amerika erfolgreich zu sein – und wuchs als Künstler. Eines seiner wichtigsten Mittel war es, seine Schauspieler dahingehend zu lenken, körperliche Metaphern für ihr intensives inneres Leben zu finden. Du kannst keinen Film von Kazan anschauen, ohne von der mutigen Körperlichkeit der Schauspieler beeindruckt zu sein.

In FIEBER IM BLUT, in dem nackte Haut, Sinnlichkeit und Sex eine wichtige Rolle spielen, bombardiert Kazan den Zuschauer in der ersten Einstellung mit Natalie Wood als Wilma Dean Loomis und Warren Beatty als Bud Stamper, wie sie sich auf einem Autositz umklammern und leidenschaftlich küssen, als ob sie sich gegenseitig verschlingen wollten. Beattys Figur ist so erregt und dann frustriert darüber, dass Natalie als Wilma nicht bis zum Äußersten gehen will, dass er die Tür des Autos aufstößt und aussteigt. Kazan bewegt die Kamera auf Wasser zu, das gewaltsam und gefährlich einen Wasserfall hinunterrauscht. Diese Einstellung ist eine Metapher für die aufsteigende Gefahr und Tragödie. Und ich werde niemals vergessen, wie Barbara Loden als Beattys zum Scheitern verdammte Schwester Ginny an einem bitterkalten Silvesterabend in ihrem dünnen Kleid eine regennasse Straße bis zur Besinnungslosigkeit hinunterrennt, und wie ihre Absätzen dabei auf dem Asphalt klappern.

Und zu guter Letzt sei noch Kazans Regieführung in der Bühnenfassung von ENDSTATION SEHNSUCHT (mit Jessica Tandy als Blanche DuBois) erwähnt. Es gibt einen Moment, in dem Blanche ihrem Galan Mitch erklärt, dass sie beim Selbstmord ihres homosexuellen Ehemanns Komplizin gewesen sei. Blanche sagt: »Vorsätzliche Grausamkeit ist unverzeihlich. Das ist das einzig wirklich Unverzeihliche, und es ist das Einzige, dessen ich mich selbst niemals, niemals schuldig gemacht habe.«[46] Aber natürlich wissen wir, dass sie schuldig ist, und sie weiß es auch. Kurz bevor Jessica Tandy Mitch endlich die Wahrheit sagt, hält sie sich mit ihrer Hand den Mund zu, als ob sie die grausame Aussage in ihren Hals zurückschiebenwolle. Ich habe einmal gesehen, wie sie diesen Moment für ein Fernsehinterview nachempfand. Er war körperlich und psychologisch eindringlich. Ob nun Kazan sie dazu gebracht oder ob sie ihn selbst gefunden hat – auf jeden Fall ist diese Verhaltensweise unter seiner Regieführung entstanden.

Da wir gerade von ENDSTATION SEHNSUCHT sprechen, will ich kurz einen weiteren Punkt ansprechen. Marlon Brando durchquert als Stanley Kowalski den Raum und nestelt dabei an seiner Uhr herum. Das ist keine tiefsinnige Aufgabe, aber sie gibt ihm einen kleinen Hauch von Eleganz, die fasziniert und im Gegensatz zu dem steht, was wir über Stanleys Brutalität annehmen. Und wenn du übrigens einen meiner Meinung nach super lustigen, kreativen und beeindruckenden Moment in Sachen körperliche Beschäftigung sehen willst, dann schau dir Alfred Hitchcocks REBECCA an. Darin gibt es eine Szene, in der Laurence Olivier am Telefon spricht, zugleich um Joan Fontaines Hand anhält, ein Brötchen buttert, Marmelade darauf schmiert, die Marmelade auf seinen Bademantel kleckert, sie von dort entfernt, auf das Brötchen schmiert und dieses schließlich isst. Ich habe das Band fünfmal zurückgespult und war völlig hin und weg von dieser Stelle. Sie ist technisch brillant und bricht außerdem mit der Figur, die wir ansonsten als den perfekten Gentleman betrachten. Aber Olivier hat immer gesagt: »Wenn ich einen Bettler spiele, suche ich nach dem König, und wenn ich einen König spiele, kehre ich den Bettler heraus.«

Ich möchte mich noch zu einem letzten Beispiel für großartiges körperliches Schauspiel äußern: Janet McTeers weißglühende Darstellung in Ibsens NORA – EIN PUPPENHEIM. Ich habe zu meinen Freunden und Studenten gesagt: »Wisst ihr, wenn ihr einem Produzenten erzählt hättet, dass in der nächsten Spielzeit Ibsens EIN PUPPENHEIM ein Renner am Broadway sein würde, dann hätte er euch wahrscheinlich lachend aus seinem Büro gescheucht.« Aber die 1,85 m große McTeer, die sonst niemand als Nora Helmer besetzen würde, hatte es in sich, eine großartige Nora zu geben; und sie fand einen Regisseur, der ihre Vision teilte. Wie schon bei Cherry Jones' Darstellung in DIE ERBIN war McTeers Nora auf anschauliche Weise lebendig, bevor sie überhaupt ein Wort gesagt hatte. Bei ihrem ersten Auftritt schien ein wildes, zu groß geratenes, verführeri-

46 Deutsch von Helmar Harald Fischer, Jussenhoven & Fischer Verlag, Bühnenmanuskript, S. 156

sches Kind zur Tür hereinzufliegen – Mantel, Schal und Pakete wild um sich schleudernd, als wenn sie wüsste, dass ein Erwachsener diese aufheben würde. Ich habe darüber bereits im vorherigen Kapitel geschrieben, aber das war nur der Anfang. Frierend und schnaufend, aber erfreut über ihre Weihnachtseinkäufe, kommt Nora im brutalen norwegischen Winter nach Hause. Sie rennt zum Samowar, um sich heißen Tee zu holen, und berührt ihn für einen Augenblick, um ihre frierenden Hände wie ein begeistertes Kind zu wärmen. Durch ihre Begeisterung wissen wir, dass da ein hysterisches, überaus gestresstes Mädchen einen Vulkan zurückhält; wenn McTeer in der letzten Szene explodiert, ihren Ehemann anschreit – quasi als Geburtsstunde der Frauenrechte –, wird ihr Körper vollkommen still, fokussiert und gefährlich. Dann steht sie plötzlich auf und fängt an, voll Kummer und Zorn auf der Bühne herumzustreifen – wie ein wildes Tier, das versucht, sein Zuhause, seinen Käfig, sein Puppenhaus in Schutt und Asche zu verwandeln.

An dem Abend, als ich diese Aufführung sah, spielte McTeer, wie mir gesagt worden war, mit 40 Grad Fieber. Sie hatte eine schwere Grippe und offensichtlich Antihistamine eingenommen. Ihr Mund war trocken, weshalb sie überall auf der Bühne Wasserbecher verteilt hatte. Jedes Mal, wenn ihr Hals austrocknete, griff sie nach einem und trank das Wasser, ohne die Absicht der Szene zu unterbrechen oder den Zuschauern ein Gefühl von Unbehagen zu vermitteln. Irgendwie integrierte sie diese Bewegung anstrengungslos. Das Problem war, dass sie allmählich ihre Stimme verlor. Am Ende des Theaterstückes war sie fast weg. Ich habe keine Ahnung, wo sie diese Stimme hernahm, aber als sie schrie: »Man hat mir viel Unrecht getan, Torvald!«[47] kam aus ihrem Hals ein Jaulen heraus. Es klang so primitiv, dass die Zuschauer nach Luft schnappten. Während sie als Schauspielerin darum kämpfte, alles zu geben und die Vorstellung zu überleben, diente ihr das als Metapher für Noras Kampf. Das war für mich – und ich glaube nicht, dass ich übertreibe – eine epische Aufführung.

47 Henrik Ibsen: Ein Puppenheim. In: Ibsen: Dramen in einem Band. Übersetzt und hg. von Heiner Gimmler, Verlag der Autoren 2006, S. 40

11. Vorgeschichte und Biografie: Glaube an das Leben deiner Figur

Wenn du eine Aufführung siehst, die dich fesselt, dann glaubst du das, was du siehst, weil es tatsächlich *gerade* vor deinen Augen *geschieht*. Die Figur, die auftritt, scheint aus einem Leben zu stammen, das sie bis zu diesem Moment tatsächlich gelebt hat. Die Figur wurde geboren, ist als Teil einer Familie aufgewachsen, hat die Pubertät durchlaufen, ist erwachsen geworden. Irgendwo auf diesem Weg hat sie dann ein Ereignis oder eines von mehreren in die konkrete Situation getrieben, in der du sie antriffst, mit einem konkreten Ziel oder Überziel. Das frühere Leben ist die *Hintergrundgeschichte* oder *Biografie* der Figur. Selbst wenn nichts über die Hintergrundgeschichte im Text steht, kann dir deren Erschaffung dabei helfen, deine Darstellung anzufeuern.

Hier ist ein Beispiel aus meiner eigenen Karriere: Ich wurde für ein Theaterstück über einen New Yorker Ausbeuterbetrieb um die Jahrhundertwende in der Rolle des mittellosen russischen Immigranten Leonid besetzt. In dem Stück arbeitet Leonid zusammen mit einer Reihe von Frauen, deren ganzer Lebensunterhalt von ihrem kleinen Gehalt abhängt. Dieses erhalten sie für 16 Stunden Arbeit täglich, die sie über eine Nähmaschine gebeugt verrichten, und dabei vom »Big Boss« angeschrien werden, wenn die Arbeit nicht schnell genug verrichtet wird. Meine Figur setzte sich auf eine sehr heldenhafte Art für die Frauen ein. Er beschützte sie immer; ungeachtet der Konsequenzen für sich selbst. In der Tat verlor er schließlich seinen Job, weil er es nicht ertragen konnte, einfach daneben zu stehen, wenn der Mistkerl von Boss die Frauen misshandelte.

Nirgendwo im Skript wurde erklärt, was Leonid dazu antrieb. Ich wusste, dass ich einen Auslöser brauchte, der mich jedes Mal, wenn eine Frau misshandelt wurde, in Wut versetzte. Also fragte ich mich, was mir ein so aufgebrachtes, so leidenschaftliches, so militantes Bedürfnis verleihen könnte, die Frauen zu beschützen. Und plötzlich hatte ich das Bild eines großen bulligen Mannes vor mir, der über einer jungen, wunderschönen Frau stand, in seinem trunkenen Zorn auf sie einschlug und sie gegen einen Heizkörper stieß. Der Kopf der jungen Ehefrau war aufgeplatzt und sie war dabei zu verbluten. Währenddessen umklammerte sie die Hand eines kleinen Kindes. Meine Figur war das kleine Kind. Als ich diese Fantasie weiter erkundete, konnte ich den Kohl riechen, den die

Mutter als Abendessen kochte, sah das verzerrte Gesicht meines erfundenen Vaters, als er spät und betrunken nach Hause kam, und vor allem hörte ich das ekelhafte Krachen des Kopfes dieser armen Frau, als sie auf den Heizkörper schlug, ihr Stöhnen und das Umklammern meiner kleinen Hand, als sie starb. Nun, das war alles, was ich benötigte. Jedes Mal, wenn der Boss zu nahe an eine Frau herantrat, sprang ich auf meine Füße und zeigte es ihm!

Es reichte mir nicht, einfach nur eine Absicht, ein aktives Verb zu benutzen, wie z. B.: *angreifen*, *beschützen*, *sich wehren*, *vernichten*, *zurückschlagen*. All diese Absichten waren verwendbar, aber um diese explodieren zu lassen, benötigte ich meine Hintergrundgeschichte; sie gab mir die emotionale Rechtfertigung, um mich für diese Frauen einzusetzen, ungeachtet aller persönlicher Konsequenzen. Die Biografie ermöglichte mir, in der Haut meiner Figur zu *existieren*.

Ich habe bereits vom Kreieren einer Hintergrundgeschichte gesprochen, um deine Darstellung der Maggie in DIE KATZE AUF DEM HEISSEN BLECHDACH zum Kochen zu bringen. Maggies Überziel ist finanzielle Sicherheit: *so viel Geld zu haben, dass sie für den Rest ihres Lebens nie wieder Angst vor Armut haben muss*. Ich hatte vorgeschlagen, dass ein möglicher Grund für Maggies Gefühle der Tod ihrer Mutter sein könne. Da sie die medizinische Behandlung nicht bezahlen konnte, hatte sie auf qualvolle Weise sterben müssen. Ich wiederhole: Diese Hintergrundgeschichte wird nicht im Text erwähnt; ich habe sie mir ausgedacht, basierend auf Maggies Textzeile: »Du musst *mit* Geld alt sein, weil alt ohne es zu sein einfach zu schrecklich ist.«[48] Damit diese Hintergrundgeschichte für Maggie funktioniert, reicht es nicht aus, sie vom Kopf her begriffen zu haben; du musst sie dir vorstellen und dich hineinversetzen, damit du sie *fühlen* kannst. Du musst die abblätternde grüne Farbe an den Wänden des öffentlichen Krankenhauses, in dem deine Mutter starb, sehen, den Geruch von Urin und Desinfektionsmitteln in den Gängen riechen können, spüren, wie deine Mutter deine Hand umklammert, während sie sagt: »Stirb niemals so, wie ich sterbe, Maggie« und dich anbettelt, ihr mehr Morphium zu verabreichen, weil sie die Schmerzen nicht ertragen kann. Du musst die Geschichte mit so konkreten Details gestalten, dass sie dich zum Weinen bringt. Dann können die Zuschauer die Wahrhaftigkeit spüren, wenn du Brick erzählst: »Du musst *mit* Geld alt sein, weil alt ohne es zu sein einfach zu schrecklich ist.«

Einer der Gründe, warum Michael Clarke Duncan uns in THE GREEN

48 Deutsch von Jörn van Dyck, Jussenhoven & Fischer Verlag, Bühnenmanuskript, S. 115

Mile dermaßen fesselte, war die Hintergrundgeschichte, die wir zusammen entworfen hatten: John Coffey war so oft geschlagen worden, so oft kurz davor gewesen, gelyncht zu werden, dass er buchstäblich auf die Schläge wartete, als er in den Raum mit einem Haufen weißer Männer geführt wurde. Er musste seine Angst und seine Gewissheit über die kommenden Schläge überwinden; das tat er, indem er versuchte, den Frieden zu wahren. Er spielte gegen seine 2,21 m an und war den Wärtern gegenüber extrem liebenswürdig, gehorsam, respektvoll und freundlich. Du wirst dich erinnern, dass sein Körper beim Betreten des Gefängnisses über und über mit Narben bedeckt war. Die Hintergrundgeschichte war in Michael besonders lebendig, weil er in seiner Kindheit selbst Polizeiübergriffe erlebt hatte und er das benutzen konnte, um Coffeys Schrecken lebendig werden zu lassen. Dieser Schrecken pulsierte unter seiner ruhigen Oberfläche; er war in ihm lebendig, als er die Augen der Wärter absuchte, um jemanden zu finden, der ihn freundlich behandeln würde.

Michael und ich entwarfen nicht nur eine Geschichte voller rassistischer Feindseligkeiten und körperlichem Schaden für John Coffey; wir gingen tiefer und entwickelten eine komplette Lebensgeschichte. Teil seiner Biografie war, dass er von seiner Großmutter mütterlicherseits aufgezogen wurde, weil seine Eltern gelyncht wurden, als er noch ein Baby war. Später fiel die Großmutter vor seinen Augen tot um. Danach rannte er davon und wurde in der Wildnis groß, fühlte sich unter Tieren um ein Vielfaches sicherer als unter Menschen. Aus seinem Verlangen heraus, all seinen persönlichen Verlusten zu entfliehen, auch aufgrund der fortwährenden Gewaltandrohung durch die weiße Gesellschaft stießen wir auf seine weitere Geschichte. Sie beinhaltete, wie er seine angeborenen Kräfte entdeckte, und insbesondere auf die Geschichte mit den Glühwürmchen, welche jede Nacht um ihn herumschwärmten.

Als ich das Skript zu The Green Mile zum ersten Mal las, wurde mir bewusst, dass der Film zum Sprungbrett für den Schauspieler werden könnte, der das Glück haben würde, die Rolle zu bekommen; wären Michael und ich mit unserer Untersuchung des gesamten Lebens der Figur, ihrer Vergangenheit und Gegenwart, nicht gründlich gewesen, hätte ich das Gefühl gehabt, als Coach versagt zu haben. Bei Drehbeginn kannte Michael John Coffeys Vergangenheit so gründlich und stand so in Verbindung mit seiner eigenen früheren Misshandlung, dass es mir bei seinem Auftritt schien, als ob seine Haut aus Vorahnung von Gewalt gegen ihn bebte.

Manchmal steht ein Teil oder gar der Großteil der Hintergrundgeschichte im Skript. Wenn du dir den Film Asphalt-Cowboy anschaust, wirst du feststellen, dass dir am Anfang die hochtraumatischen Ereignisse aus Joe Bucks (gespielt von Jon Voight) Kindheit gezeigt werden.

Joe ist ein Opfer von Inzest und Gruppenvergewaltigung, seine Mutter hatte wechselnde sexuelle Kontakte; er ist arm und wurde von ihr verlassen. Weil ASPHALT-COWBOY eine Romanadaption ist, gab es für den Drehbuchautor eine ergiebige Hintergrundgeschichte, auf der er aufbauen konnte. Dir werden anschauliche Gründe geliefert um zu verstehen, warum ein scheinbar anständiges und gutartiges menschliches Wesen wie der erwachsene Joe Buck den Tiefen der Erniedrigung erliegen kann. ASPHALT-COWBOY ist die Geschichte einer Suche nach Anschluss, der Suche nach der Fähigkeit zu lieben, sich um andere zu kümmern und danach, umsorgt zu werden.

Um Joe Buck zu spielen, musst du verstehen, dass viele Menschen einen Großteil ihres Lebens damit verbringen, auf ihre Kindheit zu reagieren. Wurden sie in der Kindheit misshandelt, werden sie sich auf irgendeine Weise selbst zerstören – außer sie tun etwas für ihre Heilung. Aus den Rückblenden des Skripts und vielleicht aus deiner Vorstellungskraft heraus musst du dir selbst die Ereignisse erschaffen, die Joe davon abgehalten haben, jegliche realistische Ziele für ein anständiges Leben zu entwickeln. Aus Joes Vergangenheit musst du außerdem ein Verlangen nach Bestätigung und Beachtung schaffen, der ihn zu Ratso führt. Ratso Rizzo, eine totaler Opportunist, ist von Joes Loyalität überrascht; sie zwingt ihn schließlich zu einer Art Anstand und Nähe zu Joe. Durch den Film wissen wir überhaupt nichts über Ratsos Biografie; doch allein sein Name sollte unsere Vorstellungskraft in eine sehr exotische und beunruhigende Hintergrundgeschichte entführen, die auch die Gründe für seine körperliche Behinderung mit einbezieht und uns erklärt, wie sie ihn beim Heranwachsen beeinträchtigt hat.

Beim Spielen einer Rolle darfst du deine Figur – egal ob gut oder böse – *niemals* verurteilen, außer das Skript setzt es konkret als Eigenschaft deiner Figur voraus, dass sie sich selbst verurteilt, wenn der Text nicht danach verlangt, dann verurteile sie nicht.

Eine Grundsatzregel der Schauspielerei lautet, dass Bösewichte immer eine Rechtfertigung für ihre Taten haben, die ihr Verhalten vertretbar und manchmal für sie selbst komplett akzeptabel macht. Wenn du die Hintergrundgeschichte eines Serienkillers lesen willst und es ertragen kannst, dich mit den unvorstellbaren Erfahrungen zu konfrontieren, die einen Mörder hervorbringen, dann lies »Der Mörder. Vom Martyrium eines Kindes zur Lebenstragödie eines Verdammten« der Journalistin Flora Rheta Schreiber. Obwohl die Lektüre fast unerträglich ist, empfehle ich sie, weil dir die Grausamkeit, die dem Serienkiller in seiner Kindheit zuteilwurde, vor Augen führt, dass seine Gewalttätigkeit unvermeidbar war. Das wird dir Verständnis und Mitgefühl verleihen, welche für einen Künstler notwendig sind. Wenn du einen Schurken spielst, musst du Gründe finden, die für dich die Taten – welche auch immer es seien – emotional rechtfertigen und sie korrekt ausführen.

Hier ist ein letztes Beispiel dafür, wie hilfreich es sein kann, eine Hintergrundgeschichte zu entwerfen, die dich emotional mit einem bedeutenden Moment in einem Text in Berührung bringt. Es stammt aus J.P. Millers DIE TAGE DES WEINES UND DER ROSEN, aus der qualvoll-zärtlichen letzten Szene. Kirsten, die alkoholsüchtige Exfrau von Joe Clay, besucht Joe und ihre gemeinsame Tochter und bettelt darum, wieder in die Familie aufgenommen zu werden. Wir haben in einer früheren Szene erfahren, dass Joe selbst ein Alkoholiker war und dass er Kirsten zum Trinken veranlasst hat, weil er nicht alleine trinken wollte. Im Verlauf des Stückes hat er jedoch den Weg zu den Anonymen Alkoholikern gefunden, während aus ihr eine Trinkerin geworden ist, die häufig ihre Partner wechselt. Jetzt taucht Kirsten in ihrer winzigen Mietwohnung auf und fleht Joe an, sie zurückzunehmen – weigert sich aber, mit dem Trinken aufzuhören. Joe sagt zu Kirsten: »Ich kann dir verzeihen, ich kann versuchen, dir zu helfen, aber ich weiß nicht, ob ich dich zurücknehmen kann. Ich weiß nicht, ob ich genug vergessen kann.« Und sie antwortet: »Du sprichst von den anderen – ja, von ihnen gab es viele. Aber sie bedeuteten nichts. [...] ich dachte, dass sie mich davor bewahren könnten, mich so einsam zu fühlen, aber ich war genauso einsam, weil Liebe das einzige ist, was einen davor bewahren kann, einsam zu sein, und die habe ich nie bekommen.«

Zwei Studenten aus meiner Klasse haben diese Szene gespielt. Die Frau hatte ihre Hausaufgaben gemacht, aber der Mann nicht. Als er sagte: »Ich weiß nicht, ob ich genug vergessen kann«, war sein Spiel deshalb so dünn wie Pappkarton. Als sie hingegen sagte: »Von den anderen gab es viele«, da wusste man, dass sie Fremde in Bars aufgegabelt und die ganze Nacht lang gevögelt hatte und am nächsten Abend in eine andere Bar gegangen und jemand anderen aufgegabelt hatte. Wenn du Joe spielst, dann musst du ein Bild davon haben, wie du die Wohnung betrittst und Kirsten bis zur Besinnungslosigkeit betrunken beim Sex mit einem anderen Typen überraschst, und wie du dich entweder unbemerkt und leise, traurig und beschämt, fortschleichst oder du den anderen Typen vom Bett herunterziehst und ihn samt seinen Klamotten zur Tür hinauswirfst. Du musst diesen Moment, ein Ereignis, das für dich fast nicht auszuhalten war, in deiner Vorstellung mit einer konkreten Hintergrundgeschichte verbinden – wie du es im Leben tun würdest; sonst kannst du diese Szene mit Kirsten nicht mit der Emotion spielen, die dafür benötigt wird.

Der Schauspieler überarbeitete die Szene noch einmal, schuf eine Hintergrundgeschichte und füllte die innere Bilderwelt auf; als er sie beim nächsten Mal mitbrachte, präsentierte er, anstelle eines Joes aus Pappkarton, einen aus Fleisch und Blut und ergriff uns auf überwältigende Weise. Während des Unterrichts versuche ich so objektiv wie möglich zu bleiben; doch als ich die Szene nach der Überarbeitung sah, war sie so mit wahrhaftiger Tiefgründigkeit und menschlichen Gefühlen gefüllt, dass ich meinen Kopf senkte und weinte.

12. Die Tier-Übung: Erweitere dein Ausdrucks- und Bewegungsrepertoire

Eine der besten Interpretationen, die ich jemals gesehen habe, war die Inszenierung von Bertolt Brechts DER AUFHALTSAME AUFSTIEG DES ARTURO UI am das Berliner Ensemble. Das Theaterstück ist eine Satire über Hitlers Aufstieg und Fall. Martin Wuttke, der Arturo Ui spielte, begann das Stück wortwörtlich als Hund. Als der Vorhang sich hob, saß er dem Publikum gegenüber auf einer Betonplatte, ohne Oberteil und auf allen Vieren, sein Körper mit weißer Farbe bemalt. Seine Zunge war mithilfe von Speisefarbe blutrot gefärbt und er speichelte und hechelte wie ein großer, blutrünstiger, hungriger, böser, geifernder Hund. In den ersten 10 oder 15 Minuten des Stückes wurden alle Informationen von den anderen Figuren im Stück geliefert und so verharrte er als Hund am Bühnenrand, die Reaktionen der Zuschauer wie auch die Handlung auf der Bühne aufmerksam beobachtend. Als er anfing, zu der hitleresken Figur des Aturo Ui zu werden, richtete er sich auf, bis er schließlich stand, behielt aber das Bellen des Hundes in seiner Sprechweise bei; er bellte quasi seine Worte, dadurch entstand die Stimme des Arturo Ui.

Wuttke führte die Tier-Übung mit einem bestimmten Hund als Vorbild durch – was ich seiner Darstellung entnahm, ähnelte einem deutschen Schäferhund – er entdeckte sein Verhalten als vierbeinige Kreatur und behielt dann Aspekte des Hundes, einschließlich einer extremen Wachsamkeit und des schnellen Atems, für seine zweibeinige Figur bei. Indem er am Bellen festhielt, gab er uns die außergewöhnliche und aufschlussreiche Interpretation des Aturo Ui als tollwütiger Hund. Es ist eine Sache, einen Hund bellen zu hören, eine andere, zuzusehen, wie er zu einer Person wird, zu solch einem Monster, wie Hitler es war. Wann immer ich jetzt eine Rede von Hitler höre, kann ich darin das Bellen wahrnehmen. Jemand, der seine Vorstellungskraft derart benutzt und wie in diesem Fall die Tier-Übung einsetzt, um ein Bild der schlimmsten Auswüchse des Menschengeschlechts zu malen, ist ein talentierter Schauspieler.

Die Tier-Übung

Suche dir ein bestimmtes Tier aus und finde alles über sein Verhalten heraus. Du kannst in den Zoo gehen, dir Dokumentarfilme anschauen und Bücher über das Tier lesen; wenn es sich um ein Haustier handelt, dann kannst du es in deinem Alltag beobachten. Untersuche sein Atemmuster, seine Muskulatur – welches die kräftigsten Muskeln zum Attackieren und Verspeisen von Beute und zum Davonlaufen vor Jägern sind –, wie es frisst, Kot oder Urin ablässt, sich fortpflanzt und welche Wachsamkeit es besitzt, wenn es sich nicht in Gefangenschaft befindet. Untersuche die sensorische Wahrnehmung, die es fürs Überleben benötigt – was einen außergewöhnlich intensiven Geruchs-, Hör-, Seh-, Geschmacks- oder Tastsinn beinhalten kann; vergiss nicht: Das Tier, das du darstellst, ist entweder Jäger oder Gejagter oder beides. Wenn du einen Zoo besuchst, kannst du auch die Traurigkeit von Tieren in Gefangenschaft untersuchen. Du denkst hierbei wahrscheinlich zuerst an Säugetiere; aber vergiss nicht, Vögel, Schlangen, Fische und sogar Insekten als Möglichkeiten für eine bestimmte Figur in Betracht zu ziehen.

Sobald du die Verhaltensweisen kennst, bringe sie in den Unterricht mit, kreiere so viel von ihrem Lebensraum wie nötig auf der Bühne und existiere als dieses Tier über einen Zeitraum von 5 bis 10 Minuten. Wenn das keine Übung ist, die ihr in eurem Unterricht macht, dann solltest du dich zu Hause auf Video aufnehmen. Findest du dich selbst beim Betrachten des Videos als Tier glaubhaft? Falls ja, wähle bestimmte Merkmale – wie z. B. das Atmen, die Hyperwachsamkeit und das Bellen von Wuttkes Hund – und verwende diese als Teil deiner körperlichen Verhaltensweisen für eine Figur.

Die Tier-Übung half mir dabei, die Rolle zu gestalten, die ich bis heute als meine erfolgreichste Arbeit im Theater betrachte: Little Harp in THE ROBBER BRIDEGROOM*, einem Broadwaymusical, das auf dem gleichnamigen Roman von Eudora Welty basiert. In dem Musical geht es um eine wunderbar verdorbene Kleinstadt in den Südstaaten, die Mrs. Welty erfunden hat, um die Geschichte eines Gentleman-Räubers zu erzählen, der zum Volkshelden und zum Liebhaber einer jungen Frau namens Rosamond, der Tochter einer bösen Stiefmutter und eines sehr reichen und einfältigen Vaters, wurde. Mithilfe des Regisseurs Gerald Friedman war ich in der Lage, Little Harp zu kreieren, indem ich all meine Schattenseiten, all meine antisozialen Impulse verwendete – und über manche hatte ich, bevor ich diese bizarre und wundervoll komische Figur spielte, niemals nachgedacht.

Weil das Theaterstück ein Ensemblestück ist, waren wir für die gesamten zweieinhalb Stunden auf der Bühne. Wie spielten nicht nur unsere eigentlichen Figuren, sondern auch Tiere und Bäume. Friedman bat uns während einer unserer ersten Proben, uns für die Szene, die im Wald spielte, ein bestimmtes Tier auszusuchen. Little Harp war von Wut erfüllt, und so wählte ich eine Klapperschlange, weil ich herausgefunden hatte, dass diese blind geboren und nach nur drei Tagen von ihrer Mutter verlassen werden. Ich nahm an, dass einen das richtig wütend machen würde. Ich schlängelte mich auf dem Boden und ließ meine Zunge hervorschnellen, um ein Gefühl dafür zu bekommen, was um mich herum passierte. Von dieser Klapperschlange ausgehend entstand Little Harps Gang. Ich bewegte mich mit so tief gebeugten Knien, wie nur möglich – was meiner Figur, einem raubtierhaften Fesselspiel-Freak-Vergewaltiger, Schlüpfrigkeit und Sinnlichkeit in einem Maße verlieh, zu dem ich bis zu diesem Zeitpunkt in meiner Arbeit niemals fähig gewesen war. Die Tier-Übung hatte mich befreit.

Später wurden wir auch darum gebeten, eine bestimmte Art von Baum oder Pflanze auszuwählen, die wir im Wald verkörpern würden. Ich wählte die Trauerweide. Und indem ich instinktiv die Trauerweide gewählt hatte, wurde mir klar, dass die Figur des Little Harp aufgrund einer tiefreichenden Verletzung so extrem pervers war. In den Proben entdeckte ich, dass Little Harp sich kaum badete und Flöhe hatte. Außerdem kam mir die Idee, dass Little Harp von seiner eigenen Wichtigkeit aufgeblasen war. Er trug den Kopf seines Bruders in einer Box mit sich herum – und der Kopf des Bruders sprach mit ihm (es war schließlich ein Märchen) –; doch wenn er nicht mit seinem Bruder zusammen war, war er auf seine eigenen mentalen Kapazitäten angewiesen, und die waren, gelinde gesagt, minimal. Allerdings habe ich im Leben beobachtet, dass viele Leute, die ich als ungebildet bezeichnen würde, unglaublich voreingenommen und selbstgerecht sein können. Der gesamte Probenprozess – die Tier-Übung, die Baum-Übung, die Entscheidung, dass Little Harp sich selbst für unglaublich klug hielt, ihm Flöhe zu verpassen und mich mit der extremen Hitze der Sommer in Mississippi auseinander setzen zu müssen, die mich sehr gereizt hatte, – ließ ein ganz bestimmtes Verhalten für meine Figur entstehen. Dem Ganzen fügte ich noch einen breiten Mississippi-Dialekt hinzu.

Die letzte Entscheidung für meine Figur betraf die Überzeugung, dass die Titelfigur des Räubers – unvergesslich von Barry Boswick dargestellt – die einzige Sache war, die zwischen mir und meiner Chance auf Weltruhm stand; wenn ich ihn zerstörte, würde der Titel des Theaterstückes DER RÄUBER – LITTTLE HARP heißen. Meine Perspektive, klüger als alle anderen Figuren im Stück zu sein, entpuppte sich als hochkomisch, weil alle Aktionen, die ich ausführte, so unglaublich dumm waren. Wann immer ich mich bei den Aufführungen von meiner Figur entfremdet fühlte, erinnerte ich mich an meine anfängliche technische Arbeit. Wenn ich die Verbindung zu den Gedanken und Verhaltensweisen dieser kleinen, blinden, verlassenen Klapperschlange wiederherstellte, erwachte die Rolle erneut zum Leben.

Wenn du daran interessiert bist, eine Rolle vom Verhalten eines Tieres ausgehend zu erforschen, schlage ich vor, dass du dir James Foleys AFTER DARK, MY SWEET anschaust. Jason Patric spielt Kevin »Kid« Collins, einen ehemaligen Boxer, der psychisch krank und obdachlos ist. Das erste Mal ist Patric in einer Wüste zu sehen, als er auf eine unverwechselbar affenartige Weise von einem Stein springt. Seine Arme gleichen einem Gorilla und scheinen schwerer als der Rest seines Körpers zu sein. Sein Gang ist aggressiv und raubtierhaft, sein Tempo außergewöhnlich schnell, als ob er vor etwas davonlaufen würde. Er verhält sich wie ein verängstigtes Tier mit wild blickenden, funkelnden Augen. Alles ist sehr konkret gewählt und extrem engagiert und mutig ausgeführt.

Patric fing ein Jahr vor Filmbeginn mit der Arbeit an der Rolle an und benutzte Jim Thompsons Roman, auf welchem der Film basiert, zur Vorbereitung. Seine Entscheidungen waren für mich überraschend effektiv, beginnend bei der Annahme einer tierhaften Körperlichkeit bis hin zu der Art, wie er Rachel Wards Verkörperung der Fray Anderson beim Sex beobachtete – was in dieser Kombination aus Misstrauen und Erotik vor Spannung knisterte. Diese Darstellung bildete zurecht den Startpunkt seiner Karriere.

Eine sehr interessante Entscheidung getroffen hat auch Charles Laughton, der großartige englische Schauspieler, der zudem bei dem hervorragenden Film DIE NACHT DES JÄGERS (unbedingt anschauen!) Regie geführt hat. Als Charles Laughton Henry VIII. spielte, zeigte er am Ende des Filmes dessen mentalen Verfall, indem er ihn beim Essen wie ein verhungerndes Frettchen darstellte. Er benutzte seine Vorderzähne wie Rasierklingen und in seinen Augen sah man den Wahnsinn lodern.

13. Der Reichtum des Ortes, an dem du dich befindest

Stella Adler pflegte zu sagen: »Wo du dich befindest, bestimmt wer du bist.« Was meinte sie damit?

Wenn du den ganzen Tag über dein Verhalten beobachtest, wirst du feststellen, dass deine Körpersprache und deine Ausdrucksweise anders sind, wenn du mit einem engen Freund im Fitnessstudio abhängst und dich mit ihm unterhältst, als wenn du dich mit demselben Freund in einem schicken Restaurant beim Mittagessen unterhalten würdest. Wenn du von dem Restaurant aus zu deiner Bank gehst, von da aus zur Bibliothek, danach zum Joggen und dann mit Freunden zum Abendessen oder deiner besseren Hälfte an den Strand, wirst du feststellen, dass deine Beziehung zu dem Ort, an dem du dich befindest, dein Verhalten und sogar deinen Atem verändert – abhängig davon, ob er klein oder groß, offiziell oder inoffiziell ist, wer sich an dem Ort befindet, was der Ort dir auf emotionaler, psychologischer und philosophischer Ebene bedeutet. Unabhängig davon, ob wir uns dessen bewusst sind oder nicht, werden wir immer durch den Ort, an dem wir uns befinden, beeinflusst. Unser Betragen, unsere Manieren, selbst unsere Sprachwahl passt sich dem Umfeld an.

Lass uns betrachten, was der Ort für die Figuren im Film THE HOURS – VON EWIGKEIT ZU EWIGKEIT bedeutet. Die Wohnung, in der Clarissa Vaughan (Meryl Streep) lebt, ist nicht besonders groß; dennoch entsteht durch Clarissas Umherirren in den wenigen Räumen das Gefühl, als ob sie verloren sei. Schau dir das Vorstadt-Reihenhaus aus den 1950er Jahren an, in dem Laura Brown (Julianne Moore) lebt, die Küche, in der sie den Kuchen backt. Das Haus hat eine sterile Beschaffenheit: Es ist sehr sauber und unpersönlich. Das imposante, englische Haus von Virginia Woolf (Nicole Kidman) scheint fast ein Hotel zu sein. Aber so verschieden diese Orte auch sind, sie alle vermitteln das Gefühl, dass jede der Frauen in einer Wüste umherirrt, dass sie von ihrem eigenen Zuhause entfremdet ist.

Beachte auch, dass sich Virginia Woolf beim Betreten der Küche ihres Hauses in ein schüchternes, sich entschuldigendes und dennoch gereiztes Kind verwandelt. Das bloße Hineingehen erfüllt sie mit Angst und Beklemmung; es kostet sie große Mühe. Als Schauspielerin, die diese Rolle spielt, müsstest du eine Entscheidung treffen unter dem Motto: »Wenn ich diese Küche betrete, ist das, als würde ich einen Gerichtssaal betreten, in dem alle denken, dass ich schuldig bin und in dem ich meine Unschuld beweisen muss.« An einer Stelle überkompensiert Virginia ihre Angst, indem sie sich dem Koch gegenüber herrisch aufführt; sie tut das, um ihre Angst zu bewältigen, da für sie ihre eigene Küche ein gefährlicher Ort ist und sie die negativen Urteile der Köche spüren kann. Und was an dieser Szene so bewegend ist, ist ihr Mut; schließlich kann man keinen Mut beweisen, wenn man keine Angst hat.

Carson McCullers' Theaterstück DAS MÄDCHEN FRANKIE spielt in der Küche eines großen, alten Südstaatenhauses. Es handelt von der besonderen Beziehung zwischen Frankie, einem 13-jährigen weißen Mädchen, und Bernice, der afroamerikanischen Köchin, die für Frankies Familie arbeitet. Wir sehen die Küche, in der Frankie und Bernice während der unterschiedlichen Phasen von Frankies turbulenter Pubertät Gespräche führen. Frankie betritt die Küche und wird auf allen Ebenen gefüttert: Sie stellt den Ort dar, an dem sie bemuttert wird. Frankie begibt sich dorthin, um Bernice ihre Sehnsüchte und Enttäuschungen darüber auszudrücken, ein Außenseiter, einsam und unbeholfen zu sein. Sie sucht so verzweifelt nach Anschluss, dass sie sich ihrem Onkel und seiner Braut in deren Hochzeitsnacht anschließen will. Frankies Eltern kamen um, als sie und ihr Bruder kleine Kinder waren; sie wurde von Verwandten aufgezogen. Bernice ist ihre Vertraute. Das Traurige daran ist, dass Frankie in diesem Haushalt niemals die Pflege und Liebe von irgendjemand anderem als von Bernice in dieser Küche erfahren hat – und Bernice ist sich darüber bewusst. Aber als Frankie zu einer jungen Frau heranwächst und beginnt, ein Leben innerhalb der Gesellschaft zu führen, erkennen wir durch ihr Verhalten, dass sie nicht mehr die hilfsbedürftige, kindliche 13-Jährige ist, die sich an Bernice klammert und Gefallen daran findet, ihre Zeit in der Küche zu verbringen; Bernice und die Küche werden zu etwas, aus dem sie ausbrechen will. Genau genommen scheint es, als ob dieser Ort ihr eine Gänsehaut bereiten würde. Darum gibt es, genauso wie wir in Bezug auf die Neudefinierung von Beziehungen gesprochen haben, auch die Neudefinierung von Orten. Als Frankie Bernice zum letzten Mal sieht, ist sie eine egozentrische Jugendliche, die das Gefühl hat, dass sie aus einem Gefängnis entkommt, indem sie der Küche entflieht. Frankie verlässt diesen Ort des Umsorgens; den unglaublichen Wert von Bernice und dieser großen, warmen Küche wird sie wahrscheinlich erst Jahre später verstehen.

Als Schauspielerin, die die 13-jährige Frankie spielt, könntest du dir Bernice und die Küche als großes, behagliches Kissen vorstellen. Du willst dich darin zurücklehnen und dich darauf ausstrecken, dich mit deinem

Körper an den Kühlschrank, den Tisch, die Küchenschränke lehnen, das Wasser der Spüle laufen lassen, um die Sommerhitze zu vertreiben. Wenn Frankie älter wird, könntest du diesen Ort neu definieren, indem du dir vorstellst, dass alles in der Küche bei dir einen Juckreiz hervorruft oder zum Anfassen zu heiß ist. Du musst ständig in Bewegung bleiben – das komplette Gegenteil eines Kissens. Am Schluss ist die Küche ein Gefängnis mit Gitterstäben, das immer kleiner und kleiner wird. Du schnappst nach Luft; wenn du nicht entkommst, wirst du ersticken.

Als Schauspieler musst du dich *immer* fragen, wie du zu dem Ort, an dem deine Figur sich befindet, stehst. WER HAT ANGST VOR VIRGINIA WOOLF? spielt sich komplett in Georges und Marthas Wohnzimmer ab. Was denken George und Martha über diesen Raum, wenn sie ihn betreten? Wie denken ihre Gäste Honey und Nick darüber? Eine der Meisterleistungen von Edward Albee besteht darin, diesen Raum so lebendig darzustellen, dass er in dem Theaterstück fast zu einer eigenen Figur wird. Wenn der Vorhang sich hebt, definiert Martha ihre Beziehung zu dem Raum: »Was für ein Drecksloch!« Ironischerweise lehnt sie es ab, Verantwortung dafür zu übernehmen, dass sie ihn dazu gemacht hat. Damit möchte sie andeuten, dass George ihr keinen höheren Lebensstandard bietet.

Der Raum ist unordentlich, er ist voll mit Whiskeyflaschen, alten Magazinen, Zeitungen und Büchern. Es ist der Ort, an dem George und Martha ihre – wenn man so will – psychologische Orgie inszenieren. Es ist der Ort, an dem sie ihre schmutzige Wäsche waschen. Wenn Nick und Honey den Raum betreten, wirkt dieser auf sie einschüchternd und fremd, es ist ein Ort »alter Schule« – etwas, das sie selbst anstreben; Nick hat gerade begonnen, an der Universität zu unterrichten, an der George schon seit Langem Professor ist und an der Marthas Vater Präsident war. Was für George und Martha selbstverständlich ist, wirkt auf Nick und Honey einschüchternd. Wenn du Nick oder Honey spielst: Welche Gegenstände im Wohnzimmer ziehen deinen Blick auf sich, und wie bewertest du die verschiedenen Dinge, die du siehst: pro oder contra? Für George und Martha ist dieser Ort offensichtlich ihr Zuhause und es ist auch der Ort, an dem sie sich gegenseitig und auch andere Leute zerfleischen. Für Nick und Honey, auf die das zu Beginn des Stückes nicht zutrifft, ist es der Ort, an den gekommen sind, um Kontakte zu knüpfen. Als Schauspieler im Stück musst du dir die Frage stellen: »Was bedeutet dieser Ort in Bezug auf die Gestaltung möglicher Verhaltensweisen für meine Figur?« George und Martha behandeln den Ort wie einen alten Schuh – er ist bequem, sie schlüpfen hinein – oder besser gesagt Martha schlüpft hinein und George toleriert ihre Liederlichkeit; allerdings könntest du Georges gereizte Toleranz als ein Anzeichen dafür deuten, dass er wünschte, der Ort wäre sauberer und besser organisiert. Nick und Honey sehen das Wohnzimmer als eine Brücke in die Zukunft, deshalb sind sie dort sehr höflich, fast sogar schüchtern. Wenn du ihren Dialog zu Beginn des Theaterstückes liest, kannst du regelrecht spüren, wie sie aufrecht auf dem Sofa sitzen und ihre besten Manieren auffahren – und wahrscheinlich den Staub in den Ecken wahrnehmen und versuchen, nicht dorthin zu starren. Offensichtlich wird der Ort, an dem George und Martha leben, nicht pfleglich behandelt; er ist deshalb eine Metapher für die mangelnde Sorge füreinander und für sich selbst.

In Pinters BETROGEN treffen sich die Exgeliebten Jerry und Emma in dem Pub, in dem sie sich heimlich zu treffen pflegten, als sie ihre außereheliche Affäre hatten. Es ist ein Ort voller Erinnerungen: Er trägt ihre gemeinsame Geschichte. Für sie ist dies eine »heiße Herdplatte«, ein emotionaler Ort. Wenn du als Schauspieler Jerry oder Emma spielst, dann musst du in dem Pub sitzen und dich umschauen und Erinnerungen haben, die zu dir zurückkommen – genauso wie es im richtigen Leben wäre. Da ist auf der anderen Seite des Raumes der Tisch, an dem ihr einmal Händchen gehalten habt. Und dort der Tisch, an dem ihr einen furchtbaren Streit hattet. Dein körperlicher Fokus kann nicht die ganze Zeit auf deinen Partner gerichtet sein; das ist der Grund, warum das *Ausstatten* bestimmter Plätze im Pub mit Erinnerungen dir einen anderen Fokus verleiht, welcher dich als Schauspieler mit Informationen versorgt. Außerdem ermöglicht das den Zuschauern, unausgesprochene Nuancen der früheren Beziehung der Figuren wahrzunehmen.

Weil der Ort in BETROGEN für die Erinnerung der Figuren unerlässlich ist, kannst du als Schauspieler großen Nutzen aus dem Verwenden der *vierten Wand* ziehen. Das ist die Wand zwischen dir und dem Publikum, die nicht wirklich vorhanden ist, die aber in deiner Vorstellung existieren muss, damit du eine umfassende Darbietung abliefern kannst. Was sehen Jerry oder Emma, wenn sie in Richtung der vierten Wand blicken? Ist dort ein Fenster? Ist dort ein Garten vor dem Fenster, ein schöner Garten, der sie gewöhnlich in eine romantische Stimmung versetzte? Oder ist der Garten in einen Parkplatz verwandelt worden? Vielleicht beinhaltet die vierte Wand auch die Türen zu den Toiletten, in die Emma floh, um sich die Augen auszuheulen, ohne dass Jerry sie dabei sehen konnte; oder dahinter befinden sich die Münzfernsprecher, die Jerry benutzte, um seine Frau anzurufen und sie über seinen Aufenthaltsort anzulügen. Ich habe einige Schauspieler sagen hören: »Ich glaube nicht an die vierte Wand, das funktioniert für mich nicht. Ich will die Energie des Publikums spüren und benutzen.« Wenn das für dich funktioniert, ist das in Ordnung; aber vergeude nicht die Möglichkeit, die vierte Wand mit Bildern auszustatten, die dich in der Szene zu tieferen Gefühlen anregen.

Wie du an dem Ort *lebst*, ist ebenfalls eine Frage, die du dir als Schauspieler stellen musst: Warum hat mich der Autor hier platziert und welche Funktion hat es, dass ich an diesem Ort lebe? Welche Verhaltensweisen kann ich entdecken, die sich aus meiner Beziehung zu diesem Ort heraus entwickeln?

Bedenke die Rolle, die der Ort in DAS TAGEBUCH DER ANNE FRANK spielt, dem berühmten Theaterstück, das auf den Tagebüchern eines 13-jährigen Mädchens basiert, das von den Nazis im Holocaust ermordet wurde. Es spielt nur auf einem winzigen Dachboden in Amsterdam, auf dem sich die Familie Frank und vier andere Leute verstecken mussten, weil sie Juden waren. Der Dachboden steht für den seidenen Faden zwischen ihrem Leben und dem Tod. Für diese Menschen bedeutet er die ganze Welt; wenn sie frei wären, könnten sie draußen leben; doch da sie nicht frei sind, haben sie die unmögliche Aufgabe zu bewältigen, an diesem viel zu kleinen Ort ein bisschen Privatsphäre zu finden. Der Ort ist mit zunehmender Angst und Frustration gefüllt, und dennoch finden die Teenager Peter und Anne eine Ecke, in der sie zusammen allein sein und ihre aufkeimende Liebelei beginnen können – ein Schritt in der natürlichen Entwicklung, welchen Anne niemals wird abschließen können. Deshalb ist der Dachboden zugleich ihr Gefängnis und ihre Sicherheit. Peter und Anne sind in dem Theaterstück zeitweise so voneinander hingerissen und von der Idee, verliebt zu sein, dass sie den Dachboden in einen Ort verwandeln, der so romantisch ist wie ein Frühlingsgarten. Obwohl ihr Leben in jedem Augenblick in Gefahr ist, bringt ihre Verliebtheit sie selbst und uns dazu, an die Möglichkeit ihrer gemeinsamen Zukunft zu glauben.

In Frank Perrys Film DER SCHWIMMER, der auf einer Kurzgeschichte von John Cheever basiert, spielt Burt Lancaster Ned Merill, einen Mann, der durch die Vorstadt reist, nur um in den Swimmingpools seiner Nachbarn zu schwimmen. Sein bisheriges Leben ist dabei, auseinanderzufallen, und er ist innerlich verloren. Der Ort in DER SCHWIMMER wird einfach deshalb kraftvoll, weil *es für ihn keinen Ort gibt*; er ist ein Außenseiter, der von Besuch zu Besuch wandert, von einem Swimmingpool zum nächsten. Dies mitanzusehen, verleiht einem ein sehr einsames Gefühl. Das Fehlen eines Ortes, mit dem er sich verbunden fühlt, ist für seine Figur wesentlich: Weil er nach ihm sucht, ihn aber niemals findet. Es könnte sein, dass du Schwierigkeiten hast, dich mit dieser Art von Emotionen und Verhaltensweisen zu identifizieren, die die Angst um einen Ort schafft, wenn du nicht die Erfahrung gemacht hast, einen Ort zu verlieren (z.B. durch einen Auszug oder aufgrund einer finanziellen Krise), an dem du gelebt und mit dem du dich verbunden gefühlt hast. Oder wenn du keine mentale Krise erfahren hast, in der du in deinem eigenen Haus zu einem Fremden wurdest.

Ich berichte dir mal von einem der einschneidendsten Bilder für Deplatzierung: Ich sah einen kleinen Collie verzweifelt den Rand einer Autobahn entlang rennen, unfähig, anzuhalten und zu hecheln, weil er sein Herrchen verloren hatte und instinktiv erkannte, dass er sich in großer Gefahr befand. Er wusste nicht, wohin er laufen sollte; deshalb rannte er einfach weiter. Das war blanke Panik. Wenn du eine Rolle spielen würdest, bei der ein Ortsverlust so ausschlaggebend ist, musst du ein Bild, ein Als-ob oder eine Hintergrundgeschichte kreieren, die dich berührt. Manchmal kann das durch das Foto eines verlorenen Kindes in der Zeitung ausgelöst werden – aber es ist etwas, dass du selbst finden musst.

In Die Katze auf dem heissen Blechdach macht Williams sehr deutlich, dass Maggie und ihr Ehemann Brick sich in dem Schlafzimmer befinden, in dem die früheren Hausbesitzer, ein homosexuelles Pärchen, viele Jahre lang miteinander geschlafen haben. Das war sicherlich keine zufällige Entscheidung von Williams. In den 1950er Jahren, als das Theaterstück geschrieben wurde, herrschten große Verdrängung, Schamgefühl und Geheimnisse hinsichtlich Politik und Sexualität, was sich in Form der HUAC-Anhörungen[49] manifestierte. Der Kopf des FBI, J. Edgar Hoover, führte Akten mit Beweisen gegen einige Homosexuelle, die die Machthaber gegen diese Menschen verwenden konnten – und das, obwohl Hoover selbst angeblich ein heimlicher Transvestit war und für mehr als 40 Jahre von seinem männlichen Gefährten unzertrennlich war. So viel zum Thema Heuchelei. Tennessee Williams deckte die Unterdrückung von Sexualität auf und veränderte das Gesicht des Theaters, indem er Homosexualität – und Sexualität im Allgemeinen – offen und ehrlich ansprach. Vergiss nicht, dass wir über eine Zeit reden, in der Elvis Presley in Die Ed Sullivan Show nur von der Hüfte aufwärts gefilmt werden durfte, damit die Zuschauer seine kreisenden Beckenbewegungen nicht sehen konnten! Wenn du dieses Stück spielst, sollte dir all dies durch die Recherche über die Ära begreifbarer werden. Du wirst sehen, wie Williams die Welt mit seiner Direktheit kitzelte und schockierte und den Menschen die Augen öffnete.

Bricks und Maggies Schlafzimmer in Big Daddys Villa beinhaltet also die Erinnerung an ein verstorbenes schwules Pärchen, das dort gelebt hat-

49 HUAC = House Committee on Un-American Activities (Komitee für unamerikanische Umtriebe)

te. Vor diesem Hintergrund versucht Maggie verzweifelt, Bricks Interesse an ihr wieder zu entfachen (»Du warst ein wunderbarer Liebhaber ... Mit dir ins Bett zu gehen, war wunderbar«[50]), nachdem sie die Geister einer Liebesaffäre zwischen Brick und seinem engsten Freund Skipper heraufbeschworen hatte. In dieser Wunde stochert Maggie immer wieder herum. Dieses Schlafzimmer ist tatsächlich der Ort für alles, was sie überwinden muss. Egal, ob Brick sexuelle Gefühle für Skipper hegte oder nicht: Er fühlt sich mitschuldig an Skippers Tod, und mit dieser Schuld hängt die Frage über seine eigene mögliche Homosexualität zusammen. Williams hätte keinen gefühlsmäßig aufgeladeneren Ort auswählen können für Maggies verzweifelte Versuche, Brick zurück ins Leben zu holen.

Sieh dir an, wie Williams den Ort in ENDSTATION SEHNSUCHT einsetzt, um Blanches Auftritt emotional anzufachen. Als Blanche in einem Kleid, von dem uns Williams wissen lässt, dass es mehr für »einen sommerlichen Tee oder eine Cocktail-Party« geeignet sei, aus der Straßenbahnlinie mit der Endhaltestelle »Sehnsucht« steigt und sich voller Ungläubigkeit in der Nachbarschaft umsieht, wird sie von Eunice, Stella und Stanleys Nachbarin, gefragt: »Was ist los, Honey? Haben Sie sich verlaufen?«[51] In der Tat, Blanche *ist* verloren, und wenn du Blanche spielst, solltest du verstehen, wie sehr es dich in Mitleidenschaft zieht, den schäbigen Ort zu sehen, an dem deine Schwester lebt. Es ist wie ein Schlag in die Magengrube, du musst nach Luft schnappen. Blanche fragt Eunice voller Ungläubigkeit: »Kann dies ihr Zuhause sein?!«

So schlimm Blanche der Ort schon erscheint, als sie ihn zum ersten Mal sieht – als sie ihn betritt und von Stellas Situation erfährt, wird es natürlich noch schlimmer. Deshalb legt die Eröffnungsszene den Grundstein für den Konflikt des gesamten Theaterstücks. Als Schauspielerin ist es deine Aufgabe, eine Fantasievorstellung, ein Bild von diesem Ort zu haben, der das genaue Gegenteil von dem ist, was du letztendlich vorfindest. Andernfalls wirst du Blanches Gefühl der Überraschung bei ihrer Entdeckung und ihren Schrecken über die Realität nicht einfangen können. Wenn du eine entzückende Wohnung im französischen Viertel erwartest, mit einem schönen schmiedeeisernen Balkon, Hängeblumen und hübschen Vorhängen in den Fenstern, dann wird die Abwesenheit von all dem dich erschrecken; noch verheerender wird der Geruch der Eisenbahnschienen sein, die an der Wohnung vorbeilaufen, und der Viehgeruch, der sich dank

50 Deutsch von Jörn van Dyck, Jussenhoven & Fischer Verlag, Bühnenmanuskript, S. 20

51 Deutsch von Helmar Harald Fischer, Jussenhoven & Fischer Verlag, Bühnenmanuskript, S. 10

der Viehtransporte mit ihnen verbindet. Wenn du Blanche spielst, gibst du ständig dein Bestes, mit dem Ort fertigzuwerden, z.B. indem du versuchst, ihn in einen etwas kultivierteren Ort zu verwandeln – und daran scheiterst. Blanche begibt sich dorthin, um einen *sicheren Ort* zu finden; im Verlauf des Stückes muss sie einen sicheren Ort finden, um aus dieser Bleibe fortzukommen.

In Barfuss im Park haben Corie und Paul zu Beginn des Stückes kein Telefon oder sonst etwas in ihrer neuen Wohnung. Sie beginnen ihr Leben als Frischvermählte und müssen Telefon, Lampen und Möbel erst noch kaufen, um eine Welt zu kreieren. Die Wohnung ist sehr schwer zugänglich – man muss fünf Stockwerke hinauflaufen, um sie zu erreichen. Es gibt keinen Aufzug. Jeder Schauspieler, der durch die Eingangstür der Wohnung hereinkommt, muss die Zuschauer davon überzeugen, dass er diese fünf Stockwerke erklommen hat. Beim Erreichen der Wohnung ist man außer Atem, die Beine schmerzen oder drohen nachzugeben, oder man hat irgendeine andere Art von körperlichen Symptomen als Ergebnis dieses qualvollen Aufstiegs. Wo wir gerade davon sprechen, ein Gefühl für einen Ort zu haben: Eines der Dinge, die das Theaterstück zu einem Riesenerfolg machten – und etwas, das Neil Simon den Schauspielern zur Verfügung stellte –, war die Möglichkeit, ihre eigene Beziehung zu den unsichtbaren Stufen zu definieren und ihren Auftritt auf eine für jede Figur individuelle Weise erschöpft und fassungslos zu gestalten.

Corie hat die Wohnung ausgesucht – aus dieser Sicht ist es deshalb ihre Wohnung – und sie muss sich deshalb oft verteidigen. Als Paul sie fragt, wo die Badewanne sei, antwortet sie zögernd: »Es gibt keine Badewanne.«

> PAUL: »Keine Badewanne?«
> CORIE: »Es gibt eine Dusche.«
> PAUL: »Wie soll ich mich baden?«
> CORIE: »Du kannst nicht baden, du musst duschen.«
> PAUL: »Ich mag keine Duschen, ich mag Bäder. Wie soll ich dann baden?«
> CORIE: »Du legst dich in die Dusche und hängst deine Füße übers Waschbecken … Es tut mir leid, dass wir keine Badewanne haben, Paul.«[52]

Angesichts dessen, wer Corie ist, antwortet sie – egal, was jemand über die Wohnung sagt –, indem sie versucht, deren Wahrnehmung zu berich-

52 Deutsch von Gina Kraus, S. Fischer Verlag, S. 15

tigen, damit sie der Wohnung nicht länger kritisch gegenüberstehen. Sie versucht uns dazu zu bringen, den Ort als positiv und wunderbar zu betrachten. Aber er ist nicht wunderbar. Sie hat einen Fehler gemacht, aber sie wird weiterhin behaupten, dass er wunderbar sei, komme was wolle.

Auf einer höheren Ebene betrachtet ist genau das Cories Problem. Sie konfrontiert sich nicht mit der Realität und kümmert sich nicht einmal so sehr um die Bedürfnisse ihres Ehemannes, dass sie ihn gewarnt hätte, bevor sie in die Wohnung ohne Badewanne einzogen sind. In dem Theaterstück lernt Corie, empfänglicher für Pauls Bedürfnisse zu sein; Paul beginnt, flexibler und spielerischer zu werden. Die Wohnung sagt also eine Menge über ihre Beziehung aus.

The Green Mile ist benannt nach der Farbe des Linoleums, das den Boden auf dem Weg zum elektrischen Stuhl bedeckt. Der Großteil des Filmes spielt am selben Schauplatz, im Todestrakt. Eine der Entscheidungen für die Figur, die der Film in Bezug auf das Thema Ort erkundet, ist, dass John Coffey für seine Gefängniszelle zu groß ist, sodass er sich bei jedem Betreten bücken muss – eine Metapher für die Größe seines Geistes und seine besonderen Begabungen, die für die Außenwelt und ganz gewiss für die kleine Gefängniszelle zu groß sind. Das war die Absicht des Regisseurs Frank Darabont. Obwohl Michael schon 1,96 m groß ist, steckte Darabont ihn in spezielle Schuhe mit sehr dicken Sohlen und Absätzen, die ihn auf 2,21 m anhoben, damit alles um John Coffey herum zwergenhaft erschien.

Wie erwähnt präsentiert sich das Gefängnis für John zu Beginn als ein Ort voll unglaublicher Angst, Kälte und Isolation. Doch aufgrund seiner Unschuld und seiner spirituellen Anmut behandeln ihn Paul Edgecomb (Tom Hanks) und einige andere Wächter mit Freundlichkeit und fangen an, an seine speziellen Heilungsgaben zu glauben. Als das passiert, wird der Ort allmählich wärmer. Es gibt einen Moment, in dem Paul als Dank für die Heilung einer akuten Blasenentzündung und den neuen Auftrieb, den seine sexuelle Beziehung zu seiner Frau dadurch erhält, John einen Teller mit Maisbrot bringt. Als ob er Pauls Kind sei, fragt John ihn, ob es in Ordnung sei, Eduard Delacroix (Michael Jeter), ein anderer Insasse, den er besonders mag, etwas von dem Maisbrot abzugeben, dem gemeinen und sadistischen »Wilden Bill« Wharton (Sam Rockwell) hingegen nichts. Paul stellt klar, dass John tun kann, was er will. Der Ausdruck auf Johns Gesicht beweist, dass für ihn das Gefängnis inzwischen zu einem sicheren, warmen Zuhause geworden ist und die freundlichen Wärter fast so etwas wie seine Familie sind.

Jeder Häftling hat seinen eigenen Raum, der durch das Temperament des Insassen bestimmt wird. Während Johns Zelle für ihn zu einem sicheren, warmen Ort geworden ist, ist die Zelle des »Wilden Bill« Wharton für diesen so etwas wie ein Tierkäfig. Ich wiederhole: Das Verhalten gegenüber Orten – in diesem Fall die Verhaltensweisen der einzelnen Häftlinge in ihren Zellen – drückt die emotionale Reaktion auf den Ort aus. Ihr körperliches Verhalten beinhaltet, wie sie stehen, sitzen oder auf ihrer Pritsche liegen, wie sie auf die Haftbedingungen reagieren und welche Beziehung sie zu den Gitterstäben haben, die sie einsperren. Um den Schauspielern und dem Publikum einerseits zu helfen, eine Vielfalt von Gemütslagen zu erleben, und um andererseits zu der Entwicklung der Figuren beizutragen, experimentierten Darabont und der Kameramann David Tattersall unermüdlich mit verschiedenen Winkeln und Beleuchtungsweisen, die dies bewerkstelligten. Sie investierten ungeheuer viel in das Ziel, die Lebendigkeit dieses einen Drehortes visuell aufrechtzuerhalten.

Als John Coffey aus dem Gefängnis herausgebracht wird, um die Frau des Gefängnisdirektors, die an Krebs leidet, zu heilen, hat der neue Ort auf ihn ebenfalls Auswirkungen. Auf dem Weg zu dem Lastwagen, in dem ihn die Wärter zum Haus des Gefängnisdirektors bringen werden, schaut er auf und sieht zum ersten Mal seit seiner Inhaftierung den Himmel voller Sterne. Dadurch findet in ihm ein Wandel statt, der an eine Art Geburt erinnert. Als er das erste Mal seit langer Zeit über das Gras läuft, scheint alles – das Gras unter seinen Füßen, die Luft, die er einatmet und die Unendlichkeit des Himmels – voller Wunder zu sein.

Sehr beeindruckend an Michaels Schauspiel ist die Zartheit mit der er das Schlafzimmer betritt, in dem die sterbende Frau leidend im Bett liegt. Im Haus bewegt sich John unter den argwöhnischen Augen des Gefängnisdirektors, der eine Waffe besitzt; doch John, ein riesiger schwarzer Mann im Hause dieses misstrauischen und äußerst erregten weißen Gefängnisdirektors, der ihn im Nu erschießen könnte, nimmt seinen Platz nicht voller Angst, sondern mit Selbstvertrauen ein. Er ist für das Schlafzimmer viel zu groß; dennoch betritt er es mit enormer Sanftheit und einem Gespür dafür, dass er das Recht hat, dort zu sein. Als er diesen sehr intimen Ort, das Schlafzimmer eines weißen Paares, betritt, tut er das mit vollkommener Arglosigkeit. Er sitzt auf dem Bett und muss die Frau auf den Mund küssen, um sie zu heilen: Durch seinen Atem saugt er den Krebs heraus, auch wenn wir das zu diesem Zeitpunkt nicht ganz verstehen, und infiziert sich selbst damit. All dies wird mit enormer Güte, Geduld und Gewissheit vollbracht.

John fühlt den Schmerz der Menschen so akut, dass er ausschließlich auf ihren Schmerz und sein Bedürfnis, sie zu heilen, reagiert. Egal, welches Verständnis wir als Publikum für den Ort dieser Szene mitbringen –

was wir über Rassentrennung in den Südstaaten zu dieser Zeit wissen mögen und unsere Angst, wie der weiße Gefängnisdirektor darauf reagieren wird, dass John seine bettlägerige Frau küsst –, John Coffey hat seine eigene Realität. Und in dieser existiert keine Angst. Während dieser Sequenz ist er kein schwarzer Mann in den Südstaaten, der das Schlafzimmer einer weißen Frau betritt, deren Ehemann ihn auf der Stelle töten könnte; er ist ein Heiler, der das Zimmer einer Kranken betritt, der er helfen möchte. Nicht auf den Ort, sondern auf die Person an diesem Ort zu reagieren war eine souveräne Entscheidung von Michael – der Ort macht diese Szene für die Zuschauer umso spannungsgeladener.

Ich hoffe, dass dieses Kapitel dich dazu inspiriert, dir zu jedem Ort, an dem deine Figur sich befindet, die folgende Frage zu stellen: Welche Verhaltensweisen kann ich als Reaktion auf diesen Ort kreieren, die die Geschichte für den Zuschauer emotional und lebendig werden lassen?

14. Kalt, betrunken, heiß, sexy: Verwende Sinnesarbeit zur Figurenentwicklung

Ein junger Schauspieler, einer meiner Studenten, spielte in einem Film mit, der nach einem Flugzeugabsturz in den Bergen spielte. Dort war extreme Kälte ein wichtiger gegebener Umstand. Eine der Realitäten der Drehorte bestand darin, dass sich die Temperatur morgens unter Null befand, es aber an den Nachmittagen ziemlich warm wurde. Mein Student bemerkte, dass einige der Schauspieler mit fortschreitendem Tag vergaßen, dass es bitterkalt sein sollte; ihre Stimmen und Rhythmen waren sommerlich und träge, ihre Körper zu entspannt. Als er den Regisseur darauf hinwies, sagte der Regisseur leichthin zu der Gruppe von Schauspielern: »Ach ja, vergesst nicht, dass es hier draußen kalt ist.«

Einer der wichtigsten Aspekte beim Kreieren einer glaubhaften Darstellung ist das Verhalten, das von der sinnlichen Realität einer Szene herrührt. Wenn es eiskalt ist, beeinflusst diese Tatsache alles, was du tust und wie du es tust – angefangen bei deiner Körperhaltung, bis hin zu deiner Sprechweise. Das ist die Arbeit, die Schauspieler alleine verrichten sollten. Vergiss niemals diese Faustregel im Schauspielgeschäft: Niemand im Zuschauerraum wird den Regisseur loben oder ihn für deine Darstellung verantwortlich machen; du als der Schauspieler wirst gelobt oder zur Verantwortung gezogen.

In Akira Kurosawas wunderschönem Film Akira Kurosawas Träume findet eine der Episoden im Schnee statt und alle Schauspieler tragen Parkas und Schneeschuhe. Gedreht wurde in einem Studio, in dem die Temperatur während des Drehs zwischen 27 und 32° C betrug; aber ausgehend von dem glaubwürdigen Verhalten, das die Schauspieler für die Darstellung der Empfindung der eisigen Temperaturen an den Tag legten, hätte man das niemals erraten können.

Elia Kazan war dahingehend brillant, sensorische Gegebenheiten in seinen Filmen lebendig werden zu lassen. Er war einer der ersten Regisseure, der Filme zum größten Teil an Drehorten statt in Filmstudios drehte. Für seinen Klassiker Die Faust im Nacken wählte er als Drehort New York im tiefsten Winter aus. Der Film erzählt die Geschichte von Dockarbeitern, die zu langen Arbeitstagen und Armutsgehältern gezwungen sind, um die Gier der »Big Bosses« zu befriedigen, welche die Gründung von Gewerkschaften bekämpfen. In Analysen des Films wurde vielfach festgestellt, dass man den Atem der Schauspieler in der kalten Luft sehen konnte; das hat den Effekt, dass man sich als Zuschauer intensiv in die ungeschönten Umstände der Geschichte hineingezogen fühlt. Kazan sagte, dass er nicht in Kalifornien drehen wollte, weil dort jeder so verdammt gesund aussähe; vielmehr wollte er – und hatte auch das Gefühl der Notwendigkeit dessen – die Fahlheit all der hungrigen, ausgezehrten Schauspieler nutzen, die versuchten, in New York zu überleben.

Einer der Kult-Momente in der Geschichte des Filmschauspiels ist jener, als Marlon Brando als Terry Malloy den zarten, hauchdünnen Handschuh, den Eva Maria Saint als Edie Doyle auf den Boden hat fallen lassen, aufhebt und ihn über seine eigene, fleischige Hand zieht. Auf diese Weise sucht er einen Weg, ihr nahe zu sein. Es erscheint für diesen ehemaligen Berufsboxer und ungebildeten Hafenarbeiter so eigenartig und rollenwidrig, sich ganz und gar nach dieser jungen Frau zu sehnen, dass er sogar diesen femininen Gegenstand anziehen würde. Ermöglicht wurde dies durch die offensichtliche bittere Kälte draußen, die Auswirkungen auf Brando und Eva Maria Saint hatte; so hatten die Schauspieler und der Regisseur ein Gefühl für die Bedürfnisse der Figuren nach körperlicher und emotionaler Wärme. Die Luft, die Brando ausatmet, während er den Handschuh überstreift, kommt stoßweise als weiße Wolke heraus, die als Metapher gleichzeitig für Zärtlichkeit, Isolation, Einsamkeit und Hoffnung steht.

In Kazans Film FIEBER IM BLUT gibt es eine Szene, die inmitten eines brutal kalten Winter in Kansas an Silvester spielt. Barbara Loden rennt als Ginny wie eine Wilde in ihrem weißen Kleidchen die regennasse Straße hinunter, weinend und wütend, weil ihr Vater sie vor allen Gästen auf der Silvesterparty der Familie zurückgewiesen und gedemütigt hat. Du kannst das tragische Schicksal der Figur fast durch das klappernde Geräusch der grazilen Stöckelschuhe auf dem nassen Asphalt und den Anblick ihres dünnen, sinnlichen Körpers, der gegen die Zeit anrennt, wahrnehmen. Auch hier hat Kazan der Schauspielerin sensorische, tatsächliche Gegebenheiten zur Verfügung gestellt, um ihre Verhaltensweisen zu beeinflussen. Die Tatsache, dass er die bittere Kälte filmt, bewirkt, dass man wirklich Angst um dieses verlorene, schutzlose Mädchen hat.

Für Loden beinhaltete die Sinnesarbeit in dieser Szene, betrunken zu sein. Lodens Figur, Ginny, ist eine Alkoholikerin, die immer einen Flachmann mit sich führt. Sie versucht, ihren Bruder, dessen Freundin und jeden um sie herum dazu zu bringen, seine Hemmungen zu verlieren und sich ihrer extravaganten sexuellen Unbekümmertheit anzuschließen. Diese Unbekümmertheit ist ihre Reaktion auf ihre extrem verklemmte Mutter und ihren dominanten, narzisstischen und herablassend handelnden Vater. Was sind die sensorischen Gegebenheiten bei Trunkenheit für einen Schauspieler? Das hängt bei jeder Person von der chemischen Zusammensetzung ab. Loden entscheidet sich für eine Art Betrunkenheit, die ihren Körper zu einer Flickenpuppe werden lässt, als ob sie keine Knochen besäße, die sie aufrecht hielten. Sie scheint in jeden hineinzufallen und nach jemandem zu suchen, der ihr Hilfestellung gibt. Zugleich – genau wie in der Szene, die kurz vor ihrer Flucht durch die Straße stattfindet – kann sie streitlustig werden und angreifen. Lodens vorsichtige Erforschung konkreter Reaktionen auf den Alkoholgehalt in ihrem Körper basierten auf ihrer Textanalyse und ihrer Interpretation dieses dem Untergang geweihten Flapper-Mädchens. Ihre konkrete sensorische Arbeit half der Schauspielerin dabei, den Schmerz, die Isolation und die Wut der Figur zu offenbaren.

Während seines letzten Lebensjahres lieferte James Dean zwei sehr verschiedene kreative Darstellungen von Betrunkenen ab, einen am Anfang von ... DENN SIE WISSEN NICHT, WAS SIE TUN und einen in GIGANTEN. In ... DENN SIE WISSEN NICHT, WAS SIE TUN entwickelt sich Deans Figur von einem schwankenden, betrunkenen Halbwüchsigen von fast fragiler Kindlichkeit zu einem vulkanartigen Zornesausbruch in Person. Teil davon war, dass er seine Stimme in der Eröffnungsszene des Filmes in eine Polizeisirene verwandelte. In GIGANTEN wurde die weinerliche, schläfrige Trunkenheit der Figur als Mittel verwendet, das verschwendete Leben eines Mannes zu erforschen, der von Konkurrenzgedanken und Wut erfüllt zu einem armseligen und gebrochenen alten Mann mutiert war. Schau dir diese Filme an, um zu sehen, welche Arbeit Dean auf körperlicher Ebene geleistet hat, um zwei sehr verschiedene betrunkene Figuren zu verkörpern.

Wenn du jemanden spielst, der betrunken ist, musst zu zuallererst verstehen, was der Alkohol im Gehirn anrichtet und dann, wie er das Verhalten deiner Muskeln beeinflusst. In der Regel macht er dich langsamer, obwohl es einige Menschen mit einer anderen chemischen Zusammensetzung gibt, die der Alkohol in der Tat schneller werden lässt. Der Text hilft dir dabei, zu entscheiden, wie deine Figur auf Alkohol oder Drogen reagiert. Die Leute sagen: »Oh, er ist ein liebenswürdiger Betrunkener«, was bedeutet, dass der Alkohol einen Ausdruck von Wärme oder Freundlichkeit und das Verlangen nach körperlicher Zuneigung auslöst, im Gegensatz zu: »Oh, er ist ein fieser Betrunkener« über eine Person, die Streit provoziert, Leute sarkastisch hänselt und vor lauter aufgestauter Wut explodiert. Martha in WER HAT ANGST VOR VIRGINIA WOOLF? ist eine schlampige, um sich schlagende Betrunkene, während George ein bitterer, kontrollierter und intellektuell todbringender Betrunkener ist.

Alkohol kann deine Sensibilität für Berührung erhöhen oder dich betäuben. Trunkenheit findet auch in Etappen statt – in Abhängigkeit von der Menge an Alkohol, die du konsumiert hast, und von deiner individuellen Toleranz. Einige Menschen können gewaltige Mengen trinken und kaum ein Anzeichen dafür zeigen, dass sie etwas getrunken haben. Andere verlieren schnell ihre motorische Kontrolle, ihnen wird schwindelig und sie übergeben sich. Wenn du in dieser Richtung Erfahrungen gemacht hast, können all diese Verhaltensweisen mithilfe des sensorischen Gedächtnisses kreiert werden.

Für meine eigene sensorische Gedächtnisarbeit würde ich darauf zurückgreifen, wie ich mich einmal blindlings mit Tequila betrunken habe. Nachdem meine Freunde und ich die Bar verlassen hatten, gingen wir zu einer Filmvorführung von AM GOLDENEN SEE. Mein Kopf fühlte sich an wie ein riesiger Kürbis. Als ich zur Snacktheke ging und eine riesige Cola light bestellte, beging ich einen schrecklichen Fehler. Als der Mann hinter der Theke mir den riesigen Plastikbehälter mit Cola reichte, schätze ich falsch ein, wie nahe meine Hände hätten sein müssen, um diesen tatsächlich zu greifen. Ich musste zusehen, wie die gewaltige Menge Flüssigkeit in Zeitlupe durch meine Hände rutschte und die gesamte Theke, einschließlich des gesamten Popcorns, überschwemmte. Als der Mann mit ernster Miene verkündete, dass die Snacktheke nun geschlossen sei, begann ich, hysterisch zu lachen, ging in den Kinosaal, setzte mich hin, hörte mir die erste Musik der Titelsequenz an und begann, mir die Seele aus dem Leib zu schluchzen – was zeigt, wie schnell die Emotionen wechseln können, wenn du dich in einem Zustand von Trunkenheit befindest. Schau dir die Palette meines betrunkenen Verhaltens an – all die Einzelheiten –, die ich in meiner sensorischen Gedächtnisarbeit erforschen und in meine Darstellung einbringen kann.

Um diese Arbeit auszuführen musst du niemals in deinem Leben etwas getrunken oder gar eine Partydroge eingenommen haben. Du kannst die Auswirkungen von Alkohol oder Drogen auf Menschen recherchieren, indem du Bücher zu dem Thema liest, AA-Treffen (mit Respekt für die Anonymität der Mitglieder) besuchst und den Geschichten der Leute zuhörst, oder indem du dich mit einem Alkohol- oder Drogenberater unterhältst. An jedem beliebigen Abend der Woche kannst du in eine Bar gehen und Leute dabei beobachten, wie sie zunehmend betrunkener werden. Wenn du einmal das spezielle Verhalten eines Betrunkenen – oder unter Drogen Stehenden – kennst, das der Schriftsteller für deine Figur nahezulegen scheint, musst du deine Schauspieltechnik verwenden, um diese Verhaltensweisen in deinem Körper heraufzubeschwören. Das beinhaltet, herauszufinden, wo in deinem Körper durch das bestimmte Aufputschmittel oder Sedativum, das deine Figur intus hat, Spannung gelöst oder vergrößert wird.

Lass uns annehmen, dass du eine Figur spielst, der du dieselbe Art von trunkener Lockerheit verleihen willst, die Loden in FIEBER IM BLUT benutzt hat. Wie erreichst du dies? Wenn du nie zuvor betrunken gewesen bist, warst du dann vielleicht jemals so verletzt, dass man dir Dolatin oder Dicodid oder Lachgas verabreichen musste? Hast du jemals eine Tiefengewebemassage erhalten, die dich vollständig entspannt, fast schon schlaff zurückgelassen hat? Wenn ja, dann kannst du eine Schauspielübung machen, um das sensorische Gedächtnis und den allgemeinen körperlichen Effekt erneut zu erzeugen.

Die Übung *Erinnerungen an Zuhause* in Kapitel 7, S. 99, ist eine Möglichkeit, sensorische Gedächtnisarbeit zu verwenden, um deine emotionalen Auslöser zu finden. Die untenstehende Übung verwendet dasselbe Werkzeug, um eine körperliche Empfindung ins Gedächtnis zu rufen, die auch eine emotionale Reaktion auslösen kann. Je mehr sensorische Gedächtnisarbeit du ausführst, desto erstaunter wirst du darüber sein, wie stark Erinnerungen in unseren Körpern abgespeichert sind und wie sie nur darauf warten, dass du sie aktivierst. Wenn du sensorische Gedächtnisarbeit als tägliche Hausaufgabe machst, wirst du auf alles vorbereitet sein, was du für eine Darstellung benötigst – egal, ob du mit Zahnschmerzen, Grippesymptomen oder rasender Trunkenheit aufwarten musst. Es ist, als ob du ein Bankguthaben hättest, das sich immer wieder und wieder und wieder auszahlen wird.

Falls du erkennst, dass du nicht die Disziplin hast, diese Arbeit alleine zu machen, dann suche dir einen Kurs, in dem sie richtig ausgeführt wird. Gehe dein Training an! Und lies zudem Edward Dwight Eastys hervorragendes Buch zum Thema sensorisches Gedächtnis: »On Method Acting«.

In Los Angeles habe ich über einen Zeitraum von 13 Jahren vier Abende die Woche unterrichtet und wir haben in fast jeder Unterrichtseinheit zwischen 30 und 45 Minuten mit sensorischen Übungen verbracht. Es gab einen Schauspieler – einen Fernsehstar, dessen Namen ich nicht nennen werde, da er nichts zur Sache tut –, der kurz vor seinem ganz großen Durchbruch in Blockbuster-Filmen stand. Er kam als Gasthörer in meinen Unterricht, was ich normalerweise nicht erlaubte, doch ich tat ihm einen Gefallen und machte eine Ausnahme, nachdem wir ein freundliches und kreatives Treffen gehabt hatten. Ohne mich um Erlaubnis gebeten zu haben, brachte er einen Freund mit, dem ich naiverweise erlaubte, mit im Unterricht zu sitzen. Sie fanden die sensorische Gedächtnisübung schwierig, und statt zu arbeiten, kicherten sie die ganze Übung lang und weigerten sich, für die Stunde zu bezahlen. Ich erzähle dir das nicht des Geldes wegen, denn es handelte sich um einen geringen Betrag; vielmehr geht es mir um den Mangel an Anstand und an Einsatz. Dieser Schauspieler schaffte seinen Durchbruch und spielte die Hauptrolle in einem Film; aber er war körperlich so angespannt und so künstlich, dass er sich selbst aus seiner Karriere herausmanövrierte. Er hatte seine Chance bekommen, aber er hatte sie weggeworfen, weil er sich nicht ehrlich eingestanden hatte, was ihm technisch als Schauspieler fehlte.

Jede sensorische Gedächtnisarbeit beginnt mit einer muskelentspannenden Übung. Wenn der Fernsehstar sich bemüht hätte, an seinen Schwächen zu arbeiten, dann wäre er in dem Film nicht als hölzerner Soldat in einer Rolle aufgetreten, die von ihm verlangte, sich frei, sinnlich und anziehend zu bewegen. Er hatte seine Muskeln gut durchtrainiert, aber sein perfekter Körper war nicht ansprechend, weil er so offensichtlich überspannt war. Mehr darüber findest du in Kapitel 18 (S. 222 ff.), das von Entspannung handelt. Hier findest du erst einmal die Übung zur Neugestaltung einer körperlichen Sinnesempfindung, die du für eine Darstellung verwenden kannst.

■ Übung: Die körperliche Sinneswahrnehmung

Wähle eine körperliche Empfindung, an der du arbeiten möchtest: Zahnschmerzen, ein warmes Bad, Sonnenbaden, extreme Kälte, sexuelle Erregung, postkoitale Freude. Die Möglichkeiten sind endlos. Dann wähle einen Monolog, den du auswendig kannst, um ihn mit dieser körperlichen Empfindung vorzutragen. Es ist unwichtig, ob der Monolog nach dieser bestimmten körperlichen Empfindung verlangt oder nicht; es ist nur ein Stück Text, das du für die Übung verwendest. Schalte dein Telefon und alle elektronischen Geräte, die Lärm verursachen könnten, aus. Lerne, die Macht der Stille wahrzunehmen und zu erforschen. Stille bietet uns ein Medium, in dem wir uns und unser Instrument ganz genau kennenlernen können – und das ist ein wesentlicher Teil des Schauspiels.

Sitze mit offenen oder geschlossenen Augen auf einem bequemen Stuhl und konzentriere dich für etwa 5 Minuten auf deine Atmung. Nimm dein Einatmen und Ausatmen wahr; versuche nicht, deine Atmung zu verändern. Wenn du verkehrt atmest, sei dir dessen bewusst und erlaube deinem Atem, ins Zwerchfell hinunter zu wandern. Du wirst empfindlich für die Geräusche der Vögel, Autos, Menschen draußen, für das Knarzen und die Geräusche des Fußbodens und der Wände. Sich dieser Geräusche bewusst zu werden, bildet die Grundlage dafür, dein Instrument auf eine sensorische Gedächtnisübung vorzubereiten.

Nun fange an, wahrzunehmen, wo du in deinem Körper unangenehme Spannung hältst. Es kann sein, dass du so an diese Anspannung gewöhnt bist, dass du nicht einmal Unbehagen verspürst, bis du ganz ruhig wirst und dir Zeit nimmst, diese zu beobachten.

Es ist dabei egal, ob du am Kopf oder an den Füßen nach Anspannung zu suchen beginnst. Wandere danach durch deinen ganzen Körper, um zu überprüfen, wo sich die Spannungen verstecken. Wenn du sie einmal in deiner Stirn, deiner Brust, deinem Kiefer, deinen Augen, deinem Bauch, deinen Füßen, deiner Zunge oder anderswo geortet hast, atmest du in diese Anspannung hinein; beim Ausatmen forderst du die Muskeln sanft dazu auf, lockerzulassen. Es kann sein, dass du das Ein- und Ausatmen mehrere Male wiederholen musst, bevor sie wirklich loslassen. Habe Geduld und konzentriere dich. Wenn der Muskel sich erst einmal entspannt hat, dann wirst du diesen Körperteil mit mehr Freiheit und Ausdrucksstärke bewegen. Sei offen dafür, dass der Abbau von Spannungen auch verschiedene Emotionen hervorbringen kann: Lachen, Tränen, Wut, oder welche Gefühle auch immer aufkommen.

Sind deine Muskeln entspannt, öffne die Augen (so sie geschlossen waren). Du bist nun bereit, den nächsten Schritt der Übung machen.

Wenn du eine körperliche Empfindung wiederherstellst – lass uns annehmen, es handele sich um extreme Kälte –, die du in deinem Leben erfahren hast, dann must zu zuerst mit allen fünf Sinnen das Wohlbefinden darüber, in einem warmen Raum auf deinem Stuhl zu sitzen, vollkommen spüren. Wähle danach einen bestimmten Zeitpunkt, an den du dich erinnerst, aus, an dem du die extreme Kälte gespürt hast. Auf diese Weise sind dir die Einzelheiten darüber bekannt, woher die Kälte stammt und welche Körperteile ihr mehr als andere ausgesetzt sind.

Vergegenwärtige dir mithilfe deiner Vorstellung den Ort, an dem du dich befunden hast, als du diese intensive Kälte gespürt hast. Es ist wichtig, alle fünf Sinne zu verwenden, da du nicht weißt, welcher der Sinne die Erinnerung am stärksten auslösen wird.

Wie sah deine Umgebung aus? Während du vor deinem geistigen Auge siehst, an welchem Ort du die Kälte zuerst wahrgenommen hast, wird sich der Raum, in dem du dich während der Übung befindest, verändern und sich deinem inneren Bild angleichen. Das ist der Moment, in dem die Arbeit zu leben beginnt. Es ist wichtig, zu verstehen, dass die Bilder kommen und gehen; aber bleibe dran und fahre fort, deine fünf Sinne zu erforschen, um die Kälte zu spüren.

Wonach hat deine Umgebung gerochen? Spürst du beim Einatmen, wie die kalte Luft in deinen Mund, deinen Hals, deine Brust und Lunge hineinfließt? Du wirst merken, dass dein ganzer Körper abkühlt, wenn ein bestimmter Teil besonders kalt wird. Sobald dein Nacken einem kalten Luftzug ausgesetzt ist, kannst du fühlen, wie die Temperatur in deinem Körper sinkt.

Wenn du genau feststellen kannst, *wo* du frierst, dann wird das ein bestimmtes Körperverhalten hervorrufen. Und das wird dich – und schließlich auch den Zuschauer, wenn du es ihm zeigst – zu dem Glauben bringen, dass du wirklich frierst.– Das gilt z. B. für das Hochziehen deines Mantels um deinen Hals herum, den Versuch, deine Hände in deinen Mantel zu stecken, den Schutz deines Gesichts vor dem eisigen Wind. Vergiss nicht: Kälte bringt einen dazu, sich bewegen zu wollen, um sich aufzuwärmen. Das erzeugt Energie, im Gegensatz zu Hitze, die dich langsamer werden lässt.

Sobald du die Kälte entwickelt hast, fängst du an, laut den ausgewählten Monolog zu sprechen. Spiele ihn nicht; sprich einfach nur die Worte. Sieh, wie deine Stimme und dein Körper von der körperlichen Empfindung, die du durch das Sinnesgedächtnis erzeugt hast, beeinflusst werden.

Sobald du den Monolog beendet hast, sitzt du still, lässt die sensorischen Erinnerungen, die durch die körperlichen Empfindungen erzeugt wurden, gehen und atmest einfach, entspannst dich. Dann bist du anschließend bereit, wieder eine andere körperliche Empfindung zu erzeugen.

Es ist unerlässlich, den Übungsteil zu den sensorischen Erinnerungen mit offenen Augen durchzuführen, ganz einfach weil du sie auf der Bühne mit Sicherheit offen haben wirst! Es ergibt keinen Sinn, dein sensorisches Gedächtnis zu trainieren, ohne dies in der Darstellung praktisch anzuwenden. Wenn du in dem Theaterstück K-2, das sich gänzlich auf einem eiskalten Berg abspielt, mitspielen würdest, dann müsstest du zwei Stunden lang spielen, dass du frierst – während du all deine anderen Aufgaben ausführst.

Je mehr du diese Übung anwendest, desto geübter wirst du bei der Sinnesarbeit werden. Nutze diese Übung zur Vorbereitung auf eine Rolle, um an den konkreten körperlichen Empfindungen, die du benötigst, zu arbeiten. Probiere und verfeinere dann jede sensorische Entscheidung, die du fällst, indem du sie zu Hause übst, bevor du sie zu den Proben mitbringst. Wenn es für den Moment in der Szene die richtige Wahl ist, wird die körperliche Empfindung mit Leichtigkeit eintreten.

Es ist wichtig zu wissen, dass man manchmal eine körperliche Empfindung im Nu sinnlich herstellen kann. Lass uns annehmen, du musst den Henkel eines Topfes auf dem Herd anfassen und dir die Hand verbrennen. Dir einfach den Topfhenkel als ein scharfes Messer vorzustellen, das dir in die Hand schneidet – ein Als-ob – könnte dich dazu bringen, in dem Moment genauso zu reagieren, wie es von dir verlangt wird. Oder du könntest in dem Moment daran denken, dass der Henkel so heiß ist wie glühende Kohlen; vergiss nicht, sobald du das Brennen verspürst, folgt darauf als Reaktion die Schmerzlinderung. Das macht die ganze Realität dieser Empfindung glaubhaft. Manchmal ist eine körperliche Wahrnehmung für deine Vorstellungskraft so zugänglich, dass du das benötigte Verhalten umgehend herstellen kannst.

Stelle dir vor, ich würde dir genau in diesem Moment sagen, jemand sticht dir eine Nadel ins Auge. Reagiere! So schnell kann man sich das vorstellen. Vergiss nicht: Bei der Arbeit an sensorischen Erinnerungen handelt es sich nicht um Magie; es geht lediglich darum, sich auf sensorischer Ebene an Empfindungen zu erinnern, die du schon einmal erlebt hast oder dir mit einem Als-ob vorstellen kannst.

Lass uns annehmen, dass du noch niemals betrunken gewesen bist; dann machst du die körperliche Empfindungsübung, um auf die Zeit zuzugreifen, in der du ein Schmerzmittel wie Dicodid oder Dolatin gegen irgendwelche starken Schmerzen genommen hast. So kannst du die sensorische Erinnerung an die durch das Medikament freigesetzte warme Flut von körperlichem Wohlbefinden dazu benutzen, um gelöstes, ausladend trunkenes Verhalten zu erzeugen.

Sobald dein Körper einmal entspannt ist, ist der nächste Schritt, mit allen fünf Sinnen daran zu arbeiten, den starken Schmerz, der dich überhaupt erst dazu bewegt hat, das Schmerzmittel zu nehmen, wieder zurückzubringen. Lass uns annehmen, dass du eine schmerzhafte Rückenverletzung erlitten hast. Konkret auf dein körperliches Unwohlsein einzugehen, ist der einzige Weg, um den Effekt, den das Medikament auf deinen Körper hat, und deine Dankbarkeit dafür zu verstehen. Woher kommt der Schmerz? Handelt es sich um ein scharfes Stechen oder ein tiefgreifendes Ziehen? Ist es ein konstanter Schmerz oder spürst du ihn, wenn du dich auf eine bestimmte Weise bewegst? Bringt er dich zum Stillstand? Wo warst du, als du den Schmerz verspürt hast? Zu welcher Tageszeit war das? Was siehst/hörst/riechst/schmeckst/fühlst du?

Sobald du den Schmerz aufs Neue erlebst, kannst du anfangen, deine fünf Sinne dazu zu benutzen, dich an das Dicodid (oder ein anderes Schmerzmittel) und seine Wirkung zu erinnern. Wie sieht die Tablette aus, wie schmeckt sie auf deiner Zunge, wie fühlt sie sich an, wenn sie deinen Hals hinuntergleitet? Was passiert mit deinem Körper, wenn die Tablette zu wirken beginnt? Kannst du mit der Bemühung aufhören, dich gegen die Schmerzen zu wappnen? Werden deine Augenlider schwer? Wird deine Zunge dick? Hast du die Energie oder das Verlangen danach, deine Muskeln zu kontrollieren, verloren?

Sobald du anfängst, sinnlich auf die körperliche Erinnerung zu reagieren, wird sich, wenn du dir selbst glaubst, dein Verhalten allmählich ändern. Beurteile deine Reaktionen nicht, sondern erforsche sie. Steh auf und fange an, auf einer geraden Linie zu gehen, als ob du versuchen würdest, einen Nüchternheitstest bei einer Polizeikontrolle zu absolvieren. Du kannst den Gang in eine Art Tanz verwandeln, indem du Gestiken und Bewegungen findest, welche die durch das Medikament herbeigeführte mangelnde Hemmung ausdrücken. Diese Bewegungen kannst du später beim Kreieren der Figur verwenden.

Wenn du noch nie eine Erfahrung gemacht hast, die du in der sensorischen Erinnerungsarbeit für Betrunkenheit einsetzen kannst, dann suche ein Als-ob, das dich mit dem konkreten notwendigen Verhalten in Kontakt bringt. Stelle dir z. B. vor, dass dein Kopf 5 kg mehr wiegt und dass an deinen Augenlidern kleine Gewichte hängen, die du zu heben versuchst. Stelle dieses Als-ob her, indem du dich an eine Zeit erinnerst, in der du Schwierigkeiten hattest, die Augen offenzuhalten. Dann füge zusätzliches Gewicht hinzu, bis deine Augen fest geschlossen sind und dein Kopf ungewollt nach vorne sinkt.

Es gibt ein wunderbares Als-ob, das Tennessee Williams der Figur Alma in SOMMER UND RAUCH mitgibt. Sie hatte eine heftige Panikattacke mit Herzrasen und hat Schlafmittel eingenommen, um sich zu entspannen. Als es zu wirken beginnt, sagt Alma: »Ich fühle mich fast wie eine Wasserlilie. Eine Wasserlilie auf einer chinesischen Lagune.«[53] Dieses Bild auf körperlicher Ebene zu erkunden, es in deinen Körper hineinsickern zu lassen – das Gefühl, ohne Widerstand zu treiben – könnte ausreichen, um das Verhalten hervorzurufen, das du in der Szene haben willst.

Die sinnliche Realität von Ginnys Trunkenheit in FIEBER IM BLUT ist Teil ihres emotionalen Zustandes. In der Silvesterabend-Szene, die ich beschrieben hatte, rennt Ginny durch die eiskalte Nacht, was normalerweise eine ganze andere Reihe von sinnlichen Realitäten auslösen würde. Für Ginny ist es jedoch eine Flucht in die Freiheit; außerdem ist sie so betrunken, dass sie auf die Kälte gar nicht reagiert. Wir reagieren an ihrer Stelle. Hierbei handelt es sich nicht um Schlamperei seitens der Schauspielerin, sondern um gezielte Sinnesarbeit und Arbeit an der Figur, die auf dem emotionalen und alkoholisierten Zustand basiert. Sie ist für Ginnys gegebene Umstände perfekt.

Vor ein paar Jahren hingegen gab es einen Film (den ich nicht benennen werde), der einen furchteinflößenden sensorischen Fehler beinhaltete. Ich verwende ihn in meinem Unterricht als negatives Beispiel. Eine junge Frau war von einem groß gewachsenen Verbrecher massiv zusammengeschlagen worden und hatte danach eine große Schnittwunde und einen Bluterguss an ihrem Mund. Als der männliche Hauptdarsteller in der nächsten Szene hereinkam, küsste er sie leidenschaftlich. Sie zeigte keine Reaktion jeglicher Art auf die unerträglichen Schmerzen, die dieser Kuss verursacht haben muss. Für all diejenigen unter uns, die aufmerksam zugeschaut hatten, endete der Film in diesem Augenblick schlagartig. Ein paar Szenen später muss jemand sie an die Verletzung erinnert haben, denn sie begann, auf den Schmerz zu reagieren; doch zu diesem Zeitpunkt hatten wir alle bereits das Interesse verloren und es kümmerte uns nicht mehr.

Vergleiche dies mit der außerordentlichen sensorischen Arbeit in BONNIE UND CLYDE, unter der Regie von Arthur Penn, bei dem ich das erste Mal den Preis spüren konnte, den ein Körper zahlt, wenn eine Kugel – explosionsartig angetriebenes Blei – in Fleisch hineinschnellt. Sobald die Kugeln auf ihre Körper treffen, reagieren Gene Hackman und Estelle Parsons als Clydes Bruder und Schwägerin sehr glaubhaft mit einem Schock- und Schmerzzustand, zeigen ganz deutlich ihre Versehrung und die plötz-

53 Deutsch von Inge und Gottfried Greiffenhagen, Jussenhoven & Fischer Verlag, Bühnenmanuskript, S. 54

liche Nutzlosigkeit der Körperstellen, an denen sie verletzt wurden. Der Zuschauer zuckt unwillkürlich zurück und will wegschauen.

Es beunruhigt mich, wenn ich sehe, dass Gewalt in Filmen wie in einem Spiel behandelt wird, ihre Konsequenzen wie in einem Cartoon dargestellt werden. Das ist eine Gefahr für die Gesellschaft und erhöht die Wahrscheinlichkeit, dass unsere Kinder Waffen benutzen, weil sie die Realität ihrer Wirkung nicht kennen oder gegenüber Schmerz und Tod abstumpfen.

Wir haben über Kälte gesprochen. Lass uns nun über Hitze reden.

LAUNDRY AND BOURBON* von James McClure ist ein Einakter, der von den beiden Frauen Elizabeth und Hattie handelt. Sie leben in der Wüste von Texas. Das Stück spielt in einem unmenschlich heißen Hochsommer. Wieder einmal wird das Wetter zur Hauptfigur im Stück. Elizabeth sagt: »Ich mag dieses Land, aber manchmal wird es für menschliche Verhältnisse zu heiß und zu verbrannt. Es ist immer noch zu wüst und zu unnachgiebig, als dass hier irgendetwas wachsen könnte.« Später äußert sie: »Schau dir diese Wolke an. Sieh, wie sie einen Schatten aufs Land wirft. Mein Gott, sieht dieser Schatten nicht friedlich aus, wie er so über das Land gleitet? Sieht er nicht kühl aus? Er erinnert mich an eine kühle, dunkle Hand, die über eine heiße Oberfläche streicht. Neuerdings fühle ich mich im Innern so heiß und leer, dass ich wünschte, etwas käme vorbei und berührte mich auf diese Weise.« Dieses Theaterstück hat viel mit den unerfüllten Begierden der beiden Frauen und mit Elizabeths Angst vor dem Verlassenwerden zu tun. Ihre Erinnerungen an vergangene Sommer sind voller Sexualität und verlorener Jugend. Die erhoffte Linderung der Hitze wird zu einer Metapher für die Linderung der Traurigkeit und der erdrückenden Frustration in ihrem Leben.

LAUNDRY AND BOURBON verlangt danach, dass die Figuren sich durch die Hitze körperlich unwohl fühlen – die Kleider kleben an deiner Haut, der Schweiß sammelt sich in deinem Nacken, unter deinen Haaren oder entlang deines Haaransatzes, oder Schweißtropfen brennen im Auge. Das kannst du nicht vortäuschen, du musst es erschaffen. Du musst wissen, wo sich die Sonne im Verhältnis zu deiner Sitzposition befindet, welche Tageszeit es ist, und du musst die allgemeine Empfindung von Hitze auf deinem gesamten Körper spüren. Das mag schwierig klingen, aber es ist eine Technik, die, je länger du sie übst, immer effektiver und leichter einsetzbar wird. Ich sage es noch einmal: Das Leben ist niemals allgemein – nur schlechtes Schauspiel ist das.

Untersuche das ganze Jahr über die Reaktionen deines Körpers auf die verschiedenen Wetterbedingungen und verwende dieses Verhalten für deine Figuren. Aber denke niemals in Klischees. Zu diesem Thema *musst* du dir auch Strawinskys Le Sacre du printemps anhören. Einige der Rhythmen wirken gewalttätig, fordernd und fast beängstigend, sie entsprechen nicht dem gängigen Frühlingsklischee; das hilft dir, nicht nur die Lieblichkeit, sondern auch die Gewalttätigkeit der Natur zu erkennen, die sie mit sich bringt, wenn sie ins Leben birst. Zum Thema nichtklischeehaftes Verhalten: Ich habe einen Freund, der extrem unter seinen Achseln schwitzt und immer seine Arme anhebt, um sich durch fächelnde Bewegungen abzukühlen, wenn er nervös ist, sogar im Winter und drinnen. Wenn du das Erforschen, Üben und die Nutzung sensorischer Arbeit ernst nimmst, dann ist sie eine unerschöpfliche Quelle der Kreativität.

Shakespeares Ein Sommernachtstraum spielt in einem Wald, in dem junge Liebende schlafen, aufwachen und sich verwandeln. Einige der Figuren sind Feen mit magischen Kräften und sie verwenden diese Kräfte, um die Gefühle und Körper der Leute auf verschiedenste Weise zu manipulieren. Während die Liebenden schlafen, besprenkeln die Feen sie mit Liebestrank. Sie wollen Unheil anrichten, indem sie die Liebenden dazu bringen, die Partner zu tauschen. Folglich ist es eine der sensorischen Anforderungen an die jungen Liebespaare im Sommernachtstraum, aufzuwachen und plötzlich in jemanden verliebt zu sein, den man zuvor entweder abgelehnt oder sogar angefeindet hat. Ganz plötzlich fühlt man sich von dieser Person enorm sexuell angezogen. Man muss vollkommen liebestrunken für diese Person sein, ihre Augen, Lippen und alles andere an ihr lieben, als ob einen Amors Pfeil getroffen hätte.

Der Geruch von Gardenien ist sehr intensiv und für manche Leute stark verknüpft mit sinnlichem Verlangen. Dieser Geruch oder andere Gerüche mit dieser Wirkung könnten dir die Verhaltensweise bescheren, die du benötigst, um einen dieser jungen Liebenden zu spielen. Du kannst sensorische Übungen machen, um dir vorzustellen, dass die Person, der du plötzlich so hoffnungslos verfallen bist, den Duft von hundert Gardenien versprüht und dass du ihr nahe sein und diesen verlockenden Geruch einatmen willst. Es geht darum, dir ehrlich einzugestehen, was dich romantisch und sexuell gesehen antörnt. Das mag ein bestimmter menschlicher Geruch sein, der Geruch von jemandem, mit dem du gerade ein Verhältnis hast oder zu dem du in der Vergangenheit ein Verhältnis hattest. Wenn du im Gegenzug Abneigung spielen musst, könnte der Geruch von schlechtem Atem, starkem Körpergeruch oder Hundekot diesen Zweck erfüllen.

Sexualität ist eine sehr komplexe emotional-körperliche Reaktion und eine Eigenschaft, die Menschen ausstrahlen. Stella Adler hat gesagt: »Du bist entweder sexy, oder du bist es nicht.« – Aber daran glaube ich nicht. Eindeutige körperliche Attraktivität ist nur für einen kurzen Zeitraum wirksam; leidenschaftliches Verlangen hingegen, offene Sinnlichkeit und das Erforschen deiner eigenen sexuellen Natur ohne Schamgefühl sind Dinge, die dich extrem begehrenswert machen können – ganz unabhängig davon, wie du aussiehst oder wie alt du bist. Wenn du eine intime Sexszene spielst, solltest du dich natürlich an dem orientieren, was du an dem anderen Schauspieler attraktiv findest. Das ist eine biologische Reaktion, die du auf kreative Weise für deine Darstellung verwenden kannst – *aber verwechsele das nicht mit einem echten Liebesverhältnis.*

Was passiert in einer Situation, in der du mit einem anderen Schauspieler intim sein musst, dich aber nicht von ihm angezogen fühlst oder sogar angewidert bist? Mache möglichst eine Seite an ihm ausfindig, die du attraktiv finden kannst oder die dich an jemanden erinnert, auf den du mal scharf warst. Oder du verwendest ein »Als-ob« oder eine Personalisierung und lässt dich vollständig auf diesen Glauben ein. Das wäre die perfekte Gelegenheit, um wie oben beschrieben sensorisch mit einem Geruch, der dich antörnt, zu arbeiten oder sogar mit einer sensorischen Erinnerung an einen bestimmten, besonders erregenden sexuellen Akt. Wenn du Inspiration benötigst, erinnere dich an die Geschichte der beiden Stars, deren sexuelles Feuer auf der Leinwand durch ihre Verachtung füreinander erzeugt worden war. Erbitterter Hass oder Verachtung kann in den Händen begabter Schauspieler in scheinbare Lust verwandelt werden. Die Begierde, die diese Schauspieler auf der Leinwand zeigten, war vielleicht ihre Gier danach, den anderen Schauspieler mit ihrer eigenen mächtigen Sexualität zu vernichten; sie machten sich scharf und richteten sich wie eine wärme suchende Waffe auf ihr Ziel aus.

Eine der Techniken, die du verwenden kannst, um die sinnlichen Eigenschaften einer Figur zu erschaffen, besteht darin, einen Wetterzustand zu spielen. Wie Glenn Close so schön gesagt hat: »Wenn du auftrittst, musst du die Luft durcheinander wirbeln.« Und in EINE VERHÄNGNISVOLLE AFFÄRE führte sie dies mit Bravour in ihrer Rolle als Alex aus, die eine Affäre mit einem verheirateten Mann hat und ihm dann nachstellt. Sie spielte die Rolle, als sei sie eine Windböe, – eine Brise, die sich dann in einen Orkan verwandelt.

Cecily in ERNST SEIN IST ALLES oder BUNBURY könnte als taufrischer Frühlingsmorgen gespielt werden. Wenn du einen Wetterzustand verwendest, um deine Figur darzustellen, dann erforsche diesen mit deinen Sinnen. Was sind die Eigenschaften eines taufrischen Frühlingsmorgens? Frisch gemähtes Gras, zwitschernde Vögel, erblühende Blütenstände, die Luft ist frisch und belebend und alles ist neu. Lausche den Geräuschen dieses Morgens, nimm die Gerüche wahr, spüre die Berührung der Luft und des Taus auf den Blütenblättern, sieh den Tau als funkelnde Diamanten, die alles erschimmern lassen, und den klaren, blauen Himmel, der dir das

Gefühl vermittelt, dass alles möglich und positiv sei. Wie wirkt sich das Verkörpern eines taufrischen Frühlingsmorgens auf deine Haltung aus? Zu welchem Gang verleitet er dich? Welche Tempi und Rhythmen und Tonfälle erzeugt er in dir? Wird deine Stimme zwitschern wie die Vögel? Es ist, als ob du bei jedem Atemzug den süßen Duft der Rosen riechen kannst. Malst du in dein Tagebuch Schnörkel und Herzen, unterstreichst du bestimmte Worte mit atemloser Begeisterung, drückst du das Buch fest gegen deine Brust und küsst es, weil dir alles so vergnüglich erscheint?

Dianne Wiest spielte in ihrer absolut sensationellen Darstellung der Helen Sinclair, einer zur alten Diva gewordenen Schauspielerin in Woody Allens BULLETS OVER BROADWAY, die gesamte Rolle, als befände sie sich in einem Schneesturm. Ihre Stimme schien wie vollkommen eingefroren und gelegentlich atmete sie tief durch, als ob sie versuchte, in der Kälte nach Atem zu schöpfen. Es war zu Recht übertrieben – genau das, wonach die Rolle verlangte.

Um eine Perspektive für deine Figur zu erschaffen, kannst du auch eine Herangehensweise verwenden, die auf einem der fünf Sinne basiert. Du könntest dir den Geschmack einer extrem sauren Zitrone in deinem Mund vorstellen. Falls du das jetzt tust, werden deine Speicheldrüsen tatsächlich unmittelbar an die Arbeit gehen. Wenn du weiterhin daran arbeitest, wird die Säure dein Gesicht zu einem Ausdruck von Missbilligung und Verachtung verziehen, der für die Verkörperung eines Elements in einer Figur genau richtig sein könnte. Das klischeehafte Riechen an einer rohen Zwiebel – vor allem, wenn du sie in der Hand hältst – kann zur erfolgreichen Darstellung einer weinenden oder erkälteten Figur beitragen, obwohl ich vermute, dass diese spezielle Entscheidung besser für eine Figur in einer Komödie funktionieren würde. Wenn du eine Figur spielst, die unter einer psychischen Erkrankung leidet und so gestört ist, dass er oder sie nicht richtig hören kann, was die anderen sagen, dann könntest du z. B. mit der sensorischen Erinnerung an eine unglaublich laute Glocke in deinem Kopf arbeiten – was dich automatisch in einen Deppen verwandeln und dazu veranlassen würde, das Geräusch stoppen zu wollen.

Bei der Verkörperung einer Figur, die mit einer enormen Entdeckungsfreude durchs Leben geht, dann kann dir der Sehsinn behilflich sein. Ich habe von Frankie in DAS MÄDCHEN FRANKIE gesprochen, die zu Beginn des Theaterstücks 13 Jahre alt ist. Zu diesem Zeitpunkt ist Frankie voller Begeisterung für sehr viele Dinge, die sie zum ersten Mal entdeckt. Als ich ein junger Schauspieler war und Figuren mit dieser Art von Begeisterung für die Welt erschuf, entdeckte ich meine Begeisterung für jede Farbe, die ich sah, aufs Neue. Für die Primärfarben Blau, Rot, Gelb und Grün –, aber ich spürte auch absolute Verzückung beim Sehen und Begutachten der Farbabstufungen und des gewaltigen Spektrums zarter Pastelltöne. Um dein eigenes Gespür für Wunder und deine Wahrnehmung wiederzuentdecken, musst du lediglich ein Museum besuchen und dir die großen französischen Impressionisten anschauen. Und wenn du dir Vincente Minellis VINCENT VAN GOGH – EIN LEBEN IN LEIDENSCHAFT mit Kirk Douglas als Vincent van Gogh ansiehst, wirst du erleben, wie die Wunder der Natur mit den Augen eines großartigen Malers gesehen und diese auf aufwühlende und ergreifende Weise auf eine Leinwand übertragen werden können.

Wie eine Figur auf Licht reagiert, kann ihr Verhalten stark beeinflussen. Zwei großartige Beispiele dafür sind Blanche in ENDSTATION SEHNSUCHT und James Tyrone in EINES LANGEN TAGES REISE IN DIE NACHT. Blanche sagt den berühmten Satz: »Ich kann nackte Glühbirnen nicht ertragen, genauso wenig wie rüde Bemerkungen oder ordinäres Benehmen.«[54] Blanche stülpt eine chinesische Laterne über die Glühbirne, um die nackte Realität der jeweiligen Umstände zu verbergen – nicht nur in Stella und Stanleys düsterer Wohnung, sondern auch in ihrem Leben. Weil sie sich ständig mit dem Altern beschäftigt, reagiert sie besonders sensibel darauf, wie sie bei Licht aussieht. Einer der ersten Befehle, die sie Stella gibt, lautet: »[…] mach das Deckenlicht aus! Mach es aus! Ich lass mich nicht anschauen in diesem unbarmherzig grellen Licht!«[55] James Tyrone wiederum weist seine Familie an, alle überflüssigen Lichter im Haus ausgeschaltet zu lassen; oberflächlich betrachtet hat das finanzielle Gründe, aber O'Neill stellt klar, dass Tyrone auf einer tieferen Ebene möchte, dass alles unbesehen und im Dunkeln verbleibt.

Wann immer du ein Set betrittst, solltest du den Gegenständen, die dir besonders ins Auge fallen, deine Aufmerksamkeit schenken, denn du könntest eine körperliche Tätigkeit mit ihnen oder eine spontane emotionale Reaktionen auf sie entdecken, die du unmittelbar am Drehtag verwenden oder in die Verhaltensweisen deiner Figur in einem Theaterstück einbinden kannst.

Sinnesarbeit und sensorische Realitäten führen zu zahlreichen Erkundungen und Entdeckungen, die die Figuren, die du darstellst, näher beleuchten können. Wenn du nie zuvor mit diesen Werkzeugen und Techniken gearbeitet hast, dann ist das jetzt deine Gelegenheit. Dir wird sich eine ganz neue Welt auftun.

---

54 Deutsch von Helmar Harald Fischer, Jussenhoven & Fischer Verlag, Bühnenmanuskript, S. 61

55 Ebd., S. 14

15. Gegenständen, Orten, Personen und Ereignissen Bedeutung verleihen

Was hat dir dein erstes Fahrrad bedeutet? Oder die Schallplatte oder CD, die du in der neunten Klasse verschlissen hast? Dein erstes Auto? Dein Baseballhandschuh? Wie ist es mit deinem ersten Paar Stöckelschuhe? Was ist mit der Orchidee, die du als Erinnerung an deinen Abschlussball in einem Buch gepresst hast? Oder dem Foto von dem Mädchen, das du zum Abschlussball ausgeführt hast und das diese Orchidee trug? Schau dich in deiner Wohnung um. Ich garantiere dir, dass sie mit Dingen gefüllt ist, die emotional aufgeladen sind. Das ist der Grund, weshalb die Übung *Erinnerungen an Zuhause* aus Kapitel 7 funktioniert – weil die Gegenstände aus dem Haus deiner Kindheit, an die du dich sinnlich erinnerst, immer noch emotional aufgeladen sind. Sie enthalten eine Geschichte, *deine eigene Geschichte*.

Übung: Der persönliche Gegenstand

Hier ist eine Übung, die ich in meinem Unterricht verwende, um Schauspielern dabei zu helfen, ihre emotionale Beziehung zu Gegenständen zu entdecken. Wir beginnen mit einer Entspannungsübung wie der *Loslass-Entspannungsübung* in Kapitel 18. Als Nächstes bitte ich dich: »Erlaube dir, dich an einen Gegenstand zu erinnern, der dir in deiner Kindheit gegeben wurde und den du in den Händen halten kannst. Lasse ihn in deine Hände sinken. Fange an, ihn in deiner Vorstellung zu erschaffen, als ob er wirklich vorhanden wäre – seinen Anblick, Geruch, Geschmack, seine Beschaffenheit, seinen Klang.« Mit Klang meine ich das Geräusch, das entsteht, wenn man mit dem Gegenstand z.B. gegen einen anderen Gegenstand schrammt oder klopft. Ist der Gegenstand ein Medaillon, eine Halskette, ein Ring oder ein religiöses Symbol, kann es sein, dass du ihn, ohne es zu bemerken, liebkost oder beim Nachdenken in deinen Mund gesteckt hast; nun kehrt die Erinnerung an seinen Geschmack zu dir zurück – metallisch, gläsern oder auch hölzern – und deine Zunge wird seiner Form in deinem Mund nachspüren. Es kommt darauf an, alle deine Sinne zu benutzen, um diesen Gegenstand nachzuempfinden. Danach stelle ich den Schauspielern eine Reihe von Fragen, während ich sie dazu auffordere, den Gegenstand in ihren Händen lebendig zu halten. Der Sehsinn – die Visualisierung des Gegenstandes in deinen Händen, als sei er wirklich da – ist an dieser Stelle der Übung extrem wichtig. Dann frage dich, während du den Gegenstand anschaust und ihn untersuchst: *Wer* hat dir den Gegenstand gegeben? *Wann* hat diese Person ihn dir gegeben? *Wo* warst du, als du den Gegenstand erhalten hast? *Zu welcher Tageszeit*? Was hatten du und die andere Person in deiner Erinnerung an? An welche Geräusche kannst du dich erinnern? An welche Gerüche?

Ich weise die Schüler an: »Während du den Gegenstand in deiner Hand erforschst, spürst du sein Gewicht, seine Beschaffenheit. Halte ihn in der einen Hand, dann in der anderen und spiele mit ihm, während du ihn von allen Seiten optisch erkundest. Du wirst dich vielleicht an eine kleine Kerbe in dem Gegenstand erinnern oder daran, wie er neu und makellos war. Die visuelle Erinnerung daran wird manchmal sogar eine Zeitreise unternehmen, von dem Zeitpunkt, an dem du ihn bekommen hast, zu einem späteren, an dem er bereits gealtert ist. Wie hat sich dein Gefühl den Leuten gegenüber, die ihn dir gegeben haben, seit diesem Zeitpunkt verändert? Was hast du dieser Person oder diesen Personen gegenüber unausgesprochen gelassen? Rede mit dieser Person, während du den Gegenstand in deiner Hand hältst; entweder bewegst du nur lautlos die Lippen, oder du sprichst die Worte leise oder – wenn du dich dabei wohlfühlst – laut aus. Beobachte, welche Wirkung das auf dich hat.« Weiter frage ich: »Wo befindet sich der Gegenstand jetzt? Besitzt du ihn immer noch, oder ist er verloren gegangen? Wenn er verloren gegangen ist, was würde es dir bedeuten, wenn du ihn jetzt in der Hand halten könntest?«

Schließlich frage ich – und das mag seltsam erscheinen, aber unter Schauspielern hat es große Resonanz gefunden: »Wenn der Gegenstand eine Stimme hätte, wie würde sie klingen? Und was würde er sagen?« Das bedeutet, den Gegenstand wahrhaftig lebendig werden zu lassen. Mir haben Schauspieler gesagt, dass der Gegenstand lebendig wurde, als sie ihrem Gegenstand eine Stimme verliehen hatten: »Ich vermisse dich. Wo warst du? Warum hast du mich weggeworfen?« Oder, humorvoller: »Du Mistkerl, was glaubst du, wer du bist, dass du mich so schlecht behandelst!« Die erste Reaktion mag dich zum Weinen bringen, die zweite zum Lachen – und das ist das Ziel: Reaktionsvermögen.

Für einige Leute kann das Ausführen dieser Übung mit einem religiösen Gegenstand – wie z.B. einem Kreuz oder einer Mesusa – sehr ergiebige emotionale Reaktionen hervorbringen; aber versuche niemals, deine Reaktionen zu bewerten oder zu verändern, weil du das Gefühl hast, dass sie unangemessen sein könnten. Sei an deiner Reaktion interessiert, aber lasse das Urteil außen vor. Ich hatte Studenten, die auch mit so verschiedenen Gegenständen wie einem Wasserball, Fußball, Baseball, einem Paar Strümpfe, einem Spielzeugbär, einer Müslischale oder einem Paar Manschettenknöpfe effektiv gearbeitet haben. Manchmal erschließen Gegenstände, von denen du erwartest, dass sie Traurigkeit hervorbringen würden, Freude oder Dankbarkeit – und umgekehrt.

Welche Emotion auch immer aufkommen mag, sei neugierig und geduldig und fahre damit fort, die *Bilder*, die sich bei Durchführung der Übung ergeben, und den Gegenstand selbst auf sensorischer Ebene zu erforschen. Wenn du weiterhin mit der Übung *Der persönliche Gegenstand* als Teil deines täglichen Trainingsplanes arbeitest, kann das zum Bestandteil deiner »goldenen Box« werden. Wenn du einen bestimmten emotionalen Moment für deine Figur kreieren musst, wird das einfache Berühren oder Visualisieren des Gegenstandes die Reaktion, die du benötigst, auslösen.

Ich habe auch Studenten gehabt, die mir erzählt haben, dass sie die Übung *Der persönliche Gegenstand* vor einem Vorsprechen im Warteraum verwendet haben, um sich ein Gefühl von Selbstvertrauen und Wohlbefinden und einen offenen Zugang zu ihrer Emotionalität zu verschaffen. Selbst während eines Interviews in einem Vorsprechen kann dich das Heraufbeschwören des Gewichts und der Beschaffenheit eines Gegenstandes in deiner Hand erden und dir Fokus verleihen.

Einer der wirkungsvollsten Wege, einen bedeutungsvollen Gegenstand zu verwenden, habe ich in dem Film VERLIEBT, VERWÖHNT UND ABGEBRANNT[56] gesehen. Ich schlage vor – nein, ich verlange–, dass du dir diesen Film wegen eines bestimmten Momentes ansiehst, der das perfekte Beispiel für einen mit Bedeutung ausgestatteten Gegenstand in einem Text ist. In dem Film ist das Objekt der Begierde eine kleine Henry-Moore-Skulptur, die Jake (John Malkovich) gehört. Er mag die Skulptur nicht besonders; er plant, sie als Mittel zum Zweck zu verkaufen. Seine Figur wohnt am liebsten in Spitzenklasse-Hotels, und eines der Zimmermädchen entdeckt die kleine Skulptur und verliebt sich in sie. Sie sieht ihre Schönheit, nicht ihren Geldwert; sie sieht die Reinheit in der Absicht des Künstlers. Sie stiehlt die Skulptur und muss dann mit dem Schmerz fertigwerden, sie wieder zu verlieren. Gegen Ende des Filmes findet sie sie auf einem Schrottplatz, wo ihr Freund sie versteckt hat. Das Wiederfinden

56 Originaltitel: THE OBJECT OF BEAUTY, was als »Objekt der Begierde« übersetzt werden kann

der Figur ist einer der umwerfendsten Momente des Ausstattens eines Gegenstandes mit Bedeutung: Weil es beim Wiederfinden so ist, »als ob« sie ihr verlorenes Baby wiedergefunden hätte. Die Tränen strömen ihr nur so aus den Augen, ihre Wangen färben sich rosig und sie hält die Skulptur, als ob diese ihr eigenes kleines Kind wäre.

Deine Aufgabe als Schauspieler ist es, für dich die emotionale Bedeutung für *jeden* Gegenstand, jede Person und jeden Ort im Skript zu finden, auf die oder den sich deine Figur bezieht. Dieser Prozess beinhaltet zwei Schritte. Zuerst frage dich: »Was bedeutet der Gegenstand meiner Figur auf emotionaler Ebene?« Dann frage: »Was kann ich verwenden, um diese emotionale Reaktion in *mir* auszulösen?« Manchmal reicht es aus, sich mit den gegebenen Umständen, in denen sich deine Figur befindet, zu identifizieren, um die emotionale Reaktion, die von einer Requisite verlangt wird, hervorzurufen; doch wenn das nicht ausreicht, benötigst du Techniken, die dir dabei helfen.

Um die Reaktion des Zimmermädchens auf das Auffinden der kleinen Henry-Moore-Skulptur in VERLIEBT, VERWÖHNT UND ABGEBRANNT zu provozieren, habe ich ein Als-ob beschrieben, das die Schauspielerin verwendet haben könnte –»als ob es sich um mein eigenes Kind handeln würde, mein kostbares Baby, das verloren gegangen ist«. Wenn ich dieses Schauspielproblem zu lösen hätte, würde ich vielleicht hinzufügen, dass es »mein kostbares Baby ist, das eine Krankheit hat und das, wenn ich es nicht sofort finde, sterben wird«. Ich habe den Einsatz für meine Figur erhöht, um meiner Entscheidung Dringlichkeit zu verleihen, sodass die Emotion in dem Moment, in dem ich den Gegenstand aufhebe, eine bestimmte Art von Intensität, Schmerz, Erleichterung und Dankbarkeit beinhaltet.

Wenn du das Zimmermädchen spielst, musst du dein eigenes Als-ob finden. Es könnte das Als-ob eines Haustieres sein, das du liebst; es könnte ein geliebter Bruder oder eine Schwester sein oder ein verlorener und betrauerter Teil deines Selbst. Es könnte ein Platzhalter sein, etwa, wenn du wirklich etwas verloren hast, das für dich wertvoll war, wie einer der persönlichen Gegenstände, die wir bereits thematisiert haben. (Erinnere dich, Teil der Übung *Der persönliche Gegenstand* waren meine Fragen: »Wo ist der Gegenstand jetzt? Besitzt du ihn immer noch, oder ist er verloren gegangen? Wenn er verloren gegangen ist, was würde es dir bedeuten, wenn du ihn jetzt in der Hand halten könntest?«)

Als das Zimmermädchen die Henry-Moore-Skulptur findet und sie aus dem Müllhaufen hervorholt, reißt sie sie an sich und begutachtet, ob sie zu Schaden gekommen sei, als ob sie tatsächlich aus Fleisch und Blut bestünde. Ihr Schauspieler, vergesst nicht: Die Requisitenabteilung versorgt euch mit Gegenständen, aber solange ihr diese nicht mit Bedeutung ausstattet, sind sie tot.

In dem Film STANLEY & IRIS spielen Jane Fonda und Robert De Niro die Hauptrollen. Stanleys Vater stirbt und Stanley, der geistig behindert ist, bekommt die Hinterlassenschaft seines Vaters in einer Schuhschachtel überreicht. Darin findet er eine Uhr. Stanley ergreift die Uhr und in Sekundenschnelle bricht De Niro in Tränen aus. Es besteht kein Zweifel darüber, dass der Schauspieler die Uhr mit irgendeiner Erinnerung ausgestattet hat – weil dies die *Figur* auch getan hat. Was könnte die Erinnerung sein? Der Augenblick, in dem er sah, wie sein Vater die Uhr in einem Geschäft auswählte? Oder die Nacht, in der sein Vater zu ihm sagte: »Eines Tages wir diese Uhr dir gehören«, wobei er niemals gedacht hätte, dass er seinen Vater verlieren müsse, um sie zu bekommen. Diese konkrete Erinnerung zu wählen ist deine Aufgabe als Schauspieler. Du musst den Gegenstand *vor* der Darstellung mit Bedeutung ausstatten. Dann musst du dir im entsprechenden Moment keine Gedanken mehr über deine Entscheidung machen. Sobald du den Gegenstand berührst, erwacht er für dich zum Leben.

Selbst die Geschichte, die du um die Uhr herumbaust, muss dich auf emotionaler Ebene berühren; sie darf nicht trocken sein. Wenn du sie schön niederschreibst oder du sie dir vorstellst, ohne dass sie in dir Emotionen hervorruft und Verhaltensweisen provoziert, ist sie dir nicht von Nutzen. Es ist sinnlos, ein »guter Schüler« zu sein, der zu Hause sitzt und sich die Geschichte eines Gegenstandes vorstellt, als würde er eine Magisterarbeit schreiben. Deine Aufgabe ist es, *subjektiv* zu sein – Entscheidungen zu treffen, die für das Skript und für dich funktionieren. Ich wiederhole das immer und immer wieder, weil ich eine Zeit lang damit kämpfte, Gegenstände mit Bedeutung auszustatten – weil ich verhindern wollte, mein Schauspiel auf emotionaler Ebene zu erleben. Ich fällte Entscheidungen, die intellektuell gefällig waren, aber nie mein Herz erreichten, und so war alles, was ich damit erreichte, dass ich mit dem Lehrer darüber reden durfte, nachdem meine Darstellung nicht funktioniert hatte.

Ich kann dir kein besseres oder spannenderes Beispiel für einen mit Bedeutung ausgestatteten Gegenstand geben als den »Fehler«, der während einer Vorstellung von CHERI mit Kim Stanley und Horst Buchholz in den Hauptrollen passierte. Das Theaterstück stammt von Anita Loos und erzählt von einer wilden Affäre zwischen einer älteren Frau und einem jüngeren Mann. Eine der Szenen findet statt, nachdem das Paar Sex hatte. Sie befinden sich in einer postkoitalen Schwärmerei und der junge Liebhaber isst einen Apfel. Eines Abends ließ Horst Buchholz während der Szene aus Versehen den Apfel auf den Boden fallen. Kim Stanley hob den Apfel ohne zu zögern auf und begann, den Apfel genau dort zu küssen und abzulecken, wo der junge Mann hineingebissen hatte. Sie baute dies direkt in die Szene ein. Nie gab es ein romantischeres, erotischeres, verzweifelteres und menschlicheres Beispiel für Leidenschaft als diesen »Fehler«, den Kim Stanley in Kunst verwandelte. Sie *dachte* nicht über das Ausstatten des Gegenstandes nach, es war ihr in Fleisch und Blut übergegangen; sie war emotional so in diese Beziehung involviert, dass sein Mund auf einem Gegenstand sie zum sofortigen Handeln reizte.

Große Künstler versuchen immer, die Grenzen zu sprengen. Wenn ein talentierter Schauspieler einen zusätzlichen Schritt in Richtung menschliche Verletzlichkeit tut, rüttelt das den Zuschauer gefühlsmäßig auf. In JENSEITS VON EDEN gibt es einen einzigartigen Moment des Ausstattens eines Gegenstandes mit Bedeutung: Wenn James Dean alias Cal versucht, dabei zu helfen, die großen finanziellen Probleme seines Vaters zu lösen und zu dessen Geburtstag einen großen Haufen Geld überbringt, den er in Seidenpapier verpackt und mit einer Schleife verziert hat. Er tut dies in der sehnsüchtigen Hoffnung, endlich die Liebe seines Vaters zu gewinnen, auf die er sein ganzes Leben lang verzichtet hat. Als der Vater das Geld ablehnt, weil er der Meinung ist, dass es aus Kriegsgewinnen stammt und deshalb befleckt ist, trifft Dean die Entscheidung, das Geld zu nehmen und es buchstäblich in den Körper seines Vaters hineinzupressen. Das Geld fällt hinunter – und der Vater hebt es nicht auf, nimmt es nicht an. Daraufhin schlingt Cal die Arme um seinen Vater und fängt an zu schluchzen; er rennt aus dem Zimmer, schreit gegen die Zurückweisung an und verwandelt sein Bedürfnis nach Liebe in Hass. Dean hatte das Geld ausgestattet mit all den Hoffnungen und Träumen Cals, die Liebe seines Vaters zu gewinnen.

In einer anderen Szene in JENSEITS VON EDEN spielt Jo Van Fleet Cals Mutter, die ihn, als er ein kleines Kind war, verlassen hatte, um ein Bordell zu betreiben. Als der junge Erwachsene Cal sie ausfindig macht, befiehlt sie ihm zu verschwinden, weil sie es nicht aushält, dem Sohn, den sie im Stich gelassen hat, nahe zu sein. Sie berührt den Tresor in ihrem Büro, lehnt ihren Kopf dagegen und fängt an, am Schloss herumzuzwirbeln, als ob das die einzige Sache sei, der sie trauen könne. Es ist ein höchst einsamer Moment, weil man versteht, dass die einzige Sache, der diese Frau nahesteht, kaltes, hartes Bargeld ist. Und dies wird umso mehr durch die Art deutlich gemacht, wie sie einen Scheck ausstellt und ihn sauber faltet – wie jemand, der daran gewöhnt ist, Leute auszuzahlen –, bevor sie ihn ihrem Sohn überreicht, den sie all diese Jahre lang nicht gesehen hat. Ironischerweise stammt das Geld, das Cal seinem Vater geben möchte, von diesem Scheck. So wird Geld zum Ersatz für Liebe. Offensichtlich wollte Kazan uns damit zu verstehen geben, dass diese Frau weiß, wie man tauscht, wie man verkauft – nicht aber, wie man liebt. Der Tresor der Mutter, der Scheck, den sie ausstellt – das einzige Geschenk, das sie ihrem Sohn jemals gemacht hat – und das Geldpäckchen, das Cal seinem Vater zu geben versucht, sind alle mit emotionaler Bedeutung ausgestattete Gegenstände.

EINE KLASSE FÜR SICH ist ein Film, der von einer weiblichen Baseballmannschaft zur Zeit des Zweiten Weltkriegs handelt. Während des Films erhalten die Frauen der Mannschaft ständig Telegramme, entweder von ihren Ehemännern, in denen steht, dass diese nach Hause kommen, oder vom Kriegsministerium mit der Nachricht, dass ihre Ehemänner gefallen sind. Wenn eine Frau also ein Telegramm erhält, weiß sie nicht, was es beinhalten wird und die Besorgnis ist dementsprechend groß. In einem Moment im Film, in dem sie erfahren, dass gerade ein Telegramm abgegeben wurde, schwenkt die Kamera über die Gesichter aller Frauen in der Mannschaft. Sie wissen nicht, für wen das Telegramm bestimmt ist. Geena Davis, die Dottie Hinson spielt, trägt einen Anhänger um ihren Hals, den sie abnimmt und festhält. An der Art, wie sie ihn abnimmt, erkennt man, dass sie ihn von ihrem Ehemann bekommen hat; als sie ihn berührt, betet sie darum, dass das Telegramm nicht für sie bestimmt sei und nicht seinen Tod verkünden möge. Indem sie den Gegenstand berührt, klammert sie sich an ihren Ehemann.

In SÜSSER VOGEL JUGEND sagt die Prinzessin zu Chance: »Nun – früher oder später – irgendwann im Leben – geht das, wofür man gelebt hat, verloren – oder man gibt es preis … und dann stirbt man – oder man findet Ersatz.«[57] Sie spricht über ihre Droge Haschisch. Beobachte Geraldine Page im Film, wenn sie dies sagt. Sieh, wie sie den Trost, den sie von »ihrem Freund«, dem Haschisch, verspürt, einatmet; sie nimmt ihn in ihre Lungen auf, als sei es ihr Liebhaber. Das Haschisch ist ein mit Bedeutung ausgestatteter Gegenstand, weil die Prinzessin ihn zu einem wichtigen Bestandteil ihres Überlebens gemacht hat. Bedeutend an Pages Handeln ist, das Haschisch auf eine solche Art zu spezifizieren, dass es zu ihrem Lebensretter wird. Sie empfindet ihm gegenüber eine so große Dankbarkeit wie einem Doktor oder einem Liebhaber gegenüber, der ihr Erleichterung oder sexuelle Erfüllung verschafft. Geraldine Page war ein solches Genie.

In BOYS DON'T CRY stattete Hilary Swank ihren Cowboyhut mit einer positiven Bedeutung aus, als sie sich als Teena Brandon im Spiegel be-

---

57 Deutsch von Nina Adler, Jussenhoven & Fischer Verlag, Bühnenmanuskript, S. 25

trachtete und den Hut benutzte, um ihr Bild des neuen jungen Burschen in der Stadt, Brandon Teena, zu vervollständigen. Durch die Art, in der sie den Hut behandelte, wurde er zu einem Symbol ihrer galanten Männlichkeit und ihrer erfolgreichen Geschlechtsumwandlung. Später im Film, alleine auf der Toilette, muss Teena einen Tampon verwenden. Sie muss ihn aus der Schachtel nehmen, ihn anschauen und sich daran erinnern, dass sie eine Vagina besitzt. Sie schaut ihn an, als würde sie sagen: »Das ist ein Fremdkörper, aber ich bin gezwungen, ihn zu benutzen und er ist mein Feind« – den Tampon, die weibliche Anatomie, ihren weiblichen Körper sieht sie als ihren Feind an. Der Tampon zwingt sie dazu, der Tatsache ins Auge zu sehen, dass sie kein Junge ist; das macht ihn zu einem Gegenstand, der sehr stark mit Bedeutung belegt ist.

Manchmal hast du einen Instinkt dafür, einen Teil deines Kostüms, eine Requisite oder einen Teil des Sets auf eine bestimmte Art zu berühren oder handzuhaben, selbst wenn das Skript es nicht näher festlegt. Du stattest den Gegenstand mit einer bestimmten Bedeutung für deine Figur aus, damit er dich in dem Stück konkreter und lebendiger erscheinen lässt. Vertraue auf diese Instinkte, sie sind sehr gut. Stelle dir vor, du spielst eine Figur, die gerade eine Szene in ihrer Küche hat und es gibt dort keine mit bestimmter Bedeutung ausgestatteten Gegenstände. Du unterhältst dich mit deinem Ehemann und währenddessen trinkst du Kaffee aus derselben Tasse, aus der du jeden Tag trinkst, trägst Frühstück auf den gleichen Tellern auf, verwendest dieselbe Bratpfanne wie immer – dann kann jeder einzelne Gegenstand in der Küche für deine Figur ein mit Bedeutung ausgestatteter Gegenstand sein. Lass uns annehmen, dass du bezüglich einer Sache, die du später am Tag machen wirst, nervös bist und dass du dich besser fühlst, wenn du aus deinem bestimmten Becher trinkst. Der Becher spendet dir Trost, weil du ihn mit der Wärme und dem Schutz deines Zuhauses verbindest.

Nun stellen wir uns vor, dass du in einem Theaterstück spielst und von antiken Möbeln umgeben bist, die in Wirklichkeit natürlich billige Nachbildungen sein werden. Du musst den billigen Holzproduktionen eine Bedeutung verleihen, als seien sie echte Antiquitäten. Wenn du eine Figur wärst, die diese als ästhetisch wertvoll empfindet, dann würdest du sie mit großer Vorsicht behandeln, vorsichtig auf den Stühlen und Sofas sitzen und sie mit großem Vergnügen betrachten. Mache allerdings nicht den Fehler, in einem historischen Theaterstück wie in Christopher Hamptons GEFÄHRLICHE LIEBSCHAFTEN die Möbel wie Antiquitäten zu behandeln. Für die Figuren sind es keine Antiquitäten, es sind ihre normalen Sofas und Stühle. Sie sitzen nicht auf ihnen und behandeln sie nicht auf eine bestimmte Weise, weil es sich um Antiquitäten handelt, sondern aufgrund des Stils und der Sitten dieser Zeit. Wenn ein Möbelstück besonders geschätzt wird, dann musst du es fast mit der Bedeutung eines lebenden Ahnen ausstatten, d.h. es wie eine Person mit bestimmter Zärtlichkeit berühren. Dies ist z.B. in August Wilsons DIE KLAVIERSTUNDE der Fall, in dem es um ein altes Klavier geht, dem die Geschichte mehrerer Generationen innewohnt und das für die Hauptfigur von zentraler Bedeutung ist. Ich sage es noch einmal: Wenn du ein Diamanthalsband umlegst, es sich in Wirklichkeit aber nur um eine Glasimitation handelt, stattest du es durch die Art, wie du es ansiehst und behandelst, mit Wert aus. Und so empfindet es dann das Publikum.

Während der Filmarbeiten zu Steven Spielbergs Kult-Thriller DER WEISSE HAI versank der mechanische Hai nach jedem Take. Dessen ungeachtet mussten die Schauspieler ihn mit der gleichen Angst ausstatten, die sie verspüren würden, wenn es ein riesiger, menschenfressender Hai wäre. Wenn dir eine Requisite auf die Nerven geht, ist es schwierig, daran zu glauben, dass sie dich auffressen wird, aber du musst dich in diesem Fall genau davon überzeugen – ob durch Vorstellungskraft oder Personalisierung oder ein »Als-ob« –, sodass du auf sie reagieren kannst, als ob du wirklich Angst vor ihr hättest.

Aufgrund der heutigen Technologie beinhaltet das Schauspielern für die Leinwand oft, dass man eine blaue Leinwand mit einer Bedeutung ausstattet, als ob diese etwas sehr Konkretes sei, was dann erst später durch die Magie von Spezialeffekten hinzugefügt wird – wie z.B. ein Tornado in dem Film TWISTER. Helen Hunt, die eine Tornadoexpertin spielte, erzählte mir, dass sie Bilder heraufbeschwören musste, die sie in Angst und Schrecken versetzten, um den Tornado vor sich zu sehen, der in Wirklichkeit bei den Dreharbeiten nicht vorhanden war. In GLADIATOR wurde ein Großteil der Umgebung des Kolosseums und der Zuschauer im Nachhinein mithilfe von Technologie geschaffen; und dennoch mussten die Schauspieler, die die Gladiatoren spielten, ihre Szenen drehen, als ob sie wirklich an diesem Ort mit dieser Menschenmenge stattgefunden hätten. Wenn du in Filmen mitspielen willst, ist die Fähigkeit, einen Ort oder einen Gegenstand, der überhaupt nicht vorhanden ist, mit Bedeutung auszustatten, unerlässlich. Nimm dir dabei die Techniken, die wir in Kapitel 5 – Innere Bilderwelt – besprochen haben, zu Hilfe.

In meinem Unterricht verwende ich oft eine Szene aus ORPHEUS STEIGT HERAB von Tennessee Williams, um Schauspielern zu helfen, das Ausstatten eines Gegenstandes mit Bedeutung zu erlernen. Die männliche Hauptfigur des Stücks, Valentine Xavier, trägt immer eine Gitarre mit sich herum, die er als seine Lebensgefährtin bezeichnet. Er sagt zur Hauptdarstellerin: »Meine Lebensgefährtin! Sie wäscht mich rein, wie

Wasser, wenn etwas Unreines mich berührt hat ...«[58] Er erzählt ihr die Geschichte, die hinter den Autogrammen großer Musiker, die seine Gitarre signiert haben, steckt, und jedes einzelne scheint ein besonderer Teil seiner Familie zu sein. Immer wieder habe ich junge Schauspieler dabei beobachtet, wie sie diese Szene mitbrachten, ohne an der Geschichte gearbeitet zu haben, wie diese großen Musiker Vals Gitarre signiert haben. Es macht mich wütend, dass sie Williams' Arbeit missbrauchen, indem sie ihre Hausaufgaben nicht erledigt haben – und ich bin dann streng und schicke sie nach Hause, um sie nachzuholen.

Ich trage ihnen auf, sich gezielt vorzustellen, wie sie in einen Club gehen, um »Blind« Lemon Jefferson zu hören oder einen anderen großen Musiker der Vergangenheit oder der Gegenwart – einen Musiker, der sie begeistert und von dessen Art zu spielen sie bewegt und wie gelähmt sind, sodass sie zu weinen anfangen und dann hinter die Bühne gehen und ihn bitten, ihre Gitarre zu signieren. Wenn die Schauspieler die Szene wieder mitbringen, nachdem sie ihre Hausaufgaben gemacht haben, hat sich ihre Darstellung radikal verändert. Sobald sie die Gitarre und die Autogramme der großen Musiker, die Val getroffen hat, berühren, beginnt die ganze Szene vor Bedeutung zu glühen.

Lass mich dir eine lebensverändernde Erfahrung mitteilen, die ich mit einem innovativen Genie namens Jerome Robbins gemacht habe. Nichts, das ich jemals im Theater gesehen hatte, begeisterte oder bewegte mich mehr als die Inszenierung der West Side Story, bei der Robbins Regie geführt und die er choreografiert hatte. Einige Jahre später sang ich für sein neues Musical Anatevka vor. Bei meinem dritten Callback sagte Robbins zu mir: »Ich denke, mit Anatevka wird es nichts werden, aber ich hätte dich gerne bei meiner Broadway-Wiederaufnahme von West Side Story dabei.« Er besetzte mich als Big Deal aus der Straßenbande der Jets. Eines Tages kam Robbins herein, um sich eine Durchlaufprobe anzuschauen und saß in der Mitte des Parketts des Winter-Garden-Theaters, von wo aus er uns beobachtete und sich Notizen machte. Wir waren verständlicherweise alle nervös. Als er nach Ende des Durchlaufs die Bühne betrat, sagte er, wie es nur ein Jerome Robbins sagen konnte: »Wenn ihr glaubt, dass die Scheiße, die ich gerade gesehen habe, nächste Woche im City Center Premiere hat, dann habt ihr wohl total den Verstand verloren!« Wir starrten ihn alle entsetzt und schweigend an. Dann sagte er: »Nun lasst uns an die Arbeit gehen und das in Ordnung bringen.«

Jerome Robbins lehrte uns die sinnlichen Realitäten der Straßenkinder,

---

58 Deutsch von Wolf Christian Schröder, Die Theaterreihe, Jussenhoven & Fischer Verlag, Bühnenmanuskript, S. 42

die in Wohnblocks lebten und noch nie auf dem Land gewesen waren. In der Traumballett-Sequenz von »Somewhere« werden die jungen Leute aufs Land katapultiert und tanzen vor Freude. Es gab einen bestimmten Tanzschritt, den wir wie ein Haufen Ensembletänzer in 42ND STREET ausgeführt hatten. Robbins erklärte uns leidenschaftlich, dass diese Teenager zum ersten Mal in ihrem Leben ihre Hacken in die weiche Erde rammten und dass sie, wenn sie ihr Bein zur Seite schwingen, die Erde riechen können, die ihre Hacken aufgelockert haben. Er fuhr fort, uns für jeden Schritt des Balletts diese Art von konkreten Bildern zu liefern. Letztendlich *tanzten* wir das Ballett nicht; die sensorischen Bilder, mit denen wir die Choreografie ausgestattet hatten, *veranlassten* uns dazu, die Bewegungen auszuführen. Am Premierenabend wurde die Show an dieser Stelle drei Minuten lang durch Applaus aufgehalten. Das ist ein Nervenkitzel, den ich bis zum heutigen Tag in meinem Körper fühlen kann.

In DIE TAGE DES WEINES UND DER ROSEN haben Joe und Kirsten ein kleines Mädchen, über das sie sprechen, das aber in dem Stück nicht auf der Bühne erscheint. In der letzten Szene, die ich zuvor erörtert habe, sagt Joe zu Kirsten, die er davor bewahren möchte, sich zu Tode zu trinken: »Es gibt ein kleines Mädchen, das glücklich wäre, wenn es morgen aufwacht und du ihr Frühstück machst.« Gestern Abend spielte ein Schauspieler in meinem Unterricht Joe und als er diesen Satz sagte, war seine Darstellung äußerst oberflächlich. Ich fragte ihn: »Hast du dir ein echtes kleines Mädchen geschaffen, das mitten in der Nacht aufwacht und nach der Mutter schreit, die niemals kommt?« Das kommt im Stück nicht vor, aber es *existiert*; du kannst nicht sagen: »Es gibt ein kleines Mädchen, das glücklich wäre, wenn es morgen aufwacht und du ihr Frühstück machst«, wenn du es dir nicht in deiner Vorstellung geschaffen hast. Da der Schauspieler diese Arbeit nie zuvor verrichtet hatte, war seine Darstellung so oberflächlich.

Als Schauspieler musst du das kleine Mädchen mit der Art von emotionaler Bedeutung ausstatten, die ein Kind in den Augen liebender Eltern hat. Du musst dir sagen: »Ich muss mir das Mädchen auf eine solche Weise bauen, dass es eine bestimmte Stimme hat, dass es auf eine bestimmte Art nach seiner Mutter weint und dass es sich an mich klammert, wenn es in großer Einsamkeit aus einem Albtraum erwacht, weil es seine Mutter vermisst.« Dann wird es ein kleines Mädchen mit einer Hintergrundgeschichte sein, das dich auf emotionaler und verhaltensmäßiger Ebene berührt; mit anderen Worten: Es wird, wenn du von ihm sprichst, *lebendig*.

Ich möchte dir ein Beispiel dafür geben, wie man gleichzeitig eine Person und ein Ereignis mit Bedeutung ausstattet. Ich habe mit einem jungen Schauspieler an der Rolle des Chris aus Arthur Millers ALLE MEINE

Söhne gearbeitet. Chris hat eine wichtige Szene mit Ann, der Verlobten seines verstorbenen Bruders. Chris liebt Ann; aufgrund der Gräueltaten, die er im Zweiten Weltkrieg gesehen hat, und weil sie die Verlobte seines Bruders gewesen ist, der gefallen ist, fühlt er sich aber zu schuldig, um sich irgendein Vergnügen mit ihr zu erlauben. Chris erinnert Ann daran, dass er den größten Teil der Kompanie, die er während des Krieges geleitet hatte, verloren hat. Er erzählt ihr die Geschichte eines jungen Soldaten, der ihm kurz vor seinem Tod sein letztes Paar trockener Socken gab. Er versucht ihr gegenüber zum Ausdruck zu bringen, wie selbstlos seine Männer gewesen sind, wie mutig sie ihn und sich gegenseitig beschützt haben und dass sie abgeschlachtet wurden, eben weil sie sich gegenseitig beschützten, anstatt ihre eigene Haut zu retten.

Falls du Chris spielst, musst du als Hausaufgabe diese Kolonne konkret erschaffen, vor allem, wenn du über sie sprichst – und mit konkret meine ich, dass du deine besten Freunde oder die Jungs aus deinem Schulbasketball-Team für diese Kolonne verwenden kannst. Oder du erinnerst dich an die Männer in dem Film Platoon oder an irgendwelche anderen Leute, denen du Gesichter und Persönlichkeiten und schlagende Herzen verpasst. Du musst auch den einzelnen Soldaten und die Gelegenheit, bei der er dir sein letztes Paar trockener Socken gab, kreieren: Wie kalt, regnerisch und matschig es an dem Tag war, wie er dein Zelt betrat, um dir dieses Geschenk zu machen. Wenn du dir diesen exakten Tag und den Soldaten nicht in deiner Vorstellung erschaffst, wird die Szene keine emotionale Bedeutung erhalten; die Zuschauer werden das Blut und den Tod, den Chris miterleben muss, nicht spüren. Das Publikum sollte für das Anschauen von Alle meine Söhne einen Preis zahlen, und wenn das nicht passiert, dann haben wir als Schauspieler in unserer Arbeit versagt.

In Mike Leighs Film Lügen und Geheimnisse gibt es eine großartige Szene, in der Hortense Cumberbatch (Marianne Jean-Baptiste), eine schwarze Frau, zu Cynthia Rose Purley (Brenda Blethyn), einer Weißen, sagt: »Du bist meine Mutter, ich habe am Telefon mit dir gesprochen.« Und Cynthia sagt: »Das warst du ... Nein, nein, Liebling, du hast die falsche Nummer gewählt ...« Die komplette Leinwand ist von ihren Gesichtern ausgefüllt und die Szene dauert ungefähr 5 Minuten – was im Film eine Ewigkeit ist –, ohne dass die Kamera sich jemals von ihnen fortbewegt. Nachdem die weiße Frau vehement verleugnet hat, dass sie die Mutter eines schwarzen Kindes sein könne, siehst du, wie sie an ihre sexuelle Vergangenheit zurückdenkt. Es gibt einen Moment, in dem du siehst, wie sie sich tatsächlich an die Nacht erinnert, in der sie mit einem Schwarzen im Bett war. (Im Film wird deutlich, dass das Baby der Mutter sofort nach der Geburt weggenommen wurde.) Es handelt sich hier um ein mit Bedeutung ausgestattetes Ereignis, eine Hintergrundgeschichte, die sie verdrängt hatte und der Bedeutung verliehen wurde. Es ist ein so ausgezeichneter Moment, weil du wortwörtlich genau den Augenblick *sehen* kannst, in dem sie sich an ihren schwarzen Lover erinnert und siehst, wie erschrocken sie ist. Brenda Blethyn besaß für diese Erinnerung ein Bild, das so konkret war, dass du ihr fast ins Gehirn hineinschauen konntest, als es sie überraschte; das kann man nicht vortäuschen. Wie sie das gemacht hat? Vielleicht hat sie gedacht: *Nun, mit wie vielen Männern habe ich Sex gehabt? Da war er und da war er und da war er. Sie waren alle weiß. Und dann war da ...* Und dann wird es ihr klar. Du siehst, wie sich das in ihren Augen und ihrem Gesicht abspielt und du siehst, wie sie dieses Ereignis bis zu diesem Moment hin verdrängt hatte.

Ich würde gerne mit einer Geschichte über die Schauspielerin Laurette Taylor enden, die, wie ich erwähnte, Uta Hagen, Geraldine Page und viele andere Schauspielerinnen und Schauspieler mit ihrer Darbietung als Amanda in DIE GLASMENAERIE inspirierte. Während einer Phase, in der ihre Karriere brach lag, spielte Taylor in einer Sommertheater-Inszenierung von Shaws CANDIDA. EIN MYSTERIUM IN DREI AKTEN, einem Stück über eine Frau, die von ihrem Ehemann, einem Pastor, gebraucht werden möchte und ihn durch eine Tändelei mit einem jungen Dichter eifersüchtig macht. Wie erzählt wird, waren die Schauspieler, die den Ehemann und den Möchtegern-Liebhaber spielten, absolut grauenhaft, und dennoch wurde Laurette Taylors Darbietung nicht nur von den Kritikern, sondern von allen, die sie sahen, als strahlend beschrieben.

Als einer ihrer Freunde hinter die Bühne kam und fragte: »Wie schaffst du es, in Zusammenarbeit mit Schauspielern, die derart schlecht sind, so gut zu sein?«, antwortete Laurette Taylor: »Oh, ich glaube, dass sie großartig sind. Sie haben nur Probleme damit, es zu zeigen. Und jeden Abend gehe ich auf die Bühne, um sie zu unterstützen und ihnen die Energie zu geben, großartig zu sein.« Mit anderen Worten, sie *stattete* sie mit Talent *aus*, welches sie in Wirklichkeit nicht hatten, aber sie glaubte daran und *benötigte* den Glauben daran, um ihre eigene Rolle erfolgreich zu spielen. Diese Entscheidung war sehr richtig für das Theaterstück, weil die Schauspielerin sah, wie sehr diese Schauspieler sie brauchten; dies spiegelte genau die Weise wider, auf die ihre Figur in CANDIDA gebraucht werden möchte. Anstatt sich darüber zu beschweren, mit schwächeren Schauspielern arbeiten zu müssen, verlieh sie diesen großes Talent und Liebe und spielte das. Das ist der Grund, warum wir bis zum heutigen Tag noch immer von Laurette Taylor sprechen.

16. Der Moment davor: Lass die Szene lebendig beginnen

In diesem kurzen Kapitel möchte ich mich auf ein Thema konzentrieren, das ich schon berührt habe, ohne es zu benennen: *Der Moment davor* – die Zeit, die deinem Auftritt unmittelbar vorangeht. Ich habe davon im Zusammenhang mit Janet McTeers Auftritt als Nora aus dem kalten norwegischen Winter in NORA ODER EIN PUPPENHEIM gesprochen und in Zusammenhang mit den Auftritten aller Figuren, die in BARFUSS IM PARK die fünf Stufen hinauflaufen. Das Erzeugen von Verhaltensweisen, die auf einem vorangehenden Moment basieren, bringt dich dazu, dich intensiver mit deiner Figur zu beschäftigen, und es bezieht das Publikum ein. Sie nehmen Anteil, weil du sie glauben lässt, dass du jenseits der Bühne ein vollständiges Leben lebst. Deshalb wäre es ein Fehler, nicht auch das zu kreieren, was direkt vor deinem Auftritt – sei es auf der Bühne oder im Film – passiert.

Das Bühnenbild für Eugene O'Neills Stück über verlorene Seelen, DER EISMANN KOMMT, enthält eine Bar. In der Broadwayinszenierung von 1999 mit Kevin Spacey in der Hauptrolle betrat jede Figur die Bühne, indem sie unter ihrem eigenen, besonderen Kater litt. Wenn du durch und durch Alkoholiker bist, ist der nächste Drink das Einzige, was zählt. Jeder Alkoholiker besitzt eine gewisse Toleranzgrenze für Spirituosen, aber an einem bestimmten Zeitpunkt muss er sich entweder schlafen legen oder er verliert das Bewusstsein. Wenn du einen der Gäste in DER EISMANN KOMMT spielst, dann ist *der Moment davor* jener Augenblick vor Betreten der Bar. Solltest du im oberen Stockwerk einer Absteige untergekommen sein, weißt du, wie nah du jeden Morgen einem ersten Drink bist. Weil der Blutzuckergehalt beim Einschlafen hoch war, braucht dein Körper den Alkohol; nun, da du aufgewacht bist, zittert dein Körper – weil du stundenlang keinen Drink hattest, ist dein Blutzuckerspiegel gesunken.

Wenn man mit dieser Art Kater aufwacht, gehen damit konkrete körperliche Empfindungen einher. Dir ist schlecht, der Kopf schmerzt, der Mund ist knochentrocken und möglicherweise hast du dein Bett verunreinigt. Eine Treppe oder einen Korridor hinunterzugehen, um zu dieser Bar zu gelangen, ist der längste Weg deines Lebens. Der Körper schreit *Gib mir den Drink und gib ihn mir jetzt!* Du wirst dich auf eine ganz bestimmte Weise vom Bett zu dieser Bar begeben, abhängig von deinem

Alter, der Schwere deines Katers und von den physischen Hindernissen, die die konkrete Beschaffenheit deines Katers dir in den Weg stellt.

Jede Figur, die in DER EISMANN KOMMT die Bar betritt, entspringt dieser Art von »Moment davor« – dem Moment, bevor sie jeweils ihren ersten, nötigen Drink bekommen. Einigen der Figuren ist es egal, dass sie im verkaterten Zustand gesehen werden, andere verstecken diese Tatsache und versuchen vorzugeben, dass sie sich in einem Zustand von Nüchternheit befinden; aber die körperlichen, mit der Sinneswahrnehmung verbundenen Hindernisse existieren – selbst wenn du versuchst, sie zu verstecken. – Beispielsweise könnten deine Hände zittern, aber du täuschst vor, heiterer Laune zu sein und einen klaren Kopf zu besitzen. Um als eine dieser Figuren mit wackeligen Beinen und fehlendem Gleichgewichtssinn hereinzukommen, wird dich vielleicht die Vorstellung von Kieselsteinen in deinen Schuhen dazu veranlassen, dich so vorsichtig vorwärts zu bewegen, wie es ein Mensch mit Kater tun würde. Als Alfred Lunt die Hauptrolle in Friedrich Dürrenmatts Stück DER BESUCH DER ALTEN DAME spielte, verwendete er wirklich Kieselsteine in seinen Schuhen, um sich auf der Flucht vor dem Mob, der darauf abzielte, ihn zu töten, das Gefühl von Ungleichgewicht und Schrecken zu verleihen.

Wie sehr du diesen ersten Drink in DER EISMANN KOMMT brauchst, wird davon beeinflusst, wieviel Schmerz und Unbehagen du empfindest, und davon, wie sehr dieser erste Schnaps helfen wird, deinen Schmerz zu lindern. Im Leben sind wir immer auf unserem Weg *von* irgendwoher *nach* irgendwo anders hin, um etwas zu bewerkstelligen. Das ist der Grund dafür, dass der »Moment davor« so wichtig ist, wenn du eine Szene betrittst: Ohne genau zu wissen, wie der Moment vor dem Auftritt aussah und ohne diese Erfahrung in deine Darstellung einzubringen, wird es deiner Darstellung an Tiefe und Wahrhaftigkeit fehlen. Wir besitzen eine konkrete Perspektive, die auf unserem »Moment davor« basiert.

Lass uns Nina in DIE MÖWE betrachten. Bei Ninas erstem Auftritt muss sie, um bei Treplews Stück dabei sein zu können, von dem Anwesen ihrer Eltern herüberrennen. Sie ist verängstigt und aufgeregt. Später im Text finden wir heraus, dass sie sich nach einem schrecklichen Streit mit ihren Eltern aus dem Haus geschlichen hat. Diese missbilligen, dass sie sich mit Künstlern abgibt. Vielleicht ist sie verzweifelt durch den Wald gerannt, um sicherzugehen, dass sie es pünktlich zur Aufführung schafft. (Eine der ersten Worte, die sie nach ihrem Auftritt sagt, lauten: »Ich habe mich nicht verspätet. Bitte, ich hab mich nicht verspätet …«[59]) Vielleicht ist sie gestolpert und hingefallen und hat Dreck im Gesicht und Blätter

59 Deutsch von Heiner Müller, Suhrkamp Verlag, S. 299

im Haar, und während sie hereinkommt, ist sie dabei, diese abzuschütteln und Atem zu schöpfen. Es geht hier nicht darum, pingelig und übertrieben fleißig zu sein; es geht um die Spezifität des einzelnen Lebens, mit dem die Figur das Stück betritt. Warum dies für Nina ein hilfreicher »Moment davor« ist? Weil Nina ihre Familie abschütteln will, sie will sie wegwischen und ein neues, glamouröses Leben beginnen. Diese Verhaltensweise ist in der Psychologie der Figur und den gegebenen Umständen begründet. Obwohl das Publikum dies nicht bewusst wahrnimmt, wird Ninas Gefühl, gerade aus einem Gefängnis ausgebrochen zu sein, durch die Art ihres Auftritts näher beleuchtet.

Wenn der Text nichts vorschreibt oder dir keine Hinweise auf einen »Moment davor« gibt, kannst du auf kreative Weise Spaß daran haben, dir deinen eigenen auszudenken. In Uta Hagens Buch »A Challenge For The Actor«* plädiert sie sehr überzeugend dafür, als Vorbereitung die Emotion zu schüren, die genau gegensätzlich zu der Emotion ist, die du für den Beginn der Szene benötigst. Wenn du z. B. hereinkommst und einen toten Körper entdeckst, könntest du deinen »Moment davor« so gestalten, als kämest du gerade an einem schönen Frühlingstag von einem netten Spaziergang im Park zurück; du könntest sogar mit einer Eiswaffel in der Hand auftreten. Unter diesen Umständen würde dich die Entdeckung des toten Körpers auf jeden Fall schockieren, weil es das Letzte wäre, das du erwarten würdest vorzufinden.

Manchmal gibt dir ein Skript viele Hinweise auf deinen »Moment davor«, wie in Lanford Wilsons VERBRENN DAS. Als erstes hört man von Pale, wie er jemandem Obszönitäten an den Kopf wirft, dann, wie er verzweifelt Annies Namen vor der Tür ihres Lofts ruft. Er kommt mit einer bandagierten Hand herein, redet nonstop und kündigt später an, dass er ein paar Linien Koks gezogen hat und dass er »nichts spürt«. Wenn er zu der Verletzung seiner Hand befragt wird, erzählt er die Geschichte, wie er einem Mistkerl den Arsch aufreißen musste, weil ihm nicht das ihm zustehende Verständnis entgegengebracht wurde.

Wenn du Pale spielst, könntest du die Entscheidung treffen, dass du auf dem Weg zur Wohnung im Aufzug gekokst hast. Das ergibt Sinn, weil er in der Mitte der Szene sagt, er habe Koks genommen. Er ist offensichtlich überdreht. Natürlich könnte man das auf jede beliebige Weise rechtfertigen, aber es könnte eben sehr gut sein, dass er gerade Drogen genommen hat. Dies zu spielen, verleiht dir die nötige Schärfe für deinen Auftritt. Angesichts der Tatsache, dass er von der Frau, die er gleich besuchen wird, eingeschüchtert ist und sich zugleich zu ihr hingezogen fühlt – zu der Tanzpartnerin seines toten Bruders –, könnte er sicherlich die Notwendigkeit verspürt haben, vor seinem Eintreten Drogen zu nehmen.

Wir wissen nicht, wen er vor der Tür angeschrien hat, aber wenn du Pale spielst, dann musst *du* es wissen. Der Autor hilft dir enorm dabei, indem er dir vor der Tür einen Streit vorgibt, den das Publikum in der Tat hören kann. Ich habe in dem Kapitel über emotionale Auslöser erwähnt, dass Pale wutentbrannt hereinkommen *muss* und dass du dem nicht ausweichen kannst. Alle Entscheidungen, die du für Pale über deinen »Moment davor« triffst, müssen diese Wut speisen.

Hier ist eines meiner Lieblingsbeispiele, um zu illustrieren, welche Bedeutung Entscheidungen für die Schauspielerei haben und wie das Verwenden von konkreter sensorischer Arbeit für einen »Moment davor« eine Szene tosend zum Leben erwecken kann. In zwei verschiedenen Inszenierungen von Tschechows DREI SCHWESTERN spielten Kim Stanley und eine andere begabte Schauspielerin Mascha. Ich werde mein Hauptaugenmerk auf die romantische und sinnliche Szene zwischen den unglücklich Verliebten Mascha und Werschinin richten, die, gerade von einer Kutschfahrt im Schnee kommend, ein Wohnzimmer betreten.

Als Mascha in der ersten Inszenierung das Wohnzimmer betrat, war der Schal um Kim Stanleys Kopf klamm vom Schnee, genauso wie der Teil ihres Haares, der nicht von dem Schal bedeckt war. Sie betrat die Szene voller Lebensfreude, guter Laune und Aufregung und ging zur Feuerstelle hinüber, um sich aufzuwärmen und ihre Haare zu trocknen. Sie befand sich in extremer Alarmbereitschaft. Während sie mit Kevin McCarthy als Werschinin sprach, faltete sie den Schal und hängte ihn zum Trocknen über das Gitter. Sie strich sich mit der Hand die Haare aus dem Nacken und wanderte dabei umher, um die Wärme des Feuers zu erhaschen. Ihr ganzer Körper schien zu flirten, schien »heiß« zu sein, sich aufzuheizen und schließlich wortwörtlich zu kochen. Die Szene ist auf dem Papier schon großartig, aber die Schauspielerin machte sie noch großartiger: Wie sie die Hitze des Feuers und die Nässe ihres Haares und Schals sehr konkret verwendete und so die Aufmerksamkeit auf ihren Nacken und ihre Brüste lenkte, während sie sich umherbewegte, war so lebendig und sexy, dass man sie am liebsten gleich selbst auf dem Boden vernaschen wollte.

Die andere Schauspielerin, die in ihrem Leben ebenfalls viel gute Arbeit abgeliefert hat, war bei ihrem Auftritt als Mascha in eine prachtvolle russische Wintertracht gehüllt, mit einem Pelz bedeckt – und sah recht glamourös aus. Doch die Szene wurde nicht auf die packende Weise lebendig, wie sie es verlangte. Sie war nicht erotisch oder romantisch, leidenschaftlich, sehnsüchtig oder gar lustig, all das, was man von Kim Stanleys und Kevin McCarthys Szene sagen konnte – weil diese ihren »Moment davor« so konkret erschaffen hatten. Aus Kälte und Schnee in dieses warme, einladende Wohnzimmer zu treten, löste ihr körperliches

Verlangen füreinander und ihre Sehnsucht nach Nähe aus. Sie benutzten den »Moment davor«, um den aktuellen Augenblick sinnlich zum Leben zu erwecken. Scheinbar schenkte Stanley ihrem Haar und Nacken ihre Aufmerksamkeit um ihres eigenen Wohlbefindens willen; in Wirklichkeit jedoch wollte sie den Mann, in den sie verliebt war, liebestoll machen. Das war menschlich, höchst privat und folglich allgemeingültig.

In der anderen Inszenierung von DREI SCHWESTERN schien die Schauspielerin von nirgendwo anders als aus den Kulissen zu kommen. Es gab keinen »Moment davor«. Es gab Kostüme, um das kalte Wetter draußen anzudeuten, aber die Schauspieler hatten diese nicht konkretisiert. Dieser Unterschied ließ die Spannung der Szene abfallen. Um dem Stück dabei zu helfen, lebendig zu werden, musst du vor deinem Auftritt die sensorische Arbeit leisten und die Kutschfahrt gründlich untersuchen. Das ist Teil deiner Arbeit, der Arbeit eines Schauspielers. Tschechow hat seinen Teil getan, und ich glaube, wir sind uns darüber einig, dass er das sehr gut gemacht hat. Aber seine Worte zu lesen kann dein Herz nicht auf dieselbe Weise zum Schlagen bringen, wie Kim Stanley und Kevin McCarthy es in Lee Strasbergs Inszenierung von DREI SCHWESTERN vollbracht haben. Weil das Herzstück der Szene dadurch verstärkt wird, wie McCarthy Stanleys kokettes Verhalten beobachtet, und dadurch, wie dies ihre wilde Leidenschaft entfacht. Stanley tat das nicht, um mit dem Publikum zu flirten. Ihr sinnliches Verhalten war direkt mit ihrer Absicht verbunden – ihn mit ihrer Leidenschaft in den Wahnsinn zu treiben – und mit ihrer Handlung, sich nach der kalten, feuchten Kutschfahrt aufzuwärmen. Worte sind sehr mächtig, aber sie sind noch mächtiger, werden sie durch die Sinne verstärkt. Wenn die Figuren von einer Kutschfahrt in einer kalten, schneereichen Nacht gekommen sind und die Schauspieler uns nicht glauben machen, dass sie genau dies getan haben, warum sollten wir irgendetwas anderes von dem, was sie in der Szene sagen und tun, glauben?

Und das ist wiederum meine Antwort auf David Mamets Anklage, sensorische Arbeit sei nutzlos. In den Händen der richtigen Schauspieler verstärkt die konkrete Praxis sensorischer Arbeit den Bedeutungsgehalt einer Szene und erweckt die Welt des Dramatikers auf der Bühne zum Leben. Ich kämpfe für einen intelligenten und engagierten Einsatz dieser Ideen; werden sie in geeigneter Weise benutzt und durch das Stück hindurch erkundet – nicht vom Text getrennt, sondern in Verbindung mit ihm –, dann können sie zur ungetrübten Wahrheit führen.

17. Von einem Augenblick zum nächsten: Im Prinzip ist alles Improvisation

Den Ausdruck »von einem Augenblick zum nächsten« hörte ich zum ersten Mal mit 19 Jahren, als ich Sanford Meisners Schauspielunterricht besuchte. Zu diesem Zeitpunkt hatte ich keine Ahnung davon, was der Ausdruck bedeutete oder wie ausschlaggebend er für gutes Schauspiel ist. *Von einem Augenblick zum nächsten* bedeutet, dass du keinen Moment versäumst, dass du so in der Szene, dem Monolog oder dem Zwiegespräch mit dir selbst präsent bist, dass du niemals einen wahrhaftigen Impuls in dir verfehlst. Es bedeutet, dass du, wenn du mit einem Partner spielst, so mit ihm verbunden, so fokussiert darauf bist, ihn anzusehen und ihm zuzuhören, dass du niemals eine Reaktion verpasst. Wenn du von einem Augenblick zum nächsten spielst, befindest du dich emotional im *Hier und Jetzt*; du verlierst dich niemals in deinen eigenen Gedanken, anstatt dem anderen Schauspieler zuzuhören; du wirst nicht befangen sein und anfangen darüber nachzudenken, wie du beim Publikum ankommst oder ob du das, was du geplant hattest, ausführst. »Von einem Augenblick zum nächsten« bedeutet *Erforschung*; es geht darum, eine gefällte Entscheidung in der Darstellung zu *untersuchen*, nicht nur einfach darum, sie vom Probenprozess zu wiederholen; von einem Augenblick zum nächsten zu arbeiten erlaubt dir, die Szene jedes Mal frisch, wie beim erste Mal, zu entdecken. Von einem Augenblick zum nächsten bedeutet, im *Hier und Jetzt* für sich selbst und für die andere Person lebendig zu sein.

Das widerspricht nicht der Idee, vollständige und anschauliche Arbeit zu Hause zu verrichten, am Text und an deiner Figur, es ist ein Zusatz zu der Technik und den Werkzeugen, die ich dir bereits gegeben habe.

Deine Hausaufgaben liefern dir eine Grundlage für deine Arbeit »von einem Augenblick zum nächsten«. Wenn du die Textanalyse beendet, eine Hintergrundgeschichte für deine Figur geschaffen und auf ihren Bedürfnissen basierende aktive Absichten ausgewählt hast, dann verwendest du in deiner Darstellung die Technik »von einem Augenblick zum nächsten«, die dich auf der Bühne oder während der Dreharbeiten zu einem Film lebendig hält. Wenn du deine Hausaufgaben gründlich gemacht hast, werden die Impulse, die du während deiner Darstellung von einem Augenblick zum nächsten verspürst, immer deiner Figur entsprechen und mit der Geschichte im Einklang sein.

Diese spezielle Eigenschaft der Technik »von einem Augenblick zum nächsten« war es, die Uta Hagen dazu veranlasste, über Laurette Taylor in ihrer Darstellung der Amanda in DIE GLASMENAGERIE zu sagen, dass sie sie nicht beim Schauspielern ertappen konnte. Oder, wie es David Craig, einer der bedeutendsten Lehrer im Musicalbereich, zum Thema Liedgesang ausdrückte: »Lieder finden nicht im Hier und Jetzt statt, sie finden im *Hier und Jetzt* des Hier und Jetzt statt.« Großartiges Schauspiel »von einem Augenblick zum nächsten« findet im *Hier und Jetzt* des Hier und Jetzt statt und es ist diese hyper-fokussierte Energie, welche die Zuschauer glauben macht, dass alles möglich sei.

Um von einem Augenblick zum nächsten zu arbeiten, musst du für deine eigenen Impulse empfänglich sein – sowie dafür, was die andere Person dir gibt. Das bedeutet, ohne innere kritische Stimme und ganz offen zu sein. Gute Schauspieler sagen: »Ich bin für alles offen – wirf mir einfach den Tennisball zu und lass uns loslegen.« Ich rate Schauspielern tatsächlich, sich Tennis anzuschauen, weil das eine der konkretesten, sich im Moment abspielenden Sportarten ist. Die andere Person schlägt einem den Ball zu und man muss sich augenblicklich entscheiden, wie man den Ball zurückschlagen wird. Man weiß nicht, was auf einen zukommt; man muss im Moment sein und wie ein Adler aufpassen oder man wird den richtigen Augenblick verpassen. Tennisspieler sind in dem, was sie tun, so trainiert und so im Augenblick präsent, dass diese Entscheidung intuitiv passiert. Wenn du dir Tennis anschaust, wirst du Schauspiel »von einem Augenblick zum nächsten« verstehen.

Einer der Schlüssel dazu, in der Schauspielerei richtig »Tennis« zu spielen, ist das Zuhören. Ich wiederhole in meinem Unterricht oft ein Zitat von Geraldine Page: »Wenn wir einander auf der Bühne nur zuhören könnten – wie es die Tiere im Wald tun, wenn ihr Leben davon abhängt.« Der Idee, die dir der andere Schauspieler sendet, wahrhaftig zuzuhören und dabei auf die Nuancen der Botschaft zu achten, erzeugt deine Darstellung; deshalb musst du jedes Mal, wenn du spielst, zuhören, als sei es das erste Mal. Ich muss wirklich daran glauben, dass ich das niemals zuvor gehört habe, und ich muss untersuchen, verstehen und herausfinden, was es mit mir macht. Dann und nur dann werde ich meinen nächsten Moment in der Szene entdecken können. Wie können wir im Leben wissen, was zu sagen und wie es zu sagen ist, wenn wir dem, was zu uns gesagt worden ist, nicht wirklich zugehört haben? Wir alle kennen Menschen, denen es unglaublich schwerfällt, zuzuhören, und normalerweise kommen uns diese ziemlich dumm vor.

Wenn du während einer Aufführung die Konzentration verlierst, kann dich das wirkliche Zuhören zurückholen und erden. Im Film kann dir gutes Zuhören ebenfalls nützen, da es passieren kann, dass der Cutter dich einer anderen, redenden Person vorzieht, weil es viel interessanter ist, dir beim Zuhören zuzuschauen als der anderen Person beim Reden.

Am wichtigsten ist jedoch: Das Zuhören sorgt dafür, dass du beteiligt bist, du die Idee der anderen Person aufgreifst und darauf reagierst, weil du sie verstanden hast. Ob im Film oder auf der Bühne, wirklich zuzuhören und von dem, was du hörst, beeinflusst zu werden, treibt dich voran zu all deinen nächsten Momenten und trägt dazu bei, deine Figur nach und nach zu entdecken, wie eine Zwiebel, die Schicht um Schicht geschält wird.

In Strindbergs Einakter DIE STÄRKERE geht es um zwei Frauen, die um die Liebe eines Mannes wetteifern. Die Ehefrau des Mannes redet für ungefähr 25 Minuten ununterbrochen, während die Geliebte das gesamte Stück über schweigt. Strindbergs Titel ist in Wirklichkeit eine Frage: Wer ist die Stärkere? Die Frau, die redet und ihr Herz ausschütten muss, oder diejenige, die zuhört und stumme Entscheidungen fällt, die sie niemals ausspricht?

Bei Theaterstücken und Filmen handelt es sich um eine gehobene Realität; es geht darin um Krisenzeiten im Leben von Menschen. Deshalb hören die Figuren einander zu: Weil sie Informationen erhalten müssen, selbst wenn sie die andere Figur missverstehen – was oft der Fall ist. Selbst wenn eine Figur nicht zuhört oder nur halb zuhört, muss der Schauspieler wissen, warum sie nicht zuhört und worauf sich ihre Aufmerksamkeit stattdessen richtet. Und beim Zuhören zu versagen stellt für die andere Figur immer eine Provokation dar. Wie die Go-Go-Tänzerin Chrissy in David Rabes IN THE BOOM BOOM ROOM* zu ihrem Liebhaber Al sagt, von dem sie das Gefühl hat, dass er ihr nicht zuhört: »Du hörst mir jetzt mal zu, was ich zu sagen habe, weil ich sehr verspannt bin, weil ich mir nämlich Sorgen um mein Leben mache.« In der gleichen Szene fragt sie mehrmals: »Hörst du mich? Hörst du mir zu?« Dasselbe erklärt sie ihren Eltern. Sie versucht verzweifelt, gehört zu werden und tut (auf selbstzerstörerische Weise) alles dafür, die Menschen um sich herum zum Zuhören zu *zwingen*.

Im Alter von 19 hatte ich solche Angst vor mir selbst, dass ich in der Arbeit an einer Szene selten dazu fähig war, meine Aufmerksamkeit auf jemand anderen zu richten. So sehr ich auch gehört werden wollte, war es sehr schwierig für mich, wirklich zuzuhören. Ich war so damit beschäftigt, den Gedanken, die in meinem eigenen Kopf ratterten, zuzuhören und auf mein Stichwort zu warten, dass mein Schauspiel das totale Gegenteil von einer Technik des »von einem Augenblick zum nächsten« war – ich agierte mehr nach dem Motto »Augenblick minus Augenblick«; ich war nicht präsent genug, um wirklich durch das Verhalten einer anderen Person beeinflusst zu werden. Und selbst wenn sie zuhörten, war es schwierig für andere Menschen, mich zu verstehen, weil ich so schnell redete, als ob ich mir Aufputschmittel spritzen würde. Meisner fiel das auf, als ich bei ihm studierte.

Er erfand die Wiederholungs-Übung, um Schauspielanfängern zu helfen, ihre Hemmungen zu verlieren und anzufangen, außerhalb ihrer selbst zu schauen und ihre Spontaneität zu finden. Ein wesentlicher Bestandteil des Schauspielens ist das Reagieren; diese Übung bietet dir – wenn sie richtig gelehrt wird – die Möglichkeit, eine echte, spontane Reaktion zu erfahren.

■ Übung: Die Wiederholung

Zwei Leute sitzen sich auf zwei Stühlen gegenüber und beobachten sich gegenseitig. Einer von beiden wird den Dialog beginnen, indem er laut ausspricht, was ihm an der anderen Person *auffällt*. Z. B.: »Du ziehst deine Stirn kraus.« Oder: »Deine Lippen sind angespannt.« Bei der Beobachtung muss es sich um eine objektive Tatsache handeln – nicht um etwas, das man über die andere Person denkt oder auf sie projiziert: »Du schwitzt« im Gegensatz zu: »Du bist nervös«. Der andere Schauspieler wird die Beobachtung anerkennen, indem er sie wiederholt. Wenn du gesagt hast: »Du ziehst deine Stirn kraus«, dann wiederholt er: »Ich ziehe meine Stirn kraus.« Du wiederum würdest dann wiederholen: »Du ziehst deine Stirn kraus.« Wenn der andere zum zweiten Mal wiederholt: »Ich ziehe meine Stirn kraus«, nimmst du zur Kenntnis, ob es in der Art und Weise, wie er es sagt, subtile Veränderungen gibt; wenn etwas in seinem Verhalten deine Aufmerksamkeit erweckt oder umgedreht, dann bringt derjenige einen neuen Satz, der dieses Verhalten beschreibt, in den Dialog ein.

Wenn z. B. die andere Person sagt: »Ich ziehe meine Stirn kraus« und dich die Sinnlosigkeit der Tatsache, dass ihr gegenseitig diesen Satz wiederholt, zum Lachen bringt, dann könnte die andere Person dies wahrnehmen und sagen: »Du lachst.« Und du würdest von Herzen bekräftigen: »Ich lache.« Bei dieser Übung können interessante Dinge passieren: Gleich nachdem du gesagt hast: »Ich lache« kann es sein, dass du zu weinen beginnst. Dann würde die andere Person sagen: »Du weinst.« Und dann bricht sie gegebenenfalls ebenso in Tränen aus.

Wenn du offen und aufmerksam bleibst, entwickelst du ein außerordentliches Bewusstsein für deine subjektive Reaktion auf die Person, die dir gegenüber sitzt. Du könntest dich zu ihr hingezogen fühlen, sie nicht mögen, du könntest denken, dass sie ein ausgezeichneter oder ein furchtbarer Schauspieler ist. Die Disziplin bei dieser Übung besteht darin, niemals einen verbalen Kommentar über deine subjektiven Urteile abzugeben, sondern ausschließlich zu dem Stellung zu nehmen, was du tatsächlich vor Augen hast. Wenn du dich selbst in Ruhe lässt und nicht versuchst, deine Gefühle zu manipulieren oder zu zensieren, dann wird deine emotionale Reaktion der anderen Person gegenüber oder deren Reaktion dir gegenüber ohnehin mit dem, was du sagst, zum Vorschein kommen – und es wird authentisch sein. Mit anderen Worten: Wie du zu dem stehst, was dir sowohl an der anderen Person als auch an ihrem Verhalten auffällt, erzeugt die Realität des Augenblicks. Es geht bei dieser Übung darum, authentisch zu sein – was bedeutet, *nicht* zu schauspielern, sondern etwas im Augenblick zu entdecken.

Die Wiederholungs-Übung konfrontiert dich mit deiner Angst, die Kontrolle über deine Selbstdarstellung zu verlieren, wenn du im Augenblick wirklich lebendig bleibst. Solltest du dir im jeweiligen Augenblick deiner eigenen Impulse bewusst sein sowie dessen, was die andere Person dir gibt, könnte es sein, dass du wütend wirst, dass du mit deinem Satz herausplatzt; du könntest weinen oder ordinär werden; es könnte etwas passieren, das dich normalerweise in Verlegenheit bringt – aber all das ist für einen Schauspieler Gold wert! Selbst deine authentische Verlegenheit wird zu einem wichtigen und interessanten Teil deiner Darbietung. Das sind die Momente, in denen der Zuschauer denkt: »Ja, so ist es wirklich im Leben. Ich habe diese Erfahrung selbst gemacht!«, oder: »Ich hoffe, dass ich diese Erfahrung niemals machen muss.«

Ich möchte etwas zum Thema Spontaneität in deiner Arbeit klarstellen. Erinnere dich an meine Aussage, dass bei gewissenhafter Erledigung deiner Hausaufgaben deine jeweiligen Impulse für die Figur und den Text funktionieren werden. Solltest du diese nicht sorgfältig machen, dann könnte es sehr gut sein, dass du Impulsen folgst, die die Szene buchstäblich versenken. Erinnerst du dich an den jungen Schauspieler, der Treplew in DIE MÖWE spielte und der Nina schlug? Das war aus dem Drang des Schauspielers heraus entstanden; nicht aus dem der Figur. Und der junge Schauspieler in GIFTIGER SCHNEE der den Küchentisch zerstörte? Die Figur, die er spielte, wollte die Vergebung seiner Frau erlangen, deshalb hätte er seine Wut zurückhalten müssen. Es ist, als ob diese Schauspieler Tennis spielen würden, ohne zu wissen, dass es ihre Absicht ist, den Ball über das Netz auf die andere Seite zu schlagen.

Stell dir vor, dass zwei Berufsboxer im Ring so wütend werden würden, dass sie anfingen, sich durch die Gänge der Arena nach draußen auf die Straße zu boxen und sich gegenseitig wie von Sinnen zu verprügeln. Ein Teil dessen, was einen professionellen Kampf so spannend macht, ist die Tatsache, dass die beiden sich innerhalb der Begrenzung des Kampfringes kontrollieren müssen – so, wie man sich beim Schauspiel »von einem Augenblick zum nächsten« im Rahmen der durch den Text vorgegebenen Umstände bewegt.

Ich bin sehr froh darüber, dass Meisner mein erster Lehrer war, weil seine Herangehensweise ein großartiger Start ist, das Handwerk zu erlernen. Bevor du zu einem Lehrer wie mir kommst, der sich intensiv mit Textanalyse, Struktur und Figuren beschäftigt, wäre es genau genommen klüger, dass du einen Kurs bei einem richtig guten Meisner-Lehrer belegst, die Bedeutung des »Im-Moment-Seins« erlernst und eine solide Basis schaffst für die Freiheit, Impulsen zu folgen. Beim Durchführen der Wiederholungs-Übung bist du keine Figur, du bist ganz einfach du selbst und musst dich nicht mit dem Thema Dialog auseinandersetzen, da einer von euch beiden ständig Dialog erzeugt.

Sobald du die Wiederholungs-Übung in einer Meisner-Klasse erlernt hast, führe die Übung mit einem Schauspielpartner zu Hause durch. Durch das einfache Erkunden »von einem Augenblick zum nächsten« geschieht etwas, das völlig organisch ist. Deshalb hat Meisner die Übung erfunden. Er wollte nicht, dass die Leute ihr Schauspiel »affektieren«– eine Attitüde an den Tag legen – *vorgeben*, verärgert zu sein, *vorgeben*, lustig zu sein; er wollte, dass die Arbeit aus echten Impulsen heraus im Hier und Jetzt entsteht. Traurigerweise habe ich gehört, wie sich etliche Schauspieler über die Wiederholungs-Übung lustig machen, weil sie »einfach« mit »einfältig« verwechseln. Ich sage es noch einmal: Ich bin der Meinung, dass diese Technik, wenn sie richtig gelehrt wird – und damit meine ich: Fokus und Konzentration darauf, dass die Schauspieler auf das Wahrgenommene aufrichtig reagieren –, ein hilfreicher und solider Anfang für lebenslanges, wahrheitsgetreues Schauspiel ist.

Eines Tages war Meisner im Unterricht so wütend auf mich, dass er etwas sehr Gemeines tat. Er stellte mich vor die ganze Klasse und tippte mir mit seinem Zeigefinger hart auf die Brust. Ich habe darauf reagiert, und er sagte: »Das nennt sich: ›von einem Augenblick zum nächsten!‹« Und er drängte mich bis ganz an die Wand zurück, bis ich anfing zu schluchzen. Er erniedrigte mich vor der versammelten Klasse, ich habe ihm diesen Sadismus niemals verziehen. Aber ich war immer dazu fähig, seine Neurosen von seiner brillanten Lehrtätigkeit zu trennen, und er hatte, auf seine eigene Art, versucht, mich dazu zu bringen, in meiner Realität »von einem Augenblick zum nächsten« wahrhaftig zu sein. Er nannte dies das *Kniff-Autsch*. Der Moment ist der Kniff, die Reaktion das Autsch: Kniff, Autsch, Kniff, Autsch; Aktion, Reaktion, Aktion, Reaktion.

Eines der größten Hindernisse im Spiel »von einem Augenblick zum nächsten« ist es, eine Vorstellung davon zu haben, wie man beim Publikum ankommt – ein Bild von sich selbst, das man projizieren will. Wenn du dich fragst: »*Was, wenn sie mich nicht mögen? Was, wenn sie denken, dass ich fett bin? Was, wenn ich doof aussehe, wenn ich das tue?*«, dann kannst du nicht im Moment existieren. Du steckst in einer von dir selbst vorgefertigten Meinung fest, die dir nicht erlaubt, dich auf kreative und neuartige Weise einzusetzen.

Ich hatte einmal einen angehenden Schauspieler in meiner Klasse, der kommerziell extrem vielversprechend war und den jeder Agent in New York unter Vertrag zu nehmen versuchte. Es handelte sich um einen ehemaligen Athleten; er strahlte einen gewissen Glamour aus und war jeden Tag dementsprechend gekleidet. Eines Tages bat ich ihn, im Unterricht in der Szene, die er spielte, eine körperliche Tätigkeit auszuführen. Sie bestand darin, ein unordentliches Zimmer aufzuräumen, aus einem Grund, der ihm wichtig war. Er sagte: »Ich kann keinen Grund dafür finden.« Und ich sagte: »Nun, es geht darum, dir beizubringen, wie man sich auf der Bühne auf eine authentische Art und Weise bewegt und sicherzustellen, dass du dich nicht im Posieren verfängst.« Als ich dies sagte, wurde er rot, fing an zu lachen und antwortete: »Ich posiere nicht und ich es gibt keinen Grund, aus dem ich ein Zimmer aufräumen würde.« Als ich ihn darauf aufmerksam machte, dass sein Gesicht rot sei, wurde er noch röter und sagte: »Ich habe keine Ahnung, wie mein Gesicht rot sein kann, wenn ich mich komplett wohlfühle« – was die Klasse zum Lachen brachte, weil sein rotes Gesicht offensichtlich war. Ich tat alles in meiner Macht Stehende, um ihm dabei zu helfen, menschlich und bescheiden im Augenblick zu existieren, anstatt damit fortzufahren, sich als eine Figur unendlicher Perfektion darzustellen. Für diesen Schauspieler war die Vorstellung, etwas zu spielen, das ihn blamieren oder ihn weniger als perfekt aussehen lassen könnte, erniedrigend; das auch nur auszuprobieren schien unmöglich. Es ist wohl überflüssig zu erwähnen, dass seine Karriere trotz all seiner Vorzüge und der buchstäblich an seine Türe klopfenden Branche zwar begann, aber auch schlagartig wieder beendet war. Stattdessen wurde aus ihm ein Banker. Das sagt wohl alles.

Für gute Schauspieler, die im Augenblick existieren, gibt es keine Fehler. Vorhin hatte ich beschrieben, wie Kim Stanley den Apfel, den ihr junger Liebhaber aus Versehen hatte fallen lassen, aufgehoben und sinnlich an der Stelle, von der er abgebissen hatte, geküsst hat. Ihre Tat war so erotisch und romantisch, dass sie das, was zu einem Desaster hätte werden können, in einen neuen Ausdruck von Erregung umwandelte. Darum geht es beim Prinzip »von einem Augenblick zum nächsten«: Du *bist* lebendig und deshalb verwandelt sich ein sogenannter Fehler in echtes menschliches Verhalten, auf das du und der andere Schauspieler begeistert reagieren könnt. Beim Filmschauspiel sind die Einstellungen so kurz, dass man den Blitzschlag nur einmal, ein einziges Mal, in einer Flasche einzufangen braucht. Deshalb ist es möglich, sogenannte Fehler, die eine Darstellung beleben, für immer zu verewigen. Ich kenne viele Schauspieler, die sagen: »Ich warte nur darauf, dass etwas Unvorhergesehenes geschieht, damit ich improvisieren und etwas Neues entdecken kann.«

Hier ist ein Beispiel dafür, was passieren kann, wenn du nicht »von einem Augenblick zum nächsten« spielst. Als Alec Baldwin, zusammen mit Jessica Lange als Blanche, Stanley Kowalski in ENDSTATION SEHNSUCHT spielte, setzte er dazu an, den Raum zu verlassen. Die Tür klemmte, und er konnte nicht abgehen. Letztendlich verließ er die Bühne durch die vierte Wand und das Publikum lachte, weil die vierte Wand als die Wand von Stanleys und Stellas Wohnung etabliert worden war. Baldwins nächster Auftritt erfolgte durch die klemmende Tür und diesmal trat er sie ein – unter begeistertem Beifall. Mutig sagte er später, dass er, wenn er sich wirklich »von einem Augenblick zum nächsten« in der Figur des Stanley befunden hätte, die Tür schon beim ersten Mal eingetreten hätte. Aber er war in seinen Kopf geraten und verließ die Bühne als Schauspieler, der sich mit einer nicht funktionierenden Tür konfrontiert sah und sich danach erst hatte einfallen lassen, was seine Figur wirklich tun würde. Bescheiden äußerte er, dass er von sich enttäuscht sei, weil er das Publikum um den Glauben an Stanley und dessen Geschichte gebracht habe.

Es gibt eine Anekdote über Jeremy Irons und Glenn Close in Tom Stoppards DAS EINZIG WAHRE am Broadway, einem Stück über den Horror der Ehe. Ich erzähle sie immer wieder gerne. In dieser Anekdote geht es um eine Samstagnachmittagsvorstellung, nachdem sie das Stück über den Zeitraum eines guten Jahres hinweg achtmal die Woche gespielt hatten. Irons sagte nach dem 1. Akt: »Es tut mir leid, ich bin einfach ausgelaugt und ich habe keinen Saft mehr übrig.« Und sie sagte: »Das bist nicht du, es liegt an mir. Ich bin tot. Ich habe keine Impulse mehr übrig. Lass uns, wenn wir zum 2. Akt zurückkommen, unsere gesamten Gänge ändern.« Und so betraten die beiden nach der Pause die Bühne und Irons sagte: »Versprich mir nur eins: dass du nichts tust, was du zuvor schon einmal getan hast.« Sie war einverstanden und ihre Darstellung schien förmlich zu explodieren, weil keiner der beiden wusste, wohin sich der andere auf der Bühne bewegen oder was er tun würde. Sie zwangen sich buchstäblich dazu, in den Zustand des »von einem Augenblick zum nächsten« zurückzukehren. Beide sind sehr mutige Schauspieler!

Meisner verwendete ein großartiges Bild für die Schauspielerei »von einem Augenblick zum nächsten«. Er sagte, dass es dem Stehen auf einem Drahtseil sehr ähnele; man muss sich die ganze Zeit konzentrieren und ausbalancieren, ansonsten fällt man herunter; man muss im Augenblick balancieren, kann nichts für selbstverständlich erachten. Es ist egal, was gestern Abend in der Vorstellung passiert ist – heute Abend gibt es eine vollständig neue Entdeckung. Und das meine ich ernst, selbst wenn du das Stück bereits dreihundert Mal gespielt hast. Um es mit Meisners Worten auszudrücken: Die Bühne ist nichts für Amateure. Ein Amateur würde niemals ein Drahtseil betreten und ohne Netz sein Leben riskieren, wie dass ein wirklicher Schauspieler macht – mit dem Wissen, dass er in jedem Moment fallen kann. Tatsächlich ist es aber wichtig, der Möglichkeit des Fallens gegenüber offen zu sein, weil der Schauspieler in gewisser Hinsicht ein Netz besitzt. Das Netz besteht darin, deine Hausaufgaben gemacht zu haben, den Text des Stückes zu spielen und von seinem Gegenüber Impulse abzunehmen. Stell dir nur für den Moment einen Drahtseiltänzer vor, hoch über dem Boden, ohne Netz unter sich; jeder einzelne Schritt und jede Vorwärtsbewegung verlangen absolute Konzentration und Hingabe zum *Jetzt* jedes einzelnen Schrittes. Nichts kann für selbstverständlich erachtet werden. Ich sage es noch einmal: Die Unsicherheit, sich im *Jetzt* des *Hier und Jetzt* zu befinden, lässt eine Darstellung pulsieren.

Ich werde über einen anderen wichtigen Aspekt der Arbeit »von einem Augenblick zum nächsten« sprechen. Wie ich schon sagte, verlangt der Autor ein gewisses Tempo und einen Rhythmus, in dem der Text am besten funktioniert. Pausen sind Teil des Rhythmus eines Satzes, Stille Teil des Rhythmus einer Szene. Ich habe eines meiner Lieblingsstücke von Harold Pinter, BETROGEN, erwähnt. Pinters Stil zeichnet sich durch Pausen aus; seine Figuren nehmen sich zwischen den Sätzen oft Zeit, aber niemals auf willkürliche Weise. Sie sind immer auf einen emotionalen Grund zurückzuführen. Mit anderen Worten, die Pausen sind Ausdruck des Spiels »von einem Augenblick zum nächsten«. Eine der Aufgaben des Regisseurs und der Schauspieler ist es, das innere Leben zu verstehen – die Denkweise der Figur, warum sie *nicht* spricht – und die körperlichen Verhaltensweisen, die daraus hervorgehen. Wenn du sie richtig ausfüllst, treiben Pinters Schweigemomente die Geschichte voran. Wenn nicht, sind sie nur totes Bühnengewicht. Und wenn du sie nicht füllen kannst, dann solltest du keinen Pinter spielen. Seine Schweigemomente sind *voller* Leben. Es handelt sich um das Schweigen angesichts intensiver emotionaler zwischenmenschlicher Ereignisse: »Was, wenn er mich verlässt?« »Ich habe Angst, dass sie mir wehtun werden.« »Ich würde ihr diese Scheiße am liebsten austreiben.« »Ich habe Angst, dass er mit meiner Frau schlafen wird.« »Was, wenn heute Nacht die Nacht ist, in der ich sterbe?« Diese Worte hallen in Pinters Schweigemomenten nach. Wenn du in einem seiner Stücke bist, dann befindest du dich inmitten dieses Drahtseilaktes »von einem Augenblick zum nächsten« – im Rhythmus seiner Sätze. Im Probenprozess untersuchst du die Schweigemomente und findest heraus, warum sie existieren, was ihr Inhalt ist und wie die Pausen helfen, die Geschichte voranzutreiben. Du fängst an, den Rhythmus zu spüren und zu wissen, wie lange du in der Pause lebst. Vor dem nächsten Satz füllst du sie mit Leben.

Was tust du, wenn der Regisseur und/oder der Text von dir verlangen, absolut keine Pausen zu machen und in einem gezielten, schnellen Tempo zu arbeiten? Du musst die Arbeit »von einem Augenblick zum nächsten« trotzdem noch verrichten. Um dir diese Notwendigkeit so deutlich wie nur möglich zu machen, sei folgendes Beispiel geschildert: Das Stück RED PEPPERS hat Noël Coward in den 1930er Jahren als Varieté-Stück über ein Ehepaar für einen zweitrangigen Wettbewerb geschrieben, kurz bevor Filme die Varieté-Kultur zerstörten. RED PEPPERS ist eine Konversationskomödie und wie dir jeder sagen wird, der sich mit Komödien auskennt, geht es bei ihnen um Rhythmus und das richtige Tempo. Der Mann und die Frau, George und Lily, beginnen das Stück mit einer Musiknummer, in der die Frau eine Requisite fallen lässt und »den kompletten Abgang verhunzt«; danach rennen sie beide von der Bühne, fangen an, sich umzuziehen und ihr Make-up für die nächste Nummer zu ändern. Sie betreten also ihre Umkleiden, ganz außer Atem von ihrer Darbietung. Sie fühlt sich schuldig, er ist wutentbrannt. Als Teenager habe ich mal ein Plattenalbum geschenkt bekommen, auf dem Noël Coward und Gertrude Lawrence, seine Freundin und wunderbare weibliche Hauptdarstellerin, diese Rollen verkörperten.

Wovon ich angetan war und wovon ich so viel lernte, war die Geschwindigkeit, mit der die beiden auf ihre Stichworte reagierten. – Sie ließen kaum Zeit zwischen den Sätzen verstreichen – und man konnte förmlich spüren, wie außer Atem die beiden von der Energie waren, die ihre Figuren auf der Bühne aufgebracht hatten. Als sie sich jetzt auf ihre nächste musikalische Nummer vorbereiteten, mussten sie noch mehr Energie auftreiben und verbrauchten währenddessen noch mehr Energie, da sie sich die ganze Zeit über gegenseitig zuquasselten und übereinander ausließen. Offensichtlich lebten diese beiden Menschen für den Streit; ginge es nicht darum, dann eben um etwas anderes. Das Streitgespräch kam zu einem Ende, als George schließlich von Lilys Ausreden genug hatte und zu ihr sagte: »Lily, es geht nicht darum, *wie* oder *warum* du es getan hast, sondern darum, *dass* du es getan hast!« Lilys Antwort darauf lautet: »Nun, okay, ich *habe* es *getan.*« Und Georges finaler Triumph ist: »Nun, dann *tue es* nicht noch einmal!«

Schon die Lektüre kann dich den Rhythmus und das Tempo spüren lassen, in dem es gespielt werden muss, um zu funktionieren. Die Schnelligkeit, mit der die Figuren einander zu überragen versuchen, erzeugt den komischen Effekt. Es ist für dich aber entscheidend zu verstehen, dass du, selbst wenn vom Regisseur gewisse Rhythmen und Tempi von dir verlangt sind, immer noch »von einem Augenblick zum nächsten« arbeiten und die *Wahrhaftigkeit* jeder Sekunde von deinem Partner abnehmen musst. Das macht das Material lebendig!

»Von einem Augenblick zum nächsten« bezieht sich auf das innere Leben, das emotionale Leben, die Entdeckung des Lebens; es ist der Grund dafür, dass es so viel Spaß bereitet, die erdachten Umstände jedes Mal zu spielen, als sei es das erste Mal. Wenn du während der Aufführung »von einem Augenblick zum nächsten« existierst, bist du offen für Dinge, von denen du nicht erwartest hattest, dass sie passieren würden. Ich nenne es »die Welle erwischen«. Du überraschst dich selbst; du betrittst die Szene mit der Bereitschaft, dich zu überraschen.

Ich hatte die Welle eines Abends erwischt, als ich Big Deal in der Wiederaufnahme von WEST SIDE STORY am City Center spielte. Nachdem die Hauptfigur Tony von der rivalisierenden Gang ermordet und sein Körper von der Bühne getragen worden war, hatte ich zufällig Blickkontakt mit Joe Bennett, der Action spielte, ein weiteres Mitglied der Jets. Joe und ich sahen einander nur in die Augen und begannen zu weinen. Wir hatten den Moment erwischt. Als wir von der Bühne kamen, sagten wir: »Mein Gott, wir waren die Jets und unser Freund ist ermordet worden.« Nachdem wir schon drei Wochen vor Publikum gespielt hatten, hatten wir zum ersten Mal die Wahrhaftigkeit dieses Augenblicks zusammen entdeckt. Es war für mich ein Moment der Erleuchtung, vor einem Publikum auf der Bühne zu stehen, in der Figur einen stillen Moment von einem anderen Schauspieler einzufangen und emotional zusammenzubrechen. In diesem Moment begriff ich, dass sich mein Meisner-Training ausgezahlt hatte.

18. Entspannen und Ängste überwinden

Schauspieler arbeiten ihr ganzes Leben daran, sich vor einem Publikum zu entspannen. Michael Tschechow war Schauspieler und Lehrer am Moskauer Künstlertheater, bevor er in den 1940er Jahren zum Spielen und Lehren nach Los Angeles kam. Ich zitiere gerne seine Aussage zum Thema Entspannung: »Ein Schauspieler sollte ein Vulkan in einem komplett entspannten Körper sein.« Damit meinte er, dass der Körper so gelöst wie möglich und die Emotionen im Innern zugänglich, quasi bereit zum Kochen sein sollten. Obwohl ich dem zustimme, kann Tschechows Aussage in die Irre führen, wenn man sie falsch interpretiert.

Vor einem Publikum vollständig entspannt zu sein, ist unmöglich und nicht wünschenswert, weil durch tiefe Konzentration eine gewisse gesunde Spannung, eine Energie, die durch den Körper fließt, erzeugt wird. Diese gesunde Spannung entsteht durch den Wunsch, deine Aufgabe – dein Ziel – zu bewältigen: Ich *muss* das, was ich *brauche*, erreichen. Wenn ich von *gesunder Spannung* spreche, dann meine ich dieselbe Spannung, die ein Hochseilartist benötigt, während er das zwischen zwei Türmen gespannte Seil überquert. Der Körper des Hochseilartisten ist nicht starr vor Spannung, sondern entspannt und auf die Aufgabe, die bewältigt werden muss, konzentriert – sonst würde er hinunterfallen.

Die Begriffe Entspannung oder Anspannung verwenden wir sowohl für unseren emotionalen als auch unseren muskulären Zustand. Manchmal fühlen wir uns emotional angespannt oder verkrampft, was wir als angespannt bezeichnen mögen, aber unsere Körper sind entspannter als wir denken. Und manchmal sind wir uns der emotionalen Anspannung nicht bewusst, aber unsere Körper müssen unseren Stress ertragen, der Muskelverspannung zur Folge hat. Als Schauspieler ist es unsere Aufgabe, uns dieses Unterschieds bewusst zu sein und zu versuchen, die emotionale und muskuläre Anspannung, die unsere Darstellung beeinträchtigen könnte, abzubauen.

Glaube mir, der Premierenabend eines jeden Theaterstückes oder der erste Drehtag eines jeden Films – oder der Tag, an dem du eine wichtige Szene drehst – bringt eine gewisse Extra-Portion Spannung mit sich. Man übersteht diese, so gut es eben geht – mithilfe von Methoden, die ich dir beibringen werde. – Aber zu erwarten, dass du komplett spannungsfrei sein wirst, ist eine unrealistische Forderung. Und vergiss nicht, unrealistische Anforderungen an dich selbst tragen noch zusätzlich zu deiner Anspannung bei!

Die körperliche Spannung, die wir in unseren Körpern tragen, hat ihren Ursprung oftmals in der Kindheit. Wenn du als Kind versuchst, Tränen, Wut, Freude oder deinen Humor zu unterdrücken, musst du deine Gesichtsmuskeln, deine Bauchmuskeln und andere Muskeln dazu zwingen, deine natürlichen Impulse zu unterdrücken. Beim Zurückhalten von Gefühlen, schluckst du sie hinunter und ziehst dabei deine Kehle, deine Brust, deine Schultern und deinen Bauch in Mitleidenschaft. Hast du ein schlechtes Selbstbild, magst du dazu neigen, deine Schultern nach vorn zu ziehen und deinen Oberkörper in einer entschuldigenden Haltung herumzutragen. Es gibt eine lebenslange Verbindung zwischen unterdrückten Emotionen und den körperlichen Konsequenzen dieser Unterdrückung. Meistens sind wir uns der körperlichen Spannung, die wir mit uns herumtragen, solange nicht bewusst, bis wir Kopfschmerzen, Rückenschmerzen, Nackenschmerzen, Bauchschmerzen oder ein anderes Anzeichen wahrnehmen, das wir nicht ignorieren können.

Es gibt ein wundervolles altes Sprichwort: »Das was du bist, ruft mir so laut zu, dass ich kein Wort von dem verstehe, was du sagst.«[60] Als Schauspieler müssen wir uns des körperlichen Bildes, das wir präsentieren, bewusst sein, weil es sich hierbei um die physische Verkörperung der Figuren handelt, die wir spielen. Sobald dein Körper vor einer Kamera erscheint oder auf der Bühne oder in einem Raum zum Vorsprechen, reagieren die Menschen auf deine Haltung, deinen Gesichtsausdruck und deine körperliche Energie. Wahrscheinlich hältst du wie die meisten Menschen bei Angst den Atem an. Dies verursacht automatisch Muskelanspannung. Das Hilfreichste, was ich dir zum Thema Anspannung verraten kann – egal, ob du dich auf der Bühne, bei Dreharbeiten oder bei einem Vorsprechen befindest – ist, weiter zu atmen. – *Halte nicht deinen Atem an!*

Beim Schauspiel liegt der Nervenkitzel in der Menge an Lebendigkeit, die du den dargestellten Figuren mitgibst. Wenn du einen normalen Tag in deinem Leben untersuchst, wirst du sehen, dass die körperliche Anspannung in deinem Körper kommt und geht. Du wachst auf und streckst dich, weil bestimmte Muskeln durch die Position, in der du geschlafen hast, verspannt sind; du ernährst dich und erhältst durch die Lebensmittel Energie; du gehst zur Arbeit, was wieder andere Muskelverspannungen verursachen kann, z. B. die extreme Konzentration, die Position, in der du gesessen hast oder ein Problem, mit dem dich einer deiner Kollegen

60 Dieser Ausspruch wird Ralph Waldo Emerson zugeschrieben.

konfrontiert hat. Du unterbrichst die Anspannung bei der Arbeit durch die Mittagspause, erfrischst dich und tankst hoffentlich Energie auf; du kehrst zur Arbeit zurück, gehst abends mit Freunden aus, gehst dann schlafen und beginnst diesen Kreislauf von Neuem. Anspannung, Entspannung, Anspannung, Entspannung, Anspannung, Entspannung.

Auf dieselbe Weise geht die Sonne am Morgen auf und am Abend unter; die natürlichen Kreisläufe und Gegensätze, von hell zu dunkel, Kälte zu Wärme, Arbeit zu Entspannung, Schlaf zum Wachen, machen das Leben interessant. Das Leben verändert sich; es besteht aus Spannung. Da jeder Mensch seine individuelle Spannung besitzt, sind wir, wenngleich wir entspannt scheinen, häufig nur teilweise entspannt. Ich neige z.B. dazu, Spannung in meiner Kehle, meiner Brust und meinem Bauch zu haben. Selbst wenn ich etwas Entspannendes tue, bin ich oft in diesen Bereichen angespannt. Weil ich aber daran gearbeitet habe, mir meiner körperlichen Anspannung bewusst zu sein, kann ich diese abbauen, indem ich in die angespannten Stellen hineinatme und dem Muskel beim Ausatmen erlaube, loszulassen. Um als Schauspieler in der Kreativität entspannt zu werden, muss man seinen Körper daraufhin überprüfen, an welchen Stellen er ungewollte Spannung festhält. Auch muss man beobachten, wo andere Spannung im Körper festhalten, weil dir das Beobachten dabei helfen wird, körperliche Verhaltensweisen für die Figuren, die du spielst, zu skizzieren.

Für Verspannungen bekannte Körperstellen sind der Kiefer, die Kehle, die Brust, der Bauch, die Hüften, der Schließmuskel (angespannter Po), Knie, Hände, Füße, Schultern und Nacken. Mit anderen Worten: dein ganzer Körper! Du musst dein Bestes tun, diese Spannung auszumerzen. Einer der Gründe, warum es für Leute so schwierig ist, das Trinken, Rauchen und das Einnehmen von Drogen aufzugeben, ist, dass sie nicht wissen, wie sie körperliche und emotionale Anspannungen sonst loswerden können. Spannung abzubauen ist eine der wichtigen positiven Auswirkungen von Meditation.

Alles, was du tun musst – und ich empfehle dir, dies zu tun – ist, eine Stunde lang in einem Café zu sitzen und die vorüberlaufenden Menschen zu beobachten. Dann wirst du sehen, dass die Körper verschiedener Menschen an verschiedenen Stellen Spannung festhalten. Sie laufen mit steifen Beinen, mit nach vorne gestreckten Köpfen oder mit runden und gekrümmten Schultern durch die Gegend, oder sie gehen mit herausgestreckter Brust voran. Du wirst dies bei bestimmten Männern bemerken, die stark und machomäßig wirken wollen. Das weibliche Gegenstück dazu sind Frauen, die ihre Sexualität herausposaunen, indem sie ihren Gang von ihren herausgestreckten Brüsten her steuern und ihre Hüften schwingen. Diese extremen Abwehrmechanismen werden dazu verwendet, andere zu kontrollieren. Sie werden durch Angst und manchmal durch Feindseligkeit ausgelöst. Es ist weder mit natürlicher Ausgelassenheit oder Selbstvertrauen gleichzusetzen, noch handelt es sich um Sinnlichkeit, die daher stammt, dass man seine eigenen Bewegungen ungehemmt genießt. Im Falle von natürlicher Ausgelassenheit, Selbstvertrauen und Sinnlichkeit ist der Körper muskulär entspannt und wird nicht mit Attitüden aufrecht gehalten. Ein muskulär entspannter Körper ist viel attraktiver als ein Körper, der in einer Attitüde feststeckt. – In einer Attitüde festgefahren zu sein bedeutet wiederum für einen Schauspieler, dass seine Karriere höchstwahrscheinlich ins Stocken geraten wird und sich darauf beschränkt, nach Typ besetzt zu werden. Beobachte, wo du in deinem Körper Anspannung verspürst, während du gerade irgendwo sitzt und dieses Buch liest. In deinem Rücken? Deinem Nacken? Deinem Kiefer? Deiner Kehle? Deinen Schultern? Deinem Bauch? Und dann frage dich: »Atme ich voll und ganz?« Allen meinen Schülern bringe ich die Entspannungsübung bei, von der ich dir empfehle, sie zu erlernen und täglich durchzuführen.

■ Übung: Zur Entspannung

Sitze genauso wie zu Beginn der Übungen *Erinnerungen an zu Hause* und *Der persönliche Gegenstand* auf einem Stuhl. Während du natürlich und tief atmest, werde dir gänzlich darüber bewusst, wo sich deine offensichtlicheren Muskelspannungen befinden. Beginne mit dem Muskel, von dem du das Gefühl hast, dass er am verspanntesten ist. Atme in den Muskel hinein und bitte den Muskel, sich beim Ausatmen zu entspannen und zuzulassen, die Verspannung loszulassen – *Bewusstmachen der Spannung, Hineinatmen und das Ausatmen, um loszulassen.*

Lass uns annehmen, dass sich die Verspannung, der du dir am meisten bewusst bist, in deinem Nacken befindet. Welche Muskeln sind daran beteiligt? Wie angespannt sind sie? Wenn du willst, kannst du, während du in diese Stelle hineinatmest, sie mit einer oder beiden Händen berühren oder massieren. Lass deine Hände beim Ausatmen darauf liegen und bitte deine Muskeln darum, sich zu entspannen. Du musst die Übung möglicherweise mehrfach wiederholen – bis du fühlst, dass sich die Muskeln entspannen. Vielleicht spürst du, während du dir der Verspannung bewusst wirst und sie abbaust, Emotionen in dir aufsteigen, weil es sich bei Verspannungen häufig um unterdrückte Emotionen handelt, die in den Muskeln angestaut werden. Erschrick also nicht, wenn du das Gefühl hast, lachen oder weinen zu wollen, oder wenn du wütend wirst. Gestatte den Gefühlen, sich in Form von Lauten und Bewegung auszudrücken, während du weiter atmest und die Entspannung der Muskeln zulässt. Bewege dich so durch deinen Körper und sei dir selbst über die kleinste Verspannung äußerst bewusst. Bevor du mit dem nächsten fortfährst, gib jedem Muskel, dessen Verspannung du gewahr wirst, die Menge an Zeit und Atem, die dieser benötigt, um loszulassen. Wenn du täglich an dieser Übung arbeitest, wirst du anfangen, dir deiner feineren Verspannungen in deinen Augenlidern, deiner Kopfhaut, deiner Wadenmuskulatur, deinen Knöcheln, Zehen und dem hinteren Teil deiner Zunge bewusst zu werden. Das Erkunden und Entspannen dieser Verspannungen ist für jeden Menschen eine großartige Sache, aber für einen Schauspieler ist es zwingend notwendig. Die Übung sollte mindestens 15 Minuten dauern, aber selbstverständlich kannst du sie auch länger ausführen.

Den Erfolg und die Notwendigkeit dieser Technik habe ich persönlich vor ein paar Jahren auf dem Rücksitz eines Taxis in New York erfahren. Ich war um 18 Uhr, also zum Höhepunkt des Berufsverkehrs, auf der Park Avenue unterwegs und für einen wichtigen Termin spät dran. Meine Schultern waren bis an meinen Ohren hochgezogen, weil *ich – mit meinen Schultern – versuchte, schneller mit dem Taxi durch den Verkehr zu kommen*. Was natürlich absurd ist. Meinem Körper wurde in dieser Haltung so unbehaglich, dass ich gezwungen war, meine Aufmerksamkeit darauf zu lenken. Durch das Ausführen der Entspannungsübung begann ich, meine Schultern in ihre natürliche Position zu senken, was, glaube mir, ein ziemlich langer Weg war! Schließlich kamen meine Schultern unten an. Sobald sie dies taten, fing ich an zu schluchzen. Das war für mich eine Offenbarung in Bezug auf das Verständnis der Verbindung zwischen dem Festhalten muskulärer Verspannungen und dem Freisetzen von Emotionen.

Entspannungsübungen sind oft Teil des Schauspielunterrichts. Ich habe gehört, dass einige Schauspielstudenten diese kritisieren. Das hat seinen Ursprung in Unwissenheit und Angst. Wenn Schüler Entspannungsübungen kritisch gegenüberstehen, hat das damit zu tun, dass sie Angst vor dem haben, auf das sie stoßen könnten, wenn sie ihre eigenen Muskeln entspannen, damit, dass sie nicht erkennen können, was das mit ihrem Schauspiel zu tun hat, oder damit, dass die Übung nicht fachgemäß oder nachsichtig gelehrt wird. Mit *nachsichtig* meine ich, Schauspielern zu sagen, dass das wichtigste Ziel beim Schauspiel Entspannung ist oder den Anschein zu erwecken, dass das Spielen einer Szene mit körperlicher Anspannung Versagen gleichkomme. Das ist Unsinn. Wie schon gesagt, wird es immer ein gewisses Maß an Spannung geben. Entscheidend ist, sich tagtäglich zu bemühen, mit seiner Anspannung vertraut zu werden, sodass diese einen nicht davon abhält, die Figur in vollkommener und farbenreicher Weise darzustellen.

Wenn du mehr Hilfestellung dabei benötigst, dich auf körperlicher Ebene zu entspannen – was dir auch dabei helfen wird, emotional lebendig zu werden –, dann suche dir einen guten Lehrer für die Alexander-Technik. Das empfehle ich unabhängig davon, ob du das Gefühl hast, es nötig zu haben oder nicht. Die Alexander-Technik befasst sich mit dem Körperbewusstsein. Während du dir der konkreten Stellen bewusst wirst, an denen du deine Spannung festhältst und loslässt, wirst du merken, dass die Kraft deiner körperlichen Präsenz – und das ist der Sinn der Sache – auf eine Weise zunimmt, die deine Karriere verändern kann. Das Freisetzen von Emotionen, das diesen Prozess begleitet, wird frische Energie durch deinen Körper fließen lassen und ist außerdem ein großartiges Mittel, um Depressionen zu bekämpfen.

Wenn dann deine Muskeln entspannt sind, kannst du damit anfangen, Bereiche zu wählen, in denen du Muskeln dauerhaft *anspannst*, um bestimmte Eigenschaften einer Figur zu unterstreichen. Beobachte, wie Anthony Hopkins sich als Hannibal Lecter am Ende von DAS SCHWEIGEN DER LÄMMER von der Kamera entfernt und sich auf den Weg macht, um, wie er sagt, einen Freund zum Abendessen »zu treffen«. Es wird dir auffallen, wie unbeschwert und sinnlich er das extreme Selbstbewusstsein seiner Figur und deren Vergnügen an ihrem raubtierartigen Jagdtrieb ausdrückt. Nichts in seinem Körper ist fest, es ist alles entspannt. Dann sieh dir an, wie er den unterdrückten Hausdiener Stevens in WAS VOM TAGE ÜBRIG BLIEB spielt, in dem jeder seiner Muskeln angespannt zu sein scheint. Daher wissen wir, dass es sich hierbei um eine *Entscheidung* des Schauspielers handelt. Stevens ist ein Mann, der offenkundig zu 99,9 Prozent körperlich ausdruckslos ist und nur im Innern einen brodelnden Vulkan besitzt; er ist sich seines riesigen Engagements dafür, körperlich *nicht* ausdruckstark zu sein, nicht bewusst – was Bände über die psychische Angst vor seinen eigenen Emotionen spricht.

Wenn du eine Szene oberflächlich liest, kann es so aussehen, als ob sie Entspannung verlangen würde; stelle jedoch sicher, dass dir die darunter liegende Spannung nicht entgeht. In einer ruhigen Szene sind es die Spannungen, die Konflikte und die Hindernisse, die zusammen mit den Zielen der Figuren die Geschichte vorantreiben. In Howard Sacklers Stück DIE GROSSE WEISSE HOFFNUNG[61], in dem es um Jack Johnson, den

61 Als Theaterstück nicht ins Deutsche übersetzt, vgl. Film (1970); Regie von Martin Ritt

ersten schwarzen Schwergewichtsweltmeister, geht, gibt es eine großartige Szene zwischen Jack und seiner weißen Geliebten, der adeligen Eleanor Bachman. Jack kehrt, nachdem das Paar miteinander geschlafen hat, vom abendlichen Schwimmen zurück. Er liegt mit Eleanor im Bett und sie liebkosen einander. Jack ist spielerisch und lustvoll, Eleanor hat einen Sonnenbrand – der erste Hinweis auf Kummer. Jack lässt Champagner über Eleanors Rücken laufen und sie schreit vor Schreck auf; dann kichern und spielen sie wie zwei Teenager.

Oberflächlich betrachtet könnte man meinen, dass die Figuren entspannt sind; doch die Wahrheit dieser Szene liegt darin, dass es zu dieser Zeit, Anfang des 20. Jahrhunderts, für eine schwarze und eine weiße Person gesetzwidrig war, eine Liebesbeziehung zu haben; und wie aus dem Stück hervorgeht, scheint das gesamte Land gegen ihre Liebesaffäre zu sein. Eleanor hat einen kurzen Monolog, in dem sie den Wunsch ausdrückt, so braun zu werden, dass sie wie eine Kreolin aussähe; mit anderen Worten möchte sie sich Jacks Hautfarbe angleichen. Dann summt Jack einen Blues. Eleanor fragt Jack, ob er ihrer überdrüssig sei und er versichert ihr, dass er zwar vieler Dinge überdrüssig sei, sie jedoch nicht dazugehöre. Jack antwortet: »Jeder weiß, dass ich nich auf farbige Frauen steh und nie hab, außer auf meine Mama.« Die Szene ist zuweilen sehr ruhig, die Körper befinden sich nach der sexuellen Intimität und nach Jacks Schwimmen in einem Zustand von Entspannung. Doch sie ist auch von Angst, Träumen und von großer Sehnsucht nach Veränderung erfüllt. Am Ende der Szene, wenn Jack und Eleanor engumschlungen und ganz still daliegen, stürmen Beamte der Bundespolizei in ihr Einzelabteil und die beiden werden verhaftet.

Der Ton der Szene ist zuerst unbeschwert und spielerisch, dann melancholisch. Wenn du genau analysierst, wie die Figuren sich in ihrer Selbstwahrnehmung verändern, wie sich ihre Bedürfnisse verändern, wirst du verstehen, wieviel Anspannung dieser wunderschön geschriebenen, »entspannten und ruhigen« Szene zugrunde liegt. Dafür musst du deine Hausaufgaben erledigen, die Zeit erforschen, in der DIE GROSSE WEISSE HOFFNUNG spielt – eine Zeit, in der die Mehrheit der Weißen keinen schwarzen Boxweltmeister haben wollte und Liebesbeziehungen zwischen Schwarzen und Weißen die Gefährdung von Leib und Leben bedeuteten; du musst Eleanors Sonnenbrand wahrnehmen und begreifen, wie dieser ihr körperliches Unbehagen bereitet, und wie Jack versucht, dieses – zuerst mit dem kühlen Champagner, später mithilfe einer Creme – zu lindern. Das veranschaulicht die Aussage, die ich vorhin über die gesunde Spannung getroffen habe, welche daher rührt, dass Figuren ihre Ziele mit einer Leidenschaft verfolgen, die ich in dieser Szene als schmerzhaft und still bezeichnen würde. Wenn du in dieser Szene körperlich zu entspannt bist, zerstörst du die nötige dramatische Spannung; die dramatische Spannung des »Stille Wasser sind tief«.

Falls du annimmst, dass es sich bei »Stille Wasser sind tief« um eine Gemütszustand handelt (und ich hatte ja gesagt, dass man Gemütszustände nicht spielen kann) – das ist nicht der Fall. Erstens: Wasser ist nicht »still«, Wasser *fließt*, also bewegt es sich. Zweitens: Es fließt in eine bestimmte Richtung, unter der Oberfläche; es bewegt sich sozusagen in Richtung der Bedürfnisse der Figuren.

Sinn der Entspannung ist nicht, lustlos oder schlapp oder schläfrig zu sein, sondern zuzulassen, dass die Energie ungehindert und lebendig durch deinen Körper fließen kann. Ein gutes Bild für das Freiwerden von Energie bekommst du, wenn du dir diese als Blut vorstellst, das von deinem Herzschlag durch deinen Körper gepumpt wird. Es gibt nichts, das diesen Blutfluss anhält und falls doch, wirst du krank.

Der emotionale Zustand, der die größte Menge körperlicher Anspannung erzeugt, ist wahrscheinlich Angst – Angst vor öffentlicher Erniedrigung. Was, wenn ich meinen Text vergesse? Was, wenn ich eine schlechte Darstellung abliefere? Wenn jeder meine Angst sehen kann? Wenn ich mich übergeben muss? Wenn ich auf einmal komplett funktionsgestört bin? Oder wahrscheinlich die schlimmste aller Ängste: Was, wenn ich mir in die Hosen mache? Was, wenn mir irgendeines dieser Dinge passiert und ich gefeuert werde? Die meisten Schauspieler würden in diesem Angstzustand wohl lieber sterben.

Es kann dir also so vorkommen, als ob du dich jedes Mal, wenn du spielst oder vorsprichst, in eine sehr ungeschützte Position begibst. Letzten Endes bist du das Instrument, *ja*, daher schaut dich jeder an und hört dir zu und du könntest das Gefühl haben, dass man dich positiv oder negativ beurteilt. Ob dich jemand beurteilt oder nicht, geht dich aber nichts an. Das ist kein Witz. In meinen Augen befindest du dich *nicht* in einer schutzlosen Position. Deine Aufgabe ist es, die beste dir mögliche Darstellung oder das beste Vorsprechen abzuliefern. Wenn du dich auf deine schauspielerischen Aufgaben konzentrierst und mehr an deinem kreativen Beitrag als an deiner Angst vor Beurteilung interessiert bist, dann wirst du die Arbeit ausführen, die du verrichten musst, um eine gute Darstellung oder ein gutes Vorsprechen abzuliefern.

Wir alle lieben – (und zu einem gewissen Grad – benötigen) Anerkennung von außen. Sie fühlt sich großartig an. Aber wenn das dein vorherrschender Gedanke ist, dann kann ich dir versichern, dass die Anerkennung sehr lange auf sich warten lassen wird. Warum? Weil du dich nicht vollkommen deinen Entscheidungen verpflichten und diese »von einem Augenblick zum nächsten« erforschen kannst, wenn du ständig auf irgendeine Form von äußerer Anerkennung wartest. Verteilst du deine Konzentration auf deine schauspielerische Arbeit und deine Angst vor negativer Beurteilung, zeigst du dein Talent nie vollständig. Und du hast an deiner kreativen Erfahrung keinen Spaß.

Der Spaß am Schauspiel liegt darin, die gegebenen Umstände zu erforschen und Spaß daran zu haben, sie darzustellen. Falls ein Regisseur oder ein Caster dich korrigiert, habe Vergnügen daran, die Szene auf eine neue Art auszuprobieren, anstatt dich zu widersetzen oder dich kritisiert zu fühlen. Widerstand hilft dir nicht. Die Devise lautet offen zu sein, die Wahrhaftigkeit einer Szene und interessante Entscheidungsmöglichkeiten für deine Figur zu finden.

Wie ich zuvor erwähnt hatte ist Angst eine Emotion. Eine der besten Methoden, Herr dieser Angst zu werden, ist es, sich auf etwas anderes, auf das man sich vollständig einlassen kann, zu konzentrieren. Und eines der ersten Dinge, auf die du dich vollständig einlassen solltest, ist, wie ich bereits sagte, das Atmen. Stella Adler pflegte zu sagen: »Angst ist wie ein kleiner stupsnasiger Hund, der nicht aufhört, dich anzubellen. Aber es handelt sich nur um einen kleinen Hund, der laut bellt. Alles, was du tun musst, ist, nach ihm zu treten, und er läuft weg.« Sie sagte auch, dass man mit der Angst sprechen und ihr sagen müsse: »Ich brauche dich, um zu überleben. Ich muss wissen, was Angst ist. Aber du bist nicht mein Geist. Du bist nicht mein Herz. Du bist nicht meine Kreativität. Du bist nicht meine Seele. Du bist einfach nur Angst. So nimm deinen angemessenen Platz in meinem Leben ein – du schmeißt nicht den Laden. Du bist nur Angst.« Ich finde das genial, weil es hier um Unabhängigkeit geht.

Wenn du sagst: »Ich werde von meiner Angst schikaniert«, sagst du eigentlich: »Ich will sie nicht bekämpfen, ich will mich von ihr überwältigen lassen, sodass ich meine Kraft und meine Leidenschaft und meine Freude vermeiden kann.« Wenn es dich verärgert, dies zu lesen, dann bist du genau die Person, von der ich rede. Du hast weder herausgefunden, noch warst du wirklich daran interessiert, herauszufinden, wie du deine Angst bekämpfen kannst. Um dich mit diesem Problem, das alle darstellenden Künstler gemeinsam haben, auseinanderzusetzen, musst du sehr durchsetzungsfähig sein. Aus diesem Grund war Barbra Streisand bei ihrem Comeback im Madison Square Garden, das von HBO gefilmt wurde, vor dem Konzert hinter der Bühne zu sehen, wie sie eine Atem-Meditation durchführte. Sie ließ sich von ihrer Angst nicht aufhalten.

Ist es angsteinflößend, vor anderen Menschen zu spielen oder vorzusprechen? Wenn du schüchtern bist, ja, dann kann es Angst verursachen. Wenn du von dir selbst Perfektion erwartest oder verlangst und Angst davor hast, einen Fehler zu machen, kann das ebenfalls Angst verursachen. Du könntest zittern, dein Herz kann schnell schlagen, deine Hände schwitzen. Gut. Wir alle haben so etwas durchgemacht. Es könnte sogar sein, dass du Todesangst hast. Aber du wirst nicht sterben, und wenn du stirbst, nun, dann wird die Angst vorüber sein.

Bist du in deiner Arbeit konkret und gleichzeitig nervös, kann das deiner Darstellung eine Art Glanz verleihen, weil dein innerer Einsatz so hoch ist; aber all das fließt in deine Darstellung ein und arbeitet zu deinem Vorteil. Die Sängerin und Schauspielerin Diahann Carroll pflegte zu sagen, dass sie bei der Premiere eines Broadwaymusicals plötzlich ihr Gehör verlor – ungünstig für einen Sänger, da man ja auf das Orchester hören muss. Angst kann unvorstellbare Dinge mit dir veranstalten, aber es gibt auch so etwas wie einen menschlichen Willen. Du musst dir sagen: *»Ich muss die jeweiligen psychologischen Reaktionen auf meine Angst verstehen lernen. Damit ich Erfolg haben kann, muss ich Techniken finden, die mir dabei helfen, diese zu überstehen.«* Carroll hat zweifellos trotz ihrer extremen Reaktion auf die Angst den Willen und die Techniken entwickelt, diese zu überwinden und hat hervorragende Darstellungen in Musicals wie HOUSE OF FLOWERS* und NO STRINGS* gegeben.

Sir Laurence Olivier durchlebte später in seiner Karriere eine Zeit, in der er Angst hatte, auf der Bühne seinen Text zu vergessen. Seine Furcht war so groß, dass er den Inspizienten beauftragte, von den anderen Schauspielern zu verlangen, ihm niemals direkt in die Augen zu schauen, weil er das Gefühl hatte, dadurch seine Konzentration zu verlieren. Aber er überwand sie und arbeitete weiterhin. Also, wie verängstigt du auch immer sein magst: Du bist damit nicht alleine. Viele Stars, von denen du denkst, dass diese niemals Angst haben könnten, haben preisgegeben, im wahrsten Sinne des Wortes von Angst erfüllt zu sein. Und dennoch arbeiten sie.

Die ganze Arbeit, die du in die Textanalyse und in deine Entscheidungen hineinsteckst, bildet deine *Schutzeinrichtung* gegen die Angst. Erinnere dich an Stellas Hinweis, dass Angst nur einen kleinen Teil von dir ausmacht und dass du mit deiner Angst reden und sie in ihre Schranken weisen musst. Wiederhole und konzentriere dich dann auf deine Entscheidungen, tauche in die gegebenen Umstände und Sehnsüchte deiner Figur und deine eigene Bilderwelt ein, und dann gehe raus und tu es, weil es – machen wir uns nichts vor – das ist, was du willst; ansonsten wärst du dich nicht im Schauspielgewerbe.

Wenn du Angst hast, benötigst du außerdem Mittel, um dich um dich selbst zu kümmern. Als sein ganzes Behandlungszimmer förmlich von meiner Angst vibrierte, hat mir ein Psychiater einmal in einer Sitzung kurz vor einem Premierenabend vorgeschlagen, dass ich Geschenke für alle meine Ensemblekollegen kaufen solle[62] – und es handelte sich um ein großes Ensemble von etwa 25 Leuten. Ich verbrachte den ganzen Tag damit, bei einer Gärtnerei jedem Schauspieler eine kleine Pflanze für seine Garderobe zu kaufen und dann alle 25 Pflanzen die Treppe hoch in die verschiedenen Garderoben zu schleppen. Als der Vorhang dann aufging, war ich zu erschöpft, um Angst zu haben. Ich hatte gerade noch genug Energie, um mich auf meine Arbeit zu konzentrieren und eine gute Premieren-Leistung abzuliefern.

Eine andere Methode, die ich hilfreich finde, ist eine einfache Atemübung: Liebe ein- und Angst auszuatmen. Verurteile dies nicht als abgedroschen oder New-Age-Denken. Probiere es aus. Während du einatmest, sage dir lautlos: *»Ich atme Liebe in mein Herz hinein«*, und während du ausatmest, sage: *»Ich atme die Angst aus.«* Führe dies mindestens zehnmal durch und ich garantiere dir, es wird verändern, wie du dich fühlst; nicht zuletzt, weil es deinen Herzschlag langsamer werden lässt. Und es natürlich garantiert, dass du atmest!

Ich habe einen Schauspieler gecoacht, dessen Familie in Australien lebt. Er hatte ein letztes Callback, um die Hauptrolle in einer eigenen Fernsehserie zu spielen, und ich begleitete ihn. Er war jung und unerfahren und sehr nervös. Ich schlug ihm vor, an seinen Bruder zu denken, von dem ich wusste, dass er ihm sehr nahestand. Er zog augenblicklich sein Handy hervor und rief wirklich seinen Bruder in Australien an. Sie redeten ca. 5 Minuten miteinander, es beruhigte ihn und gab ihm ein Gefühl von Liebe und Zugehörigkeit. Er ging zum Callback und bekam den Job – weil er auf sich selbst achtgegeben hat.

Folglich ist die Lektion hier, dass du nur dann zum Opfer deiner Angst wirst, wenn du dich zu passiv dabei verhältst, Mittel zu finden, um das Problem anzugehen und zu lösen.

Es gibt zwei Lehrmeinungen darüber, ob man vor einer Vorstellung oder einem Vorsprechen sein Instrument von der Emotion desjeweiligen Tages säubern und von Null an – also von dem Gefühl neutraler Entspannung – beginnen sollte, oder ob man das, was einem den Tag über passiert ist, emotional in seine Arbeit einfließen lassen sollte. Keine der Lehrmeinungen sagt, dass du muskuläre Anspannung, die nichts mit deiner Figur zu tun hat, beibehalten sollst. Die erste Lehrmeinung geht davon aus, dass man sich von Wut, Traurigkeit oder zu viel Adrenalin befreit, sich beruhigt und einen entspannten Zustand findet und dann genau die Emotion herstellen sollte, die man für seinen Auftritt in der ersten Szene benötigt.

62 Anders als in Deutschland ist es in Amerika an Theatern nicht üblich, vor der Premiere kleine Geschenke für jedes Ensemblemitglied zu besorgen.

Die zweite Lehrmeinung vertritt die Ansicht, dass man sein Instrument nicht von dem, was einem auf emotionaler Ebene den Tag über passiert ist, reinigen sollte, sondern dass man es als Treibstoff für seine Darstellung verwenden sollte. Das ist der Grund dafür, dass man manche Leute sagen hört: *»Sie hat heute eine sehr wütende Darstellung gegeben«*, oder *»Seine Darstellung war heute sehr melancholisch«*. Das heißt, die Darstellung im Rahmen des Textes war gleich, variierte aber im emotionalen Ton. Ich habe gehört, dass Mike Nichols immer sagt: *»Bringe deinen Tag mit.«*

Ich bin der Meinung, dass das von der Person abhängt. Einige Menschen mögen es, die Emotion ihres Tages in die Arbeit umzuleiten und sind dazu fähig, ihre Emotionen zu regulieren und zu fokussieren, um die Bedürfnisse ihrer Figur zu erfüllen. Diese Art von Person kann einen frustrierenden Tag auf eine komische und wahrhaftige Weise verwenden, um eine feurige Darstellung als Billie Dawn in Garson Kanins Theaterstück NICHT VON GESTERN zu geben, einer Komödie über das Erwachen und Heranwachsen einer der klassischen, dummen Blondinen im Theater. Oder sie kann dieselbe Frustration verwenden, um die dunklere, tragische Figur der Medea zu spielen. Aber vielleicht bist du die Art von Person, die emotional ins Stocken gerät und die Gefühle wie Wut oder Traurigkeit schwer hinter sich lassen kann, die sich schwertut, persönliche Reaktionen auf persönliche Ereignisse des Tages loszulassen. Dann würdest du davon profitieren, eine Entspannungsübung zu machen und entweder deine eigene Traurigkeit zuzulassen oder, wenn du dich in einer Wut festgefahren fühlst, die dich von deiner Figur ablenkt, diese Wut umzuwandeln, indem du körperlich aggressive Bewegungen wie Schlagen oder Treten machst, gefolgt von einer Entspannungsübung. Dabei wirst du herausfinden, dass unter der Wut meist Traurigkeit oder Angst verborgen liegen.

Solltest du zum zweiten Typ gehören, ist der entscheidende Schritt, um dein Instrument zu befreien, verschiedenen Arten von Emotionen gegenüber empfänglich zu sein, damit du nicht nur in einer einzigen verharrst. Wenn du es vor einer Vorstellung nicht fertig bringst, deine Emotionen zu lösen, dann läufst du Gefahr, verschlossen und künstlich zu wirken. Deshalb ist es so hilfreich, deine Innenwelt zu kennen. Manchmal kann die einfache Geselligkeit vor einer Vorstellung dir dabei helfen, dich von dir selbst abzulenken. Wenn du dich gut genug kennst, wirst du herausfinden, welche Methode für dich am besten funktioniert, um dich aufs Spielen vorzubereiten. Vergiss nicht, du wirst niemals dazu gezwungen, festzustecken. Aber an manchen Tagen sind die Dinge einfacher als an anderen.

Sollte man vor jeder Vorstellung oder Vorsprechen eine Entspannungsübung durchführen, um Muskelverspannungen zu lösen? Die Antwort lautet: Ja, aber nur zu einem gewissen Grad. Wenn du einmal über die einzelnen Verspannungstendenzen deines Körpers Bescheid weißt, wirst du so gut darin werden, sie zu erkennen und zu lösen, dass du anfängst, dies unbewusst zu tun. Verspannungen zu lösen wird mehr zu einer Lebensphilosophie werden, als dass es eine Übung ist. Es ähnelt sehr dem, was Katzen den ganzen Tag über tun: Sie sind sich ständig ihrer Verspannungen bewusst und lösen sie. Anspannung würden sie nicht tolerieren. Deshalb sollte man Katzen nacheifern; sie sind wundervolle Lehrer.

Aber bis du darin bewandert bist, körperliche Verspannungen zu finden und zu lösen, solltest du die Entspannungsübung täglich durchführen, wie auch dein körperliches und stimmliches Training (ein Thema, das ich im nächsten Kapitel behandeln werde) und wie die von mir vorgeschlagenen Schauspielübungen. Wenn du dich vor einer Vorstellung oder einem Vorsprechen körperlich verspannt fühlst, suche dir eine ruhige Ecke und führe die Entspannungsübung durch. Du kannst sie in deinem geparkten Auto absolvieren, im Warteraum vor einem Vorsprechen, vor einem Dreh oder einer Vorstellung außerhalb des Blickwinkels der Kamera, auf der Seitenbühne oder in deiner Garderobe.

Außerdem macht dich die Entspannungsübung aufnahmefähig dafür, die emotionalen Auslöser oder sensorischen Erinnerungen zu proben, die du bei deinem Vorsprechen oder in deiner Vorstellung verwendest. Manchmal reicht es schon aus, die Arbeit an den sensorischen Erinnerungen nur zu beginnen. Siehst du dann, dass dein Instrument reagiert und die Emotionen lebendig und zugänglich sind, solltest du die Übung eventuell stoppen. Das hält dich für dein Vorsprechen oder deine Vorstellung auf Touren. Jeder reagiert hier unterschiedlich: Manchen Menschen gehen die Emotionen nie aus und sie können diese so oft sie wollen abrufen; andere ziehen es vor, sie aufzusparen und nur zu verwenden, wenn sie sie benötigen. Du musst wissen, zu welcher Gattung du gehörst. Manche Schauspieler mögen es nicht, sensorische Gedächtnis-Übungen kurz vor einer Vorstellung zu machen, weil sie das Gefühl haben, dass die Arbeit, die sie zu Hause verrichtet haben, schon eintreten wird, wenn sie sie benötigen. Ich wiederhole: Du musst herausfinden, was für dich funktioniert.

Schauspieler, die für das Publikum aufregend sind, scheinen sogar dann eine vollkommene Körperlichkeit zu besitzen, wenn nicht der gesamte Körper sichtbar ist. Eine großartige körperliche Darstellung ist jene von Meryl Streep in SOPHIES ENTSCHEIDUNG. Alan Pakula, der Regie führte, verwendete viele Einstellungen von Streeps ganzem Körper, weil sie als Sophie so ausdrucksstark war: Sie sprang wie ein Kind herum und verkörperte in den Szenen mit Nathan, gespielt von Kevin Kline, einem ebenfalls extrem ausdrucksstarken Schauspieler, eine wohlige Sinnlichkeit. Es gibt auch viele Nahaufnahmen von Streep – sie sind so kraftvoll, weil man sich als Zuschauer auch in diesen Momenten ihres ganzen Körpers bewusst ist, in dem Wissen, dass dieser ausdrucksvoll ist, selbst wenn man ihn nicht sehen kann.

Elia Kazan sagte, dass der Unterschied zwischen Marlon Brando und James Dean genau mit diesem Punkt zu tun hatte. In JENSEITS VON EDEN filmte Kazan Dean als Cal Trask in so vielen Ganzaufnahmen, wie er nur irgend von ihm bekommen konnte, weil Deans Körper so ausdruckstark war, dass dieser mit dem Zuschauer auf eine kraftvolle emotionale und psychologische Weise kommunizierte. Marlon Brando hingegen filmte er in ENDSTATION SEHNSUCHT, DIE FAUST IM NACKEN und VIVA ZAPATA! hauptsächlich in Halbnahen und Nahaufnahmen, weil Brandos Stärke von seinem Oberkörper und Gesicht auszugehen schien.

Hier ist ein letzter Gedanke, den ich dir gerne mitgeben möchte: Falls du während des Drehs emotional lebendig bist, aber sich dein Körper angespannt anfühlt und du diesbezüglich selbstkritisch bist, könntest du überrascht sein, wenn du siehst, wie gut du in der zusammengeschnittenen Szene bist. Der Regisseur und der Cutter könnten Nahaufnahmen von dir verwenden, deine Augen könnten so voller Elend, Begierde oder einer anderen Emotion sein, welche die Geschichte zum Leben erweckt, dass die Nahaufnahmen die Szene tragen. Das ist einer der Gründe, warum man sagt, dass der Cutter die Darstellung eines Schauspielers retten kann. Ich gebe dir diese Information, um dir unnötiges Leiden zu ersparen, wenn du einen Drehtag beendet hast und du deine Leistung nicht für gut hältst. Und es gibt noch einen anderen Grund: Was eine Nahaufnahme funktionieren lässt, ist deine intensive Konzentration auf deine Schauspielaufgaben. Diese hast du vielleicht übereifrig erfüllt und warst daher körperlich sehr angespannt; dies zeichnet sich aber auf positive Weise auf deinem Gesicht ab. Beim Film kann man das erst wissen, wenn man das Endresultat sieht. Doch wenn du dich konzentrierst, statt deiner Selbstverurteilung und Angst nachzugeben, wird sich deine Konzentration höchstwahrscheinlich auszahlen.

19. Stimme, Akzente und das kollektive Gedächtnis

Während ich 1989 meinen Umzug nach Los Angeles vorbereitete, um dort meine Schauspielschule zu eröffnen, bekam ich einen Anruf von einer Frau Dixon, einer renommierten Sprechlehrerin, die gehört hatte, dass ich in Hollywood unterrichten wollte. Frau Dixon war kurz davor, in Rente zu gehen. Sie führte mich zum Essen aus und drängte mich, der nächsten Generation junger Schauspieler beizubringen, dass beim Film 80 Prozent ihrer Darstellung in der Tonspur lägen.

Junge Schauspieler, besonders an der Westküste, meinen oft, dass sie eine kraftvolle und dynamische Stimme gar nicht benötigen. Sie wissen, dass sie für Film- und Fernsehjobs »gemolken« werden und glauben fälschlicherweise, dass ihre Darstellungen hauptsächlich optischer Natur seien, weil uns immer erzählt wird, dass Film ein visuelles Medium ist. Aber einer der Gründe, dass ihre Karrieren nicht von Dauer sind, ist, dass die Arbeit an der Stimme in die Provinz des Livetheaters verbannt worden ist und der stimmliche Aspekt in der Filmarbeit nicht die gebührende Aufmerksamkeit bekommt. Frau Dixon sah diesen negativen Trend wachsen und war deshalb besorgt. Wenn du an Katherine Hepburn, Bette Davis, Paul Newman, Humphrey Bogart, Richard Burton, Anthony Hopkins, Harrison Ford, Jack Nicholson, Goldie Hawn und Denzel Washington denkst, dann kannst du ihre optische Kraft auf der Leinwand nicht von ihrer stimmlichen Klarheit auf der Tonspur trennen.

Die Stimme ist für die Arbeit im Film so wichtig, dass Woody Allen zwei Monate lang die Produktion zweier Film stoppte, um seinen Hauptdarstellerinnen Zeit zu geben, die Stimmen ihrer Figuren zu finden. Dies hob beide Filme auf eine höhere komische Stufe. Linda Ash, die Hure in GELIEBTE APHRODITE, wurde durch Mira Sorvinos hohe und piepsige Minnie-Mouse-Stimme definiert. Dianne Wiests tiefe, resonante Altstimme, die diese auf so amüsante Weise einsetzte, definierte sie als Helen Sinclair, die große Dame des Theaters, die ihren jungen Geliebten in BULLETS OVER BROADWAY immer wieder ersuchte: »Nicht sprechen!« Diese Schauspielerinnen wählten diese Stimmen auf dieselbe Weise, auf die du eine Entscheidung über die körperlichen Verhaltensweisen deiner Figur triffst.

Laurence Oliviers Darstellung in seiner Film- und Bühnenversion von OTHELLO basierte größtenteils auf seiner sprachlichen Entscheidung für die Figur. Um einen Mohren zu spielen, der ein Feldherr, ein Truppenbefehlshaber ist, trainierte Olivier eifrig, damit er dazu fähig war, seine Stimme um eine gesamte Oktave zu senken und einen komplett neuen Klang für Othello zu erschaffen – einen Klang, den er nie zuvor verwendet hatte. Das ist es, was Laurence Olivier an der Schauspielerei begeisterte: Verwandlung.

Leonardo DiCaprio spielt in Martin Scorseses AVIATOR den legendären Howard Hughes. Während ich mit Leo an der Rolle arbeitete, las er viele Bücher über Howard Hughes, brütete über Wochenschauaufnahmen und hörte sich Tonbänder von Hughes an, um so viel wie möglich über diesen Mann herauszufinden. Hughes sprach in einem komplett anderen Register als Leo und dies stellte ihn vor eine stimmliche Herausforderung. In jeder Coachingstunde, die wir für den Film hatten, war Leo so diszipliniert, durchweg in der nasalen Tonlage von Hughes, statt mit seinem eigenen tieferen und resonanteren Klang zu sprechen. Dafür musste er das Zentrum seiner Stimmerzeugung von der Brust in den Kopf verlagern. Er übte dies im Probenzeittraum nonstop, während wir an den Details der Figur arbeiteten, sodass der Klang für ihn beim Spielen letztlich so natürlich war, als ob es sich um seine eigene Sprechstimme gehandelt hätte. Durch das Anhören der Tonbänder lernte Leo auch, dass Hughes nicht viel Gefühl in seine Stimme legte, zumindest in der Öffentlichkeit. Dies war ein wichtiger Hinweis für seine Darstellung der Figur und für den Unterschied zwischen öffentlicher und privater Person. Indem er die »neue« Stimme mit seinem eigenen emotionalen Instrument verband und dies dazu verwandte, um die verschiedenen getroffenen Entscheidungen auszudrücken, konnte Leo in die privaten Szenen Emotionen einfließen lassen; währenddessen behielt er eine subtile Nasalität bei, die Hughes gut dokumentierte Stimme ausmachte.

Ein wunderbarer komischer Schauspieler, der großen Erfolg im Fernsehen hatte, ist Brad Garrett aus ALLE LIEBEN RAYMOND. Alles an Brad hat eine unverwechselbare Großzügigkeit, den Klang seiner Stimme eingeschlossen. Seine tiefe und resonante Stimme ist so markant, dass sie eine Kraft an sich ist; sie vervollständigt das Paket seiner großen, robusten Präsenz. Brads Stimme ist so unverkennbar, dass es mich beeindruckte zu beobachten, wie er sich stimmlich in ein anderes Gebiet bewegte, als ich ihn für die Rolle des Jackie Gleason in dem TV Film GLEASON* coachte. Brad hatte sich jahrelang Episoden von THE HONEYMOONERS* angeschaut und weil er – wie viele gute Schauspieler – auch ein toller Imitator ist, fiel es ihm nicht schwer, die eigenwillige Art, in der Gleason sprach, aufzuschnappen. Aber genauso wie Leo ahmte er nicht nur die Stimmqualität einer anderen Person nach, sondern er war dazu fähig, den Klang mit seinem eigenen Gefühlsleben zu verbinden, sodass sein Sprechen vollkommen authentisch wirkte. Obwohl er Rhythmus und sprachliche Tonalität von Gleason übernahm, stand seine emotionale Wahrhaftigkeit nach wie vor im Zentrum seiner stimmlichen Entscheidung.

Schließe deine Augen und höre Dustin Hoffman in DIE REIFEPRÜFUNG zu. Die Hauptfigur, der Hochschulabsolvent Benjamin (die Rolle, die Hoffman zum Star machte), klingt fast monoton, weil die Figur nicht will, dass irgendjemand weiß, was er fühlt. Doch sein inneres Leben ist so turbulent, dass sich ein wenig Emotion in seine Stimme hineinschleicht, und zwar in Form von hysterischen Ausbrüchen, Wimmern und Flehen. Später im Film beginnt die Figur, eine größere stimmliche Kraft zu erlangen, weil Benjamin sein Recht einfordert, Gefühle auszudrücken. Vergleiche dies mit einer weiteren stimmlichen Darbietung von Hoffman, nämlich in RAIN MAN, wo Hoffman einen autistischen Erwachsenen spielt, der aufgrund seines Autismus keine stimmliche Vielfalt oder Ausdruck besaß. Zwischen diesen zwei Filmen forderte sich Hoffman ein weiteres Mal auf stimmlicher Ebene heraus, indem er in TOOTSIE Figuren beide Geschlechter mit verschiedenen stimmlichen Qualitäten spielte.

Es ist schockierend, wenn man, besonders im Fernsehen, die Stimmen sogenannter erwachsener Schauspieler hört, die wie Jugendliche klingen und keinerlei Schattierungen, Tiefe oder Farbe besitzen. Man darf jugendlich klingen, aber die Stimme muss Klang und Vielfalt besitzen, um für die Zuschauer auf der Ebene des Hörens interessant zu bleiben. Manche Schauspieler sprechen so leise – ebenfalls besonders beim Fernsehen –, dass sie überhaupt keinen stimmlichen Eindruck hinterlassen. Manchmal ist es sogar für das Publikum schwierig ihren Text zu verstehen, obwohl sie mit Mikrofonen arbeiten. Diese werden oft genutzt, um den Anschein eines Gesprächstones zu erwecken und die Stimme »natürlich« wirken zu lassen Häufig jedoch handelt es sich um eine gekünstelte Version der Natürlichkeit. Sie beraubt die Schauspieler ihres vollen Ausdrucks und hält sie davon ab, so interessant zu sein, wie sie es sein könnten, wenn sie das Verlangen danach und die Technik dazu hätten, ihre Stimmen auf kreativere Weise zu verwenden.

Manche Schauspieler haben eine sehr charakteristische, aber begrenzte Stimme. Es gibt viele Beispiele junger Frauen mit kindlichen Stimmen, die ihnen am Anfang dabei helfen, Karriere zu machen. Das Problem ist, dass sie dafür berühmt werden, eine Trickfilm-Stimme zu besitzen, an der sie dann hängen bleiben. Was zunächst ein Vorteil ist, kann zur Belastung werden.

Die Stimme sollte den Klang der Emotion annehmen, die du in einer Rolle ausdrückst. Wenn du ein Baby weinen hörst, ist das sehr schneidend und unter Umständen unglaublich nervig, weil nichts den Klang des Ausdrucks ihrer Bedürfnisse unterbindet. Sie spannen keine Muskeln an, um ihren Klang einzuschränken, sie lassen ihren Bauch völlig los und produzieren diesen absolut freien und weit offenen Klang. Dann verrichtet das Leben sein hässliches Werk und Babys beginnen, ihren Atem anzuhalten, Muskeln anzuspannen und aufzuhören, mit ihrem Körper zu sprechen, weil die Gesellschaft und ihre Erfahrungen sie beschränken. Auf die eine oder andere Weise haben wir alle diesen Prozess durchgemacht. Einige von uns gehen daraus stimmlich besser hervor als andere.

Wie geht man also als Schauspieler bezüglich seiner Stimme vor? Zuerst muss man erkennen, was für eine Art von Stimme man besitzt. Bist du eine dieser Personen, die größtenteils aufgrund ihrer Stimme erkannt werden? Kannst du deine Stimme auf verschiedene Weise verwenden oder hast du das Gefühl, dass sie in dem einen oder anderen Register festsitzt? Hast du eine schwache Stimme oder Schwierigkeiten, laut und deutlich zu sprechen? Dies sind Dinge, die du herausfinden musst, indem du deine Stimme auf verschiedene Arten verwendest.

Kann man etwas gegen seine Eingeschränktheit tun? Absolut. Du kannst mit einem guten Stimm-Coach an bestimmten Übungen arbeiten, um deine Stimme zu trainieren, damit sie Kraft, Flexibilität im Klang, Umfang und emotionale Verbindung bekommt. Du kannst lernen, tief zu atmen, sodass du lange Passagen sprechen kannst, z.B. von Shakespeare, Ibsen, Shaw, Strindberg, Williams, August Wilson oder John Patrick Shanley – um nur einige der Schriftsteller zu nennen, die hohe stimmliche Anforderungen stellen –, ohne dass du extra Atem holen musst, was die Bedeutung des Textes schwächt und den Fluss der Szene unterbricht. Du solltest Sprachtraining machen, damit du eine Wahl *hast*. Du willst deine Unverwechselbarkeit nicht verlieren, sondern deine Möglichkeiten vergrößern, weil das auf lange Sicht deine Karriere bereichern wird.

Stimmlich ist es unerlässlich, dass deine Hals- und Nackenmuskeln sowie deine Zunge entspannt sind; außerdem musst du verstehen, dass du mit Luft und nicht mit einem Mangel an Luft sprichst. Du musst trainieren, deinen Oberkörper zu entspannen und dich dann darauf zu konzentrieren, dein Zwerchfell zu füllen. Sensibilisiere dich dafür, wieviel Luft du für eine Rede brauchst. Probe sie, so wie du es mit einem Tanz tun würdest, d.h. bekomme ein Bewusstsein dafür, wann du atmest und wieviel Luftreserve du für einen bestimmten Text benötigst. Wann du atmest, hängt sowohl von deiner Interpretation des Textes als auch von deinem Luftbedarf ab.

Die Resonanzkörper, die im Wangenbereich parallel zu deiner Nase verlaufen, und deine Oberkopfresonanz bringen die Stimme nach vorne.

Du sollest jeden Tag besonders dahingehend üben und trainieren, mehr Resonanz zu bekommen. Wenn du einen guten Sprech- oder Gesangslehrer hast, wird er dir Übungen geben, um deine Resonanz zu verbessern. Eine der besten Übungen besteht darin, Luft zu benutzen, um deine Lippen vibrieren zu lassen und dabei sicherzustellen, dass dein Kiefer jederzeit locker ist. Ein verkrampfter Kiefer, die Verwendung der falschen Muskeln in Hals und Nacken sowie unsachgemäßes Atmen (Brust- statt Bauchatmung) verursacht Stimmprobleme. Wenn du aus deiner Brust heraus atmest, verkrampfst du automatisch deinen Hals, hebst deinen Kehlkopf an und verspannst all die anderen Muskeln, die entspannt sein müssen, um einen konzentrierten und gesunden Klang zu erzeugen.

Verschiedene Rollen haben verschiedene stimmliche Anforderungen. Einige Rollen, die stimmlich besonders anspruchsvoll sind, erfordern bestimmte Übungen, um dich auf diese vorzubereiten. Es kann sein, dass du diese Übungen nicht nur in den Proben, sondern jeden Abend vor Betreten der Bühne oder als Aufwärmübung vor dem Dreh machen musst. Beginne deine Stimmübungen behutsam und vermeide es, auf die Stimme zu drücken; versuche nicht, große Klänge zu erzeugen, bevor du aufgewärmt bist.

Um Stimmübungen richtig auszuführen, braucht man Geduld. Doch letztlich wird es sich für dich mit großen Erträgen auszahlen, besonders wenn du im Theater acht Vorstellungen die Woche spielen oder in einem Film brüllen und schreien musst. Es ist das Brüllen oder Schreien in einer Rolle, das Leute in große stimmliche Schwierigkeiten bringt. Du solltest so bald wie möglich an deiner Stimme arbeiten und die Arbeit ernst nehmen; wenn du das nicht tust, verspreche ich dir, dass du eines Tages eine Rolle bekommst, der du stimmlich nicht gewachsen sein wirst. Dann wirst du jeden Tag beim Stimmarzt verbringen, damit du fähig bist, deine Vorstellungen zu absolvieren. Das ist vielen Filmschauspielern so ergangen, die zu schnell und ohne richtige Grundlage den Wechsel zum Theater vollzogen haben und Sängern mit natürlich tollen Stimmen, die nie eine fundierte Gesangstechnik erlernt haben.

Als junger Schauspieler habe ich intensiv Gesang trainiert; dass meine Sprechstimme in Ordnung war, habe ich als selbstverständlich erachtet – und damit alles falsch gemacht. Ich habe beim Sprechen aus meiner Brust heraus geatmet und manchmal nach Atem gerungen. Ich habe mich selbst nicht zur Zwerchfellatmung diszipliniert, weil ich mich dabei so verletzlich fühlte. Ich mochte das Gefühl nicht, das sich einstellte, wenn ich ordentlich atmete und so atmete ich unsachgemäß, um nicht zu fühlen. Offensichtlich ist meine frühe Jugend als Schauspieler das perfekte Beispiel dafür, was man stimmlich nicht machen sollte. Nicht mit deinem unteren Rumpf zu atmen ist sowohl für die Stimmerzeugung als auch für die emotionale Freiheit schlecht.

Die Arbeit mit der grandiosen Patsy Rodenburg, eine meisterhafte Sprecherzieherin und Shakespeare-Interpretin aus England, war für mich eine Offenbarung. Die genauen und effektiven Übungen, die Patsy mir beigebracht hat, haben mir gezeigt, wie notwendig es ist, für eine Darstellung Stimme und Körper gemeinsam aufzuwärmen. Wann immer dein ganzer Körper an der Klangerzeugung beteiligt ist, werden sich deine Emotionen automatisch einstellen. Patsys Übungen zur Förderung einer mit Emotion und Luftkapazität gefüllten, gesunden Stimme sind in ihren drei hervorragenden Büchern »The Actor speaks«*, »The Right to Speak: Working with the Voice«* und »The Need for Words«* beschrieben. Die Informationen aus diesen Büchern und die Arbeit mit den besten Sprechlehrern, die du finden kannst, werden dich auf die richtige Bahn bringen. Wenn du singen kannst, verwechsle das nicht mit der Kontrolle deiner Sprechstimme, so wie ich es getan habe. Sie sind verwandt, aber verschieden; deshalb musst du an beiden arbeiten – weil dir die eine nicht automatisch die Fähigkeit für die andere gibt. Eines der Dinge, die dir das Gesangsstudium bringen kann, ist eine solide Atemstütze, die du dann lernen kannst, für deine Sprechstimme zu verwenden.

Viele meiner Studenten haben ihren Stimmumfang erweitert und ihren Klang verstärkt, weil ich sie in meinem Unterricht unerbittlich damit belästige, sich darum zu kümmern.

Es gibt noch einen anderen Aspekt der stimmlichen Darstellung, über den ich sprechen möchte: Akzente. Unterschätze niemals die Bedeutung, die der Einsatz eines konkreten Akzentes beim Gestalten einer Rolle spielt. Diese Genauigkeit wird nicht nur die Zuschauer dazu veranlassen, deiner Figur Glauben zu schenken, wenn sie diese hören; es wird auch zu deinen interpretatorischen Fähigkeiten für eine Figur beitragen. Indem du Zunge, Lippen und Kiefer anders als gewohnt verwendest und durch den Einsatz einer neuen Melodie und Rhythmik in deinem Sprachmuster, wirst du automatisch andere körperliche Impulse als zuvor verspüren. Diese werden Teil deiner Rollenarbeit. Sie können in der Tat die Grundlage für die Arbeit an einer Rolle ausmachen. Du wirst es selbst feststellen, wenn du damit anfängst, gezielt mit einem Akzent zu arbeiten.

Zwei brillante Schauspieler, die dir helfen können, dies zu verstehen, sind Daniel Day-Lewis und Meryl Streep. Betrachte Day-Lewis in den Filmen MEIN WUNDERBARER WASCHSALON, in dem er einen schwulen britischen Gassenjungen spielt, in ZIMMER MIT AUSSICHT, in dem er einen aristokratischen, britischen Dandy spielt, und in DER LETZTE MOHIKANER, in dem er ein mächtiges Oberhaupt der amerikanischen Ureinwohner spielt. Er wird dich durch seine stimmliche und körperliche Vielfalt in Erstaunen versetzen und du wirst die Verbindung zwischen diesen beiden Aspekten erkennen. Schau dir Streep in SOPHIES ENTSCHEIDUNG, DIE BRÜCKEN AM FLUSS und EIN SCHREI IN DER DUNKELHEIT an – polnisch, italienisch und australisch, drei verschiedene Frauen.

Schauspieler erleben ihren Durchbruch aufgrund einer einzigen Darstellung, die so speziell ist, dass sie die Aufmerksamkeit der Zuschauer erregt und diese von dem Schauspieler, der sie kreiert hat, fasziniert sind. Zu Beginn seiner Karriere wurde Robert Duvall in dem Stück THE DAYS AND NIGHTS OF BEEBEE FENSTERMAKER* von William Snyder besetzt. Er spielt darin einen jungen Texaner, der hilflos in der großen Stadt umhertreibt. Er hat eine Szene am Schluss des Stückes, die seiner Karriere den entscheidenden Schub versetzen sollte. Vor Probenbeginn fuhr Duvall nach Texas und nahm drei verschiedene Akzente aus drei verschiedenen Regionen auf Band auf. Am ersten Probentag legte er dem Regisseur die Bänder vor und sagte: »Such dir einen aus.« Ich liebe diese Geschichte, weil sie beweist, wie Schauspieler sich selbst befördern und Entscheidungen treffen können, die ihre Karrieren beeinflussen.

Wie ich zuvor schon gesagt habe: Nur schlechtes Schauspiel ist banal, das Leben ist es nie! Und dennoch spielen so viele Schauspieler, wenn sie das erste Mal meinen Unterricht besuchen, eine Szene mit irgendeinem landläufigen Südstaaten-, New Yorker oder britischen Akzent – um von mir mit der wunderbaren Neuigkeit konfrontiert zu werden, dass sie eine ganze Menge Arbeit vor sich haben. Letztendlich nehmen ernsthafte Schauspieler die Herausforderung an, sich authentischen, konkreten Dialekten zu verschreiben. Diese Arbeit bringt auf schnelle Weise die körperlichen Impulse für ihre Figuren zum Vorschein, die sie niemals entdeckt hätten, wenn sie sich nicht der gezielten Arbeit mit Dialekten verschrieben hätten, weil eben die Art, wie wir sprechen, unser komplettes Verhalten beeinflusst. Sie finden sich dabei wieder, ihre Vorstellungskraft auf mutigere und weniger verkopfte Weise zu verwenden, indem sie intuitive Entscheidungen treffen, die von einer völlig neuen Sprechweise herrühren.

Wenn du bei einem bestimmten Akzent nicht weiterkommst, dann rufe doch einfach mal in einem Geschäft in der Region an, in der deine Figur lebt, und frage irgendetwas. Nimm das Gespräch auf Band auf. Oder mache es besser noch wie Duvall und unternimm einen Ausflug dorthin. Studiere durchs Beobachten, Zuhören und Aufnehmen. In größeren Städten gibt es Lehrer, die darauf spezialisiert sind, Schauspieler für verschiedene Akzente zu coachen. Zur Unterstützung gibt es Aufnahmen, Filme und selbst Romane, in welchen der Dialog der Figuren anschaulich in exakt dem Akzent geschrieben ist, den du benötigst. All das kann Teil deiner Recherche sein.

Neil Simon, einer der erfolgreichsten Autoren für Bühne und Film in der zweiten Hälfte des 20. Jahrhunderts, schreibt zumeist über urbane, jüdische Erlebnisse. Du musst nicht Jude sein, um seine Stücke zu spielen; aber du musst das kollektive Gedächtnis der Juden verstehen, um seine jüdischen Figuren authentisch darstellen zu können, genauso wie du das kollektive Gedächtnis jeder Nationalität, die du darstellst, verstehen musst. Das kollektive Gedächtnis ist ein Konzept, dessen Begreifen Stella Adler absolut notwendig erschien. Sprache und Akzent stehen im Mittelpunkt: Es bedeutet, die Geschichte der Menschen, von denen deine Figur abstammt, und das Land, aus dem sie kommen, zu verstehen, weil ihre Sprache daraus entstanden ist; außerdem ist es zu einem gewissen Grad der Grund dafür, dass sie zu jener bestimmten Person im Skript geworden sind.

Stella sagte, dass jeder von uns Schauspielern das kollektive Gedächtnis unserer Vorfahren in sich trägt. Die Mutter meines Vaters stammte aus England, der Vater meines Vaters aus Odessa in Russland; die Mutter meiner Mutter kam aus dem tiefen Süden. In meinem eigenen Schauspieldasein habe ich eine Affinität zu Figuren mit Wurzeln in England, Russland oder den Südstaaten beobachtet. Das heißt nicht, dass ich keinen Spaß daran habe, an irischen oder italienischen Figuren zu arbeiten, oder dass ich sie nicht sehr gut darstellen könnte. Damit meine ich nur, dass mir durch den Zugang zum kollektiven Gedächtnis die anderen, erwähnten Rollen normalerweise leichter fallen und – jetzt spreche ich nur für mich – dass es mir hilft, ihr emotionales inneres Leben zu verstehen und ich ihre Akzente viel schneller wiedergeben kann. Aber natürlich könntest du dich bei einer Rollenarbeit wiederfinden, die sehr weit von dem dir vertrauten kollektiven Gedächtnis entfernt liegt, mit einem Akzent, der nichts mit Akzenten aus deiner Familiengeschichte gemein hat. Und dennoch ist es möglich, dass du so stark mit der emotionalen Dynamik dieser Figur im Einklang bist– was ihr Verhalten und ihren Akzent beinhaltet –, dass es dich schockiert. Mein Rat für dich, wenn dir das passiert: Bleib dabei und sei dankbar! Deshalb sage ich, man muss nicht jüdisch sein, um Neil Simon zu spielen; um ihn jedoch gut zu spielen, musst du definitiv die besonderen jüdischen Menschen, über die er schreibt, die Juden der ersten und zweiten Generation aus Brooklyn und der Bronx, verstehen und ein Gespür für ihre Art zu Sprechen haben.

Es gibt einen Tonfall, der als jüdisch und singend wahrgenommen wird. Er ist wie eine Art von Musik, so einzigartig und lebendig wie ein irischer Akzent oder die gedehnte Sprechweise der Südstaaten. Wenn du in einer jüdischen Familie aufgewachsen bist, in der der Einfluss der jüdisch-europäischen Kultur immer noch zu fühlen war, dann weißt du genau, wovon ich spreche. Wenn nicht, dann verkörpert diese sicherlich der singende Tonfall des Komikers Jackie Mason, wie auch Lenny Bruce, der rebellische Komiker der 50er Jahre. – Von beiden kannst du dir Aufnahmen anhören. Den singenden Tonfall findest du auch bei den Komikern Billy Crystal, Larry David und Robert Klein sowie bei Barbra Streisand und Bette Midler. In der jüdischen Tradition entstammt ein großer Teil Humor dem Terror, dem unterdrückten Zorn, der Liebe zur Sprache und dem riesigen Verlangen nach Freiheit und Bewegungsfreiheit, was den meisten Juden fast überall in den europäischen Gesellschaften, aus denen sie stammten, verweigert worden war. Es gibt auch die jüdische Tradition des Fatalismus, der von dem Satz: »Das hättest du wohl gern« (auch: »Schön wär's!«) oder »Stell dir vor!« (»Geh vays«) erfasst wird, und von dem unnachahmlichen Schulterzucken, welches bedeutet: »Das übersteigt meine Fähigkeiten, es hängt von Gott ab.« All dies zu verstehen hilft, eine Figur aus Simons »Eugene-Trilogie« BRIGHTON BEACH MEMOIRS*, BILOXI BLUES* und BROADWAY BOUND* oder aus seinen anderen Werke einschließlich DER LETZTE DER FEURIGEN LIEBHABER und DAS NERVENBÜNDEL zu spielen, die sich auf jüdische Figuren konzentrieren. Richard Dreyfus zeigt das beispielhaft in seiner hervorragenden, komischen Wendung als Elliot Garfield, einem jungen jüdischen Schauspieler in dem Film DER UNTERMIETER.

Ähnlich wird es dir helfen, die Ursprünge der Mafia zu verstehen, um eine Mafiafigur zu spielen, zusätzlich zum Erlernen eines sizilianischen Akzents oder einem aus New Jersey. Es wird deine Darstellung prägen und dir die unglaublich starke Cliquenhaftigkeit in der Familie, das völlige Misstrauen gegenüber allem außerhalb der Familie und die Gewalt verständlich machen. Diese Eigenschaften stammen aus einer Zeit, in der die Regierung auf Sizilien so korrupt war, dass die Bauern verhungerten und nicht die geringsten politischen Rechte besaßen. Stattdessen waren sie auf Gedeih und Verderb dem ausgeliefert, was die Führung sparsam austeilte. Für den gemeinen Mann gab es keine wirkliche Gerechtigkeit. Die unteren Klassen formten eine Bürgerwehr, die ihnen ermöglichte, Essen, Wasser und andere Notwendigkeiten zu bekommen, was sich schlussendlich in Verbrechen und sogar Gewalt und Morde verwandelte. Dir wird klar, wie sich diese Menschen dazu berechtigt fühlten, ihre Familien gegen eine Regierung zu beschützen, die kein Mitgefühl oder menschlichen Anstand besaßen. Als die Einwanderer nach Amerika kamen, wurde das von Generation zu Generation überliefert; sie behandelten die Regierung mit der gleichen Verachtung und verwandelten Verbrechen in ein Großunternehmen.

Wenn dich das Lesen dieses Kapitels anreizt, sofort eine Rolle anzunehmen, die dich vor eine stimmliche Herausforderung stellt und dich auffordert, dir einen neuen Akzent und das kollektive Gedächtnis einer neuen Figur anzueignen, dann hast du es geschafft. Aber ich vermute, dass es einigen von euch widerstrebt, in diesen Bereichen zu arbeiten. Deshalb spreche ich deine Faulheit und/oder Angst an und verlange von dir, dass du daran arbeitest, deine stimmliche Kapazität zu vergrößern, Akzente zu finden, die in Verbindung mit dem dir zugänglichen kollektiven Gedächtnis stehen und dass du dir Figuren vornimmst, die dein Wachstum abverlangen, selbst wenn das unbequem ist. Ein guter Schauspieler zu sein bedeutet nicht, sich wohlzufühlen; es geht darum, eine Vorstellung deines eigenen Potenzials zu besitzen und den Wunsch zu hegen, viele andere Kulturen, die du durch deine Arbeit beleuchten kannst, kennenzulernen und sie zu schätzen. Schauspieler sind Weltbürger und können Menschen mit Kulturen in Kontakt bringen, die sie nie zuvor erfahren haben. Schauspieler sind auch Zeitreisende, die dem heutigen Publikum Stücke aus den vorherigen Jahrhunderten nahebringen und diese zu neuem Leben erwecken können. Ich glaube, dass die Zuschauer heute das mehr denn je benötigen. Um dein Potenzial als Schauspieler zu entfalten, darfst du dich nicht einschränken, indem du dich und deine Welt klein machst.

20. Comedy: Tipps und Tricks für Schauspieler

Ein altes Sprichwort sagt: »Sterben ist einfach, Komödie ist schwer.«[63] Auch wenn Komödien tatsächlich schwerer zu spielen sind, weil sie ein gutes Gefühl für Timing, eine besondere Reaktionsfähigkeit und einen kreativen Umgang mit dem Text erfordern, sind einige Schauspieler geborene Komiker; auch wenn ihre komödiantischen Instinkte vielleicht noch der Verfeinerung bedürfen, wissen sie doch intuitiv, was sie tun müssen, um komisch zu wirken. Andere Schauspieler müssen Komik wie ein Handwerk lernen. Egal, was von beidem auf dich zutrifft – in diesem

63 »Dying is easy, comedy is hard.« Angeblich waren dies die letzten Worte des namhaften englischen Schauspielers Edmund Kean (1787–1833).

Kapitel werde ich dir konkrete Tipps anvertrauen, die dir helfen, deine Comedy-Qualitäten weiterzuentwickeln.

Finde die Unnachgiebigkeit in der Figur, die du spielst

Eine klassische Spielart von Komik, die ich für äußerst wirkungsvoll halte, basiert auf festgefahrenen Eigenschaften oder Verhaltensweisen von Figuren. Wenn man die großen Fernsehsitcoms – von I LOVE LUCY* über THE HONEYMOONERS zu ALL IN THE FAMILY und OH MARY bis hin zu SEINFELD, FRASIER, ALLE LIEBEN RAYMOND und DIE LARRY SANDERS SHOW – vergleicht, ist zu erkennen, dass die jeweiligen Sichtweisen und Verhaltensweisen der Hauptfiguren von sehr eigenwilligem Charakter sind – weshalb wir uns auch allwöchentlich darauf verlassen und freuen.

Wir wissen, dass Lucy ihrem Ehemann Ricky gegenüber ständig Fehler macht und dann die Konsequenzen tragen muss; wir zählen auf ihre Verwirrtheit, auf ihr fehlendes Urteilsvermögen, ihr ständiges Bestreben, Recht zu behalten, und auch auf ihre unvermeidlichen Niederlagen. Von Ralph Kramden in THE HONEYMOONERS sind wir gewohnt, dass er in jeder Episode über irgendetwas sehr frustriert ist, wütend wird und schließlich brüllt: »Zum Mond mit dir, Alice!« In ALL IN THE FAMILY sagt uns schon der Name »Archie Bunker«, dass diese Figur unverrückbare Abwehrmechanismen aufgebaut hat. In OH MARY haben alle Leute um die Titelfigur herum ihre festgefahrenen Perspektiven, und Mary versucht die ganze Zeit, Frieden zwischen diesen starken und oft unflexiblen Persönlichkeiten herzustellen. Die zwei Brüder in FRASIER rühmen sich regelrecht für ihre Unnachgiebigkeit; Raymond in ALLE LIEBEN RAYMOND hat stark ausgeprägte maskuline Gewohnheiten, von denen seine Frau Debra ihn immer zu kurieren versucht, während Raymonds Eltern Marie und Frank kämpfende Titanen der Starrköpfigkeit sind. DIE LARRY SANDERS SHOW wälzt genüsslich den Wetteifer dreier ausgesprochener Narzissten aus, jederzeit im Mittelpunkt zu stehen; ihr Bewusstsein dafür, immer mit den höchsten Einsätzen zu spielen, und andererseits ihre extreme Angst um jene Einsätze machen diese Comedyserie mit ihren höchst antisozialen Hauptfiguren zu einem Klassiker.

Es ist schon höchst angenehm, diesen Figuren mit ihren rigide verteidigten Perspektiven jede Woche von unseren Wohnzimmern aus zu folgen und mitzuerleben oder auch schon im Voraus zu erahnen, welche »emotionalen Karambolagen« sie als Nächstes erwarten. Wir befinden uns in sicherer Distanz, und das immer sichere Happy End der Geschichten erlaubt uns, trotz der Dramatik der Konflikte und des damit einhergehenden Unbehagens, Vergnügen zu empfinden. Es ist doch so, dass es bei Komödien meistens um etwas Schmerzliches geht und wir dafür dankbar sind, dass nicht wir, sondern jemand anders der Leidtragende ist, sodass wir nicht selbst diese Irrungen und Wirrungen durchmachen müssen. Natürlich erkennen wir uns in den Figuren selbst wieder – mit all unserer eigenen Festgefahrenheit, unseren Ambitionen, Extravaganzen und den Träumen, die nur darauf warten, zu zerplatzen.

In Molières Stück TARTUFFE ist eine der komischsten Figuren Orgon, der glaubt, dass sein Freund Tartuffe ein spiritueller Guru sei. Obwohl Orgon vielfach darauf hingewiesen wird, dass Tartuffe ein Heuchler und Betrüger ist, will er dies nicht wahrhaben. Seine Verweigerungshaltung entwickelt sich derart drastisch, dass seine Frau Elmire sich letztlich gezwungen sieht, ihm die Wahrheit ein für alle Mal zu beweisen, und zwar in einer der witzigsten und gleichwohl unbehaglichsten Szenen, die die Geschichte der Komödie zu bieten hat: Elmire befielt ihrem Ehemann, sich unter dem Tisch zu verstecken, um von dort aus Tartuffe bei seinen sexuellen Annäherungsversuchen an Elmire zu belauschen, die er, wie sie sich sicher ist, unternehmen wird. Doch geht ihr Plan schwer in die Hose, als Orgon sich – während Tartuffe den Raum kurzzeitig verlassen hat – weiterhin sträubt, die Wahrheit über Tartuffes Lotterleben anzuerkennen. Und Elmire muss sich mehr und mehr Ausflüchte ausdenken, um sich Tartuffes Zudringlichkeiten zu entziehen. Ihre Verzweiflung über die Dummheit ihres Ehegatten und dessen Weigerung, seinen Irrtum einzugestehen, sogar dann noch, als er Zeuge wird, wie Tartuffe versucht, mit seiner Frau zu schlafen, veranlasst sie dazu, so ausdrücklich nach Hilfe zu verlangen, dass wohl jeder zu ihrer Rettung herbeieilen würde – bis auf Orgon, der in seinem Versteck bleibt, bis es fast zu spät ist, und der nach wie vor nicht glauben will, dass Tartuffe ihm Hörner aufsetzen würde. Denn sein Bedürfnis, im Recht zu sein, ist so stark, dass er ignoriert, was er deutlich hört.

Es gibt niemanden, der beharrlicher in seiner Begriffsstutzigkeit und Wichtigtuerei ist als Peter Sellers Inspektor Clouseau in den PINK PANTHER-Filmen. Clouseau macht nie etwas falsch – zumindest nach seinem Dafürhalten. Am Ende von DER ROSAROTE PANTHER KEHRT ZURÜCK, worin sich Inspektor Clouseau komplett zum Affen macht, weil er sich niemals einen Fehler eingesteht, verkündet er in schönster Selbstgewissheit: »Ich habe *von Anfang an* gewusst, dass sie die Mörderin war, und nun muss ich Abschied nehmen. Euch allen *au revoir.*« Statt nun seinen Abgang durch die Haustür zu machen, schließt er hinter sich die Tür des Wandschranks, von der er annimmt, es sei die Haustür, und – ein Meisterstück komischen Timings – bleibt im Schrank. Die übrigen Anwesenden beobachten den Wandschrank und warten, dass er wieder herauskommt. Etwa eine Minute später schwingt er mit großer Geste die Schranktür auf, wirft sich seinen Schal um den Hals und platzt heraus: »Dummer Architekt.«

Wenn du an komischen Texten arbeitest, suche nach der Unnachgiebigkeit im Charakter der Figur, die du spielen wirst, und finde dazu passend den körperlichen Ausdruck bzw. entsprechende Bewegungen. Achte auch darauf, ob diese unbeweglichen Züge der Figur irgendwann schwächer werden und sich verändern. An solchen Stellen kommt nämlich in der Komödienhandlung oft ein ernsthaftes Moment zum Tragen. Wenn eine Komödie dich als Zuschauer berührt, dann vermutlich deshalb, weil die Figuren das Unflexible in oder an sich selbst erkennen und beginnen, darüber zu reflektieren und insgesamt einfühlsamer zu (re-)agieren.

Das ist auch das Geheimnis von James L. Brooks' Film ZEIT DER ZÄRTLICHKEIT. Garrett Breedlove, der von Jack Nicholson gespielte heruntergekommene, gefühllose Astronaut, und Aurora Greenway, Shirley MacLaines verzweifelt narzisstische und verführerische alternde Südstaatenschönheit, krachen aufeinander und müssen aufgrund der Umstände *anfangen, sich zu ändern.* Zu diesen Umständen gehört auch die schwere Erkrankung von Auroras Tochter Emma (Debra Winger), was Aurora abverlangt, ihre Aufmerksamkeit von sich selbst auf ihre Tochter zu verlagern. MacLaines Haarfarbe ändert sich im Verlauf der Handlung von einem flammenden Gold zu der graumelierten Wahrheit ihres Alters von 50+. Nicholsons Astronaut sieht sich mit ihrem Schmerz und ihrer Verletzlichkeit konfrontiert – und muss auch die eigene Verletzlichkeit zulassen. Einer der Vorbehalte, die einige Leute gegenüber diesem Film hatten, bestand darin, dass er als ausgelassene Komödie beginnt und dann umschlägt in eine bittersüße Geschichte über Verlust – und wie dieser uns zwingt, uns zu verändern und erwachsen zu werden. Die Leute sagten: »Was für ein manipulatives Ende! Warum muss man Themen wie Krebs und Tod in einen so lustigen Film einschleusen.« Die Antwort darauf ist natürlich, dass das Leben zwar sehr lustig sein kann, aber manchmal von einer Sekunde auf die andere eine tragische Wendung nimmt. Das mag uns nicht gefallen, aber so ist das Leben nun mal.

Sei wahrhaftig in deiner Darstellung und nimm die Einsätze der Figur ernst

Ganz gleich, ob du in einem Drama oder einer Komödie spielst, immer stellst du menschliche Wahrheit dar. Deswegen wählt z.B. Mike Nichols, ein ausgezeichneter Komödienregisseur, der viele Broadway-Theaterstücke des berühmten Dramatikers Neil Simon verfilmt hat, oft Schauspieler mit einer großen Bandbreite an darstellerischen Fähigkeiten aus. So hat er George C. Scott in PLAZA SUITE besetzt, obwohl dieser hauptsächlich für seine dramatischen Rollen bekannt war. Nichols aber war sich bewusst, dass die Einsätze in Neil Simons Komödien, wie ich schon erörtert habe, in der Regel riesig hoch sind – und gerade, weil sich die Schauspieler so engagiert der Einsätze ihrer Figuren angenommen haben, ist der Film so lustig geworden. Als zweite Hauptrolle neben George C. Scott hat Mike Nichols die Schauspielerin Maureen Stapleton besetzt, die ebenfalls für ihre dramatischen Darstellungsfähigkeiten bekannt war. Den letzten Akt von PLAZA SUITE sollten diese beiden Schauspieler auf Nichols Anweisung hin als verzweifelte Eltern spielen, die am Tag der Hochzeit ihrer Tochter feststellen müssen, dass sich diese im Badezimmer ihrer Suite im Plaza Hotel, wo die Hochzeit gefeiert werden soll, eingeschlossen hat. Das Ausmaß an Panik und Verzweiflung, das George C. Scott erkennen lässt, als er versucht, seine Tochter dazu zu bewegen, aus dem Badezimmer heraus und hinunter zur Hochzeitsfeier zu kommen, hätte einer Darstellung des König Lears zur Ehre gereicht. Diese überwältigende Leidenschaft machte die Szene so zwerchfellerschütternd komisch. Stapleton, die immer den Humor im Drama fand, hatte sich ebenfalls dem Dramatischen in dieser Komödie verschrieben. Doch keiner der beiden spielte bloß Attitüden – sie versuchten nicht etwa, die Gunst des Publikums durch ihr komisches Spiel zu erheischen. Sondern sie spielten, als ob ihr Leben davon abhinge – mit echter Verzweiflung. Und das führte, zusammen mit Neil Simons Stückvorlage, zu einem rasend komischen Ergebnis.

Triff deine schauspielerischen Entscheidungen auf der Grundlage von Text und Inszenierung

Jede Komödie verlangt, dass du die menschliche Wahrheit darstellst, aber jede verlangt zudem nach einer eigenen Art der Darstellung dieser Wahrheit. TARTUFFE kann nicht im selben Stil wie PLAZA SUITE oder ZEIT DER ZÄRTLICHKEIT oder ALLE LIEBEN RAYMOND gespielt werden – und zwar nicht nur deshalb, weil du die jeweilige Kleidung eines bestimmten Zeitalters trägst.

Molière hat den TARTUFFE in seiner eigenen Lebenswirklichkeit, dem 17. Jahrhundert, angesiedelt, als äußerst aufwendige und formelle Kleidung üblich war und man mit strengen Sitten und elaborierten gesellschaftlichen Codes umzugehen hatte. Alles war daraufhin ausgerichtet, welchen Eindruck man nach außen hin machte. Und da Molière am Hofe des Königs lebte, bekam er für die Entlarvung der Lügen und der Scheinheiligkeit in der Gesellschaft in seinen Stücken zuerst Beifall, der später jedoch in Hass umschlug. Molières Gesellschaftssatiren decken die Tiefen der menschlichen Gefühlswelt nicht auf eine offensichtliche, realistische Weise auf; man muss die emotionale Tiefe und Komplexität seiner Figuren erst finden, um sie zum Leben zu erwecken, aber sie warten nur darauf, erforscht zu werden. Viele seiner Figuren geben sich elegant und förmlich; das ist Teil dessen, wie sie sich präsentieren. Aber wenn du ihre körperliche Ausdrucks- und Verhaltensweise darstellst, ohne echte menschliche Bedürfnisse einzuflechten – und damit die Wahrheit, die ihnen zugrunde liegt –, werden sie leere Hüllen bleiben.

Ich habe einmal eine sehr düstere und nachdenkliche Inszenierung von TARTUFFE gesehen, in der Tartuffe so schleimig und bösartig gespielt wurde, dass die Aufführung von einer Art Verzweiflung und Angst erfüllt war, die dem Subtext dieser Komödie entspricht. Der Regisseur hatte die Schauspieler aufgefordert, die Figuren von einem viel dunkleren Blickwinkel her zu interpretieren und das führte dazu, dass die Komödie beißend, auf eine fast verbitterte Art lustig war. Das war eine künstlerische Entscheidung. Einer der spannenden Aspekte des Schauspielerseins ist es, mit Regisseuren arbeiten zu können, die eine einzigartige und ungewöhnliche Vision haben, von der aus sie einen Text erkunden. Die Schauspieler in dieser Inszenierung von TARTUFFE zwangen ihr Publikum, die primitiven Bedürfnisse und Beweggründe dieser Figuren zu erkennen, die unmöglich hinter aufgesetzter Vornehmheit versteckt bleiben konnten. Obwohl es also unabdingbar ist, sich im höfischen Stil zu bewegen, wenn man Molières Stücke spielt, gibt es im Rahmen dessen eine ganze Reihe verschiedener Interpretationsmöglichkeiten.

Wie ich oben bereits ausgeführt habe, hat Noël Cowards DIE HOCHZEITSREISE viel stylishen Glamour zu bieten, da es sich bei seinen Figuren um extrem reiche, gebildete englische Männer und Frauen in den 1930er Jahren handelt, die ihre Zeit mit geistreichen Zänkereien und der Erkundung ihrer neurotischen Spleens verbringen. Als ich das Stück zum ersten Mal sah, spielten Maggie Smith und Stephen Elliott die Hauptrollen Amanda und Elyot, geschiedene Eheleute, die sich wiedertreffen, als sie sich beide auf der Hochzeitsreise mit jeweils neuen Partnern befinden. Smith stellte Amanda als eine eingebildete, ichbezogene, manische, launische, verzweifelte Femme fatale dar. Sie setzte auf hochgradige Farce – mit erhabenen Gesten und einer Mimik, die ans Posieren grenzte –, und trieb dies auf die Spitze. Sie war sehr erfolgreich in dieser Rolle, weil sie eine große Komödiantin ist. Und in Amandas Eifersucht, ihren Besitzansprüchen und ihrem maßlosem Bedürfnis nach Kontrolle und nach romantischer Zuwendung konnte sie viel komisches Potenzial entdecken. An ihren besten Abenden bezog sie Amandas große Liebe für ihren Exmann Elyot mit ein. Und in ausnahmslos jeder Vorstellung hat sie es vermocht, die wahren Ursachen von Amandas Exzessen deutlich zu machen, und gerade deshalb machte es große Freude, ihr zuzuschauen. Sowohl ihre körperliche als auch ihre stimmliche Ausdrucksweise waren übertrieben und extravagant, aber die Darstellung funktionierte, weil Smith diese vollkommen mit Amandas *Bedürfnis* nach Elyots ungeteilter Aufmerksamkeit verband.

In der späteren Wiederaufnahme in London sowie am Broadway mit Lindsay Duncan und Alan Rickman in den Hauptrollen war der *Stil der Darstellung* weniger extravagant, dafür intimer, weil Duncan und Rickman sich mehr auf den Aspekt der Hilflosigkeit hinsichtlich Amandas und Elyots Bedürftigkeit und Besessenheit in ihrem Verhältnis konzentrierten. Die Beziehung zwischen den beiden ehemaligen Ehegatten erschien naturalistisch, subtil und von echter, ergreifender Anziehungskraft und Verlangen erfüllt. Es war eine viel emotionalere Inszenierung. Obwohl sie in derselben Ära spielte, wirkten die Figuren wahrhaftiger und weniger exotisch, abstrus und absurd. Es könnten sich wohl kaum zwei Interpretationsarten dieses Stücks finden, die sich mehr voneinander unterscheiden. Beide haben verschiedene Eigenschaften des Stückes zum Vorschein gebracht. Beide Inszenierungen haben unzählige Lacher geerntet, aber aus verschiedenen Gründen und auch auf unterschiedliche Weise.

Einige Drehbücher *fordern* plakative, komische Entscheidungen, wie die etwa für Mel Brooks' Filme DER WILDE WILDE WESTEN und FRANKENSTEIN JUNIOR. Wären sie mit weniger Feuereifer und komischem Einfallsreichtum umgesetzt worden, wären sie beim Publikum durchgefallen. Schau dir an, welche Leidenschaft und Entschlossenheit Peter Boyle als Frankensteins Monster, das sich bewegt, als habe es Bäume statt Beinen, in sein Stepptanz-Duett mit Gene Wilder in Zylinderhut und Frack legt. Boyle tanzte, als ob er glaubte, er sei Fred Astaire – allerdings ohne jede Anmut in der Bewegung oder die Fähigkeit, Liedtexte verständlich zu singen. Die Begeisterung, die sich in seinem selbstgefälligen Engagement zeigte, machte die Darstellung wahnsinnig komisch und rührend zugleich und trug zu dem unverwechselbar komischen Stil des Films bei.

Komödiantisches Gebaren bringt die Figur zum Vorschein

Maggie Smiths Interpretation von Amanda in DIE HOCHZEITSREISE war, wie gesagt, von einer außergewöhnlich komischen Gestik erfüllt, die jedoch auf der fundamentalen Echtheit der Bedürfnisse der Figur basierte – und darauf, was sich zwischen ihr und ihrem Exmann abspielte. Wenn du als Schauspielerin Amanda spielst, legst du den Fokus vielleicht auf ihre auffällige Eitelkeit und entscheidest, dich Elyot gegenüber immer nur von deiner hübscheren Seite zeigen zu wollen. Daraus könnte folgen, dass du immer das schmeichelndste Licht suchst, dass du darauf achtest, dass sich der Schlitz in deinem Kleid immer im richtigen Moment öffnet, um deine Beine zu zeigen, und dass du mit deiner Hand auf eine Weise über deine Lippen und deine Haare streichst, die ihm signalisiert, wie du gern von ihm berührt werden würdest. Das sind nur ein paar Ideen für körperliche Ausdrucksweisen, aber triebe man diese auf die Spitze, könnte daraus viel Humor, aber auch Sinnlichkeit entstehen.

In Elyots Fall könnte die Art, die Zigarette seinem silbernen Etui zu entnehmen und leicht mit ihr darauf zu klopfen, sowohl eine gewisse Ungeduld ausdrücken als auch das Vermeiden des Blickkontakts mit Amanda. Vielleicht wäre es verhängnisvoll für dich, ihr in die Augen zu schauen, weil du ihr dann wieder verfallen würdest. Oder vielleicht bemühst du dich, in deinen Aussagen besonders bestimmt zu klingen, damit sie nicht versucht, dich zu überrumpeln – was sie, davon bist du überzeugt, sicher vorhat. Nochmals: Komödiantische Darstellungen basieren unbedingt und immer auf echten, menschlichen Verhaltensweisen, die das Publikum wiedererkennen kann; es darf nicht darum gehen, herumzukaspern, nur um Lacher zu provozieren. In der Anfangsphase des Probenprozesses ist es zunächst vor allem wichtig, deine Darstellung in Wahrhaftigkeit zu verankern, weshalb das »Lustigsein« wahrscheinlich noch nicht durchgängig eine entscheidende Rolle spielt. Nach und nach wirst du Verhaltensweisen entdecken, die aufgrund ihrer Wahrhaftigkeit komisches Potenzial haben – wie Amandas Versuch, sich immer das beste Licht zu suchen, oder Elyots Angewohnheit, auf sein Zigarettenetui zu klopfen, wenn er ungeduldig ist. In den meisten Komödien spielen die Figuren mit sehr hohen Einsätzen, und die Vehemenz, mit der du als Figur deine Bedürfnisse vertrittst, gehört zur Komik-Struktur des Textes. Sie erweckt den Ausdruck des Komischen in deiner Darstellung und bringt schlussendlich das Publikum zum Lachen. Wenn man nicht glaubt, dass Amanda und Elyot einmal verheiratet waren und dass sie vor unseren Augen erkennen, dass sie immer noch verrückt nacheinander sind, dann gibt es keine HOCHZEITSREISE.

Dem wäre hinzuzufügen, dass es sehr begabte Comedydarsteller gibt, die in der Probenphase sagen: »Wir müssen in dieser Szene etwas Lustiges einbauen, damit wir einen Lacher ernten.« Diese Denke ist nicht unbedingt als negativ anzusehen, denn ein guter Komödienschauspieler wird solche »lustigen Stellen« immer mit einer guten Portion Wahrhaftigkeit unterfüttern, die in der Figur begründet ist.

Ich hatte das Glück, bei einer Rollenübernahme einmal so eine »lustige Stelle« erlernen zu dürfen, als ich Lenny Baker in dem Broadwaymusical I Love My Wife*, einer Satire über die sexuelle Revolution in den 1970er Jahren, ablöste. In einer Szene hat meine Figur Alvin große Schwierigkeiten, einzuschlafen. Nicht einschlafen zu können, wenn du es unbedingt willst, ist an sich nicht besonders lustig. Dann allerdings das Kopfkissen für deine Qualen verantwortlich zu machen und es schlussendlich zu verprügeln, *ist* komisch; oder das Bettlaken so eng um deinen Körper zu schlingen, dass du schließlich aussiehst wie eine ägyptische Mumie, weil du glaubst, dass dir das beim Einschlafen helfen wird; oder den Kopf zehnmal in das Kissen zu rammen, um das Kissen der genauen Form deines Kopfes anzupassen, bevor du dich darauf legst, um schließlich Decke und Laken vom Bett zu treten und das Kissen auf den Boden zu schmeißen; und lustig ist es auch, schließlich von deinen vergeblichen Bemühungen Schlaf zu finden ganz erschöpft und schnaufend dazuliegen. Dieser Teil des Stückes hatte zwar überhaupt keinen Text, nichtsdestotrotz erntete er tosenden Beifall, weil er auf der echten Angst Alvins davor basierte, dass er seiner Frau untreu werden könnte, was er in seinen Fantasien immer wieder durchlebte; und dies trieb die Komik der Szene in ungeahnte Höhen.

Der nackte Wahnsinn, eine Ensemble-Farce von Michael Frayn über eine drittklassige Theatertruppe aus der englischen Provinz, verlangt von den Schauspielern umfassendes und unablässiges Engagement, d.h. die Figuren werden derart von ihren Bedürfnissen beherrscht, dass jeder im Stück kurz vor einem Nervenzusammenbruch zu stehen scheint. Das Stück handelt von theatralischen Menschen, die – sowohl auf der Bühne während einer Vorstellung vor den Augen des Publikums als auch backstage im Privaten – die peinlichsten Fehler begehen. Zwar ist ein extrem hohes Energielevel erforderlich, damit die Komödie funktioniert. Aber man darf als Schauspieler nicht irrtümlicherweise annehmen, man müsse, weil es sich ja um eine Farce handelt, überdreht und insgesamt mit übertriebener Kraftanstrengung agieren, um lustig zu wirken. Vielmehr geht es darum, jeden lustigen Moment auf die Höhe der Einsätze und die Verzweiflung jeder Figur hin zu untersuchen. Selbst in einer Farce musst du mit vollkommener Wahrhaftigkeit und vollkommenem Engagement spielen, um daraus einfallsreiche, komische Verhaltensweisen entstehen zu lassen.

Auch Figuren in Sitcoms können plakativer gestaltet sein, und sie müssen, was den körperlichen und stimmlichen Ausdruck sowie die Mimik betrifft, normalerweise auch »größer« gespielt werden als Figuren in Fernsehdramen – aber, wie gesagt, deine Arbeit muss auch hier von Wahrhaftigkeit geprägt sein. Ich wiederhole: Komik speist sich zu einem großen Teil aus Frustration, Verwirrung, Wut und Schmerz. Und wenn dir klar ist, dass solche Emotionen der Szene zugrunde liegen und du deine Rolle komisch angelegt hast, wirst du in den Momenten, in denen das Skript es vorsieht, die tiefer liegende Wahrheit der Szene von ihrer komischen Seite zeigen können, weil deine Komik auf den wahren Bedürfnissen und den Abwehrmechanismen der Figur basiert.

Eine der ergiebigsten Quellen für Komik sind Reaktionen: Wie also deine Figur auf eine andere Figur oder in einer bestimmten Situation reagiert. Oft sind diese Reaktionen von Stille bzw. Schweigen geprägt. Kelsey Grammer als Titelfigur und David Hyde Pierce als dessen Bruder Niles haben bei FRASIER wundervoll als Kontrastfiguren füreinander funktioniert. Wir amüsieren uns köstlich über ihre Reaktionen aufeinander, darüber, wie sie die versnobten Psychiater-Brüder spielen, weil sie deren Geltungssucht so glaubhaft machen. Und obwohl diese Geltungssucht für den komischen Effekt überspitzt dargestellt wird, zweifelt man in keiner Sekunde daran, dass sie etwas echt Menschlichem entspringt. Reaktionen machen auch einen Großteil der komischen Spritzigkeit in DIE LARRY SANDERS SHOW aus, in der Garry Shandling, Rip Torn und Jeffrey Tambor sich wie die Mitglieder einer äußerst funktionsgestörten Familie aneinander abarbeiten.

Wie bei allen komischen Verhaltensweisen hängt die Reaktion sehr vom Timing ab, und Timing erwächst aus dem, was die Figur durchlebt. Wie lange sich Inspektor Clouseau Zeit lässt, um aus dem Wandschrank herauszukommen, bevor er wirklich abgeht, ist nicht auf eine bestimmte Anzahl von Schlägen (wie bei einem Metronom) festzulegen[64]. Zwar mag es Schauspieler geben, die tatsächlich von 1 bis 5 oder von 1 bis 20 zählen, bevor sie eine Handlung ausführen oder den nächsten Satz sagen, doch repräsentieren diese Schläge den *Denk- oder Gefühlsprozess* der Figur. In Clouseaus Fall heißt das: Während er sich im Wandschrank befindet,

64 Der Autor geht hier von dem im Englischen benutzten *beat* aus, was auch Taktschlag oder Pulsschlag bedeutet; Stanislawski, der den Begriff im Zusammenhang mit Schauspiel das erste Mal verwendete, benutzte zur Verdeutlichung seines Konzeptes ein Metronom.

realisiert er, dass es dunkel um ihn herum ist, er sich also nicht außerhalb des Hauses befindet, dass ihm ein Mantel ins Gesicht hängt und um ihn herum weitere Kleidungsstücke aufgebügelt sind, weshalb er sich folglich in einem Kleiderschrank befinden muss. Er dreht sich um, findet den Türknauf, und es kommt ihm in den Sinn, jemand anders müsse schuld daran sein, dass er einen so offensichtlichen Fehler begehen konnte – wenn sich ein Wandschrank an der Stelle befindet, wo ganz klar die Haustür hingehört hätte, dann ist das eindeutig das Versagen des unfähigen Architekten! In diesem Fall sehen wir nicht, wie die Figur nachdenkt; wir erleben den Denkprozess indirekt durch die Wartezeit mit, die vergeht, bis Clouseau wieder aus dem Schrank herauskommt, und durch seine Großtuerei, wenn er im Vorbeigehen seine Erklärung »Dummer Architekt!« abliefert. Das nennt sich Timing – und es gehört alles zum Ausdruck der Wahrhaftigkeit dieser Figur.

Der großartige Radio-, TV- und Filmstar Jack Benny, der beispielsweise in dem Filmklassiker SEIN ODER NICHTSEIN neben Carole Lombard glänzte, war für sein Timing berühmt. Die ebenfalls Jack Benny benannte Kunstfigur, als die er im Radio und im Fernsehen auftrat, war notorisch geizig. Die wahrscheinlich berühmteste seiner immer auf den Punkt getimten Szenen ist die, als er bei einem Überfall nach der Drohung »Geld oder Leben!« erst einmal eine enorm lange Pause macht, das Kinn in tiefer Konzentration in die Hand gestützt. Schließlich schreit der Dieb erneut verzweifelt »Geld oder Leben!«, woraufhin Benny antwortet: »Moment, ich denke nach, ich denke nach …« Ein meisterhaftes Beispiel einer Art »Pokerface-Comedy«, die er in seiner jahrelangen Erfahrung als Vaudeville-Künstler verfeinert hatte und die hier auf Beweggründen basierte, wie sie nur einen echten Geizkragen wahrhaftig umtreiben können, der also aufgrund seines Problems, sich von seinem Geld zu trennen, wirklich über diese Frage nachdenken muss.

Es ist mir wichtig, dass du ganz verstehst, dass das, was lustig oder komisch wirkt, immer im echt Menschlichen begründet ist, in menschlichen Empfindungen, um genau zu sein. Wenn mich meine Therapeutin fragt, was ich fühle, und ich in mich hineinhöre, um es herauszufinden, dann hakt sie geduldig nach: »Bist du fröhlich? Wütend? Traurig? Ängstlich? Oder schämst du dich?« Das scheint etwas ganz Einfaches zu sein, und dennoch ist es für das Leben und folglich die Schauspielerei von unglaublich schwerwiegender Bedeutung. Diese fünf Emotionen liegen jeder deiner komödiantischen – und auch jeder deiner tragischen – Spielentscheidungen zugrunde.

Komödienspiel ist immer auch Ensemblespiel

Eine grundsätzliche Regel für die Aufführung von Komödien (und von Dramen, obwohl es bei Komödien öfter ein Thema zu sein scheint) ist, dass du im selben Stil wie der Rest des Ensembles spielen musst. Das mag dir logisch erscheinen, aber du kannst mir glauben, wenn ich dir sage, dass einige Schauspieler unsensibel dafür sind und im Vergleich zu den anderen Darstellern mit zu wenig Energie spielen oder unnötige Pausen machen und auf diese Weise der Komödie Sterbehilfe leisten. Andererseits kann man den Bühnenpartnern ebenso in die Quere kommen, wenn man mit vergleichsweise zu viel Energie spielt. Um nochmals unser Beispiel DIE HOCHZEITSREISE heranzuziehen: Du kannst unmöglich Maggie Smiths Amanda mit der ganz anders angelegten Amanda von Lindsay Duncan tauschen und beide in die jeweils andere Inszenierung setzen, und genauso wenig würden die absolut verschiedenen Interpretationen der Rolle Elyots von Stephen Elliot und Alan Rickman in eine andere Inszenierung passen als in die, für die sie entwickelt wurden. Stephen Elliot stellte Elyot als eleganten, ungeduldigen, selbstbewussten Lebemann dar, während Rickman ihn als abgestumpften und mürrischen Griesgram zeichnete – jederzeit bereit, sich die Pulsadern aufzuschneiden – und es dennoch schaffte, auch eine ironische und geistreiche Note der Figur zum Ausdruck zu bringen.

Jerry Zaks, der Regisseur von Hits wie LAUGHTER ON THE TWENTY-THIRD FLOOR* nach Neil Simon oder den Wiederaufnahmen der Musicals GUYS AND DOLLS und DER KLEINE HORRORLADEN am Broadway, erzählte eine bemerkenswerte Geschichte darüber, wie ein zu unterspanntes Spiel eines Darstellers die Komödie total absaufen lassen kann. Als junger Schauspieler ersetzte er seinen Kollegen Austin Pendleton in der Uraufführungsproduktion von ANATEVKA als Schneider Mottel, welcher um die Hand einer der Töchter von Milchmann Tevje anhält und regelmäßig von diesem zurückgewiesen und erniedrigt wird. Die Rolle des Tevje wurde von dem unvergleichlichen Schauspieler/Künstler/Tragiker/Clown Zero Mostel dargestellt, der zum Vorbild aller nachfolgenden Tevjes wurde. Am ersten Abend der Übernahme hörte Zaks, kurz vor seinen ersten Sätzen in der Szene, in der der schüchterne Mottel es endlich wagt, sich gegen Tevje zu behaupten und ihm die Meinung zu sagen, wie Mostel durch seinen Bart brummt: »Gib's mir! Gib's mir!« Nach der Vorstellung stürmte Zaks zum Inspizienten und beschwerte sich, dass Mostel ihm während der Vorstellung Regieanweisungen gegeben habe. Der bedauernswerte Inspizient drehte sich zu ihm und sagte: »Nun, er ist Zero Mostel, da kann ich nicht viel machen.«

Am nächsten Abend, kurz bevor Zaks denselben leidenschaftlichen Monolog zu liefern hatte, zischte Mostel sogar noch eindringlicher: »*Gib*'s mir!! *Gib*'s mir!!« Erneut beschwerte sich Zaks ohne Erfolg beim Inspizienten. Als Zaks am dritten Abend die Bühne für die Konfrontationsszene betrat, war er vollkommen wutentbrannt. Mostel brummte, so laut, dass es das Publikum fast hören konnte: »*Gib's mir!!! Gib's mir!!!*«, woraufhin Zaks seine Unabhängigkeitserklärung an Tevje herausbrüllte und das Publikum plötzlich in brüllendes Gelächter und Applaus ausbrach.

Mostel warf Zaks einen Blick zu, als ob er sagen wollte: »Na also, du Trottel, jetzt hast du's richtig gemacht.« Und Zaks hatte eine unbezahlbare Lektion über die richtige Intensität für diese Komödie gelernt. Mostels Intuition sagte ihm, dass Zaks nicht umfassend erkannt hatte, was an dieser Stelle des Stücks für seine Figur auf dem Spiel steht, weshalb die Szene zuerst nicht so gut funktionierte, wie sie hätte funktionieren können. ANATEVKA spielt in einem jüdischen Dorf, das unter antisemitischer Belagerung steht. Mottels Liebe für Tevjes Tochter blüht in einer Welt auf, in der Gewalt und Tod allgegenwärtig sind. Diesen gegebenen Umständen müssen die Darsteller eine beträchtliche Vitalität entgegensetzen, weil für ihre Figuren enorm viel auf dem Spiel steht.

Tempo ist ausschlaggebend. Im Zweifelsfall: Zieh das Tempo an!

Von Zero Mostel hat Jerry Zaks noch eine weitere Lektion gelernt: Zieh im Zweifelsfall das Spieltempo an, ohne dabei dein Ziel und die deiner Intention angemessene Intensität zu verlieren. Wenn du als Schauspieler in komischen Szenen keine Lacher bekommst, könnte fehlendes Tempo einer der Gründe sein. Wenn ich Schauspieler für komische Rollen coache, schlage ich Ihnen immer vor, den Text weiter zu sprechen und den Gedankenfluss nicht zu stoppen, bis die Szene an sich wirklich eine Pause *verlangt*. Maureen Stapleton wurde einmal gefragt, was sie denn unter gutem Schauspiel verstehe. Sie sagte auf ihre unnachahmlich neunmalkluge Art: »Ein temporeiches.« Und auf die anschließende Frage: »Und was ist großartiges Schauspiel für Sie?«, antwortete sie: »Eins mit noch mehr Tempo.« Dieser Rat ist sicherlich mit Vorsicht zu genießen, aber in Maßen solltest du ihn beherzigen, wenn du Komödie spielst.

In Sachen Tempo schau dir Katharine Hepburn und Cary Grant in der klassischen Screwball-Komödie LEOPARDEN KÜSST MAN NICHT an. Sie spielt die ausgeflippte reiche Erbin, die alles mal ausprobiert, und er einen verklemmten Paläontologen, der allem gegenüber vorsichtig ist und den es schockiert, dass er sich zu einem Wildfang wie ihr hingezogen fühlt. Alles wird glasklar, wenn man realisiert, dass sich »Baby« im Originaltitel BRINGING UP BABY auf einen riesigen Leoparden bezieht – ein wildes Biest mit ganz eigener Anziehungskraft. Schau dir an, wie diese beiden reaktionsfreudigen und geistesgegenwärtigen Darsteller sich gegenseitig die Bälle zuspielen, wachsam wie Raubtiere und immer in Angriffslaune. Die Schauspieler vermitteln das Gefühl, dass sie auf der Klippe tanzend jeden Augenblick in den Abgrund stürzen könnten, und diese Spannung lässt dich einerseits auf deinem Sitz nach vorne rutschen, bringt dich aber andererseits auch immer wieder zum Lachen. In SEIN MÄDCHEN FÜR BESONDERE FÄLLE haben Cary Grant und Rosalind Russell mehr Dialog als in jedem anderen Film, der jemals produziert wurde – und das ist wirklich kein Scherz. Sie sprechen die Dialoge fast schneller, als der Zuschauer sie aufnehmen kann, aber eben doch nicht ganz so schnell, dass man gar nicht hinterherkäme. Und das ist das Geheimnis.

Mit »schnell« meine ich allerdings nicht »gehetzt«. Vielmehr geht es darum, immer auf Anschluss, direkt aufs Stichwort zu sprechen – es sei denn, du hast wirklich einen Grund, eine Pause zu setzen. Wenn du z.B. Theater spielst oder auch eine Sitcom vor Livepublikum im Drei-Kamera-Verfahren drehst,[65] musst du Zuschauerreaktionen wie Gelächter oder einen Zwischenapplaus überbrücken können. Zwar kommt es in diesen Fällen sehr auf Gefühl und Intuition an, aber ich kann dir eine gute Regel verraten: Lass das Gelächter seinen Höhepunkt erreichen, und sobald es beginnt, abzuebben, sprichst du weiter. Während du die Publikumsreaktion abwartest, musst du konzentriert und in der Rolle bleiben. Der Lacher sagt dir, wenn du ihn dir richtig verdient hast, dass das Publikum mitgeht, dass es sich gut unterhalten fühlt und du auf dem richtigen Weg bist.

Noch eine Ergänzung zur Tempo-Regel: Man kann seinen Text nicht auf Tempo und Anschluss sprechen, solange man sich nicht im Klaren darüber ist, was man eigentlich sagt und warum man es sagt. Deshalb ist Textanalyse für Komödien genauso wichtig wie für Dramen. Auch hier ist kein Platz für Oberflächlichkeit. Du musst eine Komödienrolle genauso ernst nehmen wie eine Rolle in HAMLET.

---

65 Sitcoms werden heute üblicherweise mit drei Kameras gleichzeitig gedreht, eine Kamera nimmt das Geschehen in der Totalen auf, die anderen beiden konzentrieren sich auf die agierenden und reagierenden Figuren. Für die spätere Ausstrahlung werden die verschiedenen Einstellungen zusammengeschnitten. So lassen sich zum einen aufwendige Nachdreharbeiten sowie Anschlussfehler vermeiden. Zum anderen finden die Dreharbeiten oft vor Livepublikum statt, weshalb die Wiederholung von Szenen für Einstellungswechsel natürlich nicht gewünscht ist.

Lerne, einen Witz gut zu erzählen

Witze bestehen aus einer – auf bestimmte Weise strukturierten – kleinen Erzählung und einer Pointe. Nachdem Corie in BARFUSS IM PARK sich im Restaurant zum Affen gemacht hat, sagt sie zu Paul: »Weißt du, was du bist? Du bist ein Zuschauer. Es gibt Zuschauer in der Welt und Tuer. Und die Zuschauer sitzen herum und schaun zu, wie die Tuer was tun. Z. B., heut Nacht hast du zugeschaut und ich hab' was getan.« Paul antwortet: »Richtig ... Und lass dir sagen, dass es anstrengender war zuzuschauen, was du getan hast, als es für dich war zu *tun*, was ich zuzuschauen hatte.«[66] Du musst sowohl im Setup als auch in der Pointe die richtigen Worte betonen, damit der Witz funktioniert. Manchmal, wie in diesem Fall, hebt der Autor bestimmte Worte hervor, damit diese betont werden. Wenn man nur »*tun*« in der Pointe betont, verpufft der Effekt dessen, wie diese beiden Figuren versuchen, sich gegenseitig zu überbieten. Um das bestmögliche Ergebnis zu erzielen, musst du all die Worte, die ich im Folgenden hervorhebe, in unterschiedlichem Maß betonen. Corie: »Weißt du, was du bist? Du bist ein *Zuschauer*. Es gibt *Zuschauer* in der Welt und *Tuer*. Zum Beispiel, heut Nacht hast du zugeschaut und ich hab' was getan.« Paul: »Richtig ... Und lass dir sagen, dass es anstrengender war *zuzuschauen*, was du *getan* hast, als es für dich war zu *tun*, was ich *zuzuschauen* hatte.« Natürlich muss diese Betonung von dem Bedürfnis begleitet sein, diesen Schlagabtausch zu gewinnen, weil du dich in der Rolle ungeliebt fühlst und nach Bestätigung suchst, was bedeutet, dass die Betonungen diejenigen der *Figur* sind, nicht die des Schauspielers. Mit anderen Worten: Du musst lernen, wie du in der Rolle die richtigen Worte betonst, um die maximale Komik und Glaubwürdigkeit herzustellen.

Viele der TV-Comedyserien, die im Drei-Kamera-Verfahren gedreht werden, enthalten Jokes genau dieser Machart, und wenn du in diesem Bereich arbeiten willst, musst du methodisch fit sein, wenn es darum geht, jeweils die richtigen Worte zu betonen. Ganz im Ernst: Wenn die Produzenten nach der ersten Leseprobe für eine Sitcom im Drei-Kamera-Verfahren nicht überzeugt sind, dass du witzig genug bist, wirst du bei der nächsten Leseprobe feststellen dürfen, dass die Sätze deiner Figur zur Hälfte gestrichen sind. Bevor du dich also mit den Produzenten zur Leseprobe zusammensetzt, solltest du dir im Klaren darüber sein, wo in einem Satz und in einer Szene die Komik zu finden ist, damit die Unsicherheit und die Angst, die einige Hollywood-Produzenten bekanntermaßen verbreiten, dich möglichst nicht beeinträchtigen. Lerne den gekonnten Um-

66 Deutsch von Gina Kaus, S. Fischer Verlag, S. 63

gang mit Betonungen und außerdem, dabei in der Darstellung wahrhaftig sowie immer in der Rolle zu bleiben. Nimm dir die besten Sitcoms zum Vorbild und beobachte, wie die Hauptdarsteller ihren Text rüberbringen und aus jedem Satz, den sie sagen, so viel Komik wie möglich herausziehen, während sie ihre Ziele verfolgen. WILL & GRACE ist gerade aus diesem Grund eine so beliebte Comedyserie. Eine weitere Stärke dieser Show ist, dass die Hauptdarsteller durch ihre Gestik und Stimmen noch zusätzlich eine Menge Komik erzeugen und ganz offensichtlich Spaß dabei haben, sich konsequent auf ihre Spielentscheidungen einzulassen.

Bestimmte Drehbücher oder Theaterstücke enthalten Sätze mit Wörtern, die eine sehr subtile Betonung verlangen, damit die Wortwechsel sich wirklich komödiantisch entfalten können. Manchmal kann, indem ein Wort gerade laut genug betont wird, dass das Publikum es noch hören kann, eine derartige Lachsalve ausgelöst werden, dass du erstaunt sagst: »Dabei habe ich das doch ganz ohne Anstrengung gespielt und gar nicht mit solch einem großen Gelächter gerechnet.« – Und darin liegt eine wichtige Lektion. Man muss nicht immer hart arbeiten, sondern vor allem intelligent. Letzten Endes wird das Publikum dich überraschen und an Stellen lachen, die du niemals für lustig gehalten hättest, und dir damit zeigen, wo der eigentliche Schatz in deiner komischen Darstellung vergraben liegt.

Komödienspiel ist eine körperliche Kunstform

Komödientheoretiker haben dargelegt, wie sehr die Komödie auf Körperlichkeit basiert – darauf, wie unser Körper uns unbeholfen wirken lässt, wie unberechenbar er ist und in den unpassendsten Momenten unsere Befindlichkeiten verrät und natürlich auch, wie die physische Welt uns als verstecktes Minenfeld erscheint. Viele der Bespiele, die ich schon geschildert habe, beinhalten körperliche Komik, angefangen bei Orgon, der sich unter dem Tisch versteckt und sich weigert zu glauben, dass seine Frau von Tartuffe verführt wird, bis hin zu dem Kampf mit dem Kissen, den Lenny Baker für die Figur Alvin in I LOVE MY WIFE erfunden hat. Anhand von Stummfilmkomödien lässt sich einiges über die bewegungstechnische Seite komischer Darstellung lernen, denn da all diese Filme rein visuell funktionieren müssen, sind sie auf die Komik in der Körperlichkeit angewiesen.

Charlie Chaplin entwirft in seinen Stummfilmen ein fantasievolles gestisches Vokabular, das eigentümlich, überraschend und vollkommen wahrhaftig auf die gegebenen Umstände passt, in denen er sich befindet und die meistens entsetzlich sind. Es gibt, mit Ausnahme von gelegentlichen Zwischentiteln zwischen den Kameraeinstellungen, keinen Dialog. Deshalb müssen Chaplins Bewegungen, sein Gesicht und sein Körper, all seine inneren Denkvorgänge und Gefühle wie auch seine Handlungen ausdrücken. Ein perfektes Beispiel für seine effektive körperliche Komik ist GOLDRAUSCH, worin der Tramp, den er spielt, ausgehungert seinen Schuh gekocht hat und sich vorstellt, die Schnürsenkel seien eine große Portion Spaghetti. Chaplins stummes Spiel zeichnet sich durch pure Zartheit und eine enorme körperliche Gewandtheit aus. Wenn du seine Filme anschaust, wirst du verblüfft sein, wie komisch und emotional er ist.

Buster Keatons Stummfilmkomik entspringt daraus, dass er scheinbar nie so recht in die Gesellschaft passt. Die Gesellschaft selbst scheint auf ihre eigene Art von Wahnsinn erfüllt zu sein. Keaton wirkt oft wie ein Außerirdischer, der auf einem verrückten Planeten ausgesetzt wurde, wo er von den Insassen eines Irrenhauses umgeben ist, die komische, körperlich bizarre Bewegungen ausführen, und oftmals sieht er sich mit Gefahren konfrontiert, die nicht nur von Menschen, sondern von Maschinen ausgehen. Nichtsdestotrotz schafft er es, sich mit einem stets reglosen und leicht verwunderten Gesichtsausdruck pfiffig seinen Weg über jedes schwierige Hindernis, das ihm in die Quere kommt, hinweg zu bahnen. Keatons komische Stunts sind körperlich so schwierig, dass man kaum glauben mag, dass es sich nicht um filmische Tricks handelt; sie waren tatsächlich echt – weshalb Keaton von einigen Filmliebhabern der Jackie Chan des Stummfilms genannt wird. Woody Allen ist ein großer Bewunderer von Keaton. Die fabelhafte Bewegungskomik in seinem Film DER SCHLÄFER hat z. B. ihr Vorbild in Buster Keaton.

Lerne von den Besten

Meiner Meinung nach haben Sid Caesar und Imogene Coca in den 1950er Jahren das Tempo für fast alle Komödiendarstellungen in den folgenden Jahrzehnten vorgegeben. Mit einem Ensemble, zu dem Carl Reiner und Howard Morris gehörten und das von Autoren wie den noch jungen Mel Brooks, Woody Allen und Larry Gelbart unterstützt wurde, drehten Caesar und Coca die wöchentlich ausgestrahlte Fernsehserie YOUR SHOW OF SHOWS*, die für die Nachwelt auf Band festgehalten wurde. Jede Folge setzt sich satirisch mit einem berühmten Film oder einem bestimmten Filmgenre auseinander – Stummfilme, Filme aus dem Ausland, Melodramen ...; außerdem wurden Sketche über Alltägliches präsentiert. Die Schauspieler spielten *live*, und zwar nicht nur vor dem Studiopublikum, sondern vor einem Millionen-Fernsehpublikum – und das in jeder der wöchentlichen 90-minütigen Shows. Hier waren verschiedene Komödienstile, Akzente und Dialekte, ein reiches Vokabular an Bewegungen sowie Gesangs- und Tanztalent gefragt. Schau dir TEN FROM YOUR SHOW OF SHOWS*[67] an: die Bandbreite an Figuren, die Caesar, Coca und der Rest des Ensembles spielen, ist so groß und erstaunlich, dass es einem den Atem verschlägt, und wie sie diese körperlich und stimmlich darstellen, ist selbst nach heutigen Maßstäben mutig und extrem. Von ihnen kannst du einiges lernen, was Engagement und darstellerischen Mut angeht, und auch darüber, wie sich Schauspieler gegenseitig anstacheln und bei ihren mutigen Entscheidungen unterstützen können.

Woody Allen und Diane Keaton zeigen in DER STADTNEUROTIKER und MANHATTAN als gestresste, neurotische Großstädter einen eher naturalistischen Stil des Komödienspiels. Ihre realitätsnahe Darstellung basiert auf der Echtheit dessen, wie solche Menschen oft reden, aber sie ist auch überhöht durch die Heftigkeit der Zwangsneurosen, unter denen die Figuren leiden, sowie durch ihre Schwierigkeiten, sich auszudrücken – nur um zu erkennen, dass es für das, was sie fühlen, offenbar keine Worte gibt. Die Filme handeln von Intellektuellen und Möchtegern-Intellektuellen, die emotional unreif sind und große Reden schwingen, ohne aber daraus etwas Konkretes ziehen zu können, das sie tatsächlich weiterbrächte. Wir lachen darüber, wie diese Figuren mit solcher Klugheit daherreden und gleichzeitig den Kontakt zu ihrer Gefühlswelt verloren haben, sodass sie um Worte verlegen sind. Du kannst von diesen Filmen lernen, wie starke Ängste zu Redeschwallen, zu narzisstischer Zurückhaltung und hausgemachter Paranoia führen – und dabei immer noch komisch bleiben.

Mit BULLETS OVER BROADWAY hat Allen eine erfolgreiche Farce gedreht (keine einfache Aufgabe), die von typischen Theater- und Gangsterfiguren aus dem Broadway-Umfeld der 1920er Jahre bevölkert ist, und worin die einzelnen Darstellungen sich sämtlich in einen Ensemblestil einfügen und sich dabei gegenseitig ergänzen. Alle Performances wirken grandios theatralisch – selbst John Cusack als angehender Theaterautor, dem womöglich sein erster großer Erfolg bevorsteht, und Chazz Palminteri als der schauspielerisch bewanderte Mafioso, dessen Aufgabe es ist, auf die bestürzend untalentierte Freundin seines Bosses (gespielt von Jennifer Tilly) aufzupassen, die eine Rolle in dem Stück bekommen hat, weil es von dem Gangsterboss finanziert wurde. Cusack und Palminteri scheinen weniger übertrieben zu spielen als die Darsteller der Schauspielerfiguren, aber wenn man genau darauf achtet, merkt man, dass ihre

67 Ein 1973 entstandener Zusammenschnitt von zehn Sketchen aus der Serie

Intensität auf die emotionale Intensität der Theaterleute abgestimmt ist, auch wenn die beiden äußerlich viel unterkühlter spielen. Jede einzelne Figur in BULLETS OVER BROADWAY ist durch eine heftige Verzweiflung motiviert – und durch Hunger, personifiziert im Hauptdarsteller des Stücks (Jim Broadbent), der eine unglaublich witzige Verwandlung durchmacht, weil er nicht aufhören kann zu essen und am Ende des Films zu einem Fettsack geworden ist.

Jim Carrey zeigt in vielen seiner Rollen ein unfassbar kasperiges, slapstickartiges Spiel. Er benutzt eine extreme Körpersprache und zieht Grimassen, um die komische Darstellung seiner Figuren zu steigern. Carrey kam zum Film, als man nach solchen Talenten suchte, und weil er so gut darin war und auch so mutig, sich voll und ganz darauf einzulassen, wurde er mit Filmen wie ACE VENTURA und DIE MASKE zum Superstar. Du kannst dir bei ihm, genauso wie bei Sid Caesar, abschauen, wie man eine gewagte komödiantische Entscheidung trifft, der Figur gegenüber dennoch treu bleibt und diese Entscheidung ohne Wenn und Aber bis zum Äußersten treibt.

Hugh Grant hat eine trockene, kultivierte, geistreiche komische Spielweise zu seinem Markenzeichen gemacht. Er spielt in einem sarkastischen, fast sogar hämisch lockeren Stil – eine quasi moderne Version von Cary Grant. In seinen Filmen wie VIER HOCHZEITEN UND EIN TODESFALL, NOTTING HILL und ABOUT A BOY wird deutlich, wie man Komödie zurückhaltend spielt, sodass es durch den dezenten Einsatz von gedämpfter Energie wie mühelos erscheint und auch, wie man die Zuschauer trotz einer gewissen Reserviertheit auf seine Seite zieht, indem man Schüchternheit und Angst unter der weltmännischen Fassade hindurch scheinen lässt.

Seit seinen Anfängen bei SATURDAY NIGHT LIVE hat Eddie Murphy eine phänomenal große Bandbreite komischer Darstellungen mit einer Vielfalt von Stilen entwickelt – von der überdrehten, aber immer noch naturalistischen Komödie NUR 48 STUNDEN über extreme Rollen in Filmen wie DER VERRÜCKTE PROFESSOR, in dem er verschiedene Figuren mit unterschiedlichen äußeren Erscheinungsbildern, Verhaltensweisen und Stimmen spielte, bis hin zu BOWFINGERS GROSSE NUMMER, der irgendwo dazwischen liegt und in dem er in einer Doppelrolle einen Hollywood-Actionstar und dessen streberhaften Bruder spielt. Von Murphy kannst du die Kunst der interpretativen Verwandlung lernen und wie man, abhängig vom Stoff, seinen Comedystil aufdreht oder nuancierter spielt.

Steve Martin hat die ganze Skala von schwarzem intellektuellem Humor bis hin zu genialer Albernheit drauf. In SOLO FÜR 2 liefert er eine der besten Slapstick-Darbietungen aller Zeiten ab; darin versucht der Geist einer High-Society-Dame (Lily Tomlin), Besitz von seinem männlichen Körper zu ergreifen – mit wahnsinnig komischen Folgen. Beobachte Martins heftige körperliche Gegenwehr, um nicht von diesem Geist besessen zu werden, und sieh ihn scheitern, wenn es doch passiert. Du kannst von Martins Darstellung lernen, wie die kompromisslose Hingabe an die Körperlichkeit einer Figur uns überzeugend weismacht, dass da jemand die Kontrolle über den Körper eines anderen Menschen übernimmt, und uns gleichzeitig zum Lachen bringt.

Lass dir von niemandem vorschreiben, ob und welche Art von Komödie du spielen kannst

Ob Komödie und du als Schauspieler zueinander passen, kann niemand anders als du selbst entscheiden. Das hängt von deinem ureigenen Sinn für Humor ab und hat aber auch damit zu tun, wie wichtig es dir ist, zu lernen, wie man Komödien erfolgreich spielt. Wenn dich nichts zur Comedy zieht und du auch dem Alltagsleben an sich wenig Humoriges abgewinnen kannst, ist es völlig legitim, beim Drama zu bleiben; aber stelle sicher, dass du dennoch das komödiantische Spiel ausprobierst, weil dein dramatisches Spiel doppelt so wirkungsvoll sein wird, wenn du auch die komische Seite darin aufdeckst – und weil du dich auch selbst überraschen könntest.

Ich hatte Schüler, die überhaupt gar keine komische Begabung für Komödien zu haben schienen – bis bei der Arbeit etwas auftauchte, dass für sie in Zusammenhang mit einer bestimmten Figur besonders lustig war und sie aufgrund dessen Verhaltensweisen finden konnten, die dies auch ausdrückten. Z.B. habe ich mit einem Schauspieler gearbeitet, dessen Aushängeschild dramatische Rollen waren, jedoch hatte er diese allmählich satt. Ich gab ihm eine Szene aus Neil Simons Stück DER LETZTE DER FEURIGEN LIEBHABER, in dem er einen verheirateten jüdischen Mittelständler in den »Swinging 70s« zu spielen hatte. Der ist davon überzeugt, die sexuelle Revolution gehe an ihm vorüber, und deshalb ganz versessen darauf, sich eine außereheliche Affäre an Land zu ziehen, wofür er die Wohnung seiner vorübergehend verreisten Mutter benutzen will. Dieser Schauspieler konzentrierte seine Darstellung ganz auf die Angst davor, die Mutter könne alles herausfinden, sodass er jedes Mal, wenn eine Frau einen Tisch oder ein Glas angefasst hatte, sofort alles säuberte – manchmal sogar mit Glasreiniger und Gummihandschuhen. Der Feuereifer, mit dem er die Angst und den Reinlichkeitsfimmel darstellte, erweckte die Szene auf irrsinnig komische, aber sehr menschliche Weise zum Leben.

Bleib locker und hab keine Angst davor, dich lächerlich zu machen

Welche Art Komik du in deine Arbeit einbringst, hängt von deinem eigenen Geschmack in Sachen Komödie ab und von deiner Bereitschaft, sorgfältig daran zu arbeiten. Wenn du blockiert oder verklemmt bist, nimm bei einem renommierten Lehrer Unterricht in Comedy-Improvisation und trainiere dir die Angst davor ab, albern zu sein und dich zum Affen zu machen.

Zwar darfst du dir von niemandem von vornherein »witziger Schauspieler« oder »nichtwitziger Schauspieler« als Label aufdrücken lassen, aber du solltest trotzdem realistisch einschätzen können, was dich beim Erforschen deiner komödiantischen Talente einschränken könnte oder wo es dir noch an Erfahrungen fehlt. Wenn du die Leute nicht zum Lachen bringst, dann funktioniert ganz allgemein gesprochen deine Komik nicht. Ich habe eine Inszenierung von TARTUFFE gesehen, in der ein sehr bekannter Schauspieler sich durch die Rolle wälzte und schwitzend und ächzend mit jeder Faser seines Körpers versuchte, komisch zu sein. Das Publikum saß sprachlos und erschöpft da und lachte so gut wie gar nicht.

Von meinem Platz aus konnte ich ihn nach jedem Abgang von der Bühne beobachten. Sowie er die Seitenbühne erreichte, um sich den Schweiß von der Stirn zu wischen, drehte er sich zu seiner Ankleidehilfe und machte eine abfällige Geste in Richtung des Publikums, als ob es unsere Schuld sei, dass wir nicht lachten. Er wollte, dass wir lachten, weil er unseren Beifall und unsere Aufmerksamkeit wollte; das Problem war nur, dass er es versäumt hatte, sich voll und ganz, mit aller Kraft in die großartige Rolle des Tartuffe einzubringen. Er versäumte es, das Theaterstück zu spielen. Es ist dasselbe, wie bei der Anekdote über Alfred Lunt und Lynn Fontanne, die ich in Kapitel 9 geschildert habe, als Fontanne bekanntlich gesagt hat: »Wenn du den Lacher willst, dann frag nicht nach dem Lacher, sondern fang an, nach dem Tee zu verlangen!«

21. Bühne, Leinwand und TV: Gemeinsamkeiten, Unterschiede, Fallstricke

Im heutigen Showbusiness grassiert eine schreckliche Krankheit: Wenn man sehr jung und werbeträchtig ist, kann man mit einer TV-Serie Hunderttausende oder Millionen Dollar im Jahr verdienen. Ich habe nichts gegen das Fernsehen. Es gibt erstklassige Drehbücher und Darsteller in längst zu Klassikern avancierten Serien wie DIE SOPRANOS, SIX FEET UNDER, SEX AND THE CITY, LAW & ORDER und EMERGENCY ROOM. Das Problem ist aber: Wenn man so jung eingekauft und verkauft wird, kann man leicht der Illusion unterliegen, bereits ein versierter Schauspieler zu sein, und das lässt einen möglicherweise versäumen, weiter an seinem Handwerk zu arbeiten.

Ich sage meinen Schülern: Arbeitet ruhig für Film und Fernsehen, aber macht zumindest ein Theaterstück pro Jahr. Kommt immer zum Theater zurück. Warum? Weil man am Theater so sprechen muss, dass man auch verstanden wird, man muss in der Lage sein, die Spannung über lange und komplexe Szenen hindurch aufrechtzuerhalten, man muss das Publikum für eine, anderthalb oder zwei Stunden oder noch länger bei der Stange halten. Niemand sagt »Und bitte«, wenn du anfangen, oder »Danke aus«, wenn du einen Take beenden sollst; hier gibt es keine Szenenwiederholung und damit für dich die Chance, es besser zu machen. Auf der Bühne musst du ad hoc präsent sein und abliefern, musst deine Leistung ohne Ausreden und ohne Pausen, Szene für Szene, »von einem Augenblick zum nächsten« die gesamte Vorstellung hindurch aufrechterhalten.

Ob deine Karriere auf lange Sicht Bestand hat, hängt davon ab, wie sehr du dich darum bemühst, das Handwerk zu beherrschen. Während ich dies schreibe, arbeite ich gerade mit einem ungemein talentierten, jungen Fernsehstar, der dabei ist, den Sprung auf die Kinoleinwand zu schaffen – mit einer Rolle, die ihm eine enorme darstellerische Bandbreite und viel technisches Können abverlangt. Zum TV-Star war er ohne große schauspielerische Ausbildung geworden, einfach seines Naturtalents und seines guten Aussehens wegen. Er kam zu mir, weil er nun mehr von sich würde offenbaren müssen als jemals zuvor, und weil er, wie er demütig zugab, einfach nicht wusste, wie er das anstellen sollte. Wir arbeiteten zunächst an einer Hintergrundgeschichte für seine Figur und daran, ihre inneren Bilderwelten zu entdecken, um dann, Szene für Szene, künstlerische Absichten aufzulisten, die ihn veranlassen würden, ungewohnte Aspekte von sich mit einzubringen. In unserer gemeinsamen Arbeit hat er seine Palette darstellerischer Farben und Emotionen deutlich erweitern können, und das hat in ihm den Wunsch geweckt, schauspielerisch Dinge auszuprobieren, die ihm niemals zuvor in den Sinn gekommen waren. Nach unserer Coaching-Sitzung stürmte er voller Begeisterung und mit einer Menge neuer Ideen aus meiner Wohnung.

Was mir so viel Freude beim Unterrichten und Coachen bereitet, ist, dass ich Schauspielern helfen kann, eine Brücke zu einem besseren und tiefer gehenden Zugang zu ihrem Talent zu bauen. Jeder Schauspieler benötigt Unterstützung, um zu wachsen; diese Unterstützung muss er sich zuallererst selbst gewähren, und dann sollte sie auch von Regisseuren, Lehrern, Coaches und Schauspielerkollegen kommen. Bei der Produktion von TV-Serien, Fernseh- und Kinofilmen herrscht ökonomischer Druck, die Arbeit muss sehr schnell vorangehen. Gerade Schauspieler fühlen sich dadurch oft gehetzt oder sogar unfair behandelt.

Beim Film gibt es in der Regel keine Probenarbeit. Wenn man aber als Schauspieler ans Set kommt, muss die Figur so gründlich studiert und das Skript so sorgfältig analysiert sein, als habe man im Vorfeld einen Probenprozess durchlaufen, damit die Dreharbeiten unmittelbar starten können. Auch muss man eine gewisse Flexibilität an den Tag legen und sehr schnell ohne Skript arbeiten können, weil es passieren kann, dass man erst am Drehort erfährt, dass eine Szene herausgeschnitten oder auch hinzugefügt wurde, die einem jetzt erst nachgereicht wird. Bei Fernsehsitcoms hat man eine 4-tägige Probenzeit, die mit der ersten Leseprobe beginnt und dann über Stellproben und Drehbuchänderungen zu einer endgültigen Drehbuchfassung führt, mit der schließlich am 5. Tag zweimal aufgezeichnet wird – entweder bei beiden Durchläufen mit Livepublikum oder auch einmal als Generalprobe und das zweite Mal mit einem Livepublikum. Am Theater probt man normalerweise vier Wochen[68] lang, außer beim Sommertheater,[69] wo viel schneller und intensiver gearbeitet wird

68 Diese Aussage bezieht sich vornehmlich auf die Arbeit an US-amerikanischen Theatern. An deutschen Theatern beträgt die Probenzeit in der Regel zwischen vier und acht Wochen pro Stück.

69 Engl. *Summer Stock Theater*; weicht vom dt. Sommertheater dahingehend ab, dass diese Theater ausschließlich den Sommer über mit mehreren Produktionen bespielt werden, welche aus einem gleich bleibenden Ensemble besetzt werden. Oft auch, aber nicht ausschließlich, als sogenannte Freilufttheater.

und es passieren kann, dass man lediglich eine Woche Probenzeit hat. Beim Theater gibt es zudem vor der offiziellen Premiere oft Voraufführungen.

Damit wird deutlich, dass es sich beim Medium Theater um ein Schauspieler-Medium handelt. Der Probenprozess gibt einem die Möglichkeit, das Stück Szene für Szene zu studieren und zu erforschen, acht Stunden täglich, zusammen mit den anderen Schauspielern und dem Regisseur. Es lässt dir Raum, das, was du vorbereitet hast, auszuprobieren und auch mit Neuem zu experimentieren – einiges davon wird dir der Regisseur vorschlagen, anderes entsteht aus der Interaktion mit den anderen Schauspielern.

Vielleicht kommst du zur Probe und stellst fest, dass dein Gegenüber seine Rolle auf eine Weise spielt, mit der du niemals gerechnet hättest. Vielleicht lustiger oder melancholischer oder aggressiver, als du es erwartest hättest. Deine Rollengestaltung wird sich in Reaktion darauf notwendigerweise verändern und von dieser neuen Energie beeinflusst sein. Der Probenprozess gibt deiner Figur die Möglichkeit, vor den Aufführungen zu wachsen und sich zu definieren – was dich wiederum darauf vorbereitet, dass auch später noch, während der Laufzeit des Stückes, ständig Entwicklungen vonstattengehen werden und so mancher Aspekt neu betrachtet und definiert werden muss.

An jeder neuen Rolle – egal ob für Bühne oder Kamera – kann man wachsen und davon lernen: indem man sich neuen Techniken widmet; indem man an einem Figurentyp arbeitet, den man zuvor noch nie gespielt hat; oder indem man einen bereits bekannten Figurentyp in einer ganz neuen Interpretation darzustellen versucht. Vielleicht bist du als Actionheld in entsprechenden Filmen zum Star geworden und wirst immer wieder in ähnlichen Rollen besetzt. Es liegt nun bei dir, ob du deine Darstellung einfach jedes Mal herunterleierst – d.h. Entscheidungen, die du für frühere Rollen getroffen hast, lediglich wiederholst –, oder ob du die Chance nutzt, selbst wenn du erneut als Actionheld besetzt wirst, dennoch einen großen Sprung nach vorne zu machen, indem du deine Figur auf eine eigentümlichere, einzigartige Weise gestaltest, vielleicht mit mehr Humor oder größerer Verletzlichkeit. Doch davon abgesehen ist die Theaterarbeit aufgrund des Probenprozesses und weil du während der Aufführungen unablässig in der Rolle bleibst, wie geschaffen dafür, dein Handwerk wie in einem Laboratorium weiterzuentwickeln.

Die Bühnenarbeit ist das beste Training, das ich kenne, um als Schauspieler zu wachsen; aber mach bitte nicht den Fehler, den einige Filmstars begehen, und marschiere geradewegs an den Broadway, ohne vorher jemals auf einer Theaterbühne gestanden zu haben. Du brauchst Erfahrung, um zu wissen, wie man so eine lange Aufführung durchhält; du musst den Rhythmus und die Übergänge einer Liveaufführung verstehen. Du musst dich auf das Phrasieren von Sprache verstehen, da niemand am Schnittplatz sitzt, der deine Fehler ausmerzt und dir das Tempo für deinen Vortrag vorgibt. Einer der wichtigsten technischen Aspekte, die man im Theater erlernen muss, ist, wann man eine Pause machen kann – und wann nicht. Ich habe eine Broadwayinszenierung eines amerikanischen Klassikers mit einer bekannten und begabten Filmschauspielerin gesehen, die so lange, unnötige Pausen machte und ein derart lahmes Tempo an den Tag legte, dass sich das Stück dadurch um 15 Minuten verlängerte und den Anschein einer Trauerfeier bekam. Eine weitere Broadwayinszenierung eines anderen amerikanischen Klassikers war mit zwei talentierten Filmstars besetzt, die keine Ahnung davon hatten, wie man Figuren baut und sich in ein Stück einfindet.

Ich will damit nicht sagen, dass diese Schauspieler nicht hätten Theater spielen sollen, ganz im Gegenteil: Diese wirklich begabten Leute wären es sich selbst, ihren Zuschauern und den Werken, die sie spielten, schuldig gewesen, einiges mehr an Theatererfahrung zu sammeln, bevor sie sich in diese tieferen Gewässer wagten. Wir alle haben das Recht, Fehler in unserer Karriere zu machen. Man kann schließlich keine Spitzenleistungen bringen, wenn man nicht auch manchmal auf die Nase fällt. In etwas hineinzuwachsen heißt, darauf vertrauen zu können, dass auch wenn man scheitert, das Selbst keinen Wertverlust erleidet. Der Gedanke, du seist weniger wert, wenn du etwas ausprobierst und scheiterst, ist eine große Belastung. Das ist nicht wahr. Wer scheitert, lernt auch etwas. Eine dieser Filmschauspielerinnen, die am Broadway durchgefallen waren, gab nicht auf und hatte danach mehr Erfolg in einem anderen Stück. So gekränkt sie auch gewesen sein mag, hat es sie nicht davon abgehalten, weiter an ihrem Bühnenschauspiel zu arbeiten, weil ihr Talent und ihr Wille, dieses auch einzusetzen, größer waren als die Kränkung. In Rudyard Kiplings großartigem Gedicht WENN ist die Rede von Triumph und Niederlage (»triumph and disaster«), und er fordert uns auf, beide gleichermaßen als »Hochstapler« zu erkennen (»treat those two impostors just the same«). Wenn du diesen klugen Rat beherzigst, wirst du diese groteske amerikanische Ansicht, dass alles Wettbewerb ist und es immer nur einen Gewinner geben kann, verwerfen. Wettbewerb ist bis zu einem gewissen Grad gesund, aber wenn das Gewinnen dein Sein bestimmt, blockiert es dich als Künstler, weil du nur noch auf Sieg und nicht mehr auf Risiko setzt.

Aber du darfst Risiken auch nicht zu leichtfertig eingehen und solltest sicherstellen, dass dein Selbstvertrauen nicht aus purer Naivität, vielleicht auch gemischt mit einem Hauch Arroganz, erwächst. Wenn du von Film oder Fernsehen auf Theater umsatteln willst, such dir zunächst einen guten, starken Kurs fürs Szenenstudium. Wähle ein Stück, an dem du im Unterricht arbeiten willst, und dann arbeite an jeder Szene, in der deine Figur vorkommt, vom Anfang bis zum Ende des Stücks. Mach nicht den weitverbreiteten Fehler, dir nur die große Offenbarungsszene am Schluss des Stücks vorzunehmen, in der all die großen Emotionen enthüllt werden. Du musst lernen, eine Rolle auf der Grundlage der ersten, eher subtileren und versteckteren Aspekte der Figur zu bilden und wie man Emotionen durch verschiedene Verhaltensweisen einfallsreich *vertuscht*, bevor man sie richtig zum Vorschein kommen lässt. Du wirst auf diese Weise mehr über kreative Entscheidungsfindung lernen, als dir 50 Szenen aus 50 verschiedenen Stücken bieten könnten. Wenn du einmal eine solche Kurs-Erfahrung gemacht hast, also in so einem geschützten Raum eine Rolle erforschen und komplett durcharbeiten konntest, bist du bereit, an ein Equity-Waiver[70] oder kleines regionales Theater zu gehen und dort deine Fertigkeiten für Live-Darbietungen auf einer Bühne auszubilden.

Natürlich gibt es auch hier Ausnahmen von der Regel: Cher, die bis auf ein paar Inszenierungen in ihrer Schulzeit keinen nennenswerten Theaterhintergrund besaß, lieferte am Broadway in KOMM ZURÜCK, JIMMY DEAN unter der Regie von Robert Altman eine sehr gute Darstellung ab. Aber dabei darf man natürlich nicht vergessen, dass sie auf einen enormen Erfahrungsschatz aus Liveauftritten in Nachtclubs und bei Fernsehaufzeichnungen zurückgreifen konnte, wofür sie ebenfalls bereits Figuren entwickeln musste.

Antonio Banderas und Hugh Jackman begannen beide ihre Laufbahn an Theatern in ihren Heimatländern, kehrten aber auch nach dem Beginn ihrer erfolgreichen Filmkarrieren immer wieder zur Bühne zurück und sorgten für Sensationen am Broadway. Auch diese heutigen und früheren Filmstars, sind, wie du vielleicht weißt, auf der Theaterbühne entdeckt worden: Bruce Willis, Robert De Niro, Al Pacino, Meryl Streep, Liam Neeson, Daniel Day-Lewis, Robert Duvall, Ralph Fiennes, Glenn Close, Robert Redford, Barbra Streisand, Jude Law, Kevin Spacey, Gene Hackman, Dustin Hoffman, John Leguizamo, Denzel Washington, Whoopi Goldberg und Mel Gibson. Die Liste von Standup- und Impro-Come-

70 Der Ausdruck »Equity Waiver« (offiziell wird heute eher der Begriff »Showcase Code« verwendet), bezeichnet Inszenierungen an Theatern mit 99 oder weniger Sitzen. *Equity* heißt die Schauspielergewerkschaft u. a. in den USA und Großbritannien. Um auf einer solchen Bühne aufzutreten, muss man nicht zwangsläufig Gewerkschaftsmitglied *(Equity member)* sein. *Equity Waivers* geben Schauspielern die Chance, sich Agenten und Castern zu zeigen.

dians ist endlos, aber auch hier seien zumindest einige wenige genannt: Jim Carrey, Eddie Murphy, Robin Williams, Adam Sandler, Will Ferrell, Ellen DeGeneres, Lily Tomlin, Tracy Ullman, Chevy Chase und Richard Pryor. Viele dieser Stars bewegen sich zwischen Bühnenauftritten und Kameraarbeit hin und her.

Sally Field nahm den umgekehrten Weg, nachdem sie mit ihrer Rolle in THE FLYING NUN zum TV-Star geworden war. Jeder war verblüfft, dass sie dennoch weiterhin Unterricht bei Lee Strasberg nahm, um dann in dem Fernsehfilm SYBIL eine fulminante Darstellung als schizophrene Grundschullehrerin abzuliefern, die ihr zum endgültigen Durchbruch verhalf. Sie gewann ihren ersten Oscar für NORMA RAE und gab schließlich mit Mitte 50 ihr Broadway-Debüt in Edward Albees DIE ZIEGE ODER WER IST SYLVIA? Sie lieferte eine ganz superbe Leistung ab als verstörte Ehefrau eines Mannes, der sich der Sodomie zuwendet. Ich weiß nicht, wie Sally Field sich auf diese Rolle vorbereitet hat, aber bei ihrer ersten Vorstellung war sie schauspielerisch und stimmlich total überzeugend und absolut in der Lage, die Bühne zu füllen.

Beim Ballett gab es die Tradition, während des Trainings kleine Gewichte an den Fußgelenken zu tragen, damit die Ausführung der Übungen etwas erschwert würde. Wenn die Tänzer dann schließlich ohne Gewichte tanzten, schwebten sie nahezu. Die Theatertechniken, die ich dich bitte, sorgfältig zu erlernen und zu verinnerlichen, werden auf ganz ähnliche Weise dazu beitragen, dass du sowohl auf der Bühne wie vor der Kamera überzeugender wirkst. Du sagst vielleicht: »Shakespeare interessiert mich nicht!«, und ich sage: »Was ist denn mit dir los? Er ist der größte Dramatiker in der Geschichte des Theaters. Das *musst* du versuchen.« Du sagst: »Tschechow langweilt mich«, und ich antworte: »Das liegt ganz an dir. An Tschechow ist nichts langweilig. Er ist ein bemerkenswerter Dramatiker mit einer unglaublichen Einsicht in das menschliche Befinden, die einen in Erstaunen versetzt.« Manche Leute sagten, sie hätten den Film THE HOURS nicht gemocht, weil er sie deprimiert habe. Denen sage ich: »Daran ist nicht der Film schuld. Es liegt an dir. Dir fehlt es an etwas.« Dieses Etwas ist Sensibilität und Mitgefühl für Menschen, die anders sind als man selbst, oder es fehlt einem der Mut, sich mit Gefühlen auseinanderzusetzen, die man nicht haben will.

Zu all meinen Schülern sage ich: »Ich hasse dich, wenn du faul und feige bist.« Und zu Schauspielkollegen sage ich: »Ich bring dich um«, wenn sie nur »so tun, als ob«, statt eine Rolle schlicht und wahrhaftig zu gestalten, oder wenn sie in einer Szene auf die Emotionen drücken, statt sich zu vertrauen. So exzentrisch oder dramatisch das auch klingen mag – sie verstehen dann tatsächlich, worum es mir geht. Ich sage so etwas Drastisches nicht, um grausam zu sein, sondern einfach, um klarzumachen: »Es ist nicht in Ordnung, faul zu sein. Sich mit mittelmäßiger Arbeit zufriedenzugeben, ist nicht akzeptabel. Das ist schlicht und einfach nicht okay.«

Ein Schüler sagte einmal zu mir: »Dein Unterricht ist zu stressig. Du stellst zu viele Ansprüche. Ich will diesen ganzen Stress nicht. Ich habe einen Ausschlag bekommen, als ich eine Szene vorspielen sollte.« Ich antwortete: »Gut, von einem Ausschlag erholt man sich wieder. Er verschwindet einfach. *Schlechtes Schauspiel aber verschwindet nie.*« Wenn du im TV oder Film eine schlechte Darstellung zeigst, wird diese dort für immer festgehalten sein; wenn du auf der Bühne einen schlechten Auftritt lieferst, werden sich die Leute daran erinnern. Der einzige Weg, sich davon zu erholen, ist, an deinen schauspielerischen Fähigkeiten zu arbeiten und zu wachsen; selbst wenn das bedeutet, dass dich mal die Nesselsucht plagt.

Ich bringe all das hier zur Sprache, weil es relevant dafür ist, was das Theater dir zu bieten hat. Es quillt über von großartigen Rollen! Und beim Theater spricht auch nichts gegen das Älterwerden. Wenn du älter wirst, werden sich dir einige tolle Rollen erschließen, die du in jüngeren Jahren nicht spielen konntest. Ich möchte einige der grandiosen Schauspieler aufzählen, die bis ins hohe Alter hinein zwischen Film und Theater hin- und herwechselten. Ruth Gordon, die mit 72 Jahren einen Oscar als Beste Nebendarstellerin für ihre unvergessliche Leistung in ROSEMARIES BABY gewann, sagte, als sie ihre Auszeichnung entgegennahm: »Ich kann Ihnen gar nicht sagen, wie ermutigend das hier für ein Mädchen ist.« Das Publikum konnte sich zwei Minuten lang vor Lachen nicht halten. Sir John Gielgud bekam mit 77 einen Oscar für seine makellose Darstellung als Butler im Film ARTHUR. Und er arbeitete auch weiterhin bis zu seinem Tod mit 96 Jahren als Schauspieler. Dann sind da Jessica Tandy, die mit 80 einen Oscar für ihre Darstellung in dem Film MISS DAISY UND IHR CHAUFFEUR gewann, weiterhin Geraldine Page, die als 62-Jährige, kurz vor ihrem Tod, ebenfalls einen Oscar für ihre Hauptrolle in der Adaption von Horton Footes A TRIP TO BOUNTIFUL – REISE INS GLÜCK erhielt, und schließlich Sir Ralph Richardson, der mit 85 eine der Hauptrollen in dem Film GREYSTOKE – DIE LEGENDE VON TARZAN, HERR DER AFFEN spielte.

Ich werde oft von Schülern, die zwischen Theater, Film und Fernsehen wechseln wollen, gefragt, wodurch sich das Schauspiel in diesen drei Medien unterscheidet. Dazu muss zunächst einmal das Thema des körperlichen Spiels erörtert werden, also wie »groß« oder »klein« man in dem einen oder dem anderen Medium jeweils spielt. Darbietungen auf einer

Theaterbühne müssen oft ein Publikum von 800 bis 1500 Menschen erreichen, deshalb können die körperlichen und mimischen Entscheidungen größer und plakativer ausfallen – das ist eines der Dinge, die Theater so spannend machen. James Earl Jones z.B. gab in einer Inszenierung des Stücks THE GREAT WHITE HOPE* in der Rolle des Jack Johnson, dem ersten schwarzen Boxweltmeister im Schwergewicht, eine Darstellung, die ihm zum Durchbruch verhalf. Die physische Präsenz und athletische Kraft, die Jones der Rolle beigab, waren gigantisch – er trommelte sich hier auf die Brust, stolzierte dort triumphierend über die Bühne, trug dann seine tote Frau auf den Armen herum wie ein biblischer Held, während er seinen Schmerz hinausschrie. Sein Spiel erreichte das Publikum bis in den letzten Rang des Broadwaytheaters hinauf, aber da es aus einer Wahrhaftigkeit erwuchs – etwas, das in jeden Falle für die körperliche Darstellung entscheidend ist, egal ob du »groß oder »klein« spielst – überzeugte es genauso die Zuschauer im Parkett, die nur ein paar Meter von ihm entfernt saßen. Du kannst die überwältigende Wirkung dieser kraftstrotzenden körperlichen Darstellung erahnen, wenn ich dir erzähle, dass Muhammad Ali, der sich diese Inszenierung viele Male angesehen hat, dabei beobachtet wurde, wie er, nachdem die Zuschauer und die meisten Theaterleute längst gegangen waren, auf die Bühne ging und sich dort – wohlwissend, was es einem abverlangt, Weltmeister zu werden, und die Wahrheit dessen im Schauspiel wiederfindend – genauso auf die Brust schlug.

Natürlich müssen Darstellungen an kleineren Häusern proportional heruntergeschraubt werden, aber sie können dennoch groß und deutlich sein. Es gibt eine berühmte Geschichte über den Theater- und Filmschauspieler Robert Preston, der in Riesenhits wie THE MUSIC MAN aufgetreten ist. Als Preston mit Shows auf Tour war, spielte er in vielen verschiedenen Theatern unterschiedlicher Größe. Immer am ersten Morgen in einer neuen Stadt betrat er die Bühne, stellte sich in deren Mitte und streckte seine Arme zur Decke aus, während sein Blick fest auf die hintere Wand des Zuschauerraums gerichtet war. Er stellte sich dann vor, sich die Seiten des Bühnenportals zu greifen und es um seine Schultern zu winden. So wusste er, wie viel Energie er benötigen würde, um dieses spezielle Theater zu füllen.

Beim Schauspiel für Kinofilme darf es, im Gegensatz zu Fernsehfilmen, etwas mehr an Energie und Ausdrucksstärke sein, ganz einfach, weil die Leinwand so groß ist. Bedeutende Filmstars wie Jack Nicholson, Meryl Streep, Robert De Niro, Daniel Day-Lewis, Brad Pitt, Julia Roberts und Denzel Washington können in Nahaufnahmen sehr subtil sein, aber in der Halbnahen oder Totalen zeigen sie eine enorme Heftigkeit, die uns begeistert, weil wir sie in dieser Größenordnung in TV-Dramen selten zu sehen bekommen. Selbst ein so minimalistischer Filmschauspieler wie Clint Eastwood – von dem man wissen muss, dass er nach jahrelanger Arbeit beim Fernsehen direkt zum Kino kam – fand in den Schlüsselmomenten seiner frühen Western sowie der DIRTY HARRY-Filme zu einer zähnefletschenden, brutalen und misanthropischen Körpersprache, welche die Zuschauer in Bann schlug.

Früher waren TV-Schauspieler durch die geringe Größe der Fernsehbildschirme beschränkt: Entscheidende Momente wurden oft in der Halbnahen (von der Hüfte aufwärts) und in Nahaufnahmen gefilmt. Besonders im letzten Jahrzehnt haben sich jedoch die Möglichkeiten für Schauspieler, in Fernsehserien körperlich ausdrucksstärker zu spielen, erweitert, weil mehr Halbnahen und Totalen verwendet werden (die den gesamten Körper einfangen). Einerseits, weil die Technik dies mittlerweile möglich macht und andererseits, weil die Zuschauer im Zeitalter von Kabelfernsehen und Musikvideos anspruchsvoller in ihren Sehgewohnheiten geworden sind. Ich habe den Eindruck, dass das weit ausholende Spiel mit großen Gesten heute bei fiktionalen TV-Formaten in der Regel den Gaststars überlassen wird, weil die Zuschauer diese nur einmal oder nur selten zu Gesicht bekommen und keine langfristige Beziehung zu ihnen entwickeln müssen. Sie können extremer agieren – sogar abstoßend sein, wenn die Figur das verlangt –, ohne Angst haben zu müssen, ihre Sympathien beim Publikum zu verspielen.

Wie die Stimme eingesetzt wird, hängt ebenfalls vom Medium ab. Beim Theaterschauspiel *muss* man starke stimmliche Fähigkeiten besitzen sowie ein Bewusstsein für die stimmliche Energie, die man benötigt, um den Theaterraum zu füllen. Stelle dich doch mal wie Robert Preston auf die Bühne. Schau dir die Größe des Hauses an und die Entfernung bis zur hintersten Sitzreihe, berücksichtige dabei, ob es sich vielleicht um ein Arenatheater oder um eine Stegbühne handelt. Welche physische und emotionale Energie wirst du aufbringen müssen, um von jedem Zuschauer gehört zu werden? Dann übe dich darin, diesen bestimmten Raum angemessen mit deiner Stimme zu füllen.

Aber Vorsicht! Was ich dir hier mit auf den Weg gebe, soll dir keinesfalls als Ausrede dafür dienen, einen Stil zu entwickeln, der auf Rufen oder gar Schreien basiert, der dir stimmliche oder muskuläre Anspannung verursacht oder dem Publikum gar das Gefühl gibt, dass ihnen die Darstellung »entgegengeschleudert« würde. Versuche, das zu verinnerlichen, und merke dir außerdem: Eine Grundvoraussetzung für Erfolg in der Schauspielerei allgemein und beim Theater im Besonderen, ist es, deinem Spielpartner den Text mit ausreichend Lebendigkeit und langem Atem zu senden, um den Gedanken vollständig zu vermitteln, was ebenso heißt, zum letzten Wort eines Satzes zu gelangen, ohne an Energie, Fokus oder Intention zu verlieren.

Ich bin immer wieder überrascht, wie viele Schauspielanfänger am Ende eines Satzes ihre stimmliche Energie abflachen lassen. Im Fernsehbereich breitet sich das aus wie eine Epidemie. Hier und da verlieren sie sich fast ins Flüstern, sodass das Publikum wesentliche Wörter verpasst. Schauspieler, die an diesem Syndrom leiden, scheinen mit sich selbst und nicht mit der anderen Person zu reden. Ich sage in meinem Unterricht immer und immer wieder: »In der Szene geht es nicht um *dich*. In der Szene geht es um die Geschichte und darum, deinem Partner deine Gedanken so zu senden, dass sie intellektuell und emotional verstehen können, was du sagst, und angemessen darauf regieren und dir ihre Gedanken zurücksenden können.«

Einige Lehrer erlauben jungen Schauspielern, so zu arbeiten, als hinge stets ein Mikrofon direkt neben ihnen. Ihnen wird auf diese Weise ganz offiziell beigebracht, dass sie künstlich und theatralisch klängen, wenn sie lauter sprächen. Das ist destruktiv, weil es ein Trugschluss ist. Dieser falsch verstandene, geflüsterte Naturalismus führt am Ende nur zu einer Art von akustischem Somnambulismus. Dieser nimmt der stimmlichen Interpretation jegliche Deutlichkeit und Nuance und wirkt ganz und gar nicht natürlich, sondern affektiert, und führt dazu, dass all diese jungen Schauspieler gleich klingen. Es ist der stimmliche Ausdruck von Unverbindlichkeit.

In den besten Sitcoms, in denen die Hauptrollen von Schauspielern mit besonders markanten Stimmen gespielt werden, ist wiederum genau das Gegenteil zu beobachten. Ob du dir dessen bewusst bist oder nicht: Es sind deren Stimmen und deren Energie, auf die wir so anspringen, und das Gleiche gilt für TV-Dramen und -Serien, sofern die Leute es gelernt haben, respektvoll mit ihrer Stimme umzugehen und sie in ihrer ganzen klanglichen Bandbreite und mit all ihren Nuancen zu benutzen. Es stimmt, dass Sitcom-Darsteller sich ein weitaus größeres, theatralischeres Spiel erlauben dürfen, wohingegen Fernsehfilme oder -serien im Hinblick auf Gestik und Stimme einer zurückhaltenderen Darstellung bedürfen, weil die entscheidenden Momente oft in Nahaufnahme gefilmt werden, während die Mikrofone sehr nahe an den Schauspielern platziert sind, um eine natürliche Sprechweise zu ermöglichen. *Aber eine zurückgenommene Darstellung muss deshalb nicht weniger abwechslungsreich oder fesselnd sein; sie muss lediglich dezenter sein.* Schau dir als gutes Beispiel für Darsteller, die in einer TV-Dramaserie mit stimmlicher Ausdruckskraft spielen, einmal Christopher Meloni und Mariska Hargitay in LAW & ORDER: SPECIAL VICTIMS UNIT an. Sieh dir ebenso die Serien DIE SOPRA-

NOS, SIX FEET UNDER und OZ – HÖLLE HINTER GITTERN an und beachte die ausgezeichnete Stimmarbeit der Schauspieler, von denen die meisten auch Theatererfahrung haben.

Wenn du deine Stimme und ihre Ausdruckskraft mittels Theaterarbeit entwickelst, dann musst du im Umkehrschluss auch lernen, deine Stimme den Anforderungen eines Mikrofons anzupassen, wenn du für Kino oder Fernsehen drehen möchtest. Aber pass dabei auf, nicht die natürliche Vielfalt deiner Stimme zu vernachlässigen, die zu einer ausdrucksstarken Darstellung beiträgt. Wenn du ein Mikrofon direkt vor deiner Nase hast, darfst du nicht zu laut sein, was aber nicht dazu führen soll, dass du deine Stimme ohne Klang und ohne Vielfalt einsetzt, denn dann wirst du keine interessanten Interpretationen bieten können. Deine Stimme kann hier genauso viel Emotion vermitteln wie bei lauteren Einsätzen.

Richtig bewusst wurde mir das zu dem Zeitpunkt, als ich Robert Duvalls Darstellung in dem Film COMEBACK DER LIEBE sah. Nachdem seine Tochter bei einem Autounfall getötet wurde, gibt es eine Totale auf Duvall, in der er den Schlüsselsatz sagt: »Weißt du, ich vertraue dem Glück einfach nicht – ich hab's nie getan und werde es niemals tun.« Obwohl ich sein Gesicht kaum sehen konnte, begann ich in diesem Moment zu weinen. Die Szene war herzzerreißend allein aufgrund dessen, was ich auf der Tonspur hören konnte – wie Duvalls Stimme von seinen Emotionen beherrscht war und wie stark diese Stimme sein gebrochenes Herz vermittelte. Ich ging dann noch dreimal ins Kino, um den Film genau zu studieren, weil ich die Kraft dieser stimmlichen Performance – einer Stimmarbeit vom Feinsten – ergründen wollte. Ich schlage dir vor, dasselbe zu tun.

Lass uns einen weiteren technischen Aspekt der Darstellung in Film und Fernsehen thematisieren: Wie man sein Gesicht benutzt. Einige Schauspieler verlassen sich einzig darauf, um Gefühle auszudrücken. Sie verziehen ihr Gesicht, machen große Augen, pressen beim Sprechen die Kiefer aufeinander und stützen sich so wortwörtlich auf ihre Gesichtsmuskeln, ohne sich dessen bewusst zu sein. Als Hauptdarsteller in Kino- und TV-Filmen und selbst bei bestimmten Rollen im Theater muss die Palette deiner darstellerischen Mittel auch eine gewisse »Stille« und Einfachheit hergeben. Das nennt sich *Präsenz*. Besonders im Film, ob auf der großen Kinoleinwand oder dem kleinen Fernsehbildschirm, muss die Präsenz über die Augen und nicht über die größeren, willentlich beweglichen Gesichtsmuskeln im Gesicht übertragen werden. Du wirst bei einprägsamen Filmdarstellungen oft feststellen können, dass diese ihre Wirkung zum größten Teil über die Augen des Schauspielers vermitteln und auch von den kleinen Muskeln, die unbewusst die schauspielerische Absicht unterstützen. Es geht hierbei nicht darum, versteinert oder bewusst minimalistisch zu agieren; die entscheidenden Stichworte für die Darstellung sind Sparsamkeit und Subtilität. Was das Kinopublikum berührt, ist, zu sehen, wie sich die gewaltigen unterdrückten Emotionen einer Figur in ihren Augen widerspiegeln.

Sicherlich verlangen einige Rollen einen stärkeren Einsatz der Mimik als andere, insbesondere in Komödien. Und jeder Schauspieler besitzt auch unterschiedliche Stärken und Schwächen. Doch um welche Rolle es sich auch handeln mag, eine Sache bleibt immer gleich: *Wenn sich die Kamera nah an deinem Gesicht befindet, ist Stille zwingend erforderlich* – gemeint ist damit nicht Angespanntheit, sondern du musst der Kamera erlauben, dein Innerstes einzufangen, während du dein Gesicht vollständig entspannst, ohne irgendwelche unnötigen Zuckungen oder Grimassen zuzulassen, die eine Wand zwischen dir und deinem Publikum aufbauen würden.

Wenn dir jemand sagt, du würdest *zeigen, dass du spielst*, dann meint er damit Folgendes: Dein Gesicht oder dein Körper signalisieren Gefühle, aber du spürst sie anscheinend nicht tatsächlich. Ich kann hier nur immer wieder Uta Hagens treffende Forderung anbringen: »Zeige mir nicht deine Perspektive, hab eine.« Diesen Satz habe ich ihr stibitzt, aber er hat vielen Schauspielern geholfen, die bei mir studiert haben, und den Verdienst dafür schreibe ich immer ihr zu. Zu zeigen, dass du spielst, ist ein schlimmer Fehler, egal in welchem Medium du arbeitest. Das ist was für Anfänger. Auf der Theaterbühne ist es fürchterlich, ganz egal wie groß das Theater ist, und im Film ist es genauso grässlich, weil die Kamera so nahe dran ist, dass sie einfach offenbaren muss, dass du simulierst.

Eines der Themen in den Sketchen von SATURDAY NIGHT LIVE ist die überspitzte Darstellung menschlichen Verhaltens. Diese Cartoon-Welt kann sehr lustig sein. In den Komödienklassikern der Marx Brothers hob und senkte Groucho Marx seine Augenbrauen, um sexuelle Erregung anzudeuten und wir lachen darüber – aber stimmlich bringt er dies sehr subtil und mit sonst ausdruckslosem Gesicht rüber. Jim Carrey, Steve Martin, Eddie Murphy und viele andere Filmkomiker benutzen eine gekünstelte Darstellungsweise, sie ziehen Grimassen und werfen sich exzentrisch in Pose. Aber ich sage es noch einmal, sie alle sind durchaus fähig, sich zurückzunehmen und wahrhaftige Szenen zu spielen. Also verstehe mich bitte nicht falsch: In bestimmten Komödien kann man in der Darstellung groß und affektiert spielen, aber nicht in Dramen sowie im Großteil der leichteren Unterhaltungsfilme.

Eine der Voraussetzungen dafür, ein guter Schauspieler zu sein, ist guter Geschmack und eine gewisse Cleverness, um einschätzen zu können, wie extrem schauspielerische Entscheidungen in einem bestimmten Medium sein dürfen. Kommen wir noch einmal auf James L. Brooks' ZEIT DER ZÄRTLICHKEIT zurück, denn es könnte sein, dass es dir vorkommt, als würden Shirley MacLaines und Jack Nicholsons Darbietungen im Gegensatz zu dem stehen, was ich gerade gesagt habe. Aber das stimmt nicht. Bei ihren beiden Figuren, Aurora Greenway und Garrett Breedlove, handelt es sich um starrköpfige Persönlichkeiten, die ein ziemlich exzentrisches Gebaren zeigen; ihr Verhalten rührt von Abwehrmechanismen her, welche von Ängsten ausgelöst werden. Wenn Nicholsons Garrett, als ihm klar wird, dass er Aurora nicht so leicht ins Bett bekommen wird, sagt: »Ich glaube, wir werden eine ganze Reihe von Drinks zu uns nehmen«, verzieht MacLaines Aurora ihr Gesicht, als hätte sie in eine saure Zitrone gebissen. Sie tut das, um ihre Aufregung darüber abzuwehren, dass dieser Mann sie begehrt, und um sich weiterhin den Anschein von Vornehmheit zu erhalten, wie eine irre komische Version von Blanche DuBois.

Einer der faszinierendsten Aspekte dieses Filmes ist, dass die Gesichter der Figuren ruhiger, weicher und durchlässiger werden, wenn diese mit ernsthaften und schmerzlichen Dingen konfrontiert werden. Unter dem Zwang, schmerzlichen Realitäten zu begegnen, legen sie ihre Abwehrmechanismen und Attitüden ab. Dieser Film eignet sich wunderbar zum Studieren und Lernen, weil er einige der besten schauspielerischen Leistungen im Bereich der Komödie zeigt und er gekünstelte Darstellungen beinhaltet, die jedoch emotionale Abwehrmechanismen verdeutlichen und nicht etwa eine *Vorstellung* von Komik vermitteln sollen; für diese Leute sind ihre Attitüden echt. Einige Menschen verhalten sich einfach affektiert, daher wirst du verstehen, warum ich dir gegenüber hiermit vorsichtig bin und dir rate, dir deine schauspielerischen Entscheidungen gut zu überlegen. Nochmals: Mit Entscheidungen meine ich deine Interpretation der Figur – was selbstverständlich beim Schauspiel die Hauptsache ist.

Fernsehserien stellen eine einzigartige Herausforderung dar: Woche für Woche die gleiche Figur in verschiedenen Situationen darzustellen. Wenn du regelmäßig Dramaserien eines TV-Senders anschaust, wirst du erkennen, dass die Hauptdarsteller im Allgemeinen auf einem eher niedrigen Energielevel spielen. Wenn es sich um sehr leidenschaftliche Figuren handelt, deckeln sie ihre emotionale Heftigkeit und lassen sie nur gelegentlich aufflackern. Und dennoch changieren sie auf eine darstellerisch sehr subtile Weise emotionale Nuancen, was uns fesselt, weil sich dadurch für uns die verschiedenen Facetten ihrer Figuren entfalten, während die Darsteller deren Psychologie erforschen. Die Arbeit dieser Schauspieler ist äußerst detailgenau; sie treffen ständig Entscheidungen, statt ihre Rollen herunterzuleiern.

EMERGENCY ROOM gehört zu den Serien, die dies gleichbleibend gut meistern. Die Hauptfiguren von EMERGENCY ROOM interessieren und überraschen mich immerfort, weil ich tatsächlich daran glaube, dass sie ein Leben außerhalb des Krankenhauses führen; und ich habe schon daran geglaubt, bevor die Serie uns die ersten flüchtigen Einblicke in diese Privatleben gewährt hat. Auf der anderen Seite gibt es aber eben auch erfolgreiche Dramaserien, die ich hier nicht nennen möchte, deren Hauptdarsteller Woche für Woche so redundant und überflüssig scheinen, dass ich nicht verstehen kann, aus welchen Gründen, abgesehen von der menschlichen Schwäche, die man das Bedürfnis nach Vertrautheit nennt, hier überhaupt irgendjemand einschaltet.

Detailgenaue Entscheidungen sind beim Schauspiel, egal ob für Theater, Kino oder Fernsehen, ausschlaggebend. In detailgenauen Entscheidungen spiegeln sich deine speziellen emotionalen Perspektiven auf alles wider, was du sagst und tust. Es sind intelligente Entscheidungen, die aus einem emotionalen Verständnis dafür erwachsen, wo deine Figur in jedem Moment ihres Lebens steht. Es sind Entscheidungen, für die du dich begeisterst, die dir wichtig sind und die dich, während du an deinem Text arbeitest, herausfordern. Weil bei der Filmarbeit die Kamera so nahe an dich herankommen kann, sind detailgenaue Entscheidungen unverzichtbar. Als Schauspieler im Hauptcast einer Serie wird dich das Präzise-Sein davor schützen, jede Woche die gleiche Mimik zu wiederholen, weil das, was dein Gesicht und deine Augen ausdrücken, an die jeweiligen Bilder und Absichten, die du spielst, gebunden ist. Wenn du im Mimischen schlicht bleibst – was bedeutet, dir selbst in deiner Wahl sehr einfacher, wahrhaftiger darstellerischer Mittel zu vertrauen, statt aus einem fehlgeleiteten Versuch heraus, interessant wirken zu wollen, übertrieben und allzu elaboriert zu spielen –, dann wirst du die Aufmerksamkeit des Publikums mehr auf dich ziehen, als dir bewusst sein mag. Dinge zurückzuhalten, erzeugt interessante Wandlungen in deinem Gesicht, und das wird in Nahaufnahmen gut erfasst, weil die Zuschauer das, was verborgen ist, durchschauen wollen. Mit anderen Worten: Du weißt vermutlich ganz genau, wie deine Figur in einem bestimmten Moment zu einer anderen Figur steht, aber du entscheidest, dies zu verbergen. Und diese Energie spielt auf deinem Gesicht in einer Weise, die Faszination entstehen lässt. Wenn du schlussendlich die verheimlichte Emotion offenbarst, egal ob Anziehungskraft, Zorn oder Angst, wird diese auf den Zuschauer umso eindringlicher wirken, weil du, bevor du sie preisgegeben hast, mit ihr gerungen hast.

Einer der besten Aussprüche von Sanford Meisner ist: »Fang nicht an, zu weinen oder wütend zu werden, bevor du alles getan hast, um es zurückzuhalten.« Meisner war an Verhaltensweisen interessiert und ihm war es wichtig, dass Schauspieler verstehen, dass *verhaltensmäßig vieles in deinem Körper und deiner Stimme passiert, bevor die Gefühlsexplosion stattfindet.* Das Zurückhalten von Emotionen, bis du sie nicht mehr unterdrücken kannst, ist typisch menschlich, und es gibt dir auch mehr zu spielen. Außerdem ist es eine brauchbare Technik für Bühne, Film und Fernsehen. Wenn du dir darüber im Klaren bist, was du fühlst, und du dich dafür entscheidest, dies hinter einem bestimmten Verhalten zu verbergen, das menschlich und glaubhaft ist, dann ist das etwas ganz anderes, als nicht zu wissen, was zum Teufel du fühlst oder tust. In Fernsehserien ist solche Unbestimmtheit sehr deutlich zu erkennen, wenn die Kamera an dein Gesicht heranfährt und deine Augen leer sind und verraten, dass auch dein Gehirn leer ist – was wirklich schlechtes Schauspiel ist, weil es oberflächlich und unpräzise ist.

Natürlich gilt das auch für die Arbeit beim Film. Das hat sich für mich während der Probeaufnahmen zu THE GREEN MILE bestätigt. Drei sehr talentierte Schauspieler machten Probeaufnahmen für die Rolle des John Coffrey und ich war gebeten worden, mir alle anzuschauen, bevor die endgültige Entscheidung gefällt wurde. Die Schauspieler hatten jeweils drei verschiedene Szenen aus dem Film zu spielen. Jede Szene wurde viermal aufgenommen. Wir sahen uns also die 1., 2. und 3. Szene jeweils zwölfmal mit jedem der Schauspieler an. Beim zweiten Take der 2. Szene, die Michael Clarke Duncan spielte, zoomte die Kamera für eine Detailaufnahme an seine Augen heran. Weil Michael und ich sorgfältig und präzise daran gearbeitet hatten, was er in der Szene bei der anderen Person erreichen wollte und wie er sich in der Figur dabei fühlte, zu wissen, dass er sterben würde, waren seine Augen von so viel Schmerz erfüllt, dass er in diesem Moment den Zuschlag für die Rolle bekam.

Wenn du in einer Nahaufnahme äußerlich reglos bist, musst du dir darüber bewusst sein, in welcher Form diese Nahaufnahme deine Figur im Rahmen der Geschichte vorwärts bringt. Was erzählt sie den Zuschauern darüber, wie du denkst und fühlst? In gut gefilmten Geschichten gibt es keine leeren Momente. Wenn dir nicht klar ist, was du in einer Nahaufnahme rüberbringen sollst, musst du dich mit deinem Regisseur beraten, um diesen bestimmten Augenblick zu klären. Wenn du diese Lektion in Sachen Genauigkeit nicht lernst und trotzdem sehr erfolgreich wirst, wirst du vielleicht irgendwann deinem eigenen Narzissmus zum Opfer fallen und auf Nahaufnahmen bestehen, die keinerlei Bedeutung besitzen. Solche Nahaufnahmen verlangsamen lediglich das Erzählen und lassen den Film aufgebläht erscheinen.

Wenn du eine Rolle in einer TV-Serie ergattert hast und diese zwischen sieben und zehn Jahren läuft, in denen du Woche um Woche dieselbe

Figur spielst – wie schaffst du es, dir die Lebendigkeit und das Gefühl der Herausforderung in deiner Arbeit zu bewahren? Du gibst alles, was du geben kannst. Präsentiere dem Autor neue Ideen für deine Figur, sei diszipliniert und engagiert, triff ungewöhnliche oder provokative neue Entscheidungen, die etwas über deine Figur erzählen und aber nach wie vor mit ihrer Anlage übereinstimmen. Stelle dir vor, wie das alltägliche Leben deiner Figur außerhalb der Leinwand aussieht. Das wird dir einen konkreteren Blickwinkel dafür eröffnen, was auf dem Bildschirm mit ihr geschieht. Wenn du diese Ratschläge befolgst, wirst du das Dasein als Serienschauspieler nicht als kreatives Gefängnis ansehen; vielmehr wirst du es als Glücksfall betrachten, der es dir ermöglicht, in der Rolle zu wachsen. Und in deiner drehfreien Zeit spiele Theater!

Dennis Franz, der bei New York Cops – NYPD Blue den Detektiv Andy Sipowicz spielt, hat die Rolle benutzt, um jede Nische und jeden noch so versteckten Winkel von Sipowicz' Psyche und seinem äußeren Leben zu untersuchen. Franz lieferte eine klassische Darbietung, die bewies, welche Kraft darin steckt, die brodelnde Gefühlswelt einer Figur durch bestimmte, aktive Verhaltensweisen zu unterdrücken. Dies zeigte sich in der Folge, in der der Sohn seiner Figur, ebenfalls ein Polizist, zu dem er eine emotional schwierige Beziehung hatte, im Dienst durch eine Schießerei ums Leben kam. Die gesamte Handlung zeigt, wie Sipowicz seiner Pflicht nachkommt, einen geliebten Menschen zu begraben. Er geht zum Leichenschauhaus, um die Leiche zu identifizieren, berichtet seiner Exfrau von dem Tod ihres gemeinsamen Sohnes, trifft die Vorkehrungen für die Bestattung und versucht, die Mörder seines Sohnes zu finden. Als Zuschauer kannst du spüren, wie diesem Mann bei jeder dieser ausgeführten Pflichten buchstäblich das Blut aus dem Herzen sickert.

Franz hatte die Bedeutung des Sohnes für Sipowicz – die Tiefe seiner Liebe und den Gram über den Verlust dieser Liebe –, so präzise in dessen innerer Welt verankert, dass du dir nicht sicher warst, ob er nicht von einem Moment zum nächsten in Tränen ausbrechen oder explodieren und gewalttätig werden würde. Doch nichts dergleichen passierte. Er erledigte einfach die Aufgaben, die nötig waren, und betrat in der letzten Szene eine Bar, um beim Barkeeper eine Flasche und drei Schnapsgläser zu bestellen und sich, während die Kamera zurückfuhr, die Kante zu geben. Ich kann mich nicht daran erinnern, jemals einen Schauspieler dabei beobachtet zu haben, den Verlust einer so großen Liebe, wie sie nur ein Elternteil für ein Kind empfinden kann, mit so viel Tiefgründigkeit darzustellen. Es hätte eine griechische Tragödie sein können, aber die Geschichte war in der Welt des Kriminalbeamten Sipowicz angesiedelt und wurde auf einem kleinen Fernsehbildschirm erzählt.

Ebenso viel Druck und Zeitknappheit wie bei den Dreharbeiten zu einem Kinofilm können auch bei der Arbeit an Fernsehproduktionen herrschen; mit einem aberwitzig kurzen Drehplan, der Drehzeiten von 16 bis hin zu schwindelerregenden 22 Stunden pro Tag vorsieht! Von diesen 16 bis 22 Stunden musst du unter Umständen 13 oder 15 darauf warten, dass deine Szene drankommt. Ich will dich nur vorwarnen, denn Konzentration, Vorbereitung und die Fähigkeit, gut mit deiner Energie hauszuhalten, sind entscheidend für dein Überleben als Schauspieler. Du musst damit rechnen, lediglich einen Take für deine Darstellung zu bekommen. Es wird eine fotografische Abdeckung geben – also einen Master Shot, der die Szene von Anfang bis Ende kontinuierlich in der Halbtotalen einfängt, sowie weitere Einstellungen, die der Regisseur auswählt, um die Szene abzudecken –, aber es kann wie gesagt durchaus sein, dass es für jede Einstellung nur einen Take gibt. Nachdem ich dir nun Angst gemacht habe, will ich noch hinzufügen, dass es sicherlich oft mehr als einen Take geben wird. Aber wenn du gerade erst beim Film angefangen hast und plötzlich mit diesem Albtraum konfrontiert wirst, sag nicht, du seist nicht gewarnt worden! Verhalte dich professionell; erwarte diesbezüglich keine Fairness oder Beistand. Denn darauf kommt es nicht unbedingt an, wenn es um Professionalität im Showbusiness geht. Wenn du noch einen Take bekommst – großartig, aber verlass dich nicht darauf oder sei verärgert oder raste aus, wenn du ihn nicht bekommst.

Das Schauspielen in einer im Drei-Kamera-Verfahren gefilmten Sitcom – diese werden meistens im Drei-Kamera-Verfahren gedreht, TV-Filme oder Serien in der Regel mit einer Kamera – kommt, verglichen mit anderen Fernsehformaten, der Arbeit im Theater am nächsten, weshalb Sitcom-Drehs eine gute Übung sowohl für das Theater als auch für den Film sind. Obwohl die Produzenten und Regisseure, nachdem die Show vor einem Livepublikum aufgenommen wurde, weitere Einstellungen verlangen können und dies auch tun, solltest du dich so in die Sache reinhängen, als ob es sich um ein Theaterstück handelte, indem es keine neuen Einstellungen gibt. Auf diese Weise setzt du die Energie, den Rhythmus und die Hitze zwischen den Figuren in Gang; es hat etwas von einem Trapezakt – wobei der mögliche zusätzliche Take dein Sicherheitsnetz ist.

Aber denke daran, als Schauspieler, besonders wenn du einen Gastauftritt in einer Serie hast, bekommst du normalerweise nicht einen zusätzlichen Take, nur weil *du* ihn gerne hättest. Wenn den Produzenten und dem Regisseur gefallen hat oder sie akzeptabel finden, was du geliefert hast, wird es so, wie es ist, in der Show bleiben – ein Grund mehr, so gut vorbereitet wie nur möglich zur Arbeit zu kommen.

Es kann übrigens auch passieren, dass du für einen Job mit einem Drehbuch gearbeitet hast, das dann noch einmal komplett verändert wurde, was du erst zu Probenbeginn erfährst. Und damit nicht genug: Auch deine Figur kann komplett überarbeitet worden sein. Auf diese Dinge kann man sich nicht vorbereiten, aber man muss in der Lage sein, damit umzugehen. Positives Denken, harte Arbeit und Teamfähigkeit helfen dir viel mehr dabei, deine Karriere voranzutreiben, als schwierig, pampig, wichtigtuerisch oder streitlustig aufzutreten. Was nicht heißt, dass du nicht für dich eintreten solltest, wenn dir dein Instinkt sagt, dass deine Arbeit in künstlerischer Hinsicht gefährdet wird; aber selbst dann: Sei ein Mitstreiter und kein Gegenspieler.

Ganz wie beim Theater ist auch bei Sitcoms die Probenphase die Zeit, Dinge auszuprobieren und deine Ideen am Set einzubringen. Das gilt für Gastdarsteller ebenso wie für Serienhauptdarsteller. Vielleicht hast du eine Idee für eine physische Tätigkeit, die dem Regisseur gefällt. Einige Shows – nicht alle – sind sogar offen für Vorschläge zum Text von Gastdarstellern. Du musst ein Gefühl für die Atmosphäre um dich herum haben. Es gibt Autoren und Produzenten, die so überbesorgt und kontrollsüchtig sind, wenn es um ihre Texte geht, dass jedes ausgelassene »der«, »die«, »das« oder »und« als Affront aufgefasst wird. Du wirst diesbezüglich Regieanweisungen erhalten und die musst du respektieren, andernfalls wird dir das auf die Füße fallen. Wenn du findest, dass ein Satz besonders schwer zu sprechen ist – und das gilt für Texte in allen Medien, außer natürlich für klassische Theaterstücke – besprich dich über eine mögliche Alternative und es wird dir gesagt werden, ob du ihn ändern kannst oder nicht. Ich habe oft mitbekommen, dass junge Schauspieler, die nicht in Textanalyse ausgebildet waren, zu schnell um Veränderungen oder Kürzungen baten, obwohl die Sätze nicht nur wertvoll für ihre Figur, sondern auch wichtig für die Weiterentwicklung der Handlung waren. Gehe also klug und sehr bedacht vor, bevor du behauptest, dass die Arbeit eines Autors von einer Veränderung profitieren würde; manchmal bist nämlich *du* derjenige, der das Ganze nicht durchdringt. Sei als Gastdarsteller respektvoll gegenüber den anderen Schauspielern und mache nicht plötzlich während der Liveaufnahme etwas, das nicht abgesprochen ist. Sollte es funktionieren, wäre das zwar dein Glückstag und jeder würde dir auf die Schulter klopfen, aber wenn es nach hinten losgeht und das die Liveaufnahme der Szene verdirbt, dann kannst du dir damit ganz schnell deinen Ruf ruinieren.

Ich habe bei der US-Tournee von THE SYRINGA TREE* von Pamela Gien Regie geführt, einem Theaterstück, das ich mitentwickelt habe und das glücklicherweise in New York und international großen Erfolg gehabt hat. Das Stück ist mit nur einer Person besetzt – einer Schauspielerin, die 26 verschiedene Rollen in dieser Geschichte spielt, die sich über drei Generationen weißer und schwarzer Südafrikaner während und nach der Apartheid erstreckt. Die Anforderungen auf stimmlicher und körperlicher Ebene sind gewaltig. Als ich die Inszenierung in New York im zweiten Jahr neu besetzten musste, wurden über 200 Schauspielerinnen zum Vorsprechen eingeladen. Was mich während des Casting-Prozesses verblüffte, war, wie unvorbereitet und wenig engagiert gewisse Schauspielerinnen aus Hollywood waren. Sie tanzten mit der unmöglichsten aller Haltungen an: Wenn ich da aufkreuze, hübsch aussehe und so ungefähr weiß, was ich tue, dann habe ich eine Chance auf diese Rolle. Nur 12 der 200 legten eine ausreichend professionelle Haltung an den Tag und waren aus technischer Sicht vorbereitet genug, um für diese anspruchsvolle Rolle überhaupt in Betracht gezogen zu werden.

Beim Besetzen der amerikaweiten Tournee hatten wir das Glück, mit Gin Hammond und Eva Kaminsky zwei herausragende New Yorker Schauspielerinnen zu finden, die sich bereit erklärten, mit dem Stück zu touren und jeweils vier Vorstellungen pro Woche zu spielen. Auf dem letzten Abschnitt der Tournee erzählten mir beide in gesonderten Gesprächen, dass die Erfahrung und die Herausforderung, diese Rollen zu spielen, ihre Technik verfeinert und ihre Arbeitsgewohnheiten für immer verändert hätten. Beide Schauspielerinnen hatten Stärken und Schwächen, wie sie jeder Schauspieler hat. Weil das Darstellen von 26 Rollen eine derartige Genauigkeit verlangt, damit jede Figur sich in Stimme und Körperlichkeit von den anderen unterscheidet, und das Ganze an sich ein unglaubliches Durchhaltevermögen erfordert, hatten sie ihre eigenen Erwartungen an sich selbst als Schauspielerinnen übertroffen.

Im Stück gibt es einen Moment, der potenziell einen Lacher provozieren könnte, und eine der Schauspielerinnen scheiterte immer wieder daran. Ich sagte ihr, der Grund liege darin, dass sie für das, was die Figur auf der Bühne erleben sollte, kein inneres Bild besitze. Die Figur ist in diesem Fall ein kleines Kind, das Zeuge einer Geburt wird. Die Schauspielerin musste, als das Baby zum Vorschein kam, einen Laut von sich geben – einen Laut, der Angst und Überraschung darüber ausdrücken sollte, dass das Baby nicht rosig und schön, sondern vielmehr blau und blutig aussah. Die Schauspielerin dachte, dass es, um den Lacher zu ernten, ausreichte zu sagen: »Und dann das Baby … Iiih, bäh!« Aber das stimmte nicht. Als ich sie mit ihrer fehlenden Präzision in diesem Moment ihres Spiels konfrontierte, kehrte sie zum Reißbrett zurück, fand ein eigenes persönliches Bild dafür, wie das Neugeborene wohl aussah – und bekam ab dem Moment den Lacher.

Die Anforderungen beim Theater sind umfangreich und gleichbleibend hoch: acht Vorstellungen die Woche.[71] Im Laufe des Jahres entwickelten diese zwei Schauspielerinnen jeden Abend ihr Handwerkszeug weiter – und ihre Werkzeuge sind nun äußerst scharf und werden sie bei ihren Film-, Fernseh- und Theaterkarrieren begleiten. Meine Forderung, dass die Schauspielerin ein konkretes Bild dafür entwickelte, was ihre verschiedenen Figuren erlebten – eine der Techniken, die sie über das ganze 90-minütige Stück hin anwenden musste – konzentrierte sich nur auf einen Moment, aber es erteilte ihr eine Lehre, die ihr für immer nutzen wird.

In meinen Kursen sage ich oft, dass das Theater für Schauspieler eine Rettungsinsel ist. Denn da es in größeren und selbst in den kleineren Städten so viele Equity-Waiver- und Laientheater gibt, wird es immer Produktionen geben, für die man vorsprechen und in denen man auftreten kann. Wenn es dort, wo du lebst, keine Theater gibt, gibt es trotzdem einen Weg, dein künstlerisches Wachstum in die Hand zu nehmen: Haustheater. Such dir ein Theaterstück, das dir gefällt, hol dir einen Regisseur ran und besetze es mit Schauspielern, die du respektierst; probe drei, vier Wochen und dann führe es in deiner Wohnung auf; serviere vielleicht ein Abendessen, und nach der Vorstellung gibt es eine Frage-und-Antwort-Runde für das geladene Publikum. Du musst auch nicht unbedingt ein Abendessen anbieten. Aber unterschätze nicht den Wert von Haustheater. Und präsentiere das Stück nicht nur einmal, spiele es einen Monat lang, drei oder vier Mal die Woche. Ruf einfach alle deine Freunde an, bestehe darauf, dass sie kommen, und verteile sie über alle Vorstellungen. Glaub mir, sie werden hocherfreut sein. Und ich meine es ernst, wenn ich dir rate, eine volle Probenzeit anzuberaumen, so als wärst du in einer professionellen Inszenierung. Denn darum geht es ja schließlich: sich voll zu engagieren – unabhängig davon, wo du das Stück spielst, ist es dieselbe Arbeit, ob in deiner Wohnung oder in einem professionellen Theater. Auch wenn du gerade nicht fürs Schauspielen bezahlt wirst, gibt es keine Ausrede und keinen Grund, nicht Theater zu spielen – und sei es eben in deiner eigenen Wohnung.

Ich habe dieses Kapitel damit begonnen, über die Probleme zu sprechen, die dir begegnen könnten, wenn du als junger Schauspieler, noch ohne das schauspielerische Handwerk zu beherrschen, plötzlich bekannt wirst. Meryl Streep wirkte in Yale in 40 Theaterstücken mit, bevor sie mit der New Yorker Theaterszene überhaupt erst in Kontakt kam. Der Rest

71 Am Broadway und an regionalen Theatern in den USA sind acht Vorstellungen pro Woche der Standard.

ist Geschichte. Wenn du mit 18 dem Fernsehpublikum bekannt wirst, dann kann das Theater dir helfen, deine Fähigkeiten zu entwickeln und zu vertiefen. Wenn du nicht zufällig mit 18 groß rauskommst und es, wie bei den meisten Schauspielern, sehr viel länger dauert, manchmal Jahrzehnte, dann gibt dir das Theater Kraft, lehrt dich und hält dich bereit. Theater erhält dein Instrument und dein Herz am Leben, damit du auf der Bühne, der Leinwand oder im Fernsehen lebendig sein kannst. Eine Bemerkung zum Schluss: Edie Falco spielte zwanzig Jahre lang in Repertoiretheatern[72], bevor sie mit Die Sopranos die Fernsehwelt eroberte. Ich denke, das sagt alles.

22. Wie man mit einem Regisseur arbeitet, oder: Sei dein eigener Regisseur

Es gibt eine wunderbare Anekdote über Mark Rydell, den ausgezeichneten Regisseur von Am Goldenen See und The Rose. Zu Beginn seiner Karriere führte er Regie bei Der Gauner, einem Film mit Steve McQueen, der auf einem Roman von William Faulkner basiert. Rydell wusste, dass McQueen meistens in den ersten drei Takes gut war und dann anfing, nachzulassen. Clifton James, ein Schauspieler mit dem McQueen eine wichtige Szene zu spielen hatte, brauchte hingegen in der Regel ungefähr zehn Takes, bis er richtig in Fahrt kam. Also probte Rydell mit James und gab vor, zehn Takes lang Nahaufnahmen zu drehen, um sicherzustellen, dass James aufgewärmt war. Dann holte er McQueen für drei weitere Takes dazu und hatte schließlich die Darstellung im Kasten, die er von den beiden Schauspielern haben wollte.

72 Das deutsche System der Stadt- und Landestheater mit festen Ensembles gibt es heutzutage so gut wie überhaupt nicht mehr; es wird dann als *repertory theater* bezeichnet. In Amerika herrscht bei den Theatern ein anderes System: Am Broadway wird ein Stück für eine bestimmte oder unbestimmte Laufzeit achtmal die Woche gespielt; an regionalen Theatern wird man für einzelne Stücke engagiert, die mehrere Male innerhalb einer Spielzeit aufgeführt werden.

Manche Regisseure, so wie Rydell, verstehen und unterstützen den jeweiligen Arbeitsvorgang des Schauspielers. Dann gibt es Regisseure, die überhaupt nichts von Schauspielerei verstehen, aber dennoch der Meinung sind, Ahnung zu haben. Schauspieler sind tatsächlich bloße Marionetten für sie, und es ist ihnen unverständlich, warum sie nicht einfach alles so umsetzen können, wie die Regie es wünscht. Du wirst sicher mit ihnen zu tun bekommen, denn es gibt sie wirklich, und sie werden versuchen, dir für ihre Unfähigkeit die Schuld zuzuschieben. Und dann sind da noch die Regisseure, die total auf die technischen Aspekte des Filmemachens abfahren – sie sind regelrechte Zauberer der Filmtechnik, die wunderschöne Einstellungen kreieren und dich sagenhaft gut aussehen lassen. Wenn du aber nicht weißt, was du da eigentlich in der Szene tust, dann wirst du zwar sagenhaft aussehen, aber eine lausige Darstellung liefern. Einige dieser Regisseure sind sich bewusst, dass sie keine Ahnung haben, wie sie Schauspielern helfen können, und geben das sogar manchmal zu. Sie hoffen, dass sie den Film richtig besetzt haben, und zählen einfach auf dich. Deshalb ist es so wichtig zu wissen, wie man, wenn nötig, sein eigener Regisseur sein kann.

Auf welche Sorte Regisseur du auch treffen magst – *lass dich auf keinen Fall zum Opfer machen!*

Die gute Nachricht ist: Je besser du vorbereitet bist, desto weniger bist du gefährdet, in die Opferrolle zu verfallen. Wenn du unvorbereitet bist – in deinen Hausaufgaben also keine Entscheidungen gefällt hast, die dich beflügeln – und du deshalb erwartest, vom Regisseur ausgereifte und kreative Ideen zu bekommen, er aber ebenfalls nicht damit dienen kann, dann bist du in großen Schwierigkeiten. Ein Regisseur ist kein Schauspiellehrer oder Coach, und Schauspielanfängern muss das von Anfang an klar sein. Beim Theater ist es ihre Aufgabe, die Inszenierung auf die Beine zu stellen, und beim Film oder Fernsehen geht es für sie darum, die Szenen unter bestimmten Zeit- und Budgetbeschränkungen in den Kasten zu kriegen. Indem sie dich engagieren, kaufen sie gleichzeitig deine Fähigkeit zur Vorbereitung mit ein, selbst wenn ihnen das nicht bewusst ist. Es ist deine Aufgabe, die Techniken zur Textanalyse und Interpretation anzuwenden, die ich dir in diesem Buch vorgestellt habe. Und nur du allein kannst deine persönlichen Beweggründe, eine Rolle zu spielen, d.h. deine emotionale Verbindung zu dieser Rolle, finden. Es ist nicht Aufgabe des Regisseurs, dir das auf dem Silbertablett zu servieren.

Es kann sein, dass du laut Drehbuch nur eine kleine Rolle hast, aber auch diese ist dort aus einem ganz bestimmten Grund enthalten. Die meisten kleinen Rollen sind entweder nötig, um Informationen zu übermitteln, die die Handlung vorantreiben, oder um gewisse Aspekte einer

Hauptfigur zum Vorschein zu bringen. Wenn du als »Informationsträger« vorgesehen bist, dann sei in den darstellerischen Entscheidungen nicht übergenau und aufdringlich; spiele simpel, direkt und ökonomisch, damit die Information ankommt. Vergiss nicht, dass dies deine Hauptaufgabe ist, und bleibe währenddessen wahrhaftig. Wenn du dazu da bist, um einen bestimmten Aspekt einer Hauptfigur durch die Interaktion mit ihr zu beleuchten, dann musst du wissen, was genau du zum Vorschein bringen sollst, und dies aktiv verfolgen.

Wenn du Theater spielst ist es wichtig, Freunde zu haben, die dich unterstützen, indem sie zu den Endproben oder zu Probeaufführungen kommen und dir konstruktives Feedback geben. Das ist eine delikate Angelegenheit, weil wir als Schauspieler Kritik gegenüber sehr anfällig sind, ganz besonders wenn wir kurz vor der Premiere eines Stückes stehen und falsches oder destruktives Feedback unser Selbstbewusstsein wirklich beeinträchtigen kann. Vergewissere dich daher, dass die Leute, die du einlädst, wirklich auf deiner Seite stehen. Und stelle sicher, dass sie etwas von Theater verstehen und sowohl deine Schauspielprobleme nachvollziehen können wie auch Fragen, die du hinsichtlich der Art haben magst, wie du von der Regie geführt wurdest. Wenn du gewisse Angewohnheiten hast – z. B. bestimmte körperliche Gesten immer wieder verwendest oder stimmliche Eigenarten nicht ablegen kannst oder wenn du deine Darstellung übermäßig aufputscht oder zu sehr um die Anerkennung der Zuschauer buhlst –, ist es hilfreich, Leute zu haben, die dich behutsam darauf hinweisen, wenn du in alte Muster verfällst, und die dich dazu ermuntern, in deiner Darstellung unverfälscht zu sein. Falls du dich körperlich nicht damit wohlfühlst, wie man dich in Szene gesetzt hat, dann brauchst du einen Außenstehenden, der dir sagen kann, ob das an dir oder am Regisseur liegt.

Ein Schauspieler, den ich kenne, bekam einen Tony-Award für eine wirklich unvergessliche Darstellung in einer Broadwayinszenierung. Während der Proben hatte er das Gefühl, dass er nicht die Art von Regieanweisungen erhielt, die er benötigte, um in der Rolle hervorragend zu sein, und so arbeitete er jeden Abend nach den acht Stunden regulärer Probenzeit zusätzlich drei oder vier Stunden lang mit einem zuverlässigen Freund. Als ich das Stück sah, war er brillant, wenngleich er sagte, dass das nicht daran liege, dass der Regisseur ihn so angeleitet hätte, wie er es gebraucht hätte, sondern weil er sich Hilfe von außen gesucht und auf eigene Faust hart gearbeitet hatte. So etwas nennt man Selbsterhaltungstrieb, aber zugleich zeigt sich darin auch die Ehrerweisung dem Stück gegenüber sowie die Begeisterung dafür, es zu spielen.

Als Regisseur lief es mir kalt den Rücken hinunter, als ich von diesem Probenprozess außerhalb erfuhr, denn hätte der Schauspieler schlechte

Ratschläge erhalten, hätte dies seine Darstellung zerstören können. In diesem Fall war es für ihn und das Stück zum Glück hilfreich. Ironischerweise kassierte der Regisseur, der niemals von diesen nächtlichen Proben erfuhr, die ganzen Lorbeeren. Ich glaube, es gibt sehr wenige Menschen, die objektiv, scharfsinnig und bewandert genug sind, um dir eine Kritik zu geben, die deine Darstellung verbessert. Deshalb wähle klug aus, wen du zu den Endproben oder ersten Probeaufführungen einlädst – selbst wenn es dann nur ein oder zwei Leute sind, denen du vertraust. Ich sage es noch einmal: Vergewissere dich, dass die Leute, die du dir aussuchst, auf deiner Seite stehen und nicht mit dir konkurrieren.

Gebrauche deinen Verstand und erkenne, wann du gut in Szene gesetzt bist. Lerne, Regieanweisungen anzunehmen – nimm das als Input für dich. Wenn du bemerkst, dass du Autoritäten immer bekämpfst oder dass du Regieanweisungen als Kritik interpretierst und dich durch diese verletzt fühlst oder ständig anderer Meinung bist, dann geh zu einem guten Psychologen, und zwar ganz schnell! Es gibt Leute, die in Proben gerne diskutieren und für die das Teil ihres Prozesses ist; sie wollen sicherstellen, dass das, was von ihnen verlangt wird, für sie in dieser Rolle wirklich funktioniert. Es muss sich dabei also nicht notwendigerweise um destruktives Verhalten handeln – solange es aus kreativen Motiven und nicht aus persönlicher Pathologie heraus geschieht. Wenn es kreative Gründe hat, dann ist es unnötig, übermäßig streitsüchtig oder feindselig zu sein; du stellst einfach sachdienliche Fragen, die den Probenprozess spannend machen. Du kannst natürlich auch die sprichwörtliche Nervensäge sein, der es Spaß macht, andere zu ärgern und zu sticheln, nur um Ungemach zu verbreiten; solch ein Verhalten bringt manchen erst richtig in Wallung und lässt ihn kreativ werden. Nun, alles was ich dazu sagen kann ist: viel Glück! Wenn du ein Star bist, mag das funktionieren, weil die Leute sich das gefallen lassen. Bist du aber kein Star und verursachst trotzdem eine Menge Probleme, werden Regisseure mit anderen Regisseuren negativ über dich reden und du wirst allmählich keine Jobs mehr bekommen. Wenn dir das bekannt vorkommt, sei ehrlich zu dir selbst und ändere es.

Wenn der Regisseur nicht hilfreich ist, konzentriere dich auf den Text, greife auf dein Handwerkszeug zurück und auf deine zuverlässigen Freunde, die dir helfen können.

Sei deinem Regisseur, den anderen Schauspielern und den Produktionsmitarbeiten gegenüber kollegial. Wenn du Probleme hast, versuche diese auf eine konstruktive Weise anzusprechen. Schließlich möchtest du Hilfestellung haben und Klarheit erreichen – und nicht Bonuspunkte im Rechthaben sammeln. Es sollte immer darum gehen, die Darstellung zu verbessern.

Wenn der Regisseur in seiner Kritik oder den Regieanweisungen zu undifferenziert ist, wirst du das, was er sagt, für dich übersetzen müssen, damit du erkennst, wie du das Problem lösen kannst – sofern du ihm darin zustimmst. Angenommen, ein Regisseur sagt zu dir, dass du deine Rolle »zu wütend« spielst. Vielleicht bedeutet das, dass du sie die meiste Zeit zu wütend spielst. Vielleicht versucht der Regisseur, dir andere Emotionen mit anderer Intensität abzuringen, die zu Zorn werden oder sich auch nach dessen Abschwellen aus ihm entwickeln können. Höre auf ihn. Sollte der Regisseur allerdings Angst vor deinem Zorn haben, weil Zorn ihm als Person unangenehm ist, dann musst du klug genug sein zu begreifen, dass das eben sein Problem ist und es nicht am Skript oder an deiner Darstellung liegt. Wie unterscheidet man das? Man greift auf den Text zurück! Wenn du das Gefühl hast, dass der Text deine Art, den Zorn zu spielen, unterstützt, dann geh den Text mit dem Regisseur durch – aber, wie gesagt, nicht auf eine streitlustige Weise, sondern als Kollege. Der Regisseur mag im Stande sein, dir Dinge aufzuzeigen, die du übersehen hast, oder er stimmt dir schließlich zu. Die Hauptsache ist, dass du immer auf den Text zurückgreifst.

In einem Interview beschrieb Paul Newman einmal, wie man das, was ein Regisseur einem sagt, in schauspieltechnische Begriffe übersetzt. Newman sagte, wenn er vom Regisseur den Hinweis bekomme, dass seine Darstellung zu langsam sei, dann wisse er sofort, dass er das emotionale Bedürfnis seiner Figur nicht intensiv genug herausgestellt habe. Bei einem bestimmten Film ging er, nachdem ihm das gesagt worden war, zurück an sein Skript, um für sich noch weiter daran zu arbeiten; die Szene wurde erneut gefilmt und der Regisseur sagte ihm, wie sehr sich seine Darstellung verbessert habe. Newman fragte daraufhin den Script Supervisor[73], wie lang der Take gewesen sei. Die überraschende Antwort: Er war drei Sekunden länger als der »langsame« Take. Newman begriff, dass der erste Take so langsam erschien, weil für ihn emotional nicht genug auf dem Spiel stand, um die Zeit auf der Leinwand auszufüllen; während des zweiten Takes war seine Arbeit intensiver motiviert, innerlich passierte mehr in ihm und das ließ ihn für die Kamera interessanter wirken.

Natürlich musst du manchmal ganz einfach schneller spielen. Bestimmte Stoffe dulden keine längeren Pausen, selbst wenn du in der Pause sehr

73 Bezeichnung für denjenigen, der während der Dreharbeiten am Filmset dafür verantwortlich ist, dass jede Änderung des Drehbuchs, z. B. Änderungen von Dialogen oder von Handlungsabläufen, protokolliert und festgehalten wird. Der weitgehend entsprechende Begriff im deutschsprachigen Raum wäre Script/Continuity.

wahrhaftig wirkst. Das bezieht sich vor allem auf leichte Komödien, die äußerst textorientiert sind und in denen Pausen den Humor killen und das Tempo zerstören können – wobei beide Dinge unerlässlich für den Erfolg sind. Aber selbst bei einem Drama kann es dem Regisseur wichtig sein, einen Take zu bekommen, in dem die Anschlüsse zügig sind. Das ist deshalb entscheidend, weil der Regisseur, während er deine Darstellung zusammenschneidet, auch den Rhythmus und die Tempi aller Darstellungen bestimmt und die Struktur des Filmes herausbildet – wie die Geschichte in Schwung kommt und schließlich zu Ende geht. Wenn du Filme analysierst, wirst du feststellen, dass deren Erfolg oder Misserfolg davon abhängt, ob der Regisseur es versteht, durch die Variation von Rhythmen und Tempi die Aufmerksamkeit der Zuschauer zu behalten. Lange Pausen wirken besonders dann destruktiv, wenn sie einfach nur dazu da sind, dem Schauspieler mehr Zeit auf der Leinwand zu verschaffen, statt der Szene dienlich zu sein. Das ist das sprachliche Äquivalent zu der leeren Nahaufnahme. Selbst wenn dich der Regisseur nicht darum bittet, sorge dafür, dass es einen Take gibt, indem du, *ohne dich zu beeilen,* einfach auf Anschluss sprichst. Wenn du das tust, wird der Regisseur mehr Möglichkeiten haben, viele verschiedene Rhythmen zu finden, was für deine Darstellung und für den Film hilfreich ist.

Genauso schädlich, wie zu viel an einer Rolle zu arbeiten, die nicht danach verlangt, ist es, sich zu wenig vorzubereiten, wenn man weiß, dass man einen kreativen Berg zu besteigen hast. Es gibt eine Anekdote über Gregory Peck, die dies unmissverständlich klarmacht. Es wird erzählt, dass ein Crewmitglied nach einem Drehtag Pecks Drehbuch fand, das dieser auf einem Stuhl vergessen hatte und worin er jede Seite mit einer dieser beiden Anmerkungen versehen hatte: NAR oder AR. Als er Peck das Drehbuch am nächsten Tag zurückgab, fragte er ihn, für was die Kürzel stünden. Peck antwortete: »NAR bedeutet: ›no acting required‹ und AR bedeutet: ›acting required‹.«[74] Peck wusste, wann es ausreichte, die einfache Realität zu spielen, weil er eine persönliche Verbindung zu der Szene besaß; er wusste aber auch, wann dies nicht der Fall war und er daran arbeiten musste. Dies führt zu Stella Adlers wichtiger Feststellung zurück: »Es reicht nicht aus, Talent zu besitzen. Du musst eine Begabung für dein Talent besitzen.«

Als Tobey Maguire sich darauf vorbereitete, die Rolle des Jockeys Red Pollard in SEABISCUIT – MIT DEM WILLEN ZUM ERFOLG zu spielen, stieß er auf einen Aspekt in Reds Persönlichkeit, von dem er das Gefühl hatte, dass es ihm nicht leicht fallen würde, ihn zu spielen und den er auch nie

---

74 Deutsch: kein Schauspiel erforderlich; Schauspiel erforderlich

zuvor hatte spielen müssen. Dieser Charakterzug war Reds extravagante und gesellige Eigenart, den anderen Jockeys sorgfältig ausgeklügelte Geschichten zu erzählen. Tobey wusste, dass er diesen Charakterzug in sich trug, aber er wollte Übungen haben und daran arbeiten, ihn hervorzukehren. Wenn du Tobeys Filme gesehen hast, dann weißt du, dass er eine wunderbare, einfache Wahrhaftigkeit und eine stille und eindringliche Intelligenz besitzt, die in jeder Rolle, die er gespielt hat, durchschimmert. Tobey wollte Reds schwieriges Leben sowohl um die Dimension des Geschichtenerzählens als auch um einen härteren Zug aus Abwehrmechanismen ergänzen.

Als erstes bat ich Tobey, mir Witze zu erzählen – was er nicht wollte, aber er zwang sich dazu, und sie waren ziemlich lustig. Er war darin viel besser, als er gedacht hatte. Er fühlte sich herausgefordert und freute sich, als ich ihn aufforderte, an einem von Chance Waynes Monologen aus SÜSSER VOGEL JUGEND zu arbeiten. Es ist ein komplexer Monolog, der voll ist von Chances persönlicher Geschichte. Er verlangt auch einen hohen emotionalen Einsatz, weil Chance in gewisser Weise bei der Prinzessin vorspricht, die in der Beziehung der beiden die Macht besitzt, weil sie ein berühmter Filmstar ist. Er will, dass sie ihm zu der ersehnten Hollywood-Karriere verhilft. Dies entsprach Reds Verlangen, seine Kollegen zu beeindrucken und von ihnen gemocht und akzeptiert zu werden.

Ich bat Tobey, den Monolog auf mehrere verschiedene Arten zu spielen. Einmal sollte er Chances Monolog vom anderen Ende des Raumes her sprechen und durch Lautstärke und körperliche Ausdruckstärke zu mir vordringen. Als er sich ganz in diese Aufgaben vertiefte, zeigte er, so jung er war, ein großes Potenzial, die Wahrhaftigkeit in der Rolle des Chance zu finden, der um einige Jahre älter ist. Wir stellten außerdem fest, dass durch die Anforderung, den ganzen Raum zu überbrücken und sich mithilfe des Monologes laut und energisch auszudrücken, der Teil von ihm aufgebrochen worden war, den er benötigte, um Reds Geschichten auf diese etwas flamboyante Art zu erzählen.

Um sich seiner Sache sicher zu sein, wenn man am Set auftaucht – und auch, weil es bei Fernsehdramen und den meisten Filmen gar keine oder nur sehr wenig Probenzeit gibt –, kann es ein guter Weg sein, sich einen Coach für die Vorbereitung zu suchen. Namhafte Schauspieler gehen öfter zu Coaches, als man meinen möchte. In der Zeit, die oft als das »goldene Zeitalter Hollywoods« bezeichnet wird – zwischen den 1940er und 1960er Jahren – waren Schauspiellehrer und Coaches Teil des Studiosystems. Heutzutage müssen Schauspieler diese selbst engagieren. Ich bekomme auch oft Anrufe von Regisseuren, die mich bitten, ihre Schauspieler auf eine Rolle vorzubereiten.

Denke daran, dass du bei der Filmarbeit immer damit rechnen musst, nicht in chronologischer Reihenfolge zu drehen. Unabhängig vom Regisseur wird fast kein Film mehr in chronologischer Reihenfolge gedreht, selbst wenn der Regisseur dies gerne hätte, weil er weiß, dass es deiner Darstellung helfen würde. Der Grund dafür ist natürlich Geld: Es spart Geld, alle die Szenen, die an einem Drehort spielen, zur gleichen Zeit zu drehen, statt hin- und herzuwandern. Ich habe beispielsweise mit einem Star gearbeitet, die für ihren Film an einen entfernten Drehort reiste und dort mit den Neuigkeiten begrüßt wurde, dass ihr erster Drehtag die letzte Szene im Drehbuch sein würde. Ich glaube, dass diese Geschichte auf sehr einfache und beängstigende Weise veranschaulicht, wie wichtig die Vorbereitung ist. Sie hatte ihre Hausaufgaben gemacht, und so nervös sie auch bei dieser Ansage war, es war für sie machbar. Sie hatte die gesamte Rolle Szene für Szene durchgearbeitet, Entscheidungen getroffen und das Beziehungsgefüge definiert, sodass sie wusste, wo sie sich in der letzten Szene emotional befand und wie ihr Verhältnis zu der Figur ihres Co-Hauptdarstellers war. Dieses war übrigens komplex und erforderte eine nuancierte Darstellung, weil ihre Figur selbst am Ende des Filmes immer noch viele Geheimnisse zu verbergen hatte.

Sehr früh in meiner Karriere als Lehrer coachte ich Madeline Kahn für ihre Rolle in Peter Bogdanovichs Film PAPER MOON. Madeline spielte eine Art sexy Gaunerin, die während der Wirtschaftskrise ihre weibliche Schönheit dazu benutzt, Männer rumzukriegen, die ihr Geld geben und ihr den Lebensstil ermöglichen, der ihr vorschwebt. In der für ihre Figur entscheidenden Szene überredet sie ein kleines Kind, gespielt von Tatum O'Neal, sich auf den Rücksitz des Autos zu setzen, mit dem sie unterwegs sind, damit sie selbst vorne sitzen und dem Vater des Mädchens nahe sein kann – sie begründet diesen Wunsch dem Kind gegenüber damit, dass sie ja nicht mehr viele Jahre lang attraktiv sein werde. Diese emotionale Szene war in einer Nahaufnahme gedreht worden und wenn du dir den Film ansiehst, was ich dir empfehle, wirst du sehen, warum Madeline sich so sorgfältig darauf vorbereitet hat. Madeline rief mich in verschiedenen Zeitabständen vom Drehort aus an und jedes Mal sagte sie, dass dies der Tag sei, an dem sie diese Szene filmen würde. Und jedes Mal wurde der Dreh der Szene, meistens aus Wettergründen, abgesagt.

Eines Tages bekam Madeline einen Anruf vom Produktionsbüro, dass sie nicht gebraucht würde und den Tag frei hätte. Ein paar Stunden später, während Madeline in ihrer Wohnung herumlümmelte, klingelte das Telefon und eine verzweifelte Stimme am anderen Ende sagte: »Wir drehen in einer Stunde deine große Szene!« Madeline wurde hastig in Kostüm und Maske gesteckt und stand eine Stunde später vor der Kamera. Sie ist eine unglaublich sensible und ernsthafte Darstellerin und diese Art von Verzögerung und Druck verwüstete ihr Nervenkostüm, aber aufgrund ihrer Vorbereitung und ihrer ausgeprägten Fähigkeit, sich zu konzentrieren, lieferte sie ihre Nahaufnahme in einem Take ab, und dieser ist im Film zu sehen.

Je nach Produktion kann es sein, dass du bei Kostüm und Maske mitreden darfst. Einige Regisseure sind für Vorschläge offener als andere. Wenn du ein Star bist, hast du selbstverständlich viel Mitspracherecht. Wenn es dir erlaubt ist, Ideen einzubringen, ist der schlimmste Fehler, den du machen kannst, an deiner Eitelkeit hängen zu bleiben und auf eine Art attraktiv erscheinen zu wollen, die nicht zu deiner Rolle passt.

Der zweitschlimmste Fehler ist, dein Bauchgefühl zu ignorieren und einem äußerlichen Erscheinungsbild für deine Figur zuzustimmen, von dem du ahnst, dass es komplett falsch ist. Ich habe einmal mit einer Schauspielerin gearbeitet, die mit dem Regisseur eines Filmes, in dem sie die Hauptrolle spielte, in ein riesiges Tauziehen geraten war. Sie dachte, dass er sie auf eine Weise einkleiden wollte, die nicht mit dem übereinstimmte, wie ihre Figur sich in der Welt präsentieren wollte. Indem sie dem Regisseur und dem Kostümbildner ihre Zweifel begründete, ließen sich diese schließlich von ihr überzeugen, weil sie verstanden, dass ihr Einspruch ausschließlich mit der psychologischen Wahrheit ihrer Figur und nicht mit ihrer eigenen Eitelkeit zu tun hatte.

Welches Kostüm du auch immer zu tragen hast, du musst es dir zu eigen machen. Und du musst das Kostüm tragen, es darf nicht dich tragen: Du musst dich in deiner Kleidung stilgemäß für das Zeitalter, in dem der Film oder das Theaterstück spielt, bewegen und du musst dich in diesen Kleidern wohlfühlen. Je früher du mit dem Kostüm, einschließlich der Schuhe, arbeiten kannst, desto besser. Das ist etwas, über das Regisseure nicht nachdenken, aber du *musst* es tun.

Wenn du beim Fernsehen arbeitest, wo ja alles so schnell geht, bitte ruhig um einen weiteren Take, aber, wie ich schon sagte, sei nicht sauer, wenn du diesen nicht bekommst, sondern der Regisseur sagt: »Wir machen weiter.« Das kann etablierten Schauspielern genauso passieren wie Anfängern, selbst bei großen Filmproduktionen. Niemand bekommt immer alles, was er will. Du magst vielleicht das Gefühl haben, du seist schrecklich gewesen, und wenn du dann das Endprodukt siehst, bist du überrascht, wie gut du tatsächlich warst. Du magst enttäuscht sein und das Gefühl haben, dass du Recht hattest, dass du es hättest besser machen können, wenn man dir noch einen Take gewährt hätte. Aber je besser du vorbereitet bist, desto besser wirst du sein – egal wie viele Takes du bekommst. Und nur darauf kommt es an.

Sei dir bewusst, dass einige Regisseure dir kaum Feedback geben werden. Das kann bedeuten, dass du dich gut schlägst oder dass sie keine Ahnung haben, was sie dir sagen sollen, also mach dich nicht selber verrückt, weil du nichts hörst. Gib einfach dein Bestes. *Ich wiederhole mich, suche nicht nach Anerkennung von anderen.*

Jason Alexander hat mir die folgende Geschichte von einem Film erzählt, in dem er mitgespielt hat: Nach dem ersten Take sagte der Regisseur: »Jason, das war absolut fabelhaft! Fantastisch! Lass es uns wiederholen!« Und nach dem zweiten Take sagte der Regisseur: »Ausgezeichnet. Ganz hervorragend. Lass es uns wiederholen.« Das passierte noch weitere fünf oder sechs Mal – großes Lob, aber lass es uns wiederholen. Nach dem 7. Take sagte Jason schließlich zum Regisseur: »Willst du irgendetwas sehen, was ich dir noch nicht gezeigt habe?« Als Antwort bekam er etwas völlig Neues zu hören: »Ganz großartig, und warum wiederholen wir es nicht noch einmal?« 20 Takes später waren immer noch keine Korrekturen gemacht oder Hinweise dazu gegeben worden, wie er seine Darstellung verbessern könnte. Nichts wurde jemals konstruktiv kommentiert – abgesehen vom letzten Take: »Nun, das wäre im Kasten! Lasst uns weitermachen.«

Du solltest jeden Job als eine Chance betrachten, ein Schauspielproblem, das du haben magst, zu beheben. Es ist gleichermaßen eine Gelegenheit, an deinen sozialen Fähigkeiten als Schauspieler zu arbeiten, was zu jedem Jobs, den du jemals haben wirst, dazugehört. Wenn du wie ich in Situationen mit neuen Leuten schüchtern bist, stelle den Kontakt zu Leuten her, selbst wenn das für dich schwierig ist, und beteilige dich an Unterhaltungen. Stelle den Leuten Fragen über sich. Wenn du aber andererseits parallel dazu an einer Szene arbeitest, in der du allein und abgeschottet sein musst, um dich vorzubereiten, dann ist das dein Recht und du musst es dir gewähren. Ich habe gehört, dass der großartige Albert Finney an dem Tag, an dem er eine emotional heftige Szene drehen musste, zum Regieassistenten gesagt hat: »Bitte gib den Leuten zu verstehen, dass ich heute nicht besonders gesellig sein werde, ich muss mich mit meinen eigenen privaten Gedanken auseinandersetzen.«

Wenn du die Namen der Leute am Set behältst, freundlich bist und es einfach ist, mit dir zu arbeiten, und du dann ausgezeichnete Arbeit ablieferst, dann baust du deine Karriere auf. Sei niemals jemandem gegenüber respektlos oder unfreundlich, mit dem du arbeitest. Und lästere auf gar keinen Fall jemals über irgendjemanden. Behandle die Leute so, wie du gerne behandelt werden würdest. Leute reden über andere Leute am Set, und du solltest dafür sorgen, dass du einen guten Ruf hast.

Ein abschließender Ratschlag: Sei kein Quälgeist. Es dreht sich nicht immer alles um dich. Es geht um eine Gruppe von Menschen, die ihr Bestes geben, um ein gutes Kunstwerk zu produzieren, und wenn du wie ein narzisstisches Kind ständig brüllst: »Oh, es geht um mich, um mich, um mich!«, dann bist du kein Schauspieler, sondern nur eine aufgeblasene kleine Nervensäge, die sagt: »Ich will meinen Willen haben.« Ich halte es für notwendig, das in aller Deutlichkeit zu sagen, weil ich gesehen habe, welche Probleme dadurch entstehen, wenn die Leute sich auf diese Weise verhalten, und wie sehr es ihnen und – noch schlimmer – wie sehr es dem Projekt schadet.

23. Die Macht des »Ja«

Das wichtigste Wort in der Schauspielerei ist *Ja*. Warum ich das sage? Nun, wenn du das, was du in der Schauspielerei auszudrücken versuchst, negativ angehst, wirst du niemals gut darin sein. Du wirst die schauspielerischen Entscheidungen, die du gefällt hast, niemals durchziehen und du wirst deine Ängste nie überwinden. Das Gegenmittel zu Selbstkritik und Angst heißt Ja.

Ein Freund von mir führte Regie bei einem Film und ich war als Beobachter am Set. Eine Schauspielerin in einer wichtigen Rolle hatte Probleme mit einer Szene, in der sie telefonieren sollte. Das Telefonat war für den Film ausschlaggebend. Es sollte komisch sein, es sollte traurig sein, es musste viele wichtige Informationen übermitteln, und sie drehten Take für Take, aber das Telefonat kam einfach nicht lebendig rüber. Mein Freund, der Regisseur, gab der Schauspielerin für jeden Take Schauspielkorrekturen, von denen sie keine umzusetzen in der Lage war. Schließlich gab er ihr eine ganz neue Situation, um das Telefonat anzugehen, und ich sah, wie sich ihr Gesicht bei dieser neuen Anregung aufhellte. Er rief: »Und bitte!«, und sie begann, die Szene zu spielen. Es war atemberaubend. Es hätte gar nicht besser sein können. Und mitten im Telefonat hielt sie plötzlich inne und sagte: »Das funktioniert nicht.« Statt die Szene durchzuspielen und die Wirkung der neuen Entscheidung mit Zuversicht abzuwarten, erlaubte sie ihrer selbstkritischen inneren Stimme, sie vom Beenden der Szene abzuhalten. Traurigerweise war sie danach nicht mehr dazu in der Lage, diese Darstellung auch nur annähernd zu wiederholen.

Es ist interessant, festzustellen, dass der Erfolg dieser Schauspielerin, der eine große Karriere beim Film bevorgestanden hatte, sich stetig verringerte, und ich bin davon überzeugt, dass der Grund dafür in dieser verinnerlichten negativen Herangehensweise liegt, von der sie sich nicht gelöst hatte und die ihr vielleicht nicht einmal bewusst war.

Die Erfahrung, nervös und neurotisch zu sein oder sich selbst einen Erfolgsdruck aufzuerlegen, wird fast jeder Schauspieler zu irgendeinem Zeitpunkt seines Lebens machen. Aber man kann lernen, seine Nervosität auf eine positive Weise einzusetzen. Die Beschaffenheit des Nervenkostüms hat mit Sehnsüchten zu tun. Wenn man nervös ist, bedeutet das, dass man etwas benötigt oder das Gefühl hat, dass es einem an etwas mangelt. Das sind Gefühle. Und um die Energie dieses Gefühls freizusetzen, sagst du Ja zu dieser Nervosität. Du fokussierst diese Energie auf deine aktive Absicht und auf die Geschichte.

Alles, was du in dieser Ja-Erfahrung spürst, ist positiv. Alles. Hass, Neid, Freude, Humor, Angst vor Erniedrigung, Todesangst, Anziehungskraft. Du fühlst dich zu jemandem hingezogen und sagst: »Ich will mich nicht zu demjenigen hingezogen fühlen« oder »Ich sollte mich nicht von demjenigen angezogen fühlen« oder »Ich sollte über denjenigen nicht diese Fantasie haben«. Nun, du hast sie gehabt – warum hast du Angst davor? Das kann dich nicht verletzen. Und ohnehin ist das, was du denkst oder fühlst, keine Handlung; eine Handlung ist das, was du *tust.* Und als Schauspieler musst du zu allem, was du riechst, siehst, schmeckst, berührst oder hörst, Ja sagen; Ja zu jedem bizarren Hirngespinst, jedem Traum, den du hast. Ausgerechnet dann, wenn du denkst, »das ist zu schrecklich, ich kann mich nicht an diesen gedanklichen Ort begeben«, stehst du vor einer Tür, die sich zu einem äußerst brauchbaren Teil deiner Kreativität hin öffnet. Die Antwort ist immer Ja.

Ich war in meinen Vierzigern, als ich »Melanie Klein. Eine Einführung in ihr Werk«[75] las und Bekanntschaft mit dem Konzept der *projektiven Identifizierung* machte. Mir wurde bewusst, dass meine projektive Identifizierung einen großen Teil meiner inneren Welt ausmachte und ich so lange mit ihr gelebt hatte, dass ich davon überzeugt war, dies sei die Wahrheit. Alles, was ich bis dahin erreicht hatte, hatte ich trotz meiner projektiven Identifizierung erreicht, und nichts von dem, was ich erreicht hatte, hatte dazu geführt, diese projektive Identifizierung zu mindern, weil meine Selbstwahrnehmung verzerrt war. Ich bin in mancher Hinsicht ein sehr einfacher Mensch und deshalb überlegte ich mir: *Okay, ich werde die negative Seite meiner projektiven Identifizierung in einen Cowboy*

75 Herausgegeben von Hanna Segal, die Originalausgabe erschien erstmals 1964 in London, in Deutsch 2004 bei Kimmerle-Diskord (Tübingen) publiziert

mit schwarzem Hut und schwarzem Pferd und den positiven Teil in einen Cowboyhelden mit weißem Hut und weißem Pferd verwandeln.

Als ich diese kindliche Bildersymbolik für mich selbst erschaffen hatte – Junge, ging da die Post ab! Diese beiden Typen stritten sich jeden Tag vehement in meinem Kopf. Meine »schwarze« Seite der projektiven Identifizierung sagte: »Du weißt, dass du nicht sehr gut in dem bist, was du machst. Du lehrst nicht gut. Du siehst miserabel aus. Deine Wohnung ist ein einziges Chaos.« Ich konnte alles schlechtmachen; dafür besaß ich ein wirkliches Talent. Jedes Mal, wenn mir meine »schwarze« projektive Identifizierung etwas in dieser Art sagte, ließ ich den Typen auf dem weißen Pferd gegen sie antreten und für mich kämpfen: »Du bist ein wunderbarer Lehrer. Du bist ein wundervoller Mensch. Du siehst toll aus. Du hast eine großartige Persönlichkeit.« Und jeden Tag brachten mich ihre Streitigkeiten dazu, kotzen zu wollen.

Und dann tat ich etwas, das mir wirklich widerstrebte: Ich stellte mich tatsächlich jeden Morgen vor den Badezimmerspiegel und sagte: »Ich liebe dich, Larry.« Ich musste mich dazu zwingen. Aber dann passierte sowas wie ein Wunder. Ich stellte mich vor den Spiegel, schaute mich selber an und sagte »Ich liebe dich, Larry« – und fing allmählich an, das auch wirklich zu fühlen. Dieses Ringen mit mir selbst dauerte ungefähr ein Jahr und es veränderte mein Leben. Weil ich Ja gesagt hatte!

Bevor ich zu diesem Ja fand, hatte ich einen wunderbaren Therapeuten in New York, Dr. De La Vega, der mich in einer meiner täglichen 8-Uhr-Sitzungen fragte: »Warum, glaubst du, sind mehr Menschen negativ als positiv eingestellt?« Ich sagte unter Tränen: »Ich habe keine Ahnung.« Er sagte auf seine sehr besorgte, direkte Art und mit einem starken kubanischen Akzent: »Weil man mehr Mut dazu braucht, positiv zu sein, Larry.« Das war eine Offenbarung für mich. Schlagartig erkannte ich die Wahrheit in dem, was er sagte. Wenn du eine grundsätzlich negative Einstellung hast, dann kannst du niemals enttäuscht sein, wenn etwas nicht funktioniert. Wenn du positiv denkst, könnte es sein, dass du nicht immer bekommst, was du willst: Du riskierst die Enttäuschung. Deshalb erfordert es Courage, mit Optimismus durch die Welt zu gehen.

Es steckt noch mehr dahinter: Wenn man jemanden liebt, wenn man sich eine große Karriere aufbaut, auf die man stolz ist, wenn man tolle Freundschaften hat – eines Tages wird alles zu Ende gehen. Wir alle werden sterben, jeder den wir lieben, wird sterben, unsere Welt wird enden. Deshalb bleiben viele Menschen bei ihrer negativen Sichtweise – um sich vor der Enttäuschung zu schützen, falls etwas nicht klappt oder sie alles verlieren. Aber damit versagen sie sich auch die Chance auf ein erfülltes Leben.

Ein guter Schauspieler – und ein guter Mensch – zu sein, erfordert Mut. Der einzige Weg, um in deiner Arbeit stetig zu wachsen, ist, mit deinen Entscheidungen, mit deinen Absichten, deiner Vorgeschichte im Reinen zu sein und dir selbst zu sagen: *Ich glaube an mich, ich glaube an diese Figur und diese Geschichte; wenn ich auch vielleicht in diesem Moment nicht fühle, was ich in dieser Szene gerne fühlen würde, werde ich dennoch zu dem Gefühl, das sich einstellt, welches es auch immer sein mag, Ja sagen, und die daraus resultierende Energie wird mir helfen, meinem Spielpartner die Ideen zu vermitteln.* Sagst du aber Nein zu dir, kannst du deine Karriere und dein Leben vollkommen ruinieren. Indem du dich zum Ja durchringst, kannst du deine Karriere und dein Leben verändern.

Angenommen, du spielst eine Komödie und wirst ganz plötzlich, mitten in der Szene, wütend auf die Frau, die du liebst. Sie ist unsicher und fühlt sich deiner Liebe unwürdig – und du willst sie plötzlich anbrüllen. Deine projektive Identifizierung meldet sich: »Du kannst an dieser Stelle in der Szene nicht wütend sein, du bist dabei, dieser armen, verunsicherten Frau zu sagen, dass du sie liebst. Sei sanft. Und abgesehen davon befindest du dich in einer Komödie.« Aber etwas in dir weiß es besser und deshalb lässt du die Wut zu, sagst Ja zu ihr, wenn du sagst: »Ich liebe dich!«. Du beginnst, die Frau anzubrüllen und das bringt dir einen riesigen Lacher ein, obwohl du nie geahnt hättest, dass an dieser Stelle Potenzial dafür verborgen war. Deine Intuition hat versucht, dir zu helfen, und dich zu einer lustigeren, besseren Entscheidung geführt. Wenn du also festlegst: »Oh nein, es ist nicht angebracht, bei diesem Satz wütend zu sein«, dann stoppst du durch dieses Nein den kreativen Prozess.

Aber, Augenblick mal, sagst du jetzt. – Was war dann mit dem jungen Schauspieler, der Treplew spielte und anfing, Nina zu ohrfeigen, weil er seinem Impuls folgte, sich aus der Opferhaltung zu befreien? Oder dem anderen jungen Schauspieler, der in GIFTIGER SCHNEE den Küchentisch zerstörte? Haben die nicht Ja gesagt? – Nun, der Unterschied ist der, dass diese Schauspieler ihre Hausaufgaben nicht gemacht hatten und die Theaterstücke, in denen sie spielten, nicht vollkommen verstanden hatten. Ihre Impulse rührten von Unwissenheit und Überheblichkeit her, statt aus einer kreativen Inspiration, die sich auf eine wahrhaftige Interpretation der Figur und das Vertiefen in die gegebenen Umstände des Stückes gründet.

Aber der Schauspieler, der den Impuls hatte, »Ich liebe dich!« zu brüllen, verfolgte dennoch sein Ziel: *Der Frau verständlich zu machen, dass sie für ihn liebenswürdig sei.* Was sich veränderte, war seine Reaktion auf das Hindernis, das von ihrer Seite aus seinem Glück im Weg stand: ihr Gefühl von Unwürdigkeit. Sein Impuls veränderte seine Absicht dahingehend, nun *voller Wut von ihr zu verlangen, sie solle doch kapieren, dass er sie liebt*. Es handelte sich hierbei um eine berechtigte Absicht, eine berechtigte emotionale Reaktion.

Wie erkennst du also den Unterschied zwischen beidem, wenn ich dich dazu auffordere, Ja zu deinen kreativen Impulsen zu sagen? Manchmal wirst du ihn nicht erkennen, aber mit der Zeit wirst du es lernen. Versuch und Irrtum, liebe Freunde, Versuch und Irrtum. (In gewisser Weise haben also die jungen Schauspieler, die ich kritisiert habe, das Richtige getan, indem sie Ja sagten. Sie befanden sich in einem Schauspielkurs, dem richtigen Ort, um folgenfrei Fehler zu machen und aus diesen zu lernen.) Wenn du alle erdenklichen Hausaufgaben zur Rollenvorbereitung gemacht hast, du dich vollkommen auf die gegebenen Umständen und deine Ziele einlässt und du wirklich mit den anderen Schauspielern »von einem Augenblick zum nächsten« spielst, dann werden deine Impulse in jedem Augenblick wahrhaftig und brauchbar sein. Das ist es, wozu ich dich auffordere, Ja zu sagen.

Ich erinnere mich, wie ich im Theater saß und die Uraufführung von Neil Simons EINE GANZ NORMALE FAMILIE anschaute. Es gibt darin eine Szene zwischen der gestrengen deutschen Matriarchin der Familie und ihrem erwachsenen Sohn, einem Kleinganoven. Die autoritäre und voreingenommene Mutter schilt ihren Sohn dafür, ein Versager und eine völlige Enttäuschung zu sein, weil er ihren Erwartungen nicht gerecht wird. Sie sagt ihm, wie sehr sie sich seiner schämt. Nach dieser mit Abscheu gefüllten Schmährede drehte sich Kevin Spacey, der den Sohn spielte, zu seiner Mutter, gespielt von Irene Worth, um und sagte: »Nee. Du kannst mich nicht runterbringen, Mutti. Ich bin zu hart im Nehmen. Du hast mich gut gelehrt. Und was auch immer ich in meinem Leben erreicht habe, erinnere dich einfach nur daran, dass du meine Partnerin bist, du hast mich dazu gemacht.«[76] Dann warf Spacey seiner Mutter einen Kuss zu und die Szene war zu Ende. Ich saß im Publikum und fühlte, wie mir angesichts der Wahrhaftigkeit dieses Moments das Herz zerbrach. Mit einer einfachen menschlichen Geste hatte Spacey gesagt: »Ich gebe dir den Laufpass, ich hasse dich, ich liebe dich, es ist deine Schuld und ich wünschte, du wärest tot.«

Als ich mir das Stück noch einmal anschaute, nachdem ein neuer Schauspieler die Rolle des Sohnes übernommen hatte, wiederholte dieser die Geste nicht. Da wurde mir klar, dass es Spaceys eigene Geste gewesen war. Sie wurde jedoch in die veröffentlichte Version des Stücks übernommen. Es musste also im Probenprozess einen Moment gegeben haben, in

76 Die deutsche Übersetzung von Alexander F. Hoffmann und Hannelene Limpach wird vom S. Fischer Verlag vertreten.

dem Spacey, spontan einem Impuls folgend, seiner Mutter einen Kuss zugeworfen hatte, weil er diesem Impuls vertraute und Ja zu ihm gesagt hatte. Seine Kreativität und sein totales Eintauchen in den Text bereicherten einen ohnehin schon bedeutsamen Satz und ließen den Bruch zwischen Kind und Elternteil auf herzzerreißende Weise lebendig werden.

24. Wenn Hautfarbe, Stereotype, Gesellschaftsschicht, Ethnie und Sexualität ins Spiel kommen

DIE EULE UND DAS KÄTZCHEN von Bill Manhoff ist eine moderne Version des Pygmalion-Stoffes. Das Stück handelt von Felix, einem sexuell verklemmten Autor und Möchtegern-Intellektuellen, und Doris, einer Prostituierten aus der Arbeiterklasse, die sich als Model und Schauspielerin bezeichnet. Diana Sands, eine schwarze Schauspielerin, spielte die Rolle der Doris in der Uraufführung am Broadway; allerdings kann die Rolle von einer Schauspielerin egal welcher Hautfarbe gespielt werden. Ich verteilte die Rolle in einem meiner Kurse an eine afroamerikanische Schauspielerin. Sie entstammte der höheren Mittelschicht, war äußerst elegant und sehr darauf bedacht, ihre schauspielerischen Entscheidungen so zu wählen, dass ihre Eleganz nie durch irgendeine echte Emotion angekratzt werden konnte. Sie stand insbesondere nicht zu ihrer Wut oder ihrer Sinnlichkeit, und da sie jung und attraktiv war, war mit ihrer Weigerung, diese Seiten von sich zu zeigen, die Katastrophe vorprogrammiert. Warum war sie so darum bemüht, sich selbst zu zensieren? Weil sie Wut und Derbheit mit den gängigen negativen Klischees gegenüber Schwarzen und der Unterschicht verband.

Wut und Derbheit sind nun aber offensichtlicher Teil unseres Menschseins. Wenn Schauspieler wesentliche Aspekte von sich selbst verleugnen, liegt es meines Erachtens in der Verantwortung des Lehrers, ihnen Material zu geben, welches ihnen erlaubt, das Problem zu knacken. Diese Schauspielerin spaltete einen Teil ihrer Sinnlichkeit und ihrer Kraft von sich ab, und gerade deshalb suchte ich DIE EULE UND DAS KÄTZCHEN für sie aus, ein Stück über Menschen, das von ihr verlangte, sinnlich und stark aufzutreten. Das Stück handelt auch von Menschen, die sich vor sich selbst und vor anderen verstecken – bis sie sich verlieben und dazu gezwungen sind, sich zu öffnen. Unter Doris' raubtierhafter Sexualität liegen jede Menge Unsicherheiten in Bezug auf ihre mangelnde Bildung und ihr Selbstwertgefühl verborgen; Felix versteckt hinter seiner Maske aus intellektueller Überlegenheit sein Gefühl, ein Versager zu sein, außerdem auch seine Isolation sowie die Unfähigkeit, seine eigene animalische Leidenschaft zuzulassen. Ich wiederhole: Es geht in dem Stück nicht um die Hautfarbe, und tatsächlich wird auch die Rolle der Doris oft von weißen Schauspielerinnen gespielt. Aber unbedingt muss man Doris als zur Arbeiterklasse gehörend spielen, ungebildet, dreist und leidenschaftlich, sowohl unsicher als auch verletzlich.

Die Schauspielerin, die ich hier einmal Nina nennen will, begann, an der Rolle zu arbeiten. Als sie ihre Szene in den Unterricht mitbrachte, spielte sie Doris als die gleiche elegante, zur oberen Mittelschicht gehörende makel- und leidenschaftslose Person, die sie immer spielte und als die sie sich wohlfühlte. In meiner Kritik fragte ich sie: »Kannst du dir selber Bodenständigkeit zugestehen? Kannst du es dir zumuten, eine Straßennutte zu spielen, ohne dich dadurch beleidigt zu fühlen, und erkennen, dass es eine Figur ist, genauso wie sie das für jede andere Schauspielerin auch wäre, die eine Arbeiterklassen-Nutte egal welcher Hautfarbe darstellt?« Ich erinnerte sie daran, dass sie Doris nicht als rassistisches Klischee spielen müsse, dass sie den Text aber dennoch nicht ignorieren könne. Doris entstammt der Arbeiterschicht und Nina war schwarz, folglich war Doris schwarz und aus der Arbeiterschicht, und das Skript verlangt, dass es ihr zum einen an Bildung und Kultiviertheit mangelt und sich zum anderen ihr Charakter eher durch Launenhaftigkeit als durch Sanftheit auszeichnet.

Nina arbeitete weiter an der Rolle und versuchte, ihre Hemmungen zu überwinden. Als Teil ihrer Hausaufgaben sowie vor der Klasse absolvierte sie Übungen, in denen sie durch »Unebenheiten«, Plackerei und Geschrei gegen ihre Grenzen anzukämpfen hatte. So tanzte sie nackt zu wilder Musik durch ihre Wohnung, weil ich ihr das aufgetragen hatte. Sie war entsetzt über diese Aufgabenstellungen, aber weil sie sich ganz unbedingt weiterentwickeln wollte, konnte sie sich dazu durchringen, sie zu bearbeiten. Als sie die Szene dann wieder in den Unterricht mitbrachte, war sie noch immer verkrampft in den Hüften, ihre Emotionen blieben weiterhin klein, vorsichtig und »gesittet«, und insgesamt war ihre Arbeit von einem »Geiz« und einem Mangel an Hingabe geprägt, was ihre Karriere erstickt hätte. Nina ist eine gütige, sanfte und zutiefst sensible Frau und ich vermutete, dass sie in ihrem Leben ernsthaft emotional verletzt worden war.

Jedes Mal, wenn sie sich mutig auf die Bühne wagte, hatte ihr Auftreten zugleich etwas Entschuldigendes, Ängstliches an sich, was mich jedoch nicht davon abhielt, sie voranzutreiben, weil ich wusste, wie sehr sie sich ändern wollte.

Als sie die Szene zum dritten Mal und immer noch ohne jeden Anflug von Sinnlichkeit oder Temperament in der Darstellung mitbrachte, stand ich auf und schrie sie an: »Du bist keine schwarze Frau, du bist eine unterdrückte weiße Frau!« Ich war mir darüber bewusst, dass dies als rassistische Bemerkung rüberkommen würde, und genau das war meine Absicht. Ich wollte sie schockieren. Manchmal ist politische Korrektheit nicht hilfreich. Nina schaute mich entsetzt und mit weit offenem Mund an. Ihr Körper begann zu zittern, in ihrem Blick loderte es, sie stand da, als hätte sie einen Stock verschluckt, und sie schrie sich die Lunge aus dem Leib. Es kamen keine Worte heraus, nur animalische Schreie. Es muss ihr hoch angerechnet werden, dass sie nicht von der Bühne rannte. Ich bin mir sicher, dass sie mich fast umbringen wollte, und ich verstand, warum. Ich drückte immer wieder auf den wunden Punkt »Rasse«, weil der den Kern ihres Schauspielproblems ausmachte. Solange sie das Gefühl hatte, dass alles menschliche Verhalten, abgesehen von wohlgesitteter Vornehmheit, inakzeptabel sei, war sie in einem Gefängnis gefangen, das sie sich selbst gebaut hatte.

Schlussendlich verstand Nina, dass mein Verhalten als Hilfestellung gemeint war und nicht von Kritik oder Rassismus herrührte. Ich sagte zu ihr: »Bitte nimm dich mit allem, was du bist, an und verleugne keinen Teil deiner Empfindungen, egal ob du diese gutheißt oder nicht. Das behindert dich im Leben und in deiner Karriere.« Manchmal bedeutet es den größten Durchbruch, dem Publikum Dinge über uns zu offenbaren, bei denen die Vorstellung der Enthüllung uns Angst macht, weil das eine Lawine gewaltiger Gefühle auslöst und uns Freiheit schenkt.

In der nächsten Unterrichtsstunde nach meiner Explosion betrat Nina in den höchsten Stöckelschuhen, auf denen ein Mensch nur laufen kann, und in einem hautengen Kleid, das ihre Brüste und Hüften maximal betonte, die Bühne, um die Szene zu spielen. und verwandelte sich in einen menschlichen Tornado sexueller Offensive. Sie hatte einen Blick drauf, der suggerierte, dass sie den armen Trottel Felix und all die Möbel in seinem Zimmer verschlingen würde, wenn er ihr nicht geben würde, was sie wollte. Sie gab eine Vorstellung, dass die Wände wackelten. Die Klasse brüllte vor Lachen und feierte dann am Ende ihren Triumph. Es war das einzige Mal in meiner Karriere als Lehrer, dass ich mich auf meine Hände und Knie herabließ und zu einem Schüler hinüberkrabbelte und mich wie vor einem Sultan verneigte. Nina hatte sich einer der größten Ängste in ihrem Leben gestellt, diese mit beiden Händen gepackt und hinter sich geschleudert. Das verschaffte ihr endlich die Freiheit, die sie verdiente und nach der sie sich so sehr gesehnt hatte. Nach diesem Abend bekam Nina ihren ersten professionellen Job in dem wunderbaren Stück WIT* und sie hat seitdem ununterbrochen gearbeitet.

Ich weiß, wie es sich anfühlt, schlecht für etwas behandelt zu werden, wofür du nichts kannst. Mein Geburtsname ist Moskovitz, aber im Los Angeles der ersten Jahre nach dem Zweiten Weltkrieg wollte mein Vater verhindern, dass unsere Familie als jüdisch zu identifizieren war. Wenn wir in ein Restaurant gingen und auf einen Tisch warten mussten, kündigte der Lautsprecher an: »Der Tisch für Moss ist bereit.« Mir verursachte das immer ein mulmiges Gefühl im Magen. Ich fragte meinen Vater, warum er unseren Namen geändert hätte und er antwortete: »Ach, weil die Leute ihn nie richtig aussprechen.« Aber tief drinnen wusste ich, dass das nicht der Grund war.

Eines Tages spielte ich mit meinen Freunden Jimmy und Janet, die in unserer Straße wohnten, Verstecken. Das Spiel stoppte plötzlich, Jimmy drehte sich zu mir um und sagte: »Larry, du musst jetzt nach Hause gehen.« Und ich sagte: »Warum?« Er sagte: »Wir können nicht mehr mit dir spielen, du bist ein Jude.« Ich rannte beschämt und weinend nach Hause und fragte meine Mutter, was mit mir nicht stimmte. Sie versuchte, mich zu beruhigen. Manche Leute sind dumm, sagte sie, und dass ich es einfach vergessen solle. Aber natürlich vergaß ich das nie, und weil ich einer der wenigen Juden in einer ansonsten nichtjüdischen Nachbarschaft war, schmerzte mich der Gedanke, einer Minderheit anzugehören, mehr und mehr, und das Gefühl, dass mit mir wirklich etwas nicht stimmte, wurde stärker und stärker. Wie die meisten Kinder wollte ich dazugehören und beliebt sein, aber mein Jüdischsein stand mir im Weg und ich fing an, es zu hassen. Manchmal behauptete ich als Heranwachsender sogar, dass ich nicht jüdisch sei. Aus technischer Sicht war das die Wahrheit, weil es der Vater meiner Mutter war, der jüdisch war, nicht ihre Mutter, und obwohl ich mit der jüdischen Kultur aufgewachsen bin, hatte ich bei uns zu Hause nie den Eindruck, dass wir uns einer bestimmten Art religiösen Glaubens verschrieben hatten.

Nun, was hat all das zu bedeuten? Es bedeutet, dass ich von diesem reichhaltigen, vielfältigen Erbe zehren kann – ein kollektives Gedächtnis, das sich aus so vielen verschiedenen Quellen speist, *wenn* – und *nur, wenn* – ich mir selbst erlaube, es anzunehmen. Als Schauspieler verdamme ich mich in dem Moment, da ich zulasse, dass Scham mich von irgendeinem Teil meines Ich-Seins abspaltet, buchstäblich zur Arbeitsunfähigkeit. Ich entdeckte das als junger Mann an einem Sederabend, der von einigen Freunden veranstaltet wurde. Während des Seders liest jede Person am Tisch aus der Haggada vor, welche die Geschichte des Pessachfestes erzählt und Gebete beinhaltet. Als die Reihe an mir war, bekam ich nur etwa vier Worte heraus, bevor mein Körper sich zusammenkrampfte und ich in Tränen ausbrach. Zu jener Zeit war ich sehr beschämt, aber etwas in mir erkannte und wusste, wie sehr ich mich dem jüdischen Teil in mir und folglich damit, wer ich bin, verbunden fühlte. Ich fühlte mich nach dieser Erfahrung vollständiger und gefestigter.

Als junger Schauspieler arbeitete ich zu Beginn meiner Karriere vorübergehend in der Unterhaltungsbranche. Zu der Zeit gingen jüdische Schauspieler und Künstler vermehrt dazu über, ihre Namen, durch die sie eindeutig ihrer Ethnie zuordenbar waren, zu behalten, und wurden zu Stars – Dustin Hoffman, Elliott Gould, George Segal, Barbra Streisand, Paul Simon und Art Garfunkel. Ich stand vor einer Entscheidung: War ich Larry Moskovitz oder Larry Moss? Zu dem Zeitpunkt hatte ich mein Jüdischsein schon soweit angenommen, dass ich, als ich heiratete, die Trauung von einem Rabbi unter einer *Chuppa* vornehmen ließ. Weil ich mich mit der Familie, in der ich aufgewachsen war, nicht identifizierte – nicht, weil sie jüdisch war, sondern aufgrund ihrer Anschauungen –, entschied ich mich dazu, jüdisch *und* Larry Moss zu sein.

Als Schauspieler hat mir die Identifikation mit dem Jüdischsein dabei geholfen, Rollen zu bekommen und zu spielen. Und was genauso wichtig ist: Mich selbst *als Ganzes*, inklusive meines Jüdischseins, zu akzeptieren, hilft mir immer, wenn ich spiele, sei die Figur nun jüdisch oder nicht, einfach, weil es zu mir dazugehört; diesen Teil zu verleugnen, würde bedeuten, mich meiner Authentizität zu berauben, und so etwas wirkt sich auf jegliches gute Schauspiel katastrophal aus. Die Abspaltung egal welchen Teils von dir – deine soziale Herkunft, deine Nationalität, deine Ethnie, deine Hautfarbe, deine sexuelle Identität – ist für deine künstlerische Freiheit tödlich. Jede Emotion oder Verhaltensweise, die du verleugnest, weil du damit Aspekte deiner Persönlichkeit assoziierst, die du verurteilst, weil du annimmst, andere würden diese verurteilen, wird schwierig für dich darzustellen sein – und du wirst dich daran genauso abmühen müssen wie Nina.

Kein Schauspieler sollte jemals rassische Stereotype verkörpern. Das Wort *Stereotyp* impliziert Allgemeingültigkeit und einen Mangel an menschlicher Spezifität, und wie ich schon sagte, kommt es beim Schauspiel *immer* auf Spezifität, auf Detailgenauigkeit an. Selbst wenn eine Figur auf dem Papier stereotypisch oder klischeehaft wirkt, ist es deine Aufgabe, sicherzustellen, dass sie das nicht wird. Du erreichst das, indem du ihr eine spezifische Persönlichkeit und ein individuelles Gefühlsleben verpasst. Der großartige Schauspieler Zero Mostel prägte das Bild von der Rolle des Tevje durch seine Darstellung in der Uraufführung von ANATEVKA am Broadway. Tevje ist ein jüdischer Vater in einem kleinen russischen Dorf, der sich gemeinsam mit seiner Frau Golde aufgrund der Judenverfolgung in Russland um die Verheiratung seiner Töchter und das Überleben seiner Familie und Freunde sorgt. Mostels Genie bestand darin, Tevje als solch einzigartiges menschliches Wesen darzustellen – lebenshungrig, voller Humor, Angst, Wut sowie Liebe zu seiner Familie –, dass man nicht für eine Sekunde das Gefühl hatte, er verkörpere irgendeine Eigenschaft, die zum Klischee eines jüdischen Vaters und Ehemannes gehört.

Zero Mostel war das, was man einen »ungezogenen« Schauspieler nennt. Wenn du ihn am falschen Abend erlebtest, konnte es sein, dass er überheblich war, übertrieben melodramatisch spielte und sich buchstäblich den Text aus den Fingern sog. Wenn er sich aber im Zaum hielt, dann wohnten seiner Darbietung eine Würde, eine Einfachheit und so viel Herz inne, dass die emotionale Struktur des Theaterstückes voll zum Vorschein kam und auch, was es bedeutete, unter diesen entsetzlichen Umständen Jude zu sein. Durch die Detailgenauigkeit der Figur, die er geschaffen hatte, wurde sein Tevje zu einer Person, mit der sich jeder identifizieren konnte und die auf diese Weise etwas Allgemeingültiges bekam; er wurde zu einem Stellvertreter für alle Opfer von Verfolgung.

Fragen der Identität betreffen Schauspieler auf viele verschiedene Weisen. Heterosexuelle Schauspieler mögen ein Problem damit haben, homosexuelle Figuren darzustellen, obwohl die Unwissenheit und die Ängste der Öffentlichkeit in Sachen Sexualität mehr und mehr abnehmen. Dieser Prozess wurde ungemein vorangebracht durch solche offen homosexuell lebenden Schauspieler wie Ian McKellen, Harvey Fierstein und Ellen DeGeneres, um nur einige wenige zu nennen. Die Angst, die heterosexuelle Schauspieler davor haben, homosexuelle Figuren zu spielen, liegt vielleicht in der Angst vor einer veränderten öffentliche Wahrnehmung ihrer selbst begründet oder auch in der Schwierigkeit, die sie selbst damit haben, Gefühle auszudrücken, die sie als tabu erachten. Und dennoch hatte Tom Hanks, als er die schwule Hauptfigur in PHILADELPHIA spielte, kein solches Problem. Wenn du dich als heterosexueller Schauspieler mit einer schwulen Rolle beschäftigst und entdeckst, dass du dich damit unwohl fühlst, dann musst du eine Entscheidung fällen: Wie gut ist die Rolle? Wie sehr willst du sie? Bist du dazu bereit, dich durch dein Unbehagen und deine Angst vor dem Urteil anderer Menschen zu arbeiten und herauszufinden, was es bedeutet, als Schauspieler einen gesteigerten emotionalen Zugang zu besitzen?

Michael C. Hall, ein heterosexueller Schauspieler, wurde zu seiner

Darstellung der schwulen Figur David in SIX FEET UNDER interviewt, welche sich für sehr lange Zeit nicht zu ihrer Homosexualität bekennt. Hall erzählte, wie er als Heterosexueller in einer homosexuellenfeindlichen Kultur aufgewachsen war und wie er alles das, was ihm über Homosexualität beigebracht worden war, überdachte, um Davids Selbsthass nachvollziehen zu können. »Ich musste die Welt, in der ich großgeworden bin, und die Botschaften, die ich zum Thema Homosexualität erhalten hatte, mit David als Prisma neu betrachten«, sagte er. »An der New York University wurde uns beigebracht, diesem magischen ›Was wäre wenn‹ nachzugehen. Ich betrachte mein Leben und denke über die Ideen nach, die mir zum Thema Homosexualität vermittelt wurden – und reflektiere diese mithilfe der Vorstellung: ›Was, wenn ich ein heimlich Homosexueller gewesen wäre, als ich diese Dinge hörte? Was hätte das für mich bedeutet?‹« Hall erkannte, dass diese Botschaften bei David ganz anders angekommen wären als bei ihm, und weil er diese tolle Rolle spielen wollte, machte er es sich zur Aufgabe, die Figur sowohl emotional als auch intellektuell zu verstehen.

Für schwule Schauspieler mag es unangenehm sein, schwule Rollen darzustellen, weil sie von der Branche und der Öffentlichkeit als heterosexuell wahrgenommen werden wollen. Trotz allen Fortschritts gibt es bisher kein Hollywood-Sexsymbol, männlich oder weiblich, das sich öffentlich geoutet hat. Also läuft es erneut auf die Frage hinaus: Wie gut ist die Rolle? Wenn du ein Schauspieler bist, der viele verschiedene Rollen spielen kann, warum solltest du hier eine Gefahr für dich sehen? Ich verstehe zwar, dass man sich dadurch bedroht fühlen kann, aber ich bin der Meinung, dass es so nicht sein sollte. Als jemand, der selbst bisexuell ist, kenne ich diese Angst aus eigener Erfahrung sehr gut. Hollywoodruhm ist ein zweischneidiges Schwert. Die tragischen Schicksale von Montgomery Clift und Rock Hudson, die ihre Homosexualität verleugnen mussten, weil sie den Inbegriff »echter Männlichkeit« zu repräsentieren hatten, zeigen den Mangel an Aufklärung und Vorstellungskraft der Kultur, in der sie lebten und in der wir immer noch leben. Ich sage Vorstellungskraft, weil wir dazu fähig sein sollten uns vorzustellen, dass Schauspieler unabhängig von ihrer Sexualität Rollen vollkommen verkörpern können. Und darauf zielt die Frage ab: »Warum soll man sich bedroht fühlen?« Wenn Schauspieler mutig genug sind, jede Art von Rolle, die gut geschrieben ist, anzunehmen, machen wir einen Fortschritt – und die Angst wird nachlassen.

Natürlich gibt es viele Situationen, in denen du ein Angebot ablehnen musst, weil die Rolle so schlecht oder karikaturhaft geschrieben ist oder der Regisseur darauf besteht, dass du sie klischeebeladen und eintönig spielst, weil er sie als lächerlich oder negativ dargestellt sehen will. In diesen Fällen ist es absolut dein Recht, die Rolle abzulehnen.

Als Lehrer weise ich immer auf die Notwendigkeit hin, dir selbst ein stimmliches Spektrum zu erarbeiten und eine Auswahl an Akzenten verfügbar zu haben, die du für verschiedene Rollen verwenden kannst. Das kann allerdings, wie ich herausgefunden habe, ebenfalls einigen Druck für die ethnische Identität einer Person bedeuten. Dies war der Fall bei einer wunderschönen und talentierten lateinamerikanischen Schauspielerin in einer meiner Klassen. Ich ermutigte sie immer wieder, ihre Aussprache zu amerikanisieren, weil ich wusste, dass es ihre Karriere einschränken würde, wenn sie dies nicht tun würde. Wenn ich dir sage, dass sie sich zutiefst darüber ärgerte, dann ist das eine Untertreibung. Ich hatte Respekt davor, wie heftig sie ihre eigene Identität schützte, sagte ihr aber, dass sie sich darauf würde beschränken müssen, Figuren zu spielen, die mit breitem mexikanischen Akzent sprechen, wenn sie weiterhin darauf bestünde, *ausschließlich* mit diesem breitem Akzent zu sprechen. Glücklicherweise arbeitete sie in dem Punkt an sich. Nun spielt sie Hauptrollen in Fernsehserien, in denen sie ihren amerikanisierten Akzent verwendet.

Wenn eines der oben angesprochenen Themen bei dir ins Schwarze getroffen hat und du das Gefühl hast, dass es wichtig wäre, dich dem zu stellen, dann mach das so schnell wie möglich. Wir alle wollen Schmerz vermeiden, aber kurzfristige Schmerzen lassen sich um ein Vielfaches einfacher meistern als ein Leben, das von Schmerz bestimmt ist. Das Vermeiden der Auseinandersetzung mit Themen, die den Fluss deines kreativen Lebens und deines Privatlebens bremsen, macht dein Leben und deine Arbeit um einiges unangenehmer. Und um noch einen anderen provokativen Gedanken hinzuzufügen: Viele Menschen verharren in einem Zustand von Langzeit-Schmerzen, weil das bequem ist und man sich auch daran gewöhnt. Wenn du dich aber einmal deinen eigenen, inneren Hindernissen stellst und daran arbeitest, sie zu überwinden, so wirst du deiner Absicht zu leben reicher und üppiger zum Ausdruck verhelfen können.

Ich habe hier nur von afroamerikanischen, lateinamerikanischen und jüdischen Schauspielern und von Themen der sexuellen Identität gesprochen. Aber ich bin mir absolut bewusst, wie frustrierend es für Schauspieler ist, die einer Ethnie oder Nationalität angehören, die nicht als »kommerziell« angesehen wird, sich zu amerikanisieren, um in diesem Land arbeiten zu können. Als ich im Jahr 2003 in Paris unterrichtete, traf ich Schauspieler aus aller Welt, die sich mit diesem Problem herumschlagen müssen und Mühe haben, sich eine Stimme zu verschaffen. Ich will jedem, der dieses Buch wo auch immer auf der Welt liest, sagen: Deine kulturelle Identität und deine Geschichten werden gebraucht, egal, ob sie als kommerziell rentabel gelten oder nicht. Wie die hispanische Schauspielerin in meinem Unterricht musst du, um in den amerikanischen Medien zu arbeiten, dein Englisch soweit amerikanisieren, dass du ohne Weiteres verstanden wirst. Im nächsten Kapitel werde ich dir eine Methode vorstellen, wie du ein Performance-Stück entwickelst, das deine Talente als Schauspieler herausstellt und gleichwohl deine Geschichte erzählt, dabei deine Identität bewahrt und sie für andere sichtbar macht.

Die Zusammenarbeit zwischen Autoren, Schauspielern und Regisseuren aus verschiedenen Ländern lässt sich immer häufiger beobachten. Ich persönlich spüre das Bedürfnis, Kulturen außerhalb meiner eigenen zu erforschen, und ich sehe, während ich mit diesen internationalen Künstlern zusammenarbeite, dass sie dieses Bedürfnis teilen. Den Austausch von Talent und Erfahrung unter verschiedenen Kulturen innerhalb und außerhalb Amerikas halte ich für aufregend und belebend, und er wird dringend benötigt, um Qualität und Wachstum in der Schauspielkunst zu erhalten.

25. Die Geschichten-Übung: Werde zum Autor und Star deines eigenen Theaterstücks

Ich erfand die Geschichten-Übung nach einem Besuch bei meiner New Yorker Langzeit-Astrologin, Maria Napoli. Ich hatte für hausinterne Produktionen in meinem Studio Regie geführt, aber ich hegte den intensiven Wunsch, ein Stück von Grund auf zu erschaffen. Maria sagte mir, als sie mein Horoskop deutete, dass ich offenbar frustriert darüber sei, an bereits vorhandenen Stücken zu arbeiten. »Du musst gemeinsam mit einem Autor Theater kreieren und mit ihm Material entwickeln, das ihr zusammen formen könnt.« Da ich ihr so sehr vertraute und das, was sie sagte, die Neugier in mir weckte, dachte ich während des ganzen Rückflugs nach Los Angeles darüber nach. Das führte dazu, dass ich die Geschichten-Übung erfand, welche zur Entwicklung von THE SYRINGA TREE führte, einem Ein-Personen-Stück, das nun überall auf der Welt aufgeführt wird.

Maria hatte mir also geraten, mit einem Autor zusammen zu arbeiten. Als ich über ihre Worte nachdachte, realisierte ich, dass mir bereits seit Langem die Idee von Schauspielern als Autoren vorschwebte, ich dies aber niemals in die Praxis umgesetzt hatte. Ich war überzeugt, dass alle Schauspieler – wie überhaupt alle Menschen – eine Geschichte zu erzählen haben, auch wenn sie sich dessen nicht immer bewusst sind. Im Grunde ist es doch so: Wenn ein Schauspieler mit einem bestimmten Material unglaublichen Erfolg hat, liegt das teilweise daran, dass darin emotionale oder psychologische Parallelen zu seiner eigenen Geschichte aufscheinen. Jason Robards beispielsweise hatte eine Affinität zur Darstellung von Eugene O'Neills alkoholkranken Antihelden – wie James Tyrone Jr. in EINES LANGEN TAGES REISE IN DIE NACHT oder Jamie, ein stumpfsinniger Broadwayschauspieler in EIN MOND FÜR DIE BELADENEN, und Hickey, die tragische »Stimmungskanone« mit einem dunklen Geheimnis in DER EISMANN KOMMT. Um diese Figuren zu spielen, erkannte und benutzte Robards bewusst einen Aspekt aus seinem persönlichen Leben; er hatte in seiner Karriere jahrelang mit Alkoholsucht gekämpft und brachte diese Erfahrung auf eine wunderbare und unvergessliche Weise in O'Neills Werke ein.

Noch einmal: Ich will nicht, dass du deine Probleme hegst und pflegst oder dein Leiden verstärkst, damit du dies im Schauspiel benutzen kannst. Vielmehr haben wir alle doch schon einmal gelitten – es ist ja niemand dagegen gefeit – und Leiden kann geheilt oder gelindert werden, wenn du es für dein Schauspielhandwerk benutzt. Jedes Theaterstück, jeder Roman und jedes Drehbuch bearbeitet Themen, und das Leben jedes menschlichen Wesens beinhaltet bestimmte Themen. Dein Thema könnte sein, dass du in deiner Kindheit die Misshandlung durch deine Eltern überlebt hast und einen Weg suchst, ein erfülltes und positives Leben zu führen; es kann die Auseinandersetzung mit dem Verlust eines geliebten Menschen oder eines geliebten Ortes betreffen; es kann damit zu tun haben, rassistische oder sexuelle Vorurteile oder eine persönliche seelische Krise zu überwinden; es kann beinhalten, ein Leben in Armut oder in einem totalitären System zu überstehen; es kann darum gehen, ein übersteigertes Anspruchsdenken oder deine eigenen Scham- und Schuldgefühle zu bewältigen. Abhängigkeit und Drogenmissbrauch können Symptome aller dieser Themen sein.

Im Flugzeug auf dem Heimweg von meinem Termin bei Maria dachte ich über all das sehr – ich freue mich, dies zu sagen – eigennützig nach. Wie konnte ich unter meinen Schülern einen wundervollen Schauspieler/Autor finden, um ein Theaterstück zu kreieren, das für mich und den Schauspieler/Autor und vielleicht sogar für ein Publikum von Bedeutung sein würde? Als ich den folgenden Montag wieder unterrichtete, begann ich den Kurs mit der Ankündigung, dass wir eine Übung machen würden, die ich bisher noch nie ausprobiert hatte. Ich hatte es mit einer hervorragenden Gruppe von fleißigen, kreativen Schauspielern zu tun, die hungrig und bereit waren, gefordert zu werden. – Ich machte sie mit der Geschichten-Übung bekannt.

Ich sagte: »Wir beginnen wie immer mit der Entspannungsübung. Ich möchte, dass ihr alle auf eurem Stuhl sitzt und atmet und gedanklich durch euren Körper wandert und die Muskeln entspannt, die ihr angespannt findet. Atmet in die Anspannung hinein und bittet den Muskel, beim Ausatmen loszulassen.« Nachdem sie diese Übung für 15 Minuten gemacht hatten, sagte ich: »Ich möchte jetzt, dass ihr euch irgendein Ereignis ins Bewusstsein ruft. Es kann etwas sein, das gestern in der Bank oder vor zwanzig Jahren passiert ist, das spielt keine Rolle. Wählt es nicht bewusst aus. Lasst es sich euch aussuchen. Bittet euch einfach behutsam um eine Erinnerung und schaut, was hochkommt. Bewertet und verändert die erste Erinnerung nicht. Benutzt das erste Ereignis, das den Weg zu euch findet.«

Nachdem ich ihnen Zeit gegeben hatte, sich ein Erlebnis in den Sinn kommen zu lassen, bat ich sie, sich aller möglichen damit verbundenen Sinneseindrücke zu erinnern – alles, was sie gesehen, gerochen, geschmeckt, berührt und gehört hatten. Ich verwendete einen Aspekt aus der Übung *Die körperliche Sinneswahrnehmung* (s. S. 183 ff.), lenkte diesen aber in eine bestimmte Richtung.

Binnen 5 Minuten befanden sich die 35 Leute in meiner Klasse in intensiven emotionalen Reaktionen verschiedener Art. Ich war überrascht von der Flut an Gefühlen, die da hervorbrach. Ich rede nicht nur von Tränen, da gab es Angst, verlegenes Gekicher, Gelächter, Ehrfurcht und Schock. In diesem Moment sagte mir mein Instinkt, ich müsste ihnen nochmals nachdrücklich zu verstehen geben, dass sie unbedingt darauf achten sollten, die allererste Erinnerung, die in ihnen hochkam, nicht auszutauschen.

Ich gab der Klasse eine angemessene Zeitspanne, um sich an die Erfahrung zu erinnern und sie mit sensorischen Einzelheiten auszufüllen, damit diese für sie im JETZT sehr real und präsent waren.

Für die nächste Phase der Übung teilte ich die Klasse in Zweiergruppen auf und bat sie, sich nacheinander gegenseitig die Erinnerungen zu erzählen und dann das Erzählte von ihren Schauspielpartnern mit deren eigenen Worten wiedergeben zu lassen. Ich wies sie an, die Erinnerung in puncto Sinneseindrücke so detailreich wie möglich wiederzugeben und immer wieder ausführlich zu beschreiben, was sie gesehen, gerochen, geschmeckt, berührt, gehört hatten, und, während sie ihre Geschichten nacherzählten, diese Sinneserinnerungen auch auf sich wirken zu lassen. Als die Partner die Geschichte wiederholten, wiederholten sie ebenso diese sensorischen Einzelheiten.

Dies zu beobachten und mit anzuhören war fesselnd, weil ich Zeuge wurde, wie 35 Erinnerungen durch die Körper und Stimmen der Schauspieler auf eine absolut authentische Weise zum Leben erweckt wurden. Die Augen der Leute leuchteten, sie brüllten vor Lachen, weinten vor Kummer, hielten sich fest und teilten ihre Erlebnisse miteinander. Als ich die unglaubliche Lebendigkeit in Gesicht und Körper jedes einzelnen Schauspielers verfolgte, wusste ich, dass ich auf Gold gestoßen war. Weil alle zur selben Zeit redeten, konnte ich die individuellen Erinnerungen nicht verstehen, aber ich konnte aus dem Klang ihrer Stimmen zweifellos eine tiefe emotionale Verbindung zu dem, was sie sagten, heraushören. Ich sah und hörte auch die Kraft persönlicher Erinnerungen – mit keinem anderen Text als dem, den die Schauspieler selbst in ihren Erzählungen lieferten.

Wir alle haben in unserer Vergangenheit bis heute unverarbeitete emotionale Erfahrungen gemacht oder Momente von großer emotionaler Bedeutung erlebt; viele davon werden in unserem Unterbewusstsein aufbewahrt, können aber – sofern wir über die richtigen Werkzeuge verfügen und mutig genug sind – angezapft werden. Der nächste Schritt in der Übung, nachdem sich jeder mit seinem Partner ausgetauscht hatte, war einer, der jedem der Schauspieler im Raum Angst einjagte. Ich sagte strahlend und frohlockend: »Ihr müsst diese Erinnerung nun auf die Bühne bringen und jede Figur in eurer Erinnerung stimmlich und körperlich darstellen. Wenn ihr Leute spielt, die miteinander sprechen, müsst ihr euch jeweils sekundenschnell in das stimmliche und körperliche Auftreten der beiden Gesprächspartner verwandeln.« Sie sollten zunächst zu Hause daran arbeiten, um die Erinnerungen in eine theatralische Form zu bringen, die ihnen zusagte, und diese dann zum nächsten Unterricht mitbringen. Ich wollte ihnen die Freiheit lassen, aus verschiedenen Stilen zu wählen – abstrakt, realistisch, Farce, Satire oder als Bewusstseinsstrom – und dann Kostüme und Beleuchtung hinzufügen, je nachdem, welchen Weg die Vorstellungskraft ihnen aufzeigte, ihre Geschichte zu erzählen.

Ich glaube nicht, dass das ein von mir erfundenes Vorgehen ist. Sicher ist dies schon viele Male auf verschiedenste Weise gemacht worden. Aber so habe ich es entdeckt und gelehrt. Eine bestimmte Theatererfahrung hatte mir klar gemacht, dass dies möglich ist, und zwar war das eine zweiminütige Szene in der Musicalversion von ALICE IM WUNDERLAND von Elizabeth Swados mit Meryl Streep am Public Theater in New York: Streep spielte die Weiße Königin, wie sie Alice anbrüllt und anschluchzt, um sich dann umzudrehen und – mit völlig anderer Stimme, einer neuen Art zu Schluchzen und veränderter Körperlichkeit – Alice darzustellen, wie diese nun ihrerseits die Königin anbrüllt und anschluchzt. Diese zwei Minuten überwältigten mich und ich ging noch zweimal ins Theater, einzig um mir diese zwei Minuten anzusehen. Das nächste Mal, dass mich ein Schauspieler begeisterte, indem er mehrere Rollen spielte, war, als ich Patrick Stewart in Charles Dickens' EINE WEIHNACHTSGESCHICHTE am Broadway sah. Stewart spielte jede Figur der Geschichte und erweckte jede einzelne so vollkommen und anschaulich zum Leben, als stünde ein gesamtes Ensemble von Schauspielern auf der Bühne, das die üppig gezeichneten und eigentümlichen Dickens'schen Figuren darstellte.

Einen Monat, nachdem ich zum ersten Mal meine Geschichten-Übung zum Unterricht mitgebracht hatte, betrat Pamela Gien, eine sehr begabte, weiße Schauspielerin aus Südafrika, zögernd die Bühne, um ihre Geschichte aufzuführen. In diesem Moment verstand ich, dass es große Hochachtung verdiente, Lebenserfahrungen so zu offenbaren, wie sie und jede Schauspielerin und jeder Schauspieler in der Klasse es tat, weil dies so viel Mut erforderte. THE SYRINGA TREE wurde aus einer Erinnerung heraus geboren, die Pamela nicht haben wollte und zu vergessen versuchte – bis sie von mir hörte, dass sie ihre Erinnerungen, egal wie schmerzhaft diese seien, nicht bearbeiten, nicht beschneiden sollte. Pamelas Erinnerung betraf den Mord an ihrem Großvater auf dessen Farm in Südafrika, als sie ein Kind war. Ihr Großvater George war 22-mal von einem rhodesischen Freiheitskämpfer in den Rücken gestochen worden. In ihrer Übung spielte Pamela sowohl sich selbst als 6-jähriges Mädchen als auch ihre Mutter und ihren Vater, ihre Großeltern sowie ihre schwarze Kinderfrau Salamina.

Ich werde dir den Prozess beschreiben, in dem THE SYRINGA TREE kreiert wurde, weil dir das Einblicke und Methoden eröffnen wird, um deinen eigenen Weg in die Geschichten-Übung zu finden.

Auf der Bühne erschuf Pamela mittels der Requisiten aus dem Kursraum und anderen, die sie von zu Hause mitgebracht hatte, ihr Bühnenbild, die Außenseite des Hauses ihrer Kindheit, die Küche und ihr Kinderzimmer. Sie tat dies mithilfe eines Baumstumpfes als Symbol für den Fliederbaum in ihrem Garten, eines Bügelbretts samt Bügeleisen, welche Salaminas Küchenbereich repräsentierten, einem Paar alter brauner Schnürschuhe, die symbolisch für Salaminas Freund Zephyr, einen nebenan wohnenden, schwarzafrikanischen Gärtner, standen, eines Brautschleiers, der an der rückwärtigen Wand hing und mit dem »das Kind« spielen konnte, wenn es über seine Hochzeitsträume sprach, und Bettlaken, die über einer Tür hingen, sodass es aussah, wenn sie sich vor diese hinstellte, als ob sie in ihrem Zimmer im Bett läge. Pamelas Kostüm bestand aus dem bodenlangen Hochzeitskleid ihrer Großmutter und einem auf ihren Rücken gebundener Schulranzen, der als Salaminas Neugeborenes herhielt.

Als Pamela ihre Darstellung beendet hatte, war sie beschämt und hatte große Sorge, dass niemand sie verstehen oder Mitgefühl für ihre Geschichte haben würde. Wer wollte schon eine weiße Frau sehen, die von den Schrecken der Apartheid erzählt? War man weiß, dann war man schuldig. In Wahrheit hatte allerdings ihre Familie, wie auch einige andere weiße Familien, alles in ihrer Macht Stehende versucht, um den Massakern und dem Wahnsinn ein Ende zu bereiten. Ganz besonders Pamelas Vater, der Arzt war, behandelte schwarze Patienten im selben Zimmer wie weiße Patienten, wenn es sich um Notfälle handelte, und das verursachte Spannungen und Misstrauen in seiner Gemeinde. Schließlich gab Pamela, unfähig die Realität weiter auszuhalten, ihre Heimat noch vor dem Ende Apartheid auf und flüchtete nach Amerika. Sie verbannte sich selbst aus dem Land, das sie liebte, weil sie die Ungerechtigkeiten nicht ertragen konnte.

Sehr erschüttert hat mich an Pamelas Übung ihre Idee, die Gewalt aus der unschuldigen Perspektive eines Kindes zu schildern. Ich war bewegt davon, wie das Kind inmitten all der grausamen Realität versucht, seiner Vorstellungskraft Fantasien und Schönheit abzugewinnen, und auch von den ungeheuren Bemühungen des Kindes, eine Gesellschaft zu verstehen, deren krasse Vorurteile und Verständnislosigkeit keinen Sinn ergaben, weder für sie noch für die Familie, in der sie aufgewachsen war. Während Pamela ihre Arbeit präsentierte, dämmerte mir allmählich, dass diese talentierte Schauspielerin das Potenzial für eine umfassende und tiefgründige Gestaltung von Figuren hatte, dass sie fähig war, im Bruchteil von Sekunden zwischen ihnen hin- und herzuwechseln, und dass ich meine Autorin gefunden hatte – und die Geschichte, die ich als Regisseur erzählen wollte.

Als Pamela mit ihrer Darbietung fertig war, zitterte sie am ganzen Körper und war nicht in der Lage, die Klasse oder mich anzusehen. Ich bemerkte, dass die gesamte Klasse von den Stühlen aufgestanden war und sich als Reaktion auf Pamelas Arbeit in verschiedensten Gefühlslagen befand. Ich sagte zu ihr: »Schau dich mal um und sieh, was deine Erinnerung und dein außerordentlicher und kreativer Einsatz bei deinen Kollegen ausgelöst haben.« Die Geschichte, die Pamela geschaffen hatte, setzte die Messlatte hoch und löste in der gesamten Klasse einen tief greifenden Wandel aus, was die Sichtweise eines jeden auf sein eigenes Potenzial betraf.

Von diesem Abend an durfte ich miterleben, wie schauspielerischer Mut meine Erwartungen an die Geschichten-Übung weit übertraf. Ich erlebte mit, wie sich Schauspieler selbst zu Schauspielern und Autoren machten, indem sie sich ihrer selbst ermächtigten und nicht darauf warteten, dass ihnen jemand etwas schenkte, sondern vielmehr sich selbst als jemanden betrachteten, der ein Geschenk zu vergeben hat. Schauspieler können sich in einem Dilemma verfangen, wenn sie meinen: »Ich muss darauf warten, dass jemand mir Material anbietet, mit dem ich mich hervortun kann.« Das macht mich wütend. Ich werde keine Schauspieler dulden, die die Opferrolle einnehmen, weil das absolut unnötig und destruktiv ist. Das ist der Grund, warum ich mit solcher Beharrlichkeit Schauspielern ihre Untätigkeit, ihre fehlende Selbstdisziplin und ihre Anspruchshaltung ankreide, während sie darauf warten, dass jemand sie abholt und sie auf den Schultern herumträgt. *Nein! Nein! Nein! Nein!* Wenn du jung bist, lerne es jetzt; wenn du mittleren Alters bist, lerne es jetzt; und wenn du alt bist und dir nur noch ein paar wenige Tage übrig bleiben, lerne es jetzt!

Ein Schauspieler ist immer nur so gut wie die Rollen, die er spielen darf. Mit der Geschichten-Übung kannst du dir deine eigenen großen Rollen erschaffen. Einer der wirklich lehrreichen und aufschlussreichen Aspekte dieser Übung ist, dass du Figuren darstellen musst, die sehr anders sind als du selbst, und dass du – vielleicht zum ersten Mal in deinem Leben – jung und alt, männlich und weiblich, verschiedene Hautfarben und verschiedene psychologische Zustände spielst. Du musst ebenfalls lernen, eine Geschichte zu erzählen, die klar und eindeutig ist, und das wiederum wird dafür sorgen, dass du die Worte eines Autors besser verstehst und respektierst, weil in diesem Fall du der Autor bist. Ich glaube, um Respekt vor der Arbeit von Autoren zu entwickeln, ist es enorm hilfreich, wenn man zumindest einmal im Leben selbst in die »Schreiberschuhe« schlüpft und eine Geschichte von Grund auf erschafft.

An dem Abend, als Pamela ihre Erinnerungen für die Klasse zum Leben erweckte, musste sie sich nicht länger fragen, ob man ihre Geschichte verstand und davon bewegt war oder nicht. Nachdem ich ihre vorzügliche Leistung gelobt hatte, forderte ich sie auf, ein komplettes Drehbuch zu schreiben, weil ich es mir gut als Film vorstellen konnte; aber ich sah auch die Möglichkeit, es als Theaterstück auf die Bühne zu bringen. Pamela verließ den Unterricht wie ein aufgeschrecktes Reh. 6 Wochen später überreichte sie mir eine Drehbuchfassung für THE SYRINGA TREE. Ich las es sofort und erkannte, dass ich es unbedingt als Theaterstück realisieren musste, deshalb sagte ich zu ihr: »Und jetzt schreibe das Theaterstück.« Gott sei Dank hat sie auf mich gehört.

Nachdem ich die erste Fassung des Theaterstückes gelesen hatte, wusste ich, dass es kein Zurück mehr gab. Ich fragte Pamela, ob sie bereit wäre, an dem Stück als Performance mit mir als Regisseur zu arbeiten. Sie willigte ein. Am ersten Probentag fragte sie mich, wo all die anderen Schauspieler seien. Sie hatte das Stück geschrieben, als ob die anderen Rollen von verschiedenen Schauspielern gespielt werden würden, und sie hatte angenommen, dass sie ihre Mutter und vielleicht sich selbst als Kind spielen würde. Als ich Pamela klarmachte, dass in diesem Proberaum niemals andere Schauspieler auftauchen würden, schaute sie mich so entsetzt an, wie es nur Pamela kann. Dann platzte sie heraus: »Du bist wahnsinnig!« Ich antwortete, dass sie damit vermutlich Recht hätte und dass sie einfach ruhig sein und den ersten Satz sagen sollte.

Pamela und ich trafen uns drei- bis viermal die Woche für ein paar Stunden und fingen an, die Geschichte Szene um Szene, Figur um Figur zu analysieren. Ich liebe es, mit anderen an der Entwicklung von Theaterstücken und Filmen zu arbeiten, und meine kostbare Astrologin wusste besser als ich, worauf ich meine Energie lenken sollte. Aber sobald ich das herausgefunden hatte, tat ich, was Stella Adler mir beigebracht hatte: Finde heraus, worin du gut bist, und dann arbeite daran, als wärst du Herkules persönlich.

Wir machten vier Werkstatt-Aufführungen von THE SYRINGA TREE. Ich lernte, dass man zu so etwas immer die intelligentesten und empathischsten Menschen einladen muss, weil deren Kommentare ungemein hilfreich sein können. Glaube ja nicht, dass du – nur weil du eine interessante Geschichte zu erzählen hast – beim ersten, zweiten, dritten oder selbst beim vierten Anlauf zwangsläufig eine bewegende und erfolgreiche Erzählweise findest. Das, woran du arbeitest, muss dir am Herzen liegen und du musst daran weiterarbeiten, bis es dir *und* dem Publikum gefällt. Ich glaube, es ist ungeheuer wichtig, den Kommentaren deiner Zuschauer Gehör zu schenken.

Eine Bemerkung, die mir als Regisseur half, war: »Sieh zu, dass das Stück einfach bleibt.« Ich wusste auf der Stelle, dass ich mich von jeder Requisite trennen musste, die sich auf der Bühne befand, mit Ausnahme einer echten Schaukel, die von einem imaginären Baum hing (wir hatten die Schaukel an einem Stahlträger an der Bühnendecke befestigt). Ich entfernte die Requisiten ganz allmählich, ich begann mit dem Bügelbrett und fuhr mit allen anderen Dingen, die sich auf der Bühne befanden, fort. Nur Pamela und die Schaukel blieben übrig. Pamela bereitete es Sorgen, so alleine auf der Bühne zu sein, und sie befürchtete, sie würde nun wie ein schlechter Chargenspieler aussehen, da sie alles, was sie in dem Stück tat, pantomimisch darzustellen und zudem auch alle 26 Figuren zu spielen hatte. Letztendlich war Pamela mutig und damit einverstanden, alle Requisiten bis auf die Schaukel abzuschaffen, und fuhr fort, an der Körperlichkeit und an den Absichten jeder Figur zu arbeiten. Schließlich holten wir Jean-Louis Rodrigue, einen ausgezeichneten Lehrer für Alexander-Technik, mit ins Team, der mit Pam daran arbeitete, durch den Atem auf die natürlichen Energiereserven in ihrem Körper zuzugreifen, indem er ihr half, das Atemzentrum vom oberen Brustbereich in den Beckenboden und die Rückseite der Rippen herabzusenken. Pam wandte diese Atemmethode sowohl vor als auch während ihrer Auftritte an – als Mittel zur Beruhigung, aber auch, um in extremen Momenten Energie zu schöpfen. Pam sagte: »Ich öffnete meinen Körper im Bruchteil einer Sekunde, und gerade gegen Ende des Jahres, als ich sieben Vorstellungen pro Woche in New York spielte, war dies die Rettung.« Jean-Louis half ebenso, die Verwandlung von Figur zu Figur zu entwickeln – nicht etwa abwartend, bis Sätze oder Gesten beendet waren; jede Figur ging in die nächste über, um die Übergänge sekundenschnell und nahtlos zu gestalten.

Den ganzen Prozess über zweifelte ich niemals daran – und das ist für mich ungewöhnlich –, dass THE SYRINGA TREE ins Theater gehörte. Ich wollte nur sichergehen, dass Pamela und ich nicht irgendwie verhinderten, es so unverfälscht und kraftvoll wie potenziell möglich wiederzugeben. In den zwei Jahren, in denen wir das Stück entwickelten, veranstalteten wir nach den meisten Aufführungen Diskussionsrunden; ich führte Leute zum Essen aus und löcherte sie mit Fragen, und Pamela und ich verbrachten dann Hunderte von Stunden damit, zu proben. Pamela war unermüdlich, wenn es darum ging, sich in den Prozess zu vertiefen und sich zu konzentrieren.

Bis zum vierten Jahr unserer Arbeit fragten weder Pamela noch ich um finanzielle Unterstützung oder bekamen Geld von irgendwoher. Das war also nie ein Thema. Und da keiner von uns beiden wusste, inwieweit sich das Projekt als kommerziell rentabel erweisen würde, dachten wir gar nicht darüber nach, ob es unsere Karrieren in irgendeiner Weise befördern würde. Wir hatten das Glück, einen Produzenten zu finden, der an das Projekt glaubte; einen klugen und bedächtigen Mann namens Matt Salinger, der das Projekt drei Jahre lang behütete und abschirmte, bevor wir es nach New York brachten. Als Produzent war Matt durchgängig kreativ und voller Leidenschaft, und ohne ihn hätte THE SYRINGA TREE nicht einen solchen Erfolg gehabt.

THE SYRINGA TREE feierte 2001 Premiere am Off-Broadway und gewann zu unserem Erstaunen einen Obie[77] als Bestes Off-Broadway-Stück.

77 Der Obie ist als Theaterpreis mit dem Tony vergleichbar, aber eben im Off-Broadway-Bereich.

Pamela gewann zudem den Drama Desk Award[78] und den Outer Critics Circle Award[79] für die Beste Solo-Performance des Jahres. Neben Laufzeiten in New York, London und in verschiedenen Städten amerikaweit war das Stück auch in Kanada auf Tour und Pamela spielte eine komplette Vorstellung für den Kunst-Kabelfernsehsender Trio[80]. Ihre Vorstellung wurde live aufgenommen und ich hatte das Glück, dabei Regie führen zu dürfen, um das filmische Äquivalent für die aufwühlende Bühnendarstellung zu finden. 2007 veröffentlichte Pamela schließlich einen auf ihrem Stück basierenden Roman bei Random House.

Für dich als Schauspieler ist es von entscheidender Bedeutung, zu wissen, dass eine der Verpflichtungen, die Pamela einging, als sie THE SYRINGA TREE ein Jahr lang sieben Vorstellungen die Woche spielte, darin bestand, jeden Tag zwei halbstündige Warm-ups für ihre Stimme zu absolvieren. Das war für ihre Stimmgesundheit eine absolute Notwendigkeit, denn sie musste, um die kindhafte Stimme zu erzeugen, ganz oben in ihrer Kopfstimme sprechen, und, um die Männer in der Geschichte darzustellen, tief unten in ihren Basstönen graben. Die Aufwärmübungen erweiterten ihren Stimmumfang, gaben ihr volle Kontrolle darüber, Entscheidungen für 26 verschiedene Stimmen zu treffen, und sie erhielten ihre Stimme für die gesamte Laufzeit frisch und gesund.

Pamela erreichten über hundert Briefe bezüglich THE SYRINGA TREE. Wenn man mit einer solchen Flut tiefer Gefühle beschenkt wird, wie sie sich in diesen Briefen ausdrückte, dann ist man dankbar, dass man Teil von etwas sein durfte, das von der Unmenschlichkeit unter den Menschen erzählt und dem schrecklichen Preis, den man für diese Unmenschlichkeit zahlt, und – noch viel wichtiger – davon, dass die Liebe zwischen den Menschen stärker ist, komme, was da wolle.

Die Geschichten-Übung ist eine Methode, dein eigenes Leben durch konkrete Erinnerungen zu erforschen und, während du aus deinen Erinnerungen ein Performance-Stück entwickelst, zu erkennen, was du anderen geben kannst – vielleicht wirst du auch Fähigkeiten entdecken, die bisher unerkannt in dir schlummerten. Deine Geschichten-Übung wird sich

78 Ein New Yorker Theaterpreis, der jährlich in mehreren Kategorien vergeben wird; es ist der einzige New Yorker Theaterpreis, der unabhängig von den Kategorien »Broadway«, »Off-Broadway« und »Off-Off-Broadway« vergeben wird, sodass große Broadway-Produktionen und kleine Hinterhofproduktionen in derselben Kategorie gegeneinander antreten

79 Ein Theaterpreis für Broadway- und Off-Broadway-Inszenierungen, der jährlich von Theaterkritikern verliehen wird, die für Publikationen außerhalb von New York schreiben

80 Vergleichbar mit ARTE

vielleicht nicht zu einem Ein-Personen-Stück entwickeln, sondern könnte sich am Ende des Tages als Stück mit vielen verschiedenen Figuren oder als Film, als Kurzgeschichte oder als Roman entpuppen. Oder es könnte sein, dass sie dich in eine noch andere kreative Richtung lenkt. Eine junge Frau in meinem Unterricht, die an der Reihe war, die Geschichten-Übung auszuführen, verließ die Klasse und kam zwei Jahre lang nicht mehr wieder, nachdem sie gesehen hatte, welche Kraft und Ursprünglichkeit in den Arbeiten der anderen Schauspieler lagen. Als sie zurückkehrte, war die erste Arbeit, für die sie sich meldete, ihre Geschichten-Übung zu zeigen: über die Erinnerung an den lähmenden sexuellen Missbrauch, den sie als Kind erfahren hatte, und ihr darauffolgendes Leben voller Angst und Misstrauen.

Während ihrer zweijährigen Abwesenheit hatte sie angefangen, in Ölbildern zu malen, was ihre Vorstellungskraft aus diesem Trauma hervorbrachte; und sie hat sich inzwischen als erstklassige Malerin entpuppt, die nun sowohl eine professionelle Karriere als bildende Künstlerin als auch ihre Schauspielkarriere verfolgt. Sie führte ihre Geschichten-Übung mit Tanz, Pantomime und Klängen vor einer Serie ihrer Bilder vor. Es war atemberaubend.

Eine weitere Geschichten-Übung unter vielen bewegenden war von einem Schauspieler präsentiert worden, dessen Vater mit einer Handfeuerwaffe im Fahrersitz seines Lastwagens Selbstmord begangen hatte. Der Schauspieler war zu dem Zeitpunkt ein Teenager gewesen und spielte oft mit den Nachbarn Basketball. Dabei versuchte er immer, die Technik seines großen Bruders nachzuahmen, weil der den perfekten Wurf draufhatte. Die Art, wie er sich in Position begab, sich auf den Korb konzentrierte und den Ball wegschleuderte war von den Worten »beugen, spannen, abschießen« begleitet. Als er nach Hause kam, am Lastwagen vorbeiging und seinen Vater zusammengesackt auf dem Fahrersitz sah, die Handfeuerwaffe im Schoß, seinen blutenden Kopf und Blut am Sitz dahinter, sagte er zu sich: »beugen, spannen, abschießen«. Die Art, auf die der Schauspieler dies darstellte, war ganz sicher schmerzlich und schockierend, aber auch theatralisch, kreativ und mutig. Dieser junge Mann hatte den ungeheuren Schmerz und Zorn, den er mit sich herumtrug, in Kunst verwandelt. Er ging dann nach New York und spielte bald in seinem ersten Broadwaystück. Mut zahlt sich aus.

Diese Geschichten-Übungen speisten sich aus den persönlichen Tragödien der drei Schauspieler; was daraus resultierte, war Befreiung und Freude. Wenn du keinen Kurs hast, in dem du dich an solchen Arbeiten ausprobieren kannst, und du das aber gerne einmal tun würdest, dann gründe deine eigene Gruppe oder suche dir einfach nur einen Partner, dem du vertraust. Oder wenn du eine dieser mutigen Seelen bist, die alleine arbeiten können, dann versuche das. Beginne mit der Entspannungsübung, erlaube einer Erinnerung oder einer Reihe von Erinnerungen, hervorzutreten, und fülle diese mit konkreten sensorischen Einzelheiten aus. Wenn du mit einem Partner arbeitest, erzählt ihr euch gegenseitig eure Geschichten mit all ihren sinnlichen Einzelheiten und jeder wiederholt dann detailgenau für die andere Person, was diese ihm erzählt hat. Wenn du alleine arbeitest, zeichne die Geschichte auf und spiele die Aufnahme dann ab.

Wie auch immer du in die Arbeit einsteigst – der nächste Schritt ist, die Darstellung vorzubereiten, die verschiedenen Figuren stimmlich und körperlich auszuprobieren. Es ist auch hilfreich, deine Arbeit auf Video oder digital aufzuzeichnen und, wie es viele Schüler gemacht haben, anhand dessen die Geschichte abzuschreiben, damit du ein Skript hast, von dem ausgehend du arbeiten kannst.

Mach die Geschichten-Übung und schau, welche Türen sie dir öffnet. Wenn du dich mit der ganzen Kraft deiner Fähigkeiten darauf einlässt, kann sie für dich zu einem großen Geschenk werden.

26. Selbstvertrauen versus Arroganz und das Thema Arbeitsmoral

Es war einmal ein reicher Mann, der verzweifelt ein professioneller Schauspieler werden wollte. Als er auch nach Jahren des Studierens und Vorsprechens niemals eine Rolle bekam, war er so frustriert, dass er beschloss, sein Geld dazu zu verwenden, am Broadway HAMLET zu produzieren und darin die Hauptrolle zu spielen, einen erstklassigen Regisseur anzustellen und sich mit einer Starbesetzung zu umgeben. Er ging sogar soweit, seinen Namen über den Titel zu setzen – und zwar nicht nur »Seymour David in HAMLET«, sondern »Seymour David als Hamlet«. Er schaltete ganzseitige Anzeigen in der *New York Times* und machte so viel Reklame, dass all die Reichen und Berühmten und die Shakespeare-Anhänger zur Premiere erschienen.

Der Zuschauerraum war von ehrfürchtiger Stille erfüllt, als Mr. David seinen ersten Monolog begann: »O schmölze doch dies allzu feste

Fleisch, / Zerging' und löst' in einen Tau sich auf!«[81] Als aber klar wurde, dass Mr. David von dem, was er sagte, keine Ahnung hatte und er auch noch, während er sprach, ohne ersichtlichen Grund vor- und zurückschaukelte, wurden die Zuschauer unruhig. Bald konnte Mr. David das Getuschel im Theater nicht mehr überhören. Er fing an, die Verse zu schreien. Dann brachen die Buhrufe los: »Buh! Buh! Verschwinde von der Bühne!« Schließlich war es sein festes Fleisch, das zu schmelzen begann. Er wurde so wütend, dass er aufhörte zu sprechen, zur Mitte des Bühnenrandes trat und die Zuschauer anbrüllte: »Verdammt noch mal, ich habe diesen Scheiß nicht geschrieben!«

Ihr habt vielleicht inzwischen erraten, dass es sich hierbei nicht um eine wahre Geschichte handelt, auch wenn ich weiß, dass sie nah dran ist. Ich nenne Mr. Davids Haltung eine »ungesunde Arroganz«, weil es ihm an Bewusstsein für die eigenen Grenzen mangelt.

Als Schauspieler musst du deine Stärken kennen, aber du musst auch wissen, was deine Schwächen sind. Das nennt sich Selbstkenntnis. Selbstvertrauen erwächst aus Selbstkenntnis verbunden mit der Fähigkeit, hinter deinen schauspielerischen Entscheidungen zu stehen, wenn du an sie glaubst; sei einfallsreich, um eine Entscheidung durchzusetzen, von der du weißt, dass sie das Stück oder den Film bereichert, auch wenn der Regisseur nicht deiner Meinung ist. Glaube auch in schweren Zeiten an dich, etwa wenn deine Karriere sich nicht auf dem aufsteigenden Ast befindet. Das widerspricht nicht meiner Überzeugung, dass es wichtig ist, kooperativ und kollegial deinem Regisseur und deinen Schauspielkollegen gegenüber zu sein, aber manchmal musst du alleine für das kämpfen, was du für richtig hältst, und dabei so weit gehen, wie du kannst, ohne dir dabei Feinde zu machen. Vielleicht bekommst du genau das, was du willst, vielleicht nicht; aber auch wenn du es nicht bekommst, kann es dennoch sein, dass deine Klarheit und Leidenschaft die Interpretation des Regisseurs auf eine Weise beeinflussen, die für alle Beteiligten und natürlich für den Text, den du spielst, von Vorteil ist.

Ein wunderbares Beispiel für Selbstvertrauen, man könnte vielleicht sogar von »gesunder Arroganz« sprechen, ist Pablo Picasso, der während seiner kubistischen Periode Gertrude Stein malte. Als er das Gemälde einer Gruppe von Freunden, unter ihnen auch Gertrude Stein selbst, zeigte, reagierten diese mit vollkommenem Stillschweigen. Schließlich hatte jemand den Mut, seine Meinung zu sagen. »Aber, Pablo«, sagte die Person, »es sieht gar nicht nach Gertrude aus.« Wieder gab es eine Pause. Schließlich sagte Picasso gelassen: »Es wird.« Das ist wahres Selbstvertrauen!

81 Deutsch von August Wilhelm von Schlegel

Elia Kazan schreibt am Ende von seiner wunderbaren Autobiografie A LIFE*: »Es kommt auf den Einsatz an.« In Bezug auf Schauspieltechnik bedeutet das, sich gewissenhaft seinen Studien und den Entscheidungen, die man für eine Rolle trifft, zu verpflichten. Aber Kazan ging noch einen Schritt weiter: »Es kommt auf den Einsatz an« in Hinblick auf das Leben selbst. Das bedeutet, dass wir uns gewissenhaft unserer Arbeit zu widmen haben und uns bemühen sollten, uns selbst zu (er)kennen, mit all unseren Fehlern und Schwächen, und uns unseren Ängsten, unserer Wut, unseren Vorlieben, der fehlenden Bildung in gewissen Bereichen zu stellen, weil wir auf diese Weise zu anständigeren Menschen und besseren Künstlern werden.

Wahrlich wachsende Künstler lassen sich von neuen Ideen begeistern und sind dafür offen. Zum Beispiel hatte ich das Glück, mit der begnadeten französischen Schauspielerin Juliette Binoche zu arbeiten. Wir fanden uns in einem Kurs im schweizerischen Verbier zusammen und arbeiteten an einer getanzten und gesprochenen Version von August Strindbergs großartigem Einakter FRÄULEIN JULIE. Juliette erschuf ein besonderes Bewegungsvokabular, das von Verführung, Brutalität, Unterdrückung und Schamlosigkeit geprägt war. Weil Juliette das Singen liebt, arbeiteten wir außerdem an Gesangsstücken. Während wir arbeiteten, hatte ich immer wieder ein Bild von Juliette vor meinem geistigen Auge, wie sie mit weit geöffneten Armen vor ihrem Publikum auf einer Bühne steht und sich das Herz aus dem Leib singt. Als ich ihr dies erzählte, meinte sie: »Das würde ich liebend gerne tun, aber vorher muss ich mehr lernen und mich weiterentwickeln.« Und das sagte sie, nachdem sie bereits einen Oscar für ihre Darstellung in DER ENGLISCHE PATIENT gewonnen hatte. Kurz nach unserem Workshop rief sie mich von Paris aus an, um mir zu erzählen, dass sie ein Angebot für die Hauptrolle in einem Film über die legendäre französische Sängerin Edith Piaf erhalten hatte. Ein guter Schauspieler hört nie auf, zu wachsen.

Meine größte Stärke als junger Schauspieler waren meine Fähigkeit und mein Wunsch, mir – von Lehrern und Therapeuten – helfen zu lassen. Und das ist Selbstkenntnis – dir selbst einzugestehen: »Ich habe zu viel Angst oder zu viel Wut« oder: »Ich reagiere zu empfindlich auf Kritik« oder: »Ich habe Probleme mit Passivität – ich treibe mich selbst nicht auf eine Weise voran, von der ich weiß, dass ich es tun müsste«. Oder: »Ich verhalte mich passiv-aggressiv« (d.h., ich kontrolliere andere, indem ich das Opfer spiele, statt Durchsetzungsvermögen zu zeigen). Oder: »Ich gebe anderen die Schuld für Dinge, für die eigentlich ich verantwortlich bin.« Manchmal werden ein Lehrer, ein Freund oder ein Regisseur dir ehrlich die Wahrheit sagen und dann musst du erkennen, dass sie Recht haben, und du musst dir, selbst wenn es schmerzhaft ist, diese Wahrheiten eingestehen.

Selbstkenntnis ist so wichtig, weil du damit in der Lage bist, an deinen Schwächen zu arbeiten. In meinen bisher fast 50 Jahren als Schauspieler, Lehrer und Regisseur habe ich unzählige Male gesehen, wie Menschen ihre Schwächen in Abrede stellten und sich dadurch selber schadeten. Ich habe alle Ausreden zu hören bekommen: »Es liegt nicht an mir, es liegt an der Branche. Ich habe einfach kein Glück gehabt.« Aber wenn ich mir meine Klassen und meine Kollegen so anschaue, dann erkenne ich, dass die Leute, die ihre kreativen Ziele erreichen, diejenigen sind, die darauf hingearbeitet haben. Sie hatten Sprachfehler oder Schwierigkeiten, sich emotional zu öffnen, oder es fehlte ihnen an körperlicher Anmut. Und deshalb haben sie sich Hilfe gesucht, um diese Probleme zu überwinden, was entscheidend für ihre Karrieren war. Es ist ihnen nicht leicht gefallen, aber sie haben es trotzdem getan.

In einem meiner Kurse sagte ein junger Schauspieler ängstlich und frustriert: »Warum habe ich das wirkliche Ziel der Szene nicht verstanden, obwohl ich seit zwei Wochen an ihr arbeite?« Auch sagte er: »Ich muss zugeben, dass ich noch nie zuvor in meinem Leben so hart an irgendeinem Material gearbeitet habe, und gestern Abend, als ich gerade dabei war, einzuschlafen, habe ich plötzlich das Stück verstanden.« Also sagte ich zu dem Schauspieler: »Wie kannst du von dir selbst erwarten, gut im Analysieren und im Verstehen eines Textes zu sein, wenn du das so selten tust und du all das Handwerkszeug, das dir zur Verfügung steht, so selten einsetzt?« Der Schauspieler begann zu weinen. Er weinte aus Erleichterung darüber, dass seine Arbeit an der Szene so gut gewesen war, und er weinte, weil er sich seiner eigenen Faulheit schämte.

Im selben Kurs erzählte mir eine junge Frau aus Osteuropa, dass dies ebenfalls das erste Mal gewesen sei, dass sie mit so viel Engagement gearbeitet hatte. Auch sie fing an zu weinen, weil sie, wie sie mir erklärte, in dem Augenblick verstand, dass bis zu diesem Zeitpunkt Arbeit für sie immer nur etwas gewesen war, das sie erledigte, um den Schlägen ihres Vaters zu entgehen. Sie erkannte, wie sie in all ihrer Arbeit als Schauspielerin niemals mehr getan hatte, als ihren Text zu lernen und sich einen allgemeinen Überblick über die emotionalen Umstände zu verschaffen. Sie sagte, dies habe manchmal ausgereicht, aber die fundamentale Erfahrung, die sie heute in ihrer Szenenarbeit gemacht habe, habe sie erkennen lassen, dass ihr Mangel an Arbeitsmoral eine Art Trotz ihrem Vater gegenüber darstellte.

Ich sagte ihr, dass es eine der wichtigsten Voraussetzungen für eine Schauspielkarriere sei, aus eigenem Antrieb heraus hervorragende Leistungen erbringen zu wollen. Du arbeitest, weil *du* es willst. Und als sie einsah, dass sie sich selbst daran hinderte, so erfolgreich zu sein, wie es ihr Talent erlauben würde, erkannte sie, dass sie in einem Glaubenssystem gefangen gewesen war. Sie reagierte auf Traumata aus ihrer Vergangenheit, als erlitte sie diese in der Gegenwart. Sie hatte zu viele Jahre ihres Lebens damit verbracht, ihrer schwierigen Kindheit reaktiv gegenüberzustehen und die Verachtung für ihren Vater in dem Maße aufrechtzuerhalten, als lebte sie noch immer mit ihm zusammen. Als Kind hatte sie davon profitiert, ihren Vater zu verachten, wie sie aber schmerzlich erkannte, war sie drauf und dran, sich als Erwachsene zu schaden. Überlebensstrategien, die in der Kindheit wirkungsvoll waren, können im Erwachsenalter zu Gefängnissen werden, wenn man nicht daran arbeitet, sich innerlich von seiner negativen Vergangenheit zu lösen.

In meinem Kurs gab es eine Schauspielerin, die sich in die Rolle der Julia in ROMEO UND JULIA verliebt hatte. Jedes Mal, wenn sie nicht professionell arbeitete, war sie in meinem Unterricht und arbeitete an jedem Monolog und jeder Szene, die Julia in dem Stück hat. Sie ging zu einem Kostümladen und stellte Julias Garderobe zusammen, sie brachte ihre eigene Musik mit, führte Regie für die anderen Schauspieler, die an ihrer Seite spielten, und wuchs in dieser Rolle in solchem Maße, dass sie, als sie endlich für ein Vorsprechen für eine Produktion eingeladen wurde, nicht nur die Rolle bekam, sondern der Caster sagte, dass sie jede andere Schauspielerin von der Bühne gefegt hätte. Kein Wunder – weil sie ihre täglichen Hausaufgaben und die Arbeiten im Kurs so ausdauernd verrichtet hatte, kam sie zu dem Vorsprechen mit einer so lebendigen Interpretation, dass diese fast aufführungsreif war.

Selbstkenntnis ist für jeden Menschen wichtig. Aber für dich als Schauspieler, in deinem Berufsleben, spielt sie eine besonders wichtige Rolle, *weil du dein eigenes Instrument bist.* Was du spielen kannst, wird bestimmt durch deine persönlichen Beschränkungen sowie deine Bereitschaft, an Dingen zu arbeiten, die dir unangenehm sein mögen, aber notwendig sind, um den nächsten Schritt in deiner Karriere anzugehen. Um es noch einmal zu sagen, ich rede hier von Einschränkungen auf technischer und persönlicher Ebene. Als Schauspieler bist du ständig auf dem »Markt« präsent – für immer. Wie du dich im täglichen Leben verhältst, kann deine Karriere genauso beeinflussen, wie das, was du auf der Bühne, auf der Leinwand oder im Fernsehen ablieferst. Wenn du eine bestimmte Art von Rolle sehr gut spielen kannst und mit einem Film oder einer Fernsehserie einen riesigen Hit landest, dann kann es sein, dass du ohne besondere Selbstkenntnis zu einem großen Star wirst. Und gerade das finde ich sehr beängstigend. Es ist beängstigend, weil du dich hinter deinem

Erfolg verstecken kannst, wenn du private Probleme mit dir herumträgst, dir aber die Motivation fehlt, diese zu lösen; und dann können diese privaten Probleme deine Karriere ruinieren und dein Leben zerstören.

Meine Ansicht ist, dass das Leben mehr ist als nur Karriere. Ich vertrete diesen Gedanken mit Leidenschaft, weil insbesondere Schauspieler ständig verglichen, beurteilt, übertrieben oder zu wenig gelobt werden, und das an sich dein Leben instabil machen kann. Wenn du aber Selbstkenntnis besitzt, dann hast du etwas, was ich als innere Struktur eines menschlichen Wesens bezeichne. Du weißt: »Ich besitze immer einen Wert als Mensch, unabhängig davon, wie mein Talent bewertet wird.« 15 Jahre lang war Edward Albee an den Broadwaytheatern außer Mode. Nachdem er 2001 den Tony Award für DIE ZIEGE ODER WER IST SYLVIA? in der Kategorie Bestes Theaterstück gewonnen hatte, wurde er gefragt: »Wie hat es sich angefühlt, ›out‹ zu sein?« Albee antwortete: »Ich habe ja nicht aufgehört zu schreiben, nur weil es euch nicht gefallen hat.« In der Tat hatte Albee in all diesen Jahren ohne Pause geschrieben, weil ihn sein Handwerk, das Schreiben, faszinierte und *er von etwas in seinem Inneren motiviert war*.

John Huston gab seiner Tochter Anjelica Huston, als sie 18 Jahre alt war, die Hauptrolle in seinem Film EINE REISE MIT DER LIEBE UND DEM TOD; und sie wie auch der Film selbst erhielten die schlechtesten Kritiken, die man sich nur vorstellen kann. Die Kritiker gingen so weit zu behaupten, dass ihre Darstellung sogar die Vetternwirtschaft in Verruf brächte. Sie trat daraufhin 7 Jahre lang nicht professionell auf. Sie studierte intensiv bei Peggy Feury und fing dann wieder an, in Filmen zuspielen. Sie entdeckte den Roman DIE EHRE DER PRIZZIS, bekam Jack Nicholson dazu, die Hauptrolle zu übernehmen, und John Huston für die Regie – und brachte alle zusammen, damit sie die manipulative und skrupellose Tochter eines Gangsters, Maerose Prizzi, spielen konnte. Ihre Darstellung war so eindringlich, dass sie ihr einen Oscar einbrachte und sie an die Spitze ihres Berufsstandes katapultierte. Ihre Darstellung in GRIFTERS ist sensationell und fesselnd, eine schonungsloses Porträt einer Soziopathin, das einfach nur erschreckend ist. Anjelica Huston entstammt einem Adelsgeschlecht der Filmwelt, andererseits ist ihr Werdegang geprägt von sagenhaftem Scheitern und Demütigungen in aller Öffentlichkeit. Doch Ms. Huston verkörpert Selbstkenntnis und Arbeitsmoral. Sie hat sich als wahre Künstlerin erwiesen; sie hat es geschafft, genug Kraft zu sammeln, um nicht aufzugeben und uns allen ihr Talent zum Geschenk zu machen.

Ich sage meinen Schülern, dass sie akzeptieren müssen, was es bedeutet, Berufsschauspieler zu sein; die Realität, dass »man mich negativ und positiv kritisieren wird und dass ich nicht zulassen darf, dass eines von beiden mich daran hindert, mein Potenzial zu erkennen.« Und ich sage ihnen, dass es in der Kunst, genauso wie im Leben, um Aufstieg geht. Wenn du es nicht ertragen kannst, sowohl deine eigenen Schwächen als auch deine Stärken zu betrachten, dann wirst du nie dein Potenzial ausschöpfen können oder auch nur eine Vorstellung davon erlangen, was dein Potenzial sein könnte. Und wenn du überempfindlich auf Kritik reagierst, dann legst du deine Karriere komplett in die Hände anderer. Das darf nicht passieren. Ich habe in meiner Karriere selber enorme Höhen und Tiefen erlebt, aber schlussendlich habe ich wirklich verstanden, dass jeder von uns eine Stimme hat, die gehört werden will, und dass wir ihr auch selbst zuhören müssen. Damit dich dieses Zuhören auch voranbringt, musst du zuallererst dir selbst gegenüber absolut ehrlich sein, wenn es um die Frage geht, an welchem Punkt deines Aufstiegs als Schauspieler du dich befindest. Ich glaube fest daran, dass Schauspieler unablässig bemüht sein sollten, ihr Talent stetig wachsen und sich weiter entfalten zu lassen. Künstler sollten das Ziel haben, bis zum Moment ihres Todes im Aufstreben begriffen zu sein.

Während du an Erfahrung hinzugewinnst und wenn du ehrlich mit dir bist, wirst du nach und nach beurteilen können, welche Fortschritte du beim Verfolgen deiner Ziele in jeder Darstellung und in jedem Lebensjahr machst. Du wirst zu verstehen lernen, was Stella Adler meinte, als sie sagte: »Schauspieler müssen die Seele einer Rose und den Panzer eines Rhinozeros' besitzen.« Du musst kontinuierlich dafür Sorge tragen, dass die Rose sensibler wird; gleichzeitig musst du dir ein dickes Fell zulegen. Übersetze Kritik für dich; schau, ob sie gerechtfertigt ist. Wenn ja, dann wehre sie nicht ab, lerne daraus. Wenn nicht, mach weiter.

27. Eine Tirade gegen die »Coolness«

Nun, da ich mich dem Ende des Buches nähere, würde ich gerne zwei Seiten darauf verwenden, eine sehr persönliche Tirade loszulassen. Wir leben in einer Welt, in der sehr viele Leute – und ganz besonders junge Schauspielerinnen und Schauspieler – als »cool« angesehen werden möchten. Ich hasse das Wort. Ich kann mir nichts Dümmeres vorstellen, als cool wirken zu wollen. Allein schon die Bedeutung des Wortes beinhaltet für mich so etwas wie einen Mangel an Lebendigkeit, ein Gefühl des Abgeschnittenseins. »Cool« negiert die Zerbrechlichkeit des Lebendigen und den unvermeidlichen Verlust von allem, was uns teuer ist; es »amputiert« dem Leben die Leidenschaft.

Der Virus der Coolness, den ich an einigen jungen Schauspielerinnen und Schauspielern beobachte, lässt sie oberflächlich, unreif und egozentrisch erscheinen, sowohl im Alltagsleben als auch in ihrer Darstellung. Für diese Leute geht es nur um Äußerlichkeiten, d.h., wie sehe ich aus, wie komme ich bei anderen rüber. Es herrscht das Missverständnis, dass Gleichgültigkeit irgendwie Stärke signalisiere.

Ja, ich weiß, wer dies liest, wird sagen: »Aber James Dean war cool«, »Marlon Brando war cool«, »Audrey Hepburn war cool« und »Johnny Depp ist cool«. Sie waren und sind es aber gerade *nicht*! Die großen Ikonen der Vergangenheit waren leidenschaftlich, elegant, zutiefst verwundet, mutig und eigenwillig; und sie sprengten sich ihren Weg in das Bewusstsein der Zuschauer. Und Johnny Depp ist, neben seiner Verspieltheit und Leichtigkeit, einer der seriösesten, engagiertesten und fantasievollsten Schauspieler unserer Zeit.

River Phoenix, Gott hab' ihn selig, drückte den Kummer der Kindheit in Rob Reiners Film STAND BY ME – DAS GEHEIMNIS EINES SOMMERS auf eine so bewegende und einprägsame Weise aus, dass es uns den Atem nahm. Dieser kleine Junge war nicht cool, er war fast unerträglich menschlich; und die traurige Tatsache, dass er – im wirklichen Leben – den falschen Weg wählte und vor seinen Gefühlen davonlief, die offenbar so überwältigend und schmerzhaft waren, dass er mit Drogen vollgepumpt auf einem Bürgersteig starb, ist das Zeugnis seines tragischen Versuches, cool sein zu wollen.

Verdammt noch mal: Sei heiß! Sei wütend! Sei witzig! Sei liebevoll! Sei herzlich! Sei heiter! Sei eiskalt! Aber, Herrgott, sei nicht cool!

28. Aufbruch und Ausbruch: Wie ich den Grünschnabel-Status überwand

Ich kam als 18-jähriger Grünschnabel nach New York, nach Anerkennung dürstend, von Broadway-Ruhm träumend – und vor allem mit ganz viel Angst.

Und ich hatte gute Gründe, Angst zu haben. Den Sommer zuvor hatte ich eine Musicaltheater-Klasse an der University of California in Los Angeles besucht und hatte von dem Lehrer gesagt bekommen, ich besäße die schlechteste Gesangstimme, die er jemals gehört habe. Meine Angst vor abschlägiger Beurteilung setzte sich in Muskelverspannung um, die das Problem noch verschlimmerte. Ich hatte auch Angst davor, zu zeigen, wer ich emotional war. Aber all das konnte meinen Ehrgeiz nicht stoppen. Ich schrieb mich an der American Musical and Dramatic Academy (AMDA) ein und lernte 8 Stunden täglich, 5 Tage die Woche. Ich arbeitete so unablässig daran, meine Gesangsstimme zu verbessern, dass ich den ersten Job, für den ich professionell vorsprach, auch bekam – und Ensemblemitglied eines Sommertheaters wurde.

In dem Sommer trat ich in zehn Theaterstücken auf, sang und spielte kleinere Rollen im Ensemble. Nach den drei Monaten war ich so Feuer und Flamme dafür, professionell als Schauspieler zu arbeiten, dass ich die Ausbildung an der AMDA hinwarf und das zweite Studienjahr gar nicht erst antrat. Stattdessen schmuggelte ich mich in ein Treffen mit einem guten Agenten, Brett Adams. Es dauerte ganze 5 Minuten. »Du hast nicht genug Erfahrung«, sagte er. »Sammle welche, und dann sprechen wir uns wieder.« Ich marschierte geradewegs zu seiner Sekretärin und erzählte ihr, dass er mich singen hören wolle, und diese gutgläubige Seele machte mit mir einen Termin aus. In der folgenden Woche kreuzte ich mit meinem Klavierbegleiter auf und Brett stand mit verschränkten Armen und nicht gerade begeisterter Miene im Türrahmen. Er sagte: »Mir ist zu Ohren gekommen, dass ich dich singen hören wollte«, und ich erwiderte in meiner besten Mickey-Rooney-Imitation, 19-jährig, wie ich war: »Mensch, Brett, gib mir 'ne Chance. Wenn dir das erste Lied nicht gefällt, dann verschwinde ich sofort aus deinem Büro.« Er lächelte auf eine väterliche Art, die zu sagen schien: »Du hast Mut, Bursche, aber es ist wahrscheinlich hoffnungslos«, und hieß mich dann, in sein Büro zu kommen. Ich sang zwei Lieder für ihn – mit der wilden Begeisterung und verzweifelten Verbissenheit, die du kennen wirst, wenn du so sehr zum Theater willst, dass du glaubst, sterben zu müssen, sollte es nicht klappen. Als ich fertig war, lächelte Brett und sagte: »Du hast Glück, dass du talentiert bist« und verschaffte mir ein Vorsprechen.

Ich ergatterte einen Job in einer Inszenierung von SOUTH PACIFIC unter der Regie von Joe Layton. Ich glaube, er mochte mich, was wahrscheinlich daran lag, dass ich ihm äußerlich ein wenig ähnelte und weil ich so leidenschaftliches Engagement zeigte; und ein Jahr, nachdem ich unter ihm in SOUTH PACIFIC und unter Jerome Robbins in WEST SIDE STORY gespielt hatte, besetzte Joe mich in dem Broadwaymusical DRAT! THE CAT! * mit Elliott Gould und Lesley Ann Warren in den Hauptrollen. Ich spielte im Ensemble und ich war Elliott Goulds Zweitbesetzung.[82] Obwohl ich eine größere Rolle in der Broadway-Komödie THE IMPOSSIBLE YEARS * angeboten bekommen hatte, konnte mich nichts davon abhalten, das Jobangebot von Joe anzunehmen, weil Musicaltheater mein Traum war.

Joe und der Produzent Jerry Adler baten mich, dabei zu helfen, Geld für DRAT! aufzutreiben, indem ich an einer Veranstaltung für mögliche Sponsoren teilnahm, was bedeutete, dass zwei andere Schauspieler und ich die gesamte Partitur vor einem Haufen reicher Leute im Plaza Hotel zu singen hatten. Ich arbeitete damals als Telefonist für einen Telefonnachrichtendienst namens Actor Phone. Sicher waren die Schauspieler, die anriefen, um zu erfragen, ob für sie eine Nachricht bezüglich eines Vorsprechens vorlag, überrascht, mich den Liedtext für »She touched me« einstudieren zu hören, einem wunderschönen Lied, das Elliott Gould in der Show sang und das Barbra Streisand, mit der er zu dieser Zeit verheiratet war, berühmt machte.

Wenn du dein Leben lang davon geträumt hast, in einem Broadwaymusical aufzutreten, fühlt es sich an wie das Paradies auf Erden, wenn es wirklich soweit ist und du dich im Probenprozess für eine solche Produktion mit einem herausragenden Regisseur und einem erstklassigen Ensemble aus jungen Darstellern und alten Hasen befindest. Eine neue Partitur und Tanzschritte einzustudieren, die für mich geschrieben wurden, und mit Leuten zusammenzuarbeiten, die genauso begeistert davon waren wie

82 Am Broadway gibt es, ähnlich einer Zweitbesetzung, mindestens einen sogenannten Understudy, der die Rolle kennt und im Notfall eingesetzt wird. Abhängig von der Laufzeit eines Stückes kann es auch passieren, dass der Understudy niemals auftritt.

ich, gab mir das Gefühl, vollkommen in diese Welt einzutauchen, die ich so lange aus der Ferne bewundert hatte. Als ich wie ein zu groß geratener übermütiger Welpe auf Elliott zurannte, um ihm mitzuteilen, wie wahnsinnig ich mich freute, seine Zweitbesetzung zu sein, beförderte er mich sanft in die Realität zurück, indem er sagte: »Freu dich nicht zu sehr, Bursche. Ich habe die Sponsorenveranstaltung gesehen. Du bist gut und ich hoffe, dass du nie übernehmen wirst.« Es war ein Kompliment, aber es war auch eine Warnung, mich nicht länger so naiv aufzuführen. Auch in anderer Hinsicht war ich naiv gewesen: Drat! The Cat! wurde nach zwei Wochen abgesetzt, während die Komödie The Impossible Years über zwei Jahre lang lief – so viel zu meinem guten Geschäftssinn –, aber ich hätte keine andere Entscheidung getroffen, auch wenn ich mir zu der Zeit das gute Einkommen gewünscht hätte.

Nachdem Drat! The Cat! ausgelaufen war, kehrte ich zu meinem Job beim Actor Phone zurück, feilte unterdessen weiterhin an meinem Handwerk und ging zu Vorsprechen. Um Material vor einem Publikum auszutesten, sang ich manchmal in Budd Freedmans The Improv, dem berühmten Comedy-Club, wo auch Richard Pryor, Robert Klein, Lily Tomlin, Bette Midler, Rodney Dangerfield und eine Menge anderer des Nachts ihre Fähigkeiten verfeinerten. Keiner von uns wurde bezahlt.

Eines Abends war mir ein Platz um 23 Uhr gegeben worden. Der Club war ausverkauft und brechend voll. Ich war nun 21 Jahre alt – ein Grünschnabel, der sich vor Angst fast in die Hose machte – und wartete auf meinen Auftritt, um meine vier Lieder vor diesem überaus gefährlichen Impro-Publikum zu singen, das dich von einer Sekunde auf die andere zu Hundefutter verarbeiten konnte.

Mein erstes Lied stammte aus einem Musical mit einer Partitur von Bob Merrill, das auf Eugene O'Neills Stück O Wildnis basierte. Das Musical trug den Titel Take Me Along*, und die Hauptrollen hatten die fantastischen Darsteller Jackie Gleason und Robert Morse gespielt (noch eines meiner Idole, er wurde später in einem weiteren meiner Musicaltheaterträume mein Bühnenpartner in So Long, 174th Street*, ein Misserfolg, aber ich liebte es). In dem Lied, das ich an diesem Abend als erstes im Improv sang, »My Little Green Snake«, geht es um einen jungen Mann, der infolge seines ersten Alkoholrauschs Halluzinationen hat. Manchmal gibt es ja so was wie eine göttliche Fügung, und es kam mir in diesen spannungsgeladenen Augenblicken, bevor ich die Bühne betrat, in den Sinn, dass die Figur in dem Lied nach seiner kleinen grünen Schlange *suchte*. Es muss aus blinder Angst heraus passiert sein, dass ich, nachdem man mich angekündigt hatte, durch das Publikum lief und zu meiner eigenen Überraschung anfing, unter allen Tischen nach meiner grünen Schlange zu suchen – etwas, das ich nie zuvor getan oder worüber ich beim Einüben des Liedes nie auch nur nachgedacht hatte. Ich bat die Zuschauer, aufzustehen und unter ihren Sitzen nachzusehen, ich verrückte Stühle, und während ich diese trunkene Suche improvisierte, spielte George Taros, mein Klavierbegleiter, die ganze Zeit meine Auftrittsmusik. Schließlich ging ich ans Mikrofon und mit der Energie von 10 Milliarden Watt, die aus jeder Pore meines Körpers strömte, fragte ich das Publikum ganz ernsthaft und voller Not: »Habt ihr meine grüne Schlange gesehen?« Nun, das Publikum brüllte vor Lachen; und ich meine die Art von Lachsalve, von der man nur träumen kann. Der Song lebte! »Letzte Nacht habe ich von dem Kicher-Wasser getrunken, oh Mama, Mama, ich hätt's besser nicht getan«, und immer weiter trieb ich diese bluesige, jazzige, verzweifelte Suche nach meinem imaginären Freund. Ich schaffte, wonach ich mich mein ganzes kurzes Leben lang gesehnt hatte: Ich schlug sie k.o., ich warf sie um, ich war der Höhepunkt der Show. Ich glaube nicht, dass ich eine derartige Elektrizität, wie sie da durch meinen Körper floss, jemals wieder erlebt habe oder erleben werde.

Nachdem der Beifall abgeebbt war, machte ich mit meinem zweiten Lied weiter, einer Ballade mit dem Titel »Once in a Lifetime« von Anthony Newley und Leslie Bricusse, und das Publikum flippte aus. Warum reagierte es so, fragte ich mich. Was hatte ich getan? Dann verbreitete sich wieder ein Schweigen im Raum und ein sehr überraschter Künstler begann seine dritte Nummer: »Will She Like Me?« Das Lied stellt die Frage immer und immer wieder und am Ende des Songs dehnte ich das letzte Wort – *»me«* – in die Länge. Während ich diese Note noch über eine lange Zeit hielt, begann George der Grieche darunter bereits mit der Melodie des nächsten Liedes im Medley zu improvisieren, welches das flotte, schwungvolle »She loves me« aus dem gleichnamigen Musical war. Ich glaube, nachdem man mich armen Jungen gerade um die Zuneigung von jemandem hatte betteln hören, muss es urkomisch gewesen sein, wie ich nun eine Kehrtwendung machte und voller Überzeugung »Sie liebt mich« sang, und erneut ging es mit dem Publikum durch und die Zuschauer brüllten, klatschten und lachten. Ich gelangte ans Ende des Liedes, das besonders inbrünstig war – »Auf jede Wand im ganzen Land schreib ich: Sie liebt mich!« –, und begann, in die Luft ein »Sie liebt mich« auf eine imaginäre Wand zu schreiben, was ich mit einem großen Ausrufungszeichen beendete! Ich hatte die Idee, das Lied körperlich auszudrücken, in Charles Nelson Reillys wundervollem Kurs in den HB Studios, der Heimat von Uta Hagen und Herbert Berghof, kennengelernt. Ich will nicht übertreiben, aber die Reaktion am Ende meines Auftritts war bombenmäßig.

Die tiefere Wahrheit in dieser Erfahrung war, dass ich alles, was ich in meinem Leben fühlte, in diese Lieder gesteckt hatte. Sie waren für mich so persönlich, dass ich sie gewissermaßen »schrieb«. Ich bin immer ein Arbeitsmensch gewesen, auch wenn ich mir manchmal selbst im Weg stand, indem ich aufgrund emotionaler Probleme, aus Faulheit und aus dem Wunsch heraus, das Opfer zu sein, zu dem meine Eltern mich aufgezogen hatten, aufgab. Aber Musik, Sprache und Bewegung riefen mich immer ins Leben zurück.

Ich hatte als Darsteller ein schreckliches Problem: Als Grünschnabel, der ich war, wollte ich, dass mich das Publikum liebte, aber wenn sie es taten, bekam ich immer Angst, dass ich unfähig sein könnte, meine Leistung zu wiederholen. Ich war mit meiner Kreativität verbunden, aber ich schleppte auch selbstzerstörerische Muster mit mir herum, die ich mir in meiner Kindheit angeeignet hatte. Wenn ich in meiner Karriere Erfolg hatte, dann musste ich es mir immer selbst heimzahlen, indem ich versagte, weil das Versagen meine Art war, mir eine Familie zu »verschaffen«. Mit anderen Worten: Wenn ich erfolgreich wäre, würde ich stark, unabhängig und stabil wirken; ich wollte aber nicht ständig so wirken, weil ich – ganz irrational – das Gefühl hatte, dass ich jemanden brauchte, der sich um mich kümmerte, und ich glaubte nicht daran, dass sich Menschen um einen kümmern, wenn man stark ist.

Ich erinnere mich, dass ich als Kind immer dann die meiste Aufmerksamkeit bekam, wenn ich entweder starke körperliche oder schwerwiegende seelische Schmerzen hatte. Ich musste meine Eltern und meinen Bruder im Leiden übertreffen, um meinen Eltern ins Gedächtnis zu rufen, dass ich existierte. Das einzige andere Mal, dass sie meine Existenz realisierten, war, als sie mich als Objekt der Begierde wahrnahmen; und obwohl ich nicht glaube, dass sich meine Eltern dessen bewusst waren, gab es Machtkämpfe, gewisse Äußerungen und sexuelle Anspielungen, die beängstigend waren und mich im Endeffekt für eine lange Zeit lähmten. Ich ging, was meinen Körper betraf, aus der Erziehung durch meine Eltern mit einem enormen Schamgefühl hervor. Die furiose Darstellung im Improv-Club resultierte aus dem Abschütteln dieser Scham – zumindest für jenen Abend –, weshalb er auch, wie ich glaube, in der Wirkung so explosiv gewesen ist.

Als ich einige Monate später im Theater-Bezirk von New York herumspazierte, lief ich Jerry Adler in die Arme, der DRAT! THE CAT! produziert hatte. Jerry mochte mich und meine Arbeit und sagte: »Du musst vorbeikommen und für Mikes (er sprach von Mike Nichols) neues Musical vorsprechen.« Es handelte sich um THE APPLE TREE* mit einem Textbuch von Jules Feiffer und einer Partitur von Jerry Bock und Sheldon Harnick, welche auch die Partitur für ANATEVKA und SHE LOVES ME geschrieben hatten. In THE APPLE TREE sollten die großartigen Barbara Harris, Alan Alda und Larry Blyden die Hauptrollen spielen. Nun, wieder einmal fiel ich in die Rolle des übermütigen Welpen zurück und rannte zu meinem Klavierbegleiter George. George sah ganz genau aus wie Omar Sharif und kaute seine Fingernägel kurz, aber Junge, konnte der Klavier spielen, und wenn er mich begleitete, lief ich zu Höchstform auf!

Das Problem war, dass ich just am Tag des Vorsingens feststellte, dass Jerry mir gar nicht gesagt hatte, in welchem Theater es abgehalten wurde. George und ich gingen zu buchstäblich jedem Broadwaytheater – natürlich mit Ausnahme von dem, in dem Mike Nichols auf mich wartete. Es waren 38° C, ich trug einen Anzug mit Weste und Krawatte, war schweißgebadet und zu spät dran. Als George und ich uns dem Mark-Hellinger-Theater (das jetzt eine Kirche ist, möge Gott uns beistehen!) näherten, enthüllte mir George, er müsse nun, weil es schon so spät geworden war, zu seiner Therapiestunde gehen. Wenn du bei einem Vorsingen ohne deinen Pianisten auftauchst und dein Pianist alle Arrangements ausschließlich in seinem Kopf hat *(großer Fehler)*, musst du dich mit dem Pianisten zufriedengeben, den die Produktion zur Verfügung stellt. Ich konnte nichts von meinem speziellen Gesangsmaterial zeigen, welches ich mit George vorbereitet hatte, und entschied mich stattdessen dafür, das Lied »On a Clear Day You Can See Forever« (was allerdings nicht für diesen bestimmten Tag galt) zu singen.

Das Mark-Hellinger-Theater war ein riesiges Haus. Ich rannte hinein, und während mir der Schweiß nur so vom Gesicht lief, entschuldigte ich mich, dass ich zu spät war und dass mein Klavierbegleiter hatte gehen müssen, um seinen Psychoanalytiker aufzusuchen. Mike Nichols, die Komponisten und alle Produzenten starrten mich ungeduldig an, während ich in meinem Notenstapel herumwühlte, um meine unheilvolle musikalische Wahl zu treffen. Ich bewegte mich zitternd zum Bühnenrand, blickte prüfend ins Parkett hinunter, gab dem Pianisten die Noten und bat ihn, mir ein Arpeggio als Einstieg zu geben. Ich ging zur Bühnenmitte, gab mich selbstbewusst und nickte mit dem Kopf, um dem Pianisten das Zeichen zum Beginnen zu geben, was er auch tat. Ich war extrem angespannt, weil ich zu spät gekommen war und sie auf mich hatten warten müssen. Ich hatte nicht meinen gewohnten Klavierbegleiter bei mir, der mir aushelfen konnte, wenn mir musikalisch etwas danebenging. Ich war so nervös, dass ich wie taub wurde und die Note nicht finden konnte, mit der ich das Lied hätte beginnen sollen. Also versuchte ich, mich durchzumogeln *(falsch!)*. Ich fing ganze achtmal an: »On a Clear Day …«, bis schließlich unter Mike Nichols und dem Team ein hysterisches Gelächter ausbrach und Nichols sagte: »Vielen Dank, dass du heute zum Vorsingen gekommen bist, Larry. Du bist nicht wirklich das, wonach wir für THE APPLE TREE suchen, aber du hast definitiv einen Eindruck hinterlassen.« Was darauf für mich folgte, war ein ganzer Monat voller Selbsthass und Depressionen.

Ich blieb dieser dumme Grünschnabel und entwickelte so etwas wie eine Vorsprechphobie, weil ich die Theater am Broadway und die Leute, die dort arbeiteten und die ich bewunderte, idealisierte. Ich bekam ein bezahltes Engagement an einer sehr niveauvollen Kabarettbühne, dem Upstairs at the Downstairs, das zwei Jahre lang dauerte. Ich sang und spielte an der Seite von Lily Tomlin und Madeline Kahn politische Satire. Ab und zu ging ich zu einem Vorsprechen für ein Broadwaystück, aber ungeachtet der Tatsache, dass ich im Upstairs at the Downstairs und bei gelegentlichen Engagements an regionalen Theatern an meinem komödiantischen Timing und meinen Gesangsfähigkeiten feilte und zur Therapie ging, beschäftigte ich mich weiterhin damit, eingeschüchtert zu sein und mich in diesen Vorsprechen selber zu sabotieren.

An meinem 29. Geburtstag schickte mir mein Bruder eine Geburtstagskarte, in der er mir alles Gute zum 29. wünschte, woraufhin ich total ausflippte, weil ich mir dachte: *Ich bin 29 Jahre auf der Welt und habe nicht am Broadway gespielt, seit ich 21 bin! Warum bremse ich mich selber aus?* Ein Freund von mir hatte in dem Jahr einen Tony-Award gewonnen und ich war eifersüchtig und fühlte mich wertlos, und so schloss ich einen Pakt mit mir selbst, dass ich, komme was wolle, noch in diesem Jahr an den Broadway zurückkehren würde. Man lud mich zu einem Vorsprechen bei Michael Bennett und Neil Simon für GOD'S FAVORITE* ein, Simons komödiantischer Adaption der Geschichte Hiobs. Dies mag nicht nach der besten Idee für eine Komödie klingen, aber Charles Nelson Reilly und Vincent Gardenia waren in ihrer Darstellung als Hiob und Gottesbote urkomisch.

Am Morgen meines Vorsprechens für GOD'S FAVORITE* hatte ich auch einen Vorsprechtermin für die Rolle eines französischen Kochs bei Dustin Hoffman und Murray Schisgal für Schisgals Stück ALL OVER TOWN*. Schisgal war der brillante Autor einer meiner Lieblingskomödien, LIIIEBE, über drei hochneurotische New Yorker, die sich gegeneinander verschwören und sich betrügen, und die ganze, wahnsinnig komische Komödie spielt sich auf der Brooklyn Bridge ab. Wenn du sie noch nicht gelesen hast und selbst neurotisch veranlagt bist, dann geh sofort los und hol dir das Stück, du wirst beim Lesen den Spaß deines Lebens haben. Als ich um 8 Uhr morgens zu meinem Dialekt-Coach ging, um meinen französischen Akzent für ALL OVER TOWN vorzubereiten, sagte meine

Lehrerin: »Du solltest dir am besten einen Drink genehmigen und erst mal runterkommen, meine ganze Wohnung vibriert ja förmlich.« Sie gab mir ein Glas Brandy.

Zu der Zeit hatte ich Geldprobleme und dadurch das Gefühl, ein Almosenempfänger zu sein. Um dem zu entkommen, setzte ich mich in die Lobby des eleganten Plaza Hotels und machte dort meine ganze Textanalyse für das Vorsprechen für GOD'S FAVORITE. Dort zu sitzen gab mir das Gefühl, zu den oberen Zehntausend zu gehören, gut genug für den Broadway zu sein. Ich betrat das Eugene-O'Neill-Theater für mein Vorsprechen um 11 Uhr, immer noch höchst angespannt, aber mit einem Brandy im Magen. Ich platzierte die zwei Caster auf der Bühne genau dort, wo ich sie haben wollte, und absolvierte ein konzentriertes und hervorragendes Vorsprechen für die Rolle des Ben, eines 20-jährigen Hysterikers, der offenbar ständig widerliche Dinge mit seiner Zwillingsschwester anstellen will, während er gleichzeitig versucht, Hiobs Lieblingssohn zu sein. Am Ende meines Vorsprechens sah ich zu meiner Überraschung, wie Neil Simon und Michael Bennett beide breit lächelten und mir mit ausgestreckter Hand entgegenkamen, um mir zu meinem Vorsprechen zu gratulieren. Ich rannte aus dem Theater hinaus den Broadway hinunter und brüllte aus vollem Halse: »Sie fanden es super, sie fanden es super …!« So viel zum Thema »dummer Grünschnabel«.

Ich ging direkt zu Dustin Hoffmans Büro und sagte in meinem lausigen französischen Akzent: »'allo, Dustiiin, wiie geeht es diiiir?« Dustins Antwort war: »Dein französischer Akzent ist scheiße«, und ich erwiderte in meinem lausigen französischen Akzent: »Das iisst egal, Dustiiin, weil isch iiin Nieel Simons neuem Stuüück auftretön werd'e, des'alb iiist es totale egale, wiiie diiiese Vörsschpreschön läuft.« Dustin lachte und Murray Schisgal fragte mich, wo ich meine Schuhe gekauft hätte.

Als die Geschäftsführer des Theaters anriefen, um mir das Engagement in GOD'S FAVORITE anzubieten, sagten sie zu meinem Agenten: »Komm gar nicht erst auf die Idee, zu verhandeln. Es wird keine Verhandlungen geben. Niemand würde ein Neil-Simon-Stück ablehnen.« Natürlich hatten sie recht. Ich wurde schlecht bezahlt, war aber immer noch ein verzweifeltes Kind und so war es mir egal – und abgesehen davon würde ich mir aussuchen dürfen, in welcher Farbe meine Garderobe gestrichen werden würde. *Meine Garderobe am Broadway, in welcher Farbe auch immer ich sie haben wollte! Gelb wie die Sonne, die mir meine größten Träume näher brachte.* Am Premierenabend schaute ich aus dem Fenster meiner gelben Garderobe im dritten Stock und zog Selbstmord in Betracht, ich dachte mir: *Wenn ich tot bin, können sie mich nicht zwingen, auf die Bühne zu gehen.*

Wenn man ein Kind im Körper eines Erwachsenen ist, wiegen die Urteile der Menschen schwer. Hinzu kam, dass die Gästeliste der Premiere von GOD'S FAVORITE Robert Redford, Shirley MacLaine, Lena Horne beinhaltete und zu viele weitere Prominente, um mich an alle zu erinnern, dazu noch 200 Kritiker. Ich stieg die Treppe zur Bühne mit meiner feuerwehrautoroten Vogelscheuchen-Perücke auf dem Kopf hinunter, um mich mit Laura Esterman zu treffen, die meine Zwillingsschwester spielte und mit Perücke und allem genauso kostümiert war wie ich. Wir trafen unsere Vorbereitungen, die, glaube ich, aus Händehalten und Auf-und-Niederhüpfen bestand, und dann ging der Vorhang auf und ich rannte auf die Bühne, um meinem Vater anzukündigen, dass der Feueralarm in einem anderen Teil unserer Villa auf Long Island losgegangen war.

Der erstaunlichste Teil dieser Premierenaufführung war, dass sich, als ich auf die Bühne hinaustrat, mein Herzschlag tatsächlich verlangsamte. Der Grund dafür war, dass ich mich in den imaginären Umständen von GOD'S FAVORITE befand, in denen ich in einer Villa auf Long Island lebte, um meinem Vater zu helfen und um vor Ort zu sein, wann immer er mich brauchte. Eine meiner Entscheidungen für die Darstellung der Figur des Ben war es, an meinem Vater zu kleben, sodass er, wann immer er in meine Richtung schaute, sehen konnte, dass ich bereit war, seine Befehle auszuführen. Ich wandte den Blick von meinem Vater einzig ab, um einen Blick auf die Brüste oder den Hintern meiner Schwester zu erhaschen. Ich wusste, wer ich war, wo ich war, was mir mein Vater bedeutete, und ich wusste, was ich wollte. Technik funktioniert.

Nach dieser Aufführung waren wir von Mike Nichols zu einer Dinnerparty im Katja, einem sehr noblen Restaurant an der 60th/Ecke 3rd Avenue, eingeladen. Als ich durch die Tür trat, stand da Mike Nichols. Er streckte seine Hand aus und sagte in einem warmen Ton: »Du warst heute Abend wunderbar. Sehr wahrhaftig.« *Nein, nein, nein, oh Mensch, mein Gott, Mike Nichols! »Du warst heute Abend wunderbar. Sehr wahrhaftig.« Ich hatte wirklich Eltern! Nicht die verdrehten Eltern aus der Vorstadt, die mich aufgezogen hatten, sondern die umwerfenden, goldenen Broadwaytheater-Eltern, nach denen ich mich so gesehnt hatte!*

Sitz, Hündchen!

Ich glaube, dass ich in meiner Zeit als Darsteller manche sehr gute Arbeit geleistet habe; ich weiß mit Sicherheit, dass ich einige sehr schlechte Arbeiten abgeliefert habe: Indem ich mich nicht genug engagiert habe, ich nicht präsent war, ich Dinge nicht für mich personalisiert habe und ich das Material nicht erforscht oder es mir nicht zu eigen gemacht habe; aber in der Nacht im Improv-Theater und in GOD'S FAVORITE hatte ich all meine nötige Arbeit bis ins Kleinste geleistet. Ich erzähle das nicht, um damit zu prahlen oder anzugeben, sondern ganz im Gegenteil, um dir noch einmal zu sagen, dass der Schlüssel zum Erfolg darin liegt, konkrete Entscheidungen zu treffen, die dich begeistern, darin, dir im Augenblick der Darstellung selbst zu vertrauen und dir größte Mühe zu geben, dich nicht durch deine Angst aufhalten zu lassen – das wird dich zum Erfolg führen und dich letztendlich großzügig in deiner Arbeit machen.

Ich hatte das Privileg, mehrere Male mit der großartigen Choreografin Twyla Tharp zu arbeiten. Einmal durfte ich dabei sein, wie Twyla ihren Ghettoblaster in die Mitte eines leeren Probenraums platzierte, Rock'n'Roll-Musik anmachte und eine Stunde lang improvisierte und ihre Füße einfach den Impulsen der Musik und ihrer eigenen, choreografischen Muse folgen ließ. Es war toll, ihre starke Konzentration zu beobachten. Ich konnte sehen, wie die Musik in ihren Körper hineinfloss und choreografische Muster hervorbrachte, die ihren einzigartigen Stempel trugen. Es war ein großartiges Beispiel für künstlerisches Vertrauen – Vertrauen in sich selbst –, ohne Wertung, ohne Hindernisse; nur Musik und wilde, freie körperliche Impulse. Ich weiß, dass im letzten Jahrzehnt viele junge Choreografen eine Vielzahl von Ideen zum Thema Bewegung von Twyla erhalten haben, weil sie daran glaubte, dass der Körper fast alles vollbringen kann, und sie ihm dies auch abverlangte. Ich glaube, dass Twyla sich von vielen Quellen inspirieren ließ – Hollywood-Filmmusicals, George Balanchine, Martha Graham und Jerome Robbins, genauso wie von einer Anzahl großer Komponisten, sowohl klassischer als auch zeitgenössischer. Sie hörte niemals auf, nach neuen Wegen zu suchen, auf Musik zu reagieren und Gefühle und Ideen mithilfe des menschlichen Körpers auszudrücken.

Das Bedürfnis, Kunst zu schaffen, liegt tief im Inneren einer Person und hängt mit dem Wunsch zusammen, Gott nahe zu sein. Wir schreiben, wir komponieren, wir malen, wir schauspielern, wir singen, wir entwerfen wunderschöne Gebäude; wir entdecken lebensrettende Wundermedikamente, weil wir das Wunder, lebendig zu sein, feiern wollen. Wir erschaffen, um zu leben, und bitte glaube nicht auch nur für eine Sekunde, dass ich elitär nur die kreativen Künste meine; ich weiß, dass Eltern, die ihre Kinder großziehen, zutiefst künstlerisch tätig sind; dass die Hunderten von Stunden, die aus freiem Willen investiert werden, um Liebe, Sicherheit und ein Gefühl für die eigene Identität bei einem Kind zu fördern, dazu beitragen, dass etwas weitergegeben wird in die Welt und dem, was das Leben ausmacht, Substanz verleiht. Ich weiß außerdem, dass Menschen in allen Berufszweigen kreativ sein können und dass jeder kreativ ist, der das Wunder des Lebendig-Seins feiert und fördert.

Ich absolvierte ein weiteres katastrophales Vorsprechen bei Mike Nichols für ein Musical, das er außerhalb von New York mit Tommy Tune auf die Beine stellte, welches floppen und es niemals bis an den Broadway schaffen sollte. Sie hatten mich zum Vorsprechen gebeten, nachdem sie mich in THE ROBBER BRIDEGROOM* gesehen hatten, was ich zu der Zeit spielte. Zu dem Zeitpunkt hatte ich die Einschüchterung, die ich vor dem Broadway und vor den Leuten, die dort arbeiteten, empfunden hatte, bereits überwunden. Doch am Tag des Vorsprechens kam das alles natürlich wieder einmal hoch. Ich spielte acht Vorstellungen die Woche, war ausgelaugt, ich befand mich in einer emotionalen Krise und ließ mich durch all das während meines Vorsprechens ablenken, statt einfach meine Arbeit zu machen. Und so dauerte die Saga der Erfolge und Niederlagen vor Mike Nichols mein ganzes Schauspielerleben über an und gipfelte ironischerweise schließlich darin, dass Mike Nichols und seine Frau, Diane Sawyer, zu den Schutzheiligen für mein Regiedebüt mit THE SYRINGA TREE in New York wurden. Nichols, der das Stück sah, nachdem es Premiere gehabt hatte, stellte uns ein tolles Zitat für unsere Öffentlichkeitsarbeit zur Verfügung und Diane Sawyer schrieb in all ihre Weihnachtskarten: »Wenn du dir dieses Jahr ein Theaterstück anschauen willst, dann geh in THE SYRINGA TREE.«

Mike Nichols stellte für mich ein Erfolgssymbol dar, und mein Wunsch nach seiner Anerkennung versinnbildlichte das Verlangen nach Bestätigung von außen. Dieses Verlangen stand meinem unabhängigen, kreativen Prozess während der ersten zwanzig Jahre meiner Karriere im Wege. Manchmal hatte ich trotzdem Erfolg, z. B. als ich als 20-Jähriger in WEST SIDE STORY und DRAT! THE CAT! und mit 29 in GOD'S FAVORITE spielte; und an dem Abend im Improv-Theater, als meine Wille, schöpferisch tätig zu sein, stärker war als mein Bedürfnis nach Bestätigung von außen, und ich endlich dazu fähig gewesen war, das Material zu würdigen und meine Angst in meine Absicht umzuwandeln, diese kleine grüne Schlange zu finden. Ich verstand nicht, aus welchem Grund es an diesem Abend funktionierte. Ich hatte keine Ahnung, warum manchmal etwas Magisches auf der Bühne passierte und manchmal einfach nichts vorhanden zu sein schien. Mir war überhaupt nicht klar, dass mein tiefes Verlangen nach Bestätigung von außen mich meiner Integrität und einer gesunden Selbstachtung beraubte. Ich habe in diesem Buch mehrfach erwähnt, dass nichts von alldem meinen Hunger danach stillte, in dem was ich tue, gut zu sein und in der »richtigen Welt« Erfolg zu haben. Deshalb habe ich auch damals nicht aufgehört, weiter zu lernen, Therapien bei guten Psychologen zu machen und mich der Bildung zu verpflichten. Und natürlich lerne ich immer noch, selbst beim Schreiben dieses Buches. Indem ich meine Pflichten als Lehrer und beim Regieführen bei THE SYRINGA TREE erfüllte, wurde ich endlich erwachsen: durch die Erkenntnis, dass ich der Welt auf künstlerischer Ebene etwas zurückzugeben habe, und durch den Lernprozess, der irgendwann mein Dasein als verzweifelter, abhängiger und dummer Grünschnabel beendete. Ich erkannte, dass ich tatsächlich ein unabhängiger Erwachsener und ein mündiger, kreativer Bürger war. Die wunderbare Ironie ist, dass Mike Nichols mir seine Anerkennung letztlich gewährte, als ich aufhörte, danach zu suchen, und sie nicht einmal erwartete.

Der letzte Gedanke, mit dem ich dich an dieser Stelle verlassen möchte, ist der, dass es eine Ehre ist, Schauspieler zu sein. Es ist außerdem ein Beruf voller Freude, lehrreich, anspruchsvoll und einer, der dein Lebenswerk werden kann. Wenn du eine tiefe Berufung verspürst, lass dich von nichts und niemandem, einschließlich dir selbst, davon abhalten, anderen deine Gabe zum Geschenk zu machen. Tretet die Flucht nach vorn an, ihr Schauspieler!

Zum weiteren Studium

Grundlegende Fragen zur Arbeit an einer Rolle

1. Was verrät mir eine Szene über meine Figur? Über ihr Alter, ihren körperlichen Zustand oder jede andere entscheidende Einzelheit, einschließlich ihrer sozialen Herkunft – also alles, was dafür ausschlaggebend ist, dass die Szene funktioniert.
2. Was geschieht mit meiner Figur in der Szene?
3. Warum befindet sich meine Figur in dieser bestimmten Szene? Welche Informationen oder Ereignisse würden fehlen, wenn ich nicht darin aufträte?
4. Was hat meine Figur tatsächlich in der Szene zu tun?
5. Wie ist die Einstellung meiner Figur zu Beginn der Szene? Feindselig? Liebevoll? Wohlwollend? Konkurrierend? Unterstützend? Humorvoll?
6. Wie und warum ändert sich diese?
7. Was will ich (was ist mein Ziel)?
8. Wie hoch ist der Einsatz?
9. Was steht zwischen mir und dem, was ich will (was ist mein Hindernis)?
10. Was tut meine Figur, um dieses möglichst zu überwinden (was sind meine Absichten)?
11. Welche innere Bilderwelt muss ich erschaffen?
12. Welche emotionalen Auslöser benötige ich?
13. Was sind meine konkreten emotionalen Beziehungen zu allen im Skript vorkommenden Personen, Gegenständen und Ereignissen?
14. Wie verändern sich meine Beziehungen zu den anderen Figuren auf emotionaler Ebene innerhalb der einzelnen Szenen sowie von einer Szene zur nächsten?
15. Welche Personalisierungen oder Als-obs muss ich für diese Personen, Orte, Gegenstände und Ereignisse kreieren? (Denk daran: In manchen Fällen rühren dich die Einzelheiten des Skripts jedes Mal an, wenn du daran arbeitest, sodass du keine Personalisierungen und Als-obs benötigst.)
16. Welche körperlichen Entscheidungen muss ich treffen? Hat die Figur irgendwelche konkreten Behinderungen? Eine bestimmte Körper-

haltung oder Art zu gehen? Eine Gewohnheitsgeste oder eine Geste in einem bestimmten Augenblick? Welche körperlichen Tätigkeiten kann ich kreieren, um die Figur und den Text zu erhellen?

17. Was ist die Hintergrundgeschichte meiner Figur? (Vergiss nicht, konkret und detailgenau zu arbeiten, und wenn du dir eine Hintergrundgeschichte ausdenkst, stelle sicher, dass sie in dir auf emotionaler und nicht auf intellektueller Ebene etwas auslöst.)
18. Kann ich eine Tier-Übung verwenden, um mir bei der Darstellung meiner Figur zu helfen?
19. Welches Musikstück würdest du auswählen, um die Figur zu versinnbildlichen? (Dir Musik anzuhören, kann Teil deiner Vorbereitung sein. Das kann besonders hilfreich sein, wenn du Bewegungsmuster für deine Figur erforschst.)
20. Wie beeinflusst der Ort, an dem die Szene spielt, das Verhalten meiner Figur?
21. Was sind die sinnlichen/sensorischen Realitäten der Szene und welche Vorbereitungen kann ich treffen, um diese zum Leben zu erwecken?
22. Was ist der Augenblick vor Beginn jeder Szene?
23. Welchen Akzent benötige ich und welche stimmlichen Entscheidungen muss ich treffen?
24. Wie »groß« sollte meine Darstellung in Bezug auf das Medium sein, in dem ich arbeite?

Eine Fallstudie: Lobby Hero

Teil I: Die Szene

Die folgende Fallstudie zeigt dir, wie zwei Schauspieler mittels der Werkzeuge und Techniken, die ich hier vorgestellt habe, eine Szene für meinen Unterricht vorbereiten.

Der unten folgende Textauszug entstammt einer Szene aus Kenneth Lonergans Stück Lobby Hero. Das Stück spielt vollständig in der geräumigen Lobby eines Mietshauses in New York City. Die Protagonisten sind Dawn, eine junge Polizistin, und Jeff, Ende 20 und Angestellter eines Sicherheitsdienstes. Es ist ein lustiges und bewegendes Stück über persönliche Moralvorstellungen und den Preis, den man zahlt, wenn man für seine eigenen Ideale einsteht und sich alles gegen einen wendet.

Im zweiten Abschnitt analysiere ich zusammen mit zwei hervorragenden Schauspielern aus meinem Dienstagabend-Kurs (Aaron MacPherson und Amy Pietz) die darstellerische Arbeit, die die beiden geleistet haben. Damit du unserem Gespräch folgen kannst, musst du natürlich zuerst die Szene gelesen haben. Und wenn du das Optimum aus meinem Interview mit Aaron und Amy herausholen willst, dann lies zuerst das gesamte Stück und triff deine eigenen schauspielerischen Entscheidungen, bevor du das Interview liest. Wie unterscheiden sich die Entscheidungen, die sie getroffen haben, von deinen eigenen? Prüfe, ob ihr Arbeitsvorgang dich dazu anspornt, einen Schritt weiter zu gehen und Entscheidungen zu fällen, die dich zu interessanteren Verhaltensweisen animieren.

Lobby Hero[83]

1. Akt, 2. Szene

[…]

JEFF: Alles klar?

DAWN: Ja.

JEFF: Viel zu tun?

DAWN: Geht so.

JEFF: Hier ist absolut der Bär los. Kann ich Ihnen sagen.

DAWN: Ach ja?

JEFF: Komm gar nicht zum Durchatmen. Leute kommen rein, Leute gehen raus. Der Fahrstuhl fährt hoch, der Fahrstuhl fährt runter. Mir schwirrt nur so der Kopf. Der helle Wahnsinn.

DAWN: Vielleicht sollten Sie einfach etwas langsamer machen.

JEFF: Wie denn?

DAWN: Weiß ich nicht.

JEFF: Hej, darf ich Sie was fragen, Lady?

DAWN: Was denn?

JEFF: Wissen Sie, warum die Polizei von New York City vor Kurzem ihre hellblauen gegen dunkelblaue Hemden ausgetauscht hat? So vor ein paar Jahren?

DAWN: Keine Ahnung, wieso?

83 Übersetzung von Michael Raab. (hier abgedruckt S. 19 ff.)

JEFF: Nein – ich mein nicht »Wissen Sie, warum« und dann geb ich Ihnen die Antwort. Ich frag selbst, weil ich dachte, Sie wissen's.

DAWN: Ah. Nein. Tu ich nicht.

JEFF: Erinnern Sie sich noch daran, wie ganz früher die Polizeiuniformen alle dunkelblau waren? Und dann so 1980 rum haben sie dunkelblaue Hosen und hellblaue Hemden genommen. Und seit kurzem sind es wieder dunkelblaue Hosen und dunkelblaue Hemden. Ich hab mich immer gefragt, haben sie damals die ganzen alten dunkelblauen Hosen weggeworfen oder bloß die hellblauen Hemden, und die dann durch dunkelblaue ersetzt, die zu den alten dunkelblauen Hosen passen, dass sie keine neuen Hosen kaufen müssen? Das wär nämlich 'ne ziemliche Einsparung.

DAWN: Ich hab keinen Schimmer.

JEFF: Es könnt doch schließlich sein, dass Sie grad 'ne Hose anhaben, die eine Polizistin schon 1975 angehabt hat. Wobei natürlich die Polizistinnen 1975 noch gar keine Hosen angehabt haben. Ich mein nicht, dass sie in ihrer Unterwäsche rumgelaufen sind, ich mein nur, sie haben damals noch alle Röcke angehabt, oder? Ich weiß, dass ich rumlalle, ich bin nur einfach total in Sie verknallt, wenn ich das so sagen darf.

DAWN: Regen Sie sich ab.

JEFF: Nein, es ist nur: Die letzten Wochen hab ich Sie oft vorbeigehen sehn, und ich denk einfach: Sie sind es, Mann. Ich würd alles tun, wenn Sie mir etwas Zeit schenken –

DAWN: Ach ja?

JEFF: Ganz im Ernst. Und nicht nur, weil ich Fantasien über Polizistinnen habe.

DAWN: Gut –

JEFF: Verstehen Sie das nicht falsch.

DAWN: Tu ich nicht.

JEFF: Für mich seid ihr Pioniere. Wirklich tolle Pioniere. Aber ich find die meisten von euch einfach auch extrem sexy.

DAWN: Jetzt reicht's aber!

JEFF: Seit wann sind Sie denn Polizistin?

DAWN: Keine Ahnung. Seit wann sind Sie denn Pförtner?

Pause.

JEFF: Ich bin kein Pförtner, ich bin Wachmann.

DAWN: Glückwunsch. Und wie wär's, wenn wir jetzt mal Pause machen?

JEFF: Klar: In Ordnung. ... Eine Pause für die Polizistin. *(Pause.)* Ich nehm an, es ist einfach die Knarre, und die Handschellen ... der Schlagstock ...

DAWN: Es reicht.

JEFF: Hej, sehn Sie mal: Sie tragen Uniform, und ich trag Uniform.

DAWN: Na und?

JEFF: Also tragen wir beide Uniform. Wir sollten uns zusammentun.

DAWN: Funktioniert diese Nummer bei vielen Frauen?

JEFF: Eigentlich nicht. *(Pause.)* Wie ist Ihre Arbeitszeit: Zehn bis sechs?

DAWN: Warum?

JEFF: Reine Neugier. Ich hab von zwölf bis acht. Macht mir aber nichts aus. Ist ruhig hier. Außerdem: Nach eins oder zwei kommen nicht mehr viele Leute, also hab ich immer 'ne Zeitung dabei, sehen Sie, nach zwei schließ ich einfach ab, nehm die Zeitung und setz mich so hin *(Hält sich die Zeitung vor das Gesicht.)*, dass es aussieht, als würd ich lesen, und ich kann in Ruhe schlafen. Wenn jemand an der Tür ist, klopft er, und wenn einer mit dem Lift runterkommt, läutet der, ich schwing einfach rum und ›Da wärn wir‹. *(Er macht es ihr vor.)* Sehen Sie?

DAWN: Na prima, da müssen sich die Mieter ja sehr sicher fühlen.

JEFF: Tun sie. Sie wissen ja nicht, dass ich schlafe. Aber eigentlich bin ich – Sehen Sie, das ist nur vorübergehend für mich. Ich mach das erst seit neun Monaten. Ist ein guter Job, aber auf Dauer wär das nichts für mich. Ich bin viel zu unruhig. Als ich klein war, bin ich in der Weltgeschichte rumgekommen, weil mein Dad bei der Marine war, und dann war ich selbst bei der Marine, ich weiß also, dass es da draußen schon noch was anderes gibt. Eigentlich will ich in die Werbung, das ist mein großer Traum.

DAWN: Ach ja?

JEFF: Das soll jetzt nicht zu erbärmlich klingen – »Wie soll der Typ je in den PR-Bereich kommen?« – Aber ich hab oft gedacht, das könnt das Richtige für mich sein. Sich witzige Sprüche für Sachen ausdenken.

DAWN: Ah ja?

JEFF: Sich neue Werbestrategien ausdenken. Ist wohl ein Bereich, in den schwer reinzukommen ist, also ist es im Moment nur so 'ne Idee, aber ... Muss interessant sein als Polizistin.

DAWN: Allerdings.

[...]

JEFF: Was macht er denn da oben? Ist er einem Verbrechen auf der Spur?

DAWN: Nein, er schaut nur bei einem Freund vorbei.

JEFF: Er ist ein Freund von Mrs. Heinvald?

DAWN: *(konsterniert)* Von wem?

JEFF: Mrs. Heinvald. Die Dame in 22J.

DAWN: *(verwirrt)* Nein. Ja. *(Pause)* 22J – Ja. Muss wohl so sein. *(Pause)* Ich kenn sie nicht. Ich weiß nicht, wer hier wohnt.

JEFF: Also, ich will ja nichts sagen, aber das könnt 'n bisschen dauern.

DAWN: Was geht Sie das an?

JEFF: Ich hab nichts gesagt. Ich versteh nur nicht, warum Sie hier frustriert in der Lobby rumsitzen sollen, wenn er da oben 'ne Nummer schiebt.

DAWN: Er schiebt keine Nummer.

JEFF: Also bitte.

DAWN: Hej, schaun Sie – Er – Außerdem, wir sind mitten in unserer Schicht.

JEFF: Selbstverständlich, entschuldigen Sie, Sie haben Recht, dann ist es natürlich völlig unmöglich.

Pause.

DAWN: Wer wohnt noch mal in diesem Apartment?

JEFF: Mrs. Heinvald. Amy Heinvald. Sie ist eine Schauspielerin oder ein Model oder so was. Sie ist geschieden. Sie …

DAWN: Haben Sie ihn hier schon öfter gesehen?

JEFF: Klar, hab ich. Wie lang arbeiten Sie denn schon zusammen?

DAWN: Paar Monate.

JEFF: Sie sind eine Anfängerin, ja? Geben Sie's zu, das seh ich doch.

DAWN: Warum glauben Sie, dass er … Sie wissen schon?

JEFF: Weil die Dame da oben einen ziemlich vollen Terminkalender hat, wenn Sie verstehen, was ich meine.

DAWN: Nein, tu ich nicht.

JEFF: Ich mein nur, sie –

DAWN: Was meinen Sie?

JEFF: Sie hat viele Männerbekanntschaften. Das ist alles. *(Pause)* Hej. Hörn Sie gar nicht auf mich. Ich weiß nicht, was ich rede, vielleicht täusch ich mich ja. Vielleicht ist Ihr Kollege ja ihr Lieblingsonkel oder so was.

Pause.

DAWN: Also mir ist das scheißegal, was er da oben macht, weil der Scheißkerl sowieso verheiratet ist.

Sie geht von ihm weg. Pause. Jeff macht ein paar Schritte in ihre Richtung.

JEFF: Hej, der Typ ist auch nur ein Mann …

DAWN: Schaun Sie: Ich red nicht über ihn. Ich weiß nicht mal – Wissen Sie was? Ich weiß nicht mal, warum ich überhaupt mit Ihnen rede. Und wenn mein Kollege während seiner Schicht eine Nummer mit Mrs. Wie-heißt-sie-noch schieben will, schön für ihn –

JEFF: Ganz genau!

DAWN: Ich hab nämlich gesehen, wie er mehr Gutes für mehr Leute getan hat als jeder andere, den ich kenne. Und wenn er dieses … Model in 22J treffen will, ist das sein Bier, nicht meins –

JEFF: Klar doch!

DAWN: Und auch nicht Ihres. Und ich muss mich hier nicht vom Nachtpförtner anmachen lassen, während er oben mit irgendeiner Scheißnutte zugange ist.

JEFF: Hej, Lady, ich bin kein Pförtner, ich bin Wachmann. Das hab ich Ihnen schon drei verdammte Mal gesagt – Eigentlich bin ich Sicherheitsspezialist! Also –

DAWN: Es ist mir scheißegal, was Sie sind, solang sie nur die Klappe halten! Von mir aus! Halten Sie nur die Klappe. Wenn Sie mit mir reden, halten Sie die Klappe, klar?

JEFF: Was?

DAWN: Was?

JEFF: Wie kann ich mit Ihnen reden und gleichzeitig die Klappe halten?

DAWN: Vergessen Sie's. Vergessen Sie's, einfach vergessen.

Pause.

JEFF: Ich will keinen Ärger machen.

DAWN: Dann hören Sie auf, mich anzubaggern.

JEFF: Ich bagger Sie nicht an.

DAWN: Warum reden Sie nicht mit mir wie mit einer Vertreterin des Gesetzes? Wär 'n Versuch wert.

JEFF: Tut mir leid. Ich fahr normalerweise nicht so extrem auf Polizisten ab.

DAWN: Da haben Sie aber Glück.

Sie entfernt sich von ihm. Pause.

JEFF: Wie heißen Sie?

DAWN: Officer Wilson.

JEFF: Kommen Sie schon. Wie heißen Sie?

Keine Reaktion. Pause.

JEFF: Interessieren Sie sich für Sport? Bitte. Das ist doch eine harmlose Frage. Was mögen Sie – Basketball? Viele Frauen mögen Basketball. Basketball ist elegant. Na ja, das sind andere Sportarten auch. *(Pause)* Was ist Ihre Meinung zum drohenden Müllarbeiterstreik? Ich heiße Jeff. 27, nie verheiratet gewesen, nie verschuldet. Na ja, verschuldet war ich doch, ist aber inzwischen ziemlich geklärt. Ich bin jetzt ein anderer Mensch. Wirklich. Ich hab einen neuen Anfang gemacht.

DAWN: Sind Sie jetzt endlich ruhig?

JEFF: Klar, mit Vergnügen. Warum sagen zur Abwechslung nicht Sie mal etwas und dann antworte ich, und so machen wir weiter. Ich bin ein verdammter Wachmann und scheiß-einsam, Mensch. Ich bin ja schon ruhig. Wär schön, jemand reden zu hören.

DAWN: Ich hab im Moment einfach keinen Nerv.

JEFF: Verstehe. Ich wollt ja nur helfen. Tut mir leid.

DAWN: Ich fass es einfach nicht.

Jeff nickt.

JEFF: Wahrscheinlich warnen die Sie in der Ausbildung nicht vor so was.

DAWN: *(bitter)* Und ob. Ich hab ein Seminar gemacht.

JEFF: Was passiert, wenn es in Ihrem Revier unter diesen Umständen zu einer Serie von Verbrechen kommt?

DAWN: Dann muss ich ihn anpiepsen.

JEFF: Gibt es viele Affären zwischen Polizisten?

DAWN: Weiß nicht ... Manche heiraten.

JEFF: Nein, ich mein heimliche Affären hinten im Polizeiauto.

DAWN: *(ein Witz:)* Sie landen gleich hinten im Polizeiauto.

JEFF: Im Ernst, ist das ein verbreitetes Problem?

DAWN: In jedem anderen Beruf ist das genauso.

JEFF: Klar, in anderen Berufen haben Leute andauernd Affären.

DAWN: Also.

Pause.

JEFF: Sind Sie in den Typ verliebt?

DAWN: Wen?

JEFF: Sie wissen schon. Ihren Kollegen. *(Pause)* Wenn Sie's wären, würd ich nämlich sagen, es ist der falsche Typ.

DAWN: Ich bin in gar niemand verliebt. Ich hab ihn nur bewundert, das ist alles. Er hat mir viel beigebracht. Das Leben in der Abteilung etwas leichter gemacht ... Okay? Man hat Respekt für jemand, man nimmt ihn ernst ... Und dann – Ich mein – Das ist alles. Okay?

JEFF: Okay. *(Pause)* Wirklich toll, was Sie machen. *(Pause)* Was war denn das Aufregendste, was Ihnen bei der Arbeit passiert ist?

DAWN: Das hier ist schwer zu toppen.

JEFF: Nein, ernsthaft. Interessiert mich wirklich.

DAWN: Ich weiß nicht. Na ja, heute Abend mussten Bill und ich diese Schlägerei beenden.

JEFF: Ach ja? Und was ist passiert?

DAWN: Nichts. Wir kommen hin, und zwei Typen prügeln sich vor diesem Restaurant. Bill zieht den einen weg, und ich sag: »Okay, das reicht jetzt.« Und dieser große fette Typ sagt: »Warum? Was willst du denn machen, du Nutte?« Und dann geht er auf mich los.

JEFF: Wirklich?

DAWN: Und ob, aber was man machen muss, ist einen Schritt zurücktreten, sich drehen, den Schlagstock heben, verstehn Sie, nicht, um ihm den Schädel zu spalten, nur, um ihn außer Gefecht zu setzen. Ich hab's aber ’n bisschen übertrieben und dem Typ voll eine übergezogen. Das war’s dann. Bumm.

JEFF: Echt? Und was war mit ihm?

DAWN: Na ja – ich mein – nichts war: Er liegt im Krankenhaus.

JEFF: Ist das Ihr Ernst?

DAWN: Ja ja, das hätten Sie sehen sollen. Alles voll mit Scheiß-Blut.

JEFF: Verstehen Sie das nicht falsch, aber gilt das nicht als Übergriff seitens der Polizei?

DAWN: Nein! Auf keinen Fall! Er ist voll auf mich los. Und der Typ war riesig. Aber dann, das musste ja so kommen – zwei Sekunden später rennt seine Frau aus dem Restaurant und schreit: »Ich bin Anwältin, ich ruf den Ombudsmann an, ich verklag Sie ...« Könnt das ein Problem sein, weil ich noch in der Probezeit bin?

Jeff zuckt mit der Schulter, versteht nicht, was sie meint.

DAWN: In den ersten sechs Monaten bist du noch keine richtige Polizistin. Du bist Beamtin zur Anstellung. Und wenn du nicht klarkommst oder Scheiße baust, dann war’s das. Du bist raus. Aber Bill hat alles gesehen und meint, es ist kein Problem. Ich muss einfach ’ne kleine Show abziehen. Völlig harmlos.

JEFF: Und Sie mussten nicht Ihre Knarre benutzen?

DAWN: Nein, nein. Bestimmt nicht. Das war nur ’n blöder Besoffener.

JEFF: Aber Sie schießen gut?

DAWN: *(eine glänzende Schützin)* Ja. Geht so.

JEFF: Das ist ja toll. *(Pause)* Ihre Familie muss sehr stolz auf Sie sein.

DAWN: Ach die, die denken, ich hab ’n Knall. *(Pause)* Na ja, nicht direkt, ich mein, meine Mutter denkt, ich hab einen an der Waffel, aber ich denk, sie hat auch ’n Knall, das gleicht sich also wieder aus, was?

JEFF: Haben Sie viele Brüder? Ich wette, Sie haben –

DAWN: *(bei »wette«)* Aber im Prinzip denk ich, sind sie stolz ... Ich war fast Klassenbeste in der Ausbildung ... Ich hab ... Ich hab nur mit diesem Arsch Scheiße gebaut, das ist alles. Und jetzt bin ich erledigt. Weil ich ihn offensichtlich wirklich falsch eingeschätzt hab. Bestimmt hat er es in der ganzen Abteilung rumgetrötet. Ich hätte das alles so leicht vermeiden können. Aber diese Typen ... die haben in ihrem Leben soviel Scheiße gesehen, denen ist alles wurscht. Deshalb musst du rumlaufen und auch so tun. Aber sie nehmen’s dir nicht ab und wollen’s dir austreiben. Dauernd sind sie an dir dran, und es heißt: »Hej – ihr seid keine Männer, ihr seid keine Frauen, ihr seid Bullen. Tretet auf wie Bullen und ihr werdet behandelt wie Bullen.« Nur stellt sich dann raus, sie haben Wetten laufen, wer dich zuerst flachlegt. Aber das ist schon okay. Ich komm damit klar. Du bringst sie dazu, dich zu respektieren.

Und dann kommt ein anständiger Kerl und macht sich die Mühe, dir das Leben zu erleichtern – ich hab ihn nicht mal gebeten, weil ich eh nur wieder dasselbe erwartet hab – ich wollte gar nichts anderes. Und auf einmal ist es wahre Liebe – außer wenn er in diesem Fahrstuhl runterkommt, passen Sie nur auf, dann bin ich diejenige, die sich wie eine Polizistin verhalten soll! Ich mein ... *(Pause)* Und außerdem hab ich noch Sie.

Pause.

JEFF: In der ganzen Geschichte bin ich immer noch der netteste Typ.

DAWN: Stimmt ...!

JEFF: Warum sagen Sie mir dann nicht, wie Sie heißen?

DAWN: Vielleicht hab ich einfach keinen Nerv, Jeff.

Pause.

JEFF: Okay. Müssen Sie ja nicht. Aber, äh, möchten Sie, äh, möchten Sie vielleicht morgen Nachmittag mit zu einem Basketballspiel gehen? Ich hab Karten für die Knicks.

DAWN: Basketball interessiert mich nicht.

JEFF: Okay. Also, wenn ich das Basketballspiel mit meiner Mutter angesehen hab, könnten wir dann tanzen gehen? Ich will Sie ja nicht unter Druck setzen, aber wer weiß, ob ich Sie noch mal sehe ... Ihren Kollegen, den werd ich schon noch öfter sehen ... Tschuldigung. Tut mir leid.

DAWN: Ist mir egal.

JEFF: Wir ziehen unsere Galauniform an, gehen tanzen, knallen uns die Birne zu, und dann gehen wir auf Schicht.

DAWN: *fängt zu weinen an und dreht sich weg.*

DAWN: Verdammte Scheiße.

JEFF: Was ist denn los?

DAWN: Ich kann doch nicht im Dienst heulen ...!

JEFF: Kommen Sie schon ... Sie fahren rum, erschießen ein paar Übeltäter, schon geht's Ihnen besser.

DAWN: Dieser Hurenbock ...!

JEFF: Wissen Sie was? Sie haben völlig Recht. Und ich sag Ihnen noch was –

Im Off hört man den Fahrstuhl läuten. Beide schauen auf, als BILL kommt, der jetzt ohne Mütze ist. Dawn wischt sich schnell die Tränen weg.

Teil II: Der Vorgang

Dies ist mein Interview mit Aaron und Amy. Wir sprechen darüber, wie sie ihre Figuren entwickelten, den Text analysierten und wie sie zur Struktur der Szene sowie zu einer wahrhaftigen Spielweise fanden.

LARRY: Ich fange mit der Frage an, wie das Gesamterlebnis war.

AMY: Das erste Wort wäre: erfreulich. Es hat Spaß gemacht. Ich fühlte mich mit der Figur, die ich spielte, mit meinem Szenenpartner und mit dem Text wohl und ich habe mich darauf gefreut, unsere Szene zu zeigen. Es war aufregend – als ob wir kleine Geheimnisse gehabt hätten, die wir dem Publikum verrieten.

LARRY: Erzähl von den kleinen Geheimnissen.

AMY: Ich hatte das Gefühl, dass diese Charaktere nicht so weit von uns selber entfernt waren. Ich hatte ganz besonders das Gefühl, mit dieser Frau viel gemeinsam zu haben.

LARRY: Was meinst du damit?

AMY: Es gab vieles, was da im Inneren vorging ... eine Sehnsucht nach dem, was richtig ist in der Welt, eine Leidenschaft für ihre Karriere, das Gefühl, dass du dich in bestimmten Situationen schützen musst ...

LARRY: Meinst du als Frau oder einfach nur als Mensch oder als Polizistin?

AMY: Als Frau und als Polizistin.

LARRY: Gut, das ist sehr konkret. Als Polizistin in einem Männerverein?

AMY: Ja, als Frau in einem Männerverein und als Frau, deren Beruf Schutz und Verteidigung bedeutet. Ich habe keine Ahnung, warum ich als Schauspielerin das Gefühl hatte, viel mit ihr gemeinsam zu haben – wahrscheinlich hat das mit meiner Kindheit zu tun oder einfach damit, eine Frau in dieser Welt zu sein und sich im Berufsleben mit Männern auseinandersetzen zu müssen.

LARRY: Das stimmt, es spielt keine Rolle, ob du zur Polizei gehörst –

AMY: Genau –

LARRY: Dass eine Frau aus der Perspektive mancher Männer ein Bürger zweiter Klasse ist.

AMY: Und dies im Polizeimetier anzutreffen, erhöht und erweitert nur diese Realität. ...

LARRY: Du warst also fähig, durch dein persönliches Verständnis dafür einen Weg zu deiner Figur zu finden –

AMY: Ja. Als Frau musst du für jeden deiner Schritte eine Strategie entwerfen, um dasselbe Gehalt zu bekommen; um mit demselben Respekt behandelt zu werden, musst du eigentlich mehr leisten oder zumindest fühlt es sich so an, als müsse man mehr leisten. Das wirkt sich auf deine Stimme aus, es wirkt sich auf deinen Körper aus.

LARRY: Inwiefern auf die Stimme?

AMY: Ich persönlich hatte vor 6 Monaten eine Stimmbandoperation. Wegen meiner Sprechweise hatten sich Knoten entwickelt oder sich verschlimmert – und mir ist klar, dass meine Art zu sprechen viel damit zu tun hatte, wie ich wahrgenommen werden wollte.

LARRY: Von Männern wahrgenommen zu werden, meinst du – als was?

AMY: Als Kameradin, als Kumpel, als »Player«, der was zu sagen hat, jemand, der kein Weichei ist, jemand, der sich nicht rumschubsen lässt, jemand, der den Dingen frontal begegnet, jemand, der geradeheraus mit ihnen umgeht, sodass sie ernst nehmen, was ich sage. Ich hatte das Gefühl, dass Männer nicht wirklich ernst nahmen, was ich sagte.

LARRY: Du hattest das Gefühl, dass Männer dich nicht als gleichwertig respektierten?

AMY: Genau –

LARRY: Dass sie eher einem Mann zuhören würden, bevor sie dir zuhörten?

AMY: Genau. Mein Eindruck war, dass sie mir nicht glauben würden.

LARRY: Und mit der Stimmgebung, die zu den Knoten auf deinen Stimmbändern geführt hat, wolltest du einen kehligen Klang erreichen, der bei Männern den Anschein erweckt, dass du dominanter seist?

AMY: Ich dachte, dass ich einen Klang produzieren würde, dem man bereitwilliger zuhört, als anderen, weicheren Klängen. Ich machte das nicht unbedingt bewusst. Aber ich tat es.

LARRY: Beeinflusste das deine Stimmgebung für die Figur in LOBBY HERO?

AMY: Ja. Und einer der Kritikpunkte, die du das erste und zweite Mal hattest, als wir die Szene gezeigt haben, war, dass da eine Schrillheit in meiner Stimme sei. Ich weiß nicht mehr, ob du schrill gesagt hast oder ob du meintest, ich bräuchte mehr stimmliche Variation…

LARRY: Ich bin mir sicher, dass ich gesagt habe, du benötigst mehr Variation in der Stimme.

AMY: Genau das sei mein Leben lang mein Sprechmuster gewesen, hat mein Sprachtherapeut gesagt. Und als wir daran arbeiteten, Variationen zu finden und meine Tonlage ein wenig anzuheben, hatte ich auch viele Variationen zur Verfügung. Ich hatte aber nicht das Gefühl, dass diese Frau so sprechen würde, vielmehr, dass sie eine eher flache Stimme hätte.

LARRY: Es war also eine Entscheidung, einige der melodischen Elemente in ihrer Art zu reden auszublenden.

AMY: Aber ich wollte das nicht so weit treiben, dass ihre Stimme völlig eintönig klang. Ich wollte, dass sie überzeugend klang, ich wollte, dass gewisse Dinge herausstachen, ich wollte eine Stimmtechnik benutzen, mit der sich gewisse Phrasen unterstreichen ließen.

LARRY: Mir scheint, was du gerade in der Rolle und vielleicht in deinem Schauspiel allgemein zu erreichen versuchst, ist: »Ich will über diese eintönige Stimme verfügen können, wenn ich versuche, dominant zu sein, aber wenn ich verletzlich bin, so wie mit meinem Freund im Obergeschoss, der mich in dieser Szene betrügt, dann fängt die weibliche Sprechmelodie an, in meiner stimmlichen Darstellung mitzuspielen.« Ich höre bei dir, dass du bestimmte Aspekte deiner Figur stimmlich rüberbringen willst, je nachdem ob du gerade verletzlich oder in Abwehrhaltung bist.

AMY: Das stimmt. Ich spielte ein wenig damit herum, wie ich das Wort »Bill« sagte – der Polizist im oberen Stockwerk, der mein Liebhaber war –, ein wenig sanfter, aber es ist ein so kurzes Wort, dass man nicht wirklich hören konnte, dass ich es sanfter ausgesprochen hatte.

LARRY: Du hast gesagt, dass du dich mit der Rolle identifiziertest, als du sie zu spielen begannst –

AMY: Ja. Und das zu tun fühlt sich sehr »echt« an. Es gibt dir ein Gefühl von Verletzlichkeit, du hast das Gefühl, nicht zu schauspielern.

LARRY: Genau. Dass du zwar mit dem arbeitest, was wir imaginäre Umstände nennen, aber dass es in Wirklichkeit keinen Unterschied macht, ob du nun durch die Bühnentür kommst und über die Bühne läufst, weil es im Wesentlichen ein authentisches Ich ist, das die ganze Zeit zum Ausdruck kommt. Die beste Art des Schauspielens ist die, welche, wie man so sagt, nicht als solches entlarvt wird.

AMY: Und was du am Freitag im Unterricht zum Thema stimmliche Klangproduktion beim Schauspielern gesagt hast, hat wirklich bei mir eingeschlagen. Du sagtest zu einem Schauspieler, der in NACH DEM SÜNDENFALL gespielt hat, dass er sich den Ideen, die er eigentlich übermitteln sollte, so wenig verpflichtet hatte, dass man nichts anderes wahrnahm als: »Ich bin es nicht wert, gehört zu werden, ich bin nicht einmal eine Person.« Die Leute wollen das nicht sehen, sie wollen Menschen sehen, die es wert sind, dass ihre Geschichte erzählt wird.

LARRY: Menschen, die sagen: »Ich sollte auf einer Bühne stehen, ich habe mich vorbereitet, ich habe studiert, und ich bin ein Künstler und ich interpretiere einen Text und du hast das Recht, genau dort zu sitzen, und ich habe das Recht, genau hier oben zu stehen.«

AMY: »Du kannst mir vertrauen.«

LARRY: Ja. Wenn ein Schauspieler die Bühne betritt, sagt er mit seinem Auftritt aus: »Du kannst mir vertrauen, du bist in guten Händen« – was auch genau das war, was ich gespürt habe, als ich dir die beiden Male zugesehen habe, und besonders beim zweiten Mal; einfach nur weil es sehr wenig an deiner Darstellung gab, das nicht lebendig war. Mit anderen Worten, beim ersten Mal war es sehr gute Arbeit, aber beim zweiten Mal war es kein Schauspiel mehr.

AMY: Genau.

LARRY: Es existierte nur echtes menschliches Verhalten auf der Bühne. Das war sehr eindringlich. Aaron, wie war es für dich, als du dich zum ersten Mal mit dem Skript auseinandergesetzt hast?

AARON: Ich konnte mich wirklich dafür begeistern, mit der Arbeit zu beginnen. Ich wusste, dass ich eine gute Partnerin hatte. Ich wusste, dass ich die Dinge, die wir gefunden hatten, unbedingt mit den Zuschauern teilen wollte, und ebenso die kleinen von mir erdachten Geheimnisse darüber, was meine Figur über die anderen Personen im Stück denkt. Ich hatte mir ausgemalt, wie deren Leben wohl aussehen würde.

LARRY: Also während du das Skript gelesen und mit der Analyse begonnen hast, bist du auch schon daran gegangen, deine Interpretation der Beziehungen dieses Mannes zu anderen Leuten im Stück zu kreieren?

AARON: Als meine Figur dachte ich, dass ich eine Beziehung zu der Polizistin hätte, bevor ich eigentlich eine hatte, nur aufgrund der Tatsache, dass sie in meiner Lobby ein- und ausging. Alles, was sie tat, bedeutete mir so viel, weil ich vier oder fünf Stunden nachdem sie gegangen war, damit verbrachte, dazusitzen und darüber nachzugrübeln. Und wenn jemand anders reagierte, als ich mir das vorgestellt hatte, war es interessant – du weißt, wovon ich rede –, wenn sie verletzlicher wurde, als ich es erwartet hatte, da sie ja schließlich eine Polizistin war …

LARRY: Das machte deine Figur also neugierig –

AARON: Richtig, es machte mich neugierig. Nach der ersten Kritik, dass ich konkreter arbeiten solle, habe ich beschlossen, von einem sehr einfachen, echten Ausgangspunkt zu starten, meine Vorbereitung als Basis zu akzeptieren und die Emotion, wie stark sie auch sein mochte, einfach ungefiltert kommen zu lassen. Ich versuchte nicht, meine Vorbereitung zu übertrumpfen – ich versuchte nicht, irgendwo hinzugelangen, wo ich in dem Moment nicht sein konnte. Ich versuchte, die Bühne als eine Person zu betreten und versuchte sehr einfache und echte Tätigkeiten zu finden.

LARRY: Was war das z. B.?

AARON: So etwas wie ein Kreuzworträtsel zu lösen. Ich saß in meinem

Wächterstuhl und machte wirklich das Kreuzworträtsel. Ich dachte mir: »Hier sitze ich als eine Person, die ein Kreuzworträtsel löst.« Und nicht etwa: »Lichter an und schauspielern!« Stattdessen hatte ich eine Aufgabe, der ich mich widmen konnte.

LARRY: Und die Sache ist die, genau wie im Leben, wenn sie die Lobby niemals betreten hätte, hättest du das Kreuzworträtsel fertig gemacht –

AARON: Genau –

LARRY: Was ein weiterer Schlüssel zu gutem Schauspiel ist, denn wenn du als »Moment davor« eine Aufgabe verrichtest, musst du einen Bezug zu dieser Aufgabe haben, du musst dich ihr ganz widmen, damit es eine Überraschung ist, wenn die Szene beginnt und etwas diese Aufgabe unterbricht.

AARON: Genau wie bei einem räumlichen Ziel. Das Kreuzworträtsel zu beenden war mein Ziel und sie veränderte mein Ziel. Das war das Aufregende für mich; besonders als wir die Szene zum zweiten Mal zeigten. Ich entdeckte auch Eigenschaften an der Figur, die ich toll fand. Zu allem in seinem Leben, das eine Parallele zu meinem Leben darstellte, sagte ich Ja und arbeitete es weiter aus.

LARRY: Gib mir ein Beispiel.

AARON: Zum Beispiel dass sein Vater starb, bevor er ihn stolz machen konnte, und so sagte ich: okay. Ich sage dazu Ja.

LARRY: Weil du das persönlich kennst.

AARON: Ja, sehr. Und solche persönlichen Dinge wie dieses verwende ich nicht oft, aber in diesem Fall passte es.

LARRY: Du sagst also: »Das ist eine Parallele zwischen mir und der Figur, zu der ich Ja gesagt habe, weil ich daran glauben kann. Es ist mir selber passiert, ich verstehe es auf emotionaler Ebene.« Aber du hast auch noch etwas anderes gesagt. Nämlich, dass du solch persönliche Dinge nicht oft verwendest. Also frage ich, was machst du normalerweise?

AARON: Ich stelle mir Dinge vor. Ich suche mir etwas im Text, das ich in meiner Vorstellung mit Details ausschmücke. Zum Beispiel gibt es in Lobby Hero eine Szene, in der mein Boss sagt, dass ich witzig sei. Und ich habe diese Beschreibung meiner Figur als Aufhänger benutzt und sie in die Szene mitgebracht. Ich sagte: »Okay, ich bin witzig. Das ist eine meiner guten Eigenschaften.« Und das war eine der Eigenschaften, von denen ich wusste, dass ich sie benutzen konnte, um die Polizistin dazu zu bringen, auf mich zu reagieren.

LARRY: Es war also etwas, das jemand im Stück über deine Figur gesagt hat, und du hast das genommen, Ja dazu gesagt und angefangen, deine Vorstellung von seiner Witzigkeit zu erforschen, um das in die Art einzubringen, wie er sich ihr annähert.

AARON: Und im Text versucht er, sich witzig auszudrücken und ich konnte damit herumspielen. Ich habe auch herausgefunden, dass die Marx-Brothers aus Astoria stammten, wo auch er herkommt.

LARRY: Erzähl mir mehr davon.

AARON: Nun, das ist im Text nicht näher beschrieben, aber ich entschied: Okay, wenn ich als meine Figur die Marx-Brothers-Filme im Fernsehen ansähe und ich wüsste, dass sie in meiner Heimatstadt aufgewachsen sind, dann könnte ich auch wie sie sein. Also werde ich wie ein Marx-Brother auftreten und für diese Polizistin eine Marx-Brother-mäßige Show abziehen – du weißt schon.

LARRY: Wann in deinem Arbeitsprozess, angefangen bei dem Zeitpunkt, als du mit der Textarbeit begonnen hast, fandest du heraus, dass die Marx-Brothers aus Astoria stammten?

AARON: Ich habe das erst entdeckt, kurz bevor wir die Szene zum zweiten Mal gezeigt haben. Ich wusste, dass ich in New York lebte, ich wusste, dass ich in Manhattan arbeitete, aber in welchem Stadtteil? Ich habe im Text nachgeschaut, der mir sagte, dass ich mich mit meinem Bruder in Astoria treffe, und ich habe dahinein interpretiert, dass ich ihn im alten Haus unserer Familie treffe. Ich hatte das in meiner Hintergrundgeschichte entworfen – dass er das Haus geerbt hat, weil er Kinder hat.

LARRY: Im Text steht also, dass du in Astoria lebst?

AARON: Ja.

LARRY: Dann hast du darauf aufgebaut.

AARON: Ja, ich habe über Astoria recherchiert und ich habe Bilder von verschiedenen Hotellobbys und öffentlichen Schulen gefunden. Ich schaute sie mir an und auch, wie die Marx-Brothers immer in einem bestimmten Hotel abhingen. Und das war alles, etwas ganz Einfaches. Ich sagte: »Oh, das wird toll. Ich kann einige Verhaltensweisen der Marx-Brothers benutzen.«

LARRY: War das, was du deiner Darstellung beim zweiten Mal hinzugefügt hast, dieses subtile Marx-Brothers-Zeug?

AARON: Genau. Ich entschied auch, dass mich Kaffee sehr nervös machte und dass ich vielleicht ein wenig unter dem Aufmerksamkeits-Defizit-Syndrom (ADS) litt und sich all das in meinem rechten Fuß bemerkbar machen würde. Das brachte meine Energie wirklich ins Wallen.

LARRY: Du hast gesagt, dass er Nachtwächter ist, er also viel Koffeinhaltiges trinkt. Was hat dich auf die Idee gebracht, dass er ADS haben könne?

AARON: Weil er sich nicht entscheiden kann, in welche Richtung er beruflich gehen soll, und weil er es in keinem Job lange aushält; er springt immer von einer Sache zur nächsten – er könnte doch in die Werbung gehen, nein, vielleicht sollte er besser Schriftsteller werden ... Er kann sich nicht auf eine Sache konzentrieren ... Zu untersuchen, was andere Figuren im Text über mich sagen, ist ein toller Weg, Wahrhaftigkeit zu erschaffen, weil ich vor mir selber rechtfertigen muss, was sie über mich aussagen, und ich deshalb daran glaube, dass es zu meinem Leben gehört.

LARRY: Du hast seine Unfähigkeit, Entscheidungen zu treffen, vor dir selber gerechtfertigt, indem du dir ein ADS zugelegt hast. Das ist Interpretation, Aaron, und es hat deine Figur auf eine lustige und unvorhersehbare Weise lebendig gemacht. Und weil das ADS in die Körperlichkeit gelegt wurde, ließ das die Szene sehr eindringlich erscheinen.

AARON: Ich hatte auch das Gefühl, dass es eine der Ängste meiner Figur war, von anderen nicht gesehen zu werden, weil im Text die fehlende Aufmerksamkeit meines Vaters ein Thema ist und die Leute in der Lobby mir definitiv keine Aufmerksamkeit schenkten und ich nicht wahrgenommen wurde.

LARRY: War es das, was du gemacht hast? Weil du nämlich eine wunderbare Art hattest, Feedback einzufordern, etwas zurückgespiegelt zu bekommen. Ich habe das in deiner Darstellung deutlich spüren können. Auf Amys Figur wirkte das extrem irritierend, hat sie aber schließlich für dich gewinnen können, weil du so bedürftig und verletzlich warst und verzweifelt versuchtest, Kontakt mit anderen aufzunehmen.

AMY: Das war es also.

AARON: Ich habe jeden möglichen Moment genutzt, um Blickkontakt mit ihr herzustellen. Ich musste von ihr wahrgenommen werden; mein Vater hat mich nicht gesehen, meine Familie sah mich nicht, ich wurde in der Marine nicht wahrgenommen, und von ihr nicht gesehen zu werden, war für mich so schmerzhaft, dass ich – eine weitere Entscheidung, die ich gefällt hatte – den Klang meiner eigenen Stimme benutzte, um mich zu beruhigen.

LARRY: Das ist auch ein sehr interessanter Einfall, dass Menschen, wenn sie sehr einsam sind, immer Wege finden, sich selber zu beruhigen.

AARON: Ja, meine Figur war im Text sehr einsam und sprachlich sehr aktiv. Ich bettle meine Vorgesetzte ständig an, zu reden: »Warum sagen zur Abwechslung nicht Sie mal etwas und dann antworte ich, und so machen wir weiter. Ich bin ein verdammter Wachmann und scheißeinsam, Mensch.« Ich sage, dass ich auf der Arbeit alleine bin, dass ich zu Hause alleine bin, ich bin allein.

LARRY: Deshalb hörst du Menschen, die alleine leben, oft sagen: »Ich muss das Radio oder den Fernseher laufen haben, nur um ein wenig Leben im Haus zu spüren.«

AARON: Es ist eine gute Entscheidung, dass deine eigene Stimme beruhigend ist, besonders wenn du deiner verbalen Existenz eine andere Dimension hinzufügen willst, die zu deiner Figur passt.

LARRY: Was mich bei euch beiden begeistert, ist, wie interessiert und fähig ihr mit der Textanalyse umgeht. Und nachdem ihr sie erst einmal gemacht hattet, habt ihr Parallelen in eurem eigenen Leben gefunden, die für euch glaubhaft sind, damit ihr es nicht spielen müsst. Aaron, du hast aufgrund von Hinweisen im Text auch aus deiner Vorstellung heraus Dinge entwickelt und sie für dich real gemacht, sodass du sie nicht spielen musst. So, wie ich also deinen Arbeitsprozess verstehe, liest du ein Skript, bis du es verstehst, dann personalisierst du es und verwendest deine Vorstellungskraft dazu, den Rest auszufüllen – und diesen zweiten Schritt kann man nicht ohne den ersten machen.

AMY: Nein, das geht nicht. Ich meine, ich habe als erstes – wie ich es immer mache – all das aufgelistet, was mir das Skript über die Figur erzählt; alles, was ich tue, und wo ich mich physisch in einer Szene befinde. Mann, einfach die Fakten sammeln! Du machst deine Detektivarbeit und dann ist es wie beim Puzzeln. Es ist super. Zuerst fühlt sich das sehr kopfig an, und Dinge zu analysieren fühlt sich sehr intellektuell an, aber es infiziert dich auf emotionale Weise. Während dein Gehirn arbeitet, ist deine Intuition ebenfalls am Werk.

AARON: Du musst alle Leerstellen ausfüllen; du besitzt die Fakten, aber du musst die Brücken zwischen den Fakten bauen.

LARRY: Was meinst du mit »die Leerstellen ausfüllen«?

AMY: Einige der Leerstellen sind durch die Umgebung bedingt, basieren auf Gegenständen, es geht also um physische Dinge. Wir haben die Szene frühzeitig eingerichtet, weil klar war, dass wir als Figuren in einem Raum, einer sehr einfachen Lobby, zusammen feststeckten und dass wir Wege finden mussten, etwas über uns durch die Gegenstände und die Umgebung zu erzählen – dem Innern der Lobby und dem, was wir durch ein Fenster außerhalb der Lobby sehen können. Meine Figur glaubt außerdem, dass ihr Freund in einem der Stockwerke über dieser Lobby einen seiner Freunde besucht, und als sie der Wachmann darüber informiert, dass dieser »Freund« ein heißes Mädel ist, das viel Männerbesuch erhält und häufig seine Partner wechselt, versetzt das die Szene auf eine komplett andere Schiene und bringt die beiden Figuren zusammen. All das findet in der Lobby statt, aber die Beziehungen der Figuren zur Außenwelt und zum Obergeschoss wurden für uns lebendig und halfen wirklich dabei, unsere Verhaltensweisen zu formen.

LARRY: Das stimmt, aber ihr beide wart schon vorher kluge Schauspieler, deshalb habt ihr euch praktisch in Bezug auf eure Umgebung gefragt: »Wie sehen meine körperlichen Verhaltensweisen aus?« Eine Polizistin in ihrem Revier, ein Wachmann auf seinem Stuhl, der sich mit der Hoffnung auf eine Romanze der Polizistin annähert. Dann füllst du als Polizistin dies mit deinem Bezug zu Knüppel, Gürtel und Pistole auf, die du trägst, und ergänzt das mit deiner Entscheidung, zu beobachten, was draußen vor dem Fenster, also jenseits der vierten Wand, vor sich geht.

AMY: Ich mag es, mit den äußeren Gegebenheiten anzufangen, also wie spät ist es, wie ist das Wetter, was befindet sich im Raum, wie sieht der Fußboden aus und welche Temperatur herrscht.

AARON: Wir haben uns sogar darüber unterhalten, wie wohl die Fliesen auf dem Boden der Lobby aussehen könnten.

AMY: Weißgrauer Marmor.

LARRY: Und was hat das bewirkt?

AARON: Es verlieh der Lobby eine gewisse Klasse.

AMY: Eine Förmlichkeit.

LARRY: Okay, ihr befandet euch also in einem Gebäude der Oberschicht –

AMY: Obere Mittelschicht –

LARRY: In einem Gebäude der oberen Mittelschicht – und was hat das mit euch gemacht?

AMY: Wir fühlten uns wie obere Mittelschicht.

LARRY: Und entstammte deine Figur der oberen Mittelschicht?

AMY: Nein, aber ich habe mich definitiv ein wenig größer und ein wenig wichtiger gefühlt, weil ich an Leuten, die von Bedeutung waren, Dienst tat und sie beschützte.

LARRY: Ihr habt also die Umstände der sozialen Herkunft eurer Figuren und wie sie sich in verschiedenen sozialen Umfeldern fühlen und verhalten in Betracht gezogen?

AMY: Ich denke, es kommt alles auf den Status an.

LARRY: Genau. Beide Figuren sehnen sich nach etwas, das mehr oder größer ist als das, was sie haben. Aaron, würdest du sagen dass der Marmorboden für dich den gleichen Effekt hatte?

AARON: Ja, der Ort, wo mein Arbeitsplatz war, gab mir das Gefühl, einen gewissen Stellenwert zu besitzen. Er gab mir auch das Gefühl, ein wenig mehr unter Beobachtung zu stehen, weil meine Vorgesetzten mehr von mir erwarteten. Ein gutes Beispiel dafür, wie wir die Leerstellen ausgefüllt haben, war beim zweiten Mal der Penner draußen.

LARRY: Erzähl mir davon, weil ich den Eindruck hatte, dass diese Entscheidung uns dazu brachte, mehr an den Ort zu glauben, an dem ihr agiert habt.

AMY: Das hat Spaß gemacht, weil wir beim Proben wirklich einen Tanz veranstaltet haben. Auf die Idee mit dem Penner sind wir zusammen gekommen, oder nicht?

AARON: Ja, genau.

AMY: Und zwar, weil du darauf bestanden hast, mehr aus der Außenwelt nach drinnen zu holen.

AARON: Weißt du, ich erinnere mich, wie ich zu ihr gesagt habe: »Vielleicht ist dort eine Prostituierte an der Tankstelle gegenüber, die versucht einen Freier anzumachen.« Und dann weiß ich nicht mehr, ob sie oder ich drauf kam: »Was, wenn da ein Penner gleich draußen vor der Lobby wäre?« Ich sagte: »Und der ist immer da und macht mir immer das Leben schwer und ich werde versuchen, ihn dazu zu bringen, sich zu verziehen.« Und dann hatte Amy eine tolle Idee, die Status und Beziehungen zwischen den Figuren verdeutlichte. Die Polizistin geht zum Fenster und gibt dem Penner ein Zeichen, sich zu verziehen, aber er tut nichts, also erscheine ich hinter ihr und, weil der Penner vor mir Angst hat, weil ich es ja jeden Abend auf ihn abgesehen habe, bewegt er sich. Aber die Polizistin sieht das nicht und hat das Gefühl, dass sie den Penner dazu gekriegt hat.

AMY: Zuerst hatten wir darüber nachgedacht, jemanden zu erschaffen, der die Lobby auch betritt, aber dann wurde uns klar, dass wir das nicht machen konnten. Er musste sich, aus technischen Gründen, wirklich hinter der vierten Wand befinden, weil das Publikum ihn, wenn er die Lobby betreten würde, genauso sehen können müsste, wie es uns sehen konnte. Was wir aber draußen vor dem Fenster sahen, konnten wir uns vorstellen und nach Belieben aussuchen, so lange wir es sehr konkret gestalteten und es unsere Beziehung zueinander und zu der Lobby, in der wir uns befanden, belebte.

LARRY: Ihr habt also ein Leben um die Lobby herum geschaffen, an das ihr geglaubt habt. Aaron, weil du dort jede Nacht arbeitetest, kanntest du diesen Penner. Du hattest eine bestimmte Beziehung zu ihm, die dir eine Art Überlegenheit gestattete, was für deine Figur offensichtlich extrem wichtig ist, weil sie sich so unwichtig fühlt und eine gewisse Macht benötigt.

AMY: Für mich stellt die Lobby nur eine Station meiner Streifenroute dar. Sie bestimmt nicht mein ganzes Dasein wie für ihn. Nur eine Lobby unter vielen, ein weiterer Typ, ein weiterer Pförtner – worin er mich übrigens ständig korrigiert, weil er nämlich ein Wachmann sei.

LARRY: Was, glaubst du, fühlt deine Figur jeden Abend, wenn du die

Uniform anziehst, den Knüppel einsteckst und die Handschellen an deinem Gürtel befestigst. Was für eine Perspektive gibt dir das?

AMY: Eine ganz andere, als wenn sie sich nicht in Uniform befindet. In Uniform, glaube ich, sieht sie sich selber als Gefahr, als echte Bedrohung. So habe ich mich gefühlt. Aber aus meiner persönlichen Erfahrung heraus, als Amy, außerhalb der Szene, war das schwer nachzuvollziehen. Denn als ich mich in der Polizeiuniform selber im Spiegel anschaute oder mich mein Ehemann darin sah oder wie Aaron auf mich reagierte, als ich das erste Mal meine Uniform anzog – sie haben sich über mich lustig gemacht. Und ich bekam regelrecht das Gefühl: Ich habe keine Macht ... Ich meine, wenn Männer mich so betrachten, wenn sie mich in Uniform auslachen, ist das schrecklich. Ich sollte mir besser noch mehr Mühe geben, so rüberzukommen: [sie schreit] »Mann, du wirst dich nicht mit mir anlegen!« Und ich konnte gar nicht groß genug oder grob genug oder stark genug sein.

LARRY: Was dir sehr viel Ansporn gab, das auch zu erreichen –

AMY: Genau –

LARRY: Daran konntest du arbeiten, egal, ob du gerade Text hattest oder nicht, das ist also eine weitere Leerstelle, die du ausgefüllt hast. Du hattest eine Haltung zu dem, was du projizieren musstest, um eine Polizistin zu sein.

AMY: Ich fühlte mich sehr unzureichend –

LARRY: Was dich dazu veranlasste, dominanter aufzutreten; es beeinflusste die Tonlage deiner Stimme, deinen Sprechrhythmus und das Tempo und deine Beziehung zu jedem, dem du begegnetest, wenn du diese Polizeiuniform trugst. Aber wenn du nicht in dieser Uniform warst, fühltest du das nicht?

AMY: Nein.

LARRY: Also verleiht dir diese Uniform im Grunde Macht.

AMY: Wenn ich mir ihr alltägliches Leben vorstelle, dann stelle ich mir unter anderem eine sehr gewöhnliche Frau vor, die in der Welt unbedingt etwas bewegen will und das Gefühl hat, dass das ihre Berufung sei. Sie hat definitiv dieses Gefühl, aber wenn sie nicht die Uniform trägt, ist das eine andere Geschichte. Sie wird von ihrer Mutter dominiert und sie kann ihre Familie nicht leiden, und obwohl sie mit Bill ausgeht, hat sie keine feste Beziehung, weil er mit einer anderen verheiratet ist und er seiner Frau und mir zur selben Zeit fremdgeht.

LARRY: Habt ihr beide jeweils eine Biografie erstellt, nachdem ihr den Text gelesen hattet?

AMY: Der Text gab uns viele Informationen über ihre Familien.

LARRY: Ich würde gerne wissen, wie ihr a) vorgeht, wenn ihr eine Biografie schreibt, und b) was euch so eine Biografie für die Darstellung bringt.

AARON: Ich lerne immer sehr schnell von der Biografie, weil sie mir ein Selbstempfinden gibt, weil es mich entspannt. Ich weiß, dass ich in eine Biografie gewisse Dinge hineinschreibe, von denen ich zehren kann.

LARRY: Gib mir ein Beispiel.

AARON: Es gibt eine Stelle in der Szene, wenn sie ihre Mütze ablegt. Ich wäre gerne Polizist geworden, konnte das aber nicht, weil ich bei der Marine entlassen worden war. Und ich habe mir für meine Biografie überlegt, wie mein Vater an dem Tag reagierte, an dem ich in meiner Uniform nach Hause kam, wie enttäuscht er war, dass man mich entlassen hatte. Ich wusste nicht, wann dieser Teil der von mir geschaffenen Biografie sich in der Szene niederschlagen oder wie er mich treffen würde, aber als sie zum zweiten Mal ihre Mütze ablegte und ich sie in die Hand nahm und zu ihr sagte: »Deine Familie muss stolz auf dich sein«, hat das bei mir derart tief reingehauen, dass ich vor Rührung sprachlos war, und mir wurde klar, dass all das von der Biografie kam. Ich musste nicht daran arbeiten, ich musste gar nichts tun.

LARRY: Weil du wusstest, wie deine Familie über dein Scheitern dachte.

AARON: Ja, aufgrund meines Scheiterns und weil ich nicht, so wie sie, in der Lage war, etwas zu erreichen, konnte ich dieses Polizeidienst-Symbol nicht ertragen. Die Art, auf die das passierte, war cool. Eine Biografie ist super, weil sie Erinnerungen für die Figuren erschafft und dich fliegen lässt, weil du das nicht erarbeiten musst – du hast Erinnerungen.

LARRY: Du redest von dem echten Leben, das du erschaffen hast. Wenn ihr eine Biografie für eine Figur schreibt, fügt einer von euch beiden reale Ereignisse aus eurem eigenen Leben hinzu oder ist sie wirklich auf dem Leben der Figur begründet, wie der Autor es im Skript beschreibt?

AMY: Manchmal füge ich Ereignisse aus meinem eigenen Leben hinzu oder, wenn es passt, gestalte die Mutter wie meine Mutter.

LARRY: Da du das erste Mal, als du die Szene im Unterricht gezeigt hast, sehr gute Arbeit geleistet hast, wir aber alle das Gefühl hatten, dass da noch mehr rauszuholen war – was von meiner Kritik hast du angenommen, weil du das Gefühl hattest, dass es dich weiterbringen könnte, und was hat das gebracht, um deine Darbietung mit mehr Leben zu füllen?

AMY: Nun, der Penner wurde einfach erfunden, um das Leben vor dem Gebäude realer zu machen. Beim ersten Mal war das in meinem Kopf für mich real, aber ich hatte meine Vorstellungskraft noch nicht genug ausgeschöpft und erkannte: »Hey, wir haben die Möglichkeit, auf dem basierend, was wir außerhalb des Gebäudes sehen können, Verhaltensweisen in der Lobby zu kreieren«, und wie das zuwege gebracht werden konnte. Dann gab es Dinge in meiner Beziehung zu Bill, die ich konkreter machen konnte. Also, deine Einschätzung nach der ersten Session war, dass ich als Schauspielerin und als Person mit meiner Vorstellungskraft um einiges weiter gehen müsse – sie war quasi ein noch ungenutztes Werkzeug – und dass es einen komplett anderen Weg gebe, Dinge für mich auf der Bühne zu kreieren, statt mich nur an die Eckpunkte zu halten, die von jemand anderem aufgeschrieben worden sind, und zu versuchen, eine Darstellung zu geben, von der ich denke, dass es das ist, was die Leute sehen wollen. Diese Angewohnheit hat damit zu tun, dass man Vorsprechen schnell absolviert und versucht herauszubekommen, was die Leute wollen.

LARRY: Also, Amy, die Erleuchtung kam für dich, als ich dich bat, Bill – den Mann, den du liebst und von dem du dachtest, er würde dein Leben verändern – ganz konkret zu entwickeln, damit es emotionsgeladen war, wenn es in der Szene um ihn geht, obwohl er nicht darin auftritt. Erzähl mal, wie du ihn gestaltet hast.

AMY: Ursprünglich hatte ich versucht, jemanden aus meinem Leben zu finden, ganz so, wie ich in der Vergangenheit gearbeitet habe, und das hatte für mich zuvor immer bis zu einem gewissen Grad funktioniert, aber es bedeutete auch jedes Mal einen riesigen Arbeitsaufwand. Es war zu aufwendig, denke ich. Man kann sich nicht selber belügen, und als ich versuchte, einen von ihnen einzupassen, um ihn an Bills Stelle zu setzen und einen persönlichen Bezug herzustellen, ertappte ich mich ständig bei dem Versuch, meine Wahl zu rechtfertigen, was mich immer wieder dazu brachte, verkopft zu reagieren, weil meine Beziehungen zu diesen Männern sich mittlerweile zum Guten verändert hatten und es für mich schwierig war, über sie auf diese alte Weise zu denken. Vielleicht ist jemand anderes dazu fähig, die alte Person von der aktuellen Person zu trennen, aber ich konnte das nicht. Es funktionierte einfach nicht für mich.

Als ich aber ganz von Neuem anfing, sozusagen mit einem frischen Stück Ton auf der Töpferscheibe, funktionierte das viel besser und es war aufregender und machte viel mehr Spaß. Meine Begeisterung für den Bill, den ich geschaffen hatte, war so viel größer, als die für jeden Bill, den ich jemals in der Realität gekannt hatte. Und so fing ich damit an, zu schreiben. Ich dachte, dass vielleicht das Schreiben einer Biografie meine Beziehung zu Bill für mich zum Leben zu erwecken würde, aber das funktionierte nicht. Also legte ich Stift und Papier beiseite, setzte mich in einen Lehnstuhl und meditierte sozusagen darüber und siehe da – verschiedene Bestandteile von verschiedenen Leuten, die ich kannte, verschmolzen miteinander und ein fast vollständiger Mann entstand. Aber das erste, was sich formte, war sein Kiefer. Er hatte einen kleinen Überbiss und lispelte ein wenig, und ich erinnere mich, dass ich auf seinen Kiefer fixiert war und ich fantasierte über gewisse Dinge, die wir zusammen gemacht hatten, während wir auf Streife gingen.

Eines der Dinge, die ich mir ausdachte, war, dass er mir anvertraut hatte, dass er während seiner Mittagspause einen Termin bei einem Laserchirurgen hatte und er mich einlud: »Komm doch mit.« Ihn zu diesem Termin zu begleiten, war unser erster Moment von Nähe. Wir gingen also zur Arztpraxis und die Operation wurde durchgeführt und sie gaben ihm einen kleinen Teddybär zum Festhalten, und ich dachte mir, dass das so süß war, dass er während seiner OP einen Teddybär festhalten musste. Danach fragte er, ob er mir den Teddybär geben könne, aber sie ließen das nicht zu und so schenkte er mir am nächsten Tag eine Teddybär-Halskette. Weil er dankbar dafür war, dass ich während der OP bei ihm geblieben war. Und das war der Moment, in dem ich mich in ihn verliebte. Ich glaube die Idee mit der Kette kam daher, dass ich, kurz bevor ich über Bill meditierte, im oberen Stockwerk meines Hauses gewesen war und mir dort eine Halskette in den Blick gekommen war – sie hatte keinen Teddybär-Anhänger, es war ein Herz – aber ich wusste, dass ich meiner Figur irgendetwas Privates geben wollte, dass sie unter ihrer Uniform trug und das nur mit ihrem Privatleben und nichts mit der Uniform zu tun hatte.

LARRY: Und es hatte mit Bill zu tun.

AMY: Ja, ich wollte einen persönlichen Gegenstand am Körper tragen, der mich mit ihm verband, und dass ich in meinem eigenen Haus diese Halskette gesehen habe, hat die Idee während meiner Meditation hervorgebracht.

LARRY: Also, meine Anmerkung für dich war, eine tiefere und konkretere emotionale Verbindung zu Bill zu schaffen, und bei der Vorstellung seines Kiefers angefangen, hast du einen vollständigen, imaginären Mann konstruiert, der dein Bill war, an den du glauben konntest. Und der Einfall mit der Laseroperation kam dir sogar, ohne dass du danach gesucht hast.

AMY: Ja, und das Ganze dauerte ungefähr fünf Minuten.

LARRY: Ich glaube, dass das wichtig ist. Der ganze Vorgang war keine Quälerei, er war spielerisch, er war kreativ, impulsiv. Der Grund dafür, dass es Spaß gemacht hat, war, dass du das Stück sehr sorgfältig gelesen hattest, dass du die Szene einmal gezeigt hattest, dass du Entscheidungen getroffen hattest, die in einigen der Schlüsselmomente der Szene gut funktionierten. Deshalb warst du dazu bereit, den Bill zu finden, den du wirklich brauchtest, der dich in der Szene wirklich emotional in Gang setzte. Die Erinnerungen daran, wie ihr zu dem OP-Termin gegangen seid und er dir die Teddybär-Halskette geschenkt hat, machten sie für dich persönlich und vertraut. Diese Erinnerungen stellten wirklich eine menschliche Wahrheit über Bill her, nämlich dass er zärtlich zu dir war.

AMY: Und er war nicht der Bill, den jeder andere im Stück kannte, weil er allen anderen gegenüber das größte Arschloch war. Dieser Bill war eine schreckliche Person, aber nicht zu ihr.

LARRY: Und erzähl mir von der Laseroperation an seiner Hornhaut, die du in deiner Vorstellungswelt miterlebt hast.

AMY: Ich konnte sehen, wir der Arzt seine Hornhaut aufschnitt und ich konnte in sein Auge sehen – im Grunde genommen in seine Seele – und ich dachte mir nur, wie intim es doch war, dass ich dies mit ansah.

LARRY: Und all das geschah in 5 Minuten, in denen du dich in deinem Stuhl zurücklehntest.

AMY: Ja, am Morgen davor hatten wir die Szene zum zweiten Mal gespielt. Ich war froh, dass ich mit mir selbst Geduld gehabt hatte, weil mir klar war, dass mein Bill nicht solide genug gewesen war, als wir sie das erste Mal gezeigt haben, aber ich wollte nicht mit mir selbst schimpfen, ich wollte nicht sagen: »Nun, du hast dies und jenes nicht gemacht.« Ich hatte es versucht, aber es war nicht da, und wir hatten unser Bestes gegeben. Aber es war mir so wichtig, dass ich mir beim Arbeiten an dieser Szene erlauben würde, Spaß an meinem eigenen Prozess zu haben. Und weil ich mir zugestand, Spaß daran zu empfinden, war meine Vorstellungskraft freier, sich zu öffnen.

AARON: Es gab Zeiten, in denen wir frustriert waren, aber wir zogen uns gegenseitig aus dem Tief heraus und sagten: »Lass uns Spaß haben, mach es nicht zur Quälerei.« Waren wir ein wenig aufgedreht oder über etwas frustriert oder sagte sie etwas zu mir oder ich etwas zu ihr, dann kriegten wir uns wieder ein mit: »Alles in Ordnung, lass uns einfach weiterspielen.«

AMY: Weil ich das Gefühl habe, dass ich viel inspirierter bin, wenn ich lockerer bin.

LARRY: Ja, weil du auch für die dunkleren Gefühle in der Szene emotional zugänglicher warst, da du spielerischer drangegangen bist –

AMY: Das stimmt –

LARRY: Deine Vorstellungskraft hat Flügel bekommen, weil du dich in die Umstände dieser Figuren in der Lobby begeben hast. Und mein Eindruck nach dem, was ihr beide so erzählt, ist, dass ihr den Zusammenhang zwischen Einzelheiten hergestellt habt, dass es ein Prozess war, dass ihr geduldig wart und spielerisch damit umgegangen seid, dass ihr euch nicht selber fertig gemacht habt, dass ihr eurem Partner dabei geholfen habt, spielerisch zu bleiben, und euch selber erlaubt habt, verschiedene Möglichkeiten auszuprobieren.

AARON: Das stimmt –

LARRY: Es hat Spaß gemacht und wenn es schwierig wurde, habt ihr euch nicht der Frustration hingegeben, ihr habt etwas Kreatives, Anderes, Neues versucht.

AMY: Und wenn eine Schwierigkeit auftauchte, wenn einem von uns oder uns beiden etwas, was wir zu sagen hatten, in der Bedeutung unklar erschien, erarbeiteten wir das gemeinsam. Es war ein sehr gemeinschaftlicher Prozess.

LARRY: Was ich auch heraushöre, ist, dass ihr euch genug vertraut habt, um Dinge auszuprobieren und euch gegenseitig Rat zu erteilen, ohne euch angegriffen zu fühlen – weil es bei allem immer darum ging, was für die Szene am besten funktioniert.

AARON: Ja, ich kenne sie, sie kennt mich, und wir hatten dieses Vertrauen entwickelt, und es ging immer um die Szene. Deshalb hatten wir überhaupt kein Problem damit, uns gegenseitig zu helfen. Manchmal waren es die Gedanken der Figuren, über die wir uns unterhielten, und manchmal ging es um Verkörperung.

AMY: Wir haben auch mit Tier-Übungen experimentiert. Aaron ist wirklich gut darin, und ich hatte das Gefühl, dass ich in diesem Bereich ein wenig an meiner Vorstellungskraft arbeiten musste. Er half mir dabei, weil er mit diesem Werkzeug technisch gut umgehen kann.

AARON: Manchmal fingen wir auch mit totalen Albernheiten an; nicht zwangsläufig, um sie zu verwenden. Wir haben die Tiere wirklich übertrieben dargestellt. Wir haben uns gegenseitig ausgelacht, aber dann kamen einige gute Dinge dabei heraus, z.B., als Amy sich mit der Vorstellung umschaute, ein Falke zu sein.

AMY: Ursprünglich wollte ich ein Tiger sein, aber das funktionierte nicht, und dann schlug er einen Falken vor und das war goldrichtig.

LARRY: Was bewirkte der Falke?

AMY: Er verlieh mir außerordentliche Sehkraft und beeinflusste die Art, wie meine Figur saß. Ich habe keine so gute Sehkraft, aber ich spielte sie mit dieser Laserstrahl-Sehkraft des Falken, das gab mir ein anderes Gespür für meinen Nacken. Es verlieh mir Stolz – mit einer weiten Flügelspanne. Es veranlasste mich dazu, mehr Raum einnehmen zu wollen. Und das Gefühl einer weiten Flügelspanne gab mir ein Gefühl von Ausdehnung. Und Aaron arbeitete dann mit einem Präriehund, weil Falken Präriehunde jagen.

LARRY: Und das habt ihr euch zusammen ausgedacht? Aaron, hast du ihr den Falken vorgeschlagen, weil du wusstest, dass Falken Jagd auf Präriehunde machen?

AARON: Ja. Präriehunde sind oft – ich fühle mich ein bisschen blöd, darüber zu reden –, aber sie sind oft ganz alleine draußen im Feld, strecken die Nase aus einem Loch hervor, um zu sehen, was so um sie herum passiert, und du kannst sehen, wie ihre kleinen Herzchen klopfen, poch, poch, poch, poch. Sie haben lange Wirbelsäulen und sie sitzen auf ihren Schenkeln, so habe ich die Art gefunden, wie ich auf meinem Stuhl sitze. Ihre kleinen Herzchen pochen, aber sie sind sehr neugierig. Ihre Körper sind fast reglos, aber sie bewegen ihre kleinen Hände schnell, sie sind auf alles neugierig. Ich meine, ein Grashalm wird vom Wind bewegt und sie nehmen das unter die Lupe.

AMY: Und einmal hast du ein Kissen unter dein Hemd gesteckt.

AARON: Sie haben so kleine Wampen, diese kleinen Bäuche, und einmal haben wir ein paar Kissen genommen und ich bin ein wenig mit einem Kissen herumgelaufen und das hat mir quasi die Schultern gekrümmt und mir eine kleine Wampe verpasst. Ich habe das ausprobiert, weil ich wissen wollte, wie sich das anfühlt.

AMY: Es gab dir das Gefühl, ein Versager zu sein.

AARON: Ein noch größerer Versager, noch dümmerer Dummkopf, noch faulerer Faulpelz.

LARRY: Und was hast du von dem Präriehund für deine Darstellung beibehalten?

AARON: Ich habe die Wachsamkeit beibehalten, das Aufrechtsitzen auf meinem Stuhl, einige der Präriehund-Bewegungen – wie ich mich in der Lobby umschaute.

LARRY: Das Drehen deines Kopfes stammte also von dem Präriehund –

AARON: Ganz genau –

LARRY: Und was war mit den schnellen Händen?

AARON: Das passte perfekt zu meinem ADS, dem Kaffee und dem Bedürfnis, immer Dinge anzufassen, und ich hatte an meinem Schreibtisch immer Papierkram, der erledigt werden musste. Aber was du gerade angesprochen hast: Durch das Kissen habe ich wirklich das Gefühl entwickelt, ein Faulpelz zu sein, und es beeinflusste, was ich über mich selber dachte und wie ich, emotional gesehen, nicht genügte. Es ist lustig, Amy dabei zuzuhören, wie sie jetzt davon erzählt, weil wir nicht darüber gesprochen haben.

LARRY: Ihr habt diese Arbeit jeweils allein gemacht.

AARON: Ja, das war die andere tolle Sache. Wir arbeiteten in den Proben bis zu einem bestimmten Punkt an Körperlichkeit und solchen Sachen und an der Inszenierung, und dann verzogen wir uns in unsere Ecken und brainstormten für uns.

LARRY: Habt ihr während der Proben eine Pause gemacht, ein wenig darüber nachgedacht und seid dann zurückgekommen, um die Szene zu spielen, oder seid ihr einfach nur nach Hause gegangen und habt vor der nächsten Probe jeder für sich daran gearbeitet?

AMY: Wir sind nach Hause gegangen.

LARRY: Habt ihr die Proben immer mit dem Gefühl verlassen, dass ihr einen kleinen Schritt vorwärts getan habt, der dazu führte, euch mehr Fragen zu stellen, mit denen ihr zur nächsten Probe erscheinen konntet?

AMY: Es gab da eine Probe, nach der ich mich nicht produktiv gefühlt habe. Erinnerst du dich daran?

AARON: Die zweite?

AMY: Ja, die zweite. Aber es sind trotzdem Sachen durchgesickert, es war uns nur nicht bewusst.

AARON: Uns war auch nicht wirklich bewusst, wie schnell wir gearbeitet haben.

AMY: Wir haben wirklich sehr schnell gearbeitet. Ich glaube, wir hatten insgesamt vier oder fünf Proben.

LARRY: Ich sehe bei euch beiden, dass ihr es geschafft habt, auf technischer und auch psychologischer sowie menschlicher Ebene zu sagen: »Ich will, dass meine Schauspielerei Spaß macht«, aber ich will auch festhalten, dass ihr vielleicht nicht so spielerisch hättet sein können, wenn ihr nicht auch auf technischer Ebene so kompetent gewesen wärt.

AMY: Und das verbessert man jedes Mal, wenn man probiert, jedes Mal, wenn man arbeitet. Techniken sind kleine Spielzeuge, die man auf den Spielplatz mitbringt – ich habe diesen coolen Lastwagen, willst du ihn ausprobieren? –, und das betrifft die Tier-Übung und dann gibt es noch die Biografie. Ich fange an zu glauben, dass man den Spaß niemals vom Arbeitsprozess trennen kann, selbst wenn es schmerzhaft ist, selbst wenn das, was man erforscht, Kummer und Verzweiflung sind – es muss ein Verlangen danach vorhanden sein, diese Verzweiflung zu erforschen, ein starkes Verlangen danach, diesen Schmerz zu spüren, aus reiner Freude daran, diese Figuren zum Leben zu erwecken.

LARRY: Ja, denn es ist spielerisch in dem Sinne, dass Bill dir etwas bedeuten muss, und, Aaron, Amys Figur muss dir etwas bedeuten, du musst sie brauchen und das resultiert aus einer Sehnsucht und einer Einsamkeit; genauso wie es für dich, Amy, schmerzhaft ist, dass Bill dich betrügt. Aber es ist dieser wunderbare Schmerz, diese wundervolle mit Freude verbundene Verletzlichkeit, die mit den imaginären

Gegebenheiten einhergeht, die sagt: »Ich muss dafür nicht den menschlichen Preis in meinem wirklichen Leben zahlen, sondern ich kann die Erfahrung als ›Besucher‹ vollkommen nachvollziehen und verletzlich sein, während ich mir immer noch irgendwo im Hinterkopf darüber bewusst bin, dass es für mich sicher ist, total verletzlich und ›nackt‹ zu sein, weil ich mich nicht in meinem echten Leben um die Konsequenzen kümmern muss.« Teil der Musik, die ein Schauspieler spielt, ist seine ungefilterte Emotionalität. Es gehört zum Gebrauch deines Instruments als Schauspieler dazu, dass du dich öffnest, damit du in deiner Arbeit menschlich rüberkommst. So kannst du Medea oder Mary Tyrone oder Ödipus Rex oder Willy Loman selbst in ihren schmerzlichsten Augenblicken spielen und dabei immer noch die Freude am kreativen Schöpfen erfahren.

AMY: Absolut. Menschlichkeit zum Ausdruck bringen.

LARRY: Ihr beide wart, als ihr die Szene das zweite Mal vorgespielt habt, sehr verletzlich. Eure Augen haben sich oft mit Tränen gefüllt, aber ihr habt die Emotionen immer gelenkt, weil ihr euch auf dem Weg zu eurer nächsten Bewerkstelligung, zu eurer nächsten Handlung, zu eurer nächsten Tat befandet; immer habt ihr versucht, etwas zu erreichen, statt euch an irgendwelchen Emotionen festzuklammern. Inwiefern, würdet ihr sagen, hat sich die Szene beim zweiten Mal vom ersten Mal unterschieden, dahingehend, dass sich das Sein darin vollständiger anfühlte? Für dich, Amy, waren mit Sicherheit Bill und die vierte Wand von Bedeutung. Du hast die vierte Wand untersucht und hast mehr aus dem gemacht, was sich dahinter befindet, und du hast einen realen, starken, imaginären Bill geschaffen. Was gab's sonst noch?

AARON: Du hattest mich aufgefordert, mich konkreter auf die Requisiten zu beziehen, die zu meinem Job gehörten. Alles sollte für mich eine Bedeutung haben. Die Werbeanzeigen in den Zeitungen, die ich las. Ich musste wirklich darüber nachdenken, wie meine Körperlichkeit als Wachmann in dieser Lobby aussehen würde, weil ich mich als Schauspieler auf die Körperlichkeit stütze. Das weiß ich von mir – ich liebe Körperlichkeit.

AMY: Wir skizzierten einen Grundriss und wir haben jeden möglichen Gegenstand eingezeichnet, der sich in der Lobby befinden konnte.

LARRY: Und dann habt ihr euch daran gemacht, herauszufinden, mit welchen Gegenständen ihr verhaltenstechnisch etwas anfangen konntet.

AARON: Genau. Dann statteten wir diese Gegenstände mit noch mehr Bedeutung aus. Ich setzte mich hin und dachte mir: *Also, mein Boss hat gesagt, dass ich lustig bin, und ich schaue die ganze Zeit diese An-*

zeigen in den Zeitschriften durch, das ist etwas, das ich möglicherweise machen könnte, ich könnte ein Werbefritze sein und ich könnte in Manhattan in meinem eigenen Hochhaus, in meiner eigenen Wohnung leben. Und ich war von dieser Idee wirklich begeistert, sodass ich, als ich den Satz zu ihr sagte, ganz aufgeregt war und ich sagte, ich will eigentlich wirklich in die Werbung gehen, das ist mein Traum; und ich fing an, mich für den Gedanken an mein potenzielles Leben, die Möglichkeit, ein Werbefritze zu werden und einen besseren Job zu haben, zu begeistern.

LARRY: Aha, und um was handelte es sich bei der Requisite?

AARON: Die Requisite war die Zeitschrift. Die Werbeanzeigen.

LARRY: Die Immobilienanzeigen?

AARON: Genau.

LARRY: Wo kamen die her? Du dachtest dir einfach, dass sie dort in der Lobby sein würden?

AARON: Ja, Zeitungen und Zeitschriften in der Lobby. Ich hatte auch Spielkarten dabei. Weißt du, ich stehe bei meinem Bruder in der Kreide – das verrät mir das Skript, es sagt aber nichts darüber aus, warum ich Schulden bei ihm gemacht habe –, also habe ich mir eine Spielsucht ausgedacht, um das für mich zu begründen. Ich habe mir Geld von meinem Bruder geliehen, um Spielschulden zurückzuzahlen. Und das ist der Grund, warum die Karten für mich Leben beinhalten.

LARRY: Du hast also die Information, die dir der Autor gegeben hat, genommen und ausgearbeitet, indem du gesagt hast: »Wenn ich Schulden habe, wodurch bin ich in Schulden geraten? Und wenn ich Schulden gegenüber meinem Bruder habe, wie und warum?« Du hast die Hintergrundgeschichte erfunden und auf welche Weise das mit deinem Bruder in Zusammenhang steht. Die Aufgabe des Schauspielers ist es, zu sagen: Der Autor hat mir diese Wahrheiten gegeben und ich muss sie mir ausführlich vorstellen und sie mit Einzelheiten und Emotionen ausfüllen. Ein Schauspieler, der technisch nicht wirklich fit ist, würde sagen: »Nun, ich habe Schulden, ich nehme das einfach so an.« Deshalb sage ich immer, dass lediglich schlechte Schauspieler allgemein sind, niemals aber das Leben selbst. Es ist immer konkret. Du weißt immer, wie viel du jemandem schuldest und was du über die Person denkst, in dessen Schuld du stehst. Jemand, der auf der Bühne wirklich lebendig sein will, sagt: »Ich muss wissen, warum ich Schulden habe, ich muss wissen, wie viel Schulden ich habe, wie viel ich davon zurückgezahlt habe und wie das die Beziehung zu meinem Bruder beeinflusst.« Und deshalb muss ich dann überhaupt nichts spielen – ich habe es erschaffen, ich habe es real werden lassen.

AMY: Die Arbeit, die wir an der Szene geleistet haben, hat mir dabei geholfen, mein nächstes professionelles Engagement zu bekommen. Ich war zwei Tage nachdem wir die Arbeiten daran abgeschlossen hatten zu einem Vorsprechen eingeladen, und du hattest mich darauf aufmerksam gemacht, die Leerstellen mit meiner Vorstellungskraft besser auszufüllen. Sie hatten mir die Vorsprechszene für den Job, für den ich in der Auswahl war, vorher gegeben und so entschied ich mich dafür, darin die Leerstellen ebenfalls auszufüllen. Ich habe in der Vergangenheit immer gedacht, dass ich keine Zeit für diese Arbeit hätte, aber es nimmt gar nicht so viel Zeit in Anspruch, man muss es einfach nur machen. Es gab im Vorsprechtext Stellen, wo meine Figur sich mit einigen bösen Bullen abgibt. Ich musste also erfinden, wer diese Polizisten waren, wie sie aussahen, was meine Beziehung zu ihnen war. Haben sie mich mal zum Abendessen in meiner Wohnung besucht? Haben sie Kinder? Kenne ich ihre Ehefrauen? Wer sind diese Arschlöcher, die ich im Text nur kurz in Bezug auf mich erwähne? Wenn ich diese Fragen nicht für mich beantworte, dann schauspielere ich.

LARRY: Das stimmt. Wie lang hat das gedauert, 10 Minuten?

AMY: Ja. Und du musst das durch all die verschiedenen Callbacks hindurch mitnehmen, weil du etwas Zuverlässiges brauchst, an dem du dich festhalten kannst, wenn du es in das finale Vorsprechen für den Sender geschafft hast, total unter Druck stehst, das Gefühl hast, am untersten Ende der Hierarchie zu sein, und dein Herz rast. Wenn du im Vorfeld all die Leerstellen ausgefüllt und alles konkretisiert hast, dann bringst du das mit – das Leben, das du für deine Figur erschaffen hast. Wenn du es gelebt hast, wird es dich nie verlassen.

LARRY: Ihr seid beide erstklassige Schauspieler, deshalb könnt ihr voller Selbstvertrauen in ein Vorsprechen gehen – was du, Amy, offensichtlich getan hast, und obwohl du vielleicht Herzrasen hattest, war alles da. Das Selbstvertrauen rührte von der Tatsache her, dass du eine Menge Hausaufgaben gemacht hast, die für dich verwendbar war; du hast es nicht überstrapaziert, aber du hast ein Leben geschaffen, das du als Figur in einem Vorsprechen leben kannst. Es macht keinen Unterschied, ob es sich um ein letztes Callback für einen Sender vor 20 Leuten oder um ein erstes Vorsprechen mit einem Caster oder um einen ersten Drehtag handelt. Schauspiel ist Schauspiel. Klar, wenn du ein Skript erst am Abend vorher bekommst, dann kannst du natürlich nicht so viel Arbeit an der Biografie leisten, wie wenn du es länger gehabt hättest, aber du kannst dir sicherlich 10 oder 20 Minuten oder eine Stunde Zeit nehmen und die Personen, Orte, Gegenstände und Ereignisse ausfüllen, damit du nicht schauspielern musst.

Schauspielarbeit ist etwas sehr Greifbares. Und diese Greifbarkeit befähigt dich dazu, die Angst davor aushalten zu können, abgeurteilt oder abgelehnt zu werden. Diese Greifbarkeit ermöglicht dir, in einem Vorsprechen oder bei einem Bühnenauftritt oder einem Filmdreh immer kreativ und leistungsfähig zu bleiben. Du bist immer fähig, weil du dort bist, um deine Interpretation zu zeigen. Und wenn du wirklich an deiner Interpretation gearbeitet hast, wovor hast du dann Angst? Das Schlimmste, was sie sagen können und woran Schauspieler sich gewöhnen müssen, ist: »Nein«, aber manchmal ist es doch genauso beängstigend, »Ja« zu hören. Habe ich nicht recht?

AMY: Ja.

LARRY: Mit anderen Worten: Beurteilung ist etwas, das wir zu unserem Handwerk mitbringen und das wir loswerden könnten, wenn wir nur sagen könnten: »Ich werde meine Zeit nicht damit verschwenden, mich auf die Beurteilung durch andere einzulassen.« Es gibt nur meine Arbeit – ob ich nun vorspreche, eine Aufführung spiele oder meinen 23. Take in einem Film absolviere, weil während des 22. ein Flugzeug vorbeigeflogen ist – ich kann diese Arbeit machen, ich kann sie überall machen.

AMY: Je mehr Technik man besitzt, desto mehr Selbstvertrauen kann man daraus ziehen, weil du wirklich spürst, dass du weißt, was du tust. Selbst wenn du den Job nicht bekommst oder den Moment im Vorsprechen nicht hinkriegst, du weißt, wie du das beheben kann.

LARRY: Und genau das hast du beim zweiten Mal, als du die Szene aus LOBBY HERO gezeigt hast, getan – du hast die Probleme behoben. Und zwar mithilfe deiner Technik. Ich hatte nicht den Eindruck, dass du schauspielerst. Vielmehr das Gefühl, dass du das gelebt hast; allerdings beruhte das, also die Rolle zu leben, auf Technik. Du hast die Hintergrundgeschichte entworfen, die Tier-Übung gemacht, die Beziehungen zum Ort ausgearbeitet, die Gegenstände mit Bedeutung ausgestattet und die Handlungen der Szene verstanden. Könnt ihr mir nun etwas darüber erzählen, wie ihr mit Zielen und Absichten gearbeitet habt?

AARON: Mein allumfassendes Ziel war es, meine Einsamkeit und mein Außenseiterdasein zu beenden, einen Weg zu finden, nicht alleine zu sein, einen Weg zu finden, Kontakt zu ihr herzustellen. Und das führte mich zu dem, was möglicherweise meine Absichten sein konnten, um mein Ziel zu erreichen. Ich ging es durch und plante die Szene von Absicht zu Absicht durch, um zu sehen, wenn *sie dies* tut, was werde *ich* dann machen, um die von ihr fabrizierten Hindernisse zu überwinden und mein Ziel zu erreichen? Einige meiner Absichten, um meine Ziele zu erreichen, waren *mit ihr zu scherzen, sie für mich zu erwärmen* – und das brachte mich in der körperlichen Umsetzung dazu, ihr eine Tasse Kaffee aus meiner Thermoskanne anzubieten, welcher ich die Bedeutung der Thermoskanne meines Vaters gegeben hatte –, *ihre Aufmerksamkeit zu erregen, sie anzulocken, indem ich ihr zeigte, wie ähnlich wir uns sind* – »Du trägst eine Uniform, ich trage eine Uniform« –, wie zwei Kinder auf dem Spielplatz, die sagen: »Ich habe Nikes, du trägst Nikes« –, *um sie zu begeistern, sie zu umschwärmen, sie zu umwerben, um meine Neugier auszudrücken, um sie abzulenken, sie zu ermahnen, sie zu hofieren, um sicherzugehen, dass ich sie mit noch mehr von meinen Geschichten in den Bann ziehen kann, um ihren Freund auffliegen zu lassen, sie aufzumuntern, zu kitzeln, um herumzukaspern, sie zu ködern, die Aufmerksamkeit auf mich zurückzulenken.*

LARRY: Aaron, was ich aus den Absichten, die du gewählt hast, heraushöre, ist, dass du dich aktiven Verben verschrieben hast, die eine Verbindung zu ihr herstellen und dich körperlich und emotional aktiv bleiben lassen, die dich stets dein Ziel verfolgen ließen. Aber noch eine andere Frage: War diese bestimmte Nacht in der Lobby für dich eine besondere Nacht?

AARON: Ja, weil ich mir vorgestellt hatte, dass dies der Abend sein würde, an dem ich sie bitte, mit mir auszugehen.

LARRY: Warum hast du diese Entscheidung getroffen?

AARON: Weil es mich gereizt hat und den Einsatz erhöhte.

LARRY: Hat es die Unruhe deiner Figur verstärkt?

AARON: Absolut. Weil ich mir gebaut und für mich begründet hatte, dass er innerlich durchdreht, ihm das Herz bis zum Hals klopft, er zu viel Kaffee getrunken hat, dass ich nach außen jedoch gelassen agieren musste. Ich erlaubte mir allerdings einen körperlichen Ausdruck dessen, und das war mein wackelndes rechtes Bein.

LARRY: Ja, dein rechtes Bein schien immer kurz davor zu sein, mal hier hin, mal dorthin von deinem Körper wegzufliegen. Es gab dir in der Szene einen Kontrapunkt, den ich als Zuschauer faszinierend fand – dass dein Körper ein Gefühl ausdrückte, das in deinem verbalen Ausdruck und in der Art, wie du bei ihr rüberkommen wolltest – was cool, gelassen, gefasst und verantwortungsvoll war – nicht durchkam.

AARON: Es war wie ein gefrorener Fluss, aber untendrunter war es, als ob die Stromschnellen weiterschossen, und die Stromschnellen manifestierten sich in meinem rechten Bein.

LARRY: Wie hast du mit diesen Absichten gearbeitet?

AARON: Ich habe konkrete Absichten in verschiedenen Sätzen verwendet und diese in mein Skript neben den jeweiligen Text geschrieben. Das erzeugte meine Landkarte. Als ich die Szene dann tatsächlich spielte, war es so, als ob ich ein Match mit einem tollen Tennisspieler hatte. Wenn sie einen Schlag anders ausführte, als ich ihn zu bekommen erwartet hatte, modifizierte ich entweder meine Absicht etwas oder änderte sie als Antwort darauf.

LARRY: Siehst du, deshalb sage ich, dass Tennis ein so fabelhaft anschauliches Beispiel ist, wenn es darum geht, die Formel für interessantes, fokussiertes Improvisationsschauspiel zu verstehen. Bei guten Tennismatches kannst du erkennen, dass die Tennisspieler auf beiden Seiten in ihrem technischen Repertoire bestimmte Schläge haben, um den Ball zurückzuspielen. Aber sie wissen nie genau, was sie vom anderen Spieler zugespielt bekommen und das zwingt sie dazu, in der Sekunde, in der sie den Ball bekommen, eine spontane Entscheidung zu treffen. Deshalb ist es so aufregend, dieses Spiel anzuschauen.

AARON: Der Schlag muss im Spielfeld aufkommen, genauso wie die Absicht zum Text, zum Ziel und zu dem passen muss, was dein Partner dir anbietet. Ich habe mich sicher dabei gefühlt, von einem Augenblick zum nächsten zu spielen, weil ich begründete Entscheidungen für meine Figur gefällt hatte.

LARRY: Was wäre passiert, wenn du mit einer anderen Schauspielerin gearbeitet hättest, die du nicht so *sympathique* gefunden hättest wie Amy? Wie würdest du dieses Handwerk anwenden? Was, wenn du nicht solch interessante Reaktionen erhalten hättest, die dir ein Prickeln verschaffen?

AARON: Das ist eine schwierige Frage, weil das manchmal mein Problem ist. Ich renne alleine los und wenn dann die andere Person es nicht schafft, mich aus der Reserve zu locken, dann ziehe ich mich in mich selbst zurück und lasse mich nicht auf sie ein, was meiner Arbeit und der Szene schadet. Für das Publikum ist das dann wahrscheinlich, als würde es zwei Szenen zur gleichen Zeit anschauen und die Spannung in der Szene geht verloren. Folgendes habe ich also gelernt: Wenn ich nichts von der anderen Person bekomme, das mich stimuliert oder mir gefällt, habe ich die Wahl, entweder dennoch mit dem zu arbeiten, was vom Gegenüber kommt und einen Weg zu finden, mit der Person in *einer* Szene zu bleiben, oder zu versuchen, mir vorzustellen, dass das, was ich von meinem Spielpartner bekomme, auch das ist, was ich will, und dem Realität zu verleihen.

LARRY: Im Grunde sagst du also, dass du einen Weg finden musst, zu benutzen, was dir vorliegt, weil du ansonsten das Tennismatch verlierst, das die Zuschauer fasziniert und dem sie zuschauen wollen.

AARON: Du kommst also den Stärken des anderen Schauspielers entgegen, anstatt dich über seine Schwächen zu beschweren oder dich auf diese zu konzentrieren.

LARRY: Amy, was waren in der Szene deine Ziele?

AMY: Diese Figur unterscheidet sich sehr von fast allen, die ich bisher gespielt habe, und sie ist ganz besonders in dieser Szene anders. Weil es darin für sie so sehr darum geht, was in der vorigen Szene passiert ist, und um das, was wiederum, wie sie hofft, nach dieser Szene passieren wird.

Zwei hochbrisante Ereignisse haben stattgefunden. Zum einen, dass sie einem Mann eins über den Schädel gezogen hat – wovon sie in der Szene redet –, und sie hat Angst, dass ihre Vorgesetzten dies missbilligen und sich gegen sie stellen werden, wobei sie hofft, dass Bill, ihr Partner und Liebhaber, sie beschützen wird. Das andere wichtig Ereignis ist, dass Bill sie nach Schichtende auf einen Kaffee ausführen will und sie so aufgeregt ist, weil sie darauf hofft, dass das Kaffeetrinken zu einem weiteren »Liebestreffen« führen wird und dieses letztlich zu einer Beziehung.

Die Figur hat in Bezug auf ihre mögliche Zukunft mit Bill eine sehr ausschweifende Fantasie. Sie sieht ihn als großen Krieger und sich selber als Kriegsgöttin an, quasi als den Gott Shiva und die Göttin Shakti, die nicht nur Superkräfte besaßen, sondern auch Supersex hatten. In der Szene ist es ihr Bedürfnis, die Kontrolle über ihre Emotionen und ihre Umgebung zu behalten. Was den Wachmann angeht, so will sie ihn sich in Sachen Romantik vom Leibe halten und ihn einschüchtern, damit er sie, während sie auf Bill wartet, in Ruhe lässt.

LARRY: Inwiefern verändern sich die Dinge für deine Figur in der Szene?

AMY: Meine Träume zerschlagen sich und meine größte Angst wird enthüllt, nämlich, dass ich keine Kontrolle habe und dass Bill nicht auch nur annähernd der Gott ist, für den ich ihn hielt, und so fange ich an, den Wachmann als eine Art Psychologe und Freund zu brauchen. Auf schauspielerischer Ebene war es für mich also spannend, meine vorausgehenden Umstände und meine Zukunftsträume tatsächlich vollständig zu bauen, sodass meine Träume von einer tollen sexuellen Erfahrung in dieser Nacht und über eine gemeinsame Zukunft mit Bill komplett zerstört sind, wenn der Wachmann mir erzählt, dass mein sogenannter Gott oben ein Model vögelt. Und ich will nicht, dass der Wachmann das sofort sieht – und am allermeisten will ich das selber nicht sofort wahrhaben.

LARRY: Amy, ich denke, das zeigt, dass das Arbeiten in deiner Vorstellung, besonders an vorausgehenden Umständen – in diesem Fall die vorausgehenden Umstände, die sogar im Stück erwähnt werden –, zum

Schlüssel dafür wurden, die Szene erfolgreich zu spielen, weil es der Figur die Möglichkeit gab, so tief zu fallen.

Ich möchte nun dieses Interview damit beenden, dass ich mich bei euch beiden für eure Zeit und euer Engagement bedanke und auch dafür, dass ihr mir geholfen habt, den Lesern einen schauspielerischen Arbeitsprozess nahezubringen und zu zeigen, wie die Ideen und Gedankengänge, die ich erläutert habe, in Aktion umgesetzt werden. Zu guter Letzt muss ich noch sagen, dass ich, während ich euch interviewt habe, spüren konnte, was für eine freudvolle und leidenschaftliche Erfahrung es für euch war, Kenneth Lonergans LOBBY HERO zum Leben zu erwecken.

Als die englische Originalfassung dieses Buch in den Druck ging, befanden sich Amy und Aaron in den Proben für LOBBY HERO am Odyssey Theater in Los Angeles. Sie hatten das Stück optioniert und die Szene, an der sie in meinem Unterricht gearbeitet hatten, Ron Sossi, dem künstlerischen Leiter des Theaters gezeigt, um ihm zu demonstrieren, was sie aus dem Material herausholen können. Ihre Arbeit hat ihn so sehr begeistert, dass er sich dazu bereit erklärte, die Premiere des Stückes in Los Angeles zu produzieren.

Das Monolog-Trainingsprogramm

In ihrem hervorragenden Buch »The Creative Habit« * sagt Twyla Tharp, dass wir uns selbst dazu disziplinieren sollen, eine Sucht nach Zielen zu entwickeln, die uns zu besseren Künstlern machen. Einigen Leute fällt es von Natur aus leicht, diszipliniert zu sein, für andere bedeutet es Arbeit. Wo auch immer du dich gerade in deiner Karriere befindest, wenn du dich bemühst, die Übungen, die ich dir im Folgenden geben werde, als tägliches Ritual in deinen Alltag einzubauen, wirst du umgehend Ergebnisse daraus ziehen können und eine Lebensweise kennenlernen, die deinen erwählten Beruf auf Dauer unterstützt.

Der Anfang dieses täglichen Rituals ist es, vier Monologe aus vier verschiedenen Stücken einzustudieren: zwei zeitgenössische Monologe (einen komischen sowie einen dramatischen, jeweils aus einem Stück, das nach 1920 und *nicht* in Versform geschrieben wurde) und zwei klassische

Monologe (einen komischen sowie einen dramatischen aus Stücken von Schriftstellern wie Shakespeare, Molière, Ibsen, Strindberg, Shaw oder aus jeder der griechischen Komödien oder Tragödien). Es wäre lehrreich und, wie ich denke, anregend, alle drei Monate vier neue Monologe zu erlernen. Tja, das ist viel Arbeit, aber je größer die Vielfalt der Texte ist, die du liest, analysierst, denen du dich verpflichtest und die du für dich alleine erarbeitest, desto mehr werden deine technischen Fähigkeiten zwischen den professionellen Engagements wachsen und umso mehr wirst du dazu bereit sein, jeden neuen Job anzunehmen, der dir über den Weg läuft.

Diese Monologe sind dein Workout-Programm für gegebene Umstände, Überziele und Ziele, Hindernisse und Absichten, Einsätze, emotionale Rechtfertigung, Rhythmus und Tempo, körperliche Entscheidungen und andere Aspekte der Interpretation.

Wenn du deine Monologe vorbereitet hast, bist du für die Übungen bereit. Du kannst sie für dich alleine machen oder sie in deinen Unterricht mitnehmen, wenn der Lehrer empfänglich dafür ist. Oder du kannst eine Gruppe von Schauspielern zusammenbringen und ihr führt die Übungen zusammen durch und gebt euch gegenseitig Feedback. Das einzige Problem bei einer Gruppe ohne Lehrer ist, dass sich das Ganze zu einem Festtag für unqualifizierte Kritik entwickeln kann, was destruktiv wirken könnte – deshalb stelle sicher, dass du positiv eingestellte, konstruktive Leute in deiner Gruppe hast, die dir Feedback geben, das gute Arbeit unterstützt und dich dazu anregt, an neuen Ideen zu feilen und neue Entscheidungen zu treffen. Erlaube niemandem, dich aus destruktiven Beweggründen oder aus der Konkurrenz heraus zu kritisieren und nimm des Weiteren Kritik niemals so persönlich, dass sie deinen kreativen Prozess blockiert.

Die Gefühle bewegen

Diese Übung erinnert mich daran, wie die Kunst des Tanzes entstanden ist. Du kannst das in den Stammestänzen aller Kulturen und auch bei Rappern und, besonders rührend, bei kleinen Kindern beobachten. Kinder unterhalten sich ständig nonverbal, weil sie im Verbalen noch nicht gewandt genug sind, um bestimmte Emotionen auszudrücken. Sie bewegen sich viel auf ihrem Stuhl, wackeln mit ihren Beinen, sie klopfen rhythmisch auf den Tisch. Bewegung stellt für Kinder eine wichtige Art dar, Stress abzubauen, und diese Energie geht in Sport, Tanz und andere körperliche Betätigung über. Wenn wir Schauspieler älter werden, vergessen wir leicht, wie wichtig es ist, Dinge nonverbal auszudrücken. Was ich dir also nahelegen will, ist, dass du dir tagtäglich Zeit nimmst, alleine in einen Raum zu gehen und dich dort so zu bewegen, dass sich in diesen Bewegungen deine Gefühle ausdrücken. Insbesondere will ich dich dazu ermutigen, eine antisoziale Art der Bewegung mittels Improvisation zu ergründen. Mit »antisozialer Art der Bewegung« meine ich, dass du vielleicht eines Tages mit einem extrem aggressiven Gefühl aufwachst und Impulse verspürst, zu boxen und zu treten und damit einhergehend eventuell auch zu knurren, zu brüllen und zu schreien. Halte diese Laute nicht zurück; konzentriere dich darauf, die Gefühle durch deine Körperbewegungen auszudrücken.

Je schwieriger diese Übung für dich ist, desto wichtiger ist es, dass du sie machst. Ich habe Schüler erlebt, die jahrelang Schauspielunterricht genommen und vielleicht sogar erfolgreich Karriere gemacht haben, aber nie die gewisse körperliche Leichtigkeit erreichten, um eine große Bandbreite von Figuren spielen und Albernheit ebenso wie Sinnlichkeit, Grazie und vielleicht sogar brutale Gewalt ausdrücken zu können. Ich glaube fest daran, dass es für jede einzelne Person auf der ganzen Welt gut wäre, diese Übung tagtäglich zu machen, aber ich denke, dass es vor allem für einen Schauspieler eine enorm hilfreiche Übung ist, weil sie dich von deinem Kopf befreit und dich in deinen Körper bringt, während du gleichzeitig an deine Emotionen herankommst.

Sobald du dich mindestens 5 Minuten daran ausprobiert hast, das Gefühl durch Bewegung auszudrücken – nimm dir so viel Zeit dafür, wie du brauchst oder willst, damit du dich körperlich entspannt und lebendig fühlst –, nimm einen deiner Monologe dazu und lass die Worte sich einfach deinen Bewegungen anschließen. *Der Monolog muss nicht zwangsläufig im Zusammenhang mit der Emotion stehen.* Es muss nur einer sein, den du so gut kennst, dass du überhaupt nicht über die Worte nachdenken musst.

Während du nun also deinen Monolog sprichst, lass die Bewegungen deine Art zu sprechen beeinflussen. Versuch nicht, den Monolog zu interpretieren. Erlaube einfach nur deinem Körper und deinen Emotionen, durch den Text zu fließen, egal wie die Worte herauskommen. Einer der interessantesten Aspekte dieser Übung ist, dass du dir selbst erlaubst, den Monolog *nicht* zu interpretieren; eine Emotion, die du spürst, wird sich dem Text plötzlich auf eine eigendynamische Weise anpassen und du wirst das Material urplötzlich mit neuen Augen betrachten.

Weil du mit vier verschiedenen Texten arbeitest, wirst du neue Seiten an dir entdecken, die du in deiner Schauspielpalette nicht erwartet hättest. Zu deiner Erschütterung und Verwunderung könnte es vielleicht passieren, dass mit einem Mal eine neue und aufregende emotionale Reaktion an die Oberfläche gelangt. Du musst mutig sein und dich auf diese Impulse körperlich und emotional einlassen. Wenn es sich um eine Emotion handelt, die dir ungewohnt erscheint, unterbrich ihren Fluss nicht, selbst wenn es dich ängstigt oder beschämt. Marschiere weiter und sei mutig. Als Lehrer versuche ich, dich zu Dingen zu ermutigen, die du nicht tun willst, weil du vielleicht Angst hast oder unerfahren oder faul bist. Es ist nichts verkehrt daran, faul zu sein, *solange du dem nicht total nachgibst!* Wie ich es oft in meinen Kursen gesagt habe: Wenn ich auf meiner eigenen, faultierhaften Veranlagung sitzen bliebe, verbrächte ich viel mehr Stunden damit, Häagen-Dazs-Eiscreme zu essen und schlechte Fernsehsendungen anzuschauen; aber glücklicherweise habe ich früh in meinem Leben gelernt, dass Scheitern damit vorprogrammiert ist – deshalb gebe ich dem nur nach einem wirklich harten Arbeitstag nach.

Die Statuen-Übung

Dies ist eine Variation von *Die Gefühle bewegen*. Stelle dich hin, die Füße in einem Abstand von ca. 30 bis 35 cm, und nimm dir ein paar Minuten Zeit, jede Form von Anspannung, die du in diesem Augenblick in deinem Körper ausmachen kannst, wahrzunehmen und sie loszulassen. Sobald du das Gefühl hast, dass deine Füße mit dem Boden verbunden sind, und du befreit und normal atmest, lass die Emotion, die du in dir fühlst, zu und lass deinen Körper zu einem Standbild einfrieren, das diese bestimmte Emotion ausdrückt. Wenn du traurig bist, könnte es sein, dass du dich zu Boden fallen lässt und dich zusammenrollst, und das wäre dann das Standbild, die Statue. An einem anderen Tag magst du wütend sein und deine Fäuste könnten die Welt verprügeln und entsprechend sieht die Statue aus. An wieder einem anderen Tag könnte es sein, dass du von Freude und Wohlbefinden erfüllt bist, und es könnte sein, dass du deinen Brustkorb ausdehnst und das Gefühl hast, dass dein Herz wie eine Sonne strahlt und du als passende Geste deine Arme weit ausbreitest, und dann wäre das deine Statue.

Wenn du zur Statue geworden bist, verbleibe lange genug in der Position, damit du spüren kannst, welche emotionale Auswirkung deine Haltung auf dich hat. Nimm die Gefühle wahr, die in dir als diese bewegungslose Statue hochsteigen und halte die Position. Dann stelle dir die Frage: Wohin will mein Körper sich als Nächstes bewegen? Während du einen Bewegungsimpuls verspürst, stelle dir vor, wie dein Körper sich in die nächste Statue verwandelt, aber erlaube dir nicht, dies auszuführen; du *willst* es nur tun. Spüre die Muskeln, die du benutzen müsstest, um dich dorthin zu bewegen, spüre den Bewegungsimpuls, aber bleibe im Freeze.

Hierbei kannst du unter anderem erfahren, wie frustrierend es ist, etwas tun zu wollen und sich selbst zurückzuhalten. Es veranschaulicht dir die Macht deiner kreativen Impulse und dass du sie tatsächlich besitzt, selbst wenn du nicht daran glaubst. Es zeigt dir, wie destruktiv es ist, etwas tun zu wollen und sich selbst aus Gründen, derer man sich vielleicht nicht einmal bewusst ist, daran zu hindern. Und es lehrt dich, Notiz davon zu nehmen, wie oft eine Figur in einem Stück oder einem Film jemanden küssen, schlagen, zurückhalten oder sogar umbringen will und dies zurückhalten muss. Du wirst spüren, wie *lebendig* der Augenblick der Unterdrückung ist. Du wirst auch spüren, was eine Geste für eine Figur bedeuten kann, wenn deren Gefühle, die verbal unausgesprochen bleiben – entweder subtil oder im großen Stile – auf körperlicher Ebene gezeigt werden; wie in dem Beispiel von Susan Sarandons lebender Statue, als sie Schwester Helen Prejean spielte und ihren Arm in einer finalen Geste von Mitgefühl und Liebe nach Sean Penns Matthew Poncelet ausstreckte, als dieser hingerichtet wurde.

Wenn du es nicht länger aushalten kannst, den Impuls zu unterdrücken, gestatte dir, in die nächste Statue hineinzuspringen. Wenn du die Haltung eingenommen hast, erspüre wieder deine emotionale Antwort auf diese zweite Statue und erkunde den Impuls, der dich in Richtung deiner nächsten Statue treibt. Verweigere dir erneut, dich zu bewegen, erspüre stattdessen das Verlangen danach sowie genau die Muskeln, die du benutzen würdest, um die Bewegung auszuführen. Wenn das Verlangen nach Bewegung überwältigend wird, gestatte dir, dich in eine dritte Statue zu verwandeln.

Wenn du vier Statuen vollendet hast, beende die Übung, indem du dich von einer Statuenhaltung zur nächsten durch den Raum bewegst, beginnend mit der ersten, dann folgen die zweite, dritte und vierte. Versuche, während du dich von einer Pose zur nächsten bewegst, einen total ehrlichen, intuitiven Ausdruck deiner inneren emotionalen Welt zu finden.

Ich bitte meine Schüler immer, sich ganz für sich zu überlegen, wie jede der Statuen benannt werden würde, wenn dies ein Museum wäre. Hießen sie Mitgefühl, Einsamkeit, Angst, Freude, Frustration, Gottesliebe? Beobachte, was in dir hochkommt.

Interessant ist diese Übung v.a. dann, wenn du eine Figur erschaffen willst und du zu Beginn der Reise im Stück oder Film eine Pose finden kannst, die den psychologischen Ausgangspunkt dieser Figur suggeriert. Entscheide dich danach für eine Statue, die dem Ende des Skripts entspricht. Du wirst imstande sein, den Entwicklungsbogen dieser Figur durch körperlichen Ausdruck wahrzunehmen, indem du dich von der ursprünglichen Position in die Endposition bewegst.

Die Thesaurus-Übung

Nimm dir einen der vier Monologe, an denen du gegenwärtig arbeitest, entscheide dich für ein aktives Verb als Absicht für den Monolog oder für einen Teil davon und spiele den Monolog mit genau dieser Absicht. Es ist egal, ob das aktive Verb zum Monolog zu passen scheint oder nicht, da es einzig um das Erkunden einer Absicht im Zusammenhang mit einem Text geht.

Wir wollen z. B. annehmen, dass du das aktive Verb *zelebrieren* auswählst, und lass uns ferner annehmen, dass du es für den Eröffnungsmonolog in RICHARD III. verwendest. Wenn du anfängst, den Text »Nun ward der Winter unsers Mißvergnügens …«[84] zu ergründen, dann scheint das Verb *zelebrieren* nicht zu dem Ton oder dem Gedanken zu passen, den Richard darlegt, aber eines der faszinierenden und anregenden Resultate dieser Übung ist, dass du originelle, anregende Entscheidungen treffen kannst, die keine Klischees sind, indem du eine gegensätzliche oder scheinbar ungeeignete Absicht auswählst. Es könnte sein, dass du dadurch Bedeutungen im Text findest, welche durch die Wahl von näherliegenden Absichten nicht beleuchtet werden würden.

Wenn du den Text einmal mithilfe deines ersten Verbs probiert hast – in diesem Fall *zelebrieren* –, nimm dir ein Wörterbuch der sinn- und sachverwandten Ausdrücke, einen Thesaurus, zur Hand und suche nach Synonymen. Im meinem Wörterbuch finde ich unter anderem: *feiern, ausgelassen sein, lärmen, auf den Putz hauen, sich gehenlassen, Dampf ablassen, außer Rand und Band geraten, sich austoben, sich locker machen, es sausen lassen, auf die Pauke hauen, auf die Kacke hauen, die Hölle losmachen, die Sau rauslassen, es krachen lassen.* Wenn du dir diese Synonyme durchliest, werden besonders einige davon in dir körperliche und emotionale Impulse auslösen. Wenn du diese Kombination von Impulsen verspürst, dann weißt du, dass du eine aktive Absicht gefunden hast, die für dich funktioniert. Einige Schauspieler werden bei *zelebrieren* unkreativ oder gelangweilt bleiben, während *feiern* oder *die Sau rauslassen* sie dazu anspornt, sich auf eine Weise zu bewegen und zu sprechen, dass sie zutiefst mit ihren kreativen Impulsen verbunden sind. Ich sage es noch einmal: Das ist es, was du durch die Wahl einer Absicht erreichen willst. Wenn du eine starke Verbindung zu deinen kreativen Impulsen herstellst, erwacht der Stoff zum Leben. Erkunde den Text mit jedem Synonym, das dich zum Sprudeln bringt.

Immer, wenn ich das Synonymwörterbuch verwende, bin ich über die

84 Deutsch von August Wilhelm von Schlegel

Menge an wechselnden Farbtönen erstaunt, welche die verschiedene Verben, die eine annähernd gleiche Bedeutung haben, zur Interpretation einer Rolle beisteuern können, und ich stelle mit Begeisterung fest, dass Verben, von denen ich vergessen hatte, dass ich sie kenne, so effektvoll eingesetzt werden können. Ich bin immer wieder verblüfft, dass Schauspieler ihre Körperlichkeit und ihre emotionalen Reaktionen jedes Mal komplett verändern, wenn sie Szenen und Monologe mithilfe von fünf oder sechs verschiedenen Synonymen für ein Verb ausprobieren. Obwohl die Wörter ähnliche Bedeutungen haben, bringen sie in der Darstellung eines jeden Schauspielers, den ich gecoacht habe, verschiedene Verhaltensweisen und Interpretationen hervor.

Einsatz von Akzenten und Dialekten

Viele Schauspieler warten darauf, dass ihr Agent sie anruft und fragt: »Hast du einen dänischen, amerikanischen, litauischen Akzent oder einen Cockney-, Arkansas- oder Bronx-Dialekt auf Lager?« Denn wenn du so was draufhast, wird der Agent dir sagen, dass du am nächsten Morgen zum Casting für den neuen Steven-Spielberg-Film gehen kannst – aber nur, wenn der Akzent oder Dialekt wirklich gut und glaubhaft ist. Der Schauspieler lügt nach Strich und Faden und sagt mit großer Zuversicht: »Oh ja, ich spreche diesen bestimmten Dialekt oder Akzent ganz besonders gut.« Dann legt er auf und bricht in kalten Schweiß aus, während er wie ein Wahnsinniger alle Bücher über Dialekte oder CDs mit Akzentbeispielen durchstöbert, die er sich für Regentage zur Seite gelegt hat. Wenn dem Schauspieler klar wird, dass er keine CD für den litauischen Akzent besitzt, ruft er hysterisch einen befreundeten Schauspieler an, um zu fragen, ob der wohl die ganze Nacht mit ihm aufbleibt, weil seine Großeltern aus Litauen stammen. Ich sage nicht, dass das an einem absoluten Glückstag nicht funktionieren kann – wenn du ein Gefühl für den Akzent, den Rhythmus und die Melodie und ein gutes Gehör hast, welches die Vokale wahrnimmt, und einen Instinkt dafür besitzt, wie man Zunge, Lippen, Kiefer verwenden muss, um als litauischer Aristokrat glaubhaft zu wirken.

Was natürlich übersehen wird, ist, dass du in dem Zeitraum von 12 oder 14 Stunden bis zum nächsten Morgen auch noch die Arbeit am Skript zu verrichten hast. Eine komplett neue physiologische Routine (d.h. Akzent oder Dialekt) erlernen *und* die Textanalyse durchführen zu wollen, die du für ein erfolgreiches Vorsprechen benötigst, ist aberwitzig und erzeugt viel unnötigen Stress. Du musst diesen Albtraum nicht durchleben. Die Akzent- und Dialektübung wird dich auf den Anruf deines Agenten vorbereiten, weil dir, wenn du diese Übung durcharbeitest, fünf oder sechs neue Akzente oder Dialekte zur Verfügung stehen werden.

Ich habe bereits den Ausdruck kollektives Gedächtnis verwendet (Stella Adler benutzte den Begriff »blood memory«), um ein Gefühl für ein Land, dessen Geschichte und Sprache zu beschreiben, das jeder von uns von seinen Vorfahren geerbt hat – und das jede Figur, die wir spielen, ebenfalls in sich trägt. Beginne diese Übung mit einem Akzent oder Dialekt, der *dir im Blut liegt* und übe einen der Monologe in diesem Akzent oder Dialekt ein. Wenn dir der Akzent oder Dialekt geläufig ist, weil du damit aufgewachsen bist, bist du schon halbwegs am Ziel. Wenn du eine kleine Auffrischung brauchst und du Familienmitglieder oder Freunde hast, die mit diesem Akzent oder Dialekt reden, dann bring sie dazu, den Monolog für dich auf Band zu sprechen und beobachte sie beim Reden; leg besonderes Augenmerk darauf, wie ihr Mund arbeitet und wie ihr Körper reagiert, während sie sprechen. Du wirst dir auf diesem Wege nicht nur den Akzent oder Dialekt aneignen, sondern kannst sogar interessante Verhaltensweisen entdecken. Wenn dir diese Möglichkeit nicht zur Verfügung steht und du es dir leisten kannst, besuche eine privaten Dialekt-Coach und lass dir den Monolog von ihm vorlesen, arbeite selbst mit ihm daran und halte auf jeden Fall auch dies als Aufnahme fest.

Wenn du an allen Akzenten oder Dialekten, die dir persönlich im Blut liegen, gearbeitet hast, such dir andere aus, die dich faszinieren und die du gerne erfolgreich spielen wollen würdest. Besorge dir von diesen Akzenten oder Dialekten ebenfalls Aufnahmen und bewahre sie ordentlich auf. Sprich deine Monologe mit jedem der Akzente oder Dialekte, bis du dich mit jedem Akzent oder Dialekt sowohl sprachlich als auch körperlich vollkommen wohl fühlst. Unterliege nicht der Versuchung, mit dieser Arbeit zu warten, bis du eine Rolle bekommst, die diesen Akzent oder Dialekt verlangt. Wenn du den Anruf von deinem Agenten bekommst, wirst du unglaublich dankbar für diesen Tipp sein und mir einen dicken Scheck zukommen lassen.

Die Museumsübung

In dieser Übung kreierst du deinen eigenen Monolog. Sie könnte zu einer intensiven Entdeckungstour deines Interpretationstalents werden. Die Übung ist ganz einfach: Du gehst in ein Museum oder besorgst dir ein Buch mit hochwertigen Nachdrucken von Werken großer Maler, entweder Porträts oder Gemälde, die Menschen oder Tiere zeigen. Wenn du ein Gemälde findest, das deine Aufmerksamkeit fesselt und zu dir spricht, studiere es akribisch, und wenn es mehr als eine Person oder ein Tier beinhaltet, such dir aus, welche oder welches die meisten Gefühle in dir weckt. Das Ziel dieser Übung ist es, diese Figur zu spielen und eine Geschichte für sie zu erfinden. Studiere ihren Gesichtsausdruck so lange, bis deine Vorstellungskraft anfängt, dahingehend zu wandern, warum dieser Ausdruck vorhanden sein könnte.

Seit Jahrhunderten rätseln die Menschen über Leonardo da Vincis MONA LISA. Warum lächelt sie auf diese geheimnisvolle, spezielle Art? Eine der interessantesten Interpretationen, die ich jemals gehört habe, ist, dass sie schwanger gewesen sein könnte. Wenn wir uns die Mona Lisa anschauen, wissen wir nicht genau, warum sie lächelt, aber es macht Spaß, Vermutungen anzustellen. Das sollst du nun auch in dieser Übung mit der Person oder dem Tier in dem Gemälde, das du dir ausgesucht hast, machen. Deine Aufgabe wird es sein, einen Monolog aus der Sicht dieser bestimmten Figur zu schreiben. Sie kann diesen Monolog an eine andere Figur im Gemälde richten oder auch an jemanden, den du dir außerhalb des Bilderrahmens vorstellst, oder jemanden, an den die Figur vielleicht in dem Moment denkt. Wenn du einen Kurs besuchst, bringe einen Nachdruck des Gemäldes zum Unterricht mit, damit es deine Kollegen ansehen können. Bring alles mit, was du benötigst, um für dich das körperliche Erscheinungsbild dieses Gemäldes zu erschaffen.

Die Übung ist ganz besonders effektiv, wenn du ein Publikum hast, das dir Feedback geben kann. Um es noch einmal zu sagen, wenn du keinen Unterricht besuchst oder diese Art von Übungen in deinem Kurs nicht gemacht werden, dann gründe deine eigene Gruppe, die sich ein- oder zweimal im Monat trifft und dich dabei unterstützt, die Museumsübung durchzuführen – aber vergiss nicht, die Mitglieder dieser Gruppe nach ihrer Fähigkeit zu intelligenter Unterstützung auszuwählen.

Beginne den Monolog in exakt derselben Körperhaltung, in der sich die Figur in dem Gemälde befindet, mit demselben Gesichtsausdruck und so nahe wie möglich an dem originalen Äußeren, der Kleidung oder dem Tierfell o. Ä. Das wird in dir die Perspektive der Figur hervorbringen. Es wird deine gesamte technische bzw. handwerkliche Basis stärken, wenn du das Hemd, die Bluse, die Gürtelschnalle und die Schuhe gefunden hast, du dich auf eine bestimmte Art frisiert und sogar Make-up aufgetragen hast, das dich wie die Figur aussehen lässt. Du musst den Monolog außerdem mit dem Akzent oder Dialekt der Figur in dem Gemälde sprechen.

Eine Schauspielerin in meinem Kurs wählte ein Gemälde von Degas. Zwei Bäuerinnen schuften sich über Waschzubern ab, eine von ihnen, mit einer Weinflasche in der Hand, wirkt deprimiert und wütend, die andere schaut sie mit fragendem Gesicht an. Die Geschichte, die die Schauspielerin gebaut hatte, war die der Waschfrau mit der Weinflasche. Als sie aus der Haltung des Gemäldes zum Leben erwachte, war das erste, was sie sagte, nachdem sie einen großen Schluck Wein genommen hatte: »Ich werde dir sagen, warum ich so wütend bin und warum ich mich besaufen werde.« Sie fuhr fort, ihrer Gefährtin zu erzählen, dass die kopfsteingepflasterte Straße, neben der sie arbeiteten, die gleiche Art Straße war, auf der ihre 3-jährige Tochter umgekommen war, als sie von einer Kutsche überfahren und ihr Schädel zertrümmert worden war. Sie fuhr damit fort, Gott und ihr Leben bitterlich zu verfluchen. Am Ende der Übung bewegte sie sich in das Standbild des Gemäldes zurück, aber als wir dieses nun wieder anschauten, wirkte das Leben in dem Gemälde auf explosive Weise menschlich, und wir konnten in unserer Fantasie das Geräusch der Kutsche auf dem Kopfsteinstraße, das schreckliche Zerbersten des Kinderschädels und die Schreie der Mutter hören, und wir konnten den unerträglichen Schmerz spüren, der von Verlust, Armut und einer nicht heilen wollenden Wunde herrührte. Die Schauspielerin hatte auch einen bestimmten Akzent der französischen Unterschicht gefunden, mit dem sie ihre Rolle spielte.

Ich will nicht so tun, als wäre das die Lösung für all deine Schauspielprobleme, aber ich kann dir verraten, dass die Schauspielerin, nachdem sie sich auf diese Übung eingelassen hatte, ein Engagement bekam, das sie drei Jahre lang beschäftigte.

Ein anderer Schauspieler wählte ein zeitgenössisches Gemälde, das einen vorpubertären Jungen zeigt, der einen roten Wagen mit einem Haufen von Zweigen und Geäst hinter sich herzieht. Als der Schauspieler sich in diesen kleinen Jungen verwandelte, erzählte er uns, dass es der 4. Juli sei und dass er alle die Stöcke verwenden würde, um zur Feier des Unabhängigkeitstages, des wichtigsten nationalen Feiertags in den USA, ein Lagerfeuer zu entzünden. Allerdings sei sein Vater gerade gestorben und es sei nun das erste Mal, dass er das würde alleine tun müssen. Als er uns mitteilte, wie er zu seinem Vater gestanden hatte, und uns seine Gefühle über dessen Verlust schilderte, reichten diese von Überschwänglichkeit über erbitterte Wut bis hin zu der Erinnerung an die Liebe, die er seinem Vater gegenüber verspürt hatte, und schlugen schließlich in Tapferkeit um, als er den Zug seines Karren ablegte und begann, das Lagerfeuer aufzubauen. Diese Übung löste die Hemmungen dieses Schauspielers, darunter auch seine körperliche Steifheit, seine Unfähigkeit, spielerisch zu sein und seine schreckliche Angst vor primitiven Emotionen – die er nun, weil er als Kind auftrat, zulassen konnte.

Du musst für diese Übung nicht unbedingt ein düsteres Thema wählen. Eine der lustigsten Varianten, die jemals in meinem Unterricht ausgeführt wurden, basierte auf Picassos Gemälde HUMMER UND KATZE.

Jemand hat einen lebendigen Hummer zu Boden fallen lassen, als gerade eine Katze vorbeiläuft. Es ist ein zum Schreien komisches Gemälde, weil der Katze alle Haare zu Berge stehen und ihr Gesicht reinsten Horror ausdrückt, während der Hummer einfach nur daliegt. Der Schauspieler hatte sich ausgesucht, die Katze darzustellen, und verwendete einen herrlich übertriebenen spanischen Akzent mit einem Hauch von Französisch, weil Picasso Spanier war, aber in Frankreich gelebt hatte. Er begann die Übung mit einem markerschütternden, jaulenden Miau, während er vor dem Hummer davonflitzte, und verfluchte nicht nur das halbtote Schalentier, sondern auch den dämlichen Menschen, der diesen auf den Weg hatte fallen lassen. Dann bewegte er sich langsam und stetig auf den Hummer zu, berührte ihn mit seiner Pfote und rannte schreiend ein weiteres Mal in die Ecke zurück. Du siehst also – deine Wahlmöglichkeiten für diese Übung können so weitreichend und mutig sein, wie du dazu bereit bist.

Die Tier-Übung

Ich hatte erwähnt, dass ich eine Tier-Übung als Teil meiner Interpretation der Rolle des Little Harp in THE ROBBER BRIDEGROOM verwendet habe. Ich hatte mir für Little Harp eine Baby-Klapperschlange ausgesucht, weil er als Person, sobald er mit einer Gefahr konfrontiert wird, gefährlich wurde, schnell zuschnappte und immer nah am Boden blieb. Für eine Rolle, die ich in Noël Cowards im Theatermilieu angesiedelten Einakter RED PEPPERS* spielte, hatte ich an einem Kakadu gearbeitet, um George Pepper eine gewisse herrische Art zu verleihen. Es half mir sehr, jedes Mal, wenn ich meine Frau herauszufordern oder einzuschüchtern versuchte, die Federn in meinem Nacken aufzuplustern, und meinen Kopf und Nacken auf diese für einen Kakadu typische Weise, unbeteiligt und fast mechanisch, zu bewegen, wenn ich auf sie herabschaute.

An welches Tier erinnert dich die Figur in jedem einzelnen deiner Monologe? Du musst die Tier-Übung zuerst getrennt von dem Monolog durchführen. Lies über das Tier. Schau dir Dokumentationen an und geh in den Zoo, um den Körper des Tieres zu beobachten. Entdecke, welche die stärksten Muskeln sind, denn diese benutzt das Tier entweder dazu, seiner Beute nachzustellen oder vor seinen Feinden zu fliehen. Was sind die körperlichen Gewohnheiten des Tieres? Wie bewegt es sich, wie frisst und spielt es, wie lauert es auf und paart es sich? Während du diese Gegebenheiten untersuchst, wirst du dem körperlichen Verhalten deiner Figur nach und nach bestimmte Aspekte des Tieres hinzuzufügen.

Einigen Menschen ist eine verzweifelte, hechelnde Energie eigen – wie die eines Hundes, der ständig nach Aufmerksamkeit heischt. Andere scheinen seitwärts durch ihr Leben zu gehen, quasi wie eine Seitenwinder-Schlange. Sie schauen dich aus dem Augenwinkel an und bewegen sich gewandt und fast schlüpfrig seitwärts auf Menschen und Gegenstände zu.

Die Tier-Übung wurde von Marlon Brando, kurz bevor er starb, in seiner letzten Filmrolle in DER PATE auf unvergessliche Weise in der Szene gezeigt, als er mit seinem Enkel spielt. Man kann erkennen, dass er seine Hände und Arme sehr affenartig und primitiv gebraucht, was mehr über den Charakter dieses Mannes aussagt als alle Worte, die er jemals spricht. Brando hat gesagt, die Erschaffung des alternden Don Corleone habe er mit einer Gorilla-Übung vorbereitet. Mit der Tier-Übung als Teil deiner täglichen Routine zu arbeiten, hilft dir zu entdecken, wie du sie für eine Rolle verwenden könntest, die du für eine Produktion erarbeitest.

Diese Übungen wurden dazu entwickelt, dich an das Erforschen von körperlicher und emotionaler Freiheit zu gewöhnen und dir einen leichteren Zugang dazu zu verschaffen. Ich verspreche dir, dass tägliches Üben dich so sehr stärken wird, dass du selbst um 4 Uhr morgens an einen Filmset, wenn du dich blockiert fühlst und müde bist, mittels dieser Übungen in der Lage bist, dein Instrument offen zu halten und die körperliche und emotionale Fülle voll auszuschöpfen, die du dir für deine Figur wünschst.

Dank

Ich möchte meiner Lektorin Toni Burbank für außerordentliche Geduld, Unterstützung und Verständnis danken. Meine Agentin Ellen Geiger war liebevoll und engagiert und als ich mal den Überblick verlor, machte sie mich mit Mark Rosin bekannt, der mich für die Kapitel in diesem Buch interviewte und alles auf Band aufnahm, der viele Stunden mit mir verbrachte, um meine Gedanken fokussiert zu halten und der unermüdlich darin war, mir bei der Realisierung dieses Buches zu helfen. Ich schulde jedem einzelnen dieser Menschen einen riesigen Dank.

Ein riesiges Dankeschön geht auch an Cynthia Hoppenfield, die jedes Kapitel gelesen und mir klare, aufschlussreiche und sachliche Ratschläge erteilt hat. Tiefste Dankbarkeit gebührt ebenso meiner genialen Assistentin Catie LeOrisa, die mir jeden Tag dabei behilflich ist, mein kompliziertes Leben zu organisieren und zwar mit Humor, Geduld und Eleganz. Ich möchte auch all die tollen Schüler, die so hart gearbeitet und mir so viel Freude bereitet haben und mich so viel haben lernen lassen, feiern und ihnen danken. Michelle Danner sei gedankt für ihr leidenschaftliches Engagement, das zur Gründung des wunderbaren Edgemar Center for the Arts führte.

Jeder, der im Folgenden genannt ist, hat mein Leben außerordentlich bereichert und ich möchte ihnen allen aus tiefstem Herzen danken:

Jason Alexander, Morgan Ames, Nancy Banks, Juliette Binoche, Patricia Bosworth, David Allen Brooks, James L. Brooks, Karl Bury, Kate Campshaw, Jim Carrey, Sharon Chatten, John Cirigliano, Winship Cooke, Lisa Lee Cooper, Frank Darabont, Sherry Darling, Leonardo DiCaprio, Brian Drillinger, David Duchovny, Michael Clarke Duncan, Bo and Dawn Eason, Kurt Elling, Rohen Elliott, Ronnie Farer, Sally Field, Lorraine Garay, Anna Garduno, Brad Garrett, Jason Gedrick, Pamela Gien, Boris Van Gils, Michael Goldberg, Ian Gregory, Melanie and Joel Gretsch, Stephanie and David Grillo, Alexandra Guarnieri, Karen Gustafson, Patricia Heaton, Clint Holmes, Jack Holmes, David Hunt, Helen Hunt, Denise Huth, Adam Isaacs, Kristof Konrad, Swoosie Kurtz, Deborah LaVine, Sharon Lawrence, Téa Leoni, Vicki Light, Chad Lowe, Tobey Maguire, Andrea Martin, Jeff McCracken, Gates McFadden, Carolyn Mignini, Allan Montaine, Vincent Mosso, Patrick Muldoon, Donna Murphy, Ariadne Myers, Maria Napoli, Kathleen and Ron Orbach, Fred

Ovner, Thomas J. Quinn, Michael Rainer, Lisa Robertson, Patsy Rodenburg, Gary Ross, Jean-Louis Rodrigue, Rich Ronat, Matt Salinger, Garry Shandling, Pamela Shaw, Charles Shyer, Christian Slater, Susan Slavin, Steven Spielberg, Christopher Stone, Marni St. Regis, Stephan Streker, Hilary Swank, Twyla Tharp, Diane Venora, Steve Vinovich, Daisy White, Noah Wyle, Kevin Quinn, Miguel Esteban, Martin Engström, Minh Tam-Tam und das gesamte Team des Verbier Festivals.

Weiterführende Literatur

Edward Dwight Easty: On Method Acting. New York 1989/ Kindle Edition 2012
Uta Hagen: A Challenge For the Actor. New York 1991
Elia Kazan: A Life (Autobiografie). New York 1997
David Mamet: Richtig und Falsch – Kleines Ketzerbrevier samt Common sense für Schauspieler. Berlin 2001
Patsy Rodenburg: Right to Speak – Working with the Voice (Performance books). London 1992
Dies.: The Actor Speaks – Voice and the Performer. London 2002
Dies.: The Need for Words – Voice and the Text. London 1993
Antony Sher: Year of the King – An Actor's Diary and Sketchbook. London 2006 (zuerst 1986)
Michael Shurtleff: Erfolgreich Vorsprechen – Audition. Berlin 1999
Twyla Tharp: The Creative Habit – Learn It and Use It for Life. New York 2007

Personenregister

Werkregister